해국병담

지은이

하야시 시헤이 Hayashi Shihei, 林子平

에도 시대의 번의 사상가. 1738년 에도에서 태어나 숙부의 손에 자랐다. 난학(蘭學)에 눈을 뜨게 되면서 당시의 해외 사정에 관심을 갖게 되었고, 이는 그의 사상 형성에 중요한 계기가 되었다. 주요 저술로는『삼국통람도설(三國通覽圖說)』,『해국병담(海國兵談)』등이 있으며 기존의 병학서와는 달리 대외전을 상정했다는 점에서 눈에 띄는 저술로 평가 받고 있다. 훗날 그는 '간세이(寬政, 1789~1801년)의 삼기인(三奇人)'으로 불리게 된다.

옮긴이

정성일 Chung Sung-il, 鄭成一

1961년 전남 무안에서 태어나 전남대 경제학과를 졸업한 뒤 동 대학원에서 석사학위와 박사학위를 취득하였다. 일본 국립사가대학 경제학부에서 유학하였고, 국사편찬위원회 사료연구위원을 거쳐, 현재 광주여자대학교 교수로 재직 중이다. 일본 게이오대학과 영국 옥스퍼드대학교 울프슨칼리지 방문교수를 지냈으며, 한일관계사학회와 한국경제사학회 회장을 역임했다. 저서로는『조선후기 대일무역』(신서원, 2000)을 비롯하여,『전라도와 일본-조선시대 해난사고 분석』(경인문화사, 2013) 등이 있다. 『왜관』(다시로 가즈이, 논형, 2005),『호남여행기』(마쓰다 고조, 지역문화교류호남재단, 2022) 등의 역서와 다수의 논문을 발표하였다.

해국병담

초판발행 2024년 9월 10일

지은이 하야시 시헤이
옮긴이 정성일

펴낸이 박성모
펴낸곳 소명출판
출판등록 제1998-000017호
주소 06641 서울시 서초구 사임당로14길 15 서광빌딩 2층
전화 02-585-7840
팩스 02-585-7848
이메일 somyungbooks@daum.net
홈페이지 www.somyong.co.kr

ISBN 979-11-5905-830-1 93910
정가 44,000원

이 책은 2017년 대한민국 교육부와 한국연구재단의 지원을 받아 수행된 연구임.(NRF-2017S1A6A3A01079869)

부경대학교 인문사회과학연구소
해역인문학 자료총서 ╱ 08 ╱

해국병담

하야시 시헤이 저
정성일 역

The Discussion of the Military Powers
of Maritime Nations

발간사

    부경대학교 인문사회과학연구소와 해양인문학연구소는 해양수산 인재 양성과 연구 중심인 대학의 오랜 전통을 기반으로 연구 역량을 키워 왔습니다. 대학이 위치한 부산이 가진 해양도시 인프라를 바탕으로 바다에 삶의 근거를 둔 해역민들의 삶과 그들이 엮어내는 사회의 역동성에 대한 연구를 꾸준히 해 왔습니다.

    오랫동안 인간은 육지를 근거지로 살아온 탓에 바다의 중요성에 대해 간과한 부분이 없지 않습니다. 육지를 중심으로 연근해에서의 어업활동과 교역이 이루어지다가 원양을 가로질러 항해하게 되면서 바다는 비로소 연구의 대상이 되었습니다. 그래서 현재까지 바다에 대한 연구는 주로 조선, 해운, 항만과 같은 과학기술이나 해양산업 분야의 몫이었습니다. 하지만 수 세기 전부터 인간이 육지만큼이나 빈번히 바다를 건너 이동하게 되면서 바다는 육상의 실크로드처럼 지구적 규모의 '바닷길 네트워크'를 형성하게 되었습니다. 이 바닷길 네트워크인 해상실크로드를 따라 사람, 물자뿐만 아니라 사상, 종교, 정보, 동식물, 심지어 바이러스까지 교환되게 되었습니다.

    바다와 인간의 관계를 인문학적으로 접근하여 성과를 내는 학문은 아직 완성 단계는 아니지만, 근대 이후 바다의 강력한 적이 바로 우리 인간인 지금, '바다 인문학'을 수립해야 할 시점이라고 생각합니다. 바다 인문학은 '해양문화'를 탐구하는 차원을 포함하면서도 현실적인 인문학적 문제에서 출발해야 합니다.

    한반도 주변의 바다를 둘러싼 동북아 국제관계에서부터 국가, 사회,

개인 일상의 각 층위에서 심화되고 있는 갈등과 모순들이 우후죽순처럼 생겨나고 있습니다. 근대 이후 본격화된 바닷길 네트워크는 이질적 성격의 인간 집단과 문화의 접촉, 갈등, 교섭의 길이 되었고, 동양과 서양, 내셔널과 트랜스내셔널, 중앙과 지방의 대립 등이 해역海域 세계를 중심으로 발생하는 장이 되었기 때문입니다. 해역 내에서 각 집단이 자국의 이익을 위해 교류하면서 생성하는 사회문화의 양상과 변용을 해역의 역사라 할 수 있으며, 그 과정의 축적이 현재의 모습으로 축적되어 가고 있습니다.

따라서 해역의 관점에서 동북아를 고찰한다는 것은 동북아 현상의 역사적 과정을 규명하고, 접촉과 교섭의 경험을 발굴, 분석하여 갈등의 해결 방식을 모색하여, 향후 우리가 나아가야 할 방향을 제시해주는 방법이 우선 될 것입니다. 물론 이것은 해양 문화의 특징을 '개방성, 외향성, 교류성, 공존성 등'으로 보고 이를 인문학적 자산으로 확장하고자 하는 근본적인 과제를 수행하는 일이기도 합니다.

부경대 인문한국플러스사업단은 바다로 둘러싸인 육역陸域들의 느슨한 이음을 해역으로 상정하고, 황해와 동해, 동중국해가 모여 태평양과 이어지는 지점을 중심으로 동북아해역의 역사적 형성 과정과 그 의의를 모색하는 "동북아해역과 인문네트워크의 역동성 연구"를 수행하고 있습니다. 이를 통해 우리는 첫째, 육역의 개별 국가 단위로 논의되어 온 세계를 해역이라는 관점에서 다르게 사유하고 구상할 수 있는 학문적 방법과 둘째, 동북아 현상의 역사적 맥락과 그 과정에서 축적된 경험을 발판으로 현재의 문제를 해결하고 향후의 방향성을 제시하는 실천적 논의를 도출하고자 합니다. 이를 바탕으로 본 사업단은 해역과 육역의 결절 지점이며 동시에 동북아지역 자치 갈등의 현장이기도 한 바다를 연구의 대상으로 삼아 현재의 갈등과 대립을 해소하는 방안을 강구하고, 한 걸음 더 나아가 바다와 인간의 관계를 새롭게 규정하는 '해역인문학'을 정립하기 위해 노력하고 있습니다.

부경대학교 인문한국플러스사업단이 추구하는 '해역인문학'은 새로운 학문을 창안하는 일이기 때문에 보이지 않는 길을 더듬어 가며 새로운 길을 만들어 가고 있습니다. 2018년부터 간행된 '해역인문학' 총서 시리즈는 이와 관련된 연구 성과를 집약해서 보여주고 있으며, 또 이 총서의 권수가 늘어가면서 '해역인문학'의 모습을 조금씩 드러내고 있습니다. 향후 지속적으로 출판할 '해역인문학총서'가 인문학의 발전에 기여할 수 있는 노둣돌이 되기를 희망하면서 독자들의 많은 격려와 질정을 기대합니다.

부경대 인문한국플러스사업단 단장 김창경

1. 하야시 시헤이의 생애

하야시 시헤이林子平는 1738년 6월 21일서력 8월 6일 지금의 일본 도쿄에 해당하는 에도江戶에서 도쿠가와德川 막부 하급 무사의 둘째 아들로 태어났다.[1] 그는 1793년 6월 21일서력 7월 28일 일본 센다이仙台에서 56세 나이로 생을 마감했다이름은 友直, 호는 六無齋. 그의 음력 출생일과 사망일이 일치하는 점도 특이하다. 하야시 시헤이는 일본에서 '간세이寬政 시기의 3대 기인奇人'으로 불리는 인물이다.[2]

시헤이子平는 20살까지는 에도에서 성장하였다. 1757년 그가 센다이로 이주한 뒤로는 36년을 그곳에서 지냈다.[3] 그런데 시헤이가 그 뒤 줄곧 센다이에서만 머물렀던 것은 아니다. 시헤이의 신분은 '무로쿠 얏카이無祿厄介'라고 하여, 급여를 받는 것도 없이 그의 형에게 신세를 지며 살

---

1 시헤이(子平)가 3세 때인 1740년 12월 막부(幕府)의 하급 무사였던 그의 아버지 오카무라 겐고베 요시미치(岡村源五兵衛良通)가 동료와 마찰을 일으켜 제적(除籍)되자 가족을 돌볼 수가 없게되었다. 그래서 시헤이와 그의 형제자매가 모두 그들의 숙부인 하야시 쥬고(林從吾)에게 맡겨졌다. 이때부터 하야시 시헤이(林子平)가 되었다. 이러한 가정사 때문에 시헤이는 에도에서 의사로서 가업으로 잇고 있던(町醫師) 숙부 밑에서 양육을 받으며 성장했다(『國史大辭典』11, 吉川弘文館, 1990, 680쪽).

2 하야시 시헤이(林子平, 1738~1793), 다카야마 히코구로(高山彦九郎, 1747~1793), 가모 군페이(蒲生君平, 1768~1813)를 '일본 에도시대 간세이(寬政) 시기(1789~1801년)에 활약한 걸출한 인물'이라는 뜻으로 '간세이의 세 기인(奇人)'으로 불렀다(위키피디아).

3 시헤이(子平)가 1757년 에도(江戶)에서 센다이(仙台)로 이주하게 된 것은 당시 센다이번(仙台藩) 내부 사정과 시헤이의 가정사에서 비롯된 것이었다. 시헤이의 누나(なほ)가 센다이번주(仙台藩主) 다테 무네무라(伊達宗村, 1718~1756)의 측실(側室)이 되자, 시헤이의 형(嘉善, 嘉膳)이 1756년에 센다이번의 번사(藩士)가 되어 150석의 녹봉(祿俸)을 받고 있었는데, 당시 번주(무네무라)가 사망하자 시헤이의 누나가 삭발을 하고 센다이로 내려갔다. 그와 함께 시헤이의 형이 센다이 거주 명령을 받게 되자(仙台詰), 이듬해인 1757년 시헤이도 형과 함께 에도에서 센다이로 이주했다(『國史大辭典』11, 吉川弘文館, 1990, 680쪽).

아야 하는 불우한 처지에 놓여 있었다. 그렇지만 그는 이러한 상황을 거꾸로 잘 이용하여 비교적 자유롭게 이곳저곳을 다닐 수가 있었다.[4] 그가 에도뿐 아니라, 북쪽으로는 에조蝦夷까지, 그리고 서쪽으로는 나가사키長崎까지, 그토록 멀리 떨어진 지역을 직접 오갈 수 있었던 것은 바로 이런 사정 때문이었다.

시헤이가 나가사키에 첫발을 내디뎠던 것은 1775년 38세 때의 일이다. 그곳에서 그는 청나라 사람도 만났고, 데지마出島의 네덜란드 사람들도 만났다. 네덜란드 사람한테서 마술馬術도 그가 직접 배웠다. 네덜란드어 통역阿蘭陀通詞 마쓰무라 겐코松村元綱, 松村世綱으로 적은 기록도 있음를 통해서 그가 '세계지도世界地圖'를 베껴온 곳이 바로 나가사키였다.

시헤이의 두 번째 나가사키 방문은 2년 뒤인 1777년 5월이었다40세. 이때는 그가 나가사키부교長崎奉行 쓰게 나가토노카미柘殖長門守를 수행하였다. 나가사키에 와 있던 청나라 상인들이 일으킨 폭동을 일본 측이 진압하는 과정에서 그가 힘을 보태기도 하였다. 이때도 그는 네덜란드어 통역 모토키 요시나가本木良永, 1735~1794; 통칭 榮之進, 仁太夫를 통해서 여지국명역輿地國名譯 등을 필사했다. 나가사키 체류 중에 네덜란드 상관장商館長, Arend willem Feith[5]과 면담하면서 해외 지리 정보를 손에 넣은 것이 나중에 그가 『삼국통람도설三國通覽圖說』과 『해국병담海國兵談』 등을 저술하는 데 크게 영향을 끼쳤을 것으로 보인다.[6]

---

4 『國史大辭典』 11, 吉川弘文館, 1990, 680쪽.
5 헤이트(Arend willem Feith)는 1771년부터 1781년까지 네덜란드 상관장으로 다섯 차례 근무하면서 여섯 차례 에도 참부(江戶參府)를 했다. 그는 이것을 계기로 여러 일본인과 접촉하면서 해외 정보와 서구의 신지식 등을 제공한 사람으로 잘 알려져 있다(신동규, 「에도시대(江戶時代) 후기 일본 經世論家의 에조치(蝦夷地)에 대한 침탈적 인식 고찰」, 『한일관계사연구』 39, 한일관계사학회, 2011, 273쪽).

시헤이는 44세 되던 1781년 세 번째로 나가사키 유학遊學을 갔다. 그
곳에서 머물면서 그가 직접 그린 네덜란드 선박 그림阿蘭船圖을 팔아서 체
류 비용으로 쓰기도 하였다1782년. 일본과 세계 여러 나라를 그린 지도〈日
本遠近外國之全圖〉를 그가 제작한 것도 그때였다. 3년 뒤인 1785년 9월에 그
가 『삼국통람도설三國通覽圖說』을 작성하여 그해 11월 에도에서 간행한 것
도 나가사키를 통한 정보 수집의 결과였다고 말할 수 있다.

그렇다면 지역 간 이동이 자유롭지 않았던 당시에 어떻게 해서 시혜
이가 이런 삶을 살 수가 있었을까? 앞에 소개한 그의 성장 배경에서 그
대답을 찾을 수가 있다. 그가 3세 때인 1740년 12월 막부 하급 무사였
던 그의 아버지良通가 제적除籍이 된 뒤로는 시혜이와 그의 형제자매가 숙
부林從吾의 양육을 받으면서 성장했다. 시혜이의 아버지가 에도로 다시
돌아온 것은 시혜이 나이 15세 되던 1752년이었으며이때부터 시혜이의 아버지
는 笠翁으로 불림, 시혜이 나이 30세 되던 1767년에 그의 아버지가 사망했
다. 이때까지 15년 동안 시혜이는 아버지의 기질과 학문 성향에서 영향
을 많이 받았다고 말할 수 있다道學 비판, 徂徠學 신봉, 實學主義 제창 등.[7]

시혜이는 에도에서 태어나 20세 되던 1757년까지 그곳에서 살았지

---

6 平重道, 『林子平 その人と思想』, 宝文堂, 1977, 94~95쪽.

7 시혜이(子平)의 아버지 요시미치(良通)에 대해서는 다히라 시게미치(平重道)가 다음과 같이 분
석한 바 있다. 하야시 가문의 자료(林氏系累)에 "良通 岡村牛次郎 源五兵衛 從五位下大炊頭 爲小納
戶兼書物奉行"라고 적혀 있는 것을 보면, 처음에는 오카무라(岡村)라는 성(姓)을 사용하였다는
점, 그리고 시혜이의 아버지가 '소납호(小納戶) 겸 서물봉행(書物奉行)'이라는 직책을 맡은 하타
모토(旗本) 수준의 막신(幕臣)이었다는 점을 확인할 수 있다. 다만 620석 규모의 녹봉을 받은
시혜이의 아버지가 과연 '從五位' 정도 지위에 오를 수 있었을지는 의문이라고 다히라 시게미치
는 판단했다. 시혜이의 아버지가 일본과 중국의 학문에 정통하였고, 1740년(元文 5) 울분을 참
지 못해 동료에게 칼을 휘둘러 상해를 입힌 일로 낭인(浪人)의 신세가 되었다는 점은 믿을 만하
다고 다히라 시게미치는 평가했다(平重道, 『林子平 その人と思想』, 4~5쪽, 10쪽). 한편 시혜이
아버지의 학문과 사상에 대해서는 다히라 시게미치(平重道)의 같은 책 26~37쪽에 상세하다.

만, 그는 그 뒤로도 에도를 몇 차례 방문하면서 인적 교류를 확대해 나갔다. 1763년^{26세}, 1773년^{36세}, 1779년^{42세}, 1783년^{46세}, 1788년^{51세}, 1792년^{55세}에 그가 에도에 머물렀던 흔적을 확인할 수 있다.

시헤이가 에도에서 교분을 쌓았던 인물 중 빼놓을 수 없는 사람이 『해국병담』의 서문을 쓴 구도 규케이^{工藤球卿}이다.[8] 시헤이가 센다이로 이주하기 한 해 전인 1756년에 그가 에도에서^{江戸詰} 센다이번^{仙台藩}의 번의^{藩醫}를 하고 있던 규케이를 찾아갔다고 한다.[9] 시헤이의 세계 인식과 저술을 얘기할 때 세 차례에 걸친 나가사키^{長崎}를 통한 정보 입수 문제를 빼놓을 수 없는데, 그 징검다리 역할을 했던 사람으로 구도 규케이를 꼽을 수 있다. 시헤이가 난학자^{蘭學者}를 만나는 것도, 나가사키부교^{柘殖長門守}를 수행한 것도, 네덜란드 상관장^{商館長}을 만난 것도 시헤이와 규케이의 긴밀한 관계 속에서 이루어졌다고 볼 수 있다. 그 중에서도 규케이의 저서인 『적하이풍설고^{赤蝦夷風説考, 아카에조 풍설고}』가 그 뒤 시헤이가 『삼국통람도설^{三國通覽圖說}』과 『해국병담^{海國兵談}』을 펴내는 데 깊은 영향을 주었다고 말할 수 있다.[10]

---

8 구도 규케이(工藤球卿, 1734~1800)는 에도에서 활동하는(江戸詰) 센다이번(仙台藩) 의사(藩醫)이자 경세론자(經世論者)이다. 자(字)는 원림(元琳, 겐린), 호는 만광(萬光, 萬幸, 晚幸, 반코)이다. 그가 의사일 때는 슈앙(周庵), 환속(還俗) 후에는(俗醫師) 헤이스케(平助)라는 이름을 썼다. 그는 와카야마번(和歌山藩) 번의(藩醫) 나가이 모토타카(長井基孝, 이름을 常安, 丈庵, 大雲, 高基, 孝基으로도 씀)의 3남으로 태어났다. 그런데 그의 나이 13세 때 그가 에도에 상시 활동하는(江戸常詰) 번의(藩醫) 구도 야스요(工藤安世, 1695~1755)의 양자(養子)가 되었다. 그런데 구도 규케이(헤이스케)는 네덜란드에서 수입한 상품을 거래하여 많은 부(富)를 축적한 인물로 알려져 있다. 그런 만큼 나가사키를 통하여 네덜란드에 대한 정보와 인맥 등을 확보하고 있었다고 볼 수 있다. 특히 그가 쓴 『赤蝦夷風説考』는 일본 최초의 러시아 전문서이다(赤蝦夷는 러시아를 가리킴). 그는 하야시 시헤이(林子平)에게 영향을 끼친 인물이다(『國史大辭典』 4, 吉川弘文館, 1984, 824쪽).

9 家村和幸, 『林子平の海國兵談』, 並木書房, 2022, 337쪽.

10 平重道, 『林子平 その人と思想』, 89~90쪽.

2. 하야시 시헤이의 저술

하야시 시헤이의 저술은 크게 다섯 종류로 분류할 수 있다. ①『해국병담海國兵談』, ②『삼국통람도설三國通覽圖說』, ③『상서上書』, ④『부형훈父兄訓』, ⑤시가詩歌와 수록隨錄이 그것이다. 얼핏 보면 이들이 서로 별개의 저작처럼 보인다. 그런데 이들이 내용적으로나 사상적으로 서로 연결되어 있다. 그리고 결국에 가서는 이것들이 시헤이의 마지막 대작으로 평가할 수 있는『해국병담』에 종합되어 있다.[11]

시헤이의 첫 작품이『상서上書』부터 시작되었다고 한다면, 그의 마지막 저술은『부형훈父兄訓』으로 마무리되었다. 시헤이는 1765년28세 첫 번째『상서』를 작성했는데, 이때 저작물이 센다이번仙台藩에 제출되었다고 하는 흔적은 발견되지 않는다. 두 번째『상서』1779년, 42세와 세 번째『상서』1785년, 48세는 센다이번 측의佐藤伊賀 요청을 받고 시헤이가 작성하였다고 하는 점에서 그 전과 차이가 있다.『상서』의 내용으로는 학정學政, 무비武備, 식화殖貨에서 시작하여 국부책國富策까지 제시되어 있다.[12] 시가詩歌와 수록隨錄은 예를 들면 1786년49세 봄에 작성한『좌우만록左右漫錄』같은 것을 말한다. 그리고 동년 11월 시헤이는『부형훈父兄訓』을 마지막으로 작성했다. 이것은 그의 사상과 생활이 정점에 이르던 시기에 완성된 것이다. 그에게 교육 문제는 최초이자 최후의 중요 과제였다.『해국병담』전권全卷에 흐르는 정신이 교육으로 귀결된다고 보는 시헤이의 사상이『부형훈父兄訓』의 작성으로 완결되었다고 볼 수 있다.[13]

---

11 平重道,『林子平 その人と思想』, 12쪽.
12 平重道,『林子平 その人と思想』, 62~63・132쪽.

3. 『해국병담』의 간행 배경과 동기

하야시 시헤이가 『해국병담』을 저술한 목적은 자신이 쓴 서문에 잘 나타나 있다. 그는 일본이 바다로 둘러싸여 있는 해국海國이라는 점부터 먼저 지적한 뒤, 해국이 가장 중요하게 생각해야 할 것은 무비武備라고 강조한다. 해국과 무비, 이 두 가지가 곧 시헤이가 『해국병담』을 저술한 동기와 목적을 잘 설명해주는 핵심어이다.

시헤이는 주변국 중에서는 가장 먼저 청清을 거론한다. "원元이 대군을 이끌고 일본으로 쳐들어왔지만, 일본이 가미카제神風라는 바람을 이용하여 원의 대군을 전멸시킬 수가 있었다"고 과거사를 상기시킨다. 그렇지만 옛날 중국보다 지금의 청이 우수하기에 일본으로서는 방심할 수 없다고 했다. 그가 혼자서 생각해본 것이라고 전제하기는 하였지만, "청나라 황제가 원나라 때의 고업古業을 생각해내서 어떤 무분별한 일을 일으키지 말라는 법도 없다"면서 중국대륙 쪽의 움직임을 경계하는 마음을 보이기도 했다.

그러면서 "최근에 와서는 유럽의 러시아[시헤이는 '모스크바'로 표기가 달단韃靼의 북쪽 지역을 침략하였다"고 지적하였다. 그러면서 "요즘은 러시아가 시베리아室韋 지방을 공략하여, 동쪽 끝으로는 캄차카蝦夷의 동북까지 무력으로 빼앗았다고 했다. 그래서 그 서쪽으로 눈을 돌려서 에조국蝦峡國의 동쪽에 해당하는 지시마[千嶋]를 손에 넣을 기세라고 들었다"고 하면서, 시헤이는 러시아에 대한 강한 위기감을 피력했다.

---

13 平重道, 『林子平 その人と思想』, 282~284쪽.

시헤이의 외세 침입에 대한 경계심은 이른바 '벤고로사건'에 대한 정보를 나가사키에서 네덜란드 상관장을 통해 획득한 뒤부터 최고조에 이르렀다고 말할 수 있다. "1771년에 모스크바에서 캄차카로 파견된 '벤고로본명은 Moritz August Aladar Von Benyovzky, 1746~1786'[14]라는 사람이 캄차카에서 배를 띄워서 일본으로 일부러 건너와서 여기저기 항구에 줄을 내리고 그곳의 깊이를 측량하며 일본 전역의 절반 이상 배를 타고 돌아다녔던 적이 있었던" 사건이 바로 그것이다. 시헤이는 시기와 장소, 인물을 구체적으로 제시하였다. "그 가운데서도 도사土佐[15]지역에서는 그 러시아인을 일본국에 와 있었던 네덜란드 사람으로 오인하여 글을 써준 적도 있었던 것 같다"고 썼다. 시헤이는 해국海國 일본에서 반드시 일어나지 말았어야 하는 일이 이처럼 쉽게 일어난 것에 대하여 커다란 충격을 받았던 것으로 보인다.

이와 같은 시헤이의 현실 인식은 그가 센다이仙台에 거주하면서도 에도江戸와 에조蝦夷, 특히 나가사키長崎를 오가며 직접 보고 듣고 경험하면서

---

14 일본에서 '벤고로'라 불리는 이 사람은 '모리스 베뇨프스키(Maurice Benyovszky)'라고도 한다 (Maurice Benyovszky de Benyó et Urbanó). 그는 본래 헝가리에서 태어난 군인이었다. 폴란드 군대에 들어갔던 그가 러시아와 벌인 전쟁에 참전했다가, 1769년(明和 6, 영조 45) 러시아군에 붙잡혀 포로가 되었다. 그 뒤 시베리아 유배형을 받아 1770년 말 캄차카에 도착했다. 이듬해인 1771년 5월 12일 그가 몇몇 동료와 함께 관선(官船)을 빼앗아 그곳을 탈출했다. 그들은 일본 내지와 아마미오시마(奄美大島) 등을 통과하여 유구(琉球), 대만(臺灣), 남양(南洋)을 거쳐서 프랑스에 도착했다고 한다. 그들이 기항지에서 나가사키 상관장에게 서신을 보낸 적이 있다(平重道, 『林子平 その人と思想』, 95~96쪽).
이때의 일이 『통항일람(通航一覽)』 권321(魯西亞國部 49)의 '표착(漂着)' 항목에 실려 있다. "메이와(明和) 8 신묘년(1771년) 러시아 선박(魯西亞船)이 아와노구니(阿波國, 지금의 德島県)에 표착하여 그곳 영주(領主)의 구조를 받았는데, 다시 유구국(琉球國) 오시마(大島)에 표도(漂到)하였으며, 이곳에서 나가사키(長崎)에 재류(在留)하고 있는 네덜란드인(蘭人)에게 서한을 보내서 연료와 물을 제공해준 은혜에 감사하다는 뜻을 표했다"는 내용으로 시작되는 이른바 '벤고로 사건' 관련 자료가 수록되어 있다(『通航一覽』第八, 國書刊行會, 1913, 229~233쪽 魯西亞紀聞 참조).
15 옛 국명(國名)의 하나로 토주(土州)이다. 현재는 고치현(高知県)에 해당한다.

입수한 정보가 있었기에 가능했다고 볼 수 있다. '러시아의 남하'로 요약되는 외세의 침입 가능성을 깨닫게 되고, 더 나아가서 유럽 열강이 무력으로 타국을 식민지로 삼는 행태를 접하게 되면서, 과연 '해국海國' 일본이 앞으로 어떻게 대응해 나가야 할 것인가 하는 것이 당시 시헤이의 최대 관심사였다. 이것이 곧 그가 『해국병담』을 저술하게 된 배경이자 동기였다고 말할 수 있다.

그런데 시헤이는 자신이 쓴 발문의 첫머리에서 『삼국통람』과 『해국병담』에 대해서 매우 흥미로운 내용을 기술해 놓았다. "이전에 저술한 『삼국통람』에는 일본의 세 이웃 나라인 조선朝鮮, 류큐琉球, 에조蝦夷의 지도地図를 명확하게 밝혔는데, 그렇게 한 의도는 일본의 웅사雄士가 병兵을 맡아서 이 세 나라로 들어가는 일이 있을 때, 이 지도를 암기하여 임기응변하라는 것이다"고 적었다. 그리고 『해국병담』에 대해서는 "저 세 이웃 나라와 중국, 러시아시헤이는 '모스크바'로 표기 등 여러 외국에서 바다를 통한 침입이 있을 때, 방어해야 할 전술을 상세하게 적었다"고 서술하였다. 짧게 말한다면 『삼국통람』은 일본이 세 나라로 들어갈 때를공격 또는 군사 개입, 『해국병담』은 외국에서 일본으로 침입해 올 때를 각각 대비하기 위하여 그가 위의 두 서적을 저술한 것이라는 뜻이다.[16]

---

16 이를 두고 다히라 시게미치는 "『三國通覽圖説』은 공격 목적인 데 반해서, 『海國兵談』은 방어 목적이라"는 식으로 둘을 대비시켜 설명한 바 있다(平重道, 『林子平 その人と思想』, 245~246쪽). 이에 대해서 남영우는 "하야시는 조선을 침략할 상대국으로 상정하지는 않았지만, 일본이 간섭할 수 있는 국가로 생각한 듯하다. 비록 하야시가 그의 저서에서 침략용 함선의 건조에 대하여 언급하지 않았으므로 일본에서는 『해국병담』을 전수방어를 목적으로 한 국방론이라 인식하고 있지만, 사실은 적극적 방어론의 구상에서 저술된 것이라고 할 수 있다"고 평가하였다(남영우, 「하야시 시헤이의 생애와 업적-『三國通覽圖説』과 부도의 독도를 중심으로」, 『영토해양연구』 11, 동북아역사재단, 2016, 146쪽).

4. 『해국병담』의 구성과 간행

『해국병담』은 전체 16권 3책으로 이루어져 있다. 총 16권 중에서 제
1권 수전水戰 분량이 꽤 많다. 시헤이 본인이 쓴 발문에서 스스로 밝혔듯
이, "수전제1권 한 편에 대해서만 정밀함과 상세함을 다하였다"고 하면
서, "그 나머지 편은 단지 큰 줄거리만 언급하였을 뿐이다"고 적었다. 이
렇게 하더라도 이 책을 읽는 사람들이 문무文武의 큰 줄거리를 알 수 있
을 것이기 때문이라는 것이 시헤이의 설명이었다.

『해국병담』에는 선박과 다양한 무기, 특히 말馬에 대하여 자세하게 기
술이 되어 있다. 시헤이가 나가사키에 가서 직접 보고 그린 그림이 다수
포함되어 있는 점도 특기할 만하다. 대장大將의 자리에 있는 사람이 마땅
히 가져야 할 마음가짐을 비롯하여, 병력의 편제와 군사 전략은 말할 것
도 없고, 훈련과 교육, 심지어는 문무文武를 겸비한 대학大學의 설립에 관
한 것까지 그림을 곁들여가면서 매우 소상하게 대안을 제시하였다. 이
것은 시헤이가 일본과 중국의 병서兵書뿐만 아니라, 네덜란드 등 서양 여
러 나라의 전법戰法과 군세軍勢 등을 종합적으로 분석하고 현지답사를 통
해서 그가 직접 확인한 것을 토대로 작성한 성과물이라는 점에서 그 의
의가 자못 크다 할 것이다.

그런데 시헤이는 원고를 완성하고도 이 책의 출판을 도와줄 발행처版
元를 찾지 못해 많은 시간을 보내고 말았다. 그것을 보여주는 증거가 『해
국병담』의 본문 맨 마지막발문의 바로 앞 부분에 있다. 즉 "때는 덴메이天明 6년
병오 여름"이라고 하면서, "센다이仙臺 하야시 시헤이林子平 소장판藏版"이
라고 적혀 있는 것을 확인할 수 있다. 이것은 시헤이가 『해국병담』 원고

를 완성한 것이 49세 때인 '1786년 여름'이라는 뜻이며, '이것은 자신이 소장하기 위한 출판'이라는 의미로 볼 수 있다.

이로부터 2년 뒤인 1788년에 시헤이는 『해국병담』자서自書와 제1권 수전水戰만 자비 출판으로 스하라야須原屋市兵衛에서 간행하였다.[17] 그런데 1790년 막부幕府가 이학異學 금지령을 내려서 출판 단속을 강화하자 그 영향으로 『해국병담』의 간행도 지연되었다. 3년 뒤인 1791년 4월이 되어서야 시헤이는 『해국병담』을 센다이仙台에서 전부 판각板刻하였다54세.[18] 이때 판각한 조공彫工 두 명센다이의 石田榮助, 藤原成壽과 글씨를 쓴 필자筆者 두 명同藩의 鎌田佐吉, 藤原朝隆을 시헤이가 『해국병담』의 본문 맨 마지막, 즉 발문의 바로 앞 부분에 적어 놓았다. 그런데 당초에는 그가 1,000부를 간행할 예정이었지만, 자가장판自家藏版인데다가 권수도 많아서 자금 부족을 겪은 탓에 실제 간행된 것은 38부에 그쳤다고 한다.[19]

이때의 일로 시헤이는 1791년 12월 막부의 소환 명령을 받고 에도江戶로 갔다. 이듬해 막부는 시헤이에게 센다이번仙台藩에 칩거蟄居하라는 판결을 내렸다1792.5.16. 이틀 뒤인 5월 18일 에도를 출발한 시헤이는 동월 26일 센다이에 도착한 뒤 그의 형 집에서 칩거에 들어갔다. 그런데 시헤이는 에도로 호송되기 직전에 몰래 숨겨 두었던 1책의 『해국병담』을 필사하게 하여 1793년에 사본 4부가 작성될 수 있게 하였다. 그것을 마지막으로 시헤이는 그해 6월 21일 향년 56세로 병사했다.[20]

---

17 家村和幸, 『林子平の海國兵談』, 348쪽.
18 平重道, 『林子平 その人と思想』, 305~306쪽.
19 家村和幸, 『林子平の海國兵談』, 349쪽.
20 平重道, 『林子平 その人と思想』, 306쪽; 家村和幸, 『林子平の海國兵談』, 349~351쪽.

5. 『해국병담』 속의 조선^{朝鮮}

시헤이는 『해국병담』 속에서 조선^{朝鮮}에 대하여 몇 차례 언급했다. 대체로 일본이 무력을 앞세워 위세를 뽐내는 내용을 서술하는 가운데 조선이 자주 등장했다. 예를 들면 임진왜란이 대표적이다. 도요토미 히데요시라든가 가토 기요마사를 언급할 때 무력이 약한 나라의 모습으로 조선이 거론된다서문, 제5·11·13권. 심지어 신공황후 '삼한정벌'을 들먹이는 것에서 한 걸음 더 나아가, "에도시대까지도 조선이 일본에 복종하게 한 것 등은 모두 무덕^{武德}이 빛을 발휘한 부분이다"고 시헤이는 썼다제16권. 이것을 보면 시헤이가 조선보다 일본이 무력^{武力} 면에서는 절대적으로 우위에 있다고 인식했던 것이 아닐까 생각한다.

시헤이는 선박을 설명할 때도 조선을 등장시켰다. "지금 일본에 오는 외국 배는 중국, 네덜란드, 조선, 유구^{琉球}, 섬라^{暹羅} 등이다"고 한 것이 그 한 예이다. "조선과 유구, 섬라暹 등의 배는 대체로 중국 배를 모방하여 만드는데, 제작 방법이 매우 거칠고 간단하다. 배의 크기도 작아서 중국 배보다 더욱 격파하기 쉬운 부분이 있다"고 그는 부정적 평가를 내렸다. 그러면서도 "지금은 조선에서도 곳곳에 수영^{水營}을 설치하여, 그곳에서 가르치고 명령하는 것이 잘 정비되어 있다고 들었다. 이러한 것은 일본으로서는 부러워해야 할 일이 될 것이다"고 하면서, 조선의 수군 체제에 대해서는 높게 평가하여 상반된 모습을 보였다제1권.

신체 골격에 대하여 설명하는 가운데, "중국의 산서^{山西}, 북경 및 달단^{韃靼}, 조선^{朝鮮} 등 북쪽 지역 사람은 골격도 장대하고 힘도 일본인보다 세다. 다만 기질^{氣象}이 둔할 뿐이다"고 서술하면서, 시헤이가 나름대로 평가한 장단점을 함께 지적하기도 했다제6권. 그런가 하면 중립적인 평가도 있었다. 조선의 축성築城 양식을 있는 그대로 설명한 것이 그것이다제10권.

특히 주목되는 것은 시헤이가 조선의 마술馬術에 대하여 언급한 부분이다. "지금도 조선朝鮮에서는 마상馬上에서 깃발을 든다"고 한 것이나, "지금도 조선인이나 네덜란드인 등의 마술馬術은 모두가 등자를 밟고 선 채로 동작을 한다"고 설명한 것을 눈여겨볼 필요가 있다제15권. 통신사通信使가 일본에 갔을 때 혹시 시헤이가 에도江戸에 가서 조선의 마상재馬上才를 직접 관람하였을 가능성도 상정해 볼 수 있지 않을까? 다히라 시게미치가 "시헤이가 27세 되던 해1764년 2월에 '조선에서 통신사가 온다'는 소문을 듣고 급히 에도江戸로 향했다"[21]고 적은 것으로 보아서는 그러한 추정도 가능하다고 생각한다.

6. 하야시 시헤이에 대한 평가

시헤이의 생존 시기에 그에 대한 당시 일본 권력자의 평가는 결코 호의적이지 않았다고 생각한다. 앞에서 언급했듯이 시헤이의 세 차례『상서上書』중에서 두 번째와 세 번째는 센다이번仙台藩 측의 요청에 의한 것이라고 볼 수는 있겠으나, 시헤이의『상서上書』를 센다이번에서 받아들여 그것을 정책으로 실제 추진한 사례는 찾아보기 어렵다. 그것은 막부幕府도 마찬가지였다. 오히려 막부는 시헤이의 저술이 잘못된 정보에 근거

---

21 平重道,『林子平 その人と思想』, 41~42쪽; 남영우,「하야시 시헤이의 생애와 업적-『三國通覽圖說』과 부도의 독도를 중심으로」, 124쪽.

하여 일본 사회를 혼란시킨다고 보았고, 국방과 관련한 국가 기밀을 누설한 위법한 행위를 저지른 것으로 간주했다. 그래서 시헤이가 소장하고 있던 『해국병담』의 판목版木도 몰수하였고, 그에게 센다이에서 칩거하라는 판결을 내렸다.

그런데 시헤이 사망 후 48년이 지난 1841년天保 12 6월 막부가 시헤이에 대하여 사면赦免을 단행했다.[22] 이로써 묘비墓碑 건립도 가능해졌다. 그후 10년이 더 지난 1851년嘉永 4에 시헤이가 남긴 『해국병담』 5책원본 1, 사본 4 중 어느 하나를 원본原本으로 삼아 교정한 『정교 해국병담精校海國兵談』 10권 10책, 목활자본이 간행되었다. 그리고 1856년安政 3에는 『품준정교 해국병담稟準精校海國兵談』 10권 5책이 출판되었다. 이러한 서적을 막부幕府의 요인要人이나 존왕양이尊王攘夷의 지사志士들이 읽게 되었음은 물론이다. 그것뿐이 아니다. 시헤이가 『해국병담』에서 주장했던 "다른 나라 배를 모방하여 대포를 많이 만들어서 그것을 육지에 배치하는 방안"이 1854년嘉永 7 1월 중순 페리가 다시 내항하기 이전에 우선 '시나가와 다이바品川台場'라고 하는 시설을 통해서 실현되었다. 그 뒤 메이지明治 정부가 적극적으로 방위 체제를 구축하였는데, 그것을 두고 시헤이의 『해국병담』이 제창했던 "해국海國에는 무비武備가 필요하다는 인식"이 현실 세계에서 구현되는 과정으로 이해하는 것이 일본 학계의 주된 흐름이라고 생각한다.[23]

한편 1879년明治 12 총리대신 이토 히로부미伊藤博文가 도호쿠東北 지방을 순시하다가 폐허가 된 하야시 시헤이林子平의 묘墓를 보고 탄식하면서, 그

---

22 가모 군페이(蒲生君平, 1768~1813)가 1807년(文化 4) 막부에 하야시 시헤이(林子平)의 사면을 건의했다(平重道, 『林子平 その人と思想』, 271~273쪽.
23 家村和幸, 『林子平の海國兵談』, 351~352쪽.

의 위업을 후세에 전하기 위해 묘비를 세웠다고 한다. 이곳은 일본이 제
2차 세계대전 중이던 1942년에 일본의 국가 사적으로 지정되었다.[24]

아무튼 하야시 시헤이의 『해국병담』은 일본이 근세에서 근대로 이행
하는 과정을 살펴보고자 할 때 참고가 되는 저술 중 하나이다. 특히 일
본 제국주의 식민 지배를 경험한 한국으로서는 이 책이 근대 일본의 움
직임을 살필 수 있게 하는 자료일 뿐만 아니라, 한국 근대사近代史를 대일
對日 관계 측면에서 이해하는 데도 중요한 실마리를 제공할 수 있음은 더
말할 나위가 없다.

24 平重道, 『林子平 その人と思想』, 280~282쪽; 남영우, 「클라프로트(Klaproth)의 프랑스 번역본
『삼국접양지도(三國接壤地圖)』 간행에 기여한 신조[新藏]의 역할」, 『영토해양연구』 17, 동북아
역사재단, 21쪽.

서문

    오늘날에는 병兵이라고 하면 병력을 이용하는 용병의 원리를 말한다. 오늘날 무비武備라고 할 때는 이에 대비하는 일事을 가리킨다. 병兵은 이론에 속하고, 비備는 일에 속한다. 그때그때 형편에 따라 사용하면 될 뿐이다. 이른바 무비라고 하는 것은 공격이나 수비를 할 때 필요한 것들을 갖추는 것이다. 그러므로 그것이 그렇게 되었는지 아닌지를 따져보아야 하지 않겠는가.

    말하자면 그것은 전투 구역이 넓은지 좁은지, 산이나 강이 험한지 평탄한지, 옛날과 지금이 다른지 같은지, 사람과 사물이 강한지 약한지, 기후가 추운지 더운지, 맞서 싸울 나라가 큰지 작은지, 멀리 있는지 가까이 있는지, 천천히 해야 하는지 서둘러야 하는지, 유리한지 불리한지, 세력이 기울어지고 있는지 왕성한지를 측정하여 파악하는 것이다. 각기 그것의 유리함을 따르고 그것의 마땅함을 바로잡으며, 은밀하게 모의하여 미리 헤아린다면, 반드시 빠져나가거나 새어나가는 일이 없을 것이다. 그런 뒤에 그것을 이용하고 이에 대비해야 하는 일은 이것뿐이 아니다.

    미리 헤아린다고 하는 것은 게으름을 피우지 않는 것이다. 배우고 익히는 일에 힘쓰는 것은 오래 하면 할수록 더욱 정교하게 된다. 연구해서 두루두루 알게 되면 이르지 않는 곳이 없게 된다. 용감하게 잘 싸우고 의협심이 있으며 맹렬한 기풍이 흔들리지 않으면 각자가 모반하려는 마음을 갖는 일도 없을 것이다. 교화가 미치지 못하는 외국에서 두려워하여 굴복해오니 감히 침범해오는 일도 없게 된다. 이와 같은 일이 여러 해에 걸쳐 일어나게 되면 인민들이 무기를 들고 싸우는 난리 때문에 입게 될 고통을 받을 일도 영원히 없을 것이다. 이렇게 될 수 있으며 이렇게 되기를 기대할 따름이다. 이렇게 만든다면 그 업적은 위대하지 않겠는가.

무릇 병兵은 그때그때 필요한 상황에서 기운機을 일으키기 위함이며, 비備는 태평太平을 이룩하기 위함이다. 그런데 생업이 태평한 시기에는 무비武備를 확장하지 않고, 그래서 병을 훈련하는 일도 없다. 병을 이용하는 이론도 분명하지 않아서 무비를 확장하는 일도 없게 된다. 사事와 리理가 서로 마주하고 있을 뿐이다.

우리의 신조神祖, 도쿠가와 이에야스-역자 주가 개업開業한 이래로 태평성대가 오래 지속되고 나라 안팎이 무사하다. 세상 사람들이 말하는 병兵이란 오직 이론을 연구할 뿐 병졸을 실제로 움직이는 일은 없다. 지금이야말로 정말로 국가가 무武에 대비할 때인 것이다. 그런데 지금 이에 대비해야 할 사람들은 오로지 그 이론만 얘기할 뿐 그 방책에 대해서는 고찰을 하지 않는다. 옛날 방식을 따를 뿐 새로운 것을 배우고 익히는 일에 소홀하다. 흐름이 바뀌어 가고 있는데도 구습을 따를 뿐 고치려 하지 않으니, 궁색해지고 끝내는 못쓰게 되거나 느슨해지게 된다. 이렇게 되면 병兵을 이용하는 것도 무비武備도 똑같이 현실에서 동떨어진 이론空理에 지나지 않게 된다. 그러니 개탄스러울 뿐이다. 더구나 무기를 들고 싸우는 난리가 일어나면 사람들의 마음씨가 학문하는 것을 게을리 하게 되고, 그때그때 형편에 따르는 쪽으로만 흘러가게 된다.

병兵은 그때그때 필요한 상황에서 기운機을 일으키기 위함이며, 비備는 태평太平을 이룩하기 위함이다. 생업이 태평한 시기에는 무비를 중지하거나 그것을 사업事의 영역으로 돌려버리게 된다. 사업으로 취급하는 자세를 버리고 (병법에 관한) 이론을 확립하려는 것을舍事取理[1] 아직 보지 못했다. 비록 그렇게 해보려고 하더라도 시대의 추세가 이렇게 만들어버린다. 깊이 있게 공부한 사람이 아니라면 결코 이 문제를 해결하는 데까지 이를 수가 없다.

나의 친구인 하야시 시헤이林子平라는 사람은 의롭지 못한 것을 보면 의기가 북받쳐 원통해 하는 인사이다. 성품이 시원시원하고 물건에 욕심이 적으며 대의大義에 마음을 두고 있다. 그의 친족 중에 지체 높은 관리가 많은데, 시헤이를 가문에 도움이 안 된다고 멸시의 눈으로 바라보기도 한다. 그는 여기저기 돌아다니는 것을 좋아하여 나라 안을 두루 다녔다. 그러는 사이 그가 머무르는 곳은 늘 전쟁터에 있는 것이나 다름이 없었다. 누더기를 걸치고 초라한 음식으로 끼니를 이었으며, 풀이 나 있는 땅을 걷고 한데에서 잠을 잤다. 그런데도 그는 이것을 즐기며 어느 것에도 구애됨이 없이 마음 내키는 대로 살았다고 한다.

일찍부터 분연히 뜻을 세워 어려운 가운데서도 여러 해 동안 학문을 연구하였다. 그가 지은 책이 서가를 가득 채우고 있는데, 이 모두가 지금 세상에서 필요한 정책에 대하여 논하고 있다. 이것을 한데 엮어 『해국병담』이라고 부른다. 그 의미는 글자 그대로인데, 우리나라일본-역자 주가 바다로 둘러싸인 나라이기에 바다를 통해 쳐들어오는 적을 대비하는 일이 중요하다. 그러니 읽어보아야 하지 않겠는가. 이 책에서 설명하는 것이 확실할 뿐만 아니라 주장하는 말씨가 격렬하고 엄격한데, 이것은 마치 그 사람을 눈으로 보고 있는 듯한 느낌을 들게 한다. 한편으로 해

---

1 원문은 '집 사(舍)'인데, 문맥으로 볼 때 '버릴 사(捨)'의 오기(誤記)가 아닐까 생각한다.

외의 기묘한 계책을 찾아서, 옛날부터 지금까지 전해 온 것 중에서 아직 본 적도 들은 적도 없는 것을 끄집어내어 제시하였다. 그러므로 이 책을 살펴보면 우리나라(일본-역자 주)가 방어해야 하는 큰 줄거리를 충분히 알 수 있다. 그가 뜻하는 바를 가히 위대하다고 말할 만하다. 지금 세상에 이르러서 나태해질까 미리 헤아려 배우고 익히는 일에 힘을 쓰면 더욱 더 자세히 알게 된다. 연구를 폭넓게 하면 미치지 않는 곳이 없게 된다. 즉 세상에서 말하듯이 아주 오랜 세월 동안 인민들이 무기를 들고 싸우는 난리 때문에 입게 될 고통을 오래도록 겪지 않게 하는 것, 그것은 바로 여기에 있는 것이 아닐까. 그것이 여기에 있지 않을까.

덴메이天明 병오 여름 5월 26일念六

센다이仙臺 구도 규케이工藤球卿[2] 지음

---

[2] 구도 규케이(工藤球卿, 1734~1801)는 에도에 거주하는(江戸詰) 센다이번(仙台藩) 의사였다. 그는 기슈번(紀州藩) 의사의 아들로 태어났는데, 나중에 센다이번 의사 구도 야스요(工藤安世, 1695~1755)의 양자가 되었다. 구도 규케이는 에도에 살면서 일본과 중국뿐만 아니라 네덜란드에 관해서도 수학하였는데, 나가사키(長崎)를 통해 해외 정보를 흡수하면서 해방(海防)의 필요성을 깨닫게 되었다. 그는 러시아의 침략에 대비하여 에조(蝦夷)지역 — 지금의 일본 간토(関東)와 도호쿠(東北)지방과 북방의 홋카이도(北海道), 가라후토(樺太, 사할린) 등 — 을 경략(經略)할 필요가 있음을 역설한『赤蝦夷風説考』(상하 2권)를 1783년(天明 3) 막부(幕府)에 제출하였다. 러시아 남하의 실정과 캄차카반도의 역사 등을 서술한 이 책은 일본 최초의 러시아 연구서로 평가를 받고 있다. 하야시 시헤이(林子平)는 구도 규케이로부터 이른바 난학(蘭學)의 지식이라든가 해방론(海防論)의 자극을 받았는데,『해국병담』서문을 구도 규케이가 쓴 것으로도 두 사람의 깊은 인연을 쉽게 짐작할 수 있다.

스스로 적은 서문自序─하야시 시헤이가

　해국이란 무엇인가. 말하자면 땅으로 이어진 이웃 나라가 없고 사방이 모두 바다를 따라서 연결된 나라를 말한다. 그런데 해국에는 해국에 상당하는 무비武備가 있다. 중국唐山의 군서軍書 및 일본에서 예부터 지금까지 전해 내려오는 여러 흐름의 설說을 살펴보면 내용이 차이가 난다. 이러한 특성을 알지 못하면 일본의 무술武術을 제대로 말하기가 어렵다. 먼저 해국은 바깥에서 침입해오기 쉬운 측면이 있는데, 또한 쳐들어오기 어렵다고 말하기도 한다. (바깥에서) 들어오기 쉽다고 말하는 의미는 군함軍艦에 승선하여 순풍을 만나면 일본 거리로 2~3백 리 떨어진 먼 바다도 1~2일이면 달려올 수 있다. 이처럼 들어오기 쉬운 까닭이 있으므로 여기에 대비하지 않으면 안 되는 것이다. 또한 들어오기 어렵다고 말하는 의미는 사방이 온통 큰 바다라 험난해서 마음먹은 대로 올 수가 없다는 뜻이다. 그렇기는 하지만 그러한 험준한 것만 믿고 대비를 게을리하는 일은 없어야 한다.

　여기에 덧붙여서 생각해보면, 일본의 무비는 외부의 적을 막는 계략術을 아는 것이 가장 먼저 해야 할 급무急務가 되어야 한다. 그런데 외부의 적을 막는 계략은 (물 위에서 싸우는) 수전水戰에 있다. 수전에서 가장 중요한 점은 대포大銃에 있다. 이 둘을 잘 갖추는 것을 일본 무비의 알맹이로 삼은 상태에서, 중국 내륙唐山3과 몽골 고원韃靼4 등 산으로 이어진 나라山

3　당산(唐山)은 한족(漢族)의 거주 지역을 가리킨다.
4　달단(韃靼)은 만주와 몽골 고원지역을 가리킨다. 송(宋)에서는 몽골을 흑달단(黑韃靼)으로, 터키계 부족을 백달단(白韃靼)으로 불렀다. 명(明)에서는 원(元)의 멸망 후 북쪽으로 달아난 유민(遺民)을 달단(韃靼)이라 불렀다.

國와 군사 정책軍政이 다른 부분이 있음을 인식한 뒤에, (뭍에서 싸우는) 육전陸戰에 관한 것에 이르러야 한다.

안타깝게도 오에노 마사후사大江匡房[5]를 비롯하여, 구스노키 마사시게楠木正成,[6] 다케다 신겐武田信玄[7]과 우에스기 겐신上杉謙信[8] 두 사람甲越二子처럼, 세상에 전투의 명인으로 불리는 사람도 그 근원은 중국의 군서軍書를 으뜸으로 삼아 공부한 사람들이어서, 모두가 중국唐山流의 군리軍理만 전해 준 것이지, 해국海國에 관한 논의까지 도달한 사람은 없다. 이것은 하나는 알고 둘을 알지 못하는 것과 비슷한 점이 많다. 지금 내가 『해국병담海國兵談』을 작성하여 수전水戰을 가지고 권두의開卷 첫 번째 주제로 서술한다. 이것이 해국무비海國武備의 근본이 되기 때문이다.

일본의 무비武備는 이처럼 수전水戰을 첫 번째로 삼는데, 여기에서 하나 더 알아야 할 것이 있다. 그것은 옛날 중국과 지금의 중국은 지세地勢와 인정人情이 모두 달라졌다고 하는 점이다.

먼저 일본이 개벽開闢한 이래로 외국에서 (일본으로) 습격해 온 것은 중국이 원元의 지배 아래에 있었던 시대인데, 그때 몇 차례 군사를 일으켰다. 그 가운데서도 1281년弘安 4에는 대군大軍을 이끌고 왔다. 그렇지만 다행히도 (신의 위력으로 일어난) 가미카제神風라는 바람을 만나서 전멸시킬 수가 있었다. 이것은 원元의 군주가 북방의 종족 출신으로서 중국을 힘

---

5 오에노 마사후사(大江匡房, 1041~1111)는 헤이안(平安) 시대 후기의 공경(公卿), 유학자(儒學者), 가인(歌人)이다.
6 구스노키 마사시게(楠木正成, 1294?~1336)는 가마쿠라(鎌倉) 시대 말기부터 남북조(南北朝) 시대에 걸친 무장(武將)이다.
7 다케다 신겐(武田信玄, 1521~1573)은 센고쿠(戰國) 시대의 무장(武將)이다. 우에스기 겐신(上杉謙信)과 대립하여 1553년(天文 22)부터 1564년(永祿 7)까지 다섯 번에 걸친 전투가 유명하다.
8 우에스기 겐신(上杉謙信, 1530~1578)은 센고쿠(戰國) 시대의 무장(武將)이다. 병략(兵略)에 뛰어난 그는 많은 전투를 하였는데, 그 가운데서도 다케다 신겐(武田信玄)과의 전투가 유명하다.

으로 무찌르고 **빼앗은** 사람이었기에, 원이 지배하던 시대에는 중국과 북방 오랑캐가 한 몸이 되어 북쪽 변방의 군사를 모두 제압하였다. 그래서 멀리 (일본까지) 병마兵馬를 내보내더라도 후방을 걱정할 것이 없었기에, 종종 군사를 일으키게 되었다.

이와 더불어서 중국의 당시 형세時勢를 살펴보아야 한다. 삼대三代[9]는 말할 것도 없고, 진秦과 한漢나라 때까지는, 일본이 얼마나 넓고 좁은지와 (일본으로 가는) 바닷길 등에 대하여 (중국이) 상세히 파악하지 못하였다. 당唐이 지배하던 시대에는 자주 일본을 오가면서 바닷길과 일본의 지역國郡 (정보)까지도 자세하게 알고 있었지만, 서로 우호가 깊었기에 (일본으로) 쳐들어오지는 않았다. 송宋시대에 와서는 그 왕조의 풍의風儀가 나약하여 이때도 역시 쳐들어올 수가 없었다. 그런데 송을 멸망시킨 것이 북방의 종족인 몽골蒙古이었으니, 곧 원元이다. 원의 병마가 여러 번 일본에 (쳐들어) 온 것은 위에서 언급한 것처럼 중국과 북쪽 오랑캐가 한 몸이 되어 그 경계의 군사를 모두 제압하였기에 먼 곳까지 병마를 내보내더라도 후방의 걱정거리가 없었기 때문이었다.

그 뒤 명明의 세조世祖가 원元을 멸망시키고 중국을 다시 일으켰으며, 그 정사政事가 유약하지 않아 충분히 통일의 업을 이루었다. 이 시대에 일본을 침략하자는 논의가 있었다고 하지만, 북방 종족의 큰 적이 날이면 날마다 쳐들어왔기에 먼 바다를 넘어서 (일본으로) 올 만큼 한가하지 않았다. 게다가 대합大閤, 도요토미 히데요시-역자 주의 맹위猛威가 조선朝鮮을 함락시키고 북경北京으로 들어갈 기세에 눌려서 (다른 나라를) 쳐들어갈 겨를

---

9 3대는 하(夏), 은(殷), 주(周)를 가리킨다.

이 없었다. 그러던 차에 또 달단韃靼에 망하여 (청의) 강희康熙 이래로 중국 唐山이 달단韃靼과 다시 한 몸이 되자, 이제는 드디어 (중국 대륙을 하나로) 통일하여 북쪽 변방이 끝내 충분히 태평하게 될 수가 있었다. 그래서 멀리까지 병마를 내보내더라도 후방의 걱정거리가 없었다. 게다가 강희康熙 옹정雍正 건륭乾隆 3왕이 각기 문무文武를 굳건히 하여 충분히 시세時勢에 통달하였기에, 능히 중국을 손에 넣었다. 그러므로 명나라 때의 중국으로 생각하는 일이 반드시 없어야 한다.

먼저 지금의 청淸을 가지고 옛날의 중국에 견준다면 땅도 옛날 중국보다 배倍가 더 넓고, 무예武藝도 북풍北風을 이어받아 잘 수련修練을 하였으며, 심욕心慾도 북방의 풍습을 이어받아 굳세고 강한 쪽으로 이행하였다. 결국 북쪽 오랑캐가 지닌 재물을 탐하는 마음씨가 점차 중국으로 옮겨가서, 그동안 보여주었던 인후仁厚의 풍의風儀도 점점 사라지고 말았다. 게다가 세상의 서적書籍도 갈수록 정교해졌다. 또한 일본과 왕래도 빈번해지고, 거기에 인심人心이 날로 발명發明하여 지금은 중국에서 일본으로 가는 바닷길과 일본의 지역國郡 (정보) 등도 미세한 것까지 알 수 있게 되었다.

마음속으로 혼자서 그냥 생각해보았는데, 혹시라도 앞으로 청나라의 황제가淸主 나라 안의 근심거리가 없는 것에 편승하여, 다시 원나라 때의 고업古業을 생각해내서 어떤 무분별한 일을 일으키지 말라는 법도 없다. 그런 상황에 이르게 되면 탐욕貪慾을 근본으로 삼게 되어, 일본이 아무리 인정仁政을 베풀더라도 이에 따르지 않게 될 것이다. 또한 (그들이) 병마兵馬가 수없이 많다는 것을 믿게 되면, 일본의 무위武威에 대해서도 두려워함이 없을 것이다. 이것은 명나라 때까지의 중국과 (지금의 중국이) 같지 않음을 말해 준다.

또한 최근에 와서 유럽歐羅巴의 모스크바莫斯哥未亞[10]가 그 세력이 다른 데 견줄 수 없을 만큼 커져서 멀리 달단韃靼의 북쪽 지역을 침략하였다. 요즘은 시베리아室韋 지방을 공략하여, 동쪽 끝으로는 캄차카加模西葛祉加【즉 카무사스카이며, 에조蝦夷의 동북에 있음】까지 무력으로 빼앗았다. 그런데 캄차카에서 동쪽으로는 더 이상 빼앗아 갈 국토가 없다. 그래서 그 서쪽으로 눈을 돌려서 에조국蝦峨國의 동쪽에 해당하는 지시마千嶋를 손에 넣을 기세機라고 들었다. 이미 메이와明和 신묘년1771년-역자 주[11]에 모스크바莫斯哥未亞에서 캄차카에 파견해 두었던 호걸豪傑 바론 마오릿쓰 아라아달한 벤고로라는 사람이 캄차카에서 배를 띄워서 일본으로 일부러 건너와서 여기저기 항구에 줄을 내리고 그곳의 깊이를 측량하면서, 일본을 절반 이상 배를 타고 돌아다녔던 적이 있었다. 그 가운데서도 도사土佐[12] 지역國에서는 (러시아인을) 일본국에 와 있었던在合 네덜란드 사람阿蘭陀人으로 인식하여 글을 써준 적도 있었던 것 같다. 이러한 일들이 일어나게 만든 그 바탕에 있는 마음씨가 밉고도 놀랄 만한 일이다. 해국海國이기에 오지 말아야 했던 배인데도, 그 배에 탄 사람의 임기응변機轉에 따라서 마음 편하게 올 수 있었다. (이 점에 대해서는) 마땅히 생각해 볼 일이다.

그런데 해국이라는 점과 중국의 시대 상황을 판별한 다음에 또 하나 생각해야 할 점이 있다. 그것은 무武에만 치우치는 함정에 빠지지 말고, 문文과 무武를 모두 온전히 하고자 노력하는 일이다. 무武에만 치우치게 되면 야성은 있겠지만 지혜가 없게 된다. 본디 병兵이라고 하는 것은 (사

---

10 모스크바[莫斯哥未亞]는 러시아를 가리킨다.
11 1771년 明和 8년, 신묘년은 영조 47년이다.
12 옛 국명(國名)의 하나인데, 현재는 고치현(高知県)에 해당하는 토주(土州).

람을 죽이는 데 쓰는) 흉기이다. 그렇지만 죽느냐 사느냐死生, 생존이냐 멸망存亡이냐, 이런 문제와 관련되는 상황에서, 국가의 대사大事가 이보다 더한 것은 없을 터이니, 야성은 있으되 지혜가 없는 편무偏武의 무리에게 (일을) 맡기기는 어려운 법이다.

그렇기에 일본이 고대에는 수도都에 구스이시鼓吹司[13]와 순화淳和, 장학獎學의 양원兩院을 설치하였고, 지역마다國々 군단軍團과 향학鄕學을 설치하였으며, 그곳에서 모두 문文과 무武를 가르쳤다. 또한 공자孔子도 문무 양쪽이 온전해야 한다兩全는 뜻을 펴면서, "문사文事가 있으면有文事者 반드시 무비武備가 있어야 한다必有武備矣"고 말하였다. 그 밖에 황석공黃石公[14]은 문무를 함께 갖추어야 국가를 다스리고 백성을 구제할 수 있다經濟는 취지로 말한 바 있다. 사마양저司馬讓苴[15]는 치세治世를 할 때 전쟁을 잊지 않아야만 국가를 보호하는 길이 만들어진다고 말하였다. 그 밖에는 진晉의 육경六卿, 재齊의 관중管仲, 한漢의 이조二祖, 촉蜀의 공명孔明, 우리 (일본) 신조神祖. 도쿠가와 이에야스─역자 주와 같이, 문과 무를 모두 온전히 한다는 뜻을 터득한 인물들이 있었다.

그 밖에도 병兵에 관하여 얘기하는 사람은 일본과 중국에 수없이 많이 있지만, (그들이) 모두 장점만 전수傳授하여 어느 한쪽에만 치우쳐 있는 병학兵學 전문가兵家라고 한다면, 문과 무를 모두 온전히 한 것이라 말할

---

13 구스이시[鼓吹司]는 율령제(律令制)에서 병부성(兵部省)에 속했던 역소(役所)이다. 이곳에서는 고취(鼓吹)의 훈련을 담당하였는데, 고(鼓)는 정고(鉦鼓, 진중에서 군호로 치던 징과 북)를, 취(吹)는 대각(大角, 전장에서 사용한 뿔피리)과 소각(小角, 전장에서 사용한 작은 피리)을 말한다.
14 황석공(黃石公, 황시쿤)은 중국 진(秦)나라 때 인물이다. 『열산주패(列仙酒牌)』라는 책에 '황석공(황시쿤)' 그림이 실려 있다고 한다.
15 사마양저[司馬穰苴]는 중국 춘추시대 제(齊)나라의 장군이다. 병법서(兵法書) 『사마법(司馬法)』의 저자이다.

수 없다. 또한 전투戰鬪의 길道에는 각 국토各國土의 상황模儀을 고려해야 한다. 큰 줄거리를 논하자면, 일본에서는 군사가 싸움터로 나아가게 될 때 그 출진軍立은 작은 다툼으로 이어진다. 그런데 혈전血戰을 주로 하느라 생각을 꾀함이 적다. 오로지 국토와 자연의 용기勇氣에 맡겨서 목숨을 버리고 적을 쳐부수는 것을 가장 중요한 전법戰法으로 삼는 탓에, 그 창끝은 날카로워도 규칙이 정교하지 못하니, 신중하게 행동한다고 말할 수 있는 수준에는 이르기 어렵다. 중국은 원리와 규칙을 중요하게 여기고, 계략을 꾀함이 많으며, 신중하게 행동하는 것을 가장 첫 번째 진리로 삼기에, 그 군사가 싸움터로 나아가게 되면 당당하게 임하지만, 혈전에 이르게 되면 몹시 무뎌진다. 이와 같은 것은 일본 중국 두 나라 군사 서적을 읽어보면 그 예리함과 둔함을 알 수가 있다.

또한 간에이寬永 무렵 시부타 하치에몬澁田八右衛門[16]과 하마다 야베에濱田弥兵衛[17] 등 오직 9명만으로 타이완臺灣으로 일부러 건너가서 네덜란드 (동인도회사의) 성을 지키던 사람城代[18]을 생포한 사례도 있다. 또한 안에이安永 연간에 내가 히젠肥前의 진대관鎭臺館에 다녀온 일이 있다. 그 무렵 나가사

---

16 원문은 시부타 하치에몬(澁田八右衛門)인데, 이에무라 가즈유키(家村和幸)의 일본 번역서(2022년)에는 시부야 하치에몬(澁谷八右衛門)으로 적었다.

17 하마다 야베에(浜田弥兵衛, 濱田彌兵衛)는 에도(江戶) 시대 초기 주인선(朱印船)의 선장(船長)이다. 나가사키(長崎) 출신인 그는 1627년(寬永 4)에 일어난 대만 사건(노이쓰 사건)의 실행자이다. 간에이(寬永) 무렵까지는 일본에서 주인선(朱印船) 무역이 활발하게 이루어지고 있었는데, 그 교역 상대의 하나였던 명(明)과 비공식적인 무역을 하였을 때 그 중계 기지(中継基地)로서 중요한 의미를 지니고 있었던 것이 대만(高砂, 台湾)이었다. 그래서 네덜란드 동인도회사가 진출하여 이곳을 점령하고(1624년), 이곳에서 교역할 때는 일률적으로 10%의 관세(関税)를 부과하기 시작했다. 그러자 1627년 나가사키(長崎)의 무역상(貿易商) 스에쓰구 헤이죠(末次平蔵)의 주인선(朱印船) 선장(船長)이었던 야베에가 막부(幕府)의 후원을 받아서 네덜란드 총독을 인질로 붙잡고 네덜란드에게 관세 철폐를 요구하였다. 이렇게 해서 대만(高砂)을 자유 무역 지대로 만드는 데 성공하였다.

18 성대(城代, 죠다이)는 성주(城主)를 대신하여 성을 지키는 사람이다.

키崎陽의 재관在館 중국인 61인이 무리를 지어 난을 일으켰을 때, 우리일본
-역자 주 쪽에서 15인이 진대鎭臺의 명命을 받고 (그곳으로) 향하여 즉시 61
인을 무찌르고, 그들이 웅거하고 있었던 공신당工神堂을 무너뜨리고 돌아
왔었다. 이때 중국인과 막다른 길목에서 펼치는 승부를 겨루었는데, 그
나라 사람이 전력을 다해 싸우는 것에는 무디다는 것을 직접 경험을 통
해서 알 수 있었다.

또한 유럽歐羅巴의 여러 나라는 크고 작은 화기火器를 전유물로 삼고, 그
밖의 날아다니는 도구飛道具가 매우 많다. 더욱이 함선艦船의 제도가 빼어
나게 정교하여, 선군船軍19에 장점이 있다. 특히 그 나라가 뛰어난 법을
갖추어서 잘 다스리고 화친和親을 도모하여, 같은 나라 안에서 공격하는
일이 없으며, 단지 서로가 다른 나라를 침략하여 자기가 점유하던 일에
오래도록 힘써 왔기에, 결코 같은 나라 안에서 서로 군사를 일으키지 않
게 된다. 이것은 일본과 중국 등이 꾀하지 못했던 일이다. 병兵을 이끌어
서 지휘하는 사람은 이 3가지 군정軍情을 잘 이해하여 임기응변한다면,
천하에 아무 거리낌 없이 행동할 수 있게 될 것이다.

본디 일본이 해국海國이라는 점, 그리고 지금의 청淸은 옛날 중국보다
우수하기에 일본으로서는 방심하기 어렵다는 점, 그리고 3주州20 각 전
투戰鬪의 상대자가 각기 다르다는 점, 이 3가지에 관한 설說은 일본의 이
전 병학 전문가가 아직 말하지 않은 내용이다. 여기에서 아직 말하지 않
았다는 의미는 세상의 군사학 전문가 모두 중국의 서적을 바탕으로 하
여 공부하여 자연히 중국풍唐山流에 빠지고 말았음을 말한다. 이렇게 된

---

19 선군(船軍)은 수군(水軍), 해군(海軍)을 가리킨다.
20 3주(州)는 일본, 중국, 유럽을 가리킨다.

까닭은 오히려 해국海國에는 해국의 병제兵制가 있다는 점을 생각해내지 못하였기 때문일 것이다. 지금 내가 처음으로 이것을 말하는 것은 깊이 걱정하는 바가 있어서 널리 헤치고 나아가 생각한 끝에 이와 같은 의미를 깨닫게 되었기에 가능한 것이다. 이 의미를 알게 되었다고 하더라도, 보통의 세상 사람들은 그것을 입 밖으로 말하지 않을 것이다. 입 밖으로 말하지 않는다는 것은 삼가고 정중하다는 뜻이다. 나는 생각을 직설적으로 드러내고 올곧게 행동하는 독신 남자獨夫이기에, 감히 꺼리거나 싫어하는 것을 고려하지 않는다. 따라서 벤고로ベンゴロウ 사건을 비롯하여, 대체로 외부에서 적이 쳐들어오기 쉬운 사정을 있는 그대로 글로 남겨서, 오히려 해국海國에 가장 중요한 무비武備는 이와 같다고 하는 것을 육식肉食을 많이 하는 사람들에게 알리고 싶다고 생각하고 있었기에, 보고 들은 것을 모으고 엮어서 이 책을 만들었다. 이에 본인은 덕德을 헤아리지 않고, 자리를位 계산하지 않는다. 안타깝지만 해국에 관한 것이기에 그렇게 하는 것이다.

그런데 내가 몹시 건방지게 일을 하고 말았다. 그래서 죄를 피할 수 없을 것이라는 점을 알고 있다. 그렇지만 사람을 붙잡아갈 것이 아니라, 말言을 붙잡아야 한다. 이에 내가 덕과 품위를 헤아리거나 계산하지 않고 이 책을 써서 말을 함으로써, 지금 이 세상에 대하여 걱정하는 바이다. 이렇게 해서 책이 만들어지고, 이로써 몸소 보배로 삼는다. 그렇다고 해서 내가 재능이 있는 것은 아니다. 문헌도 충분하지 않다. 그래서 글귀를 이루지 못했고, 자구와 문장을 완성하지 못했다. 이 책을 보는 사람이 읽기가 어렵지 않을까 걱정된다. 그렇기는 하지만 초학初學인 사람이 단서를 여기에 열어서, 문文으로써 전법戰法을 다듬고 무武로써 문화

의 화려함과 훌륭함을 도와서 개발하는 일이 중요하다는 의미를 이해할
수 있게 되었다. 문文과 무武가 함께 그 정교함에 이를 수 있다면, 곧 국
가를邦家 안전하게 하고, 해국海國을 보호하는 데 일조一助를 하게 될 것이
다. 마음속으로 혼자서 그냥 생각하기를, 이것을 일본무비지日本武備志라
이름을 붙이더라도 죄가 되지 않을지? 다만 그 문장의 졸렬함 때문에
그 뜻을 헤치는 일이 없기를 바랄 뿐이다.

때는 덴메이天明 6년1786년 병오 여름,
센다이仙臺에서 하야시 시헤이林子平가 스스로 서문을 지음自書.

차례

『해국병담』

제1권

수전水戰

해국海國의 무비武備는 해변海邊에 있다. 해변의 병법兵法은 수전水戰에 있다. 수전의 가장 중요한 점은 대포大銃에 있다. 이것은 해국이라면 당연히 갖추어야 할 병제兵制이다. 수전水戰 편에 관한 것을 이 책의 가장 첫번째로 거론하는 깊은 뜻이 바로 여기에 있다. 보통의 병서兵書와 똑같은 것이 아님을 알아야 할 것이다.

나라가 태평한 날이 오래 이어지면 사람들의 마음이 느슨해진다. 사람들의 마음이 느슨해질 때는 난亂이 있었음을 잊어버리게 되는데, 이것은 일본이든 중국이든 옛날부터 지금까지 고질병通病이다. 이것을 망각하지 않는 것을 무비武備라고 부른다. 생각해보면 무武는 문文과 함께 덕德을 가리킨다. 비備는 덕德이 아니라 (행동으로 옮기는) 일事로서, 변란에 미리 대비하여 모자람이 없도록 물건을 갖추어 놓는 것을 말한다.

○ 지금 세상의 습속習俗으로 보면, 외국 배가 (일본의 포구로) 들어오는 것은津 나가사키長崎로 한정되어 있다. 그래서 다른 포구에 배를 대는 것은 결코 있을 수 없는 일로 생각한다. (이렇게 생각하는 사람은) 정말로

태평함에 취해서 배를 두드리는鼓腹 사람이라고 말해야 할 것이다. 이미 옛날에 사쓰마薩摩의 보노쓰坊の津, 치쿠젠筑前의 하카타博多, 히젠肥前의 히라도平戶, 셋슈攝州의 효고兵庫, 센슈泉州의 사카이界,[1] 에치젠越前의 쓰루가敦賀 등에 외국 배가 들어와서 물건을 바치거나献 물건을 사고팔았던 적이 다수 있었다. 이것은 내가 쓴 서문에서도 언급하였듯이, (일본이) 해국海國이기에 어느 지역國[2]의 포구가 되었든 마음먹고 배를 대려고 하는 일이 벌어지게 된다면, (일본의) 동쪽 지방東國은 일찍부터 방심할 수 없게 되었다. 이것을 놓고 생각해본다면, 지금 세상의 나가사키 항구에 돌화살받침대石火矢臺를 설치하여 수비備를 펼치듯이, 일본 국내 동서남북 할 것 없이 어디든 나가사키 항구처럼 설비를 갖추어 놓았으면 하는 것이 해국의 무비로서는 가장 중요한 내용이 될 것이다. 그런데 이 일은 이루어지기 어려운 내용은 아니다. 지금부터 새로운 제도를 정하여 점점 갖추어나간다면, 50년이 지나 일본의 모든 바다와 해변이 당당하게 삼엄한 경비를 하게 될 것으로 기대가 된다. (이것은) 의심할 여지가 없다. 이렇게 될 수 있다면, 큰 바다를 연못으로 삼고, 해안을 돌로 쌓은 벽으로 삼아서, 일본이라고 하는 사방 5천 리[3] 규모의 큰 성大城을 쌓는 것과 같게 된다. 이 어찌 유쾌하지 않으리오.

○ 마음속으로 혼자서 그냥 생각해보았는데, 지금 나가사키長崎에는 엄중하게 돌화살石火矢의 수비 시설이 갖추어져 있다. 그런데 오히려 아와安房라든가 사가미相模 해안의 항구에 그러한 수비 시설이 없다. 이것은

---

1   원문은 界로 적혀 있으나, 堺를 잘못 적은 것으로 보인다.
2   원문은 國(일본어 음으로 '구니')인데, 일본 안에 있는 여러 번(藩)과 같은 지역을 가리킨다.
3   일본의 1리(里)는 4km이다.

매우 미심쩍은 일이다. 가만히 생각해보면, 에도江戸의 니혼바시日本橋에서 중국, 네덜란드까지 경계가 없는 수로水路가 되어 있는 셈이다. 그런데 이런 곳에는 갖추어 놓지 않고 나가사키에만 갖추어 놓았으니, 이것은 어찌 된 일인가. 내가 보기에는 아와安房와 사가미相模 두 지역兩國에 제후諸侯를 두고, 바다로 들어가는 좁은 해협瀬戸에 엄중한 수비를 세웠으면 한다. 일본의 모든 해안에 수비를 설치하는 것은 먼저 이곳 항구부터 시작해야 한다. 이것은 해국海國의 무비武備 중에서 매우 중요한 부분이다. 그렇다고 하더라도 꺼리거나 싫어할 것을 주저하지 않은 채, 있는 그대로를 말하는 것은 (예의가 없는) 불경不敬한 짓이 된다. 그렇다고 해서 말을 하지 않고 있으면 그것 또한 불충不忠이 된다. 그래서 독신 남자獨夫인 내가 죄를 입을 것을 두려워하지 않고 글로 쓰는 것이다.

○ 수전水戰을 잘하기 위해서는 가장 먼저 함선艦船의 제작에 힘을 쏟아야 한다. 그런 다음에는 뱃사람水主, 키잡이楫取에게 군선軍船을 조련操練하는 방법을 잘 가르쳐야 한다. 그 다음으로는 모든 병사에게 수영 훈련水練, (말을 타고 물을 건너거나 수영을 하게 하는) 수마水馬, 배와 조종간 돌리는 방법을 가르쳐야 한다. 이것은 수전의 3가지 핵심이다. 더 자세한 것은 아래에[4] 나오는 문무겸비대학교文武兼備大學校의 그림을 보면 알 수 있을 것이다.

○ 다른 나라의異國 무비지武備志에도 바다로 쳐들어오는 외적을 방어하는 수단이 여러 가지 적혀 있다. 그런데 이것은 중국에서 왜구倭寇라고 이름을 붙여서 일본의 해적선海賊船을 막는 방법으로, 매우 간단히 적혀

4　문무겸비대학교(文武兼備大學校)를 그린 그림이 제16권에 실려 있다.

있어서, 이것을 우리나라我國, 일본-역자 주에서 다른 나라 배를 방어하는 참고 자료로 삼기는 어렵다. 일본에서 외적을 막는 기술은 이와는 상반되게 일이 크다. 그것이 커지게 된 까닭은 다른 나라에서 일본을 병탄倂呑하려고 오는 것이라면 그 방법도 크게 할 터이다. 그처럼 큰 방법을 깨부술 수 있게 방비하려면, 이 또한 규모가 큰 방법으로 해야 한다는 것을 알아야 한다. 그 큰 방법에 관한 내용은 아래에 적는다.

○ 해변海邊에 방비하는 시설을 갖추어서 큰 배를 쳐부술 수 있게 하는 것을 핵심 내용으로 하려면, 먼저 다른 나라 배가 어떻게 제작이 되었고, (그 배의) 견실堅實함이 어느 정도인지를 잘 파악하여 그것을 숙지한 다음에, 그 기술을 시행해야 한다.

○ 지금 일본에 오는 외국 배는異國船 중국唐山, 네덜란드阿蘭陀, 조선朝鮮, 유구琉球, 섬라暹羅 등이다. 북쪽 지방에 에조蝦夷의 배가 있지만, 아직 우리나라本邦, 일본-역자 주에 왔다는 확실한 증거를 들은 바 없다. 설령 온다 하더라도 (그 배를) 붙잡기에는 충분하지 않은 작은 배이다. 마찬가지로 캄차키加模西葛杜加【즉 카무사스카임】의 흑선黑船, 구로부네이 있다. 이것 또한 아직 일본에 오지 않는다고 하더라도, 이미 내가 쓴 서문에서自書 말한 것처럼, 캄차키加模西葛杜加의 벤고로가 흑선을 타고 일본을 돌아다닌 적이 있었으므로, 전혀 올 일이 없다고 말하기는 어렵다. 그 배는 네덜란드 배와 같은 종류로, 작은 성小城과 같이 견실하기 그지없는 배라고 들었다. 이 배가 온다고 한다면, 먼저 히타치常陸[5]와 무쓰陸奧[6] 및 가즈사上總[7]와 시모사下

---

5 〈참고도〉의 ① 참조. 히타치[常陸]는 도카이도(東海道)에 속하며, 현재는 이바라기현[茨城県] 동북부에 해당한다. 죠슈(常州)라고도 부른다.

6 〈참고도〉의 ② 참조. 무쓰[陸奧]는 미치노쿠라고도 부른다('미치노 오쿠'에서 전와). 이곳은 오슈(奧州)의 5개 나라(國), 즉 ①리쿠젠(陸前 : 宮城県·岩手県), ②리쿠츄(陸中 : 岩手県·秋田

總[8]와 같은 항구港口로 접근하지 않을까 생각한다. 이곳이 해로海路가 지나가는 길巡道인 까닭에 그렇게 짐작이 된다.

○ 중국의 배는 크고 길기는 하지만, 제작 방법이 성글기 때문에 그 배가 견실하지 못하다. 본디 중국 사람들은 배를舶 가리켜 판자板이라고 부른다. (그렇게 부르는) 마음의 바탕에는 단지 판지板라고 부르는 마음이 있어서이다. 판자에 올라타서 물을 건너는 용도까지를 말한다는 생각이 있기에, 그 제작이 거칠어지게 되는 것이다. 단지 다섯 가지 색깔의 석회石灰를 발라서 웅장하게 보일 뿐이다. 이것을 깨부수려고 한다면, 대포大銃와 큰 화살大弩로 쉽게 파괴할 수 있다. 섬라暹羅, 샴, 조선朝鮮, 유구琉球, 류큐 등의 배는 대체로 중국 배의 제도를

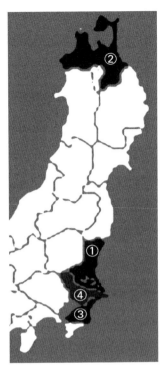

〈참고도〉

모방하여 그 제작 방법이 매우 거칠고 간단하다. 그런데다가 (크기가) 작으므로 중국 배보다 더욱 격파하기 쉬운 부분이 있다. 네덜란드阿蘭陀와 유럽歐羅巴 여러 나라의 배는 그 제작이 매우 견실堅實하고 광대廣大하다. 성능이 뛰어난 대포大銃가 아니면 격파할 수가 없다. 본디 서양 사람들은 배를 가리켜 (물 위의 성이라는 뜻으로) 수성水城이라 부른다. 중국 사람들이

県), ③ 무쓰(陸奥 : 青森県 · 岩手県), ④ 이와키(磐城 : 福島県 · 宮城県), ⑤ 이와시로(岩代 : 福島県)의 옛 명칭 중 하나이다.

7 〈참고도〉의 ③ 참조. 가즈사[上總]는 현재 지바현(千葉県) 중부에 해당하는 옛 가즈사노쿠니[上總國]를 가리킨다.

8 〈참고도〉의 ④ 참조. 시모사[下總]는 현재 지바현(千葉県) 북부, 이바라기현(茨城県) 남서부, 사이타마현(埼玉県) 동부, 도쿄도(東京都) 동부에 해당하는 옛 시모사노쿠니[下總國]를 가리킨다.

판자板라고 부르는 것과 천지 차이로 현격히 다르다. 물 위의 성수城이라고 부른 이상은 그 제작을 견실하고 광대하게 해야 한다고 생각하게 되었을 것이다. 먼저 자연에서 얻은 갈래 나무乂木가 〈그림 1-1〉과 같이 생긴 큰 재목을大材 서로 이어서 배의 골조骨組를 만든다. 그 바깥쪽에 판자를 붙여서 덮는 곳은 역시 같은 갈래 나무가 길고 큰 것을 (배의) 머리와 꼬리부터 어긋나게 엮어서 서로 겹치게 이어 붙여서 〈그림 1-2〉와 같이 쌓아 올린다. 그런 다음에 창鑸의 손잡이처럼 생긴 쇠못鐵釘을 빽빽하게 박아서 가로와 세로를 서로 꿰어 마무리를 한다. 작은 구멍이나 틈새가 있는 곳은 밀랍蜜과 역청瀝靑[9]을 끼워 넣고, 또한 바깥 면의 물이 침투하는 곳은 모두 납鉛으로 감싸서, 물이 한 방울도 배의 나무로 들어오지 못하게 한다.

　배의 길이는 16장약 48미터-역자 주[10] 너비는 4장약 12미터, 깊이는 3장 5~6자약 10.5미터이며, 돛대 4개를 세운다. 맨 가운데 큰 기둥은 높이가 19

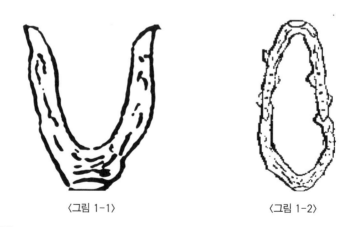

〈그림 1-1〉　　　　　　　　　　〈그림 1-2〉

9　역청(瀝靑)은 송진에 기름을 넣고 끓여서 식힌 것을 가리킨다.
10　장(丈)은 한 자[尺]의 열 배로 약 3미터이므로, 16장은 약 48미터에 해당한다.

장약57미터이다. 돛은 17개, 깃발은 12개를 단다. 배 안에는 판자를 모두 3개 층으로 깔고, 곳곳에 밖으로 난 창天窓을 설치하여 햇빛이 들게 했다. 한 개 층마다 위아래 길이가 9자 정도 된다. (배 안의) 넓고 평평함이 마장馬場과 같다. 두 번째 층의 좌우와 앞뒤에는 사방 3자 남짓 되는 창窓이 30여 개가 열려 있는데, 창마다 대포를 걸쳐 놓았다. 그 대포에는 3관목貫目의 탄환丸을 넣은 것 같다.

특히 그 배의 키잡이舵工는 매우 기술이 뛰어나서 한 번 배를 조종하면 이 큰 배가 한 바퀴 뱅그르르 돈다. 예를 들면 앞쪽 키잡이 쪽에서 적敵이 나타나면 앞쪽 키잡이의 대포 12위位를 1부터 12까지 순서대로 발사한다. 발사가 끝났을 때 신호를 보내 키잡이에게 명령을 내리면, 키잡이가 조종하여 (배를) 돌려서 갑자기 뒤쪽 키잡이를 앞쪽 키잡이 방향으로 맞추고 나서, 다시 뒤쪽 키잡이의 대포를 적을 향해 1부터 12까지 순서대로 발사한다. 그 틈에 처음 발사했던 앞쪽 키잡이 12위位에 탄환을 넣고 신호를 기다린다. 탄환을 넣을 때는 창밖에서 발사했던 대포에 배 위에서 옮겨 통筒의 총구가 있는 곳에 말 타듯이 올라가서 (탄환을) 넣는다. 화약은 종이로 만든 자루에 담아서 자루 그대로 넣는다. 이미 뒤쪽 키잡이가 12발의 발사를 마쳤기 때문에, 다시 배를 처음과 같은 위치로 바로잡아서 앞쪽 키잡이가 적을 향하여 발사하게 된다.

이처럼 (이 배의) 정교함이 말로는 다 할 수 없어서, 일본이나 중국 등이 도저히 따라 할 수 없는 수준이다. 수전水戰에서 이 배를 이용한다면, 유리한 것은 이 배보다 좋은 것은 없으며, 적敵이 공포를 느낄 이 배를 능가하는 것은 없다. 사정이 이러하기에 좀처럼 보통 수준의 대포를 가지고서는 격파할 수 있는 것이 아니다. 또한 최근에 이르러 네덜란드 사람들이 가져온 '게레이키스 북'[11]이라고 하는 유럽에서 출판된 무비지武備志를 보면, 수전水戰은 이 배뿐만 아니라 모두가 넓고 커서 그 이상의 것이 없으며, 매우 성능이 뛰어난 전함戰艦이 많이 있다. 그 책을 보면 큰 줄거리를 알 수 있다.

○ 위와 같이 매우 견실한 큰 배가 있다고 한다면, 먼저 이것을 격파할 방법을 찾고자 궁리를 하는 것이 해국海國의 첫 번째 전법戰法이 될 것이라는 생각을 충분히 할 수 있어야 한다.

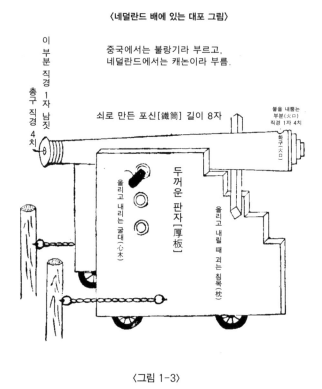

〈네덜란드 배에 있는 대포 그림〉

〈그림 1-3〉

---

11 게레이키스는 무술 또는 군사를 뜻하는 네덜란드어 krijgs를 일본어 발음으로 표기한 것이라고 생각한다.

○ 내가 궁리한 바로는 네덜란드 배에 설치해 둔 대포는 모두가 앞에 쓴 글에서 말했듯이 단단하고 튼튼한 큰 배를 서로 격파하기 위한 도구이므로, 이 대포의 제도制度를 모방한다면, 단단하고 튼튼한 큰 배를 마음대로 격파할 수 있게 될 것이다. 안에이安永 연간에 내가 네덜란드 배에 들어가서 그 대포의 제도를 측정하여 책에 썼다. 그 제도는 아래와 같다.

○ 포신筒의 길이 8자 ○ 동일하게 두께는 포신의 끝에서 직경 1자 1치, 탄약이 들어가는 곳은 점차 두꺼워지는데, 가장 두꺼운 곳은 직경 1자 4치, ○ 포신의 총구는 직경 4치【1관목貫目의 납 탄환 직경 2치 9푼 3리 남짓 되는데, 직경 4치의 탄환은 2관貫 700목目 정도 됨】○ 대포大筒는 〈그림 1-3〉으로 제시한다.

○ 위의 제도制度를 모방하여 대포를 만들어서 쏘기 시작하면, 저 나라의[12] 견실堅實한 배도 마음대로 깨부술 수 있다. 하물며 중국이나 섬라暹羅, 샴 등의 조잡한 배는 1발에 2~3척의 배도 격파할 수 있다.

○ 네덜란드 포탄銃子에 돛대를 부러뜨리는帆柱切 탄환이 있다. 그것은 쇠로 만든 탄환인데鐵丸 2개가 이어져 있고, 길이는 5자 남짓 되는 쇠사슬鐵鎖인데, 포탄 2개를 이어서 합친 것이다. 충분히 돛대를 부러뜨릴 수 있다고 한다. 그 제도는 〈그림 1-4〉와 같다.

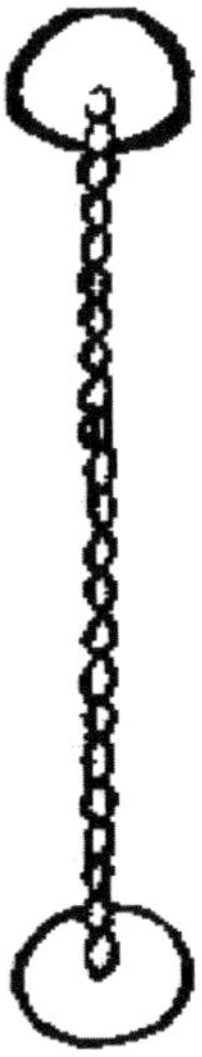

〈그림 1-4〉

모든 외국의 큰 배는 노櫨榜[13]를 한 방향으로一向 저어서 나아가기 어려

---

12 네덜란드 배를 가리킨다.
13 일본어에서는 '로(ろ)'를 한자로 櫓·艪·櫨로도 쓴다. 이것은 배를 저어 움직이는 도구의 하나이

워서 오로지 돛帆에만 의존하기 때문에, 돛대를 부러뜨리게 되면 (그 배가) 매우 어려운 상황에 빠지게 되어 끝내는 탈취 당하게 된다. 그래서 서로가 적이 탄 배의 돛대를 부러뜨리는 것을 가장 먼저 해야 할 일로 삼는다고 들어서 알고 있다.

○ 위의 대포大銃를 해안海岸에 비치하여 발사해야 한다. 또한 해변海邊의 산 위에 설치해 놓고 적의 배를 내려다보며 앞에 있는 뱃전을舷 쏴야 한다. 발사한 것이 빗나가면 그 탄환이 뱃전을 향해 물속으로 빠져나가므로 배에 물이 들어가게 된다.

○ 위와 같은 대포大銃를 일본 배에 설치하는 것은 아직 시도한 적이 없기에 과연 어떻게 될지 말하기 어렵다. 내가 짐작하건대, 이 대포를 일본 배에 탑재하여 탄환을 넣고 발사한다면 틀림없이 배가 열려서 파손을 입는 일이 발생하게 될 것 같다. 그러니 잘 시험을 해보고 나서 배에 설치해야 한다. ○ 또한 내가 생각하기에는, 적의 배가 육지로 접근하는 것을 격파하고자 설치하는 것이라면, 배에 장착하지 않고 해안海岸에만 설치해 두어도 충분히 사용할 수 있을 것 같다. ○ 1관목貫目[14] 안팎의 대포大筒를 일본 배에 장착하여 수전水戰에서 사용하는 방법에 대해서는 아래에 적었다. 무게가 2~3관목貫目 나가는 대포를 사용하는 것에 대해서는 내가 아직 알지 못한다. ○ 대포를大銃 가지고 큰 배를 격파하는 것은 이와 같은 취지를 주된 내용으로 하여 손익을 따져본다면, 대포大筒

다. 일본 나라(奈良) 시대에 중국에서 도입된 뒤로는 그때까지 일본에서 사용해 오던 노(櫂, かい)를 대신하여 이것이 널리 보급되었다. 중세 말기에는 나무 하나로 만든(一木造り) 삿대 노(棹櫓, さおろ)를 사용했는데, 근세 이후에는 노의 손(櫓腕)과 노의 날개(櫓羽) 두 가지 재료를 이어서 만든 노(継櫓, つぎろ)가 발달했다.

14 관(貫)은 약 3.75kg의 무게를 나타내는 단위이다.

만 있으면 마음대로 (큰 배를) 깨부술 수 있다.

그런데 일본의 풍습日本風을 보면 옛날부터 대포를大筒 제작한 사례가 매우 부족하다. 이것은 (일본이) 해국海國이라는 사실에 대하여 깊이 인식하지 않았기 때문일 것이다. 그 시대에는 해국에 가장 중요한 무비武備가 온전하게 갖추어지지 않았던 것 같다. 바라건대 앞에서도 언급하였듯이 대포를大銃 많이 제작하여 일본의 보물寶로 만들었으면 한다. 그런데도 지금 세상에서는 공公이나 사私 할 것 없이 사치하는 데華美 쓰는 잡비가 너무 많아 대포大筒를 새로 만드는 것에 대해서는 좀처럼 생각이 미치지 않고 있다. 아무튼 분명하게 말하자면 사치는 금지해야 한다. 해국의 무비를 소홀히 해서는 안 된다.

이러한 뜻을 널리 천하의 사람들에게 알려서 잡비를 지출하지 않도록 제도를 만들어야 한다. 자연스럽게 검소한 생활로 변화해 나가도록 하는 빼어난 방책을 시행하여, 지위가 높은 사람이든 낮은 사람이든 씀씀이를 줄여서 국가를 부유하게 해야 한다. 그런 다음에 다이묘大名와 쇼묘小名의 녹봉祿에 따라서, 또는 국토國土의 빈부貧富에 따라서, 대통역大筒役이라 부르는 금전金錢을 조금씩 내도록 하여 위에서 말한 대포를大銃 해마다 숫자를 정하여 만들고, 그것을 일본 전국의 모든 바닷가 해변에海濱 비치해 두며, 이것을 일본 영대永代의 무비武備로 삼아야 한다. 하늘과 땅이 함께 끊임이 없게 하는 규칙을 정하기를 바란다. 이 대포大銃를 모든 해안에 설치하지 않으면 일본의 무비가 완전하게 정비된다고 말하기는 어려울 것이다.

○ (마음속으로) 혼자서 그냥 생각해보건대, 일본이 개벽開闢하여 3천 년이 지나오는 동안 이러한 대포大銃를 해안에 설치하지 않았어도 지금

껏 오히려 안전하였고, 게다가 외적의 침임 때문에 심각하게 괴롭힘을 당한 적도 오늘에 이르기까지 일찍이 없었는데, 지금에 와서 새롭게 이토록 해국海國의 무비備를 이것저것 문제 삼아서 말한다고 하는 것은, 어쩌면 생각이 지나친 것처럼 보일 수도 있고, 어쩌면 새로운 것을 주장하기 좋아하는 것처럼 보일 수도 있으며, 어쩌면 경솔한 발언을聒틀 내뱉는 것처럼 보일 수도 있다.

그렇다고 하더라도 하늘天과 땅地 사이에서 펼쳐지는 인간 세상의 일에는 반드시 변혁變革이 있다고 하는 것이 정해진 이치이다. 반드시 길고 긴 세월이 이어지겠지만 아무런 변함이 없이 오늘과 같을 것으로 생각해서는 안 된다. 게다가 다섯 세계의 나라들이 일찍 개벽開闢한 것은 올해까지 6천 년 남짓, 늦어도 3천 년이 안 되지는 않는다. 그런데 각 나라에 모두 영웅호걸이 있어서, 각각 3천 년 남짓 세월이 흐르는 동안 지혜를 쌓아 천문天文, 지리地理, 해로海路 등을 측량하여 손바닥 위에 놓고 보듯이 한다. 그렇기에 서로가 멀리 있는 다른 나라를 침략하려고 궁리하며, 다섯 세계의 영웅호걸들이 서로 이것을 가장 중요한 것으로 삼게 되었다. 그런데 이것이 요즘 세상에는 모든 사람의 정서가 되어 있다. 특히 유럽 여러 나라들에서 신묘한 방책을妙法 내놓는 국민이 특히 요즘에 와서 많다. 그렇지만 멀리 있는 나라를 취하려고 할 때는, 함부로 군사를 움직이지 않고, 오로지 이익이 되는 것과 손해가 되는 것을 말로 설명을 하여 그 나라의 사람들을 품어 안은 다음에, 힘으로 눌러서 빼앗는다.

이것으로써 생각해보면, 지금 일본은 유럽과 거리가 멀리 떨어져 있다. 더욱이 그들이 말하는 것은 예부터 받아들여서 써오던 것이 아닌 남을 동정하는 마음이다. 그 나라의 군사가干戈 먼 길을 와야 하기에 그것을 사용할 수도 없으니, 우리에게일본-역자주 유럽은 걱정할 것이 못 된다. 그런데도 혼자서 그냥 들은 바가 있는데, 근년 중국唐山과 달단韃靼 사람들이 유럽 사람들과 친교를 하고 있다고 한다. 더욱 친해지게 되면 중국과 달단의 영웅호걸들은 (유럽인의) 신묘한 방책을 받아들일 것이다. 신묘한 방책을 받아들여서 손에 넣게 되면, 침략하고 싶은 마음이 생겨나는 법이다. 그들이 침략하려는 마음을 먹고 일본에 오게 된다면, 바닷길은 가깝고 병마兵馬는 많다. 이때를 대비해놓지 않으면 아무것도 할 수 없게 될 것이다. 깊이 생각해보면 후세에는 반드시 중국, 달단의 땅에서 일본을 침략하려고 시도하는 자가 생길 것이다. 태만해서는 결코 안 된다. 이것은 개벽開闢 이래 3천 년이 흐른 뒤 오늘에 이르러서 내가 처음으로 발언을 하는 바이다. (마음속으로) 혼자서 그냥 생각해보면, 이 이야기는 내가 말하기에는 나의 능력을 벗어나는 일이다. 혹시라도 염조대신鹽竈大神[15]에게 말씀을 드리고 의논이라도 해야 하는 것이 아닐까.

○ 철이나 청동 같은 것으로 만든 대포에 대해서는 정해진 격식이 있어서 실력 있는 사람이라면 이를 잘 알 수 있는 바이다. 더구나 한 번 제작하여 천 년의 역사를 지닌 것이라면, 이 무기를 귀중한 보물로重寶 삼는 것에 대해서는 더 이상 거론할 것이 못 된다. 그런데도 큰 그릇은 늦게 만들어진다大器晩成고 하는 이치에 따라서, 여러 해에 걸쳐 제작하지 않으면 필요한 만큼의 수량을 얻을 수가 없다. 만약에 급속하게 많은 수의 대포를 사용해야 하는 경우가 생긴다면, 지금 이 자리에 알맞게 소나

---

15 염조(鹽竈, 시오카마)는 본디 '소금(鹽, 시오)'과 '부뚜막(竈, 가마)'을 뜻하는 낱말이다. 염조대신(鹽竈大神)은 소금과 바다를 신격화(神格化) 한 것인데, 항해(航海), 안산(安産), 어업(漁業)의 신(神)을 가리킨다. 일본 미야기현(宮城県) 시오카마시(鹽竈市) 이치모리야마(一森山)에는 시오카마 신사(鹽竈神社)가 있다.

무로 만든 나무통을 사용할 수가 있을 것이다. 급한 상황에서는 할 수 있겠지만, 그렇다고 해서 이것만 믿고 진짜로 된 대포의 제작을 게을리 해서는 안 될 것이다.

○ 소나무로 만든 나무통은木筒 탄환을 날려서 멀리까지 가게 하는 것이다. 그렇지만 그것을 오래 사용할 수는 없다. 겨우 5~6발이 한계일 것이다. 그것을 만드는 방법은 이렇다. 마르지 않은 생소나무를 둥글게 깎아서 둘로 나누고, 그 가운데에 탄환을 집어넣을 수 있을 정도까지 도랑을 만들어 파낸다. 끄트머리를 도려내고 막아서 완성한다. 끝까지 도려내서 두 개를 합하여, 대나무로 만든 테箍를 머리에서 꼬리까지 빈틈없이 감아서 사용하면 된다. 진짜로 만든 통에 견주어도 성능이 뒤지지 않는다. 더욱이 심지에 불을 붙여 발사할 수 있다. 도려낸 모양은 〈그림 1-5〉와 같다.

○ 화약火藥을 만드는 방법은 대개 9, 2, 1 방법을 사용한다. 염초硝硝[16] 9문匁, 재灰 2문, 유황 1문을 위와 같이 곱게 갈아서 차를 달이는 것에 넣고 함께 끓여서 대나무 통에 찧어 넣어서 굳혔다가, 대나무를 쪼개서 꺼낸 다음에 그것을 잘게 잘라서 사용한다. 또한 10염초, 2재, 1유황 방법도 있고, 13염초, 2재, 1유황 방법도 있을 것이다.

여기에 부싯깃〔火口〕을 붙임

이것을 2개 합치면 통(筒)이 된다

〈그림 1-5〉

---

16 硝硝은 염초(焰硝, 焰硝)를 가리킨다. 이것은 열이나 충격 등 가벼운 자극을 받으면 순간적으로 연소 또는 분해를 일으켜서 높은 온도의 열과 압력을 가진 가스를 발생시킴으로써, 파괴 또는 추진 작용을 하는 화합물이나 혼합물을 통틀어 이르는 말이다. 검은색 화약이나 성냥, 비료, 유리, 유약, 산화제, 의약품 따위를 만드는 데 이 물질을 쓴다.

○ 탄환은 납鉛으로 만든 것을 가장 좋은 것으로 친다. 그다음은 쇠鐵, 다음은 무쇠銑, 다음은 돌石, 다음은 달구어 만든 탄환煉丸이다. 달군 탄환은 자갈砂石과 구리쇠銅鐵의 앙금을 가늘게 잘라서 칠을 칠하거나 아교를 붙여서 단단하게 불려서 탄환으로 만들고, 거기에 천을 세 겹 둘러서 사용한다. 또한 품질이 좋은 진흙에 모시를 썰어서 만든 여물을 섞어서 탄환으로 만들고, 거기에 베를 세 겹 둘러서 사용한다. 폭발력이 약한 탄약으로 가까이 있는 선박이나 설비를 타격하는 데 좋다. 또는 조롱나무, 너도밤나무, 떡갈나무 등 단단하고 무거운 나무를 탄환으로 만들고, 조수가 흐르는 진흙 속에 묻어 놓았다가 사용할 때는 껍질을 말려서 써야 한다.

위의 탄약도 변란이 생겼을 때 급속하게 마련하지 않으려면, 태평하고 한가한 날에 차근차근 제작하여 저장해 두어야 한다. 통이 있더라도 탄약이 없으면 소용없는 일이 된다. ○ 화약도 시간이 오래 지나더라도 조금도 손상을 입지 않게 된다. 내가 안에이安永, 1772~1781년−역자 주 연간에 겐나元和, 1615~1624년−역자 주 때 만든 화약을 얻어서 스스로 발사를 시험해 보았는데, 오히려 새로 만든 화약보다 (성능이) 좋았던 것으로 기억된다. 저장할 때는 구리로 만든 용기나 큰 병에 넣어서 묻어 두어야 한다.

○ 큰 탄환을 이용하여 큰 배를 격파하는 방법에 대해서는 앞의 항에 상세한 설명이 있다. 그 방법 다음으로는 어지럽게 난사하는 불, 막대기에 붙인 불, 화살 등을 이용하여 불태워서 물리치는 방법을 쓸 수가 있다. 특별히 흑선黑船, 구로부네은 밀랍蜜[17]과 역청瀝靑[18]을 발랐기 때문에 특히

---

17 원문은 蠻으로 적혀 있지만, 蜜을 잘못 적은 것으로 보인다.
18 역청(瀝靑)은 타르 또는 그 밖의 물질을 증류하여 얻은 검고 광택이 나며 끈적끈적한 것을 말한다.

화약이 옮겨가기가 쉽다. 또한 불태워서 공격하는 화공火攻에는 여러 가지가 있는데, 아래에 적는다.

○ 대포大筒에 포삭화炮爍火라 불리는 것이 있다. 그것을 만들 때는 구리를 이용하여 직경 3~4치 되는 빈 포탄을 먼저 마련한다【구리로 만든 두레박銅鑵을 반으로 자른 두 개를 합쳐서 포탄으로 만든 것임】. 그 속에 염초 50목, 유황 12문, 재 5문, 송진松脂 4문, 장뇌樟腦 3문, 쥐똥鼠糞 2문을 곱게 갈아서, (거기에) 물풀을水糊 뿌리고, 5치 길이의 둥근 대나무 통 안에 넣고 찧어서 단단하게 굳힌다. 그런 다음에 대나무를 쪼개서 그것을 꺼낸 뒤, 톱으로 길이 2치 정도로 썰어서 종이 자루紙袋에 넣어 둔다. 이것을 네 덩어리로 나눠 구리로 만든 두레박 안에 두고, 작은 틈새가 있는 곳에 화약火藥과 비상砒霜을 넣는다【화약은 구리로 만든 두레박을 깨뜨리는 작용을 하고, 종이 자루의 화약은 물건을 태우며, 비상은 사람을 현기증이 나게 만든다】. 더욱이 구리로 만든 두레박에 연결되도록 하는 화약심지道火繩를 늘어뜨려 내밀고, 겉면은 칠을 한 헝겊으로 둘러 고정시킨다. 이런 식으로 탄약을 제조하는 방법이 매우 중요하다. 자세한 것은 대포를 제작하는 가문大銃家을 통해서 비밀스럽게 전해져온다. 그러므로 그런 기술자를 활용해야 한다.

(구리로 만든 두레박을 연결하는) 화약 심지道火繩가 1치 정도 된다면, 앞부분頭은 3푼이 되게 내밀어 놓고, 나머지는 가로로 눕혀서 칠을 한 헝겊으로 마감을 해 놓아야 한다. 위와 같은 탄환 20~30개를 한꺼번에 박아 넣어야 한다. 아무리 큰 배라도 순식간에 불태워서 무너뜨릴 수 있다.

○ 어지럽게 난사하는亂火 전법이 있다. 〈그림 1-6〉과 같이 그것을 제작할 때는 쇠를 이용하여 작은 통을 수십 정梃 만든다【작은 통을 만드는 방

법을 보면, 길이 2치에 무게가 3문 되는 탄환을 넣는
데, 통筒의 끝에 화구火口가 있어서 도화선을 끄집어 놓

는다】. 이 통 안에 보통 총鐵砲에 탄약을 넣듯이,
화약을 8푼씩 넣은 탄약을 투입하여 단단히
고정한다. 게다가 작은 통마다 구리로 만든 두
레박으로 연결되는 화약심지를 달아놓는다.
이처럼 작은 통을 14~15정 만들고, 통의 끝

〈그림 1-6〉

을 바깥으로 향하게 한다. 그런 다음에 가로와 세로로 짜 맞추어서 가느
다란 모시 노끈을 가지고 단단히 묶어서 둥글게 만든다. 그 틈새에는 성
글게 만든 화약을 군데군데 넣고, 겉면에서 도화선을 넣어 둔다. 그런데
칠을 한 헝겊으로 잘 말아서 높낮이가 고르게 하여 둥그런 형태를 이루
게 한다. 작은 통의 끝을 닫지 않고 열어 두어야 한다. 이 탄환을 적의
배에 발사하여 우왕좌왕하는 사이에 큰 도화선에서 몸통에 있는 화약으
로胴藥 불이 옮겨 붙는다. 몸통에 있는 화약에서 (여러 개의) 작은 통에 있
는 도화선으로 불이 옮겨 붙으면, 15정의 작은 통이 굉음을 내면서, 납
으로 만들어진 탄환을 날려 보내 사람도 사물도 분쇄하게 된다. 이 탄환
은 첫 단락에서 언급했던 포삭화炮爍火와 서로 섞어서 발사해야 한다. 포
삭炮爍은 사물을 불태우고, 이 탄환은 사람을 깨부수는 것이기에, 사람이
쉽게 다가갈 수 없어서 끝내는 불타고 만다. 포삭화가 15개 있으면 이
탄환도 15개가 있어야 한다.

○ 통에 불을 붙여서 쏘는 화살筒火矢이 있다. 〈그림 1-7〉과 같이 이것
을 만드는 방법은 얇은 금속으로薄金 길이는 2자 정도, 둘레는 대략 8~9
치 정도 되게 통을 붙인다. 그 속에 대나무에 끼워 넣은 매우 얇은 불꽃

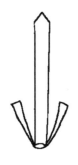

끼워넣을 때
이처럼
접는다

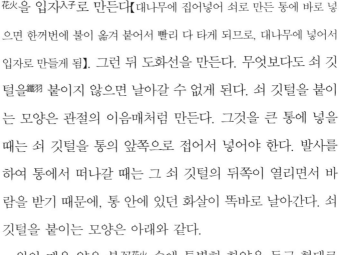

날아갈 때는
이처럼
열린다

〈그림 1-7〉

花火을 입자子로 만든다【대나무에 집어넣어 쇠로 만든 통에 바로 넣으면 한꺼번에 불이 옮겨 붙어서 빨리 다 타게 되므로, 대나무에 넣어서 입자로 만들게 됨】. 그런 뒤 도화선을 만든다. 무엇보다도 쇠 깃털을鐵羽 붙이지 않으면 날아갈 수 없게 된다. 쇠 깃털을 붙이는 모양은 관절의 이음매처럼 만든다. 그것을 큰 통에 넣을 때는 쇠 깃털을 통의 앞쪽으로 접어서 넣어야 한다. 발사를 하여 통에서 떠나갈 때는 그 쇠 깃털의 뒤쪽이 열리면서 바람을 받기 때문에, 통 안에 있던 화살이 똑바로 날아간다. 쇠 깃털을 붙이는 모양은 아래와 같다.

위의 매우 얇은 불꽃花火 속에 특별히 화약을 둥근 형태로 만들어 넣지 않으면 사물을 불태우는 것이 불가능해진다. 비밀스럽게 전한다고 들었는데, 그 줄거리는 위에 소개한 포삭炮爍의 화약을 호두胡桃 크기로 둥글게 만든 뒤, 통의 크기에 맞게 넣어야 한다. 어떻게든 대포의 비법이 전해지는 가문을 이용해야 한다.

○ 막대기에 불을 붙여서 쏘는 화살棒火矢이 있다. 그것을 만드는 방법은 두께가 6자인 보통 막대기에, 길이 3자쯤 되는 떡갈나무로 만든 봉에 철근을 심고 화약을 발라서 걸어놓는다. 그 봉을 목표 지점에 단단히 세워 놓고 불을 지른다. 그 때 쓰는 화약을 만드는 방법은 이와 같다.

염초 50목 유황 12문 재 5문

송진 4문 장뇌 3문 쥐똥 2문

위는 일본의 제조 방법이다.

또 하나의 방법이 있다.

염초 10문 유황 8냥 재 3냥 3전

위는 병형兵衡[19]의 방법이다. 위에 적은 것을 모두 곱게 갈아서 묽게 쑨 풀에 섞어 막대기에 바른다. 바르는 모양은 막대기에 도랑을 3갈래로 파고, 그 도랑에 이 화약이 남아 있게 한다. 몸체에도 두께가 2푼쯤 되게 칠해서 겉면을 종이로 발라 고정한다. 이어서 쇠 깃털을 붙이는 일은 위에서 언급한 통의 화살을 만드는 방법과 같다. 이 화살을 20~30발 높은 곳에서 선박 안으로 쏘게 된다. 그것이 아니면 배의 옆구리 또는 뱃머리 쪽으로, 배의 키舵가 붙어 있는 곳으로 쏘는 것이 좋다고 한다.

○ 첫 부분에서 소개한 포삭炮爍 화약을 30개 마련하여, 가느다란 끈을 두 자 정도 붙여서 한 사람마다 작은 것 한 개씩을 지니게 한다. 작은 배 두 척에 태워서【배 한 척에 15개씩 가지고 탑승함】적의 배 좌우에 몰래 접근시킨다. 적이 알아차리지 못하게 도화선에 불을 붙여 놓고 나서 한꺼번에 적선으로 쳐들어간다고 한다. 무엇보다도 비상砒霜을 넣은 화약이라야 한다.

○ 작은 막대기에 불을 붙여서 쏘는 화살小棒火矢 100정挺을 만들어서 5개씩 나누어 선박 1척에 20정씩 싣게 한다. 그런 뒤 적선의 좌우에 몰래 접근하여 20정씩 각 화살이 같은 표적을 향하게 하여, 5군데에 걸쳐

---

19 병형(兵衡)은 중국 명나라 때 공거중(龔居中)이 쓴 병서 『喩子十三種秘書兵衡』를 가리킨다.

놓았다가 불을 지르게 한다.

위의 방법 이외에도 불을 질러 공격하는 화공火攻 전법, 또는 곡선으로 날려 보내는 불화살, 실을 가지고 조종하는 포탄, 횃불을 이용하는 봉화, 화약이 터지면서 날아가는 화포 등 여러 가지 방법이 대포를 제작하는 가문大筒家을 통해 전해지는 사례가 많다. 각각의 비법이 가문에 의해 전해오는 곳이 있다. 불을 이용하여 공격하는 전술火術은 모두 기술이 뛰어난 자를 이용하지 않으면 안 된다.

○ 노궁弩弓을 가지고 불화살火矢을 발사하는 전술이 있다. 그것을 육지에서도 발사할 수 있고, 또는 선박에 걸쳐놓고 쏠 수도 있다. 어디에서 쏘더라도 시위弦를 활에 얹어 화살을 메긴 다음, 화약에 불을 옮겨 붙여서 발사하게 되어 있다.

○ 선박에 걸쳐놓고 적의 배에 바짝 붙어서 발사하려면, 큰 활弓 1개에 2인이 붙어야 한다. 한 사람은 활에 시위를 얹고, 다른 한 사람은 화살을 메겨서 불을 붙여야 한다. 큰 활弓은 모두가 단시간에 화살을 시위에 메길 수 있으므로 총이나 불화살을 이겨낼 수도 있을 것이다. 더구나 방패를 갖추고 배를 저어 가까이 다가가서 발사할 수도 있다.

○ 화선火船의 전술이 있다. 그 방법은 가벼운 배에 마른 섶柴草을 배 한 가득 높이 쌓아두고 새끼줄로 묶어 사방에서 잡아당겨서 무너지지 않도록 고정한다. 그 뒤 섶에 기름을 뿌린다. 그렇게 겹겹이 쌓아 올린 섶 위와 배의 뒤쪽에 돛을 달아야 한다. 그런데 통에서 잘라낸筒切 연소약燃燒藥 -【포삭炮爍의 화약火藥을 설명한 곳에 있음】30근을 상자에 넣고 양쪽에서 (화약심지를 이은) 도화선을 붙인다. 튼튼하게 발足이 붙어 있는 받침대 위에 그것을 올려놓는다. 배의 중앙에 두고, 새끼줄繩로 묶어, 배의 들보梁에

묶어 고정한다. 오동나무 기름을 바른 종이桐油紙, 껄끄러운 종이澁紙 같은 것으로 상자를 덮어두어야 한다. 또한 특별히 화약火藥과 소약燒藥을 동일 분량으로 나누어 섞어서 2근【소약燒藥은 위의 포식炮燭 조항 아래에 있음】을 만든다. 그것을 넣은 작은 상자를 3개 마련한다. (그 상자로 불을 붙게 하는) 도화승道火繩을 끌어내서, 섶 사이로 연결해 두어야 한다. 그런데 대풍大風이 불 때는 별선別船을 가지고 바람 위에서 화선火船을 돌려서 적과의 거리가 60칸 정도 되었을 때 작은 상자의 도화道火에 불이 옮겨 붙도록 한다. 적의 배에 몰래 가까이 다가가서 달라붙은 곳을 목표로 삼아 빠르게 쳐들어가야 한다【도화승道火繩은 대개 60칸에 2치로 보고 계산한다】. 그런데 이 배가 적의 배에 강하게 붙어서 이쪽과 저쪽이 소란스러워진 틈을 타서 작은 상자의 화약을 불사른다. 섶에 불이 옮겨 붙으면, 저쪽의 큰 상자에도 불이 옮겨 붙어 화약이 터지게 된다. 섶의 불기운이 강해져서 순식간에 적선으로 불이 옮겨 붙을 수 있다. 더욱이 이 상자 화약도箱藥 그것을 만드는 방법이 매우 중요하다.

○ 서양 배는 1척씩 떨어져 있어서 한 데 붙어 있지 않다. 이럴 때의 화선火船은 따로 방법이 있다. 다만 화선을 제작하는 방법은 첫 부분에서 설명한 것과 같다. 이 화선을 속력이 빠른 배小무 2척으로 끌게 한다. 속력이 빠른 배에 타는 뱃사람은 1척에 10인으로 되어 있다. 그런데 화선의 앞과 뒤에 길이 1장丈 정도 되는 가느다란 쇠사슬鐵鎖을 앞쪽에 2가닥 뒤쪽에 2가닥을 붙인다. 이 네 가닥의 쇠사슬 앞쪽에 길이가 6~7자 되는 봉棒을 붙이고, 봉의 앞쪽 끝에 날카롭게 쇠로 만든 철근鐵根을 심어 놓는다. 그런데 이 사슬을 화선의 앞쪽에 있는 속력이 빠른 배에 2가닥, 뒤쪽에 있는 속력이 빠른 배에 2가닥을 싣게 한다. 화선과 함께 3척이

연이어 불태우려고 하는 적선敵船의 노櫓가 있는 곳까지 가까이 가도록 밀어붙여야 한다. 그때 10인의 뱃사람 중에서 2인은 잽싸게 손을 써서手廻 저쪽의 사슬이 붙어 있는 큰 막대를大棒 적선의 선판船板에 온 힘을 다해서 뚫고 달려들게 한다. 다만 노櫓에 돌진하는 것은 삼가야 한다. 또한 2인은 잽싸게 손을 써서 저쪽의 소약燒藥을 집어넣은 여러 개의 화포花火에 불이 옮겨 붙게 하고, 작은 상자 가까이에 있는 섶에 질러 넣어야 한다. 이렇게 하는 사이에 속력이 빠른 배는 재빠르게 배를 저어가야 한다. 화선에서 7~8칸 떨어져 있으면, 화약이 진동震動하더라도 부상傷我을 입지 않게 된다고 한다. 그런데 배의 앞과 뒤의 화포花火에서 섶으로 불이 옮겨 붙으면, 크고 작은 상자에 담긴 화약에 불이 붙게 되어 큰불이 나고, 그것이 옮겨가서 적의 배가 불타게 된다.

○ 배 안으로 막대기에 불을 붙여서 쏘는 화살棒火矢이나 포락화炮烙火[20] 같은 것을 발사할 때는 정확히 중앙을 겨냥해서 발사해야 한다. 또한 바깥에서 시도하여 불태우고자 할 때는 노櫓가 있는 곳부터 불태워야 한다. 그 이유는 노의 손잡이에 구멍이 있어서, 배 안에 불기운이 통과하기 쉽기 때문이다. 게다가 배의 뒤편에 해당하는 고물 쪽에는 방이 여러 개 있고, 물건을 보관하는 곳도 있다. 창窓도 많으므로, 배 안으로 불이 옮겨 붙기 쉽다는 것을 알아야 한다. 이것이 불을 이용하여 적을 공격할 때 마음에 새겨야 할 사항이다.

대포의 제작, 발사 형태, 그리고 불을 이용하여 공격하는 화공의 줄거리에 대해서는 위에서 말한 여러 조항에 있는 것을 터득해야 한다. 그런

---

20 炮烙은 일본어 음으로 호라쿠(ほうらく)인데, 불로 그슬리거나 굽는 것을 뜻한다.

〈큰활 그림〉

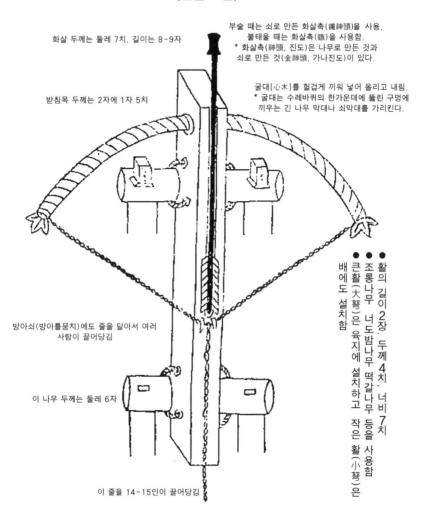

화살 두께는 둘레 7치, 길이는 8~9자

부술 때는 쇠로 만든 화살촉(鐵神頭)을 사용,
불태울 때는 화살촉(鏃)을 사용함.
* 화살촉(神頭, 진도)은 나무로 만든 것과
쇠로 만든 것(金神頭, 가나진도)이 있다.

받침목 두께는 2자에 1자 5치

굴대[心木]를 헐겁게 끼워 넣어 올리고 내림.
* 굴대는 수레바퀴의 한가운데에 뚫린 구멍에
끼우는 긴 나무 막대나 쇠막대를 가리킨다.

방아쇠(방아틀뭉치)에도 줄을 달아서 여러
사람이 끌어당김

이 나무 두께는 둘레 6자

이 줄을 14~15인이 끌어당김

● 활의 길이 2장, 두께 4치, 너비 7치
● 조롱나무·너도밤나무·떡갈나무 등을 사용함
● 큰활(大弩)은 육지에 설치하고 작은활(小弩)은
배에도 설치함

〈그림 1-8〉

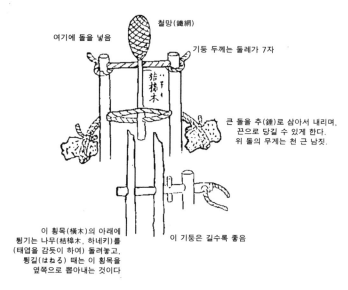

〈석탄 그림〉

철망(鐵網)

여기에 돌을 넣음

기둥 두께는 둘레가 7자

큰 돌을 추(錘)로 삼아서 내리며,
끈으로 당길 수 있게 한다.
위 돌의 무게는 천 근 남짓.

이 횡목(橫木)의 아래에
튕기는 나무(桔橰木, 하네키)를
(태엽을 감듯이 하여) 돌려놓고,
튕길(はねる) 때는 이 횡목을
옆쪽으로 뽑아내는 것이다

이 기둥은 길수록 좋음

석탄(石彈) 즉 석탄자(石彈子)는
쇠뇌로 튕겨서 발사하는 작은 돌멩이를 가리킨다.

〈그림 1-9〉

다음에 더욱 정교한 이론을 연구하면 저절로 절묘한 수준에 이르게 될
것이다. 이것은 바다로 둘러싸인 해국이 첫 번째로 갖출 무술武術이기에,
높은 위치에 있는 사람이라면 이 술책을 낮은 위치에 있는 사람에게 잘
가르쳐야 하고, 낮은 위치에 있는 사람은 이 술책을 잘 단련해야 한다.
높은 위치에 있거나 낮은 위치에 있는 사람 모두가 반드시 해국을 위해
서 게을리 하지 말아야 한다.

○ 또한 큰 배를 깨부수려면 큰 활大弩을 이용해야 한다. 다른 나라에
서 천균千均의 화살弩이라고 부르는데, 기둥처럼 생긴 큰 화살을 발사하
는 활弩이다. 그리고 '게레이키스 북'이라고 하는 책 속에 큰 화살을 발

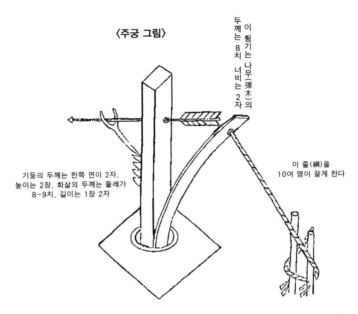

〈주궁 그림〉

이 퉁기는 나무(彈木)의
두께는 8치
너비는 2자

기둥의 두께는 한쪽 면이 2자,
높이는 2장, 화살의 두께는 둘레가
8~9치, 길이는 1장 2자

이 줄(綱)을
10여 명이 끌게 한다

이 주궁(柱弓)을 수레 받침대(車台)에 올려서
이동시키기도 한다

〈그림 1-10〉

사하는 주궁柱弓이 있다. 그 밖에 큰 돌을 날려 보내는 장치가 있다. 3가지 그림을 아래에 제시한다. 내가 3가지 병기兵器의 작은 모형을 만들어 보았더니, 그 어느 것도 잘 발사되고 멀리 날아갔다. 하물며 그것을 크게 만든 물건이라면 더 말할 나위가 없을 것이다. 3가지 병기兵器는 〈그림 1-8~10〉과 같다.

○ 멀리까지 도달하고 견고하게 발사하는 것에 대해서는 위의 대포, 큰 활大弩, 기둥에 세워 쏘는 주궁柱弓과 (돌을 퉁겨서 발사하는) 석탄石彈, 불을 질러서 하는 공격 등 여러 조항에 있다. 이것을 잘 가르치고 이해시켜서 단련한다면, 해안 방어 전술로서는 대체로 충분할 것이다.

○ 큰 활大弩, 석탄石彈, 주궁柱弓 등을 만드는 것은 쓸모없는 것을 만드느라 공을 들이는 것과 같다는 식으로 생각하는 사람도 있을 터이지만, 이와 같은 무기는 화약을 아낄 수 있는 좋은 방책良策이다. 이것은 영웅호걸이 깊이 생각하고 배려하여 내놓은 것이다. 시대에 뒤떨어진 쓸모없는 물건이라고 반드시 깔보지 말아야 한다. 이러한 무기를 만들고 또 만들어야 한다.

○ 날아다니는 도구飛道具를 써서 큰 배를 격파하는 전술은 지금까지 기록한 것으로 마친다. 이어서 해결해야 할 수전법水戰法에 대하여 적는다. 그렇지만 여러 부류로 전수傳授되고 있는 선군船軍은 단지 작은 배끼리 싸우는 전법일 뿐이다. 다른 나라의 성城처럼 큰 배에 일본의 작은 배를 가지고 대처하는 것에 대해서는 지금껏 전해 내려오는 것이 더욱 없다. 지금 이 책은 일본의 작은 배를 가지고 다른 나라의 큰 배를 공격할 수 있는 전술의 개요를 적은 것이기에, 먼저 그에 관한 전술을 첫 단계로 적는다. 이것을 알고 난 다음에라야 작은 배끼리 서로 펼치는 작은 전투에 대해서도 이해를 할 수 있게 된다.

○ 작은 배를 가지고 다른 나라 배에 대처하여 일하고자 할 때는 먼저 중국唐山과 네덜란드和蘭 등의 큰 배의 길이, 높이 등을 알아야 한다. 그런 다음에 위와 같은 전술을 시행해야 한다. 대체로 중국 배는 길이가 20여 칸, 너비가 5칸 남짓, 깊이가 2장 남짓이다. 그 배가 휘어 있는 부분舷이 높다. 이 배에 400~500인이나 탈 수 있다. 배의 중앙에서 수면에 뜬 부분의 높이가 7자 남짓 된다. 뱃머리는 1장 4~5자 떠올라 있으며, 배의 뒤편인 고물은 1장 정도가 나온다.

○ 네덜란드 배는 중국 배보다 몹시 높고 클 뿐만 아니라 견실하다.

네덜란드 배의 길이가 24~25칸, 너비가 6칸 정도, 깊이가 3장 5~6자에서 4장에 이른다. 그 배는 휘어 있는 모양이 없이 평평하게 만들어졌다. 네덜란드 배가 물 위에 뜬 부분의 높이가 2장 정도가 된다. 일본의 번선番船【번선은 작은 배이다. 길이가 6~7칸이다】을 네덜란드 배에 강하게 밀어붙여서 네덜란드 배의 옆구리에 붙어 있는 사다리를 기어오르고자 할 때는 대체로 20~21계단을 오르게 된다. 계단 1개 높이를 1자로 잡으면 2장이 된다. 크기가 이 정도 되는 큰 배이기에, 일본 배로 강하게 밀어붙이고자 하더라도 네덜란드 배에 오를 수 있는 전술은 없다. 물론 작은 배를 큰 배의 끝부분에 강하게 밀어붙이고 나서, 그것을 수습하느라 시간이 걸리는 틈을 노려서 큰 배를 돌리지 못하게 한다면, 순식간에 침몰시킬 수도 있다. 그렇기에 강하게 밀어붙였을 때 곧장 날아서 오르지 않는다면, 개죽음을 당하게 된다. 날아오르는 전술에 대해서는 아래에 적는다.

○ 손잡이柄 길이가 2장이나 되는 긴 쇠갈고리 막대기大鳶嘴를 매우 날카롭게 만든다. 〈그림 1-11〉과 같이 그 손잡이에 1자 간격으로 줄을 이용하여 묶은 마디를 붙인다. 그런 뒤 이 병기를 한 사람씩 지니게 한다. 또한 손톱爪을 박아 놓은 철신鐵履을 착용한다. 신발을 만드는 방법에 대해서는 〈그림 1-11〉에 그려 놓았다. 그런데 네덜란드 배에 강하게 밀어붙이면, 곧장 이 쇠갈고리 막대기鳶嘴를 배의 위쪽으로 날려서 잘 박아 넣고, 저쪽의 손톱 신발로 선판船板을 밟고 끌어당기면서 올라가야 한다. 다 올라가면 잽싸게 배 안으로 뛰어들어 제압한다. 그렇지만 이러한 일은 5인 또는 10인의 적은 인원수로 오르게 되면, 모두 격퇴를 당하여 죽게 된다. 병법에 따르자면 전사戰士 20인이 탑승한 작은 배를 20척 마련하

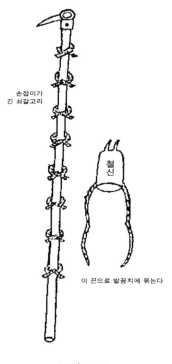

손잡이가
긴 쇠갈고리

철
신

이 끈으로 발꿈치에 묶는다

〈그림 1-11〉

고, 큰 배의 좌우에 10척씩 한꺼번에 밀어 붙인다. 그런 다음에 함께 쏘고, 함께 끌어 당겨 오르면서, 함께 달려들어야 한다. 이 것은 매우 중요한 일이다. 잘 가르치고 이 해시켜서 조련해야 한다.

내가 위의 두 가지 병기를 이용하여 다른 나라 배에 끌어당기면서 올라간 것은 아직 시도해 보지 않았다. 그렇지만 보통 때처럼 직립直立을 한 곳에 올라 시도해 보니, 뜻밖 에도 잘 오를 수가 있었다. 3~4차례 연습 을 했더니, 몸에서도 가볍게 기억하고, 자 신감도 금방 느낄 수 있었다. 그러니 의심 하지 말아야 한다.

○ 어떤 사람이 말하기를, 위와 같이 끌 어당기며 올라갈 때, 좌우에서 함께 당기면 배 안에서도 좌우로 대비하여 막게 되어 오르기 어렵다고 한다. 예를 들 어 작은 배가 20척이라면, 10척씩 좌우에서 몰아쳐야 한다. 적은 수의 병력을 이용하여 신속하게 공격하면서 올라가는 태세를 실현하도록 해 야 한다. 배 가운데에서 왼쪽을 방어하기 위해서, 사람 숫자를 모두 왼 쪽으로 치우치게 한다. 그럴 때 나머지 10척을 재빠르게 돌려서 오른쪽 으로 밀어붙여 끌어당기면서 올라가야 한다. 오를 때와 똑같이, 여러 사 람이 한꺼번에 칼을 빼서 배의 중앙을 후려쳐 쓰러뜨려야 한다. 그와 같 은 소동騷動이 일어나고 있는 틈을 노려서, 왼쪽의 인원수도 배 안으로

올라가서 제압한다.

내가 생각해보았는데, 왼쪽과 오른쪽에서 당기든, 아니면 한쪽에서 당기든, 그때그때 상황에 따라야 한다. 어느 쪽으로 하든지 빠르게 손을 쓸 수만 있다면 승리를 얻을 수 있다고 생각한다. 일을 느릿느릿하게 하지 않아야 한다.

○ 중간 크기의 배에 다리를 고정하기 위하여 (무거운) 짐을 싣고, 그 위에 높이 2장 정도 되는 사다리 5개를 세운다. 좌우로 4~5자씩 사이가 떨어지게 설치를 해 두어야 한다. 이 배에 전시戰士 50인을 태우고 10척

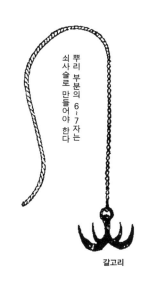

뿌리 부분의 6~7자는 쇠사슬로 만들어야 한다

갈고리

〈그림 1-12〉

을 1개 조로 하여, 5척씩 적선敵船의 좌우에 강하게 밀어붙인다. 적군 쪽 사다리를 타고서 올라가야 한다. 더욱이 어느 것이든 쇠갈고리 막대기를 가지고 배의 가장자리를 타격하면서 공격해 들어가야 한다. 막대 끝에 쇠갈고리가 달린 도구를 사용하는 것은 사다리를 일부러 무너뜨리기 위함이다. 배 안으로 뛰어들 때는 죽을힘을 다하여 제압한다.

○ 작은 배 14~15척에 전시戰士 15인씩 태운다. 모두가 첫 부분에서 말했던 쇠 신발鐵屨을 착용 시킨다. 그런 다음에 손잡이가 짧은 쇠갈고리가 달린 막대기를 두 손에 쥐게 한다. 큰 배로 몰아치면 곧장 두 손에 쥔 쇠갈고리가 달린 막대기를 가지고 때리고 또 때린다. 쇠 신발의 손톱으로 밟고 또 밟으면서 기어올라야 한다. 다 올라가면 여러 사람이 한꺼번에 칼을 빼서 제압해야 한다.

위의 병기를 이용하여 기어오르는 것도, 내가 직립直立 장소에 올라서 시험해 보았다. 이것도 역시 의외로 오르기 쉬운 것이다. 특히 서양 배는 배의 바깥 면에 커다란 그물大綱, 큰 자물쇠大錠, 물을 퍼서 올리는 것水揚과 같은 도구가 있어 달라붙기가 쉽다. 일이 없을 때 기어오르면 맨손으로도 오를 수 있다. 하물며 병기를 이용하니 더 말할 나위가 없다.

○ 길이 50칸 정도, 너비 7~8칸에, 바닥이 평평한 커다란 배를 만들고, 높이 2장 정도로 다락櫓을 설치해야 한다. 다락의 넓이는 3칸에서 6칸이 되어야 한다. 사방 둘레가 높이 3자 되게 만든다. 이 다락을 두 채 세우고, 다락 안에 사다리를 설치하여, 위쪽에 있는 자리로 오를 수 있게 장치를 한다. 전사 300인을 태우고, 노 200자루를 이용하여 배를 저어서 움직인다. 적의 배에 강하게 밀어붙인 다음에, 활과 총과 창, 긴 칼長刀 등을 사용하게 한다. 가까워지면 〈그림 1-12〉와 같은 갈고리, 쇠갈고리 막대기 등을 가지고 타격하면서 적의 배에 옮겨 탄다. 크게 접전을 펼쳐 적선을 제압해야 한다. 이것 또한 네덜란드 방식이다. 다만 이 배는 발이 느리므로, 대포를 설치한 큰 배에는 이 점을 참작해야 한다. 보통의 큰 배를 제압해야 한다. 임기응변을 잘해야 한다.

○ 〈그림 1-13〉과 같은 배에 탑승할 전사는 300인이다.

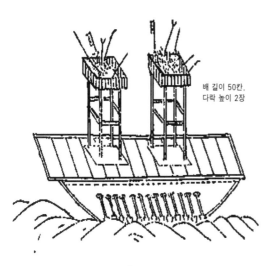

배 길이 50칸, 다락 높이 2장

〈그림 1-13〉

○ 노 200자루를 사용한다.

노를 젓는 사람은 갑판 아래에 있으면서 일을 한다. 다만 조타舵候, 가지미와 키잡이梶取만 임시로 만든 갑판 위에 있으면서 왼쪽으로 돌리라는 도리카지取梶와 오른쪽으로 돌리라는 오모카지面梶의 지시에 맞추어서 신호를 보내는 일을 해야 한다.

○ 〈그림 1-14〉와 같이 대나무를 묶어서 방패를 만든 배竹束船가 있다. 총을 여러 개 설치해 놓거나, 또는 화공燒討에 집중을 하는 적선敵船에 대처하기에는 이 배보다 좋은 것은 없다. 20척을 1개 조로 하여 나서게 해야 한다. 적은 수의 배를 가지고 나서는 일이 없도록 해야 한다. 그런데 그 배를 만드는 것은 작은 배에 대나무 묶음竹束을 여러 겹 두른다. 거기에 해초를 붙이고, 사방으로 커다란 그물을 씌워서 안쪽으로 연결한다. 사이사이에 작은 틈을 두어서 안쪽에서 사방을 잘 볼 수 있게 한다. 대나무 묶음은 3중 4중으로 붙이는데, 그것을 내려서 물에 잠길 정도로 해야 한다. 더욱이 작은 돛帆을 여러 개 달아야 한다. 총鐵炮을 2~3발 맞더라도 끄떡하지 않으며, 눈앞에 있는 적선敵船으로 달려들 수 있게 해야 한다. 더구나 노櫓榜를 자유자재로 쓸 수 있게 해야 한다. 그런데 쇠 갈고리 막대기라든가 갈퀴 등이 닿을 정도가 되어 안쪽의 큰 그물을 잘라낸다면, 어느 쪽이 되었든 한쪽의 대나무 묶음들이 와르르 무너진다. 우리 배와 적의 배가 어깨를 맞댈 정도가 되면, 쇠갈고리 막대기, 솔개, 갈퀴, 사다리 등을 자유자재로 돌려가면서, 적선敵船에 달라붙어서 여러 가지 시도를 해야 한다. 배는 바닥을 두 겹으로 만들어서 물이 들어가지 않도록 해야 한다. 그리고 바닥을 무겁게 해서 배가 뒤집혀 물에 빠질 염려가 없도록 해야 한다. 물론 갑판 아래쪽에는 칸막이를 여러 개 세우고

칠을 발라서 물이 스며들지 않게 튼튼하게 만들어야 한다. 이것은 총알
銃丸을 맞더라도 칸막이 바깥쪽으로 물이 들어오지 않도록 하기 위함이
다. 더욱이 이 칸막이는 이 배에만 한정된 것이 아니다. 군선軍船도 모두
위와 같이 칸막이를 해야 한다. 또한 모든 배에는 물을 뿜어내는 '미즈
하지키水彈'라는 도구를 많이 준비해 두어야 한다. 늘 물을 위로 뿜어낸
다음에, 대나무 묶음이 물에 젖어서 가라앉도록 하여, (적군이 아군의 배

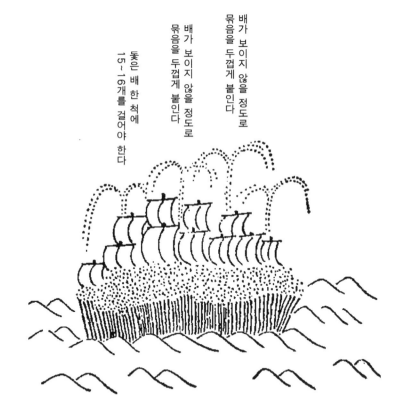

배가 보이지 않을 정도로
묶음을 두껍게 붙인다

배가 보이지 않을 정도로
묶음을 두껍게 붙인다

돛은 배 한 척에
15~16개를 걸어야 한다

〈대나무를 묶어서 방패를 만든 배(竹束船) 그림〉

〈그림 1-14〉

를) 불태우는 계략을 쓰더라도 피해를 보지 않게 해야 한다. 대나무 묶음을 나지막하게 만들어야 하는데, 이것은 바람에 넘어가지 않도록 하기 위함이다. 모두 이 배도 화선火船과 똑같이, 대풍大風이 불 때 바람 위에서 대처하는 것이 좋다. 그것을 제작하고 활용하는 것에 대해서는 잘 조련操練하여, 그것을 잘 다루는 기묘한 수준에 이르게 해야 한다.

○ 위의 여러 조항은 다른 나라異國의 매우 큰 배를 공격하고자 할 때 알아두어야 할 내용을 간추린 것이다. 더 공부하여 정교하고도 기묘한 경지에 이르러야 한다. 다만 적의 배에서 대포를 발사하여 (아군 쪽으로) 공격을 해올 수도 있다. 그런데 대포는 손으로 돌려서 발사할 때까지 시간이 지체되는 형태를 갖추고 있다. 그처럼 시간이 지체되는 것을 기회로 삼아서 손놀림을 잽싸게 하여 큰 배로 쇄도하여야 한다. 큰 배에서 30~40칸間 이상 떨어져 있을 때는 (적군이 발사하는) 대포 때문에 피해를 보게 된다. 그러므로 빠르게 적의 배가 있는 끄트머리 쪽으로 밀고 들어간다면, (적군이) 바로 눈앞으로 대포를 발사한다고 하는 것은 결코 이루어지기 어려운 일이라는 점을 알아야 한다.

○ 위의 여러 조항에 걸쳐서 시행해야 한다고 말했던 일은 많은 경우 야간 공격夜討 때 해야 한다. 그때그때 상황에 따라서 낮에도 해야 하는 일도 있다. (적의) 눈에 띄는 주간에는 적선敵船 쪽에서 방어할 수단을 갖추기가 쉬우므로, 공격을 하는 (아군) 쪽이 손해를 입게 된다. 그래서 밤에 하는 것이 가장 좋다고 한다.

○ 야간 공격夜討을 실시하여 순조롭게 큰 배에 날아들 때, 어두운 상태가 되면 (이쪽의) 지시를 알지 못하는 선박 안에서는 일하기가 어려워진다. 그렇기에 전사戰士가 적선敵船에 달려들면, 우리 배에서 재빠르게

횃불松明을 피워서, 적선의 내부를 비추도록 해야 한다. 그 전법은 예를 들면 전시戰士 20인이 탑승한 배라면 뱃사람水手은 10인 될 것이다. 적선敵船에 강하게 밀어붙여서 전사가 붙잡고 기어오를 때, 10인의 뱃사람 가운데 5인은 미리 정해 놓은 역할에 따라, 길이 2장 남짓 되는 횃불을 배 1척에 10개씩 준비를 해 둔다. 전사가 적선에 달라붙는 것이 보이면, 5인은 노櫓橈를 버리고, 저쪽彼의 긴 횃불에 불을 옮겨 붙인다. 전사가 적선으로 날아드는 것이 보이면, 잽싸게 긴 횃불을 적선의 배 끄트머리에 올려서, 선박의 내부를 비추어야 한다. 작은 배 1척에서 5개씩 올려서, 배 10척에 횃불 50개를 비추면, 적선의 내부는 충분히 밝아지게 될 것이다. 그렇기는 하지만 이것은 일시적으로 밝게 할 뿐이다. 나중에 점차로 인원수를 늘려서 횃불을 맡은 사람은 배 안에서, 횃불을 피워서 전사를 도와야 한다. 어느 무엇이든지 대처를 시작하는 단계에서 역할을 잘 정하고 이해시켜서, 실수하지 않도록 조처를 해야 한다.

○ 작은 배 몇 척에 물에 익숙한 사람 몇십 명을 태우고 적의 배에 몰래 접근한다. 그런 다음에 잠수하고 들어가 적선의 배 밑바닥에 구멍을 뚫어서, (적선의 내부에) 물을 집어넣는 전술이 있다. 그 전법에 따르면 물에서 훈련할 때마다 통桶이나 바가지瓢를 목에 붙이는데, 이것은 두 손으로 일을 하더라도 머리가 물속에 빠지지 않도록 하기 위함이다. 그런데 원통형 끌筒鑿과 쇠망치鐵槌를 가지고 적선에 접근하여, 손이 닿을 만큼 물 밑으로 저彼 원통형 끌을 집어넣어야 한다. 이미 배의 갑판을 뚫어서 배 안으로 물이 들어갔을 때는, 원통형 끌의 머리에 손을 대고 살펴보면, 물이 들어가면서 손가락을 빨아들이듯이 하므로 이를 쉽게 알 수 있게 된다. 그럴 때는 쇠망치만 가지고 빨리 도망을 가야 한다. 그런데 배

1척에 수영을 잘하는 사람 20인을 태워서 10척을 마련해야 한다. 5척씩 좌우에서 몰래 접근하여, 수영을 잘하는 사람이 저마다 구멍을 모두 뚫으면, 구멍을 200개 뚫게 된다. (그러니) 아무리 큰 배라 하더라도 눈 깜짝할 사이에 침몰하고 말 것이다. 서양의 해적이 이 전술을 쓴다고 들었다.

다만 서양의 큰 배는 단단하고 튼실한 통나무杕木를 가지고 배를 만들기 때문에, 끌鑿의 힘이 미치기 어렵다. 오로지 중국이나 섬라暹羅와 같이 판자板를 이용하여 만든 배에 (위에서 말한 방법을) 적용해야 한다. 끌鑿의 모양새는 〈그림 1-15〉와 같다.

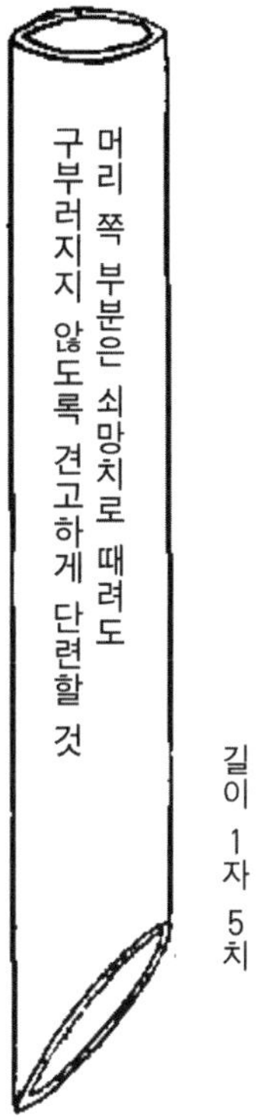

위의 여러 조항은 일본의 작은 배를 가지고 다른 나라의 엄청나게 큰 선박을 무너뜨리는 방책과 전술에 관하여 적은 것이다. 위아래가 일치하여 잘 가르치고 따르며 단련을 한다면, 멀리 유럽으로 건너가더라도 주눅이 들지는 않을 것이다. 하물며 멀리에서 이쪽 나라로 오는 다른 나라의 배라면 더 말할 나위가 없다. 어떻든 위에 있는 사람들은 가르치는 것이 없고, 아래 있는 사람들은 단련하지 않는다면, 이것 또한 빈말空談이 되고 말 것이다. 느슨하게 해서는 안 된다.

○ 다른 나라 사람과 전쟁을 할 때 가장 마음에 새겨야 할 것이 있다. 여러 가지로 말한 것처럼, 다른 나라 사람들은 혈전血戰에 서툴기에, 여러 가지 기묘한 전술과 기묘한 재주를 부려서 서로가 사람의 기운이 빠지도록 하는 것을 일로 삼는다. 그 나라 사람들끼리는 터득하고 있는 것

머리 쪽 부분은 쇠망치로 때려도 구부러지지 않도록 견고하게 단련할 것

길이 1자 5치

원통형 끌(筒鑿)

〈그림 1-15〉

이 있겠지만, (일본에서는) 그것을 알지 못한다. 일본인은 저쪽의 기묘한 전술과 만나게 되면 놀라게 된다. 정말로 기가 꺾이고 겁을 집어먹은 나머지, 일본인이 자랑으로 삼고 있는 혈전도 약해지고 만다. 고니시小西와 오토모大友가 그런 부류의 사람들이다. 내가 생각하건대, 그와 같은 기묘한 전술과 기묘한 전법은, 어떤 것이든지 체계적으로 훈련하여 무武의 본질적인 것을 사용한 것이 아니라면, 그토록 기묘한 전술과 기묘한 전법이라 하더라도 그것을 조금도 두려워하지 않는다. 그저 무턱대고 쳐들어가는 것을 가장 염려해야 한다. 기묘한 전술을 쓰는 것에 대하여 절대로 겁을 집어먹지 말아야 한다. 마음에 새겨두게 하고자 그와 같은 기묘한 전술을 아래에 적는다.

○ 화요火夭【곳곳에서 불이 타오른다】

○ 신연神煙【곳곳에서 연기를 피운다】

○ 독무毒務【맑은 하늘에 안개가 피어오른다】

○ 화금火禽【수많은 불똥이火玉 하늘 한가운데中天 날아다닌다】

○ 화수火獸【수많은 불똥이 땅 위를 달린다】

○ 팔면포八面炮【팔방八方으로 날아다니는 총鐵炮】[21]

○ 수저용왕水底龍王【물밑에서 우레雷와 같이 울림】

○ 지뢰地雷【땅속에서 우레와 같이 울리며, 화염火炎이 지상地上으로 타오르게 하여 사람을 불태움】

---

21 일본 에도(江戶) 시대 이전에는 '총(銃)'을 의미하는 가장 일반적인 낱말이 철포(鐵砲, 뎃포)였다. 넓은 의미에서는 대포(大砲) 등을 포함하는 화기(火器) 전반을 가리켜서 철포(鐵砲, 뎃포)라 칭하는 예도 있었다.

○ 리유쿠토시킷푸理囿古突悉吉不[22]【하늘 한가운데中天를 새처럼 자유자재로 타고 돌아다니는 배船임. ○ 리유쿠토理囿古突는 공기氣를 뜻하는 만어蠻語[23]이다. 시킷푸悉吉不는 배를 의미하는 만어이다. 이것은 공기를 이용하여 타고 다니는 배를 말한다】

위에 제시한 것 외에도 몇 가지가 더 있지만, 모두 실용성이 없는 물건이다. 그 가운데서도 〈그림 1-16〉과 같은 배는 특별히 놀라운 물건처럼 보이지만, 이것 또한 하잘것없는 물건이다. 혹시 일본군我が軍 (머리) 위에서 (적군이) 이것을 타고 있으면, 총鐵炮을 가지고 돛대帆柱 위에 있는 바람 주머니風袋를 타격하여 구멍을 낼 수가 있다. 공기가 빠지면 배가 (밑으로) 떨어지게 된다. (그렇게 되면) 생포生捕를 당하여 웃음거리가 될 것이다. 그렇더라도 괴상한 물건怪物을 (보지 못해서) 익숙하

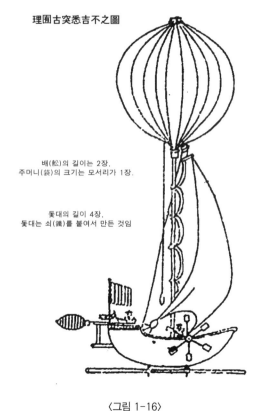

理囿古突悉吉不之圖

배(舡)의 길이는 2장,
주머니(袋)의 크기는 모서리가 1장.

돛대의 길이 4장,
돛대는 쇠(鐵)를 붙여서 만든 것임

〈그림 1-16〉

22 日本風船(氣球)史에서는 理囿古突悉吉不를 료쿠토시킷푸(りょくとしきっぷ)로 읽었다. 하야시 시헤이(林子平)가 理囿古突悉吉不를 리유쿠토(Lucht, 공기)와 시킷푸(Schip, 배)의 합성어로 이해한 듯하다.
23 만어(蛮語)란 스페인어 · 포르투갈어 · 네덜란드어 등을 뜻한다.

지 않은 사람은 이것을 보고 놀라서 몸을 떨며 겁을 집어먹는다. 그러므로 다른 나라 사람과 전쟁할 때는 이와 같은 물건에 놀라지 말라고, 전쟁 때마다 자주 여러 군사들에게 지시해야 한다.

위의 여러 조항에 걸쳐 적은 괴상한 물건怪物을 일본에 적용하여 사용한 예를 아직 들어보지 못했다. 그렇지만 그것을 만드는 방법은 병술兵術과 무비지武備志, 또는 '게레이키스 북' 등에 상세히 적혀 있다. 한가할 때 제작하여 실용성 여부를 시험해 보아야 한다. 나는 청빈淸貧하기 때문에, 이처럼 많은 수의 괴상한 물건을 시험해 볼 수가 없다. 먼 훗날 현명한 사람이 나타나기를 기다릴 뿐이다.

아래에서는 세상에서 어깨를 나란히 하는 수전법水戰法에 대해 적는 것으로 그친다. 위에서 말한 바 있는 이른바 '작은 배끼리 펼치는 작은 다툼'이다.

○ 물 위에서 펼치는 전투는 육지에서 느끼는 것과 차이가 있게 마련이다. 먼저 그 줄거리를 말하자면, 첫째, 배의 진퇴進退를 자유롭게 할 수가 없다. 자기 한 몸을 이렇게 저렇게 하는 것도 생각한 대로 하기가 어려워진다. 그러므로 가장 먼저 배를 자유자재로 움직일 수 있게 되어야만 한다. 배를 자유자재로 움직일 수 있느냐는, 노를 젓는 사공楫候, 가지미, 키잡이楫取, 가지토리 등을 잘 선발하였는지, 배를 정교하게 제작하였는지, 평소에 조련操練을 잘하였는지에 달려 있다. 위의 사항을 이해하지 못한 채, 갑작스럽게 수전水戰에 달려들게 되면, 육지에서 하는 전투보다 한층 대처하기가 어려워진다고 말한다. 그렇기에 다른 나라에서는 수색水塞이라고 해서, 해변海辺의 중요한 곳에 평소에도 배를 잘 다루는船手 군사를 배치해 둔다. 때때로 곳곳의 포구에 있는 배를 모아놓고 수전의 중요한

사항을 조련하는 것이 필요하다. 지금은 조선朝鮮에서도 곳곳에 수영水營을 설치하여, 그곳에서 가르치고 명령하는 것이 잘 정비되어 있다고 들었다. 이러한 것은 (일본으로서는) 부러워해야 할 일이 될 것이다.

○ 선역船役이라고 하는 것은, 지행고知行高[24]에 따라서, 군선軍船을 내놓게 하는 것이다. 이것을 정하는 것은 '이에'家마다 '구니'國마다 정해진 규정이 있다. 또한 산이 많은 구니山國인지, 바닷가에 있는 구니水國인지 구별을 하고 있어서, 한 가지로 정해서 말하기는 어렵다. 큰 줄거리를 마음에 새겨두고, 그 구니가 처하고 있는國土 사정이 어떠한지에 따라야 한다. 또한 구니에 따라서는 장사를 하는商買 배도 군용軍用으로 쓸 때는, 큰 배가 되었든 작은 배가 되었든 모두 국주國主 즉 영주에게 바친다는 규정도 있다. (어느 쪽이든) 형편에 따라서 정해야 한다.

○ 선군船軍은 큰 배와 작은 배를 조합한 것을 말한다. 큰 배는 (정면공격을 하는) 정병正兵이 되어서 적에게 맞닥뜨리는 것을 주된 업무로 하고, 작은 배는 큰 배를 도와서 기습공격을 해야 한다.

○ 큰 배와 작은 배의 이로움에 대해서 말하자면, 큰 배는 그것을 몰고 돌아다니면서 그 밖의 작은 배를 침몰시키기에 유리하다. 날아다니는 도구飛道具를 갖추어서 적을 괴롭히기 좋다. 돌을 떨어뜨려서 작은 배를 궁지에 몰아넣기가 좋다. 대포大筒를 설치하기도 좋다. 모든 것을 큰 바다로 밀어낼 정도로 큰 배가 유리한 점이 많음을 알아야 한다.

○ 작은 배의 이로움은 가볍게 왔다 갔다 하기가 유리하다. 큰 배를 도와서 기습적으로 공격하기에 좋다. 긴급하게 원병援兵을 하기가 좋다.

---

24 일본의 봉건 시대에 무사들에게 지급되었던 봉토(封土) 또는 봉록(俸祿)의 크기.

20~30문目 크기의 대포大筒를 설치해 놓고 큰 배의 옆구리가 물에 들어가 있는 곳을 겨냥하여 쏘기가 좋다. 멀리서 (다른 배의 움직임을) 살피기도 좋다. (불을 이용하여 공격하는) 화선火船에 적합하다. 이 모든 것이 작은 배가 지닌 장점이다.

○ 다른 나라異國에서는 누선樓船이라고 하여 배의 위쪽에 3중으로 다락樓을 만든 배가 있는데, 전사戰士를 많이 태워 수전水戰을 하는 것을 말한다. 이 배는 수전에 이로운 점이 많다고 한다. 일본에서 지금까지 누선을 만들었다는 것을 들어보지 못했다고 하지만, 뜻있는 장수將帥라면 만들고 싶어 할 것이다. 설령 진정한 누선은 아니더라도, 누선을 만든다는 마음가짐으로 제작을 한다면, 수전에 이로운 점이 많이 있을 것이다.

○ 누선樓船은 말할 것도 없고, 큰 배가 되었든 작은 배가 되었든 모두 방패櫓를 사용하여 (적이 쏜) 화살矢炮을 막게 되어 있다. 특별히 대장大將이 앉는 자리와 노를 젓는 사공楫候, 키잡이楫取가 거처하는 곳은 확실하게 주위를 둘러싸서 막아야 한다. 다만 배의 방패船櫓, 다테는 붙였다 뗐다 하는 것을 자유롭게 하여야 한다.

○ 미곡米穀과 소금과 된장 같은 것은 배의 크기에 맞추어서 선적해야 한다. 큰 배에 쌀과 연료 같은 것을 실을 때는 한 층은 쌀을, 다른 한 층은 연료를 차례차례 쌓아야 한다.

○ 노艪의 놋줄하야오[25]은 쇠사슬鎖로 만들어야 한다. 적에 의해서 잘리지 않게 하기 위함이다.

○ 노를 젓는 사공楫候, 가지미은 기술이 뛰어난 사람을 뽑아야 한다. 그

---

25 배의 놋줄(櫓繩, 櫓綱)을 일본어로 하야오(はやお, 早緒)라고 한다.

런데 '닫아라!' '열어라!' 같은 신호는 언어를 사용해서는 안 된다. 소리를 내는 악기鳴物를 이용하여 신호하는 것에 대하여 (미리) 정해 놓아야 한다. 예를 들면 방울鈴과 딸랑이鳴子를 설치해 두고, 노를 바라보는 것面楫은 방울, 노를 잡는 것取楫은 딸랑이, 두 가지가 한꺼번에 울리면 실제로 노를 젓는 것眞艣을 말하는 것처럼 정해야 한다. 다만 신호로 쓰는 악기는 마음대로 정해도 된다.

○ 노艣榜는 규정으로 정해진 것 외에 여분으로 준비를 해야 한다. (노가) 손상을 입었을 때를 대비하는 것이다.

○ 배에 어울리지 않는 커다란 깃발大旗은 세우지 말아야 한다. 무거워지셔 배가 자유롭게 움직이지 못하게 된다. 게다가 바람이 크게 불면 피해가 발생한다. 그런데 (배를 구분하는) 표지標識 수단目印으로 1개는 세워야 한다. 다만 장궤선將机船과 누선樓船은 군사의 위세軍威를 나타내기 위해서라면 정기旌旗의 수數를 세우게 된다. 대장大將이 별선別船에 있을지 말지는 마음먹기에 따라서 정하면 된다.

○ 싸움이 맞붙게 되면 (배의 맨 뒤에 있는) 노艣櫓[26] 3~5자루挺만 세우고, 나머지는 모두 (물 위로) 올린다.

○ 뱃머리이물, 舳先와 (선미의) 노艣를 담당하는 것은 심장이 강한 자에게 맡겨야 한다. 갈고리打鉤를 지참하게 하여 그곳에 세워두었다가, 적의 배에 달려들게 해야 한다. 가까이 접근했을 때는 갈퀴熊手와 낫鐮 같은 것으로 타격을 하며 옮겨 타야 한다. 갈고리 그림은 첫 부분에서 제시하였다.

○ 모든 배는 한쪽으로 쏠리는 일이 있더라도 뒤집히지 않게 발을 묶

---

[26] 일본어 도모로[艪櫓, 艣艪]는 일본 배(和船)의 맨 뒤쪽 선미(船尾)와 가까운 곳에 있는 노(櫓)를 뜻한다.

〈그림 1-17〉 쇠 사내끼

어 놓아 (중심을 유지하게 하는) 장치를 해야 한다. 그 방법을 시험해 보고 좋은 것을 사용해야 한다.

○ 뱃사람水主에게 평소 활과 총을 사용할 수 있게 가르쳐 놓아야 한다. 싸움이 맞붙게 되어 (선미의) 노艫櫓를 들어 올렸을 때는, 뱃사람에게도 날아다니는 도구飛道具를 쓸 수 있게 해야 한다.

○ 작은 배小船에 돛帆을 올려서 큰바람을 받으며 달리다 보면 뒤집히는[27] 일이 있다. (선미의) 노艫에서 돗자리蓆를 아래로 내리고 나서 물에서 끌면 뒤집히지 않는다고 한다.

○ 배에는 자연히 발이 빠른 것도 있고 늦는 것도 있다. 더욱이 어떻게 만드느냐에 따라서 늦고 빠름이 정해진다. 어느 쪽이든 늦을 때는 노艫榜를 늘리고, 빠를 때는 그것을 줄인다.

○ 쇠로 만든 사내끼[28]를 모든 배에 준비하여 설치해 두어야 한다. 이것으로 횃불松明을 피우거나, 아니면 포락화炮烙火[29]를 적의 배에 던져 넣어야 한다. 또는 적이 이쪽 배에 던질 때는 이 도구를 가지고 건져내서 (적의 배로) 되돌려야 한다. 사내끼의 그물은 철사針金로 만든다. 그 형태는 〈그림 1-17〉과 같다.

○ 키柁가 부러졌을 때는 노艫榜 2~3자루를 배 뒤쪽 고물艫의 좌우에 세워

---

27 원문은 乘返로 적혀 있는데, 여기에서 返(かえす)은 覆(くつがえる)의 뜻으로 쓰인 것으로 보인다.
28 사내끼는 물고기를 잡을 때 물에 뜬 고기를 건져 뜨는 기구를 가리키는데, 긴 자루 끝에 철사나 끈으로 망처럼 얽어서 만든다. 일본어로는 다모(たも) 또는 다모아미(たも網)라고 부른다.
29 포락(炮烙)은 뜨겁게 달군 쇠로 살을 지지는 것을 뜻한다.

서 묶으면 배가 뒤집히지 않는다. 그 밖에 배船楫에 관해서 익숙한 선박 전문가를 찾아가서 물어보면 더욱 자세하고 기묘한 것까지 알 수 있을 것이다.

○ 항구湊나 하천 입구川口 등으로 들어가면, 적에게 다가가는 것처럼 생각할 것이다. (아군 진지를 떠나 적정을 살피러 나가는) 정찰척후을 먼저 파 견하여 육지 내부까지도 탐색을 마친 뒤에 배를 들여보내야 한다. 갑작 스럽게 하지 않도록 반드시 주의해야 한다.

○ 출선出船, 귀선歸船 모두 반드시 (배의 넋을 위로하는) 선혼船魂 제사를 올려야 한다. 자신이 믿지 않는다고 하더라도 반드시 제사를 지내야 한 다. 이것은 사람의 마음을 평안하게 하는 계략權謀이다.

○ 뾰족하게 자른 나무剝木, 얇게 벗긴 판자片板, 배 안에 물이 새지 않 게 채워 넣는 재료'마키하다', 쇠망치鐵槌, (불에) 달군 석회煉石灰 등을 모든 배 에 많이 준비해 두어야 한다. 배가 충격을 받을 때 재빠르게 방어하기 위한 기구이다. 또한 뾰족하게 자른 나무에 솜綿, 혹은 틈새에 채워 넣는 재료'마키하다' 같은 것을 얽어 묶어 붙여 놓는다. (적이) 대포大筒를 이용하 여 배를 쳐서 구멍을 냈을 때, 잽싸게 이 물건을 밀어 넣는다. 그런 다음 에 판자를 붙이며, 석회를 발라서 막아야 한다. 모두 일시에 긴급한 위 난急難에서 구해야 한다. 미리미리 뱃사람水主 중에서 이런 역할을 맡도록 정해 놓아야 한다.

○ 배의 (앞쪽) 이물舳先을 쇠鐵로 날카롭게 발라 고정하고, 적선敵船의 옆구리 쪽을 들이박아서 (적선의) 판자를 깨부수어야 한다.

○ 100석石 선적 규모의 배에는 뱃사람水主 등 35인이 함께 탈 수 있 다. 다만 노艪榜는 10정挺보다 적어서 모자라는 일이 없어야 한다. 내가

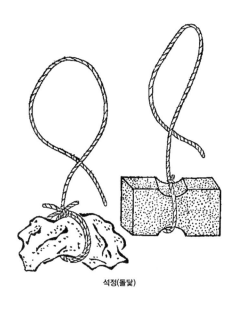

석정(돌닻)

〈그림 1-18〉

이를 미루어 짐작해 보면 알 수 있다. 더욱이 (배의 몸통) 아래쪽을 단단히 해줄 짐을 선적해야 한다는 점을 마음에 새겨야 한다.

○ 배 안에서 주고받는 신호에 대해서 말하자면, 조개貝와 북太鼓 같은 것은 바람과 파도 소리 때문에 헷갈려서 알아듣기가 어려울 수 있다. 그래서 낮에는 의장기旌[30]와 깃발旗을 사용하고, 밤에는 별똥별流星과 불꽃花火 같은 것을 이용해야 한다.

○ 화급火急한 변變이 일어날 때는, 닻을 끊어서 버려야 한다. 그렇기에 어느 배든 모두 여분의 닻을 준비해야 한다. 다만 (쇠로 만든) 철정[31]을 잘라서 버리는 것은 애석한 일이다. (돌로 만든) 석정, (나무로 만든) 목정을 사용해야 한다. 다른 나라는 이러한 물건을 많이 사용한다. 그 형태는 〈그림 1-18 · 19〉와 같다.

○ 나라國의 지세地勢에 따라서 바람이 나오는 방향이 있는 것이다. 다른 나라 사람이 알기 어려운 부분이다. 그 지역의 승선船乘에 관한 정보를 함께 사용해야 한다.

---

30 정(旌, 세이)은 대 끝에 새의 깃으로 꾸민 장목을 늘어뜨린 의장기를 뜻한다.
31 원문에는 자물쇠(錠)와 닻(碇)을 혼용하였는데, 여기에 적은 철정(鐵錠)은 '쇠닻'을 가리키는 것이므로 '碇'의 의미로 쓰인 것으로 보인다.

○ 배에서 뭍陸에 있는 적을 공격하려면 조수潮의 흐름을 중요하게 생각해야 한다. 좌우의 바로 눈앞에서 날아다니는手先 도구飛道具로 적을 제압하여 상륙해야 한다.

○ 말馬을 배에서 내리려면 말 사다리馬階子를 사용하는데, 이것은 느긋할 때의 일이다. 전투 중일 때는 배에서 언덕으로 뛰어 올라가야 한다. 또한 언덕까지 (배를 대서) 올려 보내는 것은 아니다. 물속에서 말을 배에서 내몰아 내리게 한다. 그런 다음에 배에서 끌어당겨서 헤엄을 치게 한다. 말

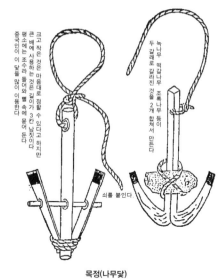

크고 작은 것은 마음대로 정할 수 있다고 하지만 큰 배에 사용하는 것은 길이가 3칸 남짓이다 평소에는 조수라 들어와 뻘 속에 묻어 둔다 중국인이 이 닻을 많이 이용한다

녹나무 떡갈나무 조록나무 등이 두 갈래로 갈라진 것을 2개 합쳐서 만든다

쇠를 붙인다

목정(나무닻)

〈그림 1-19〉

의 발이 닿는 곳에 이르렀을 때 배에서 곧장 말에 뛰어 올라, 육지의 적에게 달려들게 하는 것이다. (미나모토) 요시쓰네義經[32] 등이 이렇게 한 적이 있다. 이러한 일도 때때로 사람과 말에게 가르쳐두는 것이 가장 좋다.

○ 바다 한가운데서 덮쳐 좋지 못한 일이 벌어졌을 때는 배를 가까이에 붙여 두지 말아야 한다. 바람이 불어 서로 충돌하게 되면 배가 파손되는 일이 생길 수 있다.

○ 배에 막幕을 두를 때는 물에 잠기도록 펼쳐야 한다. 화살이나 총알을 받아내서 멈추게 하는 일이 있다고 한다.

○ 배 안에 준비해 두어야 할 물건은 아래와 같다. 더 궁리하여 손해가 되는 것과 이익이 되는 것을 파악해야 한다.

---

32 미나모토노 요시쓰네(源義經)는 일본 헤이안(平安) 시대 무장(武將)이다. 가마쿠라(鎌倉) 막부(幕府) 초대 장군(將軍, 쇼군) 미나모토노 요리토모(源頼朝)의 이복동생이다.

나침반方針 망원경遠眼鏡

손잡이가 긴 낫鎌, 끈緖이 긴 갈고리打鉤

손잡이가 긴 갈퀴熊手, 철사로 만든 사내끼

대포大筒 큰활노궁, 弩弓

횃불, (연속해서 불꽃을 내뿜는) 별똥별 화포流星花火

큰 돌과 작은 돌, 화약과 기름류

마른 연료柴葦

그 밖에 소금과 된장, 쌀, 땔감과 물薪水 같은 것은 더 말할 나위도 없다. 지금까지 설명한 것이 군선軍船 조달 방법調度의 큰 줄거리이다. 아래에서는 전법戰法에 대하여 싣는다. 작은 배끼리 소규모로 펼치는 전투는 이곳의 설명을 보면 알 수 있을 것이다.

○ 배가 갖추어야 할 것은 (적의 움직임을 살피는) 정찰척후 선박物見船을 맨 앞에 보내서 적의 상황을 끝까지 지켜보아야 한다. 더욱이 사방을 경계하는 일을 소홀히 하지 말아야 한다. 물론 정찰척후 선박도 날아다니는 도구飛道具, 또는 신호로 사용하는 의장기旌와 깃발旗, (불꽃을 내뿜는) 화포花火 같은 것을 소지해야 한다.

○ 군선軍船은 작은 배라 하더라도 1척만 홀로 있어도 활약할 수 있게 배려를 하여야 한다.

그래서 어떠한 배가 되었든 날아다니는 도구飛道具, 갈고리打鉤, 그 밖의 모든 전투 장비를 준비해야 한다. 예를 들면 작은 배로 뱃사람과 함께 35인이 탑승하는 배라면, 날아다니는 도구도 35개를 준비해야 한다. 적과의 거리가 멀 때는 날아다니는 도구飛道具를 가지고 괴롭히고, 가까이에 있을 때는 적선을 가까이 다가오게 하여, (적이) 꼼짝을 못하게 해서 승부를 내야 한다.

○ 배가 갖추어야 할 것은 사람과 배의 수가 많고 적음에 따라 달라진다. 그것을 어느 정도로 해야 하는지 정하기가 어렵다고는 하지만, 여러 가지를 모두 갖춘 배라고 한다면, 그 숫자를 20척보다 적게 하여 부족함이 생기게 하지 말아야 한다. 먼저 준비하는 순서를 살펴보면, 하나나 둘 정도의 (최전방에서 싸우는) 선봉先手, (좌측을 수비하는) 좌비左備, (우측을 수비하는) 우비右備, (전방에서 싸우는) 전유군前遊軍, (대장이 위치한) 본진旗本,33 (군량이나 병기 등을 나르는) 수송부대小荷駄, (후방을 수비하는) 후비後備, (후방에서 싸우는) 후유군後遊軍 등으로 세워야 한다. 그렇지만 앞에서도 말한 바와 같이, 사람 수의 많고 적음과 배의 수에 따르는 것이기 때문에, 이와 같은 것을 정해진 법이라고 말하기는 어렵고, 임시로 만든 규칙으로 제시할 수도 있다. 다만 배와 배 사이는, 배의 크기만큼 (공간을) 비워 두고, 수비와 수비 사이는, 수비 부대備의 크기만큼 간격을 비워 놓아야 한다. 이렇게 하지 않으면 서로 끼게 되어 일하기가 어렵게 된다고 한다. 물론 항구와 하천 입구 등에 접근할 때는 배와 배 사이를 더 멀리 두어야 한다. (배와 배 사이를) 가깝게 하면 (적이) 화선火船으로 공격할 염려가 있다.

○ 적의 배를 괴롭히려면, 10문匁에서 20문目 정도 되는 대포筒를 가지고, 적선의 몸통, 물속에 들어가 있는 부분을 뚫어서, (적의) 배 안으로 물이 들어가도록 해야 한다. 이러한 일은 규모가 작은 수전水戰에서도 중

---

33 하타모토(旗本)는 일본 에도(江戸) 시대 무사로서, 대장이 있는 본진(本陣)의 무사를 가리킨다.

요한 역할이다.

○ 대포大筒를 발사하는 것은 작은 배를 가지고는 하기가 어렵다. 큰 배에 여러 자리座를 설치해 두고, 박자를 서로 맞추면서 엄격한 통제 속에서 발사해야 한다. 다만 작은 배에도 20~30문 크기의 대포를 1자리씩 설치해 두는 것이 마땅하다. 단 100석 선적 규모의 배에 500문 크기의 대포를 한도로 해야 한다고 한다.

○ 앞에서 말한 것처럼, 배 1척이 단독으로 활동을 하도록 하라는 것은 한낱 각오를 말하는 것이다. 전체적인 법은 때로는 2~3척, 또는 5~6척을 한 개 조組로 편성하여 나아갈 때나 물러설 때 (배끼리) 떨어지지 않고, 서로 기습공격奇과 정면공격正을 단행해야 한다.

○ 적의 배로 판단되면, 한마음으로 온 힘을 다해 달려들어서 갈고리와 갈퀴 등을 이용하여 타격하며 (적의 배로) 옮겨 타야 한다.

다만 아군의 배가 오로지 1척으로 적과 대처하고 있는 것을 발견하게 되면, 어떻게든 그 배에 가까이 다가가서 아군의 배 2~3척을 그쪽으로 붙여서 전투를 도와야 한다.

○ 배 1척에서 일하는 사람의 정원은, 앞에서 말한 것처럼, 뱃사람과 함께 35인승 배라고 한다면 무자武者가 25인이다. 뱃사람이 10인, 그 가운데 1인은 배의 우두머리를 정하여, 그 배의 일을 맡도록 하여야 한다. 그런데 무자가 25인이라면, 10인은 총, 15인은 활을 맡는다. 적선을 발견하게 되면 엄격하게 타격하여 (적이) 꼼짝하지 못하게 한다. (적과) 가까워지면, 총을 지닌 6인과 뱃사람 2인은 본래 맡았던 일을 놔두고 갈고리나 갈퀴 등으로 타격하여, 적선을 (끌어내서) 가까이 오게 한다. 그렇게 되면 나머지 무자는 날아다니는 도구飛道具를 버리고 적선으로 옮겨

타서, (적이) 꼼짝을 못하게 하여 제압해야 한다. 인원수가 많더라도 이 전법에 준하여 각자 맡을 역할을 정해야 한다.

○ 적의 배를 몰아내려면, 적선의 뱃사람을 타격해야 한다. 적선으로 옮겨 타고나서는 재빠르게 노櫓의 놋줄艪緖을 절단해야 한다.

○ 평상시 조련할 때는, 무사武士가 되었든 아시가루足輕가 되었든 모두 가 노櫓榜, 가이와 삿대棹, 사오 등을 사용하는 것에 익숙해지도록 잘 가르쳐 두어야 한다. 위에서도 말한 바와 같이, 적들이 이쪽의 뱃사람을 노리고 타격을 가할 수가 있다. 그럴 때 전사戰士가 노櫓榜에 관해서 잘 알고 있으면, (적이) 뱃사람을 남김없이 죽이더라도, 배의 진퇴 등에 어려움을 겪지 않게 된다. 이것을 가르치는 것이 수전水戰에서 중요한 전법이다. 이를 게을리 하지 말아야 한다.

○ 큰 배에 다락樓을 두 곳에 마련한다. 사방을 삼엄하게 둘러싸고, 그곳의 배 밑에 까는 판자에 총을 넣을 정도로 파낸다. 그렇게 파내는 것을 10개씩 해 놓고, 그곳에 총 10자루씩 넣어 둔다. 이것을 한 사람이 맡도록 한다. 적의 배에 가까이 다가가면, 사람들이 각자 맡았던 총 1자루를 (지닌 채) 교대로 꼼짝하지 않고 웅크리고 있다가, 적선을 탈취하여 승선해야 한다. 다만 그 밖에 말단의 잡병들이葉武者 탄 배에 함부로 이런 행동을 하지 말아야 한다. 적을 끝까지 잘 지켜보다가, 이렇게 행동하여 적을 제압해야 한다. 그런데 배 밑에 까는 판자를 깎아내고 총을 설치하는 것은, 배가 움직이더라도 넘어지지 않게 하기 위함이다. 배에 망루櫓, 야구라를 설치하는 방법에 대해서는 위에 제시한 50칸 규격의 배 모양과 같이 하는데, 크기를 작게 만들기도 한다.

○ 큰 배에 큰 활弓과 작은 활을 섞어서 설치해 둔다. 큰 것으로는 적

선敵船을 깨부수고, 작은 것으로는 사람을 괴롭히고 나서, 적선으로 올라타 빼앗아야 한다.

○ 배의 망루櫓, 야구라에 (불을 담아 놓는) 화통火桶을 많이 넣어두어야 한다. 적의 배에 강하게 밀어붙여 적의 머리 위에서 타격을 가하여, (적이) 동요하는 빛을 보이는 곳으로 올라타서 빼앗아야 한다. 화통은 도기陶器로 만들어서 때리면 부서지도록 해야 한다.

○ 큰 배에 돌을 많이 쌓아두어야 한다. 그것을 가지고 그 밖의 작은 배에 떨어뜨려서 괴롭혀야 한다.

○ 큰바람이 불어올 때는, 반드시 앞뒤와 좌우 경계를 소홀히 하지 말아야 한다. 적이 아군의 위쪽에서 부는 바람으로 화선火船을 발사하는 수도 있다. (그러니) 신중해야 한다. 주의를 기울여야 한다.

다만 화선火船을 경계한다고 해서 따로 대처 방법이 있는 것도 아니다. 첫째는 정찰척후 선박物見船에, 둘째는 큰 배의 옆에, 모두 작고 빠른 배小早船를 대놓고 무사武士를 태워서 대비해야 한다. 정찰척후 선박에서 "(적의) 화선이 온다"고 신호를 보내오면, 이 작고 빠른 배에 탄 무사들이 재빠르게 배를 저어 빠져나가고, (적의) 화선이 아군의 큰 배에 강하게 밀어붙이기 전에 도중에 올라타서 빼앗아, 신속하게 연료 등을 잘라서 풀어헤치고, (그것을) 바닷속으로 던져 넣어야 한다. 셋째는 여러 기물器物에 물을 집어넣어야 한다. 큰 배大船에는 모두 배의 끄트머리에 줄지어놓고, 화선이 다가오면 심하게 물을 뿌려야 한다. 네 번째는 닻과 그물을 잘라내고, 배를 바람보다 위쪽으로 이동시켜야 한다. 화선을 방어하는 이 전술이 네 번째이다. 마음을 잘 가라앉히고, 씩씩하게 행동을 해야 한다. (이것이야말로) 정말로 무사武士의 정신이 돋보이게 하는 부분이다. 신중해야 한다. ○ 아래에서는 배 안에서 전투하는 방법에 대하여 적는다.

○ 적의 배에 올라타서 그것을 빼앗은 사람은 상급의 공에上功 해당한다.

○ 적의 배라고 판단하고 한마음으로 온 힘을 다해 달려든 것은 그 배 전체 중에서 상급의 공에 해당한다.

○ 미심쩍은 배를 붙잡은 것은 상급의 공에 해당한다.

○ 갈고리를 잘 던진 사람은 공이 있는 것으로 간주한다.

○ 대포大筒를 가지고 적의 배를 파괴한 사람은 공이 있는 것으로 간주한다.

○ 적의 배에 둘러싸인 아군의 배를 구해낸 것은 공이 있는 것으로 간주한다.

위는 상賞을 주는 기준이다.

○ 배 안船中의 무기武器와 선구船具 등은 선사船司가 맡아야 하는 일인데, 날마다 점검해 보아야 한다. 부서져서 손상을 입은 것은 재빠르게 교체해야 한다. 소홀히 하여 군사軍事에 일을 그르치게 한 때에는 그 선사에게 죄가 있다.

○ 배에서 뭍陸으로 올라가서, 물과 곡식, 땔감, 채소 등으로 쓸 것을 처리할 때는, 선사船司한테서 확인 도장을 받아서 시행해야 한다. 물론 되돌아가는 배가 출발하는 시각은 같은 때로 한정해야 한다. 지체하는 사람은 (목을 베는) 참형斬에 처한다.

○ 감시선番船, 정찰척후 선박物見船 등, 여러 가지 맡은 바 일을 게을리 하는 일이 없어야 한다. 게을리 하면 (목을 베는) 참형에 처한다.

○ 정당한 사유 없이 자기가 책임을 맡은 장소를 떠나거나, 혹은 함부로 상륙하는 사람은 (목을 베는) 참형에 처한다.

○ 아군의 배는 뭐라고 말할 수 없기는 하지만, 특별히 같은 배同船끼리는, 형제와 마찬가지로 친하게 지내야 한다. 다투거나, 싸움 또는 말다툼 같은 것을 하는 일이 없어야 한다. 만일 그쳐야 할 일을 그치지 못하는 일이 있게 되면, 진陣을 해체한 뒤에, 상부에 아뢰어서 옳고 그름을 판별해야 한다. 그러한 상황에서 서로 싸우는 일이 없어야 한다. 어긴 사람은 쌍방에게 (목을 베는) 참형에 처한다.

○ 배를 계류해 놓았을 때, 대열을 이탈하여 다른 곳에 배를 대는 일이 없도록 해야 한다. 이를 어기게 되면 그 선사船司는 (목을 베는) 참형에 처한다.

○ 적의 배라고 판단하고도, 겁에 질려서 달려들지 않았을 때는 선사船司는 말할 것도 없고, 키잡이柁取와 뱃사람水手까지도 (목을 베는) 참형과 동등한 죄에 처한다.

○ 맹렬하게 적의 배를 추적할 때는 적이 계략을 써서 때때로 물건을 떨어뜨리는 일이 있는데, (그것을) 줍는 일이 반드시 없도록 해야 한다. 만일 (그것을) 줍느라고 적의 배를 도망치게 하는 일이 생기면, 그 선사船司는 (목을 베는) 참형에 처한다.

○ 조류의 흐름潮氣 때문에 화약이 습기에 젖어 눅눅해지는 일이 있다. 이 점을 마음에 새겨 자주자주 말려야 한다. 만일 (말리는 것을) 게을리하여 불이 옮겨 붙지 않을 때는 그 선사船司는 직을 박탈한다.

○ 목首을 취하는 것을 마음에 두지 않고, 적의 배에 따라붙는 일을 기본으로 삼아야 한다. 만일 다른 배와 목을 놓고 다투다가 적선을 도망치게 했을 때는, 그것을 다툰 사람과 선사船司 모두 죄에 처한다.

○ 배 안에서 고성高聲을 지르는 것을 금지한다. 어기는 사람은 죄에

처한다.

○ 선구船具를 가지고 장난하는 사람은 죄에 처한다.

○ 술을 마시거나, 혹은 도박하거나 하는 것을 금지한다. 어기는 사람은 죄에 처한다.

○ 배 안의 병량兵糧은 (그것을 가지고) 그 배에서 밥을 짓는 일도 있다. 또한 병량선兵糧船이 돌면서 (밥을 나눠주는) 일도 있다. 그렇지만 우선은 배 1척마다 그 배 안에서 밥을 짓는 것을 최선으로 간주한다.

위는 책의 첫 부분부터 지금까지 여러 조항에 걸쳐서, 해국海國이 갖추어야 할 것과 수전水戰의 전법에 대해서는 충분히 설명했다고 말할 수 있다. 아래에서는 수전에 동반되는 여러 사용법을 적는다. 궁리를 더 해야 한다.

추위를 이겨내는 처방 【수전水戰에서 가장 좋은 약임】

○ 붓순나무樒木[34] 기름을 구해서 온몸에 발라야 한다. ○ 또는 술 3되升에 후추胡椒 12문匁을 넣고 조금 달인 것을煎 손과 발에 바르면 묘약이 된다. 위는 추운 나라에서 일하려면 특별히 준비해야 한다.

익사溺死에서 구제하는 처방

○ 곤줄박이山雀의 【깃털 몇 개라도】 날개와 함께 검게 태워 물에 타서 섞은 것을 온몸에 바른다. ○ 또는 석회石灰를 물에 섞어서, 온몸에 바르면 좋다. ○ 또는 (태우지 않은) 명반明礬 가루를 날것으로 콧속에 넣어 흡입하

---

34 붓순나무(Illicium anisatum)는 제주와 일본, 오키나와 등에 분포한다. 독을 품고 있어서 잘못 먹으면 위험한 유독성 식물이다.

고 나서, 곧장 물을 뿜어내게 하면 살아난다. ○ 또는 조각자나무皀角子[35] 가루를 명주에綿 싸서 항문 속으로 넣고, 관원關元[36]과 백회百會[37] 두 곳의 혈에 침을 놓고 뜸을 뜬다. 그러면 금세 살아난다.

위는 어느 것이든 하룻밤 지나면 살아난다.

뜨거운 물로 입은 화상湯火傷을 낫게 하는 잎

○ 삼나무杉木 잎을 검게 태워서 곱게 빻아 쇳물철장[38]에 개서 준다. ○ 또는 석고 가루石膏末를 참기름胡麻油에 개서 준다. ○ 밥을 검게 태워 참기름에 섞어서 준다. ○ 오이胡瓜를 문드러지도록 곱게 찧어서 붙인다. ○ 또는 인가人家의 부엌에서 흘러나오는 짠맛이 나는 하수 속의 진흙을 붙이면 좋다. ○ 백분白粉을 달걀흰자卵白에 개어서 붙이면 좋다.

악풍惡風을 알 수 있는 구전으로 전해지는 비결口訣

○ 구름이 가로로 펼쳐져 있고, 해가 붉은색이면 악풍惡風이 있다. ○ 해와 달이 어스레하게 반짝이면 악풍이 있다. ○ 크고 하얀 별大白星을 보기 어려우면 악풍. ○ 서남쪽에 나오는 별이 흔들리면 악풍. ○ 여러 개의 별이 반짝반짝 움직이는 듯이 보이면 악풍. ○ 구름의 움직임이 화살처럼 빠르면 악풍. ○ 날짐승과 새가 높이 날면 악풍. ○ 하늘빛이 어두

---

35 조각자(皀角刺)는 주엽나무 또는 조각자나무의 가시를 말한다. 조협자(皀莢子)라고도 한다. 경희대학교,『동양의학대사전』(1999) 참조.
36 관원(關元)은 임맥의 경혈이다. 소장의 모혈(募穴)이며 아랫배, 배꼽의 중심에서 아래로 3촌, 앞정중선 위에서 취혈한다. 대한한의학회『표준한의학용어집』(2021) 참조.
37 백회(百會)는 사람의 머리 꼭대기 중간에 있는 백회혈(百會穴)을 말한다.
38 철장(鐵漿)은 쇠(鐵)를 물에 담가 녹이 슨 후 생긴 용액이다. 마음을 진정시키고 간질(癎疾)을 안정시키며 해독(解毒)하고 상처를 낫게 하는 효능을 가진 약재로 알려져 있다. 한국전통지식포탈 참조.

우면 악풍. ○ 사람 몸이나 머리에서 열이 나면 악풍이 있을 것이라는 점을 알아야 한다.

위는 날씨와 바람의 큰 줄거리를 적은 것이다. 아래에서는 전투에서 쓰는 처방은 아니지만, 마음에 새겨 두기 위하여, 중국과 네덜란드 등의 배船의 호칭 또는 그 배에 있는 역인役人의 직명職名을 기록한다. 이것 또한 임시臨時의 박식博識으로 삼아서, 하나의 비상용으로 쓰면 어떨까 한다.

○ 중국인唐人은 배船의 호칭으로 선舡, 시센이라 부른다. 또는 붕鵬, 호이라고 하며, 그 배에 이름을 붙일 때는 무슨 무슨 붕鵬이라고 한다.【일본에서 무슨 무슨 환丸, 마루이라고 이름을 붙이는 것과 같음】 일본에서 말하는 전마선傳馬船을 삼판杉板이라고 부른다. ○ 중국 배의 세 역인役人은 선주舡主, 시센슈, 과장夥長, 오쿠쵸, 총관惣官, 쇼칸이다. 이 셋은 중국 배의 두역頭役이다.

○ 네덜란드인阿蘭陀人은 배船의 호칭으로 시킷푸라고 부른다. 전마선傳馬船을 핫테이라고 한다. 네덜란드 배의 세 역인은 옷푸르호우푸【카비탄, 캡틴임】와 시켓쓰푸르【선두舡頭임】, 옷푸르스튜르만【지침역指針役임】, 이 3역은 네덜란드 배의 두역頭役이다.

○ 이 책의 첫 부분부터 여기까지는, 내가 오래도록 혼자만의 의견獨見으로 삼아서, 일본이 갖추어야 할 무비武備의 강령綱領이 여기에 있다고 (마음속으로) 혼자서 그냥 자랑스럽게 여겨오던 바이다. 그렇다고 하더라도 문면文面으로만 기뻐하며 기계器械를 자세히 밝히지 않는 것은 선善 중의 선善이 되지 못한다. 또한 기계를 보고서도 조련操練을 하지 않는다면, 그것 또한 선 중의 선이 될 수 없다. 문면을 잘 이해하고, 기계를 갖추어서 조련을 잘한 다음이라야 비로소 선 중의 선이라 말할 수 있을 것이다. 모든 군사軍事에 관한 것은 육전陸戰이라 하더라도, 조련하지 않은 사

람들은 무턱대고 덤벼들며 전투를 벌이는 일이 많다. 하물며 수전水戰은 배가 움직이는 것도, 자기 한 몸의 진퇴도 부자유스럽기가 그지없다. 그러므로 반드시 조련하지 않으면 안 되는 것이다. 그렇기에 수전의 조련은 조련 중에서도 또 중요한 조련이 됨을 알아야 한다. 느슨하게 하는 일이 꼭 없도록 해야 한다. 그렇게 말하지만 오로지 조련에만 매몰되게 되면, 역시 혈전血戰에 둔해지게 될 수도 있다. 이것저것 잘 조합을 하여 이해하고, 조련과 혈전 두 가지로 대비를 하면서도, 완전한 상태를 훌륭하게 만들어내야 한다. 그런데 이미 해국海國의 수전에 관한 정의를 서술하였으니, 다시 개략적으로 육전에 대하여 말하려고 한다. 따라서 제2권부터 제16권까지를 기술하고, 이를 통해서 크고 작은 전투戰鬪의 큰 줄거리를 제시할 것이다. 독자가 이를 갑작스럽게 여기는 일이 없으면 좋겠다.

제2권

육전陸戰

이미 수전水戰에 대해서 알아서 자기 것으로 만들었으니, 이제는 육전陸戰의 전법戰法을 이해하여야 한다. 먼저 전법이란 전투戰鬪를 하는 방법을 구조화한 것이다. 일본에는 여러 계통의 전법이 있는데, 그것의 줄거리를 정리하였다. 총鐵炮, 활弓, 손잡이가 긴 창長柄, 무자武者의 네 단계로 구분한다. 60칸間에서 30칸까지는 총을 가지고 싸우고, 거기에서 14~15칸으로 좁혀질 때까지는 활로 싸우며, 거기부터는 손잡이가 긴 창으로 싸워서 (적의) 코를 뚫게 된다. 거기에서 무자武者의 승패가 결정된다는 식으로 (전법의) 구성이 대체로 정해져 있다.

당시만 하더라도 세상 사람들이 이러한 구성 외에는 전투가 전개되는 순서가 없는 것으로 생각하는 경우가 많이 있다. 그렇기는 하지만 접전接戰의 개시가 이것에만 국한되는 것은 아니므로, 구성을 달리한 적과 만나게 된다면, 크게 낭패를 보는 일이 있을 수 있다. 모든 전투는 먼저 기선을 제압했느냐 그렇지 못했느냐에 달려 있다. 기선을 제압한다고 하는 것은 인간에게 (가장 중요한) 간膽, 기모[1]을 빼앗는 것이 된다. 그 전법에는 6가지가 있다. 아래에 적는다. 다른 나라의 강력한 대비책을 깨부수는 데도 오히려 이러한 전술을 써야 한다.

○ 적이 지금 세상에 유행하는 대비책을 세워서 방패楯를 사용하지 않고 공격해올 때는 전면 공격兩懸, 모로 가카리이나 외통수 공격手詰懸, 데쓰메 가카리이 좋다. 또한 방패를 사용하고, 활과 총을 완벽하게 갖추어 공격한다면, 총알 공격玉碎, 다마 구다키만큼 좋은 것은 없다. 또한 적이 방패를 사용하지 않고, 총만 수천 자루 갖추어서 공격한다면, 여러 개 화살을 한꺼번에 쏘는 공격指矢懸, 사시야 가카리²이 좋다. 그리고 날아다니는 도구飛道具를 많이 갖추어서 공격할 때, 아군에게 날아다니는 도구도 많지 않고 방패도 없으며, 게다가 인원수도 적다면, 적진에 달려들어서 무너뜨리는 공격乘崩, 노리구즈레³만큼 좋은 것이 없다. 그 밖에 어떠한 대비책도 무너뜨릴 수 있는 연쇄 공격車懸, 구루마 가카리⁴의 전법도 있는데, 다만 이것은 평평한 곳에서만 사용할 수 있다.

○ 전면 공격兩懸, 모로 가카리이라고 하는 것은 방패楯를 한쪽 면에 나란히 하여 내밀고, (방패로 가려진) 뒤쪽陰에 활과 총을 절반씩 나누어 배치하여 조합한다. 그런 다음에 총으로 조금씩 공격하면서 밀어붙인다. 적

---

1 원문은 膽이라 적고 그 옆에 기모(キモ)라고 일본어 발음을 달아 놓았다. 일본어 기모(胆)는 간(넓은 뜻으로는 내장)을 뜻하며, 쓸개는 일본어로 단(膽 = 胆 タン)이라 부른다.
2 사시야 가카리(指矢懸, 差矢懸)는 일본 근세의 전법(戰法) 중 하나이다. 뛰어난 사수(射手) 수십 명에서 수백 명이 가진 화살을 아끼지 않고 발사하게 하여, 총을 쏘는 적군이 얼굴을 들지 못할 정도로 좌우에서 잽싸게 공격하는 전법이다.
3 노리구즈레(乘崩)는 기병(騎兵)이 적진(敵陣)에 뛰어들어 적군의 수비를 무너뜨리는 것을 말한다.
4 구루마 가카리(車懸)는 일본 중세 이후의 전법이다. 1번 병사(一番手), 2번 병사(二番手), 3번 병사(三番手)가 차례차례 돌아가면서 적에게 쉴 틈을 주지 않고 공격하는 방법인데, 이것을 구루마 가에시(車返し)라고도 부른다.

과의 거리가 14~15칸 되었을 때 총을 연발로 발사하여 공격한다. 활은 연달아서矢接早 2근筋씩 발사하여 적을 굴복시킨다. (적이) 겁에 질려 있는 곳으로 아시가루足輕의 뒤쪽에 대기시켜 놓았던 무사武士가 도구를 챙겨서 휘두르며 앞뒤 돌아보지 않고 한 발짝 한 발짝 나아가서 (적을 베고) 제압한다. 활이나 총을 든 아시가루足輕도 모두 자기가 지닌 도구를 어깨에 들쳐메고, 무자武者에 이어서 쳐들어간다. 이것을 전면 공격兩懸, 모로 가카리이라고 부르는 것은 활과 총을 가지고 모두 공격한다고兩懸 하는 뜻이다.

○ 외통수 공격手詰懸이라고 하는 것은 이것도 방패를 한쪽 면에 나란하게 하여 내민다. 그런 다음에 담력이 강하며 역량 있는 사람을 20~30인, 60~70 내지 200~300인을 선발하여, 각자에게 큰 칼大太刀과 두꺼운 봉太棒, 크게 후려치는 칼大薙刀 등을 소지하게 한다. 적과의 거리가 30칸 정도로 가까워졌을 때, 방패를 쥐고 발걸음을 재빠르게 한다. 온 힘을 다해서 적과 떨어진 거리가 3~4칸으로 좁혀지면 발걸음을 멈춘다. 그때 방패 건너편에서 대기하던 장사壯士가 소규모 인원이라면 1개 대오隊伍, 대규모 인원이라면 2개 대오, 3개 대오로 구성한다. 이들이 굳센 기상으로 부끄러움이 없이剛氣無愧 적진의 한 가운데로 잘라 들어가서, 맡겨진 일을 따르며 거침이 없이縱職無碍 제압한다. 후방 세력이 여기에 이어서 쳐들어가게 한다. 이것이 아군에게 날아다니는 도구飛道具가 없을 때 (취할 수 있는) 공격 개시 방법으로서 특히 좋다고 한다.

○ 총알 공격玉碎이라고 하는 것은 방패를 한쪽 면에 나란하게 하여 내민다. 날아다니는 도구飛道具에 대포大筒를 혼합하여 비치해 둔다. 소총小筒을 사방으로 쏘면서 적과의 거리가 14~15칸이 될 때까지 밀어붙여야 한다. 이때 가지고 있던 대포를 연발로 발사하여 적의 간담을 서늘하게

한다. 이런 상황에서 소총으로 일제히 공격하여 더욱더 적이 움츠러들게 한다. 이때 (대포에서 나오는) 연기 밑에서 무자武者가 되었든 아시가루足輕가 되었든 모두가 죽을힘을 다해서 쳐들어가서 넘고 또 넘으면서 나아가게 한다. 이렇게 하면 적을 깨부수는 일은 의심의 여지가 없다. 그런데 날아다니는 도구飛道具의 수는 사람 수가 많고 적은 것에 따라야 한다. 대포를 만들 때는 쇠로 만든 포신鐵筒에 연옥鉛玉으로 하면 무거워서 돌리기가 자유롭지 못하다. 짧은 거리에서 적의 부대를 깨부술 수 있게 하려면, 나무로 만든 포신木筒에 연옥煉玉을 사용해야 한다. 이렇게 만들면 가벼워서 편리하다. 이러한 무기를 제조하는 방법에 대해서는 기계器械를 다룬 권卷에 제시한다. 함께 보아주면 좋겠다.

○ 화살을 한꺼번에 여러 개를 쏘는 공격指矢懸은 적이 총을 많이 앞세워 공격하여 아군이 타격을 입어 움츠러들게 될 때, 이쪽에서는 사수射手 수백 명을 동원하여 가진 화살을 전부 아끼지 않고 (근거리의 적에게 쏘는) 사시야指矢라는 방법으로 발사하게 한다. 그렇게 되면 적이 움츠러들게 되어 총을 쏘지 못하게 된다. 그럴 때 좌우에서 옆쪽으로 들어가서 깨부수어야 한다. 이처럼 화살을 한꺼번에 여러 개를 쏘는 공격指矢懸은 궁가弓家에서 가장 중요하게 여기는 일이다. (한꺼번에 화살이 쏟아지므로) 총을 쏘며 공격하는 사람이 얼굴을 쳐들고 보기 어려울 정도로 공격을 개시할 수 있게 해준다는 말이 전해지고 있다.

○ 적진에 달려들어서 무너뜨리는 공격乘崩이라고 하는 것은 적이 날아다니는 도구飛道具를 많이 비치하여 빈틈透間도 없이 밀어붙였을 때, 아군에게 날아다니는 도구飛道具가 부족하게 되거나, 아니면 인원수가 적은 상황이라면, 보통 그렇게 되듯이, 전투에서는 틀림없이 패하게 된다. 그

럴 때는 적진에 달려들어서 무너뜨리는 공격乘崩만한 것이 없다. 그때의 전법은 좋은 말馬을 앞에 세우는 것이다. (기마의 숫자가) 20~30기騎 또는 50~60기 내지 100기, 200기가 되기도 한다. 주군君의 대사大事가 이 일전一戰에 달려 있다고 (생각하여), 목숨을 티끌보다 가볍게 여기고, 오로지 충忠과 의義만 생각한다. (전쟁의 승리를 가져다주는) 군신軍神을 권청勸請하여 섬기면서, 앞뒤를 돌아봄이 없이 죽을힘을 다하여 적의 진중隊中으로 달려들어야 한다. 여기에 이어서 보병步兵도 돌격을 한다. 말을 투입하는 양상은 3가지 등급이 있다. 아래에 적는다.

기마騎馬 30이나 50을 1개 부대로 편성하여, 적의 부대 중앙으로 달려든다. 이것을 가리켜 (한쪽에서 들어간다는 뜻으로) '히토구치이레一口入'라고 일컫는다. 또는 2개 부대로 나누어서 수비 부대의 양 끝에서 달려든다. 이것을 (양쪽에서 들어간다는 뜻으로) '후타구치이레二口入'라고 한다. 또는 2개 부대로 나누어 한 개 부대는 적의 정면으로 달려들고, 한 개 부대는 적의 옆구리로 돌아 측면에서 달려든다. (가볍게 원을 그리면서 가운데로 들어가게 한다고 하여) 이것을 마와시이레廻入라고 부른다. 위는 어느 것이든 말을 들여보낼 때는 사람의 수가 두터운 쪽으로 돌아서 들어가야 한다. 얕은 쪽으로 달려들었다가 타살된 적이 있다는 말도 있다.

○ 연쇄 공격車懸이라고 하는 것은 〈그림 2-1〉로 나타낸 바와 같이 바퀴 한 개가 달린獨輪, 하토쓰와 길다란 수레長車를 마련하여, 수레 1개를 8인이 밀게 한다. 이 수레를 수비 부대備에 맞추어서 10차車 또는 20~30차를 만들어서 (적의) 진陣 앞으로 밀고 나간다. 적과의 거리가 10칸 정도 가까워질 때까지는 소리를 내지 않고 밀고 나가야 한다. 그런데 북鼓을 쳐서 신호를 보내고 나서부터는, 죽을힘을 다해서 적의 진중陣中으로 밀

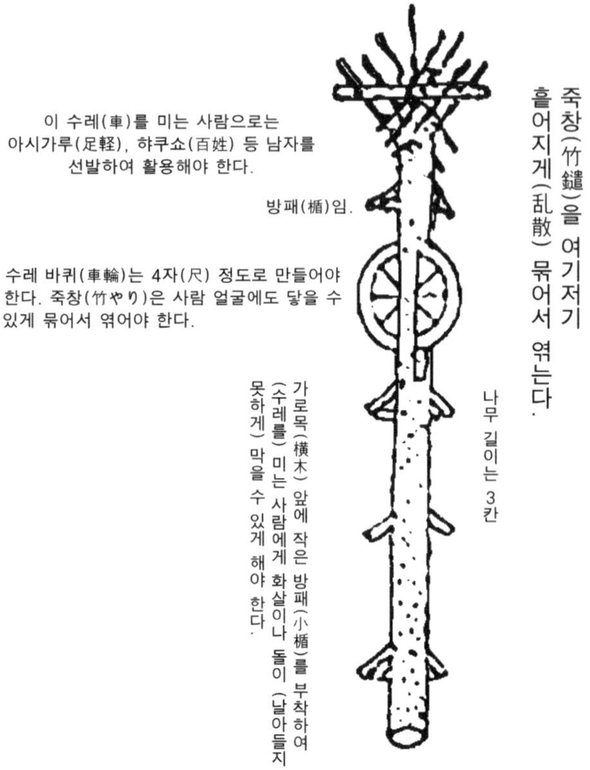

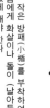

이 수레(車)를 미는 사람으로는
아시가루(足輕), 햐쿠쇼(百姓) 등 남자를
선발하여 활용해야 한다.

방패(楯)임.

수레 바퀴(車輪)는 4자(尺) 정도로 만들어야
한다. 죽창(竹やり)은 사람 얼굴에도 닿을 수
있게 묶어서 엮어야 한다.

죽창(竹鑓)을 여기저기
흩어지게(乱散) 묶어서 엮는다.

나무 길이는 3칸

가로목(橫木) 앞에 작은 방패(小楯)를 부착하여
(수레를) 미는 사람에게 화살이나 돌이 (날아들지
못하게) 막을 수 있게 해야 한다.

〈그림 2-1〉

고 나가게 한다. 사람도 말馬도 밀어서 넘어뜨리게 한다. 이렇게 한 뒤에
무자武者가 뒤따라 쳐들어가면, 승리를 손에 넣는 것은 의심할 여지가 없
다. 더욱이 이 수레를 미는 방법에 대해서는 조련操練을 잘해야 한다.

　○ 적이 (아군 진영으로) 말馬을 들여보낼 때는 재빠르게 적군과 아군이
대치하고 있는 곳場中으로 나가서, 말의 앞발을 옆으로 후려쳐서 쓰러뜨
려야 한다. 이쪽의 수비 부대備에 (적군의 말이) 진입하게 하면, 반드시 무
너질 기색이 짙어진다는 것을 알아야 한다.

○ 적이 자루가 긴 창長柄을 많이 갖추어서 쳐들어오면, 먼저 사수射手를 내보내 여기저기에서 화살을 발사해야 한다. (적군이) 화살을 맞고 기가 죽어 있는 곳으로 무사武士가 가서 한꺼번에 칼을 빼서, 죽을힘을 다해 달려들어야 한다. 막다른 상황의 승패는 자루가 긴 창을 가지지 못한 쪽이 반드시 패배하게 된다.

○ 그 밖에 다른 나라에서 차전車戰이라고 하여, 수레를 말馬 네 마리가 끌게 하는 것이 있다. 수레 위를 소의 생가죽生牛皮을 펼쳐서 단단하게 고정시킨다. 그런 뒤 그 안에 10인 정도를 태워서, 적진敵陣으로 달려 들어가게 한다. 그렇게 한 다음에 기마騎馬와 보졸步卒이 이어서 모두 돌진하여 적을 무너뜨리는 전술이다. 또한 '게레이키스 북'에 작은 집처럼 만들어서 사방을 소의 생가죽을 펼쳐서 단단하게 고정한 것을 코끼리象 등 위에 올려놓고, 그 속에 전사戰士 25인을 태워서【그 가운데 1인은 코끼리를 부리는 사람임】, 적진敵陣으로 뛰어들게 하는 전술이 있다. 그와 같은 것은 장수將帥가 재치機轉를 발휘하여, 해당 지역과 인원수를 잘 헤아려서 제작하여 사용해야 한다. 아무튼 전투의 도道는 세상 사람들이 쓰지 않는 방식을 찾아내서 승리를 획득하는 것이 가장 중요하다.【(오규) 소라이徂徠[5] 선생도 여러 차례 이러한 뜻을 밝혔다.】

○ 적敵과 대치하여 전투를 결정지으려고 생각할 때는 먼저 전투 지역을 살펴서 파악하고 있어야 한다. 지형地形은 전투에 도움이 되는 것이라면 (어느 것이든지) 소홀히 다루는 일이 없어야 한다. 지형에 관한 것은 제9권에 적는다.

5　오규 소라이(荻生徂徠, 1666~1728)는 일본 에도(江戶) 시대 중기의 사상가, 문헌학자이다.

○ 수비 부대備를 밀어낼押出 때는 갑작스럽게 하는 일이 꼭 없어야 한다. 정찰척후을 사방으로 파견하여 (주위를) 충분히 살피고, 지장이 없음을 확인한 다음에 밀어내야 한다.

○ 근세近世에 와서는 방패를 사용하는 사람이 드물다. 그저 힘껏 싸우는 것力戰만이 전투의 중심이 된다고 마음에 새기고 있을 뿐이다. 방패 등을 이용하는 것을 멀리 돌아가는迂遠, 마와리토오 것으로 생각한다. 전투의 방식도 옛날보다 경박輕薄하게 되었다. 게다가 (일본이) 근세近世에 들어와서는, 총이 유포되어 전투의 사정이 총이 없었던 그 전보다 한층 더 혹독해졌다. 그렇기 때문에라도 방패를 사용해야 한다. 훌륭한 장수良將의 전법戰法이라면, 방패를 사용하는 것을 다시 일으켜 세워야 한다. 그런데 방패는 농민百姓과 상인商人 등 건장한 사람壯者이 소지하게 해야 한다. 이러한 직무役目는 단지 방패를 소지하고 앞쪽의 진지前陣에 서는 것까지이다. 전투 때 휴대하는 것이 아니라면, 농민百姓과 죠닝町人 등을 이용하여도 다른 의견이 없게 될 것이다. 또한 1장의 방패에 구멍을 뚫고, 총을 꿰어서貫, 곧장 '소총 아시가루'鐵炮足輕가 이것을 소지하게 하는 것도 있다. 그리고 중국과 네덜란드의 전법을 보면, 소의 생가죽生牛皮을 가지고 삿갓 모양으로 만든 방패를 전사戰士마다 지니고 있다. 여기에는 배움과 연습이 있기 때문이다. 그 그림은 아래에 제시한다. 그 밖에 방패의 제작에는 여러 가지가 있는데, 기계에 관해서 기록한 권에 나온다.

중국에서 등패藤牌라고 부른다. 네덜란드에서 '시케루도'라고 한다. 〈그림 2-2〉와 같이 왼쪽 손에 이것을 사용하여 얼굴을 방어하며, 오른쪽 손에 검劍을 이용하여 적을 맞는다.

○ (일본) 근세 때 대포大筒가 만들어지게 되면서 여러 가지 기묘한 전

술이 생겨났다고 한다. 그렇지만 단지
성을 공격할 때나城攻 농성籠城에만 사용
하고, (전투를 쉬고 있는) 방전放戰 때 그것
을 사용하는 것에 대해서는 (내가) 알지
못한다. 병兵을 제공하는 자가 궁리하여
대포를 방전에 사용한다면, (관대함이 없
이) 매우 혹독한 군세軍勢의 배치軍立가 될
것이다. 궁리를 더 해야 한다.

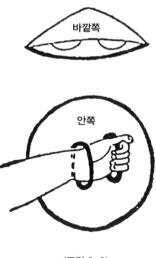

〈그림 2-2〉

○ 쌍방이 병력을 차출할 때는 처음에
정찰척후를 내보내서 적의 동향을 끝까지
잘 지켜보고 공격 개시를 결정하여 병력
을 차출해야 한다. 그런데 적과 떨어진 거리가 5~6정町이 될 때까지는,
평소 발걸음으로 진격하고, 4정 정도가 되면, 쇠로 만든 악기를 쳐서 소
리가 나게 하여 병력을 멈추게 한다. (오른쪽 무릎을 꿇고 왼쪽 무릎을 세우는)
무릎 자세사격 자세를 취하게 한다居敷. 그런 다음에 새롭게 북을 쳐서 병력
이 전진하게 해야 한다. 그 전법에 따르면 북이 한 번 울리면 1보步를 전
진해야 한다. (적진과) 거리가武間 좁혀질수록 한층 더 이 전법을 엄격하
게 해야 한다. 그렇게 하지 않으면 바르게 정돈할 수 없게 된다.

○ 적을 답파踏破6하여 (적이) 도망가는 것을 추격할 때는 1정 반이나 2
정에서 추적을 중지해야 한다. 더 나가게 되면 수비 부대備를 혼란스럽
게 할 뿐만 아니라, 발걸음도 혼란스럽게 하므로, 달려드는 일이 없게

---

6   답파(踏破)는 험한 길이나 먼 길을 끝까지 걸어서 돌파하는 것을 뜻한다.

해야 한다. 좌우를 보고 또 보면서 추적을 이어나가야 한다. 『서경書經』에 이르기를, “6보, 7보까지 지나가지 말고 이내 멈추어서 마무리하라不愆[7] 于六步七步 乃止齊[8]焉[9]”, “4벌, 5벌, 6벌, 7벌까지 지나가지 말고 이내 멈추어서 마무리하라不愆 于四伐五伐六伐七伐 乃止齊焉”[10]고 하는데, (이것을) 성인聖人의 군법軍法으로 삼아서, (도망가는 적을) 멀리까지 추적하는 것을長追 금지하는 것이다. 더욱이 쇠金를 두드려서 소리가 나게 하면, 신속하게 발걸음을 멈추어야 한다. 멈추지 않은 사람은 죄를 묻는다.

○ (도망가는 적을) 멀리까지 추격하는 것을長追 금지하는 것은 적이 죽기를 각오하고 역공을 펴거나, 죽을힘을 다해서 미쳐 날뛰는 행동을 보이는 때는, 오히려 자기 힘으로 감당하지 못하게 되어버릴 수 있기 때문이다. 그렇다고 하더라도 어디까지든지 쫓아가서 뿌리를 끊고 잎을 말리는 끝이 보일 것 같은 상황이라면, 북을 치며 시끄럽게 하여鼓躁 끝까지 추격해야 한다. (오우치) 시게오키義興,[11] 태합太閤,[12] 서량주西凉州의 마초

---

7 愆은 過이다.

8 齊는 齊整이다.

9 서경(書經) 제7장 “今予發은 惟恭行天之罰하노니 今日之事는 不愆于六步七步하여 乃止齊焉하리니 夫子는 勖哉하라”에서 인용한 것이다.

10 서경(書經) 제8장 “不愆于四伐五伐六伐七伐하여 乃止齊焉하리니 勖哉하라 夫子 아 伐은 擊刺也라 少不下四五하고 多不過六七而齊라 此는 告之以攻殺擊刺之法이니 所以戒其貪殺也라 上言夫子勖哉하고 此言勖哉夫子者는 反覆成文하여 以致其丁寧勸勉之意니 下倣此하니라”에서 인용한 것이다.

11 오우치 시게오키(大内義興)는 일본 무로마치(室町) 시대 후기부터 센고쿠(戰國) 시대에 걸쳐 지금의 야마구치(山口)에 해당하는 슈호(周防) 지역의 센고쿠 다이묘(山口國大名)이다.

12 태합(太閤, 다이코)은 섭정(攝政) 또는 관백(關白)의 직에서 물러난 뒤 아들이 섭정 자리에 취임한 사람 또는 섭정을 사직한 뒤에 내람(內覽)의 선지(宣旨)를 받은 것을 가리키는 칭호이다. 도요토미 히데요시(豊臣秀吉)가 양세자(養嗣子) 히데쓰구(秀次)에게 관백을 양위한 뒤에도 관례에 따라 태합(太閤)으로 불렸다. 그런데 히데요시가 죽은 뒤에도 태합이라고 하면 히데요시를 가리키는 경우가 많은데, 태합검지(太閤検地)와 같은 용어도 그 중 하나이다. 이런 사례 때문에 “대사(大師)는 홍법(弘法, 고보)에게 빼앗기고, 태합은(太閤)은 수길(秀吉, 히데요시)에게 빼앗겼다”는 격언이 만들어질 정도였다. 특히 히데요시를 가리켜 풍태합(豊太閤, 호타이코)으로도 불렀다. 메이지유신으로 과거의 태정관(太政官) 제도가 폐지되어 섭정(攝政), 관백(關白)이 없어지게 되자, 태합(太閤)도 과거의 일로 끝났어야 했는데, 평민 신분에서 초대 내각총리대신(內閣総理大

馬超[13]가 활약했던 것 등을 생각해보면 알 수 있을 것이다.

○ 도망가는 사람을 추적할 때 마음에 새겨야 하는 것이 있다. 의장기旌와 깃발旗을 가지런히 하고, 보조를 맞추는 것足亞도 혼란스럽지 않으며, 사졸士卒의 후방 세력을 되돌아보고 또 되돌아보면서 도망가는 것은, 진정으로 패배해서 도주하는 것이 아니라, 패배한 것처럼 거짓으로 꾸민 것이다虛敗. 소라니게. (이런 때에는) 추적하는 일이 없어야 한다. 함부로 추적하게 되면, 항복하거나 크게 보복을 당하게 되어 패군敗軍하는 일이 있다. 신중해야 한다. 또한 의장기旌와 깃발旗도 흐트러져 있고, 보조를 맞추는 것足亞도 바르지 못하며, 병기兵器 등을 내버리는 것은 진정으로 패배하여 도주하는 것이다. 이럴 때는 끝까지 추적하여 숨통을 끊어야 한다.

○ 돌진突懸이 강력한 적은 스스로 (거짓으로 패배한 것처럼 하는) 허패虛敗를 하거나, 아니면 항복을 하는 상황을 설정하기도 한다. 또는 크게 보복을 하여大返 죽이는討取 일이 있다. 그렇다고 하더라도 적장敵將이 생각이 있는 사람이라면, 허패를 쓰는 수에 (무작정) 놀아나지는 않는다. 그래서 허패에도 방법이 있는 것이다. 의장기旌와 깃발旗을 흐트러뜨리고, 병기兵器를 버리며, (발을 높이 들어) 큰 걸음으로 도주를 하는 식이 그것이다. 비록 적장이라도 지혜가 있는 것이기에, 오히려 이쪽 편에서 (기회를 잘 이용해서) 셈할 일乘事이 있다. 모두 이런 부류의 일은 장수의 재주가將才

臣)으로 올라가서 메이지 시대 일본을 이끌었던 이토 히로부미(伊藤博文)를 풍태합(豊太閤)을 빗대서 금태합(今太閤, 이마타이코)으로 부르기도 했다. 더욱이 제2차 세계대전 이후에는 빼어난 학력을 가지지 못했던 다나카 가쿠에이(田中角榮, 1918~1993)가 내각총리대신까지 오르자, 당시 일본에서는 그를 '이마다이코'(今太閤)로 부른 적이 있었다. 아무튼 이 책에서 말하는 태합(다이코)은 도요토미 히데요시(豊臣秀吉)를 가리키는 의미로 쓰였다.

13 마초(馬超, 176~222)는 중국 후한(後漢) 말기부터 삼국시대에 걸쳐서 활동한 촉한(蜀漢)의 장군(將軍)이다.

뛰어나야 할 수 있는 것이다.

○ 아군이 허패虛敗라는 전술을 쓸 때는, (서로 주고받을) 신호로 깃발旗과 마인馬印 등을 엎어서 누르면 일어나고, 일으키면 엎으면서 도주해야 한다. 더욱이 이런 일을 실제로 하기 전부터 조련해서 이와 같은 약속을 잘 가르쳐야 한다.

○ 실제로 도주하는 것을 부끄러운 것으로만 생각하는 것은 전투의 도道에 어둡기 때문이다. (전투에서) 이기고 지는 것은 그때그때 운에 달려 있다. 그러므로 명장이라 하더라도 패배할 수도 있는 것이다. 그런 경우 (세력을) 회복할守返 기회를 응시해야 하는 상황이 아니라면, 발이 빠른 인재를逸足 내보내서 도망가는 일도 벌어진다. 모든 명장이 도주하는 것을 보면 그 모습이 몹시 뛰어나다. 한漢의 고조高祖[14]라든가 (일본의) 다카우지 경尊氏卿[15]이 도망가는 모습을 보면 (그것을) 알 수 있을 것이다. 그렇다고 하더라도 도주하는 것을 (처음부터) 마음에 두라고 가르쳐야 하는 것은 아니다. 그럴 상황이 되면 능숙하게 도망하라고 하는 것이다.

○ 적을 추방하고 나서는 그 일을 맡았던 사무라이다이쇼侍大將[16]와 반가시라番頭[17]가 (자기 군대를 상징하는) 기치旗幟, 노보리라는가 마인馬印, 우마지루시을 그곳에 세워서 (위치를) 정하여야 한다(建定). 그런 다음에 인원수를

---

14 유방(劉邦, 재위 기원전 202~기원전 195)은 전한(前漢)의 초대 황제이다. 정식으로는 묘호(廟號)가 태조(太祖)이고, 시호(諡号)가 고황제(高皇帝)이지만, 보통은 고조(高祖)라 부르는 경우가 많다.

15 아시카가 다카우지(足利尊氏)는 일본 가마쿠라(鎌倉) 시대 말기부터 무로마치(室町) 시대(남북조 시대) 전기의 무장(武將)으로 무로마치 막부(幕府) 초대 정이대장군(征夷大將軍, 재직 1338~1358)이다.

16 사무라이다이쇼(侍大將)는 사무라이 신분으로 군사를 지휘하는 사람을 말한다. 무로마치(室町) 말기에는 사무라이 일조(一組)를 통솔한 사람을 가리켰다.

17 반가시라(番頭)는 무가(武家)에서 숙직이나 경비 등 잡무를 처리하는 사람 중의 우두머리를 말한다.

파악하여 정리하며, 부상자와 사망자를 조사한다. 공功이 많고 적음을 판정하여 모두 기록한다. 그렇게 하여 주장主將이 상람上覽을 할 수 있게 해야 한다.

○ 적을 무너뜨린 사무라이다이쇼侍大將와 반가시라番頭에게는 그때 상황에 맞추어서 즉시 감사의 뜻으로 상장을 내려 주는 일이 있다. 또한 장사將士들에게 녹祿을 내려 주는 일도 있다.

○ 적을 무너뜨려서 아군이 틀림없이 승리하였을 때는 하타모토旗本에서 5, 5, 3의 조가비貝 악기를 불어서 소리를 내며 승리의 함성勝鬨을 질러야 한다. 이것은 군신軍神을 모시는 마음을 표시하는 것이다. 또한 군대의 기세를 끌어올리는 전술도 된다.

○ 부상을 입었을 때는 (그 사람에게) 돌볼 사람을 붙여서 약藥을 내려 주어야 한다. 사망했을 때는 자제子弟가 없더라도 어머니와 아내 등에게 가독跡式[18]을 틀림없이 전달하며, 대를 이을 아들嗣子은 훗날 공가公에서 정하게 되어 있다.

○ 선봉先手이 적에게 쫓기려고 하여 전진하기 어려울 때는 재빠르게 2진에서 옆쪽으로 들어가야 한다. 이것은 곧 기습공격奇과 정면공격正 전술이다. 이미 추격을 당해 무너져서追崩 보조步調가 흐트러졌을 때는 들어가면 세력을 회복하기가 어려워진다고 말한다. 또한 선봉이 무너질 기색이 보이면 재빠르게 옆쪽에서 말을 들여보내는 것도 좋다. 어떻든 이쪽에서 옆쪽으로 들어가야 한다고 판단될 때는 적의 2진도 밀어내 상대를 하면서 싸우는 것이다. 그럴 때는 적의 2진에 눈을 돌리지 말고,

---

18 아토시키(跡式, 跡敷)는 가독(家督)을 상속하는 것을 말한다.

아군의 1진과 서로 손발을 맞추어서, 적의 선봉이 세워둔 수비의 안쪽을 가장 먼저 타격해야 한다. 모두가 그와 같은 움직임으로 재치를 발휘하여 귀신같이 빠르게神速 해야 한다.

○ 선봉과 2진이 함께 내쫓기게 되어, 본진旗本에 붕괴의 조짐이 보일 때는 본진의 방패를 한쪽 면에 나란하게 한다. 그런 다음에 방패로 가려진 뒤쪽에서 자루가 긴 창長柄을 어긋나게 하여 복판으로 내민다指出. 물미石突19는 땅에 찔러서 움직이지 않게 고정한다. 몸은 털썩 주저앉아 꼼짝하지 않는다. 무너지기 시작하는 아군을 한 사람도 본진으로 받아들이는 일이 없어야 한다. 그러는 사이에 우측 수비右備에서 돌고, 좌측 수비左備는 좌측에서 돌아서, 협공挾討을 해야 한다. 또한 위와 같은 상황이 벌어지게 되면, 아군의 전유군前遊軍이 재빨리 한쪽으로 뛰어들어 앞으로 추월하며越働 공격을 펼쳐야 한다. 추월 공격의 방법은 아군을 쫓아오는 적의 선봉은 돌아보지 말고, 적의 본진으로 죽을힘을 다해서 돌진하여, 필사적으로 일전一戰을 펼치는 것이다. 이 일은 (매우 짧은 시간에) 번개電光처럼 잽싸게 해야 한다. 이와 같이 한다면 오히려 아군의 승리가 될 수 있다. (이것을) 의심하는 일이 없어야 한다. 어떻든 (승패의 핵심은) 기지를 발휘하여機轉 용맹스럽게武勇 싸우는 것에 있음을 알아야 한다.

○ 적이 이쪽으로 추월하여越働 걸어올 때는, 재빠르게 그 모습을 끝까지 지켜보고 나서見切, 1진과 2진의 수비가 처음과 같이 적에게 대처해야 한다. 좌우 수비 중에서 어느 쪽이든지 하나를 가까운 쪽으로 보내서 적의 추월 공격越働에 대처해 나가야 한다. 물론 유군遊軍 또는 본진旗本의 병

---

19 물미는 깃대나 창대 등의 끝에 끼우는 끝이 뾰족한 쇠를 말한다. 이것은 깃대나 창대 등을 땅에 꽂거나 잘 버티게 하는 데에 쓴다.

력을 조금 나누거나 하여 추월 공격을 펴는 적에게 측면에서 쳐들어가
야 한다.

○ 하천을 건너는 적은 (적이) 절반쯤 건넜을 때 공격해야 한다. 절반
건넜다고 하는 것은 적의 세력이 절반 정도 하천으로 들어갔을 때를 말
하는 것이다.

○ 밀고 들어오는 적을 기다렸다가待受 공격하는 것에 대해서는 6가지
그림이 있다. 첫째는 복병伏을 이용하여 공격한다. 둘째는 중간에서 출
동하여 공격한다. 셋째는 진영屯場에 도착하여 아직 대열을 정비하지 못
한 곳을 공격한다. 넷째는 병량兵糧을 사용하지 않은 곳을 공격한다. 다
섯째는 (진영에) 막 도착한 날 밤에 공격한다. 여섯째는 진영에 도착한
다음 날 새벽 동이 트기 전에 공격한다. 이것이 (선제공격 하지 않고 기다렸
다가 응전하는) 대군待軍[20]의 중요한 전술大法이다.

○ (선제공격 하지 않고 기다렸다가 응전하는) 대군待軍은 아군의 진영屯場, 다무
라바에 (대나무를 어긋나게 묶어서 만든) 울타리虎落, 모가리를 두 겹, 세 겹씩 둘
러 놓고, 총과 대포, 큰 활 등을 갖추고서 대기하는 것을 말한다.

○ (고대 중국의) 전단田單이 화우火牛[21]를 이용하는 (계략을) 썼고, 한신韓信
이 낭사囊沙[22]의 계략計를 만들었다. 이정李靖[23]은 쑥 이파리艾葉에 불을 붙

---

20 대군(待軍)이란 선제공격을 하지 않고, 적이 쳐들어오는 것을 기다리고 있다가 응전(應戰)하는
것을 말한다.
21 화우(火牛, 가규)란 병법(兵法)의 하나를 가리킨다. 소의 뿔에 칼날을 위로 향하게 묶어 놓고,
소의 꼬리에는 갈대를 묶고 불을 붙인 다음, 그 소를 적군 쪽으로 모는 전술이다. 고대 중국 제나
라 전단(田單)이 고안해낸 이 병법을 '화우의 계략'이라고 부른다.
22 낭사(囊沙)는 한나라 장군 한신(韓信)이 하천의 상류를 막아놓았다가 적이 하천을 건너려고 할
때 한꺼번에 물을 흘려보내서 적을 격파했다고 하는 계략을 말한다.
23 이정(李靖, 571~649)은 중국 당나라 초기의 명장(名將)이다. 고조(高祖)와 태종(太宗)을 도와
서 돌궐 등을 물리쳐 당나라 건국에 공적을 세웠다.

여서, 여러 마리 새諸鳥의 발에 묶어 날려 보내서, 적의 진영을 불태운 적이 있다. 『좌전左傳』에 이르기를, 호랑이虎 모양을 새겨서 만든 물건을 (적의) 진영 앞으로 밀어내서, 적의 말馬을 놀라게 하여 (적을) 무너뜨린 것이 있다고 한다. 이러한 종류의 일은 아이들 장난兒戲처럼 보이지만, 그 공功이 매우 크다. 기지를 발휘하여 (이런 전술과 무기를) 만들어내야 한다.

○ 그때그때 상황에 따라서, 작은 짐마차小荷駄車를 맨 앞에 내보내고, 수레의 뒤편에서 활과 총으로 쏴서 (적이) 위축되게 해야 한다. 적이 밀고 들어오더라도 수레까지는 간격이 생겨서 전진하지 못하게 된다. 그때 아군이 좋은 흐름을 잡아서, 죽을힘을 다해 제압한다면, 적을 깨부수는 것은 의심할 여지가 없다고 한다. 대체로 이와 같은 종류의 일은 오히려 몇 번씩이고 있을 수 있다. 오나라 사람吳人이 추위를 이겨내는不龜手 약藥을 만들어서, 겨울에 펼쳐진 수전水戰에서 이득을 보았던 적도 있다. 이 모든 것이 뛰어난 장수良將가 한순간에 보여준 계략과 재주謀才에서 나온 것임을 알아야 한다.

○ 어떤 전쟁터戰場에서든지, (영주나 군주를 가까이서 섬기는) 근습近習이나 (귀인 곁에서 시중을 드는) 소성小姓 중에서 감군鑑軍, 메쓰메으로 두 사람을 1개 조(組)로 편성하여 2~3개 조를 파견하고, 그날의 전투 상황 또는 여러 군대의 강함과 약함을 모두 기록하여, 대장大將에게 아뢰게 한다. 이것은 여러 부대의 우두머리들이 보고한申上 내용과 맞는지 안 맞는지를 비교하기 위함이다. 또는 여러 군사軍士가 자기 우두머리 이외에 감군鑑軍, 메쓰메이 있음을 생각하게 되면, 한층 더 방심을 하지 않고 전투에 몸을 던지게 되므로, 서로를 위해서 (이 방법을) 이용하게 된다.

제3권

군법軍法
부록 정찰척후

군법軍法이란 군대 안에서 정해 놓은 여러 법령法度을 말한다. 군법이 엄중하지 않으면 여러 사람이 하나가 되어 발휘해야 하는 힘을 내지 못하게 된다. 대체로 군은 많은 사람을 한 몸이 움직이는 것처럼 하지 않으면, 즉 법을 엄중하게 하여 얽어놓지 않으면, 하나로 정돈이 되지 못한다. 대체로 병兵을 잘 이용하려면 법法을 엄중하게 세워야 한다. 일본의 군은 법령이 정교하지 못하여, 하나로 정돈되지 못한 군이 많다. 아래에 법의 큰 줄거리를 적는다. 장수將가 될 사람은 잘 터득하고 늘 궁리해야 한다.

○ 조가비貝와 북太鼓으로 내는 소리를 들었을 때는 (자신의) 앞쪽에 검劍이 산처럼 많이 있더라도 전진을 해야 한다. 전진하지 않으면 목을 베어서 내다 버린다斬棄.

○ 종소리를 들었을 때는 눈앞에 간단히 벨 수 있는 목取首이 있더라도 발걸음을 멈춰야 한다.踏止 멈추지 않는 사람은 목을 벤다.

○ 곁에 있는 사람끼리는 상호 간에 위험에 처한 상황을 서로 도와야 한다. 특히 우두머리頭分나 대장의 부대에 속한 사람大將分의 위험을 보고도 모른 척하는 사람은 목을 벤다.

○ 정찰척후 때 망을 보는 일張番 또는 야간 당번夜番 등에 배치되었을 때 그 직職을 게을리 하거나, 잠을 자거나, 또는 지켜야 할 곳에서 이탈하는 사람은 목을 벤다.

○ 혈전血戰의 장소에서 종鐘을 울리지 않고 스스로 퇴각하는 사람은 목을 벤다.

○ 성을 공격할城攻 때 올라가서 공격해야 할 곳을 오르지 못한 사람은 목을 벤다.

○ 농성籠城하고 있을 때 함부로 자기가 지키고 있는 곳을 이탈하는 사람은 목을 벤다.

○ 근거 없는 것根無言을 발설하여, 아군의 사기가 흔들리게 한 사람은 목을 벤다.

○ 적과 글書을 주고받으며 서로 연락하는 것은 말할 것도 없고, 편지音信를 주고받거나, 아니면 함부로 적과 말詞을 하는 사람은 목을 벤다.

○ 머리를 도둑질하는盜首 사람은 목을 벤다.

○ 다른 사람이 물리친 적을 옆에서 도리에 어긋나게理不盡 (자신의 공으로 내세우며) 다투는 사람은 목을 벤다.

○ 공적인 용무에 의해서가 아니라, 함부로 자기가 지킬 곳을 이탈하거나, 혹은 진영의 임시 건물陣小屋 등을 벗어나서 돌아다니는離散 사람은 목을 벤다.

○ 약속한 시각, 날짜 등에 늦게 오는 사람은 목을 벤다.

○ 사사롭게 서로 싸우며 고성高聲을 지르거나, 혹은 부상을 입히면 쌍방의

목을 벤다.

○ 함부로 먼저 공격하지 말아야 하며, 이를 어긴 사람은 목을 벤다.

○ 몸에 지녀야 하는 병기兵器를 분실한 사람은 (진상을) 밝혀낸 뒤에 목을 벤다.

○ 발소리를 내지 않고 살금살금忍足 진영 내부를 통행하는 사람은 포박하거나, 혹은 목을 벤다.

○ 함부로 수비 구역 안에서 바삐 달리는 사람은 포박한다.

○ 함부로 고성高聲을 지르는 사람은 포박하고, 재범하면 목을 벤다.

○ 군대 안에서 술을 금지한다. 어기는 사람은 포박하고, 재범한 사람은 목을 벤다.

○ 도박은 말할 것도 없고, 함부로 내기賭를 하여 온갖 승부를 거는 사람은 포박하며, 재범한 사람은 목을 벤다.

○ 말馬을 풀어서 수비 구역을 소란하게 하는 사람은 말을 빼앗는다.

○ 아군에 적과 내통內通하는 것이 있음을 들었을 때는 신속하게 본대장本大將에게 보고를 해야 한다. 그것을 지체하게 되면 죄를 묻는다. 또한 사안에 따라서는 그 자리에서 목을 벤다.

○ (귀인의) 호위 무관隨身[1]이 소지하는 병기兵器의 상태가 불량할 때는 사실 규명 후 목을 벤다. 병기 상태 불량이란 활은 있는데 화살이 없다거나, 총은 있지만 방아쇠가 손상을 입는 것 등을 말한다. 이런 종류의 일은 모두 무사武士가 크게 각성하지 않으면 흠이 되고 만다.

○ 장사치商賈, 아녀자婦女들과 함부로 이야기詞를 나누는 사람은 포박한다.

---

1   수신(隨身, 즈이신)은 귀인이 외출할 때 호위하던 무관(武官)을 말한다.

재범을 하는 사람은 목을 벤다.

위는 벌을 주는 법령罰法의 큰 줄거리이다. 더 자세한 것은 장수將帥가
마음먹기에 따라서, 또는 나라의 풍습國風 등에 따라서 잘 정해야 한다.
또한 상을 주어야 하는 조항들도 있다. 아래에 큰 줄거리를 적는다.

○ 선봉이 패배하여 이미 전반적으로 무너지게 된 상황에서 기세를 회복하
여守返 아군이 패배하지 않게 될 때는, 전세를 회복시킨 사람을 상급의 공上功
으로 삼는다.

○ 적의 중요 장수主將를 물리친 사람은 상급의 공이다. 아울러 대장大將의
부대에 속한 사람을 물리친 사람도 상급의 공에 준하게 된다.

○ 공격 개시懸り口 때 첫 번째 창一番鎗[2]을 넣은 사람은 상급의 공이다.

○ 퇴각할 때除口 맨 후미를 맡은 것은殿, 신가리 상급의 공이다.

○ 아군의 대장급에 해당하는 사람의 목을 적에게 빼앗겼을 때, 그 목을 다
시 탈취해온 사람은 상급의 공이다. 또한 대장급은 아니더라도, 적에게 빼앗
겼던 아군의 목을 탈취해온 사람은 상급의 공으로 삼게 된다.

○ 아군의 의장기旗와 깃발旗, 쇠북金鼓 같은 것을 적에게 빼앗겼을 때, 그것
을 탈취해온 사람은 상급의 공이다.

○ 주인主人은 말할 것도 없고, 대장급에 해당하는 사람이 위급한 상황에 처
한 것을 구제하였거나, 또는 목숨으로 대신한 사람은 상급의 공이다. 후하게
자손에게 갚아야 한다.

---

2 원문은 鎗(종소리 쟁)으로 적혀 있지만, 鎗(긴 나무 자루 끝에 양쪽으로 칼날이 달린 창)을 잘못
  적은 것으로 보인다.

○ 하천川을 건널 때 여울의 깊이를 직접 들어가서 확인한瀨踏 것은 상급의 공이다.

○ 성을 공격할 때城攻 가장 먼저 오른 사람은 상급의 공이다.

○ 중요 장수主將는 말할 것도 없고, 대장의 부대에 속한大將分 사람이 패배하여 도망할 때, 자리를 이탈하지 않고 어느 지역國까지라도 끝까지 붙어있는 사람은 상급의 공이다.

○ 적이 있는 곳에 첩자간자로 보내 적의 계략을 듣고 와서 보고하게 해서, 신속하게 아군 쪽에서 계략謀計을 세워서 적을 격파하였을 때는 상급의 공이다. 그렇게 첩자간자로서 일한 사람은 상급의 공이다.

○ 적의 첩자간자를 포획한 사람은 상급의 공이다.

○ 적의 의장기旌와 깃발旗, 쇠북金鼓, (비밀스런 일을 의논하는) 유막帷幕 등 총체적으로 적군의 무기를 탈취한 사람은 공을 인정한다.

○ 농성籠城 때 성 바깥城外으로 사자使의 임무를 띠고 나가서, 맡겨진 임무를 수행한 사람은 상급의 공이다.

위는 상을 주는 법령賞法의 큰 줄거리이다. 이와 같은 상과 벌을 대체로 군법軍法이라고 부른다. 더욱 궁리하고 깊이 생각하여 법을 세워야 한다. 그렇기는 하지만 군법은 각각의 조항을 세밀하게 많이 만드는 것은 좋지 않다. 오직 중요한 것은 각 조항의 숫자를 적게 규정하는 것이다. 그런데 정해 놓은 법은 조금도 틀림이 없어야 한다. 대체로 법령은 틀린 것이 없도록 하는 데 주안점을 두는 것이다. 틀린 것이 있게 되면 법을 가볍게 다루게 된다. 법이 가볍게 다루어지면 사람들이 (법을) 두려워하지 않는다. 사람들이 (법을) 두려워하지 않으면 법을 지키는 사람도 없게 되어 여럿이 하나가 되지 못한다不齊ㅡ. 여럿이 하나가 되지 못하면, 아이들 장난兒戱 같은 군대가 세워진다軍立는 점을 알아야 한다. 장수將가 된 사람은 법을 엄중하게 집행하지 않으면 안 된다. 법은 엄하게 해야 한다. 자기 고집我意을 엄하게 해서는 안 된다. 후쿠시마 마사노리福島正則 같은 사람은 자기 고집我意이 엄하였기 때문에, 나라를 잃었다고 한다. "공로가 의심스러울 때는 무겁게 생각하고功疑維重, 죄가 의심스러울 때는 가볍게 생각하리罪疑維輕"[3]는 말이 있는데, (이것을) 성인聖人이 가르쳐주는 법으로 삼고, 그 의미를 깊이 생각하여야 할 것이다. 장수將帥가 된 사람은 이것을 망각하는 일이 없어야 한다.

정찰척후

○ 정찰척후은 군軍이 중요하게肝要 생각하는 것이다. 이기고 지는勝敗 문제와 관련되는 상황이라면 중요하게 다루어야 할 첫 번째가 이것이 된다. 먼저 정찰척후에는 대·중·소 3단계가 있다. 대척후大物見란 본대장本大將이 직접 정찰척후을 하는 것이다. 중척후中物見란 사무라이다이쇼侍大將와 반가시라番頭 등이 하는 경우이다. 소척후小物見란 1~2기騎를 보내서 정찰척후하는 것을 말한다.

○ 중척후中物見 이상은 곧장 적과 마주치게取合 된다. 각오覺悟가 있어야 한다. 각오란 병기兵器를 갖추는 것을 말한다. 요시사다義貞[4]의 아스와足羽 전

---

3 『書經』虞書 大禹謨에 나오는 말이다. "공적이 분명하지 않아 경중(輕重)을 판단하기 어려울 때는 무겁게 처리하고, 죄상이 분명하지 않아 경중(輕重)을 판단하기 어려울 때는 가볍게 처리해야 한다"는 말을 인용한 것이다. 그런데 일본 국립국회도서관 소장본의 원문은 維로 적혀 있으나, 惟를 잘못 적은 것으로 보인다.

4 닛타 요시사다(新田義貞, 1301~1338)는 일본 가마쿠라(鎌倉) 시대 후기부터 남북조(南北朝) 시대에 걸쳐 활약한 남조(南朝)의 무장(武將)이다. 성명은 미나모토노 요시사다(源義貞)이다.

투 때 대척후大物見 등이 일 처리를 갑작스럽게 했기 때문에 큰일이 벌어지게 되었다. 신중하고 또 신중해야 한다. 그런데 정찰척후이 곧장 (적과) 마주치게 되었을 때는 그 일을 본진本陣에 알리는 역할을 정해 놓아야 한다.

○ 소척후小物見에 나섰을 때, 적군 쪽에서 승부를 희망하는 사람이 있다면, (군주나 주인의) 중요한 용무主用를 띠고 정찰척후에 나섰을 것이기 때문에, 우선은 곧장 되돌아와서 윗사람에게 보고를 올려야 한다言上. "즉시 달려와서 승부를 내자"고 말하며, 상호 간에 자기 이름을 서로 대고, 또한 갑옷鎧과 (자기 부대를 상징하는) 깃발指物 등을 서로 본 것을 기억하면 서見覺 작별하고 헤어질 수 있다. 그런데 실제로 되돌아와서 승부를 결정지을지 말지는 그때그때 상황을 고려하여 정해야 한다. 되돌아오지 않더라도 대단한 치욕이 되지는 않는다. 대장大將의 분부下知 여하에 따라야 한다. 그 위에 또 첫 부분에서 (언급한 것과) 같이, 사정을 얘기해 주었는데도, 적군 쪽에서 받아들이지 않고 공격한다면, 그때는 말할 것도 없이 죽을힘을 다해서 승부를 결정지어야 한다. 그렇다고 하더라도 이 방법은 열에 여덟아홉은 바람직하지 못한 일이다. 정찰척후이 맡은 용무를 중심으로 삼아야 한다. 다만 3인이라면 2인은 승부하고, 1인은 되돌아와서 그런 상황에 대하여 보고를 올리는 일도 해야 한다. 이것 또한 처음부터 되돌아오는 역할을 정해서 해야 한다.

○ 여러 곳을 연결하는 정찰척후이 있다. 먼 곳에 있을 때 이용한다. 이것은 몇 군데에 사람을 연결해 두고, 차례차례 보고를 이어가는 것이다. 현장場先에서 일어난 일을 재빠르게 본진本陣에 알리기 위함이다.

그가 1333년(元弘 3, 正慶 2) 가마쿠라 막부(幕府)를 무너뜨리고, 겐무(建武) 정권으로부터 중용(重用)되었지만, 나중에 아시카가 다카우지(足利尊氏)와 대립했다.

○ 중국, 네덜란드 등의 군사軍事는 크든 작든 모두 정찰척후을 이용한다. 그러므로 졸렬하게 갑자기 무너지는 일은 없다. 일본의 군사는 정찰척후이 매우 서툴러서 긴급 상황이 발생해야 대비를 시작하여 정찰척후을 이용한다. 그래서 전투를 잘한다는 대장도 발밑에서 뜻하지 않은 동란動亂을 당하는 일이 많다. 다케다 (신겐)의 본진本陣이 우에스기 (겐신)에게 공격을 당하고, 이마카와[5] (요시모토)의 하타모토旗本가 오다 (노부나가) 씨에게 크게 꺾인 적이 있었는데, 이것은 모두 정찰척후이 서툴렀기 때문이라는 점을 알아야 한다.

○ 크고 작은 정찰척후을 모두 이용하는 것은 수비 구역을 정하여 적과 전투를 펼칠 때는 말할 것도 없고, 진격할 때도 전후와 좌우로 정찰척후을 이용한다. 또한 진陣을 치고 있을 때에도 사방으로 정찰척후을 게을리하는 일이 없다. 그 밖에 온갖 일이 모두 정찰척후을 이용해야 한다. 그래서 이것은 신중해야 한다.

○ 깊숙하게 적지敵地로 정찰척후을 나갈 때는, 때로는 상인으로 위장하기도 하고, 때로는 짚신을 거꾸로 착용하거나, 아니면 짐승 발 같은 것을 만들어서 붙이는 수도 있다고 한다. 그 위에 또 정찰척후을 나가다 보면 끝까지 지켜보는 것에 점차 익숙해진다. 아래에 큰 줄거리를 적는다. 더욱 궁리해야 한다.

○ 적국敵國의 빈부와 강약을, 또는 사민士民이 국주國主에게 복속하는지 복속하지 않는지를 알 수 있게 하는 상황, 혹은 그곳 사람들의 겉모습과 의식模儀 등을 관찰하는 것이 첫 번째로 마음에 새겨두어야 할 일이다.

---

5 이마카와 요시모토(今川義元, 1519~1560)는 일본 센고쿠(戰國) 시대의 무장(武將)이다. 오다 노부나가(織田信長) 군대의 급습을 받아서 패사(敗死) 했다.

○ 적의 허虛와 실實을 살펴야 한다. 허는 이런 것을 말한다. 사람들이 서 있는 자세가 바르게 정돈되지 않았다. (깃발을 든) 기수가 움직인다. 군사軍士가 제멋대로 사방을 돌아다니거나, 혹은 소지하고 있는 병기兵器를 가지고 장난을 친다. 아니면 (자신이 맡은) 자리를 지키지 않는다. 혹은 고개를 쳐들고 있거나首仰, 안쪽의 투구內胄가 하얗게 되어 있다. 혹은 무자武者가 잡스러운 말을 하는 것은 모두 허이다.

○ 실實이라고 하는 것은 사람들이 서 있는 자세가 바르게 정돈되어 있다. 모두가 자리를 지키고 있다. 또한 눈을 아래로 뜨고 있다下目. 함부로 (머리·목·가슴·손·발) 5체를 흔들지 않는다. 소지한 병기兵器로 장난을 치지 않는다. (깃발을 든) 기수도 훌륭해서 함부로 소리를 내지 않으면 모두가 실實이다.

○ 적지敵地에 들어간 다음에는 먼저 접전接戰을 펼칠 발판을 보고 판단해야 한다. 지형地形에도 이로운 점順과 불리한 점逆이 있는데, 제9권 지형의 조에서 적는다.

○ 적군의 세력이 많은지 적은지 계산해야 한다. 이것은 평소에 보고 익히지 않으면 계산해 내기가 어려운 것이다. 조련操練을 할 때 마음에 새겨서 살피고 익혀야 한다.

○ 적의 수비가 어떤 상황인지를 끝까지 지켜보아야 한다. 공격 개시 때는 마음에 새겨야 할 것이 있기 때문이다. 수비 형태라고 하는 것은 (물고기 비늘 형태인) 어린魚鱗, (학의 날개 형태인) 학익鶴翼, (칼날 형태인) 봉시鋒矢와 같은 형태를 말한다.

○ (기병과 보병의 숫자를 구분하여) 다기多騎, 소보少步, 소기少騎, 다보多步의 (어느 것인지) 모습을 끝까지 지켜보아야 한다.

○ 산천山川이 험난한 곳을 끝까지 지켜보아야 한다.

○ 부대와 부대 사이武間의 거리 계산을 해야 한다. 이것도 평소에 살피고 익히지 않으면 파악하기 어려운 것이다. 염두에 두어야 한다.

○ 논이 깊은지 얕은지 끝까지 지켜보아야 한다. 논두렁이 무너지는 것은 깊은 논이다. 작물을 심어 놓은 논이 가지런하지 않으면 깊은 논이다. 베어놓은 이삭의 길이가 긴 것은 깊은 논이다. 대체로 (물이 많은) 지역水國의 논에는 깊은 논이 많다는 것을 알아야 한다.

○ 하천川이 있으면 건너야 할 곳을 끝까지 지켜보아야 한다. 돌이 많은 하천은 넓고 평평하며, 큰 돌이 없는 곳은 얕은 여울이다. 모래가 많은 하천은 직선으로 되어 있는 곳에 얕은 여울이 있다. 긴 칼처럼 생긴 곳은 파내면 깊어지게 된다. 진흙이 많은 하천은 좁은 곳이 깊다. 바위가 많은 하천은 미끄러지는 하천이다. 이러한 곳은 큰 줄거리를 끝까지 지켜본다고 하더라도, 상황을 파악하지 못한 하천은 (그곳을) 잘 아는 사람을 이용하는 것이 첫 번째로 고려해야 사항임을 알아야 한다.

○ 복병伏이 꼼짝하지 않고 머무는 장소를 끝까지 지켜보아야 한다. 이것 또한 (미리) 익혀 두어야 한다. 삼림森林 같은 곳에 새가 날아가 소동을 일으키는 것은 그 속에 복병이 있다는 것이다. 짐승이 달리다가 놀라는 것은 (그곳에) 복병이 있다는 것이다. 날던 새가 놀라는 것, 또는 기러기가 열을 지어 날다가 흐트러지는 것은 복병이 있다는 것이다. 숲 속 덤불 같은 곳의 근처에 있는 풀이 밟혀 넘어져 있는 것은 복병이 있다는 것이다. 초야에 벌레가 우는 소리가 나지 않는 것은 복병이 있다는 것이다. 이러한 몇 개 조항은 복병을 관찰하는 큰 줄거리이다.

○ 적과 대치하였을對陣 때는 적진敵陣에서 평일에 밥을 지을 때 올라가

는 연기가飯煙 많은지 적은지를 잘 보고 있어야 한다. 평소보다 두드러지게 많다거나, 평소보다 두드러지게 적다고 하는 것은 적진에 무엇인가 준비하고 있는 것이 있다는 것이다. 신경을 쓰고 잘 살펴서 평소보다 밥 짓는 연기가 많거나 적다면 치밀하게 첩자간자를 파견하여 적의 상황을 탐색해야 한다. 다케다 (신젠)과 우에스기 (겐신)이 가와나카지마川中島⁶ 대진對陣 때, 다케다 측의 밥 짓는 연기가 평상시보다 두드러지게 많은 것을 우에스기 쪽에서 발견하고, (그것을 근거로 하여) 다케다가 병력을 차례로 교대하려 한다는廻 것을 알아차리게 되었다고 한다. 생각해 보아야 할 대목이다.

위는 정찰척후에 대하여 크게 간추린 것이다. 위에서도 말했듯이, 정찰척후은 승패와 관계되는 것이므로, 게을리 하는 일이 없어야 한다. 특히 (앞으로 밀고 가는) 오시마에押前, (진을 빼앗는) 진토리陣取, 좁은 길細道 등은 정찰척후 때 고려해야 할 사항이다.

---

6 가와나카지마(川中島) 전투는 일본 센고쿠(戰國) 시대에 가이(甲斐)의 다케다 신젠(武田信玄)과 에치고(越後)의 나가오 가게토라(長尾景虎) – 나중에 우에스기 겐신(上杉謙信)으로 개명 – 가 신슈(信州)의 가와나카지마(川中島)에서 기타시나노(北信濃)의 영유(領有)를 둘러싸고 여러 차례 대전을 펼친 것을 가리킨다. 전투는 1553년(天文 22)부터 1564년(永祿 7)까지 장기간에 걸쳐 큰 전투만 하더라도 5차례나 있었는데, 그 가운데 가장 격렬했던 1561년 9월 10일 전투만을 말하는 경우도 있다. 小學館, 『日本大百科全書(ニッポニカ)』 참조.

제4권

전략戰略

전략戰略이란 손자孫子가 말한 바 있는 계산算을 정교하게 하고, 그 위에서 지모와 사려謀慮를 두루 생각하여, 전투에서 승리할 수 있는 책략手立을 궁리하여 싸우는 것을 일컫는다. 이러한 전략에 어둡게 되면 전투가 서툴러지게 되는 것이다. 장수將가 된 사람은 이 점을 잘 생각하여 판단하고 궁리하는 버릇을 가져야 한다.

○ 전략은 군략軍略이라고도 부른다. 그런데 세상 사람들이 군법軍法과 전략을 잘못해서 바꾸어 생각하는 사람이 많다. 무릇 군법이란 군대나 군영軍中에서 여러 법령法度으로 정해져 있는 규칙掟에 관한 것이다. 전략이란 위에서 말한 것처럼, 전투에서 이길 수 있는 책략을 궁리하여 싸우는 일과 관련된 것이다. 일반 사람들俗人이 말하는 이른바 군법은 전략을 가리키는 것임을 알아야 한다.

○ 전략에 정통하기를 원한다면, 일본과 중국에서 전쟁을 소재로 하여 쓴 기록물軍記을 많이 보고 자연스럽게 터득해야 한다. 어느 것이든지 앞과 뒤를 많이 알아야 한다. 그런 다음에 아주 고요하여 움직임이 없는

寂然不動 용기勇氣와 기략機畧을 닦아서 자기 것으로 만들어야 한다. 그렇게 하지 못한다면 급하고 빠르게 전개되는 임시 상황에서 가슴 속에서 솟아오르게 되지는 않는다. 그렇지만 처음 배우는 사람을 위해서 큰 줄거리를 아래에 열거한다. 더 많이 궁리해야 한다.

○ 손자孫子에게 병兵이란 (적을 속이는) 궤도詭道를 말하는 것이다. (이것을) 접전接戰의 오묘한 경지妙境로 삼는다. 그런데 성인聖人의 병법을 배운다고 말하는 사람이 가끔 있는데, 이 궤도라고 하는 것을 특별히 꺼리고 싫어한다. 그렇다 하더라도 우선 (이것을 놓고) 논쟁을 할 수는 없다. 그런데 궤詭는 일본어로 '이츠와리'라고 읽는 글자인데, 거짓말虛言, 우소을 뜻하는 낱말이다. 이것만 가지고 '허언虛言, 이츠와리'로 보는 것은 적당하지 않다. 다만 가볍게 (기존의 병법과) '다른 것'이라고 보면 된다. 그것이 말하고자 하는 바는 동東을 치는 모습을 하다가 서西를 치고, 매사냥鷹狩 하는 척을 하다가, 곧장 전투軍를 개시하는 것과 같은 것이다. '다른 일'을 하는 것으로 하다가, 승리하기 쉬운 방법을 얻기 위한 일시적인 책략謀을 가리키는 것이다.

○ 첩자간자를 이용하는 것은 모두 한때의 권모權謀, 겐보[1]로 삼는 것이다. 그러므로 (그에 관하여) 정해진 방법은 없다. 그렇다고 하더라도 첩자간자를 이용하는 큰 줄거리를 알지 못하면, (그것을) 이용하기가 어렵게 된다. 손자병법에서 5가지 간間을 말하고 있다. 향간鄕間, 내간內間, 반간反間, 사간死間, 생간生間이 그것이다. 향간鄕間이란 그 고을 사람鄕民을 간자로 이용하는 것이다. 내간內間이란 적의 부하身內를 이용하는 것이다. 반간反間이

---

1 권모(權謀)는 때와 형편에 따라 꾀하는 계략을 뜻한다.

란 적군 쪽에서 이쪽으로 오게 했던 간자를 오히려 아군의 간자로 이용하는 것이다. 사간死間이란 누설하기 어려운 내용을 누설하고, 적군 쪽으로 소문이風聞 흘러 들어가게 하며, 아군 쪽에서 그 소문을 누설한 사람을 찾아내서 이를 죽여서, 적에게 이것이 사실인 것처럼 생각하게 하여, 특별히 계략을 꾸미고자 두루 생각하는 것을 말한다. 생간生間이란 간자를 파견하여 적의 상황을 보고 듣는 것을 말하는데, 살아서 돌아오는 간자를 일컫는 것이다. 대체로 간자는 계교를 꾸미는 것을 중요하게 여기기 때문에, 전략 중에서 첫 번째 가는 것임을 알아야 한다.

○ 여름에는 남쪽을 정벌하지 않으며, 겨울에는 북쪽을 공격하지 않는다고 하는 것도 마음에 새겨 두어야 한다. (닛타) 요시사다가 북국北國을 함락시키려고 했을 때도 시절이 늦었다節遲. 그래서 차가운 기온寒氣 때문에 작전이謀 잘못되어 패군敗軍에 이르렀다. 일본 안에서는 애태울焦 정도가 될 만한 남국南國이 없기는 하지만, 북국北國으로 가서 할 때는 시절時節을 함께 고려해야考 한다.

○ 성미가 급하고 강력한 적이라면, 아군이 나약한 척을 하여 적을 우쭐하게 만들고 나서 공격하는 것도 있을 수가 있다.

○ 종일 전투를 해도 승부가 나지 않아서, 전투를 중지시키고 후일에 승부를 짓자고 약속을 했을 경우는 이러한 수를 생각해 볼 수 있다. 주간 전투에서 아군의 중심이 되는 사람들이 많이 공격당해서 아군이 크게 피곤해한다는 식으로 말을 흘린다. 이렇게 해서 적의 사기를 우쭐하게 만들어 게으름을 피우게 한다. 그런 다음에 갑작스럽게 야간에 공격하는 일도 있을 수가 있다.

○ 적이 성질이 급하고 생각이 짧은 대장이라면, 이쪽에서 (적에게) 무

례하게 향응振舞을 베풀어서 분노를 유발한다. 그것으로 무익한 전투를 하게 해서 피곤하게 만든다. 그런 다음에 그렇게 맥이 없어졌을 때를 기다려서 공격하는 일도 있을 수가 있다.

○ 우유부단하게 하여, 나약한 적장敵將이라면, 갑작스럽게 꺾는 일도 있을 수가 있다.

○ 원한이 있어서 전투를 일으킨 적敵 등은, 친근하게 해명하듯이 대응을 한다. 적당히 얼버무려 화목한 상태를 만든다. 그런 다음에 (적이) 방심하고 있는 곳을 공격하는 일도 있을 수가 있다.

○ 잔혹하게 폭력을 써서 마을로 쳐들어와 약탈한 사람에 대해서는 세력을 강력하게 휘둘러서 무위威武를 가지고 꺾어야 한다.

○ 여러 가지로 충분히 갖춘 적敵이라면 가볍게 전투를 개시하는 일이 없어야 한다. 잘 궁리하고 나서 행동으로 옮겨야 한다.

○ 강한 적을 보고 나서는 업신여긴다고 하는 것은 옛날 용장勇將에게 있는 일이다. 지금 시대의 생각으로는 적어도 무턱대고 돌진만 하는 무자武者와 닮은 듯이 생각될 것이다. 그렇지만 적의 큰 세력을 보고 주눅이 드는 기분을 조금만 느끼더라도, 그런 기분으로 달려들면 패배할 것은 의심의 여지가 없다. 그런데 아군이 남김없이 (말과 행동이) 하나로 들어맞아, 강한 적을 업신여기는 마음을 먹고 돌격해 들어간다면, 작은 세력을 가지고 큰 세력을 무너뜨린 사례가 많듯이 (적군을 이길 수 있다). 어떻든 힘껏 싸우는 것力戰은, 살아야겠다는 생각을 잊어버리고, 단지 죽을 때까지 싸우겠다는 생각으로 적진에 깊이 쳐들어가는 것이 첫 번째로 마음에 새겨야 할 것이다. (우에스기) 겐신,[2] (가토) 기요마사,[3] (혼다) 다다카쓰[4] 등이 그러한 예이다.

○ 약한 적을 보고도 업신여기지 않는 것은 (재주와 꾀가 많은) 훌륭한 장수良將가 신중한 (태도를 보인) 것임을 알아야 한다. 옛날에도 업신여기고 가볍게 보게 해서, 약한 적인 것처럼 하여 대군을 물리칠 수 있었던 선례가 많다. 잘 생각해 보아야 한다.

○ 적지에 뛰어들어 싸울 때는 핵심이 되는 곳을 (정신을 차려서) 잘 보고 확인한 뒤, 재빠르게 그곳을 탈취해야 한다. 핵심이 되는 곳이란 (그곳을) 얻게 되면 적군 쪽에서 곤란에 처하게 되는 곳을 말한다. 쌀 창고, 또는 성곽을 내려다볼 수 있는 높은 곳, 혹은 운송이 지나가는 길, 그 밖에 격이 높은 신사神社나 큰 사찰 등이 그런 곳이다.

○ 전투에서 승리하여 차츰차츰 그 지역을 공략하며 적국으로 뛰어들 때, 나를 거부하거나, 혹은 따르지 않고 싸우려는 기색이 있는 토읍土邑은 모두 죽여서戮 맹위를 나타내어, 적국을 손에 넣는 일도 있을 수 있다. 또한 (거칠고 무시무시한) 살벌殺伐과 (폭력을 행사하여 물건을 빼앗는) 난방亂妨을 엄격하게 금지하거나, 관인寬仁의 덕을 드러내거나, 혹은 연공年貢을 적게 거둘 것을 약속하는 등, 적국을 친근하게 다루어서 따르도록 하는 것도 있을 수 있다. 이 두 가지는 당시 형세와 적국의 정치 사정, 풍속을 상세하게 이해하지 않으면 판단하기 어려운 부분이다. 그에 관한 큰 줄거리를 말하자면, 처음 상대하는 사람들은 모두 죽여서戮 군대의 위력을

2 　우에스기 겐신(上杉 謙信, 1530~78)
3 　가토 기요마사(加藤清正, 1562~1611)는 임진왜란 당시 일본군 제2군을 지휘하여 조선을 침략한 장수이다. 안도 모모야마(安土桃山) 시대부터 에도(江戸) 시대 초기에 걸친 무장(武將)이자 다이묘(大名)이다. 도요토미 히데요시(豊臣秀吉)의 가신(家臣)으로 각지에서 무공(武功)을 세웠다. 히데요시(秀吉)가 죽은 뒤에는 도쿠가와 이에야스(德川家康)에게 접근하여 세키가하라(関ヶ原) 전투에서 동군(東軍)에 붙어서 활약한 결과, 구마모토 번주(熊本藩主)가 되었다.
4 　혼다 다다카쓰(本多忠勝, 1548~1610)는 일본 센고쿠(戰國) 시대부터 에도(江戸) 시대 전기에 걸친 무장(武將)이자 다이묘(大名)이다. 도쿠가와(德川) 씨의 가신(家臣)이다.

표시하고, 그 뒤에서는 살벌殺伐을 금지하고 친근하게 해주어 따르도록 한다. 또한 그때그때 상황을 고려하여 이따금 맹위를 보여주는 것이야말로 적지를 공략하는 큰 전법이 될 것이다. 다만 중요한 것은 관용과 맹위의 덕을 함께 지녀서 그때그때 상황에 따라서 시행해야 한다는 점을 마음에 새겨야 한다. 너그럽기만 하거나, 사납기만 하는 것은 너무 한쪽에만 치우치기 때문에 기피해야 할 일이다.

○ 항복降參이라고 하는 것에는 진정으로 하는 항복이 있고, 대장大將을 노리기 위하여 항복하는 것이 있으며, 다른 아군과 서로 미리 짜고 배신裏切하기 위하여 항복하는 것이 있다. 그 밖에 계교를 꾸민 항복이 가끔 있다. 그러니 잘 살펴보아야 한다. 진정으로 항복하는 사람을 죽이게 되면, 따끔한 맛을 보게 되어 그 뒤로는 항복하는 사람이 없어진다. 그렇게 되면 그 지역을 공략하기 어렵다. 또한 거짓으로 하는 항복을 도와서 방치하게 되면 손해를 입게 되는 일이 있다. 그러므로 자세하게 (조사해서 처리해야) 한다. 이것을 시험해 보려면, 항복한 장수의 갑옷과 투구 등에 신경을 써야 한다. 징표印가 될 만한 다른 형태의 물건을 착용한 것은 반드시 의미 있는 항복을 한 사람이다. 앞과 뒤가 있으니, 잘라서 손해를 없애야 한다. 또한 거짓 항복으로 보이더라도, 거꾸로 (그것을) 받아들이거나, 혹은 성城을 수취受取하거나, 또는 인원수를 빼앗거나 한다. 게다가 저쪽의 항복한 사람을, 혹은 잘 돌보아 주거나, 또는 두려워서 복종하게 만든다면, 진정으로 항복하는 사람이 될 수도 있다. (이것은) 어느 쪽이든 중심이 되는 장수主將의 재능과 어질고 너그러운 마음씨器量에 따라 달라지는 것이다.

○ 적국에 강제로 밀고 들어간 뒤에는押入 이러한 사람이 있는지 살펴

야 한다. 그 나라 안에國中 호걸豪傑이 있는데도 활용되지 못하고, 우울한 상태로鬱 때를 기다리는 사람도 있을 것이다. 혹은 공덕功德이 있는 사람인데도 억지로 눌려 있어서, 윗사람에게 한을 품는 사람도 있을 수 있다. 또한 재주와 지혜가 뛰어나서 나라 안의國中 일을 깊이 이해하고 있는데도 그런 사람이 활용되지 못하고 틀어박혀 있을 수도 있다. 이런 종류의 사람을 (소문으로라도) 듣게 되면, (그 사람을) 불러들여서 친하고 두터운 관계를 만들어서, 국토의 상황이라든가, 전투의 방법, 방략方畧 등을 묻고 나서 후하게 대우해야 한다. 크게 강자를 얻을 수 있는 길이다. 또한 위와 같이 적국의 사람을 우리 손아래 두고 활용한다면, 그것은 그 나라의 사민士民을 안도하게 만들기 위한 일이기도 한 것이다. 어떻든 적국에 강제로 들어가고 나서는 사민士民의 원한을 사지 않도록 하는 일이 첫 번째이다. 뒤쪽에 신경이 쓰이는 것이 있게 되어서는 (아군의) 생각대로 적의 성城을 공격하는 일도 어려울 것이다. 잘 생각해야 한다.

○ 대체로 전투의 묘妙는 기奇와 정正을 잘 이해하는 데 있다. 기奇와 정正이란 주연世手이 조연脇이 되어 일하는 것이다. 적과 상대하는 조組를 정병正兵이라고 하고, 횡橫으로 들어가는 것을 기병奇兵이라고 한다. 그렇지만 (고정된 형식이 없는) 무형無形이 아니라면 묘妙라고 하기에는 충분하지 않다. 무형이란 정이 변하여 기가 되고, 기가 변하여 정이 되는 것이다. 적이 우리의 기와 정을 보는 것이 들어맞지 않게 하는 것이다. 그런데 그렇다고 해서, 함부로 기병의 활동만 귀중하게 여기는 것이 아니다. 본디 정병으로 정정당당하게 꺾어야 하는 일이기는 하다. 그렇지만 때로는 인원수의 많고 적음이라든가, 또는 적군 쪽의 맹장猛將, 첩자諜者 등을 (종합적으로) 고려해야 한다. 정정당당하게만 해서는 할 수 없는 일도 생기

게 된다. 이것이 기를 이용하는 부분이다. 이미 기를 이용한 다음에는, 나의 기와 정을 적이 한눈에 들여다보지 못하게 하는 것, 이것이 무형을 중요하게 여기는 부분이다. 신무제神武帝[5]의 군사 배치軍立에도 음군陰軍, 메이쿠사,[6] 양군陽軍, 오이쿠사[7]이 있었다. 이것은 모두가 기奇, 기습공격와 정正, 정면공격을 이용한 것이다. 귀중하게 여겨야 하고, 깊이 생각해보아야 한다.

---

5 제나라 고조 신무황제(神武皇帝) 고환(高歡, 496~547년)은 강태공의 50세손이자 강태공의 후손인 11세손 고혜(강혜)의 39대손이다. 중국 북제의 추존 황제다.
6 음군(陰軍)은 적군의 후방을 공격하는 부대(奇兵)인 여군(女軍, 메이쿠사)을 뜻한다. 가라메테(搦手)로도 불린다.
7 양군(陽軍)은 적군의 정면을 공격하는 부대(正兵)인 남군(男軍, 오이쿠사)을 뜻한다. 오우테(追手)로도 불린다.

제5권
야전夜軍

야간에 전개하는 전투에는 세 가지 형태가 있다. 적의 진영으로 접근하는 것을 야간 공습夜討, 성으로 접근하는 것을 야간 진입夜込, 서로 진陣을 차지하여 밤에 나가서 전투하는 것을 야간 전투 즉 야전夜軍이라고 세상 사람들이 알고 있다. 그 가운데 야간 공습과 야전은 조금 다르다. 야간 공습과 야간 진입은 크게 다른 것이 없다.

○ 밤에는 적의 모습도 분명하지 않다. 게다가 발을 디딜 만한 곳인지 아닌지 알 수 없다. 의장기旗와 깃발旗의 그림이 어떤 것인지도 정확하게 판별하기 어렵다. 이처럼 적군과 아군을 확실하게 알기 어려우므로, 어떤 일을 하고자 해도 상황이 좋지 못하다. 그렇기에 열에 여덟아홉은 밤에 하는 전투를 좋아하지 않는다. 더구나 야간 공습夜討은 승리하기가 어렵다. 오히려 적에게 더 승산이 있다. 그래서 아군끼리 미리 약속을 충분히 하지 않으면, 단지 저쪽彼과 이쪽此이 엎치락뒤치락 웅성댈 뿐, 전투도 펼치기가 어렵다고 한다. 그러므로 신호를 알리는 소리 나는 악기鳴物라든가 증표相印, 암구호相詞 같은 것을 잘 터득하고 있어야 한다.

먼저 야전에서 가장 중요한 것은 의장기와 깃발로 보내는 신호는 보이지 않기 때문에, 소리 나는 악기로 보내는 신호를 엄격하게 정해 두어야 한다는 점이다. 악기로 신호를 보낼 때는 동서남북의 방향을 알리는 악기를 정해 놓고 그것을 가르쳐야 한다. 예를 들면 방자목梆子木, 효시키을 동쪽을 알리는 악기로 한다든가, 북太鼓을 남쪽, 조가비貝를 서쪽, 나팔喇叭을 북쪽을 알리는 악기로 정하는 것이다. 평소 조련을 할 때 이런 내용을 잘 이해시켜두었다가, 일이 벌어졌을 때 틀리지 않도록 하여야 한다. 그 밖에 횃불松明, 다이마쓰, 불꽃大薄, 하나비 등을 잘 고안하여 하나씩 정해야 한다.

○ 야전은 병력의 대오를 편성하는 편오編伍, 구미마이를 정확하게 하여야 한다. 편오가 정확하지 않으면 병력을 교대할 때 적군 쪽에서 불순분자를 붙여서 보내는 일이 생길 수가 있다. 불순분자를 막아내는 전술은 편오를 올바르게 하지 않으면 될 수가 없는 것이다. 와다 (마사우지),[1] 구스노키 (마사시게)[2]는 야간 공습에서 되돌아와 불순분자를 색출하려고 이런 방법을 쓴 적이 있다. 예를 들면 암구호 같은 미리 약속된 말을 이용하여 앉아 있는 병사를 동시에 일어서게 하거나일본어로 다치스구리, 서 있는 병사를 동시에 앉게 하는일본어로 이스구리 명령을 내려서, 적의 불순분자를 찾아낸 적이 있었다.[3] 인원 편제人數組가 정확하게 되어 있다면, '다치스구리'나 '이스구리' 같은 방법까지 쓰지 않더라도, 아군을 혼란스럽게 하는

---

1 와다 마사우지(和田正氏)는 구스노키 마사시게(楠木正成)의 이복 동생이다. 家村和幸, 『(現代語で読む) 林子平の海國兵談』, 並木書房, 2022, 115쪽.
2 구스노키 마사시게(楠木正成, 1294?~1336)는 일본 가마쿠라(鎌倉) 시대 말기부터 남북조(南北朝) 시대에 걸쳐 활약한 무장(武將)이다.
3 다치 스구리(立ちすぐり)와 이스구리(居すぐり)는 아군 속으로 몰래 끼어든 적의 첩자(간자)를 찾아내기 위한 전술이다(忍術).

불순한 것이 들어올 수 없게 된다는 점을 알아야 한다.

○ 야전에서는 병력의 수를 25인씩 해서 몇 개로 조를 편성하여, 각각 1개 조 단위로 행동하게 하는 것이 매우 편리하다.

○ 야간 공습을 개시할 때는 공격을 마친 뒤에 그곳에서 바로 돌아오는 것이 아니라, 그 옆이나 뒤로 빠져나와서 본진으로 되돌아와야 한다.

○ 야간 공습과 야전은 모두 전장戰場에서 1정町[4] 정도 물러나서 매복 수비대忍備를 1비備, 2비 파견하여 대비해야 한다. 만일 아군이 패배하여 적이 쫓아온다면, 아군의 수비대 앞을 적의 세력이 절반 넘게 통과했을 때, 절단을 해서 길을 붕괴시켜야 한다. 그럴 때 퇴각하던 아군도 함께 되돌아와 협공挾討을 하는 것이다.

○ 야전의 연습은 미리 울리는 총소리를 신호로 행동에 들어가야 한다.

○ 야간 공습은 어느 쪽으로 들어가서 어느 쪽으로 빠져나온다고 하는 것을 여러 사람에게 미리 잘 이해시켜야 한다. 공습 후 빠져나와서 되돌아오고자 하는 길에는 아군의 수비대迎備, 무카에조나에를 미리 보내 놓는다. 또한 되돌아오기 어려운 쪽에는 횃불 같은 것을 조금씩 내보내서, 적의 심기를 흔들어 놓는다.

○ 야간에 사용하는 징표印는 백색을 사용해야 한다. 몸통에 감거나, 허리에 감거나, 사발에 감거나, 소매에 달아 놓거나, 신발에 감거나 해서 그때그때 필요에 맞게 할 수가 있다.

○ 야간 공습 때는 소리를 지르는 것을 금지한다. 만일 소리 지르는

---

4 1정(町)은 길이 단위로는 60칸(間)＝360척(尺)으로 약 109미터에 해당한다. 여기에서는 거리 단위로 쓰였다. 한편 면적 단위로 1정(町)은 10단(段)＝3,000보(步)이며 약 99.18아르를 가리킨다. 정(町)을 정(丁)으로 적기도 한다.

사람이 있다면, 즉각 그 자리에서 목을 베서 내버리는 벌을 주어야 한다. 그래서 옛날에는 하무枚[5]를 물게 하여 침묵을 지키고 숨을 죽인다고 하였다. 이쑤시개 크기 정도 되는 나무를 사람마다 물게 하거나, 혹은 말馬의 재갈轡로 묶기도 하였다.

○ 야간 공습을 연습하는 것은 적진에 들어가는 것과 똑같이 한다. 먼저 대장의 자리를 노리고 쳐들어가야 한다. 그런 다음에는 적의 말馬을 고삐를 풀고 놓아주어서 소란을 피운다. 그 뒤에 재빠르게 불을 붙여서 불태워야 한다. 물론 한 곳에서 하지 않고, 서로 조를 이루어 차츰차츰 10인, 20인씩 곳곳에서 역할을 해야 한다. 적의 목은 베고 나서 버린다. 다만 대장의 목으로 보이는 것은 버려서는 안 된다. 큰 칼과 갑옷과 투구까지도 각각 포획해서 돌아와야 한다. 그런 다음에 말을 고삐를 풀고 놓아 준다. 불을 지를 것을 사람들이 걱정할 때가 되면 접전을 펼치는 것을 그 뒤에 해야 한다. 그러므로 (말의 고삐를) 풀어서 놓아주는 일, 불을 붙이는 일 등을 맡을 사람은 전사戰士 이외에 3~4인을 1개 조로 편성하여, 5조, 10조, 20조로 수비대가 편성되는 대로 활용을 해야 한다. 그런데 위에 열거한 사람 모두가 말을 풀어주거나, 불을 지르는 일이 끝나게 되면, 이 사람들도 전사와 똑같이 전투를 해야 한다.

○ 야간 공습을 개시할 때는 날아다니는 도구飛道具를 많이 사용하지 않는다. 막다른 상황에서 해야 할 일을 가장 먼저 염려해야 한다.

○ 적을 무너뜨리게 되면 (도망가는 적을) 멀리까지 추격하는長追[6] 일이 없어야 한다. 종을 치는 소리를 듣는 대로 모든 전사가 발걸음을 멈추어

---

5   하무는 군영(軍營)에서 병사들의 입에 물리던 가는 나무 막대기를 말한다.
6   일본어 '나가오이(長追, なが おい)'는 달아나는 상대를 멀리까지 쫓아가는 것을 말한다.

야 한다. 그리고 의장기와 깃발, 마인馬印[7]을 대신하여, 횃불 10자루를 장괘將机[8]에 높이 세워 휘날리게 해야 한다. 이것을 목표물로 삼아 모든 군軍이 한곳에 모이는 것이다. 물론 진영을 탈취한 때에는 적진에 있는 병기와 여러 도구를 손에 걸리는 대로 집어 와야 한다.

○ 울타리를 단단하게 설치한 곳은 톱을 이용하여 땅의 가장자리부터 잘라내서 넘어뜨리고 쳐들어가야 한다. 이러한 일은 그때그때 상황에 따라서 낮에도 해야 한다. 다만 주간에는 성城을 공격할 때 사용하는 도구를 이용해야 한다.

○ 야간 공습을 할 때 불을 붙이는 역할을 맡은 사람은 마른 섶䉈과 새꼴荳 같은 것을 4~5묶음씩 집어 들고 가서, 진영 안에서 불이 붙기 쉬운 곳을 찾아내야 한다. 적진의 섶을 겹겹이 쌓아 놓고 나서 불을 붙여야 한다. 불을 붙일 때는 화선火船의 조항에서 제시한 화약을 집어넣은 매우 얇은 불꽃花火을 이용해야 한다.

○ 야간 공습을 하기에 적합한 상황은 4가지가 있다. 적이 막 도착한 날의 밤, 종일 전투가 있었던 날의 밤, 바람과 비와 눈이 많이 온 날의 밤, 적군 쪽에서 길흉에 대응하느라 소란스러운 움직임이 있던 날의 밤이 가장 적당하다. 더욱이 그 밖에 임시로 생각하여 공격할 만한 상황을 미리 계획하여 신속하게神速[9] 공격해야 한다.

---

7 마인(馬印, 우마지루시)은 일본 센고쿠(戰國) 시대에 전장(戰場)에서 무장(武將)이 자기 위치를 표시하고자 본진(本陣) 등에서 긴 장대(長柄) 끝에 달아 놓은 상징물(印)을 말한다. 마표(馬標), 마험(馬驗)으로도 적었다.
8 장괘(將机, 쇼기)는 걸상(腰掛け)의 하나이다. 장괘(將机)의 机를 几로 적기도 한다. 일본 고분(古墳) 후기에 무덤 주위를 장식한 하니와(埴輪)에서 보이던 호상(胡床)이 무로마치(室町) 시대에는 상궤(床几)로 명칭이 바뀌었다(『世界大百科事典』, 平凡社 참조).
9 신속(神速, 신소쿠)은 귀신처럼 매우 빠른 속도를 뜻한다.

야간 공습 때 이용할 수 있는 기계器械는 아래에 적는다.

○ 사다리階子, 이것은 성벽塀과 해자堀, 혹은 여러 개가 길게 늘어선 집長屋[10] 같은 곳을 넘을 때 이용한다.

○ 메大槌, 오쓰치,[11] 이것은 영문營門 등을 깨부술 때 이용한다.

○ 큰 톱大鋸, 이것은 울타리, 성벽, 기둥 등을 잘라낼 때 이용한다.

○ 갈퀴熊手, 큰 갈고리大鳶嘴, 이것은 타고 넘어가는 도구로도 이용하고, 혹은 힘껏 싸울 때도 이용한다.

○ 섶柴과 새菅, 매우 얇은 불꽃火, 이것은 불을 붙이는 도구이다.

위는 야간 공습의 큰 줄거리이다. 더 많은 것을 궁리해야 한다. 아래에서는 야간 공습을 방어하기 위한 조항 두세 가지를 적는다. 한층 더 깊이 생각하여 방어 수단을 만들어야 한다.

○ 야간 공습은 적의 빈틈을 노려 공격하는 것이다. 아군에게 빈틈이 없다면, 어찌 적이 야간 공습을 감행해 올 수 있겠는가. 그런데 자기 자신에게 빈틈이 없게 하려면 가장 먼저 정찰척후을 잘 이용해야 한다. 정찰척후이 빈틈없게 되어 있으면, 적이 접근할 만한 모습이 보이지 않는다. 다음으로 군법軍法이 약속을 바르게 해야 한다. 한 번 야간 공습이 다가올 것이라는 신호相圖가 감지될 때는 진영의 내부가 모두 방어할 준비를 하도록 자세하게 가르쳐두어야 한다. 다음은 진영 내부의 전사戰士 중

---

10 일본어 '나가야'(長屋, なかや)는 길게 늘어선 집합 주택의 한 형태를 말한다.
11 메(大槌)는 묵직하고 둥그스름한 나무토막이나 쇠토막에 자루를 박아 무엇을 치거나 박을 때 쓰는 물건을 말한다.

에서 자기 자신은 직접 전투에 나서지 않고 그 대신에 횃불을 맡을 담당자를 미리 정해 두어야 한다.

야간 공습이 올 것이라는 신호 있을 때는, 자기 자신은 전투에 나가지 않고 재빠르게 횃불을 밝혀야 한다. 그렇게 하여 여러 사람이 임시 막사 앞에 정열을 할 수 있도록 진영 내부의 작은길을 비추어 진영 내부를 대낮 같이 만들어야 한다. 대체로 야간 공습은 어둠을 틈타서 적은 인원수로 크게 떨쳐 일어나는 것을 말한다. 그런데 진영 내부가 대낮처럼 밝아진다면, 결코 야간 공습 때문에 눈살을 찌푸리는 일은 없게 될 것이다. 이것은 야간 공습을 방어할 때 가장 먼저 마음에 새겨야 한다. 이러한 것들을 잘 터득한다면, 제멋대로 야간 공습과 부딪치는 일은 일어나기 어렵다. 그 밖에도 궁리를 더 해서 방어할 수 있는 전술을 만들어야 한다. 장수將帥가 된 사람이 마음을 잘 써야 한다.

대체로 야간 공습은 뜻밖의 큰 성과를 만들어내기도 한다. 제齊나라의 전단田單이 연燕나라 군대를 격파한 것도 그런 사례이다. 가토 기요마사加藤淸正가 조선朝鮮에서 명明나라 20만 기병을 수하手下의 군사 8천으로 끝까지 걸어서 돌파할 정도로 격렬했던 야간 공습은, 비슷한 예를 찾아보기 어려운 사례가 될 것이다. 이것을 야간 공습의 본보기라고도 말할 수 있을 것이다.

제6권

병사 선발撰士1

부록 각개 전투一騎前2

인간은 특별하지 않고 평범한 것을 가장 좋다고 생각한다. 그런데 사람들이 모든 일에서 재주가 뛰어나기란 어렵다. 다만 특기가 있는 재주를 한 가지씩 가지고 있으면, 그 특기가 있는 사람을 뽑아서 각자에게 자리職를 주어야 한다.

효孝에 5개 등급이 있듯, 무武도 역시 등급이 5개 있다. (이것을) 마음에 새겨서 선발해야 한다. 이것은 핵심 위치에 있는 장수가 가장 먼저 궁리해야 할 일이다. 다만 그 사람이 무학無學이라면 그러한 인재를 선발하는 길을 제대로 알 수가 없다. 그것을 제대로 알고자 한다면 글을 많이 읽어야 한다. 일본과 중국에서 재주와 지혜를 갖춘 군주가 인재를 선발했던 선례를 살펴보아야 한다. 그렇게 하면 누가 나서서 가르칠 것도

---

1 원문은 撰(지을 찬)으로 적혀 있지만, 選(고를 선)의 뜻으로 쓰었다(이하 같음).
2 잇키(一騎)는 일본 에도(江戶) 시대 무사(武士) 신분을 가리키는 호칭의 하나이다. 주군(主君)한테서 지행(知行)을 받은 상급 무사를 말한다. 그런데 이것은 글자 그대로 한 사람의 말을 탄무사, 병사를 뜻하기도 한다. 이 책에서는 병사 개개인이 총검술 등으로 전투를 벌이는 각개 전투(各個戰鬪) 의미로 쓰었다. 잇키마에(一騎前)는 각개 전투 때 각 병사가 해야 할 일 또는 개인이 갖추어야 할 군장(軍裝) 등을 뜻한다.

없이, 인재 선발 방법을 스스로 터득하게 될 것이다. 즉 군주가 첫 번째로 해야 할 일은 글을 많이 읽는 것이다. 이것이 군주가 무를 알 수 있게 하는 첫걸음이 되어야 한다.【군주人君의 무武는 사士의 무武와 같지 않음】 그리고 인재를 선발하는 방법의 큰 줄거리를 아래에 적는다. 역시 더 궁리해야 한다.

○ 널리 보고 들으며 잘 기억하고博聞强記, 재주와 지혜가 뛰어나며 경제에 통달하고, 말재주ロオ가 능숙하면서 알맞은 골격을 갖춘 사람은 가로家老의 자리에 임명해야 한다.

○ 무용武勇을 첫 번째로 삼고, 병도兵道에 통달하며, 재주와 지혜가 있는 사람은 반가시라番頭[3]로 활용해야 한다.

○ 용맹스럽고 씩씩한 데다가 얌전하면서도 물질에 마음이 움직이지 않는 사람은 부가시라武頭[4]로 활용해야 한다.

○ 사졸士卒 중에서 일본과 중국의 서적을 읽고 과거에 있었던 일을 많이 아는 사람을 선발하여 한 개 조로 편성해 놓아야 한다.

○ 재치가 있고 임기응변이 뛰어나며 변설弁舌이 좋은 사람을 선발하여 한 개 조로 편성해 놓아야 한다.

○ 병도兵道를 마음에 새기고 있고, 정찰척후 등에 세심하게 주의를 기울이는 사람을 선발하여 한 개 조로 편성해 놓아야 한다.

○ 힘이 세고 용기가 있는 사람을 선발하여 한 개 조로 편성해 놓아야 한다.

---

3 반가시라(番頭)는 일본 무가(武家)에서 숙직·경비 따위 잡무를 처리하는 사람 중의 우두머리를 말한다.
4 부가시라(武頭)는 일본 무가(武家)에서 활을 쏘는 부대(弓組)와 총을 쏘는 부대(鐵砲組) 등을 통솔하는 우두머리를 말한다. 이를 가리켜 모노가시라(物頭)라고도 부른다.

○ 활, 총鐵炮,[5] 노궁弩弓[6] 등에 능숙한 기량을 가진 사람을 선발하여 한 개 조로 편성해 놓아야 한다.

○ 발걸음이 빠르고, 동작이 민첩한 사람을 선발하여 한 개 조로 편성해 놓아야 한다.

○ 천문天文과 산학算勘 등에 능숙한 기량을 가진 사람을 선발하여 한 개 조로 편성해 놓아야 한다.

○ 수영水練, 말을 타고 물을 건너는 기술인 수마水馬 등에 능숙한 기량을 가진 사람을 선발하여 한 개 조로 편성해 놓아야 한다.

그 밖에도 선발 과정에서 몇 가지 재주를 갖춘 사람이 더 있을 수 있다. 대체로 이런 종류의 사람은 희소가치가 있으니 평소에 아껴 두었다가, 군무에 관한 일이軍事 있을 때는 하타모토旗本는 말할 것도 없고, 반가시라番頭에도 일을 나누어 맡겨서, 중요하게 활용할 수 있도록 대비를 해야 한다.

○ 모든 군병軍兵을 선발하는 방법은 골격이 강하고 무예가 뛰어나며 의기意氣가 씩씩한 사람을 상급으로 간주한다. 무예가 없더라도 골격이 튼튼하고 의기가 씩씩하면 이것을 중급으로 간주한다. 무예가 없고 골격도 튼튼하지 않지만 의기가 용감하고 씩씩하면 이것을 하급으로 선발

5 일본 에도(江戶) 시대 이전에는 '총(銃)'을 의미하는 가장 일반적인 낱말이 철포(鐵砲, 뎃포)였다. 넓은 의미에서는 대포(大砲) 등을 포함하는 화기(火器) 전반을 가리켜서 철포(鐵砲, 뎃포)라 칭하는 예도 있었다. 이 책에서는 총에 해당하는 한자를 철포(鐵砲)로 적은 경우가 많다.
6 노궁(弩弓, 도큐)은 고대 일본에서 돌을 튕겨서 멀리 날릴 때 쓰던 대형 활 즉 대궁(大弓, 오유미)을 말한다(精選版日本國語大辭典). 한국에서는 궁중의 연사(燕射), 반궁 대사례(泮宮大射禮), 향음주례(鄕飮酒禮) 등 예식(禮式) 때에 쓰던 활의 하나를 노궁(弩弓)이라 불렀는데, 대체로 길이는 여섯 자로 모양은 각궁(角弓)과 같다(표준국어대사전).

하여 충당해야 한다. 무예가 별로 없고 골격이 약하며 의기도 흔들리는 사람은 뽑기에 부족하다. 만일 하는 수 없이 이들을 활용해야 한다면, 불을 때는 당번이나 밥 짓는 일 같은 것이 될 것이다.

위는 모든 병사를 선발하는 큰 줄거리이다.

각개 전투—騎前

○ 각개 전투 때 각자가 본래 갖추어야 하는 것으로는 적과 맞섰을 때 용감하고 씩씩하게 대처하는 것이 가장 중요하다는 점이다. 오자吳子가 이르기를, "나아가서 싸우다가 죽어서 영예로워지고以進死爲榮, 물러나서 살아남아 욕보게 된다退生爲辱矣"고 했다. 또한 (우에스기) 겐신謙信[7]이 쓴 글에, "정말로 정교한 칼끝은 소리가 나면서도 잽싸다章疾"고 적혀 있다. 그리고 같은 글에 귀신검遮神劍[8]이라는 것이 나온다. 접전을 펼칠 때 이것을 앞에 걸어 둔다. 투구는 적의 검劍에 맡기고 용감하게 뛰어든다. 이렇게 하면 군신軍神이 적의 검을 막아주어, 나의 몸에 걱정할 것이 없게 된다는 뜻이다. 진정으로 곧장 돌진하여 적진에 날아드는 것을 중요히 생각하는 가르침이다.

이러한 것이 혼자서 적과 싸우는 무사가 접전을 펼칠 때 가장 중요하게 여기는 내용임을 마음에 새겨야 한다. 그런데 말을 타는 방법, 정찰척후 때 갖추어야 하는 예의, 무사들이 쓰는 언어武者詞, 암구호 등과 관련된 것은 각개 전투의 비책이기는 하지만, 아주 세세한 내용이므로, 큰 줄거

---

7 우에스기 겐신(上杉謙信, 1530~1578)은 일본 센고쿠(戰國) 시대의 무장(武將)이다. 병략(兵
   略)에 뛰어난 그는 많은 전투를 하였는데, 그 가운데서도 다케다 신겐(武田信玄)과의 전투가 유
   명하다.
8 원문은 庶로 적혀 있으나, 문맥상 遮(막을 차)를 잘못 적은 것으로 보인다.

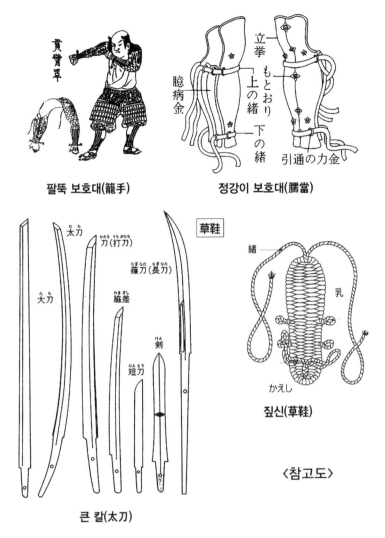

貫贅苧

팔뚝 보호대(籠手)

立拳
もとおり
上の緒
下の緒
臆病金
引通の力金

정강이 보호대(臑當)

太刀

刀(打刀)

薙刀(長刀)

脇差

劍

太刀

短刀

草鞋

緒

乳

かえし

짚신(草鞋)

큰 칼(太刀)

〈참고도〉

리를 아는 것으로 충분할 것이다. 아래에 그 기본이 되는 요령을 두세

가지 열거한다. 이것 외에도 더 깊이 생각해 보아야 한다.

○ 육구六具라고 하는 물건이 있다. 먼저 각개 전투 때 개인이 갖출 군

장一騎前 여섯 가지 도구는 몸통胴 도, 투구胄 가부토, 팔뚝 보호대, 정강이 보

호대, 큰 칼, 짚신이다. 이것 외에 대장大將이 갖추어야 하는 6구, 각자의

몸 주위를 단단히 무장할 때身堅의 6구, 수비대備의 6구, 번소番所의 6구 등이 있다. 이것을 한가할 때 배워 두어야 한다.

위에 말한 바와 같이 육구六具에 여러 물건이 있다. 모두 6이라는 숫자를 쓰고 있다. 그런데 이것은 거북이가 여섯 부분을 감춘다龜藏六[9]고 말한 것에서 유래된 말이다. 여느 때처럼 억지로 끌어다 붙이는 말이 될 수도 있겠지만, 엄격하게 여섯으로만 한정해야 하는 것으로 생각한다면, 이 것은 현악기의 기러기발柱에 아교膠를 붙인다는 말처럼,[10] (상황 변화에 대응하지 못하게) 되는 것은 아닌지. 따라서 나는 각개 전투의 개인 군장으로 6구에 하나를 추가하여, 즉 말린 밥糒을 더 넣어서 7구로 가르친다.

○ 몸 주위를 견고하게 무장하고자 할 때는 아래쪽에서 시작하여, 왼쪽을 먼저 하고, 오른쪽을 나중에 한다. 벗을 때는 위쪽에서 시작하여, 오른쪽을 먼저 하게 된다.

○ 갑옷의 미늘 다는 실의 털緘毛이라든가, 갑옷과 투구의 명소名所 같은 것까지 소상하게 알고 있는 수준은 아니더라도, 큰 줄거리를 폭넓게 알아야 할 때도 있다. 왜냐하면 이처럼 너무 구체적인 것에 집착하게 되면 핵심이 되는 방법을 잃어버릴 수가 있기 때문이다. 그런데 적의 모습을 살펴보고 기억해 두었다가 대장大將에게 이를 보고하기 위해서라거나, 혹은 활을 쏴서 명중시키거나, 또는 상처를 입혔을 때를 대비하기 위한 것이라면, 위와 같은 것을 전혀 알지 못하는 것이 가장 큰 불찰不覺

---

9   거북이가 4족(足)과 머리, 꼬리를 숨기는 것처럼, 불가(佛家)에서는 눈(眼), 귀(耳), 코(鼻), 혀 (舌), 몸(身), 뜻(意)의 6식(識)을 단속하는 불교의 수행을 의미했다. 이것은 보통 속세를 떠나 은둔하는 것을 말하기도 한다.
10   사기(史記)의 염파인상여열전(廉頗藺相如列傳)에 나오는 "거문고의 기러기발(기둥)을 아교로 붙여 놓고 거문고를 탄다(膠柱鼓瑟)"는 말에서 유래하였다. 이것은 규칙에 얽매어 융통성이 없는 꽉 막힌 사람을 비유하여 이르는 말이다.

이 된다는 점을 알아야 한다.

○ 맞붙어 싸우는 격투를 하기 위하여 때때로 힘겨루기를 해야 한다. 고대에는 힘겨루기도 무예武藝의 한 가지였다. 그래서 무사武士의 재주와 재능을 점검하는 조항 속에서 씨름相撲스모도 들어갔다. 더욱이 여러 나라가 씨름을 잘하는 힘 있는 사람을 추천했던 것이 여러 역사 기록에 보인다. 그런데 지금 세상에는 그것이 가부키歌舞伎의 소재 같은 것으로만 인식이 되어 있다. 그렇다고 해서 씨름을 무사가 갖추어야 할 재주가 아니라고 생각하는 것은 불찰不覺이 될 것이다. 대체로 격투는 높은 자세로 상대와 붙으면 약해진다. 그러므로 낮은 자세로 붙는 것이 좋다는 점을 마음에 새겨야 한다.

○ 대개 격투는 재빠르게 오른쪽 손가락手指을 뽑아 상대와 붙으면서 돌격해야 한다. (다히라노) 다다노리忠度[11] 또는 (야마나카) 시카노스케鹿之助[12] 등이 상대와 맞붙는 모습을 본보기로 삼아야 한다.

덧붙인다. 다른 나라 사람과 맞붙어서 겨룰 때는 몇 가지 마음에 새겨야 할 것이 있다. 먼저 이국인이라도 나라마다 차이가 있다. 사람 몸집이 크고 작은 것, 칼이 강하고 약한 것이 각기 서로 다르다. 대체로 유구琉球, 류큐와 섬라暹羅, 샴 등 남쪽 사람은 골격이 작고 기력도 약하다. 중국唐山도 절강浙江과 남경南京 이남 사람들은 유구, 섬라 등의 사람과 비슷하다. 또한 산서山西, 북경 및 달단韃靼,[13] 조선朝鮮 등 북쪽 지역 사람은 골격도

---

11 다히라노 다다노리(平忠度, 1144~1184)는 일본 헤이안(平安) 시대 헤이(平) 가문의 무장(武將)으로 다히라노 기요모리(平淸盛, 1118~1181)의 이복 동생이다.

12 야마나카 유키모리(山中幸盛, 1545~1578)는 일본 센고쿠(戰國) 시대에서 안도・모모야마(安土桃山) 시대에 걸쳐 산인(山陰) 지방에서 활약한 무장(武將)이다. 통칭은 시카노스케(鹿介)라고 부른다.

13 달단[韃靼]은 만주와 몽골 고원 지역을 가리킨다. 송(宋)에서는 몽골을 흑달단(黑韃靼)으로, 터

장대하고 힘도 일본인보다 세다. 다만 기질氣象이 둔할 뿐이다. 유럽 사람은 골격이 길고 크다. 하지만 그다지 힘도 없고, 기질도 둔하다. 그런데 내가 일본인과 북쪽 지역의 이인異人 등이 힘겨루기를 하는 것을 자주 본 적이 있다. 네 번 겨루었어도 북쪽 사람은 그 뒤에도 물러서지 않고 옆으로 넘어지지도 않는다. 오로지 앞쪽에 틈새를 만들어 떨어뜨리면, 타격하는 복병에 덤벼들어 넘어진다.

또 마음에 새겨야 할 것이 하나 있다. 중국인의 무예는 발로 차는 것을 가장 먼저 익혀서 가슴과 무릎 쪽을 찬다. 또한 뒤로 뛰어차기를 잘한다. 권법拳法도 역시 주먹握拳을 써서 눈을 찌른다. 이 세 가지를 마음에 새기고 있어야 한다. 발로 차더라도 차이지 않게 해야 한다. 뛰어차기를 당하지 않아야 한다. 찔리지 않아야 한다. 이렇게 하려면 재빠르게 몸에 달라붙는 것을 첫 번째로 삼아야 한다. 이것은 중국 사람과 겨룰 때 마음에 새겨야 하는 것이다.

○ 무예武藝는 딱히 정해진 것이 없다. 그러므로 어떤 것이든지 한 가지 재주에 능숙해야 한다. 여러 재주多藝를 모두 숙달하게는 되지 않는다. 여러 재주를 익히려고 마음에 두다 보면 어느 것 하나도 제대로 숙달하기가 어려울 수도 있다. 그렇지만 사람들이 큰 칼太刀을 휴대하지 않는다는 말은 들어본 적이 없다. 그러므로 큰 칼로 공격하는 것은 사람들이 배워서 익혀 두어야 한다. 특히 칼을 뺌과 동시에 내려치는 것拔打이 강력함을 중요하게 생각해야 한다. 이것은 큰 칼을 배우는 중요한 방법이다.

○ 큰 칼을 찰 때 허리띠에 차면 그것을 빼내기가 어렵다. 그러므로

키계 부족을 백달단(白韃靼)으로 불렀다. 명(明)에서는 원(元)의 멸망 후 북쪽으로 달아난 유민(遺民)을 달단(韃靼)이라 불렀다.

곧장 허리띠에 꽂아 넣는 것이 좋다고 한다. 이러한 종류의 일은 관습처럼 해오던 의식과 예법에 집착하지 말아야 한다. 스스로 시험을 해보고 그 가운데 편리한 것을 받아들여야 한다.

○ 활은 반궁半弓이 편리하고 사용하기도 더 낫다. 특히 말 위에서馬上 이로운 점이 있다. 더욱이 활을 뽑아내는 힘도 더 강해진다.

○ 화살집矢籠에 3가지 등급이 있다. 하나는 평소 사용하는 곳에서 쓰는 것이다. 다른 하나는 〈그림 6-1〉과 같이 큰 대나무를 가지고 제작한 것이고, 나머지 하나는 〈그림 6-2〉와 같이 작은 대나무로 만든 것이다.

○ 현재의 관습으로 보면 아시가루足軽는 모두 화살이 비나 이슬에 젖지 않게 담아두는 화살 휴대 도구空穗 우쓰보를 이용하는 것이 되겠다. 그렇지만 화살 휴대 도구를 허리에 붙이고 다니면 무거워져서 일하기가 어렵다. 특히 진격押行 시에는 너무 힘들어서 큰 대 자로 풀 위에 눕고 만다. 아시가루에게 화살집矢籠을 쓰게 하는 것이 전투에 편리하지 않다고 말한 적이 없지는 않았다. 그렇지만 일하기 쉽게 하려면 화살 휴대 도구를 버리고 화살집을 아시가루에게

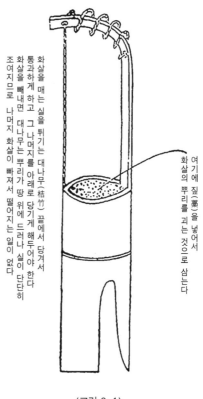

화살을 매는 실을 튀기는 대나무(桔竹) 끝에서 당겨서 통과하게 하고 그 나머지를 아래로 당기게 해두어야 한다

화살을 빼내면 대나무는 뿌리가 땅 위에 드러나 실이 단단히 조여지므로 나머지 화살이 빠져서 떨어지는 일이 없다

여기에 짚(藁)을 넣어서 화살의 뿌리를 괴는 것으로 삼는다

〈그림 6-1〉

사용하게 해야 한다. 이것은 새로운 제도를 시행하는 것이나 다름없는 일이 되겠지만, 전투에 편리하다면, 어찌 신법을 꺼리는 일이 있겠는가. 이러한 제도는 도입하고 도입해야 한다.

○ 유동의 씨에서 짜낸 기름을 바른 종이桐油紙[14]를 가지고 길이 두 자 정도로 부대袋를 마련한다. 그것을 비가 내릴 때 화살 줄矢繩에 걸어놓아야 한다. 더구나 평소에 걸어놓아도 해를 입히는 일은 없다.

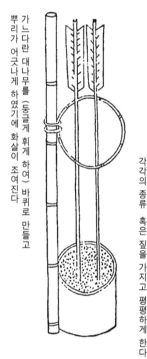

〈그림 6-2〉

뿌리를 괴는 것은 통과 상자 대나무 각각의 종류 혹은 짚을 가지고 평평하게 한다

가느다란 대나무를 (둥글게 휘게 하여) 바퀴로 만들고 뿌리가 어긋나게 하였기에 화살이 조여진다

○ 무거운 갑옷을 좋아하지 말라. 아름답고 화려하게 장식한 갑옷은 반드시 무겁게 마련이다. 대체로 혼자서 말을 타고 출발할 때는 가볍게 나서야 한다. 최대한으로 생략을 한다면, 몸통과 갑옷만으로도 일을 마칠 수 있다고 생각해야 한다. 물론 투구도 가벼운 것을 사용하여야 한다. 쇠사슬이라든가, 투구 아래 두건이 벗겨지는 것을 막고자 테두리를 천으로 감은 하치마키鉢卷, 혹은 안면을 방어하는 하쓰무리半首 같은 무구武具를 이용하면 된다. 투구나 두건의 좌우와 뒤에 늘어뜨리는 시코로鏣는 뒤쪽을 덮는 것으로도 충분하다. 대형 투구 장식 쇠붙이 등을 이용하는 것은 칭찬할 만한 일도 아니지 않은가.

○ 큰 칼太刀은 옛날에 만들어진 작품古作을 선

---

14 동유지는 유동(油桐)의 씨에서 짜낸 기름으로 결은 종이를 말한다. 방수성이 있어서 포장지, 부채, 비옷 따위를 만드는 데 쓴다.

호하는 일이 없어야 한다. 오로지 튼튼한 것을
귀하게 여겨야 한다. 전투 중에는 태평한淸平 세
상에서 그러하듯이, 큰 칼이나 칼을 마치 보석
玉처럼 가지고 노는 물건玩物을 다루듯 소중하게
취급해서는 안 된다. 그것은 단지 적을 타격하
는 쇠 막대기에 지나지 않는다는 점을 마음에
새겨야 한다.

〈참고도〉 하쓰무리

○ 허리에 차는 혁대와 큰 칼은 길이가 긴 것
은 바람직하지 않다. 대체로 1자 8~9치에서 2
자 내외를 좋은 것으로 친다. 허리 옆에 차는
와키사시脇指도 8~9치에서 1자 되는 것을 사용
해야 한다. 대체로 큰 칼이나 칼은 모두 백합
조개의 껍데기 모양처럼 칼 몸을 불룩하게 칼
날蛤刃이 만들어지게 갈아야 한다. 또한 칼 몸에
서 살을 너무 많이 빼지 않도록 해야 한다.

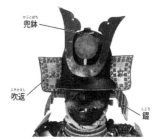

〈참고도〉 시코로(錣)

○ 역량 있는 사람은 대형 태도大太刀를 이용하는 일도 있다. 휴대하기
가 어려울 정도로 크게 만든 물건은 하인에게 들게 하거나, 또는 등에
짊어지는 일도 생긴다. 이렇게 크기가 매우 큰 칼은 역량 있는 사람에게
맡기고, 웬만큼 큰 물건을 이용해야 한다.

○ 창鑓은 창날이 곧고 곁가지가 없이 만들되徒鑓 스야리, 창끝이 3치가
되게 한다. 손잡이는 튼튼하고 짧은 것을 좋은 것으로 친다. 이것 또한
적을 때려서 넘어뜨리는倒 막대기라는 점을 마음에 새겨야 한다. 지금
세상에서 유행하는 것을 내세워서 화려하게 제작한 창은 막상 전장戰場

에 가서 그것을 사용한다면, 단지 한 번만 내리쳐도 부러질 것이다. 무사武士가 된 사람은 이 점을 신경을 써야 한다.

○ 대체로 병기兵器에는 거주 국가와 성명을 칠漆을 이용하여 써서 붙인다. 또한 일이 급할 때는 먹墨으로도 글씨를 쓴다. 그리고 작은 칼로 새겨서 써넣는 것도 가능하다.

○ 말은 앞다리腕와 발톱爪이 강한 것을 귀하게 여긴다. 5성姓 10모毛의 설說이 있는가 하면, 상생상극相生相克을 따져보는 것도 있다. 혹은 머리털이 한곳을 중심으로 소용돌이 모양으로 가마가 있는旋毛 말의 형태 등을 얘기하기도 한다. 그런데 이러한 것에는 조금도 구애될 것이 없다. 다만 힘에 겨운 사나운 말은悍馬 타지 않는 것이 좋다는 점은 마음에 새겨야 한다.

목화토금수木火土金水를 5행으로 삼고, 상생相生과 상극相克을 논하는 것은 중국이 본가本家이다. 그 이외에는 중국의 제자가 나뉘어져 있는데, 일본, 조선朝鮮, 섬라暹羅 샴, 유구琉球, 류큐 같은 나라에만 있다. 몽골莫臥尒, 러시아百尒西亞, 인도印弟亞 등 여러 나라는 지수화풍地水火風을 가지고 4행을 만들었다. 네덜란드와 유럽歐羅巴 여러 나라는 수화기토水火氣土를 가지고 4행을 만들었다. 이런 나라에 4원행四元行의 설은 있으나, 5행의 생극生剋은 없다. 그런데 어떤 것을 가지고 논하더라도, 그다지 해害가 되는 일은 없을 것으로 생각된다. 그러므로 우리도 공공연하게 의논議論할 때는 5행의 설에 따라야 한다. 거칠고 사나운 무용武用은 설說이 어떤 것이냐와 상관없다고 하지만, 그럴 만한 것이 될 수 있을지도 모른다.

○ 기氣가 약한 말에게 물을 건너게 할 때는, 물가에서 잽싸게 몰아서 4~5번 탄다. 그러고 나서 그 기운이 빠지지 않았을 동안에 건너야 한다.

○ 보행步行 하여 급류를 건널 때는, 30~40인이 손에 손을 잡고 건너야 한다. 물이 투구를 적시더라도 물에 휩쓸려 내려가지 않게 된다.

○ 보행步行 하여 혼자서 건널 때는 무게가 6~7관貫 나가는 돌을 어깨에 메고 건너야 한다.

○ 못沼을 건널 때는, 꽃자리芳簀, 대자리竹簀 같은 것을 층층이 깔고 그 위에 물건을 놓고 나서 밟고 건너야 한다. 더욱이 조금씩 건너감에 따라서 차츰차츰 앞으로 당기면서 가야 한다.

○ 짚신草鞋, 말굽에 대어 붙이는 편자馬沓 등을 만드는 모양도 사람들이 마음에 새기고 있어야 할 일이다. 그것을 모르는 사람은 나중에 실수하게 되기 때문이다.

○ 밥을 지을 때는 물 1말 5되를 끓여서, 쌀 1말을 넣으면 밥이 된다. 냄비와 가마솥이 없을 때는 잔디 위에 쌀을 놓고 물을 뿌리거나, 위에서 잔디 덩어리를 거꾸로 걸쳐두며 그런 다음에 불을 때면 밥이 된다. 또한 쌀을 물에 담갔다가 돗자리 같은 것으로 감싸서 얇게 흙 속에 묻어놓고, 그런 다음에 불을 때도 밥이 된다. 쌀을 물에 담갔다가 통에 넣고, 적당한 때에 돌을 불에 달군 다음, 그 돌을 쌀 속에 집어넣어도 밥이 된다. 또는 씻은 쌀을 포대에 넣고, 푸른 잎으로 두껍게 감싸서 모닥불 속에 던져넣고 찌면 밥이 된다. 조수潮로 밥을 지을 때는 가마솥 밑에 다완을 엎어놓고, 그 위에 쌀을 넣어서 밥을 지어야 한다. 그러면 소금기가 다완 속으로 들어가서 엉기게 된다.

○ 수련水練의 전술을 마음에 새겨두고 있어야 한다. 이것을 모르는 사람은 나중에 실수하게 된다.

○ 야영野陣[15]이든 숙영宿陣[16]이든 모두 각자의 임시 막사에 들어갈 때

〈참고도〉 말다래(障泥)

는 사방을 눈으로 볼 수 있는 만큼 끝까지 살펴보고 확인을 해야 한다. 더욱이 누워 있을 때는 어느 쪽으로 머리를 두를지, 어느 쪽을 후방으로 할지를 확실히 마음속으로 생각하고 나서 누워야 한다. 그렇게 해야만 뜻하지 않은 일이 발생할 때 낭패를 없앨 수 있다. 또한 숙영 때는 숙영지의 변두리와 숙영지 뒤쪽의 방향을 잘 보고 끝까지 확인해야 한다.

○ 말馬을 묶어둘 때는芝繫 여러 가지 물건이 쓰인다. 하나는 손에 들고 물고기를 잡는 그물로手綱 앞발을 묶어 두어야 한다. 다른 하나는 말 머리에서 재갈에 맨 장식 끈을 터럭 속鬓中으로 당겨 놓아야 한다.

○ 안면 보호 방어 도구面頬가 없을 때 평소와 같이 투구의 끈을 묶으면 턱이 아프다. 그럴 때는 아래턱에 적당한 정도의 옭매듭眞結으로 묶어서 고정하고, 그 나머지는 보통 때처럼 묶어야 한다.

○ 판자 모양의 말다래板障泥, 마구(馬具)의 하나이다. 등자와 말의 옆구리 사이에 늘어뜨린 흙받기를 말한다-역자 주를 2매 합쳐서 만든다. 물을 빨아들이는 도구로 이용하는 것이 있다〈참고도〉.

○ 총을 끈을 이용해서 옆구리에 짊어질 때는 총부리筒先17을 아래로 향하게 한다. 그리고 왼쪽 어깨에서 오른쪽 옆구리로 엇갈리게 걸어야

---

15 일본어로 노진(のじん, 野陣, 野陳)은 들판에 설치한 진영(陣營)을 말한다. 이것은 노영(露營) 또는 야영(野營)을 가리킨다.

16 일본어로 슈쿠진(しゅくじん, 宿陣)은 진을 치고 숙박을 하는 것을 말한다. 이것은 숙영(宿營)을 뜻한다.

17 원문은 箇로 적혀 있지만, 문맥상 筒을 잘못 적은 것으로 보인다.

한다. 공격 개시 때 어깨 위에서 총부리를 앞쪽으로 돌리고 나서 적진에 한 발을 발사한다. 연기가 나는 아래쪽에서 쳐들어갈 때는 일단 매섭게 공격을 개시해야 한다. 반궁半弓을 옆구리에 짊어질 때는 곧장 현弦으로 걸어야 한다. 다만 현의 방향을 앞으로 해야 한다.

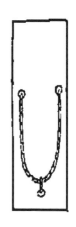

○ 전장戰場에서는 대나무 통竹筒에 물을 넣어 허리에 차야 한다.

○ 짚신은 매鷹를 들판에서 날리려고 할 때 착용해야 한다.

〈그림 6-3〉

○ 발이 깊이 빠지는 땅이라든가, 눈이 많이 내린 곳 등을 건널 때는 설피橇를 신어야 한다. 그것을 만드는 방법은 두 가지가 있는데 〈그림 6-3〉과 〈그림 6-4〉의 그림으로 제시한다.

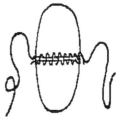

이것〈그림 6-3〉은 판자로 만든 설피이다. 판자에 끈을 달아서, 나무 신발木履을 만들 때처럼 하면 된다.

〈그림 6-4〉

이것〈그림 6-4〉은 고리 모양의 설피이다. 나뭇가지를 가지고 그림과 같이 구부린 다음, 맨 가운데에 새끼줄을 두 개 걸어서 만든다. 그림과 같이 이것을 발에 착용한다.

○ 물을 건널 때는 정강이 보호 도구라든가 허리에 찬 장식물 등을 벗어야 한다.

○ 접전이 벌어지는 곳이 아니더라도, 짚신 가운데를 단단히 묶어야 한다中結.

○ 횃불松明은 졸참나무楢로 만들면 더욱 좋다. 또한 가느다란 대나무

말린 것을 30~40개 다발로 묶어서 사용해도 좋다. 껍질 벗긴 삼의 줄기麻柄 30~40개를 다발로 묶은 것도 좋다.

○ 정찰척후도 큰 줄거리를 마음에 새기고 있어야 한다. 특별히 정찰척후에 관하여 전해져 오는 것이 있으면 그것도 함께 고려해야 한다.

전장戰場에 나가는 사람이 소지해야 하는 물품들

○ (통소매의 평상복 위에 착용하는) 도후쿠胴服라고 부르는 것이 있다. 이것은 두터운 솜을 넓게 펼쳐 만든 소매袖와 위에 입는 짧은 겉옷羽織의 안쪽과 바깥쪽 모두 오동나무 열매로 짠 기름을 바른 동유포桐油布를 이용해야 한다. 또한 종이로도 만들 수 있다. 이 물품을 갑옷 위에 착용하면, 추위를 막을 수 있고, 비를 피할 수도 있다. 또한 야간 착용 도구의 대체품으로도 사용한다. 그러므로 이것을 중요한 보물로 삼아야 한다. 그렇지만 전투에 임한 긴급 상황에서는 이러한 것들을 제작하기 어려우니, 평소에 마음에 새겨 두었다가 만들어 놓아야 한다.

○ 비를 막는 도구로는 양하蘘로 짠 삿갓笠을 이용할 수 있다. 그런데 여기에는 정해진 법이 있다. 전장戰場에서는 어떤 물건이든지 손에 닿는 대로 끄집어 써서 비를 막아야 한다. 다만 비를 막는 것도 진격할押行 때나 할 수 있는 것이다. 접전을 펼치게 되면 대장도 사졸도 모두 위에서 아래까지 흠뻑 젖게 된다는 점을 알아야 한다.

○ 활줄을 감는 도구弦巻는 큰 칼에 곁들어 차는 작은 칼의 칼집에 꿰어서 허리띠에 연결하여 묶어야 한다.

○ 교체하는 자루打替袋에 말린 밥糒 5~6홉과 된장을 약간 넣어서 늘 허리에 차고 있어야 한다. 그런데 중요할 때가 아니면 이것을 먹지 말아

야 한다.

○ 두 겹으로 두른 수건手拭을 허리에 묶어야 한다.

○ 가는 삼노끈細引 1줄筋을 허리에 둘러야 한다.

○ 종이류를 어느 곳에든지 조금씩 준비해 놓아야 한다.

○ 부싯돌 자루燧袋 속에 출혈을 멈추게 할 약과 쑥, 벌레 물렸을 때 바를 약, 말을 치료하는 약馬藥 등을 준비해야 한다. 이 자루는 칼과 작은 칼脇指의 밤栗 모양으로 된 곳에 연결해서 묶어야 한다. 그런데 갑옷과 투구를 착용한 채로 격하게 움직이게 되면 수증기가 거꾸로 올라와 정신이 아찔해질 수가 있다. 이럴 때는 진사익원산辰砂益元散이 매우 좋다. 이것의 처방은 곱돌滑石 6문匁, 감초와 진사辰砂¹⁸ 각 1문씩이다. 위의 약재를 곱게 갈아서 물과 함께 복용한다. 그 밖에 옛날 무사武士의 모습을 보자면, 상처가 생겼을 때는 때로는 소금을 박아넣거나, 또는 곧장 뜸을 뜬 것으로 보인다. 이것 또한 전장戰場에서 기운을 다스리는 하나의 치료가될 것이다.

○ 전투 중에는 때때로 마늘大蒜, 닌니쿠을 먹거나, 혹은 허리에 차고 있어야 한다. 마늘은 추위와 더위, 전염성이 강한 여기癘氣¹⁹를 잘 없애준다.

○ 부채扇子도 준비하고 싶은 만큼 준비해야 한다.

○ 삼노끈麻紐으로 길이 1자 2~3치 크기로 그물을 만든다. 앞뒤로 끈을 달아 허리에 차는 밥 담는 도구飯入로 그것을 사용해야 한다.

---

18 진사(辰砂, 신사)는 수은과 유황 성분을 함유한 광물질이다. 한방에서는 소염(消炎)과 진정제 (鎭靜劑)로 쓰인다. 단사(丹砂), 주사(朱砂)라고도 부른다.

19 여기(癘氣, 레이키)는 전염성이 강한 질환을 일으키는 사기를 가리킨다. 온병을 일으키는 병인이라는 점에서 넓은 의미의 온사에 속하지만, 온사 중 강한 전염성(疫)을 가지고 있는 사기를 말한다(대한한의학회 표준한의학용어집).

○ 동전錢 100문文 정도를 끈으로 꿰어 허리에 차고 있어야 한다.

위는 전장에서 갖추어야 하는 용구의 큰 줄거리이다. 더 소지했으면
하는 물품은 말 안장의 가슴걸이와 밀치[20]를 매는 끈四方手이다. 말을 타
고 앉아 두 발로 디디는 등지鐙子의 아래 같은 곳에 이것을 붙여 놓을 수
있다.

○ 대체로 사졸士卒 등이 마음에 새겨야 할 일이 있다. 만일 아군의 대
장大將이 전사를 했을 때는 재빠르게 시신을 짊어지고 아군에게 인계하
여, 적에게 대장의 목을 넘기지 않도록 해야 한다. 만일 일이 급하여 대
장의 시신을 짊어지고 아군에게 인계하기 어려운 상황이면, 그렇게 하
는 것이 참기 어려운 일이기는 하지만, 재빠르게 그 목을 쳐서 얼굴의
피부를 벗기거나, 또는 머리를 미진[21]으로末塵 깨부수는 등의 조치를 하
여야 한다. 적에게 아군 대장의 목을 빼앗겨서 효수梟首 당하는 일이 생
기지 않도록 마음을 써야 한다.

옛날에 대장이 전사했을 때 뒤따르던 무리기郎黨[22] 모두 전사하고 말아
서, 대장의 머리를 숨기는 일을 하지 못해서 적에게 그것을 빼앗겨 효수
를 당했던 일이 있었다. (닛타) 요시사다[23]가 전사했을 때도 그의 머리를
질척한 논深田 속에다 숨기기는 했다. 그런데 그것을 숨긴 사람도 되돌아
오고, 그 사람은 요시사다의 시신 옆에서 할복腹切 하였다. 그러자 그 족
적足跡을 밝혀내서, 끝내 머리를 획득하여 효수를 당하기도 했다. 설령

---

20 말이나 당나귀의 안장이나 소의 길마에 걸고 꼬리 밑에 거는, 좁다란 나무 막대기.
21 미진(末塵, 마고미)은 미진(微塵)으로도 쓴다. 이것은 일본 에도(江戶) 시대에 고안된 무기이며
   철제 고리에 추가 달린 쇠사슬이 3개 연결되어 있다.
22 낭당(郎党, 로토)은 일본 고대와 중세 무사(武士)의 종자(從者)를 말한다. 이를 낭등(郎等)으로
   적기도 했으며, 낭도(郎従)라 부르기도 했다.
23 닛타 요시사다(新田義貞, 1301~1338).

전사를 했더라도 효수만 당하지 않으면, 전사를 했어도 대경大慶이라고
말하는 것은 바로 이 때문이다. 이 점을 생각하고 또 생각해야 한다.

또한 사졸士卒과 무사를 따르는 사람郞黨 등이 마음에 새겨야 할 것이
있다. 요시사다義貞가 전사했을 때의 군軍과 똑같이, 무리無理가 되는 행동
을 하게 된다면, 구태여 말을 되돌려서 보람도 없이 전사만 모면하고 끝
나는 결과를 가져오고 만다. 바로 이 점을 사졸과 무사를 따르는 사람
등이 갖추어야 할 몸가짐으로서 마음에 새겨야 한다.

제7권

인원 편제人數組

부록 인원 통제人數扱

군의 세력을 몇 개 조로 나누어 편제하는 인원 편제人數組는 병兵의 중요한 부분이다. 인원 편제가 세밀할 때는 동시 진격等進과 동시 퇴각等退을 할 수 있다. 그리고 인원 편제가 세밀하면 같은 대오一伍에 속한 인원들을 자기 몸처럼 떼려야 뗄 수 없게 하여 서로 돕기 때문에, 접전을 펼칠 때 매우 강력해진다. 또한 인원 구성이 올바르므로 마음을 터놓고 의지하게 된다. 낙오하는落行 일도 없어진다. 게다가 적이 불순분자를 들여보낼 수도 없게 된다. 대체로 인원 편제는 군의 근본이다. 그런데 일본의 군대 배치軍立는 이에 관한 법이 없다. 그래서 군의 세력이 갑자기 강해졌다가 갑자기 약해져 어지러워진다. 여럿이 하나가 되지 못한다不齊一.

이러한 까닭으로 전투에서 이기더라도 갑자기 뜻하지 않게 패배를 당하는 일이 많다. 닛타 (요시사다)와 아시카가足利의 경군京軍 때의 일이다. 아시카가 가문이 80만 병력을 가지고 공격한 곳에, 요시사다의 군세 2천여 명이 적진으로 잠입하였다. 그런 다음 (아시카가) 다카우지 경尊氏卿[1]의 전후와 좌우에 검은색 점을 가운데에 그려 놓은 깃발을 높이 올려서,

아시카가를 무너뜨린 적이 있었다. 이것이 가능했던 것도 (아시카가 쪽에) 대오 편성編伍의 전법이 없었기 때문이다.

또한 와다 (마사우지)와 구스노키 (마사시게)가 적진으로 야간 공습을 하여 쳐들어간 적이 있었다. 이때 다치스구리앉아 있을 때 암구호로 서게 하는 것, 이스구리서 있을 때 암구호로 앉게 하는 것로 적의 불순분자를 찾아내서 처벌하여 죽이기도 했다. 다치스구리, 이스구리는 와다와 구스노키에게만 해당된다. 그렇기는 하지만 대오 편성編伍이 올바를 때는 불순분자가 한 사람만 있어도, 각기 조가 나누어진 동료들끼리라서 명백하게 알려진다. 이럴 때는 다치스구리 또는 이스구리를 하는 데까지 가지도 않게 된다. 대오 편성의 전법을 아래에 적는다.

○ 인원 편제는 오伍에서 시작한다. 오는 5인으로 이루어진 조組이다. 그것은 본디 줄지어 있는 가옥에서 조를 구성한 것을 말했다. 우선 성의 아래城下에서 사는 줄지어 있는 5가家를 1오로 정하였다. 이들끼리 친척과 마찬가지로 아침저녁 친하게 지낸다. 그러니 먼 곳에서 모습만 봐도 누군지 안다. 어두운 밤이라도 소리만 들으면 누군지 안다. 이것이 5인으로 조를 구성하는 오인조五人組의 기본 발상이다. 그런데 여러 곳에서 모여든 세력이라면, 더욱더 조 편성을 엄격하게 정해야 한다.

○ 인원을 편제하는 절차는 5인을 1오伍로 한다. 그 중 1인을 우두머리로 세운다. 【다만 인원수의 많고 적음에 따라서 3~4인을 1오伍로 하는 경우도 있을 수 있다. 또한 9명까지를 1오로 할 수도 있다. 소조두小組頭, 고쿠미가시라 백인두百人頭, 햐쿠닌가시라의 절차도 이것에 준해야 한다. 더욱이 모든 무사를 모두 기마騎馬로 할 수

---

1   아시카가 다카우지(足利尊氏, 1305~1358)는 일본 가마쿠라(鎌倉) 시대 말기, 남북조 시대의 무장으로 무로마치 막부의 초대 쇼군이다(재직, 1338~1358).

도 있다. 또한 우두머리만 세워서 기마로 하고, 4인의 졸卒을 보병步으로 하는 것도 있을 수 있다. 모두 대장이 마음을 먹은 대로 정할 수 있다】5오 25인을 소조小組로 삼는다. 우두머리 1인이 있는데, 이를 소조두小組頭라고 부른다. 이 소조를 4개 합하여 백인조百人組라고 한다. 우두머리 1인이 있는데, 이를 가리켜 백인두百人頭, 햐쿠닌가시라라고 부른다. 이 백인조百人組를 10개, 20개 모두 맡는 것을 번두番頭, 반가시라라고도 하고 시대장侍大將, 사무라이다이쇼라고도 한다. 번두반가시라, 시대장사무라이다이쇼을 모두 맡는 것은 대장大將, 다이쇼이다.

그런데 위와 같이 인원수를 구성해 놓고 접전을 펼친다면, 1오의 졸은 우두머리를 떠나는 일이 없어야 한다. 소조 25인의 인원은 소조두를 떠나는 일이 없어야 한다. 백인조의 인원은 백인두를 떠나는 일이 없어야 한다. 백인두는 번두, 시대장의 깃발과 마인馬印을 잃어버리지 않아야 한다. 그리고 종횡縱橫으로 진퇴進退를 정돈해야 한다. 각 우두머리 몫으로 배정된 사람의 위험을 그냥 보고 넘기는 것은 엄한 벌을 받는 죄가 된다. 이에 대해서는 군법軍法의 권卷에 나온다.

그런데 적국을 손에 넣고 점차로 전진을 할 때는 적국의 인원도 아군의 군병軍兵으로 이용하는 경우가 있다. 그럴 때는 우리 인원수를 적국의 인원수와 반반씩 조합組合해야 한다. 그 전법은 적국의 인원수를 100인씩 나누고, 백인두에게 넘겨야 한다. 백인두는 이것을 받아서, 그 인원수를 넷으로 나누어 25인씩 수하手下의 소조두에게 넘기게 된다. 소조두는 이를 받아서 자기 수하의 5오를 10오로 만들거나, 또는 1오를 10인으로 고치거나 하게 되면, 인원을 조합시키는 시간이 빨리 끝나게 된다.

어떻든 인원 편제는 군軍의 크고도 중요한 근본이라는 점을 마음에 새겨야 한다. 또한 근래의 풍습을 보면 모든 군사軍士가 각각 자기가 생각하는 대로 장식한 깃발指小旗을 이용하고 있다. 과연 모든 장식물은 그 행렬을 멋지게 하여, 장관壯觀을 연출하는 듯하다. 그렇지만 그 보물寶은 좋지 않은 것이다. 그 이유는 첫째는 바람이 크게 불면 어려움難儀이 생긴다. 두 번째는 비를 맞게 되면 무거워진다. 셋째는 너무 많은 깃발이 무성하게 펄럭여서 활동에 지장을 초래한다.

만일 그러한 장애가 발생하게 된다면, 장식 깃발을 사용하지 않고, 모든 군사는 투구 상징물冑印, 삿갓 상징물笠印, 소매 상징물袖印 등으로 모든 상징물을 정해야 한다. 다만 배신倍臣[2]은 총인總印은 직참直參과 똑같이 하되, 별도로 어느 곳何所이라고 총인總印을 붙여야 한다. 이것은 또한 대장의 마음에 맡겨서 정해야 한다.

그리고 1오伍의 우두머리는 어깨에 견인肩印을 붙여야 한다. 상징물印을 정하는 것은 각각의 마음에 맡겨야 한다. 4인의 인원이 위의 견인을 눈여겨보며目當 우두머리를 도와 일해야 한다. 소조두는 총인惣印 외에 어떤 것이든 마음대로 별인別印을 붙일 수 있다. 25인의 인원은 별인別印을 눈여겨보며目當 소조두를 도와 일해야 한다. 백인두는 갑옷의 털 색깔을 가지고 상징물印을 정하고, 그 위에 본대장本大將의 부대 깃발 2개를 세워야 한다. 번두, 시대장은 화살을 막는 호로母衣[3]를 착용한다. 그리고 본대장本大將의 부대 깃발 5개를 열을 지어 세운다. 그 밖에 각 가문家紋을 붙인 작은 깃발 2개를 마인馬印으로 이용해야 한다. 【반가시라番頭 이상은 자기 가문家紋을 붙인 깃발을 이용하더라도, 깃발의 위쪽에 본국本國을 적어야 한다. 본국을 적는다고 하는 것은 예를 들면 센다이仙台는 선仙 자를 적고, 사쓰마薩摩는 살薩 자를 적는

---

2 원문은 倍로 적혀 있으나, 의미상으로는 陪가 옳다고 생각한다.
3 호로(母衣, ほろ)는 옛날 갑옷 뒤에 덮어 씌워서 화살을 막던 포대와 같은 천을 말한다.

것을 말한다】 본대장은 가문 대대로 전해온 유서 있는 깃발도 이용한다. 또한 부대의 깃발 10개도 이용한다. 그리고 가문家紋을 붙인 깃발 10개도 이용할 수 있다.

위와 같이 인원 편제를 정해 두면, 갑자기 인원수를 나누더라도, 번두반가시라 1인에게 명령을 하면 된다. 그가 맡은 100인을 몇 개 조가 되더라도 그 번두반가시라에게 붙이게 된다. 300인, 500인을 나누더라도, 번두반가시라 1인에게 명령을 내리면 일이 모두 처리된다. 또한 100인, 200인을 나눌 때는 백인두햐쿠닌가시라 1~2인에게 명하면 일이 끝나게 된다. 소조를 나누는 것도 또한 그러하다.

○ 위와 같이 인원수를 정해 두고 적과 접전을 펼치게 된다면, 1오伍의 우두머리는 4인의 선두眞先가 되어서 적과 맞서야 한다. 소조두고쿠미가시라는 25인의 앞쪽으로 달려들고, 백인두햐쿠닌가시라는 100인의 앞쪽으로 내던져야 한다. 번두반가시라, 시대장사무라이다이쇼 또한 그러하다.

○ 위와 같이 번두반가시라는 백인두햐쿠닌가시라, 소조두고쿠미가시라 등의 앞을 내던지는 것이 정해진 전법이 되겠지만, 발 디딜 곳이 나쁜 곳인지를 살펴야 한다. 결코 승리하기 어렵다는 것을 간파했을 때는 함부로 저돌적인 선제 공격을 하는 일이 없어야 한다. 공격하는 것도 물러서는 것도 적합한 시기가 있는 법이다.

○ 배신陪臣은 그 주인에게 붙여서 따라다니게 해야 한다. 물론 배신도 주인과 나란히 일하는 것이다. 다만 위에서도 말했듯이, 대체적으로는 직참職參과 똑같이 하되, 별도로 배신의 상징물倍臣印이 있어야 한다.

○ 가신家中 40~50인 이상을 소지한 사람은 일찍부터 선발해 놓아야 한다. 이것을 요리아이구미寄合組라고 이름을 붙인다. 5인, 7인을 모아서

寄合 1개 수비대를 세우게 하여, 배신陪臣의 일을 맡게 해야 한다. 다만 인원 편제는 위에 언급한 바 있는 전법에 준해야 한다. 더욱이 주인들이 마음먹은 대로 기마騎馬로 세우거나仕立, 비도구飛道具로 하는 식으로, 주인이 생각한 바에 맡겨야 한다. 물론 조합合組을 모두 맡은 우두머리를 1인 추가해야 한다. 이것을 요리아이가시라寄合頭라고 부른다.

다만 배신陪臣의 공功을 대장大將에게 아뢰고자言上 할 때는 주인 스스로가 아뢰는 일이 없어야 한다. 저쪽 가신家中의 공은 이곳에서 아뢰고, 이쪽 가신의 공은 저쪽에서 아뢰도록 해야 한다. ○ 위와 같이 인원 편제가 바르게 되었을 때는 인원수를 나누거나 합하는 데 품이 들지 않는다. 적의 불순분자가 들어올 수도 없다. 그리고 인원수 많은 사람이 도망가서 흩어지는落散 일도 시도하기가 어렵다. 대체로 군軍의 크고도 중요한 근본은 인원 편제에 있는 것이라고 말한다. 그러므로 반드시 갑작스럽게 하는 일이 없어야 한다. 그런데 인원 편제의 일을 이해하여 납득하고 나면, 인원을 통제하는 법을 알아야 하는 일이 남아 있다. 그 방법에 대해서는 아래에 적는다.

○ 인원수를 통제하는 법에 대해서 말하자면, 우선 군軍은 많은 사람을 자유자재로 사용하지 않으면 안 된다. 일본에서는 인원을 통제할 때, 채폐采幣, 군대 지휘자가 소지하는 지휘 도구의 하나-역자 주 또는 현성懸聲4으로 사용할 뿐이다. 채폐를 가지고서는 500~600의 작은 인원수일 때는 사용할 수 있지만, 그 이상의 인원수는 사용하기 어렵다. 하물며 만 명 이상 대군大軍에 이르러서는 채폐 한 개를 어떤 식으로 흔들더라도 구석구석까지 미

---

4 현성(懸聲)은 '고에 가카리'(聲掛, こえがかり)를 가리키는 것으로 보인다. '고에 가카리'는 신분이나 지위가 높은 사람으로부터 특별한 명령 등을 받거나, 그 명령을 받은 사람을 말한다.

칠 수 없게 된다. 그러므로 〈참고도〉와 같은 채
폐를 가지고 사용하는 것을 좋은 방법이라고 말
하기는 어렵다.

또한 현성으로 자세하게 말하고자^言 할 때는
무자^{武者}가 큰 소리를 지르게 될 수도 있다. 무자
가 큰 소리를 지르게 되더라도 수많은 사람이 소
리를 내게 되면, 소리가 울려 퍼져서 소란스럽게

〈참고도〉 채폐

된다. 어쩌면 수비도 하지 못하게 될 수 있다. 그래서 무자가 큰 소리를
지르는 것을 싫어하는 것이다.

우선 많은 인원수를 사용할 때는 의장기^旗와 깃발^旗, 그리고 쇠북^{金鼓}과
아울러 서로 다른 소리를 내는 악기^{鳴物}, 불어서 소리를 내는 악기^{吹物}를
제작해야 한다. 미리 조련^{操練} 할 때 이 깃발을 보면 저렇게 하라 하고,
이 소리를 들으면 어떻게 하라고 하는 것을 잘 이해시켜 두어야 한다.
전장^{戰場}에서 그 약속이 어긋나지 않도록 엄중하게 가르쳐야 한다. 이것
은 많은 인원을 통제하는 중요한 전법이 된다. 큰 줄거리를 알 수 있도
록 하기 위하여, 그 방법의 한두 가지를 아래에 적는다. 더욱이 군대에
서 장수가 된 사람은 여러 측면으로 궁리하고 생각하여 어떻게든 이에
관하여 정해 놓아야 한다. 다만 중요한 것은 약속이 어긋나지 않도록 하
는 데 있다.

○ 전투에 참가하는 인원의 진격 또는 퇴각을 알리는 것은 쇠북^{金鼓}과
악기^{鳴物}가 될 것이다. 인원을 나누거나 합치고 아울러 적의 유무^{有無}에
관한 정보를 알리려면 깃발을 이용해야 한다. 우선 하타모토^{旗本}에게 다
섯 색깔의 깃발을 준비하게 한다. 정찰^{척후} 쪽에서 동쪽에 적이 있다고

보고가 들어오면, 종을 울려서 사람들을 멈춰 서게 한다. 청색에 동東 자를 적은 깃발을 걸어서 올려야 한다. 그럴 때 여러 사람이 총을 1발씩 발사하여, '명령을 이해했다'는 뜻을 대장에게 알리도록 해야 한다. 적赤, 백白, 흑黑 역시 같은 방식으로 한다. 【청靑은 동쪽, 적赤은 남쪽, 백白은 서쪽, 흑黑은 북쪽】 여러 사람이 이 깃발을 보고 적이 있는 쪽을 알 수 있게 된다. 또한 '진격하라'고 하는 신호로는 청색 깃발을 동쪽으로 향해서 흔들면서 큰북大鼓을 쳐야 한다. 그럴 때 동쪽 부대의 사람들은 모두 진격하게 된다. 사방이 모두 같은 방식이다.

○ 청색 깃발과 적색 깃발 2개를 세우면, 동남쪽에 적이 있다는 것을 알 수 있다. 삼방三方 사방四方이 같은 방식이다.

위는 깃발旌旗, 쇠북金鼓, 서로 다른 소리를 내는 악기鳴物, 불어서 소리를 내는 악기吹物 등을 써서 전투에 참여하는 인원을 통제하는 큰 줄거리이다. 더욱 궁리를 거듭하여 어떻게든 정해야 한다. 어찌 되었든지 인원을 통제하는 요령은 전법을 세우고 조련操練을 하는 데 있다. 전법 또한 조련을 통해서 중요한 것을 알 수 있는 것이다.

제8권
행군押戰, 진영 설치陣取,
수비대 설립備立와 숙영宿陣, 야영野陣

행군押前은 전투에 참여하는 인원을 한데 모아서 밀고 나가는 도중道中을 말한다. 위에 제시한 행군과 진영 및 수비대 설치, 이 3가지는 커다란 차이가 있지는 않다. 밀고 나가는 인원을 중지시키면 수비대가 되며, 수비대를 넓게 펼치면 진陣이 된다. 본디 진陣과 비備가 2개의 별건이 아니다. 다른 나라에서 '진과 영이 같은 법陣營同法'이라고 말하는 것도 기본적으로 이런 의미이다. 일본에서는 진영 설치陣取와 수비대 설치備立가 따로 전해오고 있기에, 일이 많아지고 번잡스럽게 되는 것이다.

또한 진장陣場의 공사普請는 유격대遊軍가 역할을 겸하는 것으로 정해 놓는다. 공사할 때는 인원수를 나누어서 일을 시킨다. 그 밖에 그곳의 농민에 해당하는 하쿠쇼百姓, 그리고 무가 봉공인의 하나인 아라시코荒子[1] 등을 이용해야 한다. 손이 매우 가볍고 빠른 사람을 좋게 평가한다.

---

1   아라시코(荒子)는 일본 센고쿠(戰國) 시대 무가(武家) 봉공인(奉公人)의 하나이다. 아라시코를 嵐子로도 적는다.

○ 진격할押行 때는 백 리, 천 리【6정町이 1리里임】 거리가 되는 길이라 하더라도 물품을 갖추어서 나아가게 해야 한다. 이렇게 하면 따로 도구具足를 담은 궤짝을 운반할 사람을 부르지 않아도 된다. 다만 날씨가 더운 염천炎天일 때는 옷을 벗고 어깨에 메는 일도 있을 것이다.

덧붙이자면, 도구 궤짝具足櫃은 배접하여 감물을 먹인 종이澁紙를 여러 겹 발라서張拔[2] 만들어야 한다. 그렇게 만들면 내던져도 손상을 입지 않는다. 또한 물을 빨아들이는 도구로도 사용할 수 있게 된다.

○ 전투에 참가할 인원을 내보낼押出 때는 사방의 매복伏을 잘 찾아내고 나서 보내야 한다. 갑작스럽게 하는 일이 없도록 해야 한다.

○ 행군은 2줄, 3줄로 나아가는 것이다. 도로가 좁을 때는 1줄로도 가게 된다. 다만 1개 수비대마다 가운데 공간을 비워 두어야 한다. 오늘날 일본의 도로를 보면 대부분 왼쪽과 오른쪽이 논밭으로 끊어져 있다. 닛코日光의 도로 외에는 동해도東海道, 도카이도라 하더라도, 충분히 잘 다듬어진 도로라고는 말하기 어렵다. 하물며 그 나머지는, 특히 서쪽 지역西國과 규슈九州의 도로는 몹시 좁게 만들어져 있다. 도로가 갖추어야 할 본래 의미를 크게 상실한 것으로 볼 수도 있다. 이를 잘 생각해 보아야 한다.

○ 진격하는 도중에 대소변大小便을 보거나, 짚신 등을 바꿔 신을 때는 이렇게 해야 한다. 보통의 병사平士는 그 대열의 우두머리首立에게 양해를 구해야 한다. 우두머리 이상은 가까이 있는 보통의 병사에게 알리고 나서, 자기 행렬에서 벗어나서 일을 처리해야 한다. 그런 다음에는 본래

---

2 하리누키(張拔)는 틀에 종이를 여러 겹 붙여서 말린 뒤, 그 틀을 빼내어 만든 물건을 말한다.

행렬로 뛰어와야 한다. 다만 3정町 되는 거리까지 뛰어오지 않으면 처벌한다.

○ 진격할 때 걸어가는 거리路程는 하루에 40~60리큰길은 70~90리가 되어야 한다.【이것 또한 작은 길小道임】 반드시 이긴다는 판단이 서면, 100리도 150리도 진격한다. 진격하는 도중에는 선두와 후미를 자주 확인해야 한다.

○ 누군가 이르기를, 7개 수비대가 있는 인원수라면, 앞쪽과 좌우, 하타모토旗本, 운송小荷駄, 유격대遊軍, 후방 수비대後備로 진격한다고 한다. 유격대는 전방과 후방에 2개 부대가 있어야 한다고 말한다. 그렇지만 인원수가 모자라게 될 때는, 전방 유격대는 하타모토가 겸하게 해야 한다. 그리고 전방, 좌우, 후방은 각각 배당된 몫을 미리 정해 두어야 한다. 배당된 몫이란 좌측 수비대는 좌측의 적에 대처하며, 우측 수비대는 우측의 적에 대처하게 하는 방식이다. 이와 같이 미리 정해 두면 갑자기 적과 마주치더라도 낭패를 당하지 않게 된다.

○ 진陣을 설치할 때는 하타모토旗本의 진영을 중앙에 두고 목표를 잡아야 한다. 그런 다음에 전방 수비대前備는 앞쪽, 좌측 수비대左備는 왼쪽에 설치한다면, 갈팡질팡하는 일은 생기지 않는다.

○ (말에 실어 운반하는) 운송小荷駄에 관한 것은 다음 권卷에 나오는 운송小荷駄의 조條에 서술할 것이다. 어떻든 수송 부대를 맨 뒤쪽에 두는 일은 없도록 해야 한다. 중앙에 위치하는 군대中軍에 그것을 배치해야 한다.

○ 좁은 길, 어려운 곳 등은 매복할 만한 곳伏을 잘 찾아내야 한다. 그런 다음에 재빠르게 밀고 지나가야 한다. 지체하는 일이 없어야 한다.

○ 큰 하천으로 몰려갔을 때, 다리橋가 없으면 그곳에 있는 집을 헐거

나, 또는 대나무를 잘라 뗏목을 엮어서 건너야 한다. 그런데 뗏목을 엮을 때는 물의 가운데水中 상류에서 엮기 시작하여, 하천 아래로 엮어 내려가야 한다. ○ 흐름이 완만한 물은 곧장 다리가 되도록 엮을 수 있다. 엮는 방법으로 가장 먼저 해야 할 것은 그 물의 폭을 계산하는 일이다. 계산하는 방법은 거리 측량畊畎 전문가들이 사용하는 평정법平町法을 써야 한다.

또한 어림잡아 계산하는 방법이 있다. 예를 들어 물가에 나무가 있으면 그 나무를 목표물로 잡는다. 나무가 없으면 특별히 기둥을 세워야 한다. 그것을 보면서 건너편 언덕으로 목표를 정하여 언덕 옆 하천 아래로 내려간다. 건너편 언덕의 목표 지점과 이쪽에서 목표로 하는 나무와 같은 위치가 되었을 때 발걸음을 멈춘다. 그런 다음에 이쪽 목표 지점의 나무까지 거리를 계산한다면, 대체로 하천의 폭과 비슷해진다고 한다. 그 길이를 기준으로 삼아 뗏목을 엮어서 만들어야 한다.

또한 수영水練이 능숙한 사람이 있다면, 4~6인에게 촘촘한 그물細綱을 붙들고서 건너편 언덕으로 건너가게 한다. 그쪽으로 다 건너가게 되면 촘촘한 그물의 뒤에 큰 그물大綱을 붙여서 건너편으로 끌고 가게 한다. 끝자락을 잘 묶어서 고정시킨 뒤, 수영을 할 줄 모르는 사람들을 큰 그물로 함께 묶어 건널 수 있게 한다.

○ 또한 그물도 끌어당기기 어려울 정도로 큰 강이나 하천을 건널 때는 통桶을 이용하는 방법이 있다. 먼저 큰 것 작은 것 가리지 않고 통을 많이 모은다. 그런 다음 그것을 큰 나무와 큰 판자 등과 연결하여 묶는다. 이렇게 하면 많은 사람이 판자에 붙어서 건널 수가 있다. 이것을 통선桶船이라고 부른다. 〈그림 8-1〉과 같이 만들 수 있다. ○ 통을 순서에

맞추어 건너편 언덕까지 띄운다. 그 위에 큰 나무를 얹어서 건너게 하여, 그 위를 건너는 방법이 있다. 이것을 통교桶橋라고 부른다. 이것 또한 〈그림 8-2〉와 같이 만들 수 있다. 급류가 흐를 때 물 위에서 통을 연결하는 방법이 있는데, 이것도 그림을 보면 알 수가 있을 것이다.

○ 말馬은 떼배筏船, 통을 묶어 만든 다리桶橋 등에 붙여서 끌고 수영을 하게 해야 한다. 어떻게 해서라도 마음먹고 재빠르게 건너서 끝마쳐야 한다. 반드시 지체되는 일이 없도록 해야 한다. 건너간 곳으로 적군이

〈통선(桶船) 그림〉

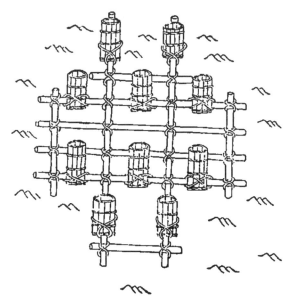

통(桶)의 숫자는 많을수록 좋다.
건널 때는 상앗대(棹) 또는
노(榜)를 이용한다.

〈그림 8-1〉

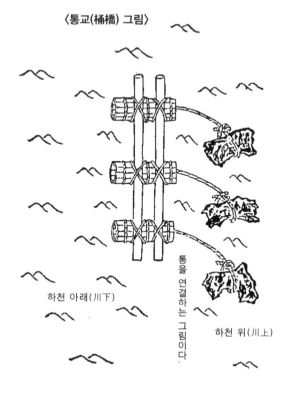

〈통교(桶橋) 그림〉

하천 아래(川下)

통을 연결하는 그림이다.

하천 위(川上)

〈그림 8-2〉

다가오게 되면, 낭패를 보고 크게 패하게 될 수도 있기 때문이다.

통을 묶어 만든 배桶船, 오케부네와 통을 묶어 만든 다리桶橋, 오케하시 그림은 위와 같다.

위는 행군押前 할 때 알아두어야 할 큰 줄거리이다. 아래에서는 진영 설치陣取 때 매우 필요한 전법에 대하여 적는다.

○ 진陣을 설치할 때는 '진과 진 사이에 진을 수용한다陣間容陣'고 하는 말이 있다. 이것은 수비대와 수비대 사이에 1개 수비대에 해당하는 공간을 비워 놓는 것을 뜻한다. 물론 '부대와 부대 사이에 부대를 수용한

다隊間容隊'든가, '사람과 사람 사이에 사람을 수용한다人間容人'는 말도 위의 것으로 미루어서 알 수 있을 것이다. 이처럼 간격을 두지 않게 되면, 접전을 펼쳤을 때 더 이상 나갈 수 없게 막혀서 전투를 전개하기가 어렵게 되기 때문이라고 한다. 빽빽하게 서로 이어져 있게 하는 일이 반드시 없어야 한다.

○ 옛날부터 진陣에는 여러 가지 형태가 있었다. 그러므로 이해利害와 득실得失을 따져볼 수는 있겠으나, 멋대로 어느 한 가지만 집착하는 일이 없어야 한다. 다만 운송小荷駄을 중앙에 두게 하여 적의 공격을 당하지 않도록 신경을 써야 한다.

○ 진陣에는 전투戰를 주로 맡는 것이 있는가 하면, 수비守를 주로 맡는 것이 있다. 그러므로 그때그때 형편에 따라야 한다.

○ 진과 진마다 기습 공격奇과 정면 공격正을 마음에 새겨두고 이를 망각하지 않아야 한다. 서로가 일하는 사람仕手, 옆에서 도와주는 사람脇이 되어서 각자가 맡은 일을 하는 것이 가장 최선이라고 생각해야 한다. 어떻게 되든 상대와 겨뤄서 접전을 펼치는 것을 정正으로 하고, 측면에서 쳐들어가는 것을 기奇라고 말한다. 기와 정의 근본적인 의미는 사방四方과 정면正面을 끝없이 둘러싸겠다는 마음가짐에 있다. 자세한 것은 전법戰法의 권巻에서 말하는 바와 같다.

○ 병력이 많을 때는 1, 2, 3의 선봉先手, 1, 2의 좌우 수비대左右備, 전후 유격대遊軍, 좌우 후방 수비대後備 등을 차례차례 구성해야 한다.

○ 병력의 규모가 큰 수비대라고 한다면, 1개 수비대마다 기奇와 정正을 마련하는 것도 가능하다. 먼저 숙영宿陣이란 역장驛場에 진陣을 치는 것을 말한다. 그때의 전법을 보면 우선 숙영할 역驛의 작은 구역小口에서 2

정町 정도 앞쪽으로 출장 수비대를 설치하여 단단히 대비해야 한다. 다음으로 숙영지의 양쪽 뒷면을 끝까지 살펴보고 확인한다. 그런 뒤 사방으로 정찰척후을 많이 배치해야 한다.

그런데 전군惣軍의 맨 뒤쪽에도 1개 수비대를 세워서 철저하게 지켜야 한다. 위와 같이 끝까지 단단하게 대비한 뒤에, 상황을 혼란스럽지 않게 하면서 1개 수비대씩 숙영지로 들어가게 한다. 전군이 숙영지 진입을 완료한 뒤에는 하타모토旗本가 지시下知를 내려서, 전방과 후방을 단단히 지킨 수비대도 숙영지로 들어가게 해야 한다. 그런데 출장 수비대出張備가 숙영지로 진입한 뒤에도, 사방의 정찰척후과 야간 경비夜番 등은 게으름을 피우는 일이 없어야 한다. 특별히 그와 같은 상황에서는 그것이 매우 중요한 역할이 된다. 그러므로 신중해야 한다. 만일 게으름을 피우는 사람은 그 자리에서 죄를 물어 죽인다.

○ 숙영지에서 사람을 내보내고자 할 때에도 후방을 단단히 지키고 나서 내보내야 한다.

○ 한 곳에서 오래 숙영을 하게 된다면, 전후와 좌우에 출장 수비대를 마련해 두어야 한다. 더욱이 정찰척후과 야간 경비 등을 게을리 하지 말아야 한다. 신중해야 한다.

○ 야영野陣은 숙영의 제작 방법과 조금 다르다. 그렇지만 행렬이 혼란스럽지 않게 차례차례 하도록 마음에 새겨 두어야 하는 점은 똑같다. 다만 야간에 진陣을 치게 되더라도, 모든 구조물에 목책柵과 대나무 울타리虎落가 있어야 한다. 장기간 주둔하는 진長陣이라고 한다면, 마방馬防의 굴을 파고 그 위에 흙담土居을 지어야 한다.

○ 진영의 문陣門은 진영의 수와 인원수가 많은지 적은지에 따라야 한

다. 다만 대장의 업무라고 말하더라도, 상징물印이 없는 사람은 출입을 금지해야 한다. 물론 밤중의 출입은 더욱더 금해야 한다. 때로는 어떤 사람이 와서 들어올 때마다 일을 부탁할 수도 있다. 때로는 적군 쪽에서 내통하여 마음이 바뀐 사람 등이 와서 윗사람에게 아뢰고 싶다는 뜻을 표시할 수도 있다. 설령 그러더라도 그 사람을 들여보내는 일이 없어야 한다. 문밖으로 자리를 옮기게 하고, 주장主將에게 여쭙고 나서 지시를下知 기다려 처리해야 한다.

○ 숙영과 야영 모두 소조小組는 1개 조씩 동숙同宿을 해야 한다. 또한 배졸陪卒이 있는 인원 편제가 된다면, 1오伍 5인이 한곳에서 같이 잠을 자게 될 것이다. 배졸은 수에 구애받음이 없이, 각각의 주인에게 붙어 있게 된다.

○ 진중陣中에 있는 작은 길小路은 너비를 7~8칸보다 좁게 만들지 말라. 물론 단락 단락마다 번소番所를 두고 검문을誰何3 해야 한다. 더욱이 상징물印을 소지하지 않은 사람은 야간 통행을 금지한다.

○ 뒷간厠은 장기간 주둔하는 진長陣이라면, 임시 건물의 그늘진 곳에 설치한다. 평평하고 고른 땅이라면 나지막하게 덧문葬을 만들어야 한다. 그늘진 곳에 야트막하게 길게 도랑長溝을 파 놓고, 그곳에서 대소변을 편하게 볼 수 있게 해야 한다. 하루 이틀 야영野陣을 하는 상황이라 도랑을 파서 만든 뒷간溝厠도 마련해놓지 않았을 수도 있다. 이럴 때는 사람들이 대변을 눌 때마다 자기가 작은 구멍을 파서 대변을 보고, 그런 다음에 흙을 덮어 두어야 한다. 이것을 엄격하게 해야 한다. 제멋대로 똥을 누

---

3 수하(誰何 도가메)란 아군끼리 미리 약속한 암호를 확인하는 것을 말한다.

는 사람은 채찍으로 볼기를 치는 태형笞刑에 처해야 한다.

○ 진중陣中에서 땔감 구하는 사람樵, 물 긷는 사람水汲, 야채 뜯는 사람野菜取 등은 서로 같이 얘기를 하고 나서 나가야 한다. 예를 들면 배졸 없이 25인이 한곳에서 같이 잠을 자게 된다면, 1오伍에서 1인씩, 5오에서 5인을 내보내야 한다. 1인은 물 긷는 사람水汲, 1인은 야채 뜯는 사람野菜取, 3인은 땔감 구하는 사람薪取이 될 것이다. 배졸이 있는 인원 편제라고 한다면, 1오 5인의 주인主人과 배졸 1인씩을 내보내야 한다. 전법은 위와 같다. 다만 자신이 나간다고 하든, 배졸을 내보내든, 모두가 번두番頭가시라의 도장을 찍은 증명서를 가지고 통행을 해야 한다. 위의 통행 증명서는 진에 머무르는 동안은在陣中 1오에 1매씩 전달해 둔다. 다만 분실한 사람은 볼기를 쳐야 한다笞. 그리고 나무꾼, 물 긷는 사람水汲 등은 반시半時 즉 지금의 1시간을 한도로 해야 한다. 지체되어 돌아온 사람에 대해서는 역시 볼기를 쳐야 한다.

○ 임시 건물은 9자 길이의 마룻대棟로 지어야 한다. 임시 건물의 배치는 1인당 2자에서 4자로 잡고 계산하게 된다. 태평할 때 세상 사람들이 생각하기로는 좁은 듯이 여겨질 것이다. 그렇지만 진중陣中에서는 침구臥具라고 할 만한 물건도 없다는 사정을 생각하면, 사람이 많은 만큼 2자의 비율로도 충분하다. 5오伍 25인이라면, 7칸을 배정해 주어야 한다. 이 중에서 밥 짓는飯炊 일도 하게 된다. 말馬은 1필에 3자 기준으로 계산하여 5칸의 비율이 되어야 한다. 다만 정하고 나서 시작하는 것이다.

○ 긴급히 야영을 하게 될 때는 배접하여 감물을 먹인 종이澁紙라든가, 뜸苫[4] 또는 돗자리, 멍석 같은 종류를 깔아서 비와 이슬을 피해야 한다. 그것의 형태를 보면 대나무를 가지고 ┌┐과 같이 도리이鳥居 형태를 세

운다. 위에 물품을 걸치고, 양쪽 끝을 좌우에서 당겨서, 땅 끝에 고정해 놓으면 ⚟과 같이 된다. 이 방법을 편리하게 여긴다. 다만 배접하여 감물을 먹인 종이澁紙는 갑자기 제작하기가 어려운 물건이다. 그러므로 태평한 날에 차츰차츰 제작하여 쌓아두어야 한다. 지금도 고풍古風을 잃지 않은 국사國士 중에는 해마다 배접하여 감물을 먹인 종이를 만드는 사람도 있다. 이것은 좋은 일이라고 말해야 할 것이다.

○ 야영을 설치하는 것에 대하여 학습해 둔 것이 있어 아래에 적는다. 더 궁리해야 한다.

○ 야영을 설치할 때에는 그 장소가 산인지 아니면 물이 있는 곳인지에 따라 달라진다. 특히 수초水草의 편의가 좋은 곳을 찾아내는覓立 것이 첫 번째로 해야 할 일이다.

○ 조금 높은 구릉의 사방에서 접근하기 좋은 장소에는 진을 치는 일이 없어야 한다. 그런 곳은 사면에서 적의 침입을 받게 될 우려가 있다.

○ 적이 흐르는 물을 따라서 진陣을 쳤을 때, 아군이 그 하류에 진을 치는 일이 없어야 한다. 설령 진을 쳤다 하더라도 그 물을 마시지 말아야 한다. 적의 더러운 물穢汁을 받게 될 뿐만 아니라, 적이 독을 흘려보낼 염려가 있기 때문이라고 한다.

○ 갈대와 억새葦蘆가 많은 강가에 진을 치는 일이 없어야 한다. 적이 불을 지를 염려가 있다.

○ 강가의 모래밭에 진을 치는 일이 없어야 한다. 홍수가 발생할 염려가 있다.

---

4 뜸(苫 도마)이란 짚, 띠, 부들 따위로 거적처럼 엮어 만든 물건을 가리킨다. 비, 바람, 볕을 막는 데 쓴다.

○ 계곡의 안쪽은 말할 것도 없고, 계곡 입구에도 진을 치는 일이 없어야 한다. 적군이 물의 흐름을 막는 공격이나 물을 흘려보내는 공격을 해올 염려가 있다.

○ 지대가 낮고 습한 땅에 진을 치는 일이 없어야 한다. 군사軍士가 습기를 지나치게 많이 받게 되거나, 부스럼腫 또는 각기병脚氣病 같은 것을 일으킨다.

○ 분묘墳墓가 있는 땅, 또는 꺼림칙한 지명이 붙은 곳에 진을 치는 일이 없어야 한다. 나쁜 기운을 느끼거나, 또는 나쁜 소문이나 평판을 느끼게 된다.

○ 지형에 따라서는 바람이 불어 닥치는 곳이 있다. 그러므로 잘 살펴보아야 한다. 이러한 곳에 진을 치는 일이 없어야 한다.

○ 대체로 진영을 설치하여 보급품을 지급할 때는 밥 짓는 도구와 침구 등은 각자의 이름표를 써 붙여서 관리해야 한다. 그것을 임시 건물에 내버려 두고 각자가 알아서 다루게 하는 일이 없어야 한다. 운송小荷馱 일을 맡은 사람들이 돌아다니며 그것을 모두 가져가 버리기 때문이다. 이것을 정식으로 삼는다.

위는 진영 설치陣取와 장소 선택撰地 등에 관하여 큰 줄거리를 적은 것이다. 먼저 이러한 것들에 대하여 잘 이해한다면 진영 설치 때 모자람이 없게 된다. 이보다 더 자세한 것은 일본과 중국의 군서軍書에 진법陣法이 전해져 오는 것이 수없이 많으므로 그것을 배워서 최고 수준에 이르도록 해야 한다.

제9권

기계器械

부록 양미粮米

무릇 병기兵器가 많다. 특히 그에 관한 여러 제도와 규격寸尺이 비밀스럽게 전수되는 등 관습이 존재한다. 다만 거기에 너무 강하게 집착하고 있는 것은 아닌지 생각해 보아야 한다. 첫 부분에서도 언급한 것처럼, 사물物에는 핵심에 해당하는 본本과 핵심에 해당하지 않은 말末이 있는 법이다.

대체로 병기의 본말에 대하여 말하자면, 큰 칼刀은 튼튼하게 만들어서 잘 잘리게 하는 것이 좋은 것이다. 창은 두껍게 해서 잘 뚫리게 하는 것이 좋은 것이다. 갑옷과 투구는 갑옷미늘을 좋게 만들어서 가벼운 것이 좋다. 말馬은 앞다리와 발톱이 튼튼한 것이 좋고, 사물을 보고 놀라지 않는 것이 좋다. 이것이 핵심에 해당하는 본本이다. 손잡이와 칼집을 만드는 것, 거기에 문양을 새겨 넣는 일, 손잡이를 깎은 모양, 창 자루의 물미石突를 시침질하는 것, 갑옷미늘을 다는 실縅毛, 소도구小道具를 사용하는 방법과 형태, 말 머리의 가마旋毛 등을 거론하는 것은 핵심에 해당하지 않는 말末이다.

세상의 모든 일이 모두 본本을 깊이 이해하고, 말末을 개략적으로 이해해야 한다. 그런데 옛날에는 있었으나, 지금은 없는 병기가 있다. 노弩와 각角 등이 그것이다. 또한 옛날에는 병기로 이용하였으나, 지금은 병기로 이용하지 않는 것도 있다. 갈퀴熊手, 큰 낫大鎌, 대봉大棒 같은 종류가 그것이다. 이런 것들은 모두 많이 쓰는 병기이므로, 뜻 있는 장수將帥가 적당한 때에 이것을 이용한다면, 이로움이 있을 것이다. 아래에 병기의 큰 줄거리를 적는다. 더 궁리하고 나서 제작을 해야 한다.

○ 칼끼은 튼튼한 것을 이용해야 한다. 그 칼을 누가 만들었는지에 집착하는 일이 없어야 한다. 다만 칼이 칼자루에서 빠지지 않도록 못질을 두 곳에 한다든가, 또는 손잡이를 단단한 나무로 만든 것이어야 한다. 자세한 것은 각개 전투一騎前 부분에 적었다.

○ 모치다치持太刀 혹은 노다치野太刀라고 부르는 것이 있다.[1] 이것 역시 각개 전투 부분에 나온다.

덧붙인다. 칼날이 하나인 것片끼을 도끼라 하고, 양날兩刃을 검劍이라고 부른다. 도검刀劍의 종류와 그것의 제작 방법은 나라마다 차이가 있다.

중국은 검이다. 제조 방법은 칼이나 창의 날과 등 사이의 조금 불룩한 부분을 두껍게 만든다. 그 길이가 1자 2~3치에서 6~7치까지다. 2자에 이르는 것도 조금 있다. 네덜란드와 유럽 여러 나라도 검이다. 제조 방법을 보면 칼이나 창의 날과 등 사이의 조금 불룩한 부분을 얇게 만들어서 찰랑찰랑 탄력이 있어 부러지지 않고 휘게 만든다. 그 길이는 대개 2자 남짓이다. 다만 찌르는 것을刺 주로 하고 자르는 것切을 하지 않는다.

---

1 모치다치(持太刀) 또는 노다치(野太刀)는 무사 본인이 차기 위한 큰 칼을 말한다. 자기가 들쳐 매거나 자신의 낭도(郞徒)에게 들게 한다.

그 칼끝 2치 정도에 독약毒藥을 발라 둔다.

보르네오국渤泥國은 칼刀이다. 그것을 제작하는 방법은 일본도日本刀 형태로 만든다. 다만 얇게 만든 톱날처럼 탄력이 있어 부러지지 않고 휘게 한다.

이처럼 여러 나라가 모두 오른손으로 칼이나 검을 쥔다. 왼손으로는 방패楯를 잡고, 한쪽 손으로 공격하는 방법이다. 그러므로 칼이든 검이든 방패든 가벼운 것을 중요하게 여긴다.

또한 내가 생각해 보았는데, 네덜란드 서적에 5대륙 여러 나라의 인물을 그림으로 그려 놓은 것이 나온다. 어떤 나라 사람이 날쌘 남자驍男라고 일컫는 풍속은 모두 도검刀劍과 작은 방패小楯를 몸에서 떨어지지 않게 지니는 모습에서 비롯

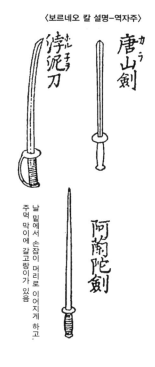

〈보르네오 칼 설명-역자주〉

날 밑에서 손잡이 머리로 이어지게 하고, 주먹 막이에 갈고랑이가 있음

〈그림 9-1〉

된 것이다. 이것은 일본吾國이 양쪽에 칼을 차는 관례와 똑같이 용기를 보여주는 풍습이기는 하다. 그렇지만 그 방패에 의지하려는 마음의 본바탕은 매우 유약하다. 일본식으로 목을 적에게 내놓고 쳐들어가는 용기를 어찌 당해낼 수 있겠는가.

○ 또 내가 생각해 보았는데, 검에 독毒을 바르거나 화살촉에 독을 바르는 것은, 모두 그 기술이 졸렬하여 한 번 쳐서 죽이고, 한 발 쏴서 관통할 수 없기에, 작은 상처를 입게 해서라도 그 독이 퍼져서 적이 아찔해지게 하려는 것이다. 일본처럼 단칼에 몸통을 자르고, 한 발을 쏘아서 꿰뚫을 수 있다면, 어찌 독에 의지하는 것을 하겠는가. 그런데 세상 사

람들이 버릇이 되어서 독화살毒矢이라고 들으면 몹시 놀라고 겁을 먹기 때문에 독을 사용하는 것이라는 점을 오히려 알지 못한다. 이를 두고 어리석다고 말해야 하지 않겠는가. 그리고 〈그림 9-1〉은 내가 직접 본 적이 있는 3가지 도검이다.

방패도 단지 얼굴을 방어하는 물건이다. 그것을 만든 방법을 보면 매우 가볍고 얇다. 그 형태는 둥그런 것, 긴 것, 네모난 것 등이 있다. 마음 내키는 형태대로 만들면 된다.

○ 활은 반궁半弓[2]을 좋은 것으로 친다. 더욱이 화살을 당기는 것도 강해진다. 각궁角弓[3]은 더욱 오묘하다. 다만 그것을 만드는 방법을 정밀하게 하지 않으면 탄력이 약해진다. 그것의 제조 방법은 무비지武備志에 상세하게 적혀 있다. 또한 궁가弓家에서도 아주 드물게 이것을 알고 있는 사람도 있다. 그러므로 찾아가서 물어보고 나서 만들어야 한다. 그리고 긴급할 때는 광대싸리,[4] 가막살나무,[5] 떡갈나무樫 등의 통나무丸木를 이용해야 한다.

○ 평소에 배워서 충분히 갖추어 놓고, 칠을 바른 활塗弓, 누리키과 화살촉根矢을 발사하는 수련修練을 해야 한다. 지금 활 쏘는 기술을 살펴보면 봉사奉射[6]의 궁법弓法을 익히고 나서, 백궁白弓으로 가벼운 화살을 이용하여 한쪽 어깨를 드러내고 발사한다. 그래서 쏘기가 매우 쉽다. 그런데 이것은 태평한 시기에 의례로 거행하는 활쏘기이다禮射. 그래서 무예武藝

2 반궁(半弓 한큐)은 앉아서 쏠 수 있는 작은 활을 말한다.
3 각궁(角弓 쓰노유미)은 물소뿔(水牛角, 黑角), 소뿔(牛角), 양뿔(羊角) 등으로 만든 활을 말한다.
4 광대싸리는 일본어로 '나마에노키(檜木)'라고 하는데, 닌징보쿠(人參木)의 옛말이다.
5 가막살나무는 중국명으로는 협미(莢蒾)인데, 일본어로는 '소조미'라고 부른다.
6 봉사(奉射)는 신사(神社) 앞에서 하는 활쏘기 행사, 즉 정월에 악마를 쫓고 풍년을 비는 뜻에서 하는 활쏘기를 말한다.

가 뛰어난 수준에 이르게 하려면, 먼저 그 시작이 되는 무용 군중武用軍中의 사술射術을 익혀야 한다. 그런 뒤에 높은 수준의 활쏘기를 익히는 것을 올바른 순서로 삼는다. 한쪽 어깨를 드러내는 발사 기술만 가지고 발사 연습을 했다가 갑자기 충분히 갖추어서具足 발사하는 상황에 놓이게 되면, 평소 잘 쏘던 고수라 하더라도 하수가 되고 말 것이다. 이것은 연습하지 않아서 그런 것이다. 사람들이 이 점을 잘 생각해야 한다.

덧붙인다. 센다이仙臺 국내에 (어묵 모양을 한) '가마보코' 활이라 불리는 것이 많다. 또한 '쥬만우치+萬打'라고도 불리는 것이 전해진다. (후지와라노) 히데히라秀衡[7]가 무비武備를 위해서 제작한 적이 있다고 한다.【가마보코는 그 생김새를 말한다. 쥬만우치+萬打는 지명에서 온 것이다. 다카다치高館[8]의 아래에 쥬만사카+萬坂라는 곳이 있는데, 이곳에서 활 제조 기술자를弓工 두고 10만 정挺을 만들었기에 '10만 궁弓'이라 부른다고 한다】그것을 만드는 방법을 보면 백궁白弓으로 하며, 겉면은 대나무로만 겹쳐서 대게 하고打合 안쪽은 대나무가 없다. 그런데 비나 이슬은 말할 것도 없고 물이 안쪽으로 스며들더라도 분리되거나 손상을 입는 일이 없다. 매우 중요한 보물로 삼아야 한다. 다만 그 재료가 튼튼하기 때문에 지금 세상에서도 폐기되지 않았다. 오로지 다시 일으켰으면 하는 활이다. ○ 내가 생각해 보았는데, 그 아교膠는 보통 아교가 아니라, 칠을 바른 것으로 보인다. 또 생각해 보았는데, 대나무를 겹쳐서 대는 곳에 옻나무 아래에서 칠을 긁으면서 약을 발라 두었다가 얻은 것을 붙이면 접착이 매우 강해진다. 혹시 이와 비슷한 것일

---

7   후지와라노 히데히라(藤原秀衡, 1122~1187)는 일본 헤이안(平安) 말기의 무장(武將)이다.
8   다카다치(高館)는 일본 이와테 현(岩手県 西磐井郡 平泉町)에 있었던 것으로 추정되는 고로모가와노다테(衣川館)의 별칭이다.

지도 모른다. 시험을 해보아야 한다.【약은 곧 밀가루이다.】

○ 화살 제작을 화살 만드는 일을 도맡아 하는 장인矢人에게만 맡겨 두는 일이 없어야 한다. 무릇 전장戰場에 나갈 정도가 되는 사람은 예쁘게 제작하는 것은 못하더라도, 화살대筈를 바로잡고 깃羽을 붙이는 일 같은 것은 사람들이 할 수 있게 대비하고 있어야 한다. 이것 또한 평소의 군사 행정에軍政 들어 있어야 한다.

덧붙인다. 긴급하게 화살을 만들 때는 어떤 대나무가 되었든 손질하여 바로잡아矯 활의 양 끝筈에서 6~7치 아래에 구멍을 뚫고, 그 구멍에 너비 1치, 길이 8치 정도 되는 종이를 끼워 넣고 활의 양 끝으로 다시 빼내 발사하면 깃털이 있는 것처럼 날아가게 된다.

○ 쇠뇌弩[9]는 매우 강하다. 게다가 언저리도 섬세한 물건이다. 그렇지만 지금은 모두 사라지고 말았다. 바라건대, 다시 일으켜서 총 대용으로 썼으면 한다. 화약을 아낄 수 있는 좋은 재료가 될 수 있다. 고대는 쓰쿠시筑紫, 나가토長門, 오쿠슈奧州 등 변방의 요지에 노사弩師라고 부르는 노조弩組의 무사武士를 둔 적이 있음을 여러 역사 기록에서 볼 수 있다. 이것도 함께 고려해야 한다.

○ 화살을 담아 놓는 화살통矢籠의 제조 방법도 각개 전투一騎前 부분에 있다.

○ 네덜란드 방식으로 큰 화살大矢을 발사하는 주궁样弓이 있다. 상세한 것은 첫 부분에 나온다. 이것 또한 만들어야 한다.

---

9 쇠뇌(弩 도)는 돌을 날리는 무기, 투석구이다. 돌 쇠뇌라고도 한다. 밧줄로 돌을 매달고 있다가 적의 머리 위에서 밧줄을 끊어 돌을 떨어뜨리는 장치를 말한다. 일본어로 '이시유미(石弓)'라고도 부른다.

○ 대포大筒에는 여러 가지가 있다. 이것 또한 첫 번째 권에 상세하다.

○ 나무 대포木筒, 연옥煉玉 등이 있다. 이것 또한 첫 번째 권에 나온다.

○ 봉화시棒火矢[10]가 있는데, 이것 또한 첫 번째 권에 상세하다.

○ 창鑓은 긴 것도 쓰고 짧은 것도 쓰게 되지만, 보통 사람은 짧은 것을 좋은 것으로 친다. 힘이 센 사람은 긴 것을 이용하면 장점이 많다. 다만 창날이 곧고 덧가지가 없는 '스야리'라 불리는 창徒鑓은 창끝穂이 3치가 되어야 한다.

○ 대태도大太刀라고 하는 것이 있다. 3자 안팎의 칼이다. 3~4자 크기의 손잡이를 붙여서 역사力士가 이를 소지하고 활용할 수 있게 해야 한다.

○ 대봉大棒은 앞과 끝을 쇠로 만들어서 붙여야 한다. 이것 또한 힘이 센 사람에게 알맞은 도구가 될 것이다.

○ 큰 갈고리大鳶嘴, 이것 또한 힘이 센 사람에게 알맞은 도구가 될 것이다.

○ 손잡이가 긴 낫鎌은 특별히 선군船軍에게 이로운 점이 많다.

○ 안장鞍에 관한 것은 말馬 조항에 나온다.

○ (마구의 하나인) 말다래障泥[11]에 관한 것은 각개 전투一騎前 부분에 나온다.

○ 방패에는 여러 종류의 제조 방법이 있다. 두꺼운 판자를 이용하여 만든 것도 있다. 또한 얇은 판자로 두께가 2치 정도 되는 평평한 상자를 마련하고, 그 속에 솜이나 볏짚 찧은 것 등을 집어넣은 것이 있다. 또한

---

10 봉화시(棒火矢 보비야)는 일본 에도(江戸) 시대의 화기(火器)이다. 옛날 활을 이용하지 않고, 화포(火砲)로 화약이 묻은 화살을 발사하여 적진을 불태우는 무기이다. 임진・정유왜란(일본에서는 '분로쿠(文祿)・게이쵸(慶長)의 역(役)'이라 부름) 때 조선 수군(朝鮮水軍)이 사용한 것에서 고안하였다고 한다.

11 말다래(障泥, 泥障 아오리)는 마구(馬具)의 하나이다. 등자와 말의 옆구리 사이에 늘어뜨린 가죽 흙받기를 말한다.

'마루토土魁藤'를 8~9근筋씩 대나무로 짠 자리簧처럼 엮어 짜서 2매를 합쳐 만든 것이 있다. 그리고 등나무 덩굴을藤蔓 위와 같이 엮어서 만든 것이 있다. 1치 5~6부 크기의 각목角木으로 자뢰를 만들어, 양면에 생生 소가 죽을 붙이고, 그 중간에 솜을 넣은 이불 같은 것을 내려서 덮어 두어야 한다. 이렇게 하면 방패의 최상품이 된다.

또한 대나무 등을 묶어 만든 방패仕寄楯, 각자 소지한 방패持楯가 크고 작은 것이 있다. 큰 방패는 높이 5자 남짓이며, 너비 6자 정도로 만들고, 다리에 수레를 붙여서, 많은 사람이 각자 소지하고 모인다. 작은 방패는 높이 3자 정도, 너비 1자 남짓으로 만들고, 안쪽에 손잡이를 붙인다. 사람마다 자기가 소지하고 다가가는 것도 있다. 다리 1개를 붙여서 땅에 치솟게 만든 것도 있다. 각자가 이용하는 장소가 있다. 잘 고려하여 이용해야 한다.

또한 중국과 네덜란드의 전법을 보면 등나무 줄기로 등패藤牌[12]라 부르는 것이 있다. 전법戰法의 권에 나온다. 또한 아시가루足輕에게 소지하게 할 때는, 방패 1개에 구멍을 뚫어 총을 관통시키게 만드는 것도 있다. (구스노키) 마사시게正成는 걸쇠懸金를 친 방패도 이용하였다. 또한 긴 방패에 가로목을 쳐서 사다리 대신으로 삼는 방패를 이용한 적도 있었다. 대체로 방패를 만들 때는 가볍게 하여야 한다. 화살과 석궁에 쓰는 돌이 빠져나가지 않게 만드는 것이 비법이라는 점을 알아야 한다.

○ 악기鳴物는 조가비貝, 큰 북大鼓, 종鐘 등으로 한정하지 않는다. 소리를 대신하는 물건이라면 무엇이든 이용해야 한다. 불어서 소리를 내는 악

---

12 등패(藤牌)는 본디 명나라 도검 무예의 기법이다. 중국 남방에서 유래한 등나무 줄기로 만든 방패를 말한다. 그것이 임진왜란 중 척계광의 『기효신서』를 통해 조선에 도입되면서 전해졌다.

기吹物에도 조가비, 뿔, 큰 소리를 내는 나팔大音喇叭, 길게 소리를 내는 나팔長聲喇叭 등 구별이 있다. 잘 궁리하여 제작해야 한다.

그 밖에도 공수攻守의 도구가 여러 가지가 있다. 다만 각 조항의 아래에 적고 여기에서는 적지 않는다. 대체로 병기兵器와 공수의 도구는 잘 궁리하여 얻어낸 묘안을 가지고 신규로 제작해야 한다. 대장의 마음속에 이것이 들어 있어야 한다. 그렇다고 하더라도 대장이 배움이 없다면 깨달아서 얻은 생각도 나오기 어렵다. 그러므로 일부러 일본과 중국의 통속적인 군담물軍談物로라도 잘 읽어야 한다. 그것이 도움이 될 것이다.

수송小荷駄, 부록 양미糧米

○ 수송小荷駄은 중국에서 치중輜重이라고 한다. 여기에는 3가지 등급이 있다. 수레에 싣는 것이 있고, 우마牛馬에 붙이는 것이 있으며, 사람이 등에 지는 것이 있다. 대체로 수송은 군軍의 근본이 되는 것이다. 중국의 전법을 보면 치중輜重은 군의 중앙에 두지, 전방이나 후방의 한쪽 끝에는 두지 않는다.

○ 일본 풍습처럼 수송할 물건을 한곳에 한꺼번에 둔다면, 그것은 본래 의미를 상실하는 것이 될 것이다. 그 이유는 뜻하지 않게 적에게 당하게 되었을 때는 수송할 짐을 빼앗길 수가 있기 때문이다. 이 점을 잘 생각해야 한다.

○ 수송할 짐은小荷駄 식량으로 쓸 쌀糧米, 취사 도구, 그 밖에 진영에서 쓸 물건陣用이 된다. 진영에서 사용할 물건은 되도록 줄여야 한다. 겨울이라면 한기寒氣를 막아주는 오동나무 기름桐油과 무명木綿으로 짠 옷胴服 한 벌을 이용해야 한다. 어떻든 그 전장에 임해서는 찬 기운이 강하더라도

돗자리茄와 볏짚藁 같은 것을 뒤집어써서 추위를 막게 된다. 더욱이 장기간 주둔하는 진長陣에서는 바람, 구름, 안개 같은 것이 발생하게 된다. 이러한 사정에 대해서도 깨달아서 알고 있어야 할 것이다.

○ 수송할 때는 평평한 곳에서 밀고 갈 때는 수레처럼 좋은 것이 없다. 다음으로는 소와 말을 이용한다. 긴급하게 험한 곳으로 진격하게 될 때는 등에 짊어지고 나르는 것이步荷 편리하다. 더욱이 운송할 짐의 무게를 견적하는 일積도 미리 정해 놓아야 한다. 등에 짊어지고 나를 때는 쌀은 1말 안팎, 잡다한 도구는 6관목貫目을 한도로 정해야 한다. 말을 이용할 때는 강한 것은 쌀 6말, 약한 것은 4말 정도로 잡는다. 잡다한 도구라면 20관목을 한도로 잡아야 한다. 소를 이용할 때도 말馬에 준하면 된다. 수레는 강한 말强馬이 끌 수 있는 4짐駄을 실었다고 할 때, 소는 1필匹, 사람은 4인이 수레를 밀고 가야 한다. 또한 1인이 먹는 식량은 1일 1되로 계산한다. 쌀 1말斗이면 10인이 하루에 먹는 양이 된다. 나머지에 대해서는 이런 식으로 추정을 해서 미리 파악하고 있어야 한다.

○ 식량으로 쓸 양미粮米는 병량의 관리와 지급을 맡은 병량봉행兵粮奉行이 해결 방안을 제시하여 여러 사람에게 나누어 주는 방식으로 한다. 그 방법에 대해서는 아래에 적는다.

○ 진영에서 사용할 짐은 각각 조組를 단위로 구분하여 모아놓고 상징물印을 붙여야 한다. 예를 들면 배졸이 없는 인원 편제라고 한다면, 5오伍 25인을 모아서 1개 조로 구성한다. 그런 뒤에 번두반가시라, 백인두햐쿠닌가시라, 소조두고쿠미가시라의 성명을 적어 기록한다. 아울러 각각 1개 조의 상징물을 붙여야 한다. 또한 배졸이 있는 인원 편제라고 한다면, 1오 5인을 모아서 1개 조로 구성한다. 그런 뒤에 세 우두머리三頭의 성명과 함께

각 조의 상징물을 붙여 놓아야 한다.

○ 행군坤前 때도, 진영陣所에 머물 때도, 수송할 짐小荷駄을 지킬 병사를 따로 정해 놓아야 한다. 이때의 인원수가 많고 적은 것은 그때그때 형편에 따라야 한다.

○ 자국自國을 멀리 떠나면 떠날수록, 모든 일이 자유스럽지 못하게 된다. 그렇기는 하지만 더욱더 수송할 짐을 소중하게 다루어서 적에게 빼앗기지 않도록 해야 한다. 여기까지는 수송할 짐의 관리와 통제에 관한 큰 줄거리이다. 아래에서는 식량糧에 대하여 서술한다.

○ 손자병법孫子에 인량어적因粮於敵[13]이라고 했다. 적국에 쳐들어가서는 그 적국의 곡물을 빼앗아 자기 군병軍兵의 식량으로 쓸 양미糧米로 충당하라는 것이다. 그렇다고 하더라도 함부로 폭력을 행사하여亂妨 민간의 물건을 빼앗으면 안 된다. 그 대신에 국주國主의 곡식穀과 비단帛 등을 저장해 둔 곳을 빼앗아야 한다. 그렇지만 짜임새 있게 적의 창고를 무난히 빼앗을 수 없는 상황이 되어서 양식이 부족했을 때는, 민간의 곡식을 빌리게 된다. 그때그때 형편에 따라서 폭력을 행사하지 않고 곡류만 취하는 일도 있을 것이다. 그럴 때는 위법을 감찰하는 메쓰케目附 등 관리役人를 붙여서 결코 곡류 이외의 다른 물건을 빼앗는 것을 금지해야 한다. 혹시라도 명령을 어기는 사람이 있으면 그 자리에서 목을 베어버려야 한다. 더욱이 장수의 지시下知 없이 다만 가져오는 것만 한 사람에 대해서는 폭력적인 탈취의 죄에 준하여 처벌해야 한다.

○ 적국에 쳐들어가고 나서 엄격하게 금지할 것은 군사軍士의 폭력적

---

13 『손자병법(孫子兵法)』 작전편(作戰篇)에 나오는 '인량우적(因粮于敵) 고군식가족(故軍食可足)'을 인용한 말인데, 이것은 "식량을 적한테서 빼앗으면 아군이 먹을 식량이 충분해진다"는 의미이다.

인 탈취亂妨 행위이다. 그런데 폭력적인 탈취를 엄격하게 금지하는 것은 근본적으로 이유가 있다. 전쟁에서 승리하여 적국을 손에 넣게 되면, 저쪽이 폭력을 행사하여 탈취한 곳도 우리 물건이 되겠지만, 처음 발생하는 폭력적인 탈취로 나라 안의 사람들이 원망을 품게 되면 그들이 아군을 신뢰하지 않고 복종하지도 않게 된다. 그래서 폭력적인 탈취를 금지하는 것이다.

그런데 곡류를 빌릴 때는 번두반가시라, 백인두하쿠닌가시라 등이 문서로 적은 것卷書이 있어야 한다. 만일 적국이 손에 들어오지 않았을 때는 (민간에서 빌렸던 것을) 솔직히 되돌려줄 수도 없다. 그렇기는 하지만 다시금 적국에 발을 들여놓기踏入 위함이라고 할까. 설령 발을 들여놓지 못하더라도 적국에 신뢰를 잃을 것을 걱정하는 사람은 되돌려줄 수도 있을 것이다. 지금 이것에 대하여 한 가지로 정해서 말하기는 어렵다.

또한 말끔하게 없애버리는 청야淸野의 전술이라고 하는 것이 있다. 성 아래城下의 곡식과 비단도, 민간의 곡식과 비단도, 모두 성안으로城內 가져오게 하는 것이 그것이다. 이것은 단 한 톨粒도 적에게 넘겨주지 않으려는 방식을 취하는 것이다. 그럴 때는 더욱더 자국에서 식량으로 쓸 양미糧米를 계속 공급받지 못한다면, 손에 넣은 적국을 자칫 놓치게 되는 수도 있다. 그래서 벼粟를 저축해 두는 것을 국주國主나 영주知行持 지교모치 등이 가장 염려하는 것임을 깨달아야 한다. 왕제王制에서도 '2~3년 비축을 하지 않은 나라는 그것은 나라가 아니다無二三年之蓄國 非其國'고 하는 말이 있다. 이 점도 잘 생각해 볼 일이다.

○ 대체로 진영 안에서陣中 밥을 지을 때는 가마솥釜은 편리하지 않다. 구리로 만든 냄비銅鍋가 좋다고 한다. 냄비는 테두리弦가 있어서, 어떤 물

건에도 결 수가 있다. 또한 다른 물건에 부딪혀도 쇠처럼 깨지거나 손상을 입지도 않기 때문에 구리 냄비를 이용하는 것이다.

○ 식량으로 쓸 양미糧米는 1인에게 1일 1되가 되어야 한다. 된장 5작勺,[14] 소금 1촬撮[15]로 잡고 계산을 해야 한다. 【된장을 이용하는 것은 상급 군역軍役이다. 대부분은 밥과 소금뿐이다.】

○ 식량으로 쓸 양미糧米를 전군惣軍에 주는 방법法을 살펴보면, 우선 병량봉행兵糧奉行이 있는 곳에 대나무 울타리虎落를 묶어서 비상구 두 곳에 붙인다. 한 곳은 입구, 나머지 한 곳은 출구로 정해야 한다. 더욱이 입구入口, 출구出口라고 쓴 커다란 표찰大札을 세워야 한다.

그런데 위에서 언급한 것처럼, 배졸이 없는 인원 편제라면, 5오 25인이 일제히一同 받아야 한다. 배졸이 있는 인원 편제라고 한다면, 1오 5인 배졸의 수를 헤아려서 일제히 받아야 한다. 장기간 주둔하는 진陣이라면, 35일 분도 일제히 지급하는 일이 있을 수 있다. 그런데 받을 때는 '번두반가시라 어느 부대의 아무개 몇 인분'이라고 적은 문서札를 가지고 와서 미곡과 바꾸어 가게 해야 한다.

○ 대군大軍일 때는 병량소兵糧所 한 곳으로는 부족하게 된다. 인원수의 많고 적음을 고려하여 세 곳, 다섯 곳, 열 곳도 있을 수 있다. 다만 한 곳에서 30인에게 지급한다고 기준을 잡고 하면 된다.【다만 하타모토旗本의 병량장兵糧場이 어느 수비대의 병량장이라고 하는 것을 정해 놓아야 한다. 그렇게 하지 않으면 2중으로 받는 일이 생기게 된다.】

---

14 작(勺, 샤쿠)은 홉(合)의 10분의 1에 해당한다.
15 촬(撮, 사이)은 작(勺)의 10분의 1에 해당한다. 그런데 이와 같은 척관법(尺貫法)이 일본에서는 메이지(明治) 이후 미터법과 함께 사용되다가, 1959년(昭和 34)에는 원칙적으로 척관척이 폐지되었다. 1966년(昭和 41) 이후는 미터법으로 통일되었다.

○ 쌀을 지급할 때는 대나무 울타리虎落 안에 배접하여 감물을 먹인 종이澁紙 혹은 자리席 등을 깔아놓는다. 그런 다음에 곡식을 풀어서, 숫자를 헤아린다算勘. 장부에 적는 일을 하는 사람을 2인씩, 되枡나 말斗로 계량하여 담아주는 말잡이枡取가 6인이 있어야 한다. 다만 1말짜리 되를 이용한다.

○ 땔감과 물은 각자가 준비한다. 그 방법에 대해서는 진영 설치陣取의 권卷에 적은 바와 같다.

○ 냄비鍋는 냄비만 별도의 짐으로 통을 만들어 차마車馬에 붙여 놓아야 한다. 냄비를 그려 넣은 작은 깃발을 달아야 한다. 진영 도착 이후 진중陣中의 작은 길을 따라 가지고 돌아다니면서 지급한다. 이것도 배졸이 없는 인원 편제라고 한다면 5오 25인에 2개를 지급하고, 배졸이 있는 인원 편제라면 1오 5인에게 2개를 지급한다.

○ 진격할 때와 접전을 펼칠 때는 사람들이 허리에 병량兵糧을 차야 한다. 조금 적게 잡아도朳場 밥 5홉을 휴대해야 한다.

○ 진영陣所에 도착하여 밥을 지으려고 할 때 갑자기 전투가 시작되어 군사가 모두 나아가야 할 상황이라면, 1개 부대組에 5인씩 남아서 급하게 밥을 지어 전장戰場으로 보내야 한다. 더욱이 대장이 배려를 하여 병량을 확보하도록 도움을 주어야 한다.

○ 진중陣中에서는 평소에도 하루분의 밥을 일제히 지어 놓는 것을 편리하게 여긴다. 겨울에는 이틀분도 지어 놓아야 한다. 밥이 차가울 때는 뜨거운 물 속에 집어넣어 먹으면 따뜻한 음식溫食이 된다. 볶은 된장燒味噌, 마른 된장乾味噌 등을 많이 먹으면 따로 된장국을 끓이지 않게 된다. 아무튼 의식주衣食住의 어려움은 태평한 날에도 즐거운 마음으로 시험해 보아

서 마음속에 새기고 있어야 한다.

○ 진중陣中의 밥 짓는 연기飯煙가 많고 적음이 평소와 다르게 피어오르는 것을 전법으로 삼아야 한다. 우에스기 (겐신)[16]과 다케다 (신겐)[17]의 가와나카지마川中島전투[18] 때, 다케다 가문武田家이 밤에 적군을 속여서 인원수를 교대하려고 준비하면서, 그날 석양에 일제히 밥을 지었다. 우에스기 가문上杉家이 다케다의 연기가 보통 때보다 많은 것을 보고, 다케다 가문이 인원수를 교대하는 준비가 있을 것임을 알아차리고, 그것을 차단하고자 이쪽에서 인원수를 교대하여 다케다를 크게 괴롭힌 일이 있었다. 병兵을 책임진 사람은 이러한 점을 마음에 새겨 두어야 한다.

양곡粮穀이 바닥났을 때 식량으로 이용할 물건들

○ 소금을 넣고 잘 삶아서 익히면 초목의 이파리 10종 가운데 9종은 먹을 수 있게 된다.

○ 모든 나무의 속껍질과 뿌리, 이것 또한 소금을 넣고 삶아서 익히면 먹을 수 있는 것이 많다.

○ 평소에 먹어보아서 기억하고 있는 채소류는 말할 것도 없고, 온갖 풀의 뿌리, 이파리와 줄기 모두 위와 같이 하여 먹을 수 있다.

---

16 우에스기 겐신(上杉謙信, 1530~1578).
17 다케다 신겐(武田信玄, 1521~1573).
18 가와나카지마(川中島) 전투란 일본 센고쿠(戰國) 시대에 가이(甲斐)의 다케다 신겐(武田信玄) 과 에치고(越後)의 나가오 가게도라(長尾景虎)—훗날의 우에스기 겐신(上杉謙信)이 신슈(信州, 지금의 長野市 川中島町)의 가와나카지마(川中島)에서 기타시나노(北信濃)의 영유(領有)를 둘 러싸고 여러 차례 펼친 전투의 총칭이다. 전투는 1553년(天文 22)부터 1564년(永祿 7)까지 장 기간에 걸쳐 전개되었다. 주요 대전(對戰)만 하더라도 다섯 차례나 있었다(1553년, 1555년(弘 治 1), 1557년, 1561년(永祿 4), 1564년). 이 가운데 가장 격렬했던 1561년 9월 10일의 전투만 을 가리키는 경우도 있다고 한다.

○ 새와 짐승, 물고기와 조개의 살코기를 잘 삶아서 씻으면 먹을 수 있다.

○ 볶아서 먹으면 쌀겨, 볏짚 같은 것도 모두 배고픔에서 벗어나게 해준다. 더욱이 보리껍질 등의 줄기도 볶아서 곱게 갈아 뜨거운 물에 넣고 개서 마실 수 있다.

○ 잘 삶아서 익히면, 가죽으로 만든 도구革道具를 먹을 수 있다고 한다.

○ (가토) 기요마사[19]의 가신家士은 (조선의) 울산蔚山 농성 때 식량이 바닥나서 하는 수 없게 되자 벽의 흙을 물에 넣고 개서 마신 적이 있다. 그때의 어려움이 얼마나 컸을지 짐작을 해볼 수 있다. 이처럼 숨이 곧 끊어질 듯하면서 여전히 버티고 있을 때는 적에게 항복하지 않겠다는 의기義氣의 일념을 보이는 것이다.

○ 극도의 배고픔에 이르게 될 때는 인육人肉을 먹는 일도 있을 것이다. 이것은 불인不仁이 그지없어 말로는 다 할 수 없는 행위이다. 그렇지만 당시 형세 때문에 피할 수 있을 만한 수단이 없거나, 일부러 투항하기도 어려운 처지에 놓일 수도 있다. 그렇다고 해서 자살이나 전사를 하더라도 그것이 개죽음이 될 것이 뻔하다는 판단이 설 수도 있다. 이러한 조건에서는 인육을 먹고서 하루라도 생명의 연장을 꾀하려 한다는 것을, 전투 상황에서는 각오해야 할 일이라고 미리 생각해두어야 한다.

그 밖에도 바다에 다시마混布, 톳鹿菜, 대황荒布, 미역和布, 바닷말海藻 등이 있다. 산에 석면石麵, 관음분觀音粉 등이 있다. 이것은 모두 먹고서 기아에서 벗어나게 하는 물건이다. 미리 찾아내서 구해야 한다.

---

19 가토 기요마사(加藤淸正, 1562~1611)

○ 굶주린 사람에게飢ㅅ 먹을 것을 줄 때는 우선 붉은 흙을赤土 물에 개서, 반 사발 정도를 마시게 한다. 그런 뒤에 음식을 주어야 한다. 또한 후박나무의 껍질을 삶아 한 사발 마시게 한 뒤에 음식을 주어야 한다. 이 두 가지 방법을 이용하지 않고 곧장 음식을 주게 되면, 갑자기 죽는 일이 생기게 된다고 한다.

제10권

지형地形과 성제城制

지형은 전투에 도움이 된다. 그러므로 상세하게 알고 있지 않으면 안된다. 명확하게 험난함과 평탄함險易, 순리와 역리順逆, 멀고 가까움遠近 등을 아는 것은 훌륭한 장수가 갖추어야 할 능력이다. 그런데 지형이 전투에 도움이 되기 때문에 비록 자기가 작은 세력이더라도 험난함을 잘 이용하여 전투를 벌인다면, 대적大敵이라도 침입과 습격을 잘하지 못하게된다. 또한 자기가 높은 곳에 있으면서, 적을 낮은 곳에서 맞이하게 된다면, 높은 곳에서 낮은 곳으로는 작전을 펼치기 쉬운 장점이 있다. 큰칼刀과 창鎗 같은 것도 높은 곳에서 낮은 곳으로는 휘두르기가 더 쉽다. 그리고 적의 가슴 부위보다 높은 곳에 해당하기 때문에 자연히 이점도많다. 그 밖에 왼쪽으로 내려가는 것은 병기兵器의 순서와 같은 것이므로, 이것을 순방향으로 삼는다. 자기가 이곳을 거점으로 활용해야 한다.

○ 위를 향하는 곳과 왼쪽으로 올라가는 곳은 역방향이다. 자기가 이곳을 거점으로 삼는 일이 없어야 한다.

○ 팔방으로 통하는 팔달八達의 지형이라 불리는 것이 있다. 끝없이 넓

어 아득하게 열려 있어서 사방으로 통로가 좋은 지형을 말한다. 이와 같은 곳에 진陣을 치게 될 때는 그 중앙에 작고 높은 곳을 찾아내서 진을 쳐야 한다. 다만 높은 곳이 두 곳이 있다고 할 때, 한 곳은 뒤에 산이나 물이나 덤불 같은 것이 있고, 한 곳은 이러한 것이 없다고 한다면, 자기가 산, 물, 덤불이 분포하고 있는 언덕을 차지해야 한다.

○ 험하다고 하는 것은 산길이 나 있는 비탈진 곳山阪, 길이 꼬불꼬불한 곳羊腸, 산봉우리가 높은 곳高嶺, 큰물이 지는 곳大水, 진흙이 깊은 곳深泥 등을 말하는 것이다. 아군이 재빠르게 이런 지형을 거점으로 삼아야 한다.

○ 적이 나가도 이롭지 않고, 아군이 나가더라도 이롭지 않은 곳은 진퇴양난進退兩難의 지형이다. 적군 쪽에서 아군을 속여서 유인하더라도 나가는 일이 없어야 한다. 이럴 때는 아군이 진영陣을 물리치고 빠져나가야 한다. 적의 세력이 쫓아오게 되면 적의 세력이 있는 저쪽 땅으로 나간 곳을 크게 반격하거나, 매복을 설치하여 적을 물리치고 평정해야 한다.

위는 지형에 관한 큰 줄거리이다. 더욱 자세하게 궁리를 거듭해야 한다.

성제城制 부록 거관居舘

○ '하늘의 시時가 땅의 이로움利만 못하다天之時不如地之利'는 말이 있다.[1] 시일時日, 간지支干, 왕령旺과 상령相,[2] 풍우風雨 같은 하늘의 시時로 보았을

---

1   『맹자(孟子)』공손축(公孫丑)에 나온다. "하늘이 내려주는 좋은 기회도 땅의 유리한 조건에는 미치지 못하며, 땅의 유리한 조건도 민심의 화합에는 미치지 못한다"는 뜻이다.
2   운의 흐름을 역학에서는 사계절의 변화에 따라 만들어지는 5행의 상태를 가지고 설명한다. 왕성한 힘(旺), 돕는 힘(相), 쉬는 단계(休), 가두는 단계(囚), 죽는 단계(死)가 그것이다. 왕령(旺令)이 가장 활발한 상태이며, 상령(相令)은 왕령에 준하는 상태이다. 사령(死令)은 가장 약한 상태를 말한다. 휴령(休令)과 수령(囚令)은 사령 정도는 아니지만, 왕령, 상령에는 미치지 못하는 상태를 가리킨다.

때는 승리하게 되어 있는 이理가 들어 있는 시時를 고려하여 전투를 개시하더라도, 땅의 견고함이 좋은 때에는 승리하는 일이 생기지 않는다. 그래서 성城을 쌓을 때는 지형을 고르는 것이 첫 번째가 된다. 지형이 빼어나고 좋은 곳은 하늘이 지어준 공사가 된다면, 별도로 사람이 짓는 공사를 덧붙이지 않더라도 견고해지는 것이다.

이것은 땅의 험한 것을 인원수人數를 가지고 대신 이용하는 것이다. 지형을 선택하는 것이 가장 중요한 의미를 지닌다. 그러므로 지형에 관한 것을 잘 터득하고 있어야 한다.

○『주역』에 이르기를, 지형이 험한 것은 산천과 구릉이다. '왕은 위험을 쌓아 올림으로써 나라를 지킨다王公設險 以守其國'고 한다. 그래서 지형은 국가의 보배가 되는 것임을 알아야 한다. 이러한 것 때문에 위魏 나라의 무후武侯도 '아름답도다! 산과 강의 견고함이美哉山河之固 위 나라의 보배이다.是魏國之寶也'라고 말하였다.

○ 성城을 쌓을 때는 산이나 물이 있는 곳을 거점으로 하여야 한다. 산과 물 두 가지이지만, 이것을 이용하여 무비備를 실행하는 묘책으로 삼는다.

○ 성곽이란 성城과 곽郭을 말한다. 안쪽에 흙과 돌로 쌓아 올린 내성內曲輪을 성이라 부른다. 바깥쪽에 하천으로 둘러싼 외성을 곽이라고 한다. 맹자孟子에 '길이가 3리인 성三里之城, 길이가 7리인 곽七里之郭'이라고 하는 말이 있는데, 이것도 안쪽 구조물내성과 바깥쪽 하천외성에 관한 것이다. 성은 이것을 가지고 군君을 지키는 곳이다. 곽은 이것을 가지고 민民을 지키는 곳이다. 민이란 여러 가신家中과 농민百姓, 상공업자町人까지 아울러서 이르는 말이다.

○ 성에 관한 제도를 살펴보면 일본과 다른 나라의 제도가 다르다. 그 제도가 달라서 농성 방법도 다르다. 우선 다른 나라의 제도는 위에 언급한 것과 같이, 곽을 튼튼하게 구축하여 민을 지키는 장소로서 곽郭 외에 인가人家가 없다. 그렇기에 농성에 이르더라도 성 아래城下 지역에 있는 하인이나 상인 등이 유랑하여 도망가거나 숨거나 하는 일이 없이, 윗사람과 함께 곽을 지키게 한다.

일본 방식으로 성을 구축할 때는 외성外城, 도가와이라고 부르는 것이 없다. 예를 들어 곽이 있다고 하더라도, 민을 지켜야만 하는 이유가 되는 것을 중요하게 다루지 않는다. 그래서 성 아래에 시중의 상가를 많이 지은 데다 넓고 크게 만들었다. 그래서 곽외에도 인가가 많다. 그런데 농성할 때가 되면 성 아래 지역에 있는 하인, 상인 같은 사람들을 버리는 물건처럼 취급한다. 그러므로 도망하는 사람이 많이 생겨서 이리저리 왔다 갔다 종잡을 수가 없게 된다. 게다가 하늘을 원망하고 임금을 원망한다. 소리 높여 우는 소리가 거리에 가득 찬다. 이것은 외성도가와이 없기 때문임을 알아야 한다.

그런데 다른 나라는 대부분 민병民兵이기에 성 아래에는 6부의 무사가 교대로 붙어서 살고 있다. 그러므로 관인官人 외에 상주하는 상급 무사의 가옥이 많지 않다. 상주하는 상급 무사가 많지 않으므로, 자연히 상인들도 많지 않다. 그래서 성 아래를 간단하게 단속하여, 곽 바깥에 마치 인가가 없는 것처럼 되는 것이다.

일본은 곽의 구조가 변변치 못한 모습인데다가, 무사를 모조리 성 아래에서 거주하게 한다. 상인도 점차 많아지게 된다. 시중의 가옥을 짓고 넓히기 때문에 성 아래가 점점 넓어진다. 성은 성, 성 아래는 성 아래,

이런 식으로 별개의 것이 되고 말았다. 이런 것 때문에 농성을 하게 되면 도망인이 많이 발생한다. 너무도 비참해서 눈 뜨고 볼 수 없는 소동을 일으킨 일이 여러 군사 기록軍記에 적혀진 바와 같다.

200년 전, 모든 것이 부족했던 시절조차도 소동을 일으킨다. 하물며 지금의 성 아래의 사정이야 더 말해 무엇하리. 내가 바라는 것은 조목조목 설명한 바와 같이, 의식주와 소식을 교환하며音信 선물을 주고받는 것贈答 같은 무익한 사치를 금지하는 것이다. 소박함을 가르쳐야 한다. 그 결과로 남아도는 비용을 가지고 해를 거듭하며 점차로 일본 목구멍에 해당하는 성城만이라도 모두 외성外城을 건립했으면 좋겠다는 것이다. 대체로 이 조항은 중대한 일이라서 여러 가지로 궁리를 해야 하는 부분이다. 잘 판단해서 제작해야 한다.

○ 국주國主가 머무르는 거성居城은 나라의 근본이요, 인민이 추앙하며 부러워하고 복종하는 장소이다. 그러므로 지형은 물론이고, 공사도 성문과 함께 바깥에서 멀리 바라다 보이는 곳은 넓고 크며 아름답고 화려하게 조영造營한다. 크게 구경거리가 될 만한 장관壯觀을 연출해 내야 한다. 이것이 무덕武德을 빛내며 태평太平을 이루는 전술이다.

○ 본성 이외에 각지에 세운 지성支城, 그리고 거주하고 있는 저택인 거관居館 등은 그다지 장관壯觀을 보여주는 데까지 이르지 않아도 된다. 다만 험한 곳에 근거를 두어서 난폭함이 미치지 못하도록 방지하는 것에 주안점을 두어야 한다.

○ 옛날부터 사신四神이 상응相應하는 땅을 성주 등이 거주하는 거성居城의 승지勝地로 삼는다. 사신이란 청룡靑龍, 주작朱雀, 백호白虎, 현무玄武이다. 청룡은 물을 가리킨다. 주작은 논밭으로 이루어진 들을 일구어 놓은 넓

고 평평한 땅을 말한다. 백호는 큰 길이다. 현무는 산이다. 앞에는 주작前朱雀, 좌측에 청룡左靑龍, 우측에 백호右白虎, 뒤에 현무後玄武라고 부른다. 하늘의 신령天神과 땅의 신령地祇이 돌보아주는輔 땅이라고 한다. 내가 생각해 보았는데, 산을 뒤에 두고 넓고 평평한 땅을 앞에 두며, 큰물을 좌측에, 수송하는 큰 길을 우측에 두는 것은 제일의 지리가 아닐까. 따라서 천신天神과 지기地祇의 보살핌이 없어도 오히려 그것이 있는 것이나 마찬가지가 된다.

○ 평지에 건립한 평성平城은 사방에서 적의 공격을 받을 수 있기에 좋지 않다. 더욱이 공사를 하는 것도 경계 획정繩張을 절묘하게 잘하지 않으면 손실이 많다. 다만 천하를 지휘하는 거대한 성을 건설할 때는 넓고 평평하게 만들어서 한곳으로 사람들이 많이 모여들기에 적합하게 하며, 사방에서 출사하여 주군을 뵈러 가는 참근교대參勤, 그리고 선박 등으로 짐을 나르는 수송運漕 등에 필요한 도로 등이 잘 정비된 장소를 중요하게 여긴다. 제후諸侯 이하는 산이나 물이 있는 곳을 거점으로 삼아 한쪽 면에 성을 쌓는 것이 편리하다고 생각한다.

○ 산성山城도 유달리 높은 산에 쌓는 일이 없어야 한다. 인마人馬의 진퇴 등이 자유롭지 못하게 되기 때문이다.

○ 성의 경계 획정繩張에 관하여 관습적으로 전수되는 것들이 여러 가지 있기는 하다. 그런데 거기에서 말하는 것의 가장 큰 취지는 이 성의 높이와 해자池의 깊이라고 하는 주가 되는 글本文을 가장 으뜸으로 삼아서 대체로 성을 만들어야 한다는 것이다.

○ 성을 만들 때는 본성혼마루, 두 번째 성곽니노마루, 세 번째 성곽산노마루, 외성도가와 등으로 크고 작은 순서대로 집어넣는 사발入子鉢 이리코바치처럼 구

축하는 것이 아니다. 어쨌든 지형에 맞추어서 삼각이든, 이리코ス구 모양이든, 길게 만드는 것이든, 모두 편의에 따라서 쌓아야 한다. 넓고 평평한 땅에 성을 쌓을 때는 우선 조금이라도 높은 곳을 본성혼마루으로 하고, 그곳에서 두 번째 성곽니노마루, 세 번째 성곽산노마루, 외성도가와 등을 구축해 나가게 된다.

○ 대체로 거성居城은 나라가 크고 작음에 따라서, 원근遠近에 구애받지 않고, 험한 것을 설치해야 한다. 험한 것을 설치한다고 하는 것은, 때로는 빗장關을 설치하거나, 때로는 일곱 갈래로 길을 낸다七通. 때로는 큰 비탈길大坂, 때로는 나루터船渡 등을 만든다. 무슨 일이 생기기라도 하면 이처럼 험하고 가파른 곳에서 잠시 의지하여 버틸 수 있게 해둔다.

또한 알맞게 병풍을 설치해야 한다. 병풍이란 중요한 장소에 거대한 것을 만들어 놓아서 무공武功을 세운 사람을 토착하게 하는 것을 말해야 한다. 무슨 일이 생길 때는 본성本城으로 쳐들어오는 적을 막게 하거나, 또는 적의 배후를 찌르는 후방 부대後詰 등을 맡도록 하기 위함이다. 넓은 의미로 말한다면, 제후諸侯의 여러 나라는 막부의 쇼군이 있는 에도江戶의 담장인 셈이다. 하코네箱根, 우스이碓氷,[3] 후사가와房川, 우라카와浦川 등은 에도의 험한 곳에 해당한다. 또한 내가 속한 번吾藩, 仙臺藩 – 역자 주을 예로 들어 말한다면, 사사야笹谷, 사쿠나미柵竝, 시토마에尿前, 아이사리相去 등은 험한 곳이다. 쓰노다角田, 시로이시白石, 이와테岩手, 미즈사와水澤, 미야코宮戶 등은 담장塀에 해당한다. 천하의 험지·병풍과 한 나라의 험지·병풍은 크고 작음에서 차이가 나더라도, 마음가짐은 차이가 없다는 점을 알

---

3 일본 국립국회도서관 소장본 원문은 빙(氷)인데, 누군가가 나중에 붉은 글씨로 수(水) 자를 적어 넣은 흔적이 보인다.

아야 한다.

○ 강과 호수, 바다 한가운데와 같은 곳에 구축한 성은 물가에 담장을 두른 것도 있다. 또한 물가에서 10칸, 20칸 떨어진 곳에, 담장과 흙담 등을 설치한 것도 있다. 각각 성주城主의 방략方略에 따른 것이다.

○ 대체로 성에는 봉화대烽火臺를 설치해야 한다. 긴급한 일이 발생할 때는 사람들을 모으기 위함이다. 봉화대를 만들 때는 산성山城이라면 산이 높은 곳에 설치하고, 평성平城이면 망루櫓臺처럼 공사를 한다. 낮은 것은 3장丈, 높은 것은 4~5장이 된다. 누각의 위에 가로세로 3칸 정도, 높이는 2장 남짓으로 한다. 위쪽을 세밀하게 칠하여 방牢을 만든다. 그 안쪽에서 벽을 두껍게 발라야 한다.

위는 지붕이 없이 빈 구멍으로 만들어 열어 두어야 한다. 안에서는 볏집이나 삼나무 잎을 넣고 위는 덮개를 덮어 두었다가, 급할 때는 불을 붙여 연기를 피워서 사람들을 모으는 것이다. 다만 태평한 날이라도 1년에 1번, 불시에 연기를 피워서 사람을 모으고, 봉화의 상태를 나라 사람들에게 확인시켜 두어야 한다. 다만 태평한 날에 봉화를 연습할 때는 봉화로 달려온 사람 중에서 20번째까지 포상을 해야 한다. 그렇지만 주왕紂王[4]의 소업所業을 모방하는 일이 없어야 한다. 또한 군사 기록軍記을 살펴보았는데, 긴급한 전투가 펼쳐질 때는 근처에 있는 집에 불을 질러서, 멀고 가까운 각지에 있는 아군에게 전투가 있음을 알린 사례가 수없이 있다. 그와 같은 일이 발생할 때는 몇 가구라도 불을 지르는 일이 있게 된다.

○ 성城의 구조城取와 관련하여 10가지 관습이 있다. 첫째는 지형, 둘째

---

4 주왕(紂王)은 중국 고대 은(殷) 왕조 말기인 제30대 왕이다.

는 담장堀, 셋째는 해자堀, 넷째는 흙담土居, 다섯째는 문, 여섯째는 성 앞 쪽에 흙이나 돌로 쌓아 올린 성채馬出, 일곱째는 돌담石垣, 여덟째는 성벽에 구멍을 만들어 활을 쏘는 성가퀴橫矢의 경계 획정, 아홉째는 말뚝을 박은 울타리柵虎落와 덧문蔀, 열째는 웅덩이水溜이다. 역시 각각 하나의 조항마다 격秘이 있다. 아래에 그 줄거리를 적는다.

○ 지형은 위에서 언급하였기에 여기에는 싣지 않는다.

○ 해자堀에는 두 가지가 있다. 물을 담아 놓은 해자水堀와 물이 없는 해자乾堀가 그것이다. 물을 담아 놓은 해자는 수면으로 10칸에서 20~30칸까지 넓게 파야 한다. 깊이는 3~4장 파야 한다. 언덕의 경사도는 1장에 1자로 잡고 계산해야 한다. 다만 그곳의 토질이 적합한 경우에는 이보다 경사가 더 심하게 파야 한다.

○ 물이 없는 해자는 바닥을 좁게片藥研 (V자 형태로) 파낸다. 물론 성이 있는 쪽을 깊게 파야 한다.

○ 대체로 해자를 만들 때는 진흙이 깊은 곳을 선호한다. 수심이 깊고 진흙의 깊이가 깊은 곳은 더욱 오묘한 곳으로 간주한다.

○ 성을 물로 둘러싼다는 뜻으로 '미즈다타키水だたき'라고 부르는 것이 있다. 이것은 물가 쪽만 돌을 가지고 담을 쌓은 것이다.

○ 담장은 흙을 높게 쌓은 토대土壘가 무너져 내리게 되면 좋지 않다. 그러므로 깊게 파낸 자리에 집어넣는 것은堀込 기둥으로柱 해야 한다. 커다란 바위를 달아서 붙인 기둥이라면 더욱 좋다. 만일 토대가 무너질 때는 돌로 토대를 만들어야 한다. 화살을 발사할 틈새기狹間는 길게 잘라내고, 총을 발사할 틈새기는 둥글게 잘라낸다. 더욱이 서서 발사하는 틈새기와 앉아서 발사하는 틈새기는 높고 낮음이 있다. 서서 발사하는 틈새

기는 서 있는 사람의 젖가슴 높이로 잘라내고, 앉아서 발사하는 틈새기는 앉아서 어깨를 길게 펼 수 있을 정도로 자른다. 어느 것이든 안쪽에 '아가키'를 붙인다. 이것은 안쪽을 넓게 바르는 것을 말한다. 또한 판자로 만든 틈새기가 있다. 두꺼운 판자에 틈새기를 잘라내고 그것을 벽의 중앙에 발라서 넣는다.

○ 지주히카에하시라를 박는 방법에 2가지가 있다. 비스듬히 엇갈리게筋違 박는 것이 있다. 또한 담장에서 4자 정도 안쪽으로 떨어지게 하여, 별도로 기둥을 세우고, 위아래 두 곳에 담장 기둥塀柱에서 기둥과 기둥 사이에 가로 대는 인방貫을 끼워 통과하게 하고 두드린다. 이것을 좋은 방법으로 간주한다. 농성 때는 위의 인방에 판자를 끼워서, 담장 바깥으로 화살과 총을 발사하거나, 돌을 던질 때 발판으로 이용하게 된다.

○ 담장 아래에는 한쪽 면에 돌을 깔아야 한다. 또한 긴급하게 담장을 세울 때는 흙벽을 바르기 위하여 벽 속에 엮은 나뭇가지下地로 쓰는 대나무 쪼갠 것을 흙 속에 7~8치씩 꼽아 넣어야 한다.

○ 흙담築地이라고 하는 것이 있다. 먼저 토질이 적합한 흙을 가로세로 4~5치, 길이 1자 정도로 단단하게 쳐대서 굳힌다. 이것을 차례차례 쌓아 올리면서 틈새마다 석회나 가는 모래를 섞은 연토煉土를 집어넣는다. 이렇게 해서 높이 8~9자 되는 담장으로 만들어야 한다.

○ 돌이 많은 나라에서는 큰 돌을 겹쳐 쌓아 올리면서, 그 틈새를 점토에 석회와 가는 모래를 섞은 연토煉土를 쳐서 넣어 단단하게 하여 담장을 완성한다. 그렇게 해서 견고한 것이 되더라도 땅을 파서 담장을 쉽게 무너뜨릴 염려가 있다. 그렇지만 큰 돌만 겹쳐서 쌓은 것은 견고하다.

○ 다른 나라에서 벽돌磚이라고 부르는 것을 만들어서, 성의 담장이나

돌담 등에 이용한다. 그것을 만드는 방법을 보면 좋은 흙을 섞어서 자기磁器처럼 불에 구워서 단단하게 한다. 그렇게 하면 매우 견고한 물건이 된다.

무비지武備志에도 그것을 만드는 방법이 보인다. 또한 대만부지臺灣府志를 보았더니, 안평성安平城 조항에, 큰 벽돌大磚과 오동나무 기름을 섞은 석회桐油灰를 함께 두드려서 성을 만들었는데, 높이가 3장 5자 너비가 227장丈이라고 한다. 또한 중국 산서山西 사람의 이야기를 들었는데, 진시황제秦始皇帝가 구축한 만리장성萬里長城은 서쪽으로는 대사막 지역에서 시작하여 동쪽으로는 요동遼東에 이른다. 그 길이를 9천 리【즉 일본 거리 단위로 900리】, 높이 10장, 너비 20장으로 만들어서, 제방土手처럼 돌담石垣을 쌓았다. 그곳의 벽돌磚 하나의 크기가 2~3장 또는 4~5장이나 된다고 한다.

얼핏 들으면 산서인山西人이 꾸며낸 헛된 이야기인 것 같기도 하지만, 큰 벽돌의 제작을 잘 고려해 보면, 좋은 흙을 장성長城의 형태로 섞어 만들어 바로 불을 피워 구워낸 물건일 것이다. 이것은 중국 진나라 장군 몽염蒙恬[5]이 제작 기술의 묘를 발휘하여 내놓은 것이 될 것이다.

○ 돌담에는 3가지 등급이 있다. 자연석 상태의 돌野面, 그것을 깨뜨린 돌打缺, 그것을 잘라서 맞추는 돌切合이 그것이다. 자연석 상태의 돌이란 처음 상태의 돌을 그대로 쌓아 올리는 것이다. 깨뜨린 돌이란 위 돌의 모난 곳을 깨뜨려서 쌓는 것을 말한다. 잘라서 맞추는 돌이란 비어있는 틈새가 없도록 잘라서 맞추는 것을 말한다. 자연석 상태의 돌과 깨뜨린

---

5   일본 국립국회도서관 소장본 원문은 蒙沽이나 蒙恬이 아닐까 생각한다. 몽염(蒙恬, もうてん, ?~ 기원전 210? 209?)은 중국 진(秦)나라 장군이다. 기원전 215년 흉노(匈奴) 정벌 때 활약이 컸으며, 이듬해 만리장성을 완성하였다(두산백과).

돌을 거친 것粗이라고 하고, 잘라서 맞추는 돌을 정교한 것精이라고 한다. 각기 그 장소에 따라서 정교한 돌담이나 거친 돌담을 이용해야 한다.

더욱 중요한 부분은 잘라서 맞추는 것으로 하고, 그 위에 돌을 묶어서 잇는 것이 있다고 한다. 그런데 이러한 기술은 모두 공인工人에게 전해 내려오는 것이다. 무사武士에게 그러한 것이 알려지는 일은 없다. 돌담은 축성築城의 가장 중요한 기술이므로, 뜻있는 장사將士가 그것을 전수傳授 해야 한다. 가토 기요마사加藤清正는 돌담의 명인名人으로 세상에 전해지고 있다. 이 점을 잘 생각해 보아야 한다.

○ 또한 돌담의 경사도에도 3가지 등급이 있다. (경사도를 조절하기 위해 수직으로 줄을 내리는) 사게나와下繩, 느슨하게 하는 다루미緩, 하네다시樺出가 그것이다. 사게나와下繩는 급하게 수직으로 떨어지게 하여 〈그림 10-1〉과 같이 되어 있다. 다루미緩는 〈그림 10-2〉와 같이 급하게 수직으로 떨어지지는 않는다. 하네다시樺出는 〈그림 10-3〉과 같이 돌담의 위쪽 가장자리에 서까래椽 같은 돌을 머리를 내밀 듯하게 만든 것을 말한다. 이 돌담은 기어오르기가 어렵다고 한다. 조선국朝鮮國의 여러 성城에 이러한 돌담이 많다고 들었다.

〈그림 10-1〉   〈그림 10-2〉   〈그림 10-3〉

○ 성 둘레의 흙담은 해자堀의 흙을 올려서 쌓아야 한다. 또한 흙담土居의 높이는 땅속에 퍼져 있는 것根張의 절반으로 알아야 한다. 예를 들면 땅속에 퍼져 있는 것이 10칸十間이라면 흙담 높이가 5칸이 된다고 알고 있어야 한다.

○ 성 둘레의 흙담에는 향부자香附, [6] 맥문동麥門冬, [7] 황지荒芝, 가느다란 조릿대小笹 같은 종류를 심어야 한다. 이것은 흙이 무너져내리는 것을 막기 위함이다. 밑동의 뿌리 쪽에는 탱자枳를 심어도 좋다.

○ 성 둘레의 흙담에 하치마키鉢卷[8]라고 하여, 위쪽으로만 돌담을 쌓는 일이 있다. 흙담이 크거나 작은 것에 따라 달라지겠지만, 대체로 6~7자 안팎으로 구축해야 한다.

○ 문에는 누문樓門이 있고, 단문單門이 있다. 누문이란 노문櫓門이다. 대체로 성문은 되升 모양으로 만든 것을升形, 마스카타 붙여서 이중문二重門으로 만드는 것을 선호한다.

○ 대체로 성문은 조금 비탈지게 달아야 한다. 모두가 평지平地라고 한다면 대나무 묶음 다발仕寄 같은 도구를 붙여서 만들기가 쉽다.

○ 이중문으로 만든다면, 안쪽에 누문樓門, 바깥쪽에 단문單門이 될 것이다.

---

6   향부자(香附)의 학명은 Cyperus rotundus이다. 이것을 사초(莎草)라고도 한다. 밑 부분에 낡은 덩이줄기가 있어 굵어지고 뿌리줄기가 옆으로 길게 뻗으며 끝에 덩이뿌리가 생기면서 수염뿌리가 내린다. 덩이뿌리의 살은 희고 향기가 난다. 줄기는 곧게 서서 자라며 아래쪽은 둥글고 위쪽은 세모져 있다. 관상용·약용으로 이용된다. 약으로 쓸 때는 탕으로 하거나 환제 또는 산제로 하여 사용하며, 술을 담가서도 쓴다.
7   맥문동(麥門冬)의 학명은 Liriope platyphylla이다. 이것은 합과의 여러해살이풀. 줄기는 높이가 30~50cm이고 뿌리는 짧고 굵다. 잎은 뿌리에서 뭉쳐나고 선 모양 또는 선상 피침 모양으로 부추의 잎과 비슷하다. 5~6월에 담자색의 작은 꽃이 총상 화서로 잎 사이에서 나온 가는 꽃줄기 끝에 밀착하여 핀다. 열매는 검푸른 장과(漿果)로 익는다. 덩이뿌리는 약용한다. 산지(山地)의 나무 그늘에 나는데 제주, 전남, 전북, 경남, 경북, 강원 등지에 분포한다.
8   하치마키(鉢卷)란 흙광(土藏)의 처마 밑을 가로로 가느다랗게 한층 두껍게 바르는 것을 말한다. 머리를 수건 등으로 동여매는 것이나 그 천, 즉 머리띠를 가리키기도 한다.

○ 누문의 2층을 문扉에서 6~7자 달아내서 만든다. 또한 밑에 까는 발판敷板에 가는 나무를 가로세로로 우물 정井 자처럼 맞추어 짠 격자를 설치하여 문에 붙인다. 적에게 돌을 떨어뜨리거나, 불에 볶은 뜨거운 모래炒砂를 내던진다. 때로는 끓는 물沸湯이나 더러운 물穢汁 등을 뿌린다. 또한 불을 지를 때 쓸 건초燒草를 쌓아 놓고 불을 지를 것 같은 상황이 발생할 때는, 재빠르게 물을 뿌려야 한다.【누문을 구축할 때 물과 돌을 많이 준비해 두어야 하며, 더욱이 아궁이竈도 많이 만들어 놓아야 한다.】

○ 문의 문턱地伏 아래는 큰 돌大石을 깔아놓아야 한다.

○ 성의 앞쪽에 흙이나 돌로 쌓아 올린 성채馬出에는 둥근 성채丸馬出, 모난 성채角馬出, 장벽이 있는 성채塀馬出, 아무것도 없는 성채馬出無의 작은 구멍小口, 되 모양의 작은 구멍升形向小口 등 입에서 입으로 전해지는 여러 가지 비결이口訣 있다. 그런데 그러한 비결의 내용을 전해주는 단계까지는 이르지 못했다. 성의 앞쪽에 성채馬出를 쌓아 올린 근본 취지는 단지 사람들이 나가는 곳을 적이 재빨리 발견하지 못하게 하기 위함이다. 적에게 빨리 발각이 되면 화살을 바로 맞아서 성 밖으로 나가기가 어려워진다. 그래서 획 뚫고 나가기 위해서 만들어 놓은 것이 성채이다. 이런 까닭으로 만든 것이 성채이므로, 이것은 그다지 공들여서 공사를 하지 않아도 될 일이다.

○ 성채는 담장에 만들어진 것도 있다. 또한 흙담에도 덧문에도 그때그때 상황에 맞게 제작해야 한다.

○ 성의 담장 옆쪽에서 화살을 쏘는 곳을 말하는 요코야橫矢의 경계를 획정할 때는, 대체로 성의 경계 획정이 그렇듯이, 곧장 길게 터를 잡는 일이 없어야 한다. 20칸, 30칸으로 나누어 돌아가며折廻 상호 간에 옆쪽

에서 쏜 화살이 도달할 수 있도
록 구축해야 한다. 또한 지세地勢
에 맞추어서, 100칸, 150칸 곧
장 길게 구축해야 하는 상황이라
면, 20~30칸 간격을 두고 몇 군
데를 꺼내 놓고 구축을 해서, 옆
쪽에서 화살을 쏠 수 있는橫矢 기
능을 발휘할 수 있도록 해야 한
다. 이것은 모든 경계 획정 때 기
본적으로 고려해야 할 내용이다.
여기에 덧붙여서 여러 가지 어려
운 것을 거론하는 사람도 많이
있다. 그렇기는 하지만 그 내용
을 보면 그다지 기묘한 것은 아
니다. 다만 옆쪽에서 화살을 쏠

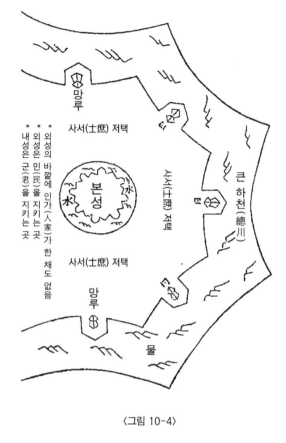

〈그림 10-4〉

수 있는橫矢 효과를 보이는 것이라면, 그것을 기묘하다고 말할 수 있다.

○ 게레이키스 북스에 네덜란드를 비롯하여 유럽의 성城을 그린 그림
이 많다. 그곳의 경계 획정도 옆쪽에서 화살을 쏠 수 있는 요코야橫矢를
첫 번째로 구축하였다. 그 그림의 큰 줄거리를 아래에 베껴놓았다. 잘
참고해 볼 일이다.

〈그림 10-4〉에 묘사된 장소의 경계 획정처럼, 크고 작은 성城은 말할
것도 없고, 약간의 보루壘, 가키아케가 있다고 하더라도, 이런 마음가짐으로
성을 만들 때는 장점이 많다. 또한 지극히 규모가 큰 성이라고 하더라

도, 예외 없이 이 경계 획정을 이용해야 한다. 이집트국厄日多國의 하히란巴必鸞이라고 하는 성 아래城下는 세계에서 가장 큰 도성大都城으로 만들어졌다. 그 너비가 사방 3일 걸어가야 할 길이다路. 이렇게 넓고 긴 지역을 흐르는 총천總川의 둘레가 10일을 걸어가야 하는 길이라고 한다. 그런데 그곳을 공사한 것을 보면, 옆쪽에서 화살을 쏠 수 있는 요코야橫矢의 구축, 또는 석화실石火矢을 쏘는 곳臺, 높은 망루高櫓 등이 면면히 이어지는 등 빈틈이 없이 건설되었다. 그곳의 공사가 대체로 190년 걸쳐서 완성되었다고 한다.

○ 성을 구축하는 방법으로는 위와 같이 총천惣川을 넓고 크게 건설하고, 큰 하천의 바깥에 민가는 하나도 없게 하는 것이 있다. 이렇게 성을 만드는 것이 가장 좋은 방법이다. 내가 본 것을 가지고 말하자면, 일본의 도성都城도 총천惣川을 넓고 크게 만든다. 그리고 그곳의 방어는 외성郭 내부의 사·농·공·상 사민四民과 절의 주지인 방주坊主, 산에서 지내는 산복山伏 등이 맡도록 해야 한다. 그 방법은 여기에서 동쪽으로 몇백 몇십 칸은 어느 고을町이 지키는 곳이고, 여기에서 서쪽으로 몇백 몇십 칸은 어느 고을이 지키는 곳이라고, 미리 정해 두는 방식이다. 그곳을 지킬 도구는 노궁弩弓, 석궁石彈, 구루리,[9] 세 가지를 이용해야 한다. 노궁은 힘이 없는 사람과 부녀자, 어리고 약한 사람이 강한 활을 발사하게 하는 도구이다. 그것을 사용하는 방법을 말하자면, 발로 차서 활줄을 당긴다는 뜻으로 궐장蹶張이라 부른다. 두 발로 활을 밟고 두 손으로 줄을 당기

---

9 '구루리'는 구루미야(嫌矢)라는 화살을 가리킨다. 이 화살은 오동나무 또는 노송나무로 만든 순무 모양의 속이 빈 작은 깍지(小鏑)의 끝에 반달 모양의 작은 화살촉(小雁股)을 붙인 것을 말한다. 수면을 뛰어올라 날아가므로, 물새를 잡을 때 발사하는 화살로도 이용한다.

면, 부녀자 같은 사람도 강한 활을 쏠 수 있다. 석궁石弾은 걸어놓는 것까지 하면 쇠뇌弩, 쇠로 된 발사 장치가 달린 활-역자주보다도 발사하기가 쉽다. 구리루야攔矢는 더욱더 사용하기가 쉽다. 그것을 익히는 것은 고을마다 배우는 날을 정해 놓고, 매월 한 번씩 가르쳐야 한다. 그런데 세 가지

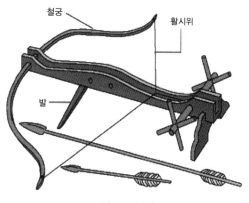

철궁
활시위
발
〈참고도〉 쇠뇌

도구를 준비하는 것은 각각의 고을이 부담하는 역役으로 정해서 연달아 조달해 놓아야 한다. 각 고을의 수장郤主이 통제하는 장소에 맡겨야 한다. 이것이 총천總川을 방어하는 전법이다. 본성本城은 무사武士가 지키는 곳이다. 100년을 기약한다면 이 공사도 이루어낼 수 있을 것이다.

○ 목책柵이란 나무를 한쪽 면에 나란히 세워서 메우고, 기둥과 기둥 사이에 가로 대는 인방貫을 꿰어 놓은 것을 말한다. 대나무 울타리虎落는 대나무를 엇갈리게 엮어서 땅속에 매립하고, 빽빽하게 줄로 연결하여 단단하게 고정한다. 덧문藩이란 이파리가 붙어 있는 나뭇가지로木枝 담장을 만든 것이다. 목책과 대나무 울타리, 이 두 가지는 지형이 견고하여, 해자堀도 담장塀도 만들지 못하는 곳에서 사용한다. 또는 산의 뒤쪽에 산세가 험한 곳尾崎, 혹은 진영陣營이나 공사장普請場 등에서 사용한다. 덧문은 어느 쪽으로든 멀리 한눈에 내다보여서 불편을 주는 장소에서 이용한다.

○ 웅덩이水溜는 산성山城 등에서 물을 자유롭게 얻을 수 없게 되었을 때 솟아오르는 맑은 물湧淸水 등을 담아 두는 데 필요하다. 연못을 만들거나 또는 물을 담아 두는 큰 통水槽을 설치하여 저장해야 할 때 필요한 것

이다. 맑은 물이 나오지 않는 곳이라면, 물을 담아 두는 큰 통을 많이 마련해 놓고, 비가 내릴 때 처마 밑이나 지면을 흐르는 빗물을 한 방울도 새지 않게 받아서 모아놓아야 한다. (구스노키) 마사시게가 아카사카赤坂에서 설치한 것이 이와 같다.

○ 더러운 물穢水 또는 똥물糞汁까지도 모두 모아 두어야 한다. 성城으로 접근해오는 적병敵兵에게 그것을 끓인 것으로 퍼부어 공격한다. 일본에서 성을 구축할 때는 깨끗하지 않은 것을 흘려보낸다는 뜻으로 부정류不淨流라고 부른다. 나쁜 물惡水이라 해서 그냥 모두 흘려서 내다버리는 것은 옳지 않다. 웅덩이를 설치하여 모아두어야 한다. 그러고도 남는 것이 있다면 그것을 흘려야 한다.

위의 내용은 성城을 구축할 때 마음에 새겨야 할 것이다. 그런데 이 조항만 가지고 모두 성사되는 것은 아니다. 다른 나라 또는 에도시대本朝의 일본이 성을 쌓은 것이 여러 서적에 상세하게 적혀 있다. 이를 함께 살펴서 궁리해야 한다. 여기에서 말하는 것은 기본적인 내용을 살피려는 것이기 때문에 매우 큰 줄거리를 간추렸을 뿐이다.

○ 병영陣屋, 보루壘, 거관居館은 모두 성城의 종류이다. 해자堀를 파고, 성벽과 흙담 등을 서로 다르게 하여 설치한다. 성 앞쪽에 쌓아 올린 성채馬出 등을 부설하고 나서도 힘이 모자라 공사가 초라한 모습으로 끝난다면, 그것을 성이라고 말하기 어렵다. 그런데 위의 3가지는 거대한 것大身으로 토착 사무라이土의 거소居所이다. 토착 무사 집안의 격格이 100관貫【1000석임】 이상이면 가신家中도 많고 하쿠쇼百姓도 많다. 그러므로 거관居館의 구축, 경계 획정 등에 신경을 많이 써서 공사를 해놓는다. 그러고 나서 어떤 사태가 벌어진다면 가신과 하쿠쇼 등의 처자가 가진 가재家財

까지도 거두어들여서 폭력 행사亂妨의 피해를 피할 수 있게 한다. 또는 무력으로 맞서서 적이 통과하지 못하게 중지시켜야 한다. 크게 보면 나라의 병풍이 되어주는 셈이다.

근래 1국國 1성城이라고 하는 말이 있다. 그래서 '구니모치 다이묘國持大名'[10]라 불린 대영주大領主도 겨우 1~2개 성에 지나지 않는다. 옛날에는 일본과 중국 모두 대국의 제후는 성을 30개, 50개 구축했음이 여러 역사 기록에 실려 있다. 그래서 변란이 발생할 때는 상호 원조하였기에, 유지해 오기 어려운 나라들이라도 오래도록 존속한 일이 수도 없이 있다. 이 점을 함께 살펴보아야 한다. 원래 해자를 파고, 목책을 두르기만 하더라도 성城이라고 부르는 것이다. 다만 나라의 규모가 크고 작음과 녹祿의 많고 적음에 따라서 공사의 정교함과 조잡함, 대규모 구축과 소규모 구축의 차이까지도 생기는 것이다. 그런데 먼 나라의 사정은 알지 못하겠고, 센다이번仙藩의 사례를 제시하면 이와 같다. 녹봉을 받고 있던 곳으로서, 옛날부터 덴쇼天正[11] 연간까지는 이쪽에 성城이라 하고, 저쪽에 관館이라 불렸던 장소의 유적이 530여 곳 있었다. 지금 그 성터를 살펴보면, 오직 지형이 편리하여 조금만 해자를 파서 구축하거나, 목책을 두르거나, 또는 나무를 심는 등 문門에 약간만 성벽과 흙담 등을 서로 다르게 하여 설치한 것으로 생각된다. 이것이 모두 고대 토착 무사들이 거주한 곳에 마음을 써서 공사를 해 두게 되면 가신家中도 하쿠쇼百姓도 하나

---

10 구니모치 다이묘(國持大名)란 일본 에도(江戸) 시대에 주로 대규모 영지를 지니고 있어서, 이른바 고산케(御三家)에 버금가는 가격(家格)을 지닌 다이묘를 말한다. 마에다(前田), 시마즈(島津), 다테(伊達) 등 18개(또는 20개)에 달했다.
11 덴쇼(天正)는 일본의 안도모모야마(安土桃山) 시대에 해당하는 1573년부터 1592년까지이다(正親町天皇, 後陽成天皇).

로 뭉쳐서 무武를 펼친 일이 있었음을 말해주는 것이다. 지금도 이런 마음가짐으로 국법國法을 세운다면, 무를 강하게 하는 것이 뜻대로 굴러가듯이 될 것이다.

무릇 무武를 강하게 하는 것을 성인들이 도道로 삼았다. 그 점에서는 일본과 중국이 서로 차이가 나지 않는다. 그런데 무를 강하게 하는 것은 사람이 많아지도록 하는 데 있다. 사람이 많아지도록 하는 것은 무사를 토착 시키는 데 있다. 무사가 토착하여 사람들이 많아지면, 보루壘도 거관居館도 보존하기가 쉬워지고, 나라의 도움이 적어지지 않는다. 이런 마음가짐에 대하여, 공자孔子도 "먹는 것이 충족되어야 병사도 충족된다"足食足兵고 말하였다. 역시 서민庶, 부자富, 교육자教 모두가 이와 같은 설명을 받아들여야 한다. 장수將가 된 사람은 이 점을 잘 생각해야 한다.

덧붙인다. 대체로 성의 내부에는 화살 만들기에 알맞은 이대篁竹[12]를 많이 심어놓아야 한다. 화살矢의 재료로 이용하기 위함이다. 더욱이 활 기술弓工, 총 기술銃工, 화살 기술矢工, 쇠를 불에 달구는 대장일鍛冶 등을 아시가루足輕가 겸직하게 하여 가르쳐 놓아야 하며, 이것을 충분히 이용하게 되면 차츰차츰 위에서 말한 것처럼 된다. 이 점에 마음을 잘 헤아려야 한다.

---

12 이대(篁竹)는 볏과의 하나. 줄기는 바구니나 조리 등을 만든다. 한국의 중부 이남, 일본에 분포한다.

제11권

공성城攻

부록 공격 도구

성을 공격하는 공성攻城은 어쩔 수 없어서 공격하는 것이다. 그것은 말하자면 원래 성이라고 하는 것은 지형에 알맞게 해자壕와 성벽墉을 설치한 것이다. 그래서 멀리 있는 적은 활이나 총 같은 날아다니는 비도구飛道具를 발사하여 격퇴하고, 가까이에 있는 적은 창이나 장도長刀 등 짧은 무기로 제압할 수 있게, 견고하게 구축한 곳이다.

공성이란 바깥에서 공격을 개시하여 그 성을 기어올라 빼앗으려 하는 것이다. 그러므로 많은 인원이 손상을 입게 마련이어서, 국내의 인민도 괴로워지는 일이다. 그렇기에 성을 공격하는 것은 하지 않겠노라고 각오를 하더라도, 적이 방어하기에 적합한 요충지를 튼튼하게 하여 근본을 견고히 지키면서 제멋대로 거칠고 난폭한 행위를 한다면, 그것을 그냥 내버려 두기도 어려우므로 어쩔 수 없이 공격하는 것이다. 그런데 공격함에 이르러서는 그 전술에 교묘함巧과 졸렬함拙이 있다. 그러니 이것을 잘 이해하지 못한다면, 병력의 손실뿐만 아니라, 오히려 손해를 불러오는 일이 생길 수 있다. 장수將가 된 사람은 이 점을 상세하게 이해하여 터득하고 있어야 한다.

○ 성을 공격하는 것은 적보다 5~6배 되는 병력을 가지고 있지 않으면 공격할 수 없는 일이다. 그렇기는 하지만 그때그때 형편에 따라서 작은 세력을 가지고 불시에 공격을 개시하기도 한다. 매사냥鷹野 등에 편승하여 맨몸 공격徒膚攻[1] 등을 개시하거나, 또는 야간 공습夜討 등을 하여서 성을 함락시키는 일이 있기는 하다. 그렇지만 이러한 것들은 모두 임시로 속임수를 쓴 것이어서, 정규의 전법이 될 수는 없다.

○ 공격을 하는 것과 공격을 할 수 있는 것의 차이를 말하자면, 공격을 할 수 있는 것은 작은 세력이라 하더라도, 자기 나라에서 전투를 펼친다면 현지 사정도 잘 알고 있고, 병량兵糧과 물과 땔감도 편리하게 잘 조달할 수 있다. 후방 부대를 요청하는 것도 할 수가 있다. 이와 달리 공격하는 쪽은 큰 세력이라 하더라도, 다른 나라에 가서 전투하게 된다면, 모든 것이 현지 사정에 어두워서 여러모로 편리하지 못하다. 더욱이 병량의 조달이 이어지지 못하는 일도 있다. 또한 기간이 장기가 되면 뜬소문 같은 것을 듣게 된다. 그래서 아군이 분열되는 일도 발생하고, 소동을 일으키는 일도 있게 된다. 이런저런 것 때문에 불편한 점이 많다.

또한 농성籠城하는 사람은 죽기를 각오하고 최선을 다할 것이므로, 사람들이 마음으로 느끼는 기분도 하나로 뭉쳐진다. 그런데 공격하는 쪽은 큰 세력이므로, 언제나 성에서 농성 중인 병사를 깔보고 우쭐대서 방심하는 일도 생기는 것이다. 어쨌든 성을 공격할 때는 농성하는 사람들의 마음을 깊이 이해해야 한다. 농성할 때는 공격해오는 사람의 마음을

---

1   일본어 '스하다(徒膚, 素膚)'는 속옷을 입지 않은 맨몸, 알몸을 말한다.

깊이 이해해야 한다. 그렇게 한다면 공격과 수비 모두 졸렬한 짓을 하는 일은 없을 것이다.

○ 위에서도 언급하였듯이, 성을 포위하여 공격할 때는 적보다 10배나 많은 병력으로 공격을 개시한다면 쉴 틈이 없이 포위할 수 있다. 그런데도 일부러 한쪽을 열어 두는 것은 성을 포위할 때마다 되풀이되는 관습이다. 사방을 빈틈이 없이 포위하면 적군을 사지死地로 내몰게 하는 것이므로, 성의 내부에서 일치단결하여 죽기를 각오하고 지키게 된다. 그렇게 된다면 함락시킬 수 있는 성도 함락되기 어렵게 된다. 그렇기에 한쪽을 포위하지 않는 것이다. 성의 내부 기운이 누그러지게 되면 사람들이 그쪽으로 흩어지면서 성을 쉽게 함락시킬 수가 있기 때문이다.

이것은 적장敵將에 대한 것은 고려하지 않고, 오로지 성을 빼앗아 그곳으로 쳐들어가는 것을 가장 중요하게 여길 때의 공략 방법이다. 만일 적장을 공격하지 않으면 승리를 결정짓기 어려운 전투일 경우, 이 성의 내부에서 적장이 있는 곳을 확실하게 알지 못하는 상황이라면, 사방을 한 치의 틈새도 없이 둘러싸야 한다. 성 전체를 통째로 삼켜서, 성안의 사람들을 몰살시키고, 뿌리를 끊어버리며, 이파리를 말리는 일도 해야 한다. 흉노의 군주 선우單于[2]가 한漢 나라의 고조高祖를 백등성白登城에서 포위했을 때도 이러한 상황이었다. 그런데 선우가 지혜가 없었기에, 진평陳平[3]에게 속아서, 고조를 도망칠 수 있게 하고 말았다. 이 점을 잘 생각해

---

2 선우는 본디 유목국가 흉노족(匈奴族)의 최고 우두머리를 부르는 칭호이다. 『한서(漢書)』 「흉노전(匈奴傳)」에 따르면 선우의 정식 명칭은 '탱리고도선우(撑犁孤塗單于)'이다. 흉노어로 탱리(撑犁)는 하늘, 고도(孤塗)는 아들, 선우는 광대한 모습이란 뜻이다(한국고전용어사전 : 실크로드사전).

3 진평(陳平, ?~기원전 178)은 초한 쟁패기, 전한 초기의 정치가, 전략가이다. 작위는 곡역후(曲逆侯), 시호는 헌후이다. 한 고조를 도와 전한의 건국에 큰 공을 세웠다. 출신은 위나라(魏) 양무

보아야 한다.

○ 성을 공격할 때는 마음에 새겨야 할 것이 무수히 많다. 적이 취약하여 식량으로 쓸 양미糧米도 부족하고, 적의 후방 부대가 지원하러 올 염려도 없는 성이라고 한다면, 그 성을 포위하여 군대의 위세를 과시하고, 작은 전투를 부단히 펼쳐서 성 내부를 피곤하게 만들어야 한다. 아군을 온전하게 해놓고, 적의 야간 공습 등을 받지 않도록 마음의 준비를 한 다음에 지구전을 펴면서 포위한다면, 힘을 허비하지 않고도 성을 함락시킬 수 있다고 한다.

○ 적이 강해서 식량으로 쓸 양미糧米도 많고, 적의 후방 부대가 지원하러 올 수 있는 성이라고 한다면, 기습적으로 공격을 개시해야 한다. 지체된다면 안팎에서 좁혀 오면서 공격을 받아 아군이 어려움을 겪을 수 있다. 그렇기에 긴급하게 성을 함락시키기가 어렵다고 판단될 때는, 신속하게 포위를 풀고 퇴각하는 일도 있을 수 있다. 그때그때 상황에 맞게 꾀하는 계략에 따라야 한다.

○ 산성 같은 것은 앞쪽으로 통하는 곳만 공사를 튼튼하게 하고, 뒤쪽으로는 산을 등지고 있어서 공사를 추가하지 않게 된다. 그러한 모습으로 축성된 성이라고 한다면, 앞쪽에서 매섭게 공격을 개시하고, 그와 별도로 병력을 후방의 산 쪽으로 돌려서, 삿갓에 해당하는 곳부터 함락시키는 일도 있을 수 있다.

그 밖에 성에 따라, 시기에 따라, 적에 따라, 세력의 많고 적음에 따라, 여러 가지 공격 방법을 동원해야 한다. 종이에 글자로 다 적기 어려

현(陽武縣) 호유향(戶牖鄉) 사람이다.

운 부분이다. 군사 기록을 많이 읽어서 스스로 최고의 경지에 도달해야 한다.

○ 성안의 계책으로서는 공격해 오는 측에게 여러 날을 보내지 못하게 하는 여러 가지 방략을 써야 한다. 명료하게 살펴서 좋은 방안을 꾀해야 한다.

○ 적지敵地에 뛰어들게 되면 마을의 인민들이 군병軍兵의 폭력적인 탈취를 크게 걱정한다. 그래서 인민들이 가재家財를 정리하여 처자를 도망시켜 숨긴다. 그리고 두려워하며 원망하는 마음을 갖는다. 그러므로 적지에 뛰어들 때는 군병의 폭력적인 탈취를 엄중하게 금지해야 한다. 나라 사람들에게 그런 짓을 하려고 해도 할 수 없도록 만들어야 한다. 그런데 인민들이 도망가서 숨는다면, 곳곳에 높이 표찰을 세워서, 엄중하게 군병의 폭력적인 탈취와 불법적인 행위를 금지한다든지, 빨리 일상으로 되돌아가 생활하라는 취지로 글씨를 써 붙여야 한다. 만일 이를 어겨서 폭력적인 탈취를 일삼은 사람이 있다면, 거주지에서 목을 베서 그곳에 효수梟首를 하여, 그 지역의 인민이 안도하게 해야 한다. 이렇게 하게 되면 적국의 인민이 아군을 믿고 복종하여 마음을 붙인다. 가토 기요마사가 이곳을 집어삼켰는데, 조선朝鮮의 지역민이 스스로 와서 따르며 일본의 군사와 친하게 지냈기 때문에, 기요마사의 군사는 진영에서 사용할 물건이 모자라는 일이 없었다고 들었다. 기요마사의 군법을 중요하게 여겨야 한다.

○ 성을 포위하려고 할 때는 먼저 후방 부대가 올 수 있는 도로 사정을 생각해야 한다. 별도로 수비대를 설치하고, 밀고 들어갈 병력을 배치하며, 그런 뒤에 성을 둘러싸야 한다.

○ 성을 공격할 때, 적의 성과 마주하는 곳에 쌓은 성向城을 2~3곳 갖추어야 한다. 그것을 공사할 때는 말을 둘러싸는 마방馬防의 도랑을 파고, 대나무 울타리를 치는 것으로 충분하다. 매우 편리하고 슬기롭게 설치해야 한다.

○ 성 가까이까지 밀고 쳐들어간 다음에는 방심하는 일이 없어야 한다. 틀어박힌 채로 버티는 쓰보미기와蟄際 전투라고 하는 것이 있는데, 이름을 남길 만큼 한바탕 치열하게 전투를 끝내고 나서 웅크리며 틀어박힌 적이 있었다. 이 전투 방식은 적군을 흩어지게 하거나, 아군이 다시 틀어박히거나 하는 것인데, 이렇게 해서 온 힘을 다해 단단해진 부대가 된다면, 한층 더 매서운 존재가 된다고 한다. 이 점을 마음에 새겨야 한다.

○ 성 가까이에 진陣을 칠 때는, 성과 진 사이에 숲 같은 것이 있으면, 그 그늘진 곳에 진을 쳐야 한다. 성에서 바로 내다보이는 곳은 대포 공격을 받을 염려가 있다.

○ 성과 진 사이의 거리는 정해진 법은 없다. 그렇지만 가까운 곳은 5~6정町, 먼 곳은 14~15정이 될 것이다. 게다가 적군의 성에 근접하여 진을 칠 때는 정찰척후을 자주 보내서 성과 그 주변 모습 등을 살펴서 보고하게 해야 한다.

○ 성을 공격하는 전법은 당시 여러 군사 전문가에게 전수되는 것을 보더라도, 공격 도구가 특히 부족하다. 성이 견고한 것에 비해서 공격 도구가 졸렬하여 함락시키기 어렵다고 판단이 서면, 대대로 전해주고 받았던 공격 도구 외에도 더 많은 서적을 참고해서 읽어 보고 생각을 해야 한다. 그런 다음에 성이 있는 곳의 높낮이 또는 축성 공사의 정교함

과 졸렬함 등을 다시 살펴서, 공격 도구를 신규로 제작해야 하는 것이 훌륭한 장수가 갖추어야 할 기량이라고 말할 수 있다.

○ 성을 공격하는 공성城攻은 문을 부수든가, 성벽을 무너뜨리든가, 돌담을 파서 넘어뜨리든가 하는 것이 아니라면, 파괴로 이끌 만한 실마리를 찾기가 어렵다. 그렇기에 먼저 이 세 곳을 격파할 궁리를 해야 한다. 그렇지만 성문과 성벽을 파괴하고, 돌담을 붕괴시킬 때도, 그쪽으로 접근하지 않으면 안 된다. 그래서 먼저 대나무 묶음 다발과 같은 도구를 제작하는 일이 첫 번째로 해야 하는 일이라는 점을 알아야 한다.

○ 대나무 같은 것을 큰 다발로 묶은 도구를 살펴보면, 먼저 두꺼운 판자로 상자를 마련한다. 그런 다음에 수레를 붙인다. 그리고 이 상자 안에 사람을 집어넣어서 대나무 다발로 묶는 방식으로 만든다. 그리고 가장 정교한 것은 위에서 말한 상자의 바깥 면을 소의 생가죽生牛皮,

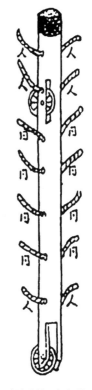

〈성문을 격파하는
목재의 그림(破門材之圖)〉

〈그림 11-1〉

멧돼지 생가죽生野猪皮을 가지고 펼쳐서 단단하게 하여 이용하는 것이 있다. 또한 큰 방패에 수레를 붙여서 만든다. 그것을 14~16인이 일제히 밀고 돌진하는 것이 있다. 손에 쥐는 방패를 밀고 돌진하기도 한다. 대나무를 엮은 다발을 가지고 접근하는 것도 있다. 그 밖에 네덜란드 방식으로 덮어쓰는 방패가 있다. 소의 생가죽生牛皮으로 손에 쥐는 방패와 같이 만들었다가, 대나무를 다발로 묶은 도구를 쓸 때는 허리를 구부린다. 이것을 등 위에 뒤집어쓰고 목에서 엉덩이까지 덮는다. 몇백 명이

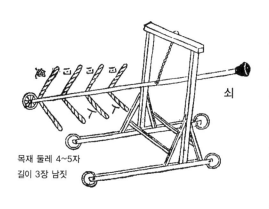

圖 の 撞 居 鳥

鎖

쇠

목재 둘레 4~5자
길이 3장 남짓

〈그림 11-2〉

연속해서 손에 손을 잡고 성으로 접근하는 것이 있다. 이와 같은 도구와 기계는 더욱 궁리한 다음에 제작해야 한다.

○ 성문을 격파할 때 쓰는 공격 도구를 살펴보면 〈그림 11-1〉과 같다. 둘레 3~4자, 길이 3장쯤 되는 커다란 목재의 머리 부분을 쇠로 둘러서 단단하게 만든다. 저쪽의 커다란 목재에 수레바퀴를 두 곳에 붙인다. 커다란 목재의 좌우 여러 곳에 그물을 붙인다. 이 나무를 50인이 달라붙어 끌게 하여서 성문으로 밀고 나아간다. 일제히 힘을 하나로 모아서 돌진하여 격파하는 방식이다. 더욱이 이 나무를 끄는 무사는 사람마다 손에 쥐는 방패를 소지하여, 적군의 화살과 돌을 방어하면서 접근해야 한다. 그런데 그렇게 해서 성문을 격파한 뒤부터는 목재도 방패도 던져버리고, 죽을힘을 다하여 성의 내부로 쳐들어가야 한다. 이렇게 하는 것을 큰 공으로 간주한다. 마땅히 후하게 상을 주어야 한다.

○ 또한 네덜란드 방식으로 성문의 가장자리나 돌담의 귀퉁이에 도리이鳥居[4] 형태를 만들어서 세운다. 이 도리이에 커다란 목재를 매달아 놓

---

4   도리이(鳥居)는 일본 신사(神社) 입구에 세운 기둥문을 말한다.

는다. 그 목재의 끝이 땅에 끌리는 부분
에 수레에 붙여서 잘 달릴 수 있게 한다.
종을 치듯이 강한 충격을 가해서 문을
깨부수거나 돌담의 네모나게 자른 돌角石
을 돌파하는 것이 있다. 모두 이러한 종
류의 공격 도구를 제작할 때는 더욱 궁
리를 해야 한다.〈그림 11-2〉

〈참고도〉 멱서리

○ 땔나무를 성문 가장자리에 겹겹이
쌓고 불을 피워 성문을 불태워서 파괴하
는 것이 있다. 또한 막대기에 불을 붙여 쏘는 봉화시棒火矢,[5] 불을 여러 개
붙여 쏘는 불화살, 어지럽게 피어오르는 난화亂火 등을 가지고 불태워서
파괴하는 것이 있다. 그 전법에 대해서는 제1권 화공燒討 부분에 자세하다.

○ 성을 공격할 때는 먼저 해자堀를 메워야 한다. 풀을 채워서 매립할
때는 그곳에 있는 집을 헐거나, 아니면 섶柴이나 새葦, 다다미疊, 그 밖에
왕골·짚·대 따위로 엮은 깔개席 같은 종류를 이용한다. 또한 흙을 담은
멱서리土俵(도효), 흙을 담은 가마니를 많이 만들어 놓는다.〈참고도〉 그런 다음 수천
수만 명에게 한 가마니씩 지참하게 하여, (화급하게) 박아 넣어 메울 수도
있다. 대체로 풀을 박아 넣어 매립하는 방식으로 할 때는 따로따로 박아
넣는 일이 없어야 한다. 한곳에 모아서 박아 넣어 길道이 만들어질 수 있
게 해야 한다.

---

5   봉화시(棒火矢, 보비야)는 일본 에도(江戸) 시대 화기(火器)이다. 예부터 전해오는 활을 사용하
    는 것이 아니라, 화포(火砲)에 화약(火藥)을 묻힌 화살을 발사하여 적진을 불태우는 무기이다.
    이것은 임진왜란 때 조선 수군(朝鮮水軍)이 사용한 것에서 고안된 것이라고 한다(브리태니커
    국제대백과사전).

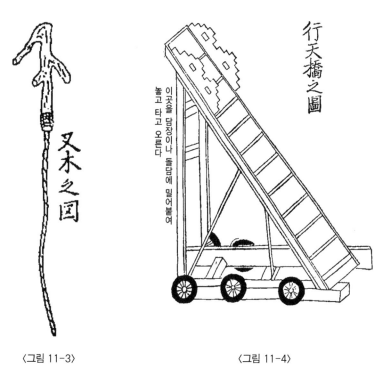

이곳을 담장이나 돌담에 밀어붙여 놓고 타고 오른다

行天橋之圖

又木之圖

〈그림 11-3〉　　　　　　　　　　〈그림 11-4〉

○ 성벽을 격파할 때는 그것을 잘라내서 무너뜨려야 한다. 갈퀴, 낫 등을 걸어 잡아당겨서 무너지게 한다. 큰 망치로 내리쳐서 깨부수는 일도 있다. 또한 느슨할 때는 기둥을 3~4개 멱서리에서 잡아당겨 끊어서, 당겼다 밀었다 하게 되면 무너진다. 또한 가느다란 삼노끈의 끝에 세 갈래 네 갈래로 갈라진 나뭇가지를 묶어서, 100줄기 200줄기를 걸어서 일제히 끌어당기면 넘어진다고 한다.〈그림 11-3〉

○ 성벽을 기어오를 때는 사다리를 놓고 오르거나 손으로 잡고 오른다. 행천교行天橋[6]라 부르는 물건을 이용하여 오르기도 한다.〈그림 11-4〉 그

6　성벽을 기어올라 적의 성에 침입하는 것은 적의 공격 표적이 될 수 있는 위험성이 있다. 그래서 대안으로 적의 성에 다리를 놓아 침입하는 방법이 고안되었는데, 그것이 행천교(行天橋, 교텐바

밖에 방패에 가로목을 끼워 붙여서, 사다리 대신으로 이용하는 것도 있다. 또한 목재 1개에 홈을 판 것을 붙여서 성벽으로 넘어지게 해놓고 오르는 것도 있다. 각양각색이다. 오사라기 사다나오大佛定直[7]가 남북조南北朝 시대 산성山城인 천검파성千劍破城[8]을 공격할 때는 20여 장丈 되는 사다리를 만들어서 절벽에 걸쳐놓

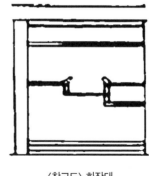

〈참고도〉 화장대

는 일도 있었다. 이것을 참고해 볼 만하다. 게레이키스북스에 공격 도구와 수비 도구가 매우 정교하고 자세하다. 서로 대조해서 살펴보고 나서 제작을 해야 한다.

○ 돌담을 무너뜨릴 때는 대나무 묶음 다발 같은 도구를 이용하여 접근해야 한다. 쇠로 만든 지렛대鐵手子나 곡괭이鶴の觜를 써서 돌담을 쓰러뜨린다. 틈새에 있는 돌隅石를 하나씩 둘씩 파내다 보면 나머지는 쉽게 넘어간다. 가토 기요마사가 이런 방법을 능숙하게 쓴 사람이다. 또 위에서 설명한 바와 같이 도리이 도르래鳥居撞로 붕괴시킬 수도 있다.

○ 망루櫓 혹은 성벽塀 등을 무너뜨릴 때는 '화장대化粧棚, 장식용 선반 - 역자 주'[9]라 부르는 물건을 집어넣으면서 파고 넣는 것이 있다. 그것의 형태는

시)이다.

7 원문은 大佛定直이지만, 大佛貞直을 가리키는 것으로 판단된다. 오사라기 사다나오(大佛貞直, 1290?~1333)는 일본 가마쿠라(鎌倉) 시대 말기의 무장(武將)이다. 1331년(元弘 1) 10월 21 일 구스노키 마사시게(楠木正成, 1294?~1336)의 아카사카성(赤坂城)을 공략했다(朝日日本歷 史人物事典).

8 천검파성(千劍破城, 치하야죠)는 가와치국(河內國)의 금강산(金剛山) 서쪽(지금의 大阪府 南河 內郡 千早赤阪村)에 있었던 남북조(南北朝) 시대 산성(山城)이다. 1331年(元弘 1) 아카사카성 (赤坂城)이 함락되자 구스노키 마사시게(楠木正成)는 이듬해 겨울 그 성을 다시 쌓아 재기했다 (世界大百科事典, 平凡社).

9 화장대(化粧棚)란 장식용 선반을 말한다.

〈참고도〉와 같다. 먼저 위와 같은 나무를 수없이 만들어 놓는다. 그런 뒤에 파고 넣음에 따라서 차례로 집어넣으면서 생각한 곳까지 파고 넣기를 반복한다. 그리고 구멍 안에 섶薪과 새띠 같은 종류를 겹쳐서 넣고 불을 지르면, '화장대'가 불에 타서 넘어져 구멍이 붕괴된다. 그렇게 하면 망루도 성벽도 넘어가게 된다.

○ 불을 질러서 공격하는 화공火攻은 바람이 크게 불 때 유리하다. 바람 위쪽에서 집이 있는 곳곳에 불을 질러, 그 불기운으로 성城을 불태우는 방식이다. 만일 집이 없을 때는 대나무를 산처럼 쌓아 올려서 불을 피워야 한다.

○ 물로 공격을 하는 수공水攻이라고 하는 것에는 두 가지가 있다. 하나는 물이 없는 산성 같은 곳일 때는, 성 바깥에서 물을 끌어와서 이용하는 것이 있다. 그 물이 흘러나오는 수원水源을 끊어내서 성안에 물이 한 방울도 없게 만들고 나서, 그런 다음에 공격한다면 물이 고갈되어 괴로운 나머지 성이 함락되는 상황에 이르기도 한다. 다른 하나는 물을 뿜어내는 배수 사정이 나쁜 성과 그 주변 지역의 경우에는, 낮은 쪽에 길게 제방을 구축하고 나서 높은 쪽에서 물을 집어넣으면, 성과 그 주변 지역이 물에 잠겨서 성이 함락될 수가 있다. 태합太閤이 이 전술을 쓰기도 했다. 다만 제방과 성의 높낮이는 기술을 활용하여 계산을 잘해야 한다. 만일 제방이 낮아서 물을 끌어들였는데도 성이 잠기지 않게 된다면, 힘만 쓰고 성과功를 얻지 못하게 될 뿐만 아니라, 천고千古의 웃음거리가 되고 말 것이다.

그 밖에 공격 도구라든가 공격 양상을 몇 번이고 계측해야 하는 일도 있다. 그런 다음에 제작해야 한다. 공격 도구의 제작도 신규로 할 수 없을 정도로 졸렬하게 된다면, 결국에 가서는 어떻게 감히 과감하게 전투를 펼칠 수 있겠는가. 그러므로 위에 제시한 것 외에도 공성城攻에 관하여 마음에 새겨야 하는 것이 있다. 그것에 대하여 아래에 적는다.

○ 성을 공격할 때는 총을 연속 발사하기도 한다. 조가비나 큰 북 등을 울려서, 일제히 공격을 개시할 태세를 알린다. 또는 여기저기 공격이 용이한 곳에 병력을 파견하고자 끊임없이 사람을 모은다. 때로는 복병을 들여보내 성안에서 소동이 일어나게 한다. 화전火矢이나 대포大筒 등을 발사하여 적의 간담을 서늘하게 하기도 한다. 이처럼 새로운 수단을 번갈아 사용해 가면서 밤낮으로 사흘 동안 계속해서 괴롭힌다면, 성안이 크게 피곤해지게 된다. 적당한 때를 잘 보고 결정하여 총공세를 펼쳐서 매섭게 공격하면 여러 가지로 이점이 있음을 알아야 한다. 다만 이와 같이 공격할 때는 병력을 몇백 명씩 나누어 서로 역할을 정하고 나서 활동을 시작해야 한다.

○ 성안에서 화해和睦 또는 항복降參 등을 희망하는 의사를 표시할 때는 그것이 진짜인지 가짜인지를 잘 살펴야 한다. 먼저 사정을 밝혀낸 다음에 여러 생각을 종합하여 관리해야 한다. 후방 부대가 지원을 나올 때까지 적군이 시간을 끌기 위하여 이처럼 수를 쓰는 행위가 될 수도 있기 때문이다. 잘 살펴보아야 한다.

○ 적장이 성을 나와 염치도 없이 항복하는 일도 있을 수 있다. 진짜로 항복했는데 죽인다면 그것은 어리석은 일이다. 가짜로 항복했는데 도와준다면 그것도 역시 어리석은 일이다. 첫 부분에서도 언급하였듯이, 항복한 사람降人의 갑옷과 투구, 또는 당시 상황 등을 잘 생각하고 헤아려서 대처해야 한다. 이것을 가리켜 사물을 똑똑히 살핀다는 뜻으로

명찰明察이라 부른다.

○ 성안에서 대장의 지위에 있는 사람大將分이 할복을 하여 남아 있는 병력을 살리고자 희망하는 일도 있을 수 있다. 성을 넘기고 성안을 모조리 비워주고자 희망하는 일도 있을 수 있다. 이것 또한 잘 살펴서 실수가 없게 조치를 해야 한다.

○ 어쨌든 이 성을 베개로 삼고 전사討死 하겠다고 각오하고 마음을 정하는 적敵도 있을 수 있다. 앞뒤를 가리지 않고 뚫고 나가는 적도 있을 수 있다. 후방 부대의 지원을 기다리는 적도 있을 수 있다. 적의 기질模儀과 사정을 잘 살펴서 대처해야 한다.

○ 성을 함락시키고 나서는 성안의 사람을 불쌍히 여긴 나머지, 군병의 폭력적인 탈취와 불법적인 행위를 금지하여 안심시킬 수도 있다. 또는 그때그때 형편에 알맞게 성안의 사람들을 모두 내보내서 아군의 대열에 넣고, 그 성에는 별도로 무공武功을 세운 사람에게 병력을 붙여주고 들여보낼 수도 있을 것이다.

○ 항복을 하려는 사람에게는 상황에 따라서 영지領地를 거두어들이고 목숨만 살려줄 수도 있다. 때로는 절반의 토지를 인정해주거나, 때로는 대대로 내려온 영지本領를 인정해주겠다고安堵 약속하는 등 그때그때 형편에 따라야 한다.

○ 크게 맹위를 떨치고, 이웃 나라를 몹시 흔들어 놓으면, 녹봉을 많이 받던 사람은大祿 자기가 소유했던 영지를 잃을까 두려워한다. 녹봉을 적게 받았던 사람은小祿 자기가 몰살을 당할까 두려워한 나머지, 죽기 살기로 마음을 먹고 끝까지 항복도 하지 않는 것이다. 그러한 상황에서 성城마다 건물館마다 모두 물리쳐서 함락하려고 한다면, 여러 날 걸려서 싸

위야 하고 그 과정에서 병력도 손실을 입게 된다. 그래서 군사 전략을 세우는 사람은 그 장본인이 항복을 한 이상은, 그 나머지 사람들은 목숨은 말할 것도 없고, 영유지도 함께 오로지 지금까지 그랬듯이 유지를 해주어야 한다. 안심하고 재빠르게 나가서 아군의 대장大將을 찾아뵈어야 하며, 곳곳에 널리 알리는 글을 써서 붙인 표찰을 높이 세워서, 너그럽고 인자한 속마음을 나타내야 한다. 태합太閤, 도요토미 히데요시-역자 주의 규슈九州 공략 때도 이러한 마음가짐이었을 것이다.

위는 성을 공격하는 공성城攻의 큰 줄거리이다. 더욱더 옛날에 있었던 일古蹟을 참고해 보아야 한다.

제12권

농성籠城과 수비 도구

농성은 먼저 대장大將이 된 사람이 각오를 하여 결정해야 한다. 본디 농성을 하는 기본 취지는 대규모로 적군이 나의 나라로 밀고 들어오는데도, 아군의 세력이 작아서 효과적으로 대응하지 못하기 때문에, 지형을 병력 대신으로 이용하여 웅크리고 있으면서 적을 헤아리는 것이다. 또한 적이 대규모까지는 아니더라도 여러 차례 전투에서 아군에게 손해를 입혀서 아군이 농성에 이르는 수도 있다.

그런데 농성은 수비를 잘하여 성이 함락되지 않게 하는 것을 가장 중요한 역할로 삼는다. 그렇다고 해서 지키는 것에만 집착하고 있다면, 언제나 심하게 공격당해 비틀비틀하게 되어, 어이없이 공격받고 함락될 수도 있다. 그래서 병兵을 잘 아는 사람의 농성을 살펴보면 이와 같다. 때로는 성안에서 야간 공습夜討을 개시하거나, 때로는 적이 방심하는 것을 간파하여 불시에 돌진突驀하기도 한다. 때로는 근거 없는 말을 소문으로 퍼뜨려서 공격해오는 측의 기세를 의심하게 만들어 놓는 일 등을 한다. 이것은 성안의 대응 태세를 굳건하게 만들고, 적을 비틀거리게 만들려고 하는 전술이다. 이것이 훌륭한 장수가 농성을 하는 방식이다.

○ 농성 때 대장의 각오라고 말한 것은 필사의 각오를 하여 결정하는 것을 뜻한다. 첫 부분에서 언급했듯이, 대규모 적에게 포위되거나, 또는 여러 차례 전투에서 손실을 입어 전투력이 바닥이 난 상태에서 아군이 농성할 때는, 운運이 트이게 하는 것까지는 기대하기 어렵다. 그렇다고 는 하지만 필사의 각오를 잘 궁리하고 공수守攻의 전술을 잘 이해하여, 방어에만 힘을 다 쓰지 말고 임기응변을 잘하여 적을 살핀다면, 공격하는 측을 뒤쫓아가 무너뜨려서 운이 트이게 하는 일이 생길 수도 있다. 그런데 대장이 필사의 각오를 결정하지 않는다면, 농성도 보람이 없게 된다. 사물의 겉만 건드릴 뿐 깊이는 모르는 수박 겉핥기가 되어 항복을 구걸해야 하는 처지에 놓일지도 모르는 일이다.

○ 농성 때 번두반가시라 이상 고위직 무사들이 필사의 각오를 결정하기 어려운 사람은, 실의평정實義評定이라고 말하는 것이 있는데, 먼저 고위직 무사들이 함께 모여서 꾸밈없이 의논을 해야 한다. 그런 다음에 결국에 가서 필사의 각오를 결정하기 어려운 사람은 진심을 다해서實意 빼주어야 한다. 그렇지만 그것이 덕德이 없이 멋대로 인仁과 비슷한 행동을 하게 한다면, 그것이 허虛에 편승하게 되어 용감한 무사라도 겁이 많아지게 만들어서, 모두가 빠지고 싶어지는 일도 생길 것이다. 그래서 필사를 결정하기 어려운 사람을 잘라내서 버리게 하여 여러 고위직의 심기를 끌어올리게 하는 일도 중요하다. 이 부분은 대장大將이 후덕한지 부덕한지, 명석한지 어리석은지에 달린 일이다. 그런데 보통의 군사나 배졸 등의 경우에는 필사를 결정하기 어려운 사람을 5인조가 그 까닭을 대장에게 아뢰고 나서 빼주어야 한다. 다만 욕을 퍼붓거나 창피를 주거나 하여

서 원한을 품게 하는 일이 없어야 한다. 고마웠다는 말을 해주거나, 혹은 운運이 트이면 되돌아오라는 식으로 말을 해야 한다. 이렇게 한다면, 그 사람이 나가더라도 부끄러워하는 마음이 있기에, 성안에 복수하는 일은 없게 된다고 한다.

○ 농성에서는 인화人和가 가장 중요하다. "지형의 이로움이 사람의 화목함보다 못하다地之利 不如人之和"는 말이 있듯이, 아무리 지세가 험하여 적을 방어하기에 적합한 성에 웅거하더라도, 위아래가 불화가 있을 때는, 안쪽부터 무너지게 하는 일이 발생하므로 오래도록 견뎌내는 것이 결코 가능하지 않다. 그런데 불화라고 하는 것은 의심하지 말아야 할 사람을 의심하고, 죄가 없는 사람을 처벌하고, 죄를 주지 말아야 할 때 주고, 죄를 주어야 할 때 주지 않으며, 상을 주어야 하는 것을 상을 주지 않고, 상을 주지 말아야 하는 것을 상을 주는 것과 같은 것을 말한다. 이러한 일이 있으면, 아래에 있는 사람은 위에 있는 사람을 원망한다. 아래에 있는 사람이 위에 있는 사람을 원망하게 되면, 여러 무사가 불평을 품고 순종하지 않으려는 마음을 먹게 된다. 그렇게 되면 어떤 일이든지 정성을 다하는 일이 없어진다. 정성을 들이는 일이 없게 되면, 방어 전술도 허술해져서 적에게 무너지고 만다. 또한 내란이 일어날 수도 있다. 이런 까닭에 철통같이 견고한 성城에 웅거하더라도, 인화를 잃은 대장은 갑자기 적에게 짓밟히게 된다고 하는 점을 알아야 한다. 그래서 농성 때 첫 번째 도구로 내세우는 것은 인화라고 옛 명장들이 말한 바 있다.

그런데 인화를 말할 때 세상 사람이 잘못 생각하고 있는 것이 있다. 먼저 화和라고 말할 때는 윗사람의 사람됨이 까닭 없이 부드럽고 온화한 것을 말한다. 욕을 퍼붓거나 꾸짖는 말을 입 밖으로 꺼내는 일이 없다.

자그마한 것일지라도 이토록 은혜를 베풀고, 상대편에게 작은 연민이라도 보낸다. 또한 아랫사람도 아무런 이유도 없이 윗사람을 친하게 대하고 기꺼이 따른다. 게다가 친구와 동료까지도 의견이 다른 말을 하지 않는다. 이처럼 사이가 좋은 것만을 가리켜 화라고 생각하고 있다. 그것도 화라고 말하면 화가 될 수 있다. 그런데 아버지나 어머니가 화로 삼는 것은 성주의 화와 종류가 서로 다르다. 성주의 화라고 하는 것은 군사가 모두 지혜로움과智 인자함과仁 용감함勇이 갖는 깊은 뜻을 잘 이해하고 법을 수호하며 과감하게 행동하는 것을 가장 으뜸으로 삼아서, 사람들이 모두 용감해지는 것을 화라고 간주한다. 무장武將에게 필요한 화가 바로 그것이다. 그것은 곧 아버지나 어머니의 화와 하늘과 땅만큼이나 격차가 있다.

○ 농성할 때는 쓰보미기와蟄際라고 하는 것이 있다. 한바탕 치열하게 싸우는 전투를 하고 나서 틀어박힌 채로 버티는 것을 말한다. 그렇게 하는 기본 취지에 대해서 말하자면 이와 같다. 성을 공격하는 공성城攻의 권에서 언급하였듯이, 앞뒤를 가리지 않아 유리한 상황을 놓치고, 점점 밀렸다가 농성에 이르게 되는 수도 있다. 달리 방법이 없어서 점차 지극히 분한 마음이 들어도 대응하지 못하게 되고, 또한 겉만 건드리는 수박 겉핥기가 되어 항복하기도 어려운 분통한 마음이 든다면, 이것저것 따지지 않고 틀어박혀 있게 될 것이다.

그런데 적이 아직 성을 포위하지 않은, 즉 포위하기 이전에 역습으로 타격하고 흩뜨려서蹶散,[1] 적을 내쫓는 일도 있을 수 있지 않을까 생각한

---

1 원문은 蹶(넘어질 궐)이지만, 문맥상 蹴(찰 축)이 아닐까 생각한다. 일본어 게치라스(蹴散)는 '적을 쫓아 흩뜨리다', '쫓아 해산시키다'의 뜻이다.

다. 설령 적을 내쫓지 못하더라도, 무운武運이 기울어 틀어박혀야 하는 상황이라면, 반드시 이름을 남길 일전一戰을 치르겠노라고 마음을 먹고 매섭게 한바탕 전투를 펼칠 수도 있다. 그런데 싸워야 할 그림은 적이 도착하게 될 장소를 간파하고, 아직 후방 세력이 도착하지 않은 곳을 공격해야 한다. 다음으로는 성 가까이 접근하더라도 아직 대열을 이루지 못한 곳을 공격해야 한다. 다음에는 야간 공습夜討을 실시해야 한다. 야간 공습에는 4가지 그림이 있는데, 야간 전투夜軍의 조에 상세하다. 그런데 이 한바탕 전투에 투입해야 할 병력은 그 가운데서도 용감한 사람을 선발하여, 신속하게 순서를 정하여 배치해야 한다. 기병騎과 보병步은 임시 만남이 이루어지는 대로 배치하게 된다.

○ 주장主將이 자리를 비우는 상황이留守 발생했을 때, 병력의 수가 부족해지게 되면 하면 변동이 생길 수도 있겠지만, 열에 여덟아홉은 방어전을 마음에 두게 될 것이다. 그렇다고 하더라도 그때그때 형편에 따라서는 재빨리 병력을 파견하여 적을 내쫓는 일도 일어나게 된다. 부재중인 성주를 대신할留守城代 전략을 세워야 한다.

○ 일본에 여러 부류의 농성이 있다. 대부분은 성 아래에 있는 상가商家 또는 인근 촌락에 사는 인민의 곡식과 비단, 소금과 된장과 함께, 땔나무가 될 만한 물건, 혹은 보습耟과 가래鍬 같은 것까지도 모두 성곽 내부로 들여보낸다. 운運이 트이면 곱절로 쳐서 되돌려주겠다는 약속을 한다고 한다. 그렇게 하는 까닭은 이와 같다. 즉 자기한테서 민심이 떠나갈 방법을 썼다가 좋지 않은 일이라도 생기면 좋은 평가를 받지 못하기 때문이다. 그렇다 하더라도 당시 일본 풍습에 따라 평소 축적해놓아야 할 일을 서투르게 관리하면 그와 같은 일이 생기게 된다. 병사의 식량糧

兵,2 직물布帛, 소금과 된장 등을 미리 준비해 놓지 않으면, 달리 곡식과 직물, 소금과 된장 등을 비축할 전술이 없다. 그래서 정치를 어떻게 했는가에 대한 평판은 잠시 접어두더라도, 일본 풍습대로 농성할 때는 그와 같은 것을 신속하게 조치하는 것이 농성에서 첫 번째로 갖추어야 하는 조건이다. 구스노키 마사시게가 오미노구니近江國3의 곡식을 빼앗아, 히에이산比叡山4에 맡겨두었던 것도 이러한 마음가짐에서 나온 것이다. 그런데 위에서 말한 사정이 있었기에 급한 상황에 닥쳐서 7전 8기로 힘겹게 운반하여 들여보내는 것보다는 여러 해에 걸쳐 마음을 써서 지속적으로 저장을 해 둔다면, 농성에 다다르게 되더라도 소동을 일으키는 일도 없을 것이고, 틀어박힌 채로 버티는 쓰보미기와蟄際도 훌륭하게 수행할 수 있게 될 것이다. 이것 또한 성주城主가 중요하게 생각하고 마음에 새겨야 하는 일이다.

○ 위에서도 언급하였듯이, 성 아래城下와 함께 인근 고을의 곡식과 비단을 빼앗아서 운반하여 가져간다고 하더라도, 화급하게 하는 농성이거나, 기근이 발생한 해에 하는 농성에는 운반해서 들여보낼 만한 미곡도 없을 것이다. 큰일에 대비하여 미리 축적해야 할 일이다. 그런데 미곡을 저장할 때는 벼粟를 가마니에 담지 않고, 곧장 상자에 담아 창고에 저장해야 한다. 그렇게 하면 몇십 년이 지나도 벌레가 먹지 않게 된다.【사방으로 6자 되는 상자와 창고에 30석을 넣음】물론 녹봉에 따라서 농성에 참여할 인원수를 미리 계산해 놓고, 식량으로 쓸 양미를 저장해야 한다. 예

2 원문은 糧兵이나, 의미상으로는 兵糧이 아닐까 생각한다.
3 오미노구니(近江國)는 지금의 시가현(滋賀県)에 해당하는 동산도(東山道, 도산도)의 한 나라이다.
4 원문은 叡山(에이잔)으로 적혀 있는데, 이것은 比叡山(히에이잔)의 약칭이다. 이 산은 일본 교토시(京都市)와 시가현 오쓰시(滋賀県大津市)의 경계를 이루는 곳이다.

를 들면 천 명이 농성할 것으로 내다본다면, 천 명이 1년에 먹는 것은 현미現米[5] 5천 가마니, 곁 겨를 안 떨어낸 벼粟로는 만 가마니가 된다. 위의 견적을 바탕으로 하여 상上은 3년분, 중中은 2년, 하下는 1년 저축해야 한다. 제齊 나라의 전단田單[6]은 2년 동안 성에서 견뎌냈다. 운주雲州의 아마코尼子[7]는 6년 동안 농성을 하기도 했다. 이것은 인화와 식량으로 쓸 양미, 두 가지를 모두 얻었기 때문에 가능했다. 이 점을 중요하게 다루어야 마땅하다.

○ 식량으로 쓸 양미에 관한 것은 일본과 중국에 여러 설이 있다. 여기에서 말하는 것은 새로운 설이라고는 말할 수 없다. 다만 처음 배우는 사람들을 위하여 큰 줄거리를 적고자 한다. 먼저 벼粟에 관한 것은 첫 부분에서 언급한 것과 같다. 그 밖에 조粟, 피稗, 보리麥, 기장黍, 옥수수稷, 콩大豆과 팥小豆, 이 모든 것을 저장해 놓아야 한다. 또한 쌀을 쪄서 말린 건반糒[8]을 선호한다고 한다. 건반쪄서 말린 밥은 백 년이 흘러가도 줄거나 손실되는 것이 없다. 내가 안에이安永[9] 연간에, 만지萬治[10] 연간에 만들어진 건반을

---

5 원문의 현미(現米)는 의미상으로 껍질을 벗겨 도정(搗精)을 마친 백미(白米)를 가리키는 것으로 보인다. '現米 5천 가마니가 粟 만 가마니'라고 한 것을 보면, '粟 만 가마니를 도정하면 現米 5천 가마니가 된다'는 의미로 해석된다.

6 전단(田單)은 중국 전국(戰國) 시대 후기의 제나라 전씨(田氏)의 일족으로 지략이 뛰어난 장군(將軍)이다. 연나라가 제나라를 침입하였을 때 제나라의 여러 곳의 성이 항복하였지만, 전단은 산동성에서 끝까지 방어했다. 그의 활약으로 연나라 군대를 격퇴하고 제나라를 부흥시킬 수 있었는데, 그 공로로 안평군(安平君)에 봉해졌다.

7 여기에서 말하는 아마코(尼子)는 아마코 요시히사(尼子義久, 1540?~1610)를 가리키는 것으로 보인다. 이 사람은 일본 센고쿠(戰國) 시대의 무장(武將)이다. 1562년(永祿 5) 모리(毛利) 씨가 이즈모(出雲)에 침입하여 이듬해 백록성(白鹿城, 시라가죠)이 함락되자 부전성(富田城, 도다죠)에 고립되고 말았다. 3년에 걸친 농성전(籠城戰) 끝에 1566년(永祿9) 11월 28일 성문을 열었다. 저자가 본문에서 "아마코(尼子)가 6년 동안 농성을 했다"고 적은 것은 이때의 일을 말하는 것으로 보인다. 그 뒤 그는 삭발하고 지내다가 1610년(慶長 15) 사망했다. 그의 자손은 사사키(佐々木)라는 성(姓)을 받아 회복하였으며, 모리 씨의 가신으로 존속하였다고 한다(朝日日本歷史人物事典, 朝日新聞出版).

8 쌀을 쪄서 말린 비상식량(糒)을 건반(乾飯, 干飯)으로 적고 '호시이이' 또는 '가레이이'라고 부른다.

먹어본 적이 있다. 오로지 그 성질이 가볍기만 하고, 전혀 맛이 달라지지 않았다. 그 밖에 건육乾肉, 건어乾魚, 건채乾菜, 나무 열매 같은 것도 저장해야 한다. ○ 소금은 커다란 병大瓶에 담아서 저장해 두면, 덩어리一塊가 져서 백 년도 유지된다. 내가 만지萬治 때의 소금도 직접 본 적이 있다.

○ 된장은 소금을 넣고 간을 세게 하여 3년 동안 담가 두었다가, 4년째에 차례대로 조절하여 바꾸어야 한다. ○ 성안에는 밤과 떫은 감을 많이 심어야 한다. 밤은 껍질을 벗겨내 깐 밤으로 만들고, 떫은 감은 줄에 꿰어 말려서 곶감을 만들어야 한다. 이것 또한 배고픔을 해결해 준다. ○ 벼와 건반쩌서 말린 밥은 수납한 것의 200분의 1을 해마다 저장해야 한다. 200분의 1이란 수납 받은 것이 만 석이면 그 가운데서 50석을 저장해야 안심된다는 의미가 된다. 다만 이 정도의 저장도 하지 못할 정도로 경제 사정이 좋지 않아 변통이 잘 안 된다면, 결국 전투도 전세가 좋아질 수가 없다. 만일 그런 상황이라면 차라리 성을 바치기로 하고, 한시라도 빨리 필부匹夫로 변신하는 것이 마땅하다.

○ 농성하는 곳에 다른 아군이 병량兵糧을 보내오려 한다고 할 때, 함부로 인부人夫와 함께 성안으로 들어오게 하는 일이 없어야 한다. 아군의 신표로 삼던 부절割符, 합인合印 등을 대조하고, 가마니 속을 점검한 뒤에, 성안으로 들어가게 해야 한다. 방심하는 일이 없어야 한다. 구스노키 마사시게는 갑옷과 투구, 병기 등을 가마니로 만들고, 적군 쪽 사람으로 위장을 하였다. 유아사湯淺[11]가 성안城中으로 그것을 운반하여 다 들여보

9   안에이(安永)는 일본 에도(江戸) 시대인 1772년부터 1781년까지 연호를 말한다(後桃園天皇, 光格天皇).
10 만지(萬治)는 일본 에도(江戸) 시대인 1658년부터 1661년까지 연호를 말한다(後西天皇).
11 유아사(湯淺)는 유아사 무네후지(湯淺宗藤, 생몰년 미상)를 가리키는 것으로 보인다. 그는 일본

냈다. 그런 다음에 가마니 속에서 병구兵具를 꺼내서, 갑옷 등을 단단히 갖추고 나서, 성안 사람들을 베기 시작하여, 그 성을 함락시킨 일이 있다. 그러므로 마음을 잘 써야 한다. 깊이 관심을 기울여야 한다.

게다가 성안으로 병량이 들어갈 때 붙어서 들어가려고 시도하는 적敵이 있을 수 있다. 그러한 상황에 놓이게 되면, 재빠르게 문밖으로 그 사람을 내보내고, 가마니 속을 확인하게 해야 한다. 진짜 병량이라고 한다면, 서둘러서 끌고 성안으로 들어가야 한다. 그렇다고 하더라도 그 사람에게 방심하는 일이 없어야 한다. 단도短刀라도 들고 찌르며 달려든다면, 그 단도를 즉시 빼앗아야 한다. 그 밖에도 관심을 기울여야 할 상황이 여러 가지가 있을 것이다. 이러한 것을 게을리 하는 일이 없어야 한다.

○ 위에 언급한 바와 같이, 식량으로 쓸 양미도 많고, 사람도 화목하며, 방어술도 뛰어나게 갖추어, 여러 해 동안 성을 함락시키지 못하게 하는 것은 좋은 일이어서 좋기는 하다. 그렇지만 오로지 견뎌내는 것만 가지고는 선善 중에서도 선이라고는 말하기 어렵다. 견뎌낸 뒤에 잘 헤아려서 공격해오는 적을 추격하여 내쫓는 것을 선의 선이라고 할 수 있는 것이다. 그런데 이것도 매우 훌륭한 점인데, 설령 적을 내쫓지 못하더라도 2~3년 동안이나 성을 지키며 견뎌낸다고 하는 것은 좀처럼 평범한 장수凡將가 할 수 없는 부분이다. 농성한 장수에 대해서도 잘 생각해 보아야 한다.

○ 성문을 열고 치고 나가야 한다고 생각할 때는 먼저 화살과 포를 발사하거나, 또는 돌 같은 것을 떨어뜨린다. 그렇게 해서 적이 우왕좌왕하

가마쿠라(鎌倉) 시대 말기부터 남북조(南北朝) 시대에 걸친 시기의 무사(武士)이다. 그의 법명(法名)은 정불(定佛, 죠부쓰)이다(위키피디아).

는 모습을 끝까지 확인하고 나서, 위험한 지경을 벗어난 토끼처럼 뛰쳐 나가야 한다. 다만 기병騎과 보병步은 지형과 그때그때 형편에 맞추어야 한다.

○ 농성은 성과 성채 둘레에 흙이나 돌로 울타리를 쳐 놓은 하나의 구역曲輪을 끝으로 해서 전사討死 하겠노라고 마음을 먹어야 한다. 세 번째 성곽산노마루에서 두 번째 성곽니노마루, 두 번째 성곽에서 본성혼마루으로, 차례차례 끌고 들어가서는 안 된다. 이것은 농성 때 가장 먼저 생각을 해야 한다.

○ 갈림길에 위치한 성으로 적군이 포위해 올 때는 본성혼마루에서 시간을 끌지 않아야 한다. 후방 부대를 보내게 되면, 어떻게든 견뎌내서 갈림길의 성을 책임지고 지키겠다는 각오가 되어 있어야 한다.

○ 농성 때 적군을 괴롭히고자 할 때는 야간 공습을 자주 하는 것만큼 좋은 것이 없다. 다만 야간 공습 종료 후에 되돌아와서 들어가야 할 작은 입구小口에는 무카에조나에迎備[12]라 부르는 수비대를 파견해 두어야 한다.

○ 성벽 뒤쪽의 병력 편제를 살펴보면, 먼저 성벽 뒤쪽에 각 장수가 본거지로 삼고 군무를 처리하는 대기소를 연달아 설치한다. 각 우두머리의 깃발과 마인馬印 등은 각각의 대기소 앞에 세워 둔다. 병력 편제는 위에서 언급한 바와 같이, 더욱 엄밀하게 정해 놓아야 한다. 그리고 삿갓이나 갑옷 등 증표相印를 생략하는 일이 없어야 한다. 그런데 병력은 1칸에 3인을 배치해야 한다. 배졸이 없는 병력 편제라고 한다면, 5오伍 25인에게 성벽의 뒤쪽 8칸, 백인두햐쿠닌가시라 1개 부대組에 32칸을 수비

---

12 일본어로 무카에조나에(迎備)란 적군(敵軍)을 맞이하여 공격하기 위하여 진지를 구축해 놓은 것을 말한다.

하게 해야 한다. 또한 배졸이 있는 병력 편제라고 하면, 1오 5인을 1개 부대로 잡아서 배졸의 수를 계산해내고, 성벽 1칸에 3인이라고 하는 제도를 가지고 성벽 뒤쪽의 수비 책임을 넘겨주어야 한다. 물론 병력에 여유가 있다면, 1칸에 4~5인도 배치할 수 있을 것이다. 다만 성벽 뒤쪽에 판자를 걸어서, 어느 부대 아무개가 수비하는 곳이라고 써서 붙여야 한다. 배졸이 있다면, 배졸의 인원수도 각각의 이름 아래에 붙여 놓아야 한다.

○ 위와 같이 성벽 뒤쪽의 병력 배치를 정해 놓아서, 어떠한 변동이 있더라도, 자기가 수비를 맡은 구역을 이탈하는 일이 없도록 해야 한다. 지시 없이 이탈하는 사람은 처벌한다.

○ 사졸 10인에 1인의 우두머리를 더하여 총 11인이 되는데, 이것을 1개 부대의 유격대로 삼는다. 1개 성곽에 2~3개 내지 10개 부대를 설치한다. 끊임없이 성벽 뒤쪽을 돌면서 망을 본다. 공격해 오는 군대가 매섭게 공격을 걸어올 만한 곳에, 본래 병력에 인원을 추가하여 방어해야 한다. 이 전법은 매우 편리한 병력 배치이다.

○ 평소에 적군이 가까이까지 쳐들어오지 않을 때는 배졸이 없는 부대라고 하면 25인에서 3인씩 서서 망을 보게 한다. 배졸이 있는 부대는 1개 오伍의 총인원에서 3인씩 서서 망을 봐야 한다. 다만 망을 보는 데 배졸만 이용하는 일이 없도록 해야 한다. 5인의 주인主人 중에서 1인씩 추가하여 근무해야 한다. 밤에도 똑같다. 다만 야간에는 유격대 중에서 지원을 해주는 야간 근무 담당자를 내보내야 한다. 대체로 이와 같은 정찰척후을 세우는 것은 매우 중요한 역할이다. 이것을 게을리 하는 일이 없도록 해야 한다.

○ 적군이 공격을 걸어오지 않을 때라도, 성벽 뒤쪽의 병력을 서로 합의하여 절반씩 갑옷과 투구를 쓰도록 해야 한다. 이를 게을리 하는 일이 없도록 해야 한다. 게으름을 피우는 사람은 처벌한다.

○ 유격대도 4개 부대가 있다면, 2개 부대씩 교대로 갑옷과 투구를 쓰도록 해야 한다. 이것 또한 게을리 하는 일이 없도록 해야 한다.

○ 밤이고 낮이고 서서 망을 보고 야간 순찰을 하는 사람이 적군의 공격 개시를 알아차리게 되면 이렇게 해야 한다. 먼저 신호를 알리는 악기를 울린다. 그런 뒤에 본대의 병력과 유격대와 함께, 갑옷과 투구를 벗고 쉬고 있던 무리들까지도 가세하여 재빠르게 갑옷 등을 단단히 갖추어 입는다. 그러고 나서 각자 수비를 맡은 위치로 가서 근무해야 한다. 게으름을 피우는 사람은 처벌한다.

○ 야간 순찰 때는 아시가루足輕를 이용해야 한다. 그런데 모든 병력이 피로하여 지쳐 있거나, 또는 군사가 부족하다면, 햐쿠쇼百姓와 죠닝町人 같은 사람에 추가하여 움직이지 못하는 늙은 사람이라도 이용해야 한다. 3인을 1개 조로 하여 10개, 20개 조까지도 설치한다. 그리고 동쪽에 5개 조, 서쪽에 5개 조, 이런 식으로 정해 놓는다. 그런 다음에 밤낮으로 끊임없이 성벽 뒤쪽으로 순찰을 한다. 더욱이 한 개씩 구역을 나누어 설치해야 한다. 그런데 이와 같은 순찰 병력은 성벽 뒤쪽 본래 배치된 군사와 서로 감시자가 되어 상호 간에 태만하지 않게 경계하지 않으면 안 된다.

○ 햐쿠쇼百姓와 죠닝町人 중에서 건장한 사람을 선발하여야 한다. 20인을 1개 조로 하고 우두머리 1인을 덧붙여서, 이들을 불을 끄는 파수꾼火消役, 히케시야쿠으로 활용한다. 1개 성곽에 2~3개 조를 설치해야 한다. 그

런데 성안에 불이 나거나, 또는 적군이 불화살火矢 등을 쏴서 공격하더라도, 성벽 뒤쪽에 배치된 본대의 군사는 말할 것도 없고, 유격대까지도 조금이라도 불이 있는 쪽에 집착하는 일이 없도록 해야 한다. 더욱더 자기가 수비를 맡은 위치를 염두에 두고 지켜내야 한다. 그런데 성안은 말할 것도 없이, 성 바깥이라도 불이 나서 타죽는 일이 발생한다면燒亡, 밤중이라도 모든 사람이 일어나서 갑옷과 투구를 갖추어 대비해야 한다.

농성의 취지, 그리고 병력 배치의 준비 등에 대해서는 위에서 설명한 것으로 대체로 충분하다. 지금부터는 아래에서 수비 방법과 수비 도구를 적는다. 이것도 모두 궁리를 더 해야 한다.

○ 성벽 뒤쪽의 기둥 위에 있는 기둥과 기둥 사이에 가로 대는 인방貫에 판자를 끼우고, 이것을 화살이나 총을 발사하거나 돌을 떨어뜨릴 때 발판으로足代 삼아야 한다. 돌을 던지는 일은 하쿠쇼百姓, 죠닝町人 또는 배졸 중에서 이 일에 익숙한 사람을 뽑아서 활용해야 한다.

○ 성안의 골목 골목마다 대나무 울타리虎落를 묶어서 설치해 두고, 증표가 없는印無 사람은 통행하는 것을 금지한다. 복병을 방어할 수 있게 주의를 기울여야 한다.

○ 성벽 뒤쪽은 1칸에 3인으로 계산을 하게 되면, 비도구飛道具도 부족하여, 생각하는 대로 발사하기가 어렵다. 그러므로 접근해오는 적군을 매섭게 쏘아붙이려고 생각할 때는, 성벽 뒤쪽 1칸에 총 3정, 활 2자루, 화살 50발, 탄환 30개씩을 나누어서 배치해야 한다. 그리고 대규모로 적군이 공격해 올 때는 성벽 뒤쪽의 발판足代 또는 작은 창문狹間에서 빈틈없이 발사해야 한다. 이렇게 하면 적이 심하게 기가 죽게 된다.

○ 성벽 뒤쪽은 무자武者가 수비하는 곳도 있다. 아시가루足輕가 지키는

곳도 있다. 또한 하쿠쇼百姓와 죠닝町人 등이 지키는 곳도 있을 것이다. 병력이 많고 적음은 성의 크고 작음과 대장의 방략에 따라 달라져야 한다.

농성 때 준비해야 하는 물품

○ 성벽 뒤쪽에 600~700목目에서 4~5관목貫目까지 무게나 나가는 돌을 많이 쌓아 놓아야 한다. 큰 돌은 위에서 떨어뜨려서 근접하는 사람을 쳐부수고, 작은 돌은 석궁으로 멀리 날려서, 적을 괴롭혀야 한다.

○ 모래와 돌을 많이 쌓아 놓고, 가까이 접근하는 사람에게 불에 뜨겁게 볶은 것을 내던지며 공격해야 한다.

○ 더러운 물, 똥물을 모아 두었다가, 그것을 끓여서 적에게 뿌려 공격해야 한다.

○ 마른 흙과 재를 섞어서 저장해 놓아야 한다. 가까이 접근하는 사람에게 뿌려서 공격하면, 그것이 적군의 눈과 코에 들어가서 괴로움을 끼치게 된다.

○ 성벽 뒤에 50목, 100목 정도 무게가 나가는 크고 긴 통을 설치해 두어야 한다. 그것을 적군의 대장을 노리고 공격할 때 써야 한다. 다만 길이는 8~9자가 되어야 한다.

○ 성문 앞에 높이 세운 망루와 그 밖의 여러 대기소 및 창고 주변에는 수조라든가 물통 또는 저수지 등을 설치하여 물을 저장해 놓아야 한다. 적군이 불화살로 공격해오거나, 성안에서 화재가 발생하는 것에 대비하여 주의를 기울여야 한다.

○ 볏짚을 기다란 막대기의 끝에 묶어서, 불을 끄는 소방 도구로 사용해야 한다.

○ 솟구쳐 오르는 용토수龍吐水, 물총水銃 같은 종류를 준비해 놓아야 한다. 또한 낡은 사발을 많이 저장해 놓아야 한다. 물을 퍼 올려서 어떤 물건에 내던질 때 다른 물건보다도 훨씬 적합한 물건이다.

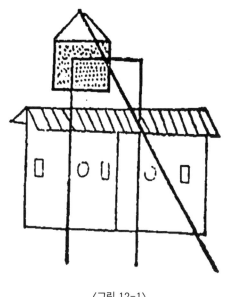

〈그림 12-1〉

○ 성벽 뒤쪽에는 굽이굽이마다 커다란 목재 30개, 작은 목재 100개, 큰 판자 30~40매, 작은 판자 200~300매, 대나무 1,000개, 멱서리土俵 200가마니, 줄 1,000심縄, 큰 못 10,000개, 송곳 50개, 쇠망치 50개, 보습과 가래 50정씩, 끌, 톱, 도끼, 메큰망치 등을 모두 준비해야 한다. 성벽, 돌담 등이 적군의 공격으로 무너질 때, 긴급히 공사를 하면서 이러한 것들을 이용하기 위함이다.

○ 솜을 두껍게 넣어 이불처럼 만든 물건, 또는 짚이나 새끼를 엮어 만든 대형 깔개 같은 종류는 가로 6~7자, 길이 5자 남짓으로 만들어 놓는다. 그런 뒤 성벽의 위에서 4~5자 떨어진 너머에 두레박틀桔槹, 하네기을 내밀어서 화살과 총을 막아낸다. 그리고 자기 몸은 성벽의 위에서 상체를 앞으로 쑥 내밀고서, 성벽이나 돌담 등의 가장자리에 붙어서 적군을 무찔러야 한다. 두레박틀桔槹木은 〈그림 12-1〉과 같다.

○ 돌을 튕기는 도구가 있다. 제1권 수전水戰의 조에 그에 관한 그림을 제시해 놓았다. 또한 산성은 큰 돌을 굴리는 일도 있다. 그리고 네덜란

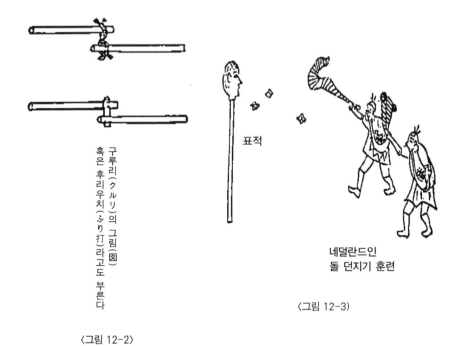

표적

네덜란드인
돌 던지기 훈련

〈그림 12-3〉

구루리(クルリ)의 그림(図)
혹은 후리우치(ふり打)라고도 부른다

〈그림 12-2〉

드 방식으로는 직접 자기 손으로 돌을 던지는 것이 있다. 또한 도리깨
모양의 도구를 가지고 성벽이나 돌담에 붙어서, 사람에게 타격을 가할
수도 있다. 두 가지 그림은 〈그림 12-2·3〉과 같다.

위에 제시한 것은 수비 도구의 큰 줄거리이다. 더 자세하게 알려면 무
비지武備志, 병형兵衡, 검록鈐錄, 게레이키스북스 등을 대조해야 한다. 그렇
게 한 다음에 새로 만들어야 한다.

○ 농성 때 성 아래와 인근 촌락의 민가를 모두 불태워 버리는 일도
있다. 그리고 공격 도구가 될 만한 재목으로 보습과 가래 같은 종류를
모두 성안으로 가져가게 하기도 한다. 또는 우물 안에 더러운 물질, 독
이 든 물질 등을 집어넣을 수도 있다. 그렇게 해서 아군에게 접근하여

공격해 오는 쪽에서 물자 부족의 어려움을 겪도록 하는 일도 있다. 다른 나라에서는 이것을 가리켜 청야淸野의 전술[13]이라고 부른다.

○ 또한 다른 나라에서 보堡라고 하는 것이 있다. 성의 바깥으로 6~7리【단 일본의 거리道 단위임】되는 곳에 병영 구조물陣屋構을 설치한다. 이것은 농성 때 성 바깥의 인민이 숨을 곳으로 이용하기 위한 것이다. 제법 재미있는 전법이다. 그런데 일본의 기상氣象 조건을 봐서는 시행하기가 어렵다고 생각한다. 그래서 상세한 것은 적지 않는다. 그렇기는 하지만 뜻이 있다면, 점차로 제도를 만들어 시행한다고 하더라도, 그것을 가지고 잘못된 정치라고 말하지는 않을 것이다. 그러므로 이에 대해서도 고려해 보아야 한다.

○ 나라 안에 국주國主의 곳간倉庫, 또는 격이 높은 신사大社나 큰 사찰大寺 등이 있다. 평소에 관심을 기울여 공사를 해 두었다가, 전쟁이 나면 본성本丸에서 출장을 나가서 적을 방어하기에 적합한 요새로 사용해야 한다.

위의 순서대로 농성을 준비한다면 대체로 충분하다. 더 자세한 것은 일본과 중국의 명장名將이 농성 때 썼던 방략을 찾고 물어서 궁리를 더 해야 한다. 그 위에 또 중요한 것을 마음에 새겨두어야 한다. 대체로 농성에 이르거나, 또는 잦은 전투로 손상을 입게 되면, 대장과 군사 모두 심기가 우울해지고 사기가 꺾여서 더 이상 뻗어나가지 못하게 된다. 심기가 뻗어나가지 못하게 되면 전투는 말할 것도 없고, 공사나 방어 전술까지도 과감하게 하기가 어렵게 된다. 그러므로 장수 된 사람은 이런 부

---

13 청야(淸野)의 전술이란 성벽으로 둘러싸여 있는 내부는 견고하게 방어하여 그곳으로 사람들을 집중시키고(堅壁), 성벽 외부는 철저하게 초토화(焦土化) 하는(淸野) 전술을 말한다. 이것을 '견 벽(堅壁, 젠페키) 청야(淸野, 세이야)'라고도 부른다. 이것은 공격해 들어오는 적군이 아무것도 접수할 수 없도록 만들기 위함이다.

분을 잘 이해하여 터득하고 있어야 한다. 자신은 더 말할 나위도 없고, 사졸 등 여러 군사에 이르기까지 힘이 떨어지지 않도록 잘 다루어야 하는 법이니, 병사를 이끄는 사람은 임기응변의 역량을 발휘해야 한다.

한漢 나라의 고조高祖는 항우項羽와 73번 싸워서, 그 중 72번을 지고 있다가, 73번째에 항우를 물리친 적이 있다. 그런데 72번을 지고 나서, 8년 동안 조금도 심기가 떨어진 적이 없었다. 끝내는 비룡飛龍의 업을 성취해 냈다.

또한 (미나모토노) 요시쓰네義經[14]가 몰락하여 오슈奧州[15]로 내려가는 길에서 이와 같은 일도 있었다. 주인과 부하 모두가 답답하고 우울한 기운으로 힘도 다 빠져나갔는데, 오로지 벤케이弁慶[16]만 때때로 농담을 던져서 사람들을 웃기고는 했다. 풋내기若輩처럼 말싸움을 걸기도 했고, 사람들의 기운을 일으키는 행동을 하기도 했다. 그렇게 하였기에 험난한 길을 어려움 없이 걸어서 오슈奧州까지 도착한 적이 있었다. 이것이야말로 벤케이가 지식뿐만이 아니라, 중요한 부분을 잘 이해하고 있었기 때문이다. 그래서 그가 이처럼 미치광이 같은 말과 미치광이 같은 행동을 했던 것이다. 대충 용감한 승려로만 그를 기억하는 일이 없어야 한다. 이점을 중요하게 다루어야 한다.

---

14 미나모토노 요시쓰네(源義經)는 일본 헤이안(平安) 시대의 무장(武將)이다. 가마쿠라(鎌倉) 막부(幕府) 초대 쇼군(將軍) 미나모토노 요리토모(源賴朝)의 이복 동생이다.

15 지금의 후쿠시마(福島), 미야기(宮城), 이와테(岩手), 아오모리(靑森) 4개 현에 해당하는 지역이다(陸奧國).

16 벤케이(弁慶, ?~1189)는 일본 헤이안(平安) 말기, 가마쿠라(鎌倉) 초기의 승려이다. 미나모토노 요시쓰네(源義經)의 심복 부하이다.

제13권[1]
조련操練

조련[2]이란 전투를 할 때는 말할 나위도 없고 태평한 시절에도 사람과 말을 대상으로 하여 전투 방법을 훈련하는 것을 말한다. 다른 나라에서는 이것을 주로 치병治兵이라고 부른다. 중국에서는 이것을 교기教旗라고 하고, 명明나라 때는 조련操練이라 했는데, 이는 모두 같은 것이다.

일본에서는 옛날에 중앙에 고취시鼓吹司를 두었고, 각 지역에는 군단軍團을 설치하였다. 이곳에서 군사 교육을 하였음이 역사 기록에 보인다. 그밖에 개몰이犬追物, 소몰이牛追物, 또는 허도虛道[3] 등으로 불리는 것도 조련操練, 교기教旗를 한다는 마음가짐으로 실시한다. 공자孔子도 "가르치지 않은 백성을 전투에 내보내면, 이것은 백성을 버리는 것以不教民戰 是謂棄之"이라고 설파한 적이 있다.

---

1 일본 국립국회도서관 소장본의 원문 안쪽 표지에 "결락된 페이지가 있는데, 권 15의 제27, 28쪽 뒷면(「欠丁」卷一五 第二七八丁ウラ)"이라는 뜻의 메모가(籤紙) 붙어 있다.
2 일본어 조련(操練, 소렌)은 병사(兵士)를 실전에서 활약할 수 있게 훈련(訓練)하는 것을 말한다. 이것은 교련(教練), 조련(調練), 훈련(訓練), 연병(練兵)과 비슷한 낱말이다.
3 허도(虛道, 게도)는 센다이번(仙臺藩)에서 쓰던 말이다. 이것은 무도(武道) 훈련의 하나로 사슴 사냥(鹿狩り) 같은 것을 실시하는 것을 가리킨다(精選版日本國語大辞典).

그런데 근세에 들어와 일본에서 조련하는 전통이 끊겨서 위태로워 보인다고 말할 수 있다. 그 까닭은 이와 같다. 궁마弓馬와 창도鎗刀 같은 작은 무예小武藝라 하더라도, 그것을 배워서 익히지 않는다면, 그 결과로 한 가지 무예도 제대로 다루지 못하게 되기 때문이다. 하물며 천하를 놓고 결판을 짓자고 하는 대규모 무예大武藝를 미리 훈련도 하지 않는다고 하는 것은, 사전에 대비하지 못하는 것으로서는 최악이다. 대장大將이 된 사람은 이 점을 잘 생각해서 판단해야 한다.

다른 나라에서는 말세末世가 되어서도 조련을 잘하는 것 같다. 그 증거로 들자면, 태합太閤, 도요토미 히데요시-역자 주의 조선 정벌朝鮮征伐 때 일이다. 명나라의 만력萬曆 연간이었다. 그 나라가 수십 년 동안 태평한 세상이 이어지던 때였다. 그런데도 명나라에서 지원 세력을 조선으로 보냈다. 그 군대의 위세軍勢가 대단했다. 그들의 몸놀림과 말의 전진과 후퇴가 매우 자유자재로 움직였다. 그 모습이 마치 한 몸을 사용하는 듯했다. 그것을 보았던 일본의 여러 장수가 크게 놀랐던 적이 있었다.

또한 일본의 근세 메이와明和[4] 무렵에 있었던 일이다. 중국 복주福州로 표류하였다가 3년 뒤에 일본으로 되돌아온 사람들이 전하는 말을 들은 적이 있었다. 그들이 남경성南京省에 머물던 동안에, 중국 사람들이 전투 훈련하는 것을 여러 차례 보았다고 했다. 지금의 청나라도 강희康熙[5] 이래로 백여 년 동안 조용하게 지냈다. 게다가 남경성은 수도京師, 북경-역자 주에서 출발하면 40일을 가야 하는 거리에 있는 벽촌邊鄙이었다. 그런데

---

4   메이와(明和)는 일본 에도(江戶) 시대 연호이다. 호레키(寶曆) 14년(1764) 6월 2일에 개원(改元)하여 메이와 9년(1772) 11월 16일 안에이(安永)로 연호가 바뀌었다.
5   강희(康熙)는 중국 청나라 강희제(康熙帝)의 연호(1662~1722)이다.

도 위와 같이 군사軍事를 버리지 않는 것은 세심하게 정치를 했기 때문이다. 이것은 일본으로서는 부러워할 만한 일이기도 하다.

그런데 일본의 군대는 조련도 하지 않고, 군법도 엉성하다. 오로지 국토와 자연의 신령스러운 기운에만 의지하고 있다. 그래서 그 창鎗의 끝이 날카로울 뿐이다. 중국의 병사와 접전을 펼치게 된다면, 일단 승리를 할 수는 있을 것이다. 그렇기는 하지만 지구전을 펼칠 정도의 막다른 상황과 마주하게 되면, 군법이 엄중하지 않기 때문에, 반드시 와해되어 무너지고 말 것이다. 병兵을 이용하는 사람은 이 점을 잘 터득해야 한다. 조련의 군법을 소홀히 하는 일이 없어야 한다. 조련하는 방법에 대해서는 아래에 적는다. 더 넓게 참고하여 가르쳐야 한다. 다만 세세한 것에 얽매이지 않고, 큰 줄거리를 정확하게 가르쳐야 한다.

○ 조련을 할 때는 먼저 조련할 만한 장소를 마련해야 한다. 대체로 큰 것은 가로세로 6~7리【6정이 1리임】, 작은 것은 4~5정, 10정 정도가 될 것이다. 나라의 크고 작음과 인원수의 많고 적음에 맞추어야 한다. 이것을 규모가 크다는 뜻으로 대마장大馬場이라고 부른다. 다만 이 대마장은 모든 인원을 모아 놓고, 대규모 조련을 하는 장소이므로 1년에 두 번 정도 해야 한다【2·8월】. 나머지 소규모 조련에 대해서는 말권末卷에 그림으로 제시한 대학교大學校 안에서 가르쳐야 한다. 그것을 가르치는 방법에 대해서도 말권에 적는다.

○ 가장 먼저 8권 째에서 말한 바 있는 진군押前, 진영 설치陣取의 절차 또는 야영野陣을 치는 방법 등을 가르쳐야 한다.

○ 다음으로는 모든 군병이 병영에 있을 때, 출진 명령의 취지를 조련해야 한다. 그 방법을 얇은 판자에 적어서 '몇 일'이라고 밝히고, 어느

시각에 어디로 출진하라고 기록을 한다. 다만 출진의 목적지를 빼고 해야 한다. 이 서찰을 3자尺 정도 되는 대나무에 끼워서 상부에 올리는 방법을 쓴다.

위와 같이 해서 올린 것을 본대장本大將이 1개의 서찰을 3인씩 소지하게 하여, 번두番頭, 반가시라에게 보낸다. 다만 번두반가시라가 7개 조라고 한다면, 위의 서찰을 7장 마련한다. 한 사람에게 서찰을 1개씩 보내는 것이다. 물론 사자使者로 가는 사람이 직접 번두반가시라와 대면하여 전달하고 그 사본을 남겨둔다. 그때 번두반가시라가 자필로 '아무개가 받았다'고 글로 적어 둔다. 그런 다음에 다른 사자를 통해서, 수하手下의 백인두百人頭, 햐큐닌가시라에게 그 서찰을 전달한다. 그러면 백인두햐큐닌가시라는 자필로 쓴 것을 위와 같이 하여 그 다음 사람에게 전달한다. 다만 백인두햐큐닌가시라가 몇 사람이 되더라도 번두반가시라의 사자가 그 서찰을 가지고 돌아다닌다. 차례차례 가지고 돌아다니는 것을 모두 마친 다음에는 백인두햐큐닌가시라가 가지고 돌아와서, 대장의 사자에게 반환해야 한다. 대장의 사자가 이것을 가지고 돌아와서 바로 대장군에게 바치게 되어 있다.

그런데 백인두햐큐닌가시라는 위의 각 서찰을 필사해 두어야 한다. 그리고 수하의 소조두小組頭, 고쿠미가시라를 불러 모아서, 위의 서찰을 보여주고 그 서찰을 받아적게 한다. 소조두고쿠미가시라는 또 그 서찰을 필사하여 가지고 돌아가서 수하의 수립首立, 구비다테 5인을 불러 놓고 위의 서찰을 빌려준다. 5인의 수립구비다테은 위의 서찰을 빌려서 가지고 돌아가 각각의 조원 4인의 군사들에게 보여주고, 그 서찰에 모두 손 도장을 찍게 한다. 그런 뒤에 위 서찰을 소조두고쿠미가시라에게 반환하게 되어 있다. 이렇게 하면 100만 명의 군사라 하더라도, 한 사람씩 명령을 받았다는 확인 도장을 찍어서, 확실하게 알릴 수 있게 되는 것이다.

○ 다음으로 조가비貝를 불어서 신호를 보내는 방법에 대하여 가르쳐야 한다. 그 방법을 살펴보면 1번 조가비는 '일어나라'는 의미이다. 기상을 하여 밥을 준비해야 한다. 2번 조가비는 '출진을 준비하라'는 것이다. 장비를 착용하여 몸을 단단히 무장해야 한다. 3번 조가비는 '집합하라'는 신호이다. 밖으로 나와 병영의 정문에 집합하여, 대장이 나올 때까지 기다려야 한다.

그런데 조가비를 부는 방법에는 여러 가지가 있다. 그 방법이 복잡하고 많다. 전쟁터에서 벌어지는 혼란스러운 상황 때문에 자세하게 보내는 신호는 알아듣기가 어렵다. 오히려 그것이 실수를 저지르는 단초가될 수도 있다. 그러므로 오로지 조가비는 조가비로만 정해야 한다. 다만빠르게 부는 것과 느리게 부는 것, 이 두 가지로 나누어서 불어야 할 것이다.

그런데 출진 때 사용하는 조가비라든가, 대추나무로 만든 박자를 맞추는 방자목梆子木 같은 악기를 모두 금지하고, 몰래 출진할 수도 있다. 이런 것도 역시 미리 조련해야 한다.

○ 다음으로 큰 북大鼓을 다루는 방법에 대해서 가르쳐야 한다. 그 방법을 살펴보면 적군과 떨어진 거리가 4~5정에서 20~30칸으로 좁혀질때까지는 느리게 친다. 대체로 큰 북을 한 번 울리면 일보를 전진하는식이 될 것이다. 그런데 적과의 거리가 20~30칸으로 좁혀지게 되면, 쌍방이 서로 격렬하게 싸우게 되어 적과의 거리를 좁히기 어렵게 된다. 그럴 때는 활이나 총을 앉아서 연발한다. 큰 북의 머리 부분을 세 번 치고 나서, 빠른 박자로 큰 북으로 두드린다. 그러면 사졸이 죽을힘을 다

해서 화살이나 총의 연기 아래서부터 적진으로 뛰어 들어간다. 군법軍法의 권에서도 말한 바와 같이, 큰 북 머리 부분을 치는 소리를 듣고서도 전진하지 않는 사람이 있다면, 그 사람의 우두머리와 함께 (전투 상황을 감찰하는) 감군監軍이 잘 보고 기억해 두었다가 (대장에게) 보고를 하여야 한다. 전투가 다 끝난 뒤에는 (그 병사의) 목을 베서 버려야 한다. 【다만 말馬 위에서 큰 북을 쳐야 한다. 말안장 왼쪽에 있는 나무에 큰 북을 걸어서 묶어두고 마상에서 친다.】

○ 다음으로 진격押行 방법을 가르쳐야 한다. 그런데 전진할 것인지 아닌지 그 여부에 대해서는 병력의 수가 많은지 적은지와 지형이 험한지 평탄한지에 따라서 상황이 달라지므로 일률적으로는 말하기 어렵다. 오로지 행렬을 흩트리지 않는 방법, 대변이나 소변을 편하게 해결하는 방법, 짚신과 같은 신발을 교체하는 방법 등에 관하여 큰 줄거리를 가르쳐 주어야 한다. 이 방법은 각개 전투一騎前 부분에서 적었다.

○ 다음으로 진격하는 도중에 적과 마주칠 때의 대처 방법을 가르쳐야 한다. 대체로 진격하는 중이더라도 전후와 좌우의 정찰척후을 이용해야 한다. 그런데 동쪽에 적이 있다고 정찰척후이 보고하면, 하타모토旗本쪽에서 쇠북징을 쳐서 진격하는 병력을 중지시키게 된다. 그때는 모든 사람이 버티고 앉아서, 하타모토의 지시를 기다려야 한다. 적이 있는지 없는지를 모든 부대에 전달하고자 할 때는 앞에서 적은 것처럼 깃발을 이용한다. 그 방법에 대해서는 제7권의 내용을 가르쳐야 한다. 그런데 하타모토의 지시를 앉아서 기다리고 있다가 적에게 달려드는 것이 군법에 정해진 내용이기는 하지만, 적의 세력이 죽을힘을 다해서 돌진해 온다면, 하타모토의 지시를 기다리고만 있을 수 없다. 그러므로 그러한 상

황에 대처하는 수비 태세를 곧장 갖추어 맞서 싸워야 한다. 더욱이 유격대가 후방을 공격할지, 옆쪽으로 들어갈지를 정해야 한다. 그 밖의 수비책에 대해서는 제멋대로 동요하지 않아야 한다. 각각의 방향을 향해서 버티고 앉아 있다가 하타모토의 지시를 기다려야 한다. 지시가 있기 전에는 조금도 움직이는 일이 없어야 한다.

○ 다음으로 진격하는 도중에 양방향에서 적을 관찰하는 방법에 대하여 가르쳐야 한다. 세 방향, 네 방향 모두 똑같다.

○ 다음으로 진격하는 병력을 대상으로 종을 쳐서 진격을 중지시키는 것에 대하여 가르쳐야 한다. 그 방법을 살펴보면 이렇게 된다. 먼저 하타모토旗本가 발걸음을 멈추고 나서 종을 울리게 되면, 부대의 선두는 이미 통과하게 되고, 부대의 후미는 공세를 취하게 된다. 그렇게 되면 엇박자가 생겨 어려운 상황에 빠지고 말 것이다. 이런 까닭으로 병력의 진격을 중지시키고자 할 때는 진격을 하면서 종을 다섯 번 울려야 한다. 그렇게 하면 모든 사람이 종소리에 반응하게 된다. 종을 치는 방법은 한 호흡에 한 번 소리를 내도록 쳐야 한다. 그런데 여섯 번째 종이 울릴 때 하타모토가 발걸음을 멈추고, 나머지 사람들도 그 소리를 듣는 대로 발걸음을 멈추게 된다면, 부대의 선두가 통과하는 일이 없이, 부대의 후미도 공세를 취하는 일이 없이 행렬을 조절할 수 있게 될 것이다.

○ 다음으로 적이 아군의 수비를 밀어내고, 크게 전투를 펼치는 상황에 대하여 가르쳐야 한다. 그 절차를 살펴보면 공격 개시에 6가지가 있다. 자세하게는 육전陸戰의 권에 나온다. 그 내용을 바탕으로 하여 조련을 해야 한다. 이것은 특히 중요한 조련이다.

○ 다음으로 적을 물리치려고 끝까지 걸어서 돌파하고 나서, 뒤로 물

러날 때의 상황을 조련해야 한다. 이것 또한 육전의 권에 있다.

○ 다음으로 아군이 적에게 쫓기게 되었을 때 두 번째 정찰척후이 옆쪽으로 치고 들어가는 상황을 조련해야 한다. 이것 또한 육전의 권에 있다.

○ 다음으로 (대장이 진영으로 되돌아와 성안으로 들어가는) 우마이리馬入[6]를 하는 상황에 대하여 조련해야 한다. 여기에는 3가지 전법이 있다. 이것 또한 육전의 권에 있다.

○ 다음으로 적이 (성안으로 들어가는) 우마이리馬入 (하지 못하게) 제지하는 상황에 대하여 조련해야 한다. 이것 또한 육전의 권에 있다.

○ 다음으로 손잡이가 긴 무기를 갖춘 수비대를 세우는 방법에 대하여 가르쳐야 한다. 이것 또한 육전의 권에 있다.

○ 다음으로 손잡이가 긴 무기를 갖춘 수비대를 격파하는 내용에 대하여 가르쳐야 한다. 이것 또한 육전의 권에 있다.

○ 다음으로 대포를 발사하는 방법, 그리고 대포를 발사하여 전투에 이용하는 상황에 대하여 가르쳐야 한다. 두 가지 모두 육전의 권에 있다.

○ 다음으로 성을 공격하는 공성攻城의 전법에 대하여 가르쳐야 한다. 공성에서는 특히 접근하는 기술을 쓰기가 어렵다. 그러므로 이를 잘 가르쳐야 한다. 자세한 것은 공성의 권에 있다. 특히 버티고 앉아 있으면서 접근하는 기술을 잘 가르쳐야 한다.

○ 다음으로 성을 지키는 수성守城과 관련된 여러 전법을 가르쳐야 한다. 이 전법은 농성의 권에 있다. 대체로, 공성, 농성 2개 조항은 일이 많은 것이기는 하지만, 마음을 잘 써서 가르쳐야 한다.

---

6   우마이리(馬入, うまいり)는 대장이 진영으로 돌아갈 때 성곽의 내부로 들어가는 것을 말한다.

○ 말馬에 대하여 가르치는 것은 15권째, 말의 조항에 상세하다.

그 밖에 방패를 소지하는 방법, 거짓으로 항복하는 허패虛敗을 밝혀내는 방법 등을 생각하고 나서 그것을 가르쳐야 한다. 더욱이 그것 외에도 군대 안에서 거행하는 예식이 있다. 한가할 때 그것에 대하여 가르쳐야 한다. 대체로 군대의 전술이 뛰어난지巧 졸렬한지拙 그 여부는 이와 같은 조련을 했느냐 하지 않았느냐에 달려 있다. 조련하는 것을 소홀히 하는 일이 없도록 해야 한다.

일본의 군대는 조련이 없다. 그런 까닭에 전법을 갖추지 못한 군대가 많다. 태합太閤, 도요토미 히데요시−역자 주의 맹위를 말하고 있기는 하지만, 조선朝鮮에서 명나라 군대가 보여준 당당하고 질서 정연한 모습을 일본이 부러워해야 하는 부분이 있다. 그 밖에 일본과 중국의 작전이 정밀한 것精과 조잡한 것粗의 차이를 보여주는 모습에 대해서, 여러 군사 기록을 읽어 보고 지식을 쌓아야 한다. 모든 것은 조련의 여부에 달려 있다. 공자가 "가르치지 않은 백성을 전투에 내보내면, 이것은 백성을 버리는 것以不教民戰 是謂棄之"이라고 선언한 것을 잘 음미해 보아야 한다.

그런데 바로 지금 태평한 세상에 있는 사람들에게 갑옷과 투구를 착용하게 하여 이리 뛰고 저리 뛰게 만든다면, 어깨가 결리고 몸의 마디마디가 아파서, 1리도 왔다 갔다 하기가 어렵게 된다. 그러므로 조련을 할 때마다 갑옷과 투구를 착용하게 하여 아침부터 저녁까지 이리 뛰고 저리 뛰게 한다면, 자주 반복하게 되어 자연스럽게 갑옷과 투구에 익숙해지게 된다. 어깨도 결리지 않고 몸의 마디마디도 아프지 않게 된다. 발걸음도 무겁지 않고, 호흡도 끊기지 않게 된다. 나중에는 2~3일 갑옷과 투구를 벗지 않아도 그다지 몸도 피곤하지 않게 된다. 이러한 점이 조련의 묘미이다. 마음을 담아서 잘 가르쳐야 한다. 그런데 현재는 태평으로 바뀌어 있는 세상에 살고 있어서, 이와 같은 말을 내뱉는 것이 매우 큰 죄가 된다.

그렇다고 하더라도 첫 부분에서부터 하나씩 말한 바와 같이, 일본은 해국海國인데다가 이웃하고 있는 나라가 많은 지형적 조건을 갖추고 있다. 그러므로 오로지 외국에서 갑자기 발생하는 재앙에 대비하기 위해서라도, 이처럼 가르쳐 두는 것이, 비備라는 글자의 본래 의미가 될 것이다.

현재 무비武備라고 말하는 것을 살펴보면, 사람들이 입으로 끊이지 않고 말하고는 있지만, 모두가 헛된 이야기虛談에 지나지 않는 것이라서 실제로 사용할 만한 것이 없다. 몹시 위험한 일이라서 염려가 된다. 무비라고 하는 것을 알지 못하면 전투의 질이 떨어지게 되니, 이 점을 생각해 보아야 한다可思.

제14권

무사의 본질과 지행 할당, 인원수 계산

부록 제도와 법령의 대략

무사의 본질은 현재의 햐쿠쇼百姓[1]와 다를 바가 없다. 그 까닭을 어떻게 설명하더라도, 옛날 무사는 모두 시골에 토착했다. 그 가운데 토지를 많이 소유한 사람은 대대로 이어져 온 가신이에노코[2]과 부하郎黨[3]를 많이 지원한다扶持.[4] 군진軍陣에 나올 때는 부하로토는 말할 것도 없고, 햐쿠쇼농민도 군병軍兵으로 준비시켜서 인솔하여 데려갔다. 500관【5,000석임】 규모의 영주라고 한다면 500인에서 1,000인까지 군대로 내보낸 적이 있다. 시나노信濃의 기소 요시나카,[5] 고즈케上野의 닛타 요시사다,[6] 호키伯耆의 나

---

1 에도(江戸) 시대의 햐쿠쇼(百姓)는 모두 농민(農民)이다. 고대 일본에서는 햐쿠쇼가 넓은 의미의 서민 일반을 뜻했다. 중세 때는 농촌에 무사, 상인, 직인(職人)이 거주했으므로, 햐쿠쇼를 농촌에 사는 사람으로 해석하더라도 그 내용은 다양했다.
2 이에노코(家の子)는 무사의 일족으로서 그 본가와 주종 관계에 있는 자를 말한다. 무가의 가신(家臣).
3 낭당(郎黨, 로토)은 일본 고대부터 중세에 이르는 시기 무사의 하인(従者)을 말한다. 이것을 낭등(郎等)으로 적기도 하고 낭종(郎従)으로도 부른다. 주인(主人)에 대칭되는 부하(部下)를 뜻한다.
4 부지(扶持, 후치)는 봉록(俸禄)을 주고 그 대신에 가신(家臣)으로 삼는 것을 말한다. 봉록으로 주는 쌀을 부지미(扶持米, 후치마이)라고 부른다.
5 원문의 기소(木曾)는 기소 요시나카(木曾義仲), 즉 일본 헤이안(平安) 시대 말기의 무장(武將)이었던 미나모토노 요시나카(源義仲, 1154~1184)를 가리키는 것으로 보인다. 시나노(信濃, 長野県)의 기소(木曾)에서 성장하여 거병했다.

와 아키오키,[7] 히고肥後의 기야마 쇼타쿠[8] 같은 사람이 모두 토착한 대신 사大身士이다. 긴급 상황에 대처하여 이들이 군병을 내놓은 것을 사람들이 알고 있다.

그런데 녹봉이 적은 무사는 손수 농사를 지어 생산을 담당한다. 그러므로 2~3관【20~30석임】 되는 땅을 소지하더라도 말馬을 가지고 있다. 무구武具와 마구馬具 등도 지속적으로 마음에 두며 모자람이 없도록 신경을 쓴다. 농작을 하므로 부하들이 여기저기 흩어져 있어서 좋다. 사슴 사냥을 하거나 고기잡이를 즐기기도 한다. 그래서 근육과 골격이 튼튼하고 건강하다. 멀리 떨어져 있는 친척이라든가 친구와 왕래하기 때문에, 먼 길을 오가는 것도 익숙해서 쉽게 지치지도 않는다. 한나절 분량의 식량과 남루한 옷으로 먹고 입으며 지내는 것에 익숙해져 있다. 그래서 군진軍陣에 나가더라도 이 두 가지로는 어려움을 느끼지 않는다. 대체로 일본에서는 고대 무사의 형세가 이와 같았다.

그런데 근래에 와서 천하가 한결같이 무사武士라면 으레 성 아래城下에서 거주하게 되었다. 성 아래쪼카에 몰려 살기 때문에, 자연스럽게 의복이나 음식, 집의 구조 등을 아름답고 화려하게 만들려고 한다. 결국에 가서는 무武의 본래 모습을 상실하게 된다. 오히려 현재의 무사들이 선호하는 것을 보면, 의식주와 행동거지, 언어 사용이 멋들어지게 보여지

---

6   닛타 요시사다(新田義貞, 1301~1338)는 일본 가마쿠라(鎌倉) 말기부터 남북조(南北朝) 시대에 걸친 남조(南朝)의 무장(武將)이다. 고즈케노쿠니(上野國, 群馬県)를 거점으로 삼은 호족(豪族) 닛타(新田) 씨의 총령(惣領, 소료)을 지냈다.

7   나와 아키오키(名和顯興, 생몰년 미상)는 일본 남북조(南北朝) 시대의 무장(武將)이다. 호키의 태수(伯耆守, 호키노카미)를 지냈다.

8   기야마 쇼타쿠(木山紹宅, ?~1593)는 일본 쇼쿠호(織豊) 시대의 무장(武將)이다. 히고(肥後, 지금의 구마모토현)의 기야마(木山) 성주(城主)였다. 임진왜란 때 조선 침략에 참여하였다가 1593년(文祿 2) 해난(海難)을 당해 죽었다.

는 것을 가장 중요한 것으로 삼는다. 이처럼 사치가 성하게 되자, 군용軍用에 쓰라고 내려준 봉록俸祿을 사람들이 모두 의식주와 부인에게 써버린다. 그것이 정작 무용武用에 써야 할 녹祿이라는 점을 망각하는 일도 있다. 위와 같이 잡용에 쓰는 바람에 사치가 더욱 성행하게 된다. 그래서 재정 형편이 곤궁해져 무비武備를 하지 못하게 되는 것이다. 재정이 곤궁해져서 무비를 하지 못하게 되는 것은 제도를 확실하게 세우지 못했기 때문임을 알아야 한다.

바라건대 제도를 확립하여 사치를 금지해야 한다. 무사를 진짜로 토착시키든지, 아니면 토착한 것과 유사하게라도 해야 한다. 그렇게 해서 무비를 다시 일으켜야 한다. 일국一國 일군一郡을 다스리는 사람은 불끈 일어나야 한다. 현재도 제후諸侯에게 가신家中9을 토착하게 한 경우가 있다. 가깝게는 내가 있는 번吾藩, 센다이번 – 역자 주을 비롯하여, 소마相馬, 오무라大村, 히젠肥前, 사쓰마薩州 등이 그렇다. 이렇게 하면 직참直參10도 많아지고 배신倍11臣12도 많게 된다. 이 점을 생각하고 또 생각해야 한다.

○ 병사兵士를 관리하는 것은 번두반가시라, 물두모노가시라13 같은 우두머리

---

9 가츄(家中)는 일본 에도(江戸) 시대 어느 번(藩)의 가신(家臣)을 총칭(總稱)한 말이다. 가신단(家臣團)과 비슷한 의미이다.

10 직참(直參, 지키산)은 일본 에도(江戸) 시대 막부(幕府)의 하타모토(旗本), 고케닌(御家人)의 총칭(總稱)이다. 이것은 다이묘(大名)의 가신(家臣)에 해당하는 배신(陪臣, 바이신)에 대칭되는 말이다.

11 원문은 倍이지만, 의미상으로는 陪가 옳다고 생각한다. 그런데 이 책에서는 일관되게 倍로 적었다.

12 배신(陪臣)은 게라이(家來)의 게라이(家來)이다. 이것은 직신(直臣, 지키신), 직참(直參, 지키산)의 상대어이다. 일본 에도(江戸) 시대 쇼군(將軍)은 여러 다이묘(大名)와 하타모토(旗本) 등을 가신(家臣)으로 두었다. 그런데 다이묘(大名)의 가신도 게라이(家來)를 두는 일이 있었다. 이때의 게라이(家來)는 다이묘 입장에서 보면, '게라이의 게라이'가 되는 셈인데, 이를 배신(陪臣, 바이신)이라 불렀다.

13 물두(物頭, 모노가시라)는 일본 무가(武家) 시대에 활 쏘는 부대(弓組), 총 쏘는 부대(鐵砲組) 등의 우두머리를 말한다. 그 밖에도 여러 종류가 있었다(足輕頭, 同心頭, 武頭, 物頭役, 足輕大將).

頭役를 가르치는 것과는 차이가 있다. 병사 선발의 권에서도 말한 바와 같이, 부가시라武頭[14] 이상의 무리에게는 인원을 편성하여 한쪽을 책임지도록 맡긴다. 그렇게 하면 배우고 묻게 되고, 재주와 지혜도 발휘하게 되어, 문무文武의 큰 줄거리를 잘 터득할 수 있다. 그래서 어느 지역으로 밀고 나가더라도 홀로서기가 되도록 돌보아주어야 한다. 이와 달리 병사는 우두머리의 지시를 받아서 움직이게 되므로, 그다지 학문도 재주와 지혜도 쓸모가 없다. 오로지 적군과 맞붙어서 용감함과 씩씩함을 보이는 것이 가장 으뜸이라고 가르쳐야 한다. 그렇다고 하더라고 강함과 약함이 있게 마련이다. 여기에서 말하는 용감함과 씩씩함이란 역량을 말하는 것이 아니라, 의기意氣가 용장勇壯하다는 것을 말한다. 의기를 용장하게 만드는 것은 대장이 어떻게 마음을 먹느냐에 달려 있다. 이것 역시 한 두 가지 전술이 있는데, 아래에 그 조항의 큰 줄거리를 적는다.

○ 첫 번째로 무사를 토착하게 만들려고 하는 마음을 가져야 한다. 토착을 하게 되면 거칠고 무사들이 울퉁불퉁한 모양이 되어, 신분이 높은 고귀한 사람인 척하는 풍습이 없어진다. 옛날의 질박한質朴 모습으로 되돌아갈 것이다.

○ 1년에 5~6번 매사냥과 멧돼지 사냥을 하게 해야 한다. 무사의 심기를 끌어올려서, 침울해하지 않도록 가르쳐야 한다. 이것은 전술이다.

○ 제도를 확립해야 한다. 의식주에 쓰는 비용을 줄이게 해야 한다. 화려함과 사치를 즐기려는 마음이 생겨나지 않도록 가르쳐야 한다.

○ 재주와 지혜, 기량器量을 갖춘 사람을 우두머리頭役로 등용하여야 한

---

14 무두(武頭, 부가시라)는 일본 무가(武家) 시대의 도신(同心), 아시가루(足輕)로 구성된 부대라든가, 활 쏘는 부대(弓組), 총 쏘는 부대(鐵砲組) 등의 우두머리를 말한다.

다. 그렇게 해서 부대를 정성 들여서 가르쳐야 한다.

○ 대장과 여러 병사의 사이가 멀어지면, 병사가 힘쓰는 것이 엷어지게 되는 것이다. 이것을 가깝게 하는 방법은 여러 병사의 무예와 재능을 우두머리들이 대장에게 보고하도록 시키는 것이다. 주군主君이 직접 이것을 시험하여, 교묘함巧과 졸렬함拙에 따라서, 병사들에게 각각 상을 주는 포폄褒貶을 해야 한다. 더욱이 학술이 있는 사람에게는, 때로는 대책을 글로 적게 하거나, 또는 시가詩歌 등을 짓게 해야 한다.

○ 성城을 지키고 있는 대번중大番衆, 오반슈15 등을 긴급하게 부르거나, 혹은 궁마弓馬와 창검의 무예를 시험하거나, 또는 힘겨루기 등을 시켜서, 즐기면서도 친목을 두텁게 해야 한다.

○ 매사냥과 멧돼지 사냥을 하러 나갈 때도, 방계 출신의 무사外樣士도 가까이에 불러야 한다. 상황에 맞추어 용맹스러움과 민첩함 등을 잘 판단하여 의기를 북돋아야 한다.

그 밖에 위아래가 서로 친목을 두텁게 할 수 있는 길이 어느 정도는 있어야 한다. 대장이 된 사람이 마음을 기울여서 위아래 친목을 두텁게 해야 한다. 주군과 신하가 합체가 될 때는, 병법가 오자吳子가 이르기를, "백성이 모두 우리 군주에게 있지, 이웃 나라에 있지 않다百姓皆是於吾君 而非於隣國"고 한 풍속風俗처럼 될 것이다. 이렇게 된다면 전투에 나가서 반드시 이기고, 수비가 반드시 단단해진다. 이 점에 힘써야 한다.

○ 지행知行16을 할당하고 인원수를 계산하는 일은 큰 줄거리에 대해서

---

15 대번중(大番衆, 오반슈)은 일본 헤이안(平安) 시대와 가마쿠라(鎌倉) 시대에 여러 지방의 무사가 황궁(平安京) 경호를 맡았던 직무 또는 그 직무를 이행하는 무사를 말한다.

16 지행(知行, 지교)은 일본 중세와 근세의 역사 용어이다. 이것은 본디 일이나 사무, 직무를 집행하는 것을 뜻했다. 고어(古語)의 '시루'는 '자기 것으로 삼는다'든가 '자기 것으로 취급을 한다'는

말해야 한다. 다른 나라에서는 이것을 가리켜 병부兵賦라고 부른다. 병부란 지행고知行高를 헤아려서 인원의 전체 규모를 산출해내는 것을 말한다. 인원수의 전체 규모를 알지 못하면, 군사 전술의 근본을 망각하는 것이 된다. 그렇게 된다면 이것 또한 하나의 실정失政이다.

그런데 병부兵賦의 바탕이 되는 법이라고 한다면, 다른 나라 3대에 걸친 시기의 정전井田의 법이 될 것이다. 그런데 현재 그 정도는 아니더라도, 지행고知行高를 고려하여 인원수의 전체 규모를 미리 계산해 두는 일을, 한 나라 한 고을을 다스리는 사람이라면, 방심하지 말아야 한다.

먼저 군사를 지원하는 3가지 법이 있다. 그렇다고 하지만 각각이 토착에 이르지 못한다면, 그것이 충분하게는 이루어지기 어렵다. 만일 진정한 의미의 토착本土着이 되기 어렵다고 한다면, 토착하는 시늉이라도 해야 한다. 진정한 의미의 토착이라면 사람들을 지행소知行所에 거주하게 하는 것이므로, 성 아래죠카에서 5리, 10리, 100리, 200리 떨어진 사람도 있을 수 있다. 자유스럽지 못한 모습은 있더라도, 사람들에게 가신家中을 많이 지원扶助하게 한다면, 이것을 이길 방법은 없다. 내가 있는 번藩, 센다이번-역자 주과 사쓰마薩摩, 히젠肥前 등이 여기에 해당한다.

또한 이것을 흉내 내서 하려면, 봉록俸祿은 지행知行 형태가 되든지, 곳간 쌀을 녹봉으로 주는 품미稟祿가 되든지, 그것에 구애되지 않고, 성 아

의미로 쓰였다. 여기에 한자 지(知)가 쓰이게 되면서, '알고서(知) 실행한다(行)'가 지행(知行)으로 바뀌게 되었다. 이와 비슷하게 '시루'에 한자 령(領)이 쓰이면서, 영장(領掌, 료쇼)이 지행(知行)과 거의 동일한 의미로 사용되었다고 한다. 근대의 관료 제도에서 말하는 직무와 다르게, 일본 고대의 직무는 그 직무에 수반되는 특권(特權)이나 권익(權益)이 한 몸처럼 되어 있었다. 그래서 그 직무를 알고서 실행하는 것은(知行) 그것과 함께 어떤 이익을 자기 것으로 삼는 '시루'의 개념이 내포된 것이라고 한다(世界大百科事典, 平凡社). 이 책에서는 전투에 참가하는 각 영주가 '각자 부담해야 하는 역할'을 의미하는 것으로 이해할 수 있다.

래죠카에 이어서 근처에 있는 크고 작은 부지屋敷를 하나씩 주고 그곳에 거주시켜야 한다. 이렇게 한다면 그 부지에 논밭을 일구어서, 5인, 10인의 가신家中은 부양할 수 있게 된다. 이 두 가지는 배졸을 많이 내게 하여 군사에 충당하기 위함이다.

또 한 가지는 역인役人, 가문 등의 나머지는 모두 10석, 15석 정도로 적게 주는 것으로 하여서, 모두 토착을 하게 하는 방식이다. 이것을 지급하는 사람들도 향사鄕士라고 부르며, 각자가 생산하여 가져가는 것이다. 이것은 규모가 작은 직참直參을 많게 하고 배졸이 없는 인원 배정이다. 소마相馬, 오무라大村 등은 이 법에 따른다. 모두가 군사를 많이 지원하는 좋은 법이라는 점을 알아야 한다.

그런데 배졸이 있는 인원 편제와 배졸이 없는 인원 편제 중 어느 쪽이 더 낫고 더 못한지를 놓고 논란을 벌인다고 한다면, 녹봉이 적은 직참으로 편제하는 편이 더 좋다고 간주할 것이다. 그 까닭은 어느 정도 절제가 좋은 인원 편제라 하더라도, 여러 사람의 배졸을 집합시킬 때는 어떻게든 바르게 정돈하지 못하는 부분이 생길 수 있다. 또한 배졸 없는 직참 편제는 하나로 정돈되어 혼란스럽지 않기 때문에, 진격을 하거나 퇴각을 하기도 더 용이하다고 말한다. 그런 까닭에 녹봉을 적게 주는 직참 편제가 뛰어나다는 점을 알아야 한다.

○ 위와 같이 급인給人, 규닝[17]이나 향사鄕士, 고시[18]에게 지행지知行地를 10석, 14~15석으로 할당해 준다. 그러면서 그 지역구니 안에서 그들이 토

---

17 일본 에도(江戶) 시대의 급인(給人, 큐닝)은 영지(領地)를 가진 무사를 가리킨다. 즉 막부(幕府)나 다이묘(大名)로부터 지행지(知行地) 또는 그에 관한 격식(格式)을 부여받은 하타모토(旗本)와 가신(家臣)을 말한다.

18 향사(鄕士, 고시)는 옛날 농촌에 토착한 무사 또는 토착 농민으로서 무사 대우를 받은 자를 말한다.

착하게 해야 한다. 그런데 그 규모의 크고 작음에 따라서, 본성 이외에 각지에 세운 지성支城이라든가, 거주하고 있는 저택인 거관居館 같은 것이 몇 군데가 존재하게 마련이다. 그 지성이나 거관과 가까운 곳에 거주하는 급인큐닝을 그곳의 성부城附, 시로즈키로 정해야 한다. 그리고 그곳의 지배 두시하이가시라로는 그 성을 맡길 만한 사람을 등용해야 한다.

○ 위와 같이 가신을家士 재향 급인在鄕給人, 자이고 큐닝에게 붙이더라도, 녹봉이 많은 고관을 본성의 아래에 거주하게 한다. 가장 먼저 학교學校에 힘을 기울이게 해야 한다. 그러면서 문무文武와 국사國事를 익히도록 해야 한다. 더욱이 재향 급인자이고 큐닝의 우두머리도, 그 밖의 여러 역인役人도, 이러한 부류의 사람들을 본성의 아래에서 이용하게 될 터이니, 그들을 재향在鄕[19]으로 보내기는 어렵다. 그러므로 재향에는 '백인두햐쿠닌가시라, 소조두고쿠미가시라를 파견해 놓고, 그들이 부대의 여러 가지 일을 보살피게 해야 한다.

○ 재향 급인자이고 큐닝은 본성本城의 아래에 거주하고 있는 각자의我々 지배두시하이가시라를 잘 보고 기억해야 한다. 특히 그 마토이纏[20]라든가 마인馬印[21] 등을 마음에 잘 새기고 있어야 한다. 이것을 기억할 수 있게 만드는 일은 조련의 여하에 달려 있다.

○ 무사에게 녹봉을 많이 주는 것은 그 녹봉에 따라서 대대로 이어져

---

19 재향(在鄕, 자이고)은 향리(鄕里), 즉 시골에서 거주하는 것을 말한다.
20 마토이(纏)는 마인(馬印)의 일종이다. 옛날 싸움터에서 장수의 말 옆에 세워 그 소재를 알리던 무구(武具)이다. 장대 끝에 여러 가지 장식을 달고 그 밑에 가느다란 술을 늘어뜨렸다.
21 마인(馬印, 우마지루시)은 일본 센고쿠(戰國) 시대의 싸움터에서 무장(武將)이 자기가 위치하고 있는 장소를 명시(明示)하기 위하여 말 옆에(馬側) 또는 본진(本陣)에 설치해 둔 손잡이 끝에 붙인 상징물을 가리킨다. 마표(馬標), 마험(馬驗)으로 적기도 한다. 싸움터에서 본진이 있는 곳을 표시하는 마인(馬印)을 내린다고 하는 것은 적군에게 쫓겨서 후퇴하는 것을 의미하며, 이것은 무장에게는 굴욕적인 것으로 간주되었다.

온 가신과 부하로토를 지원하게 하여 군역을 맡기기 위함이다. 그런데 지금 현재와 같이 무사가 성 아래죠카에 있으면서 사치에 힘쓰게 된다면, 위에서 말한 것처럼, 봉록俸祿이 모두 의식주의 잡비로 쓰이게 될 뿐, 가신과 부하를 지원하는 것이 아니다. 정말로 '와카토若黨'[22]와 '쥬겐中間'[23]를 끌어안아 군역軍役의 인원수를 모두 갖추었다고 생각하는 사람도 조금은 있을 터이다. 그렇지만 한 철 두 철 떠돌아다니는 사람 같은 경우는 중요한 국면의 용도로 세우는 사람은 열에 한둘이 될 것이다. 그러할 때는 200~300석 내지 500석, 1,000석 되는 무리라 하더라도, 한 철 두 철 떠돌아다니는 사람을 곁에 두고 부리는데, 사람들이 중요한 상황에 이르게 되면 그러한 떠돌이는 대부분 도망가고 없고, 끝내는 주인 한 사람이 될 것이다.

이것을 놓고 생각해보면, 무사에게 녹봉을 많이 준다고 하더라도 아무런 이익을 얻을 수 없게 되는 첫 번째 결과가 될 것이다. 그러므로 30석 이상 무사의 녹봉을 모두 줄이고, 그것을 모아 30석씩으로 정한다면, 주어야 할 봉록을 모두 군역軍役의 용도로 세울 수 있을 것이다. 그 까닭은 300석 받는 무사에게 떨어져 나가지 않을 가인家人 10인을 불러서 데려오라고 하더라도, 지금처럼 성 아래죠카에 붙어서 근무하는 일까지는 결코 일어나지 않을 것이기 때문이다. 설령 호기심 많은 떠돌이 한두 사람을 붙이더라도, 주인과 더불어 겨우 3인에 지나지 않는다. 또한 한 사람 몫의 녹봉을 30석씩으로 정한다면, 10인에게 300석이 된다. 이 300

---

22 와카토(若黨)는 무가(武家)의 봉공인(奉公人) 중 하나이다. 일본 근세 시기에는 주인의 신변에서 잡무를 보거나 경호를 맡았다.

23 쥬겐(中間)은 일본 에도 막부(江戸幕府)의 직명(職名)이며, 에도성(江戸城) 안에 설치된 부서의 하나이다. 주로 경비(警備)나 그 밖의 잡일에 종사했다.

석의 지행知行을 납부하는 대신에, 그것을 가지고 확실한 군사 10인이 사용할 분량으로 쓸 수가 있게 된다.

이러한 기준을 가지고 생각해보면, 무사에게 30석 이상 되는 녹봉을 주는 것은 오로지 그냥 내버리는 것이나 다름없다. 그렇다고 하더라도 여러 세대에 걸쳐 지급해 오던 봉록을 갑자기 줄이는 것은, 첫째, 인정人情에 어긋나서 포악하다는 불명예를 얻을 수 있다. 예를 들어 일을 완수한 인원수는 단지 지금보다 20~30배가 되므로, 지행 할당, 거주지 할당, 인원 할당 등을 둘러싸고 여러 가지로 소동이 일어난다. 또한 소동이 일어날 뿐만 아니라, 사람들이 놀라고 원망하며, 발밑에서부터 엄청난 불꽃이 피어날 것이 틀림없다. 그런데 또 이렇게 엄청난 소동을 두려워하여 그대로 방치한다면, 애석하게도 봉록이 모두 여러 무사의 잡비로 쓰이게 될 수 있다. 그래서 만 명을 부양해야 할 지행으로 겨우 500~700인 정도만 부양할 수 있게 된다. 이것이 가장 애석한 일이다. 어떻게 해서든 봉록도 헛되이 쓰지 않고, 군사도 부족하지 않으며, 소동도 일으키지 않을 전술이 있어야 한다.

마음속으로 내가 혼자서 그냥 생각해보았는데, 제도를 바르게 하고, 법령을 엄격하게 적용하며, 검약을 가장 중요한 것으로 삼아야 한다. 사치하지 못하게 하고, 세상의 화려하고 아름다운 것을 배격해야 한다. 순박한 풍속을 만들며, 사람들이 자신들이 하는 일에 열중하게 해야 한다. 자신의 이익을 얻는 데 힘쓰도록 가르쳐서, 무사들이 부유해지게 해야 한다. 무사들이 부유해지면, 능히 가르치고 타일러서, 사람들이 자신의 녹禄에 알맞게, 가신과 부하를 부양하는 전술을 엄중하게 명령해야 한다. 그 명령이 제대로 이행이 되고, 아래 사람들에게도 그대로 이어가겠

노라고 하는 마음가짐으로, 가신과 부하를 부양하게 된다고 하면, 만 명을 부양해야 하는 비율의 지행知行으로 틀림없이 만 명을 부양할 수 있게 된다.

　이러한 점을 잘 터득하여, 고금古今의 형세를 함께 고려하고, 손익을 따져서 궁리에 궁리를 더해서 나아간다면, 현재와 같이 호화롭게 사치하고, 또한 불량한 짓을 하는 세상을 고대의 꾸밈이 없고 말이 없는 풍습으로 복원시킬 수 있을 것이다. 거기에 현재의 문명이 화려하고 훌륭한 점을 덧붙인다면, 무사들이 곧장 실천에 옮겨서 무예와 학문을 일삼게 될 것이다. 이와 같이 명령하여 그것을 이행한다면, 봉록을 허비하는 일도 없고, 소동도 일으키지 않는다. 군역도 부족하지 않게 된다. 무술이 급격히 강해질 것이다.

　다만 일을 급하게 서두르게 되면 생각하지 못했던 일이 발생하게 된다. 30년을 목표로 삼고 개혁을 해야 한다. 이것은 큰 정치를 펴는 큰 법이다. 이 점을 생각하고 또 생각해야 한다. 그런데 토착이 어떤 삶을 사는 것인지를 알지 못하는 사람은 가신과 부하를 부양할 봉록의 가치에 대해서도 잘 알지 못한다. 그렇기 때문에 그 방법의 큰 줄거리를 아래에 적어서 참고할 수 있도록 하고자 한다.

　○ 근세 무사들의 풍속을 살펴보면, 아내를 가진 사람은 오로지 적자嫡子만 취한다. 2남과 3남 등은 다른 집의 양자로 보내서, 부모의 집에서 살지 않는다. 그런데 부모의 집에서도 2남, 3남 등은 다른 집을 이어받게 하고, 자기는 따로 하인을 부려서 일을 시키는 방식을 쓰고 있다. 그래서 골육骨肉의 친밀함은 날이 갈수록 엷어지게 되었다. 주종主從 사이는 교대하는 것이어서, 예의行儀만 갖출 뿐이지 친밀함은 없다.

고대의 풍속은 2남, 3남 등도 모두 부모 집에 살면서, 하인처럼 가업家業을 도와서 일하다가, 나이가 들면 아내를 맞이하여 부모와 적자嫡子를 도우면서 가업을 경영해나간다. 그렇기 때문에 부모 집에서는 따로 하인을 부리는 일이 없이도 인력이 충분하다. 설령 부유한 집이라서 하인을 부리더라도, 대부분은 부부夫婦가 되어서 부린다. 그리고 그 집의 자제子弟는 모두 한 가족이 되어 살면서, 지위가 높은 사람과 낮은 사람, 나이 많은 사람과 나이 적은 사람이 어깨를 나란히 하며 성장하기 때문에, 그들 사이의 친밀함이 날로 두터워진다. 친밀함이 두텁기 때문에 군진軍陣에 나아가더라도 서로 위험을 그냥 보아 넘기지 않고, 한 덩어리가 되어 나아가거나 물러서기를 하므로 그 행동이 매우 강하다. 이것은 하늘의 도리天道와 자연의 인정人情에 따르는 것이니, 따로 가르치지 않더라도 할 수 있는 일이다. 이것은 가신과 부하를 부양하는 근본을 이루는 매우 중요한 내용이다.

그런데 또 주인主人이 마음을 써서 능히 가신을 20~30인 이상 부양하고자 할 때는, 한 개의 부엌에서는 음식을 모두 마련하기 어렵다. 그래서 각자에게 집을 내주고, 또 각자에게 지행知行을 거두게 하여 부양하는 것이다. 다른 지역구니의 사정은 알지 못하고 있지만, 내가 있는 번吾藩, 센다이번-역자 주의 여러 배신의 지행이라고 하는 것은, 모두 연공年貢의 납부가 면제되어 경작한 논·밭의 수확물을 모두 자기 소유로 하는 '쓰쿠리도리'[24]로 하여, 아시가루足輕는 30~40문【3~4말임】부터 100문【1석임】정

---

24 '쓰쿠리도리(作り取)'는 논밭에서 수확한 것을 연공(年貢)으로 바치지 않고 전부 자기의 소득으로 가져가는 것을 말한다. 일본 에도(江戶) 시대에는 신전(新田) 개발 등이 이루어지면 그 직후부터 일정 기간 면세(免稅) 조치가 취해진다.

도까지가 된다. 아시가루 이상도 대략 200~300문【2~3석임】부터 1, 2, 3관【20~30석】 정도까지가 된다. 그렇기에 100~200석을 받는 무사도 대개는 대대로 이어져 온 가신을 10인에서 20~30인 정도 거느린다. 하물며 녹봉의 규모가 크다면 더 이상 말할 것이 있겠는가. 이것은 내가 있는 번藩, 센다이번-역자 주의 중요한 기준이다. 이 비율을 가지고 생각해보면, 만 석石의 지행을 가지고 있는 사람은 그 절반을 가신에게 주면, 천 명 내외는 마음 편하게 부양 할 수 있게 된다.【만 석의 절반은 5천 석임. 1인 당 2석 5두 거둘 수 있는 땅을 준다면, 5천 석에 해당하는 땅에서 2천 명을 부양 할 수 있게 된다】

그런데 자기 주변의 무구武具와 병기兵器 등은 주인 쪽에서 마련해야 한다. 말馬을 기르는 것도 시골에서 살며 들판의 풀을 먹여서 키우기 때문에, 더 들어갈 것도 없다. 그래서 주인들이 각자가 마음먹은 대로, 만 석을 받는 사람이라면 기마騎馬를 30이든 50이든 내놓을 수 있다. 이 비율로 계산하여 추정해본다면, 4~5관문【40~50석임】을 받는 무사도 가신한 두 사람을 부양하는 것은 할 수 있다. 이것은 모두 토착을 하는 경우가 아니라면 이루어내기 어려운 내용이다. 현재와 같이 성 아래城下에 몰려 살면서, 사치를 심하게 하게 된다면, 각각 한 해의 생산물을 가지고 반년 동안 쓰기도 모자란다. 그렇기에 가신 등을 부양하는 것은 생각조차도 하지 못하는 것임을 알아야 한다.

그래서 생각해보았는데, 무술을 다시 일으키려고 생각하는 무장武將이라면, 가문의 대신사大身士의 지행을 바꾸겠다고 말하는 것을 중지해야 한다. 오래도록 여러 세대에 걸쳐 그 땅을 다스리게 하며, 각각의 가신도 토착시켜서, 인원수를 많이 늘리는 정책을 펴는 일, 그리고 꾸밈이 없고 말이 없는 풍습을 일으키는 일, 이것이 무정武政의 근본이 되어야 한다. 아래에 인원수의 계산, 지행 할당의 큰 줄거리를 적는다. 더욱이 손익을 따져보아야 한다.

○ 3관문【30석】이하는 혼자일 때는單騎 문제가 되지 않는다. 다만 가신을 부양하거나, 또는 싸움터에 데려갈 때는 다소 제멋대로 하게 될 수 있다. ○ 말馬은 자국에서는 5관문【50석】이상이면 자신의 말을, 다른 지역구니에 가서 일할 때는 가까운 곳은 10관문【100석】이상이면 자신의 말을, 먼 지역구니은 30관문【300석】이상이면 자신의 말을 가지고 하게 된다. 그 나머지는 모두 다른 사람의 말을 빌리게 될 것이다.

○ 4관문【40석】은 상하 2인【다만 주인의 짚신을 들고 따라다니는 하인草履取[25]은 쓸모가 없는 사람이다. 창을 들고 주인을 모시는 '야리모치' 또는 무사의 젊은 하인인 '와카토若党'[26]를 데려가야 한다.】

○ 5관문【50석】은 상하 2인, 자신은 기마騎馬【말의 고삐를 잡고 끄는 마부口取나 주인의 짚신을 들고 따라다니는 하인草履取은 쓸모가 없다. '야리모치鎗持' 또는 '와카토'를 데려가야 한다.】

○ 6관문【60석】은 하인下部 2인, 자신은 기마【위와 같음. 다만 '야리모치' 2인은 힘든 일이 아님.】

○ 7~8관문【70~80석】인 사람은 동 3인, 자신은 기마【위와 같음. 다만 '야리모치' 3인은 힘든 일이 아님.】

○ 9관, 10관문【100석】인 사람은 동 4인, 자신은 기마【위와 같음】

---

25 조리토리(草履取)는 일본 무로마치(室町) 시대 이후 무가(武家)에서 주인의 짚신을 들고 따라다니던 하인을 말한다.
26 와카토(若黨)는 무사의 젊은 종자(從者)를 말한다.

○ 15관문은 동 7인, 자신은 기마【1인당 300문씩을 주어 7인이면 2관문이 된다.】

○ 20관문은 동 9인, 자신은 기마

○ 30관문은 10인, 마상馬上 2기【1기는 어린아이가 되었든 가신家來이 되었든 타야 한다.】

○ 40관문은 15인, 마상馬上 2기【위와 같음】

○ 50관문500석임은 20인, 마상 3기【1인당 500문씩 주어 30인이면 15관문이 된다.】

○ 60관문은 25인, 마상 3기

○ 70관문은 30인, 마상 4기

○ 80관문은 40인, 마상 4기

○ 90관문은 50인, 마상 5기

○ 100관문1,000석임은 60인, 마상 7기【1인당 300문씩 주어 60인이면 18관문이 된다.】

○ 200관문은 130인, 마상 12기

○ 300관문은 200인, 마상 16기

○ 400관문은 250인, 마상 20기

○ 500관문5,000석임은 400인, 마상 25기【1인당 300문씩 주어 400인이면 120관문이다.】

○ 1,000관10,000석임은 800인, 마상 50기【1인당 300문씩 주어 800인이면 240관문이다.】

자국의 군역軍役은 위의 비율을 가지고 인원人頭을 모두 차출해야 한다. 먼 나라까지 가게 될 때는 떨어진 거리를 기준으로 대원大遠, 소원小遠의 계산법이 있다. 큰 줄거리를 말하자면, 20리에서 1할 안팎을 빼는 정도가 될 것이다. 그런데 이 법을 실시하고자 할 때는 검약을 가르치는 일을 가장 중요하게 생각해야 하는데, 먼저 제도를 확립해야 한다. 법령을 엄격하게 적용하며, 사치를 억제해야 한다. 그 법에 따르면 100관^{1,000석} 규모의 영지를 다스리는 사람이 아침과 저녁으로 생업을 유지하려면, 당시의 10관^{100석} 정도를 가지고 운영하였던 것에 준해야 한다. 아무튼 지출되는 비용이 의식주와 부인婦人과 관련되어 발생한다고 가정한다면, 가장 먼저 이 네 가지에 대한 제도를 확립하고, 그런 다음에 법령을 엄격하게 하달하며, 그것을 어긴 사람은 용서 없이 규정대로 처분해야 한다. 이것 또한 잘 모르는 사람을 위해서 제도의 큰 줄거리를 아래에 적는다. 그런데 기준이 없으면 이야기하기가 어렵기 때문에, 가령 50~60만석 규모의 지역구니을 기준으로 삼아서 적는다고 할 때, 이것은 제도를 매우 소략하게 적어서 그 취지를 알게 할 뿐이다. 실제로 제도를 확립하는 데까지 이르게 하려면 더욱더 고찰하고 조사하여 하나하나 모두 제도로 만들어야 한다. 본디 제도라고 하는 것은 사치를 막는 술책이다. 대체로 사치는 흉내를 내며 따라 하는 것에서 비롯된다. 그런데 다이묘大名의 사물事物은 다이묘大名의 사물事物이며, 무사, 하쿠쇼百姓, 죠닝町人의 사물은 무사, 하쿠쇼, 죠닝의 사물로 하나하나 모두 제도가 마련되어 있다면, 사회적 지위의 상하와 신분의 귀천이 혼란을 일으키지 않고, 비용도 적게 든다. 이것을 제도의 기본 내용으로 알아야 한다. 대체로 현재 무사가 보여주는 풍속을 살펴보면 지나치게 부드럽고 쾌락을 즐겨 멋대로 노는 쪽으로만 달려가고 있을 뿐이다. 그래서 확실하게 제도를 세워야 한다. 사치를 억누르며, 가난에서 벗어나게 해야 한다. 무정武政을 펴서, 능히 가르치고 타이르며, 무예를 장려하여 무기를 좋아하도록 대처해 나가야 한다. 그런 다음에 때때로 무기를 개조하며, 마음 씀씀이가 나쁜 사람을 처벌하고, 마음 씀씀이가 좋은 사람을 포상하게 된다면, 무술武術이 틀림없이 급격하게 일어날 것이다. 이 점을 게을리하는 일이 없어야 한다.

○ 법령은 위와 같이 제도를 확립하여야 한다. 어느 제도가 되었든 그것을 무너뜨리면 어떤 식으로든 처벌을 하겠다고 명령을 내려놓아야 한다. 그것을 위배한 사람은 용서하지 않고 법령대로 시행해야 한다. 이것이 법령의 기본 취지이다.

○ 의복衣服에 관한 일, 이것은 장복章服의 법에 해당하는 것이다. 천하의 장복에 관해서는 잠시 거론하지 않기로 한다. 하나의 '구니國'를 통치하는 영주, 즉 '구니모치國持' 다이묘大名 이하의 경우를 보면, 그 '구니'마다, 그리고 '구니'를 구성하고 있는 '이에家'마다 대장이 마음먹은 대로 장복을 결정한다.

가령 50~60만석 되는 '구니'를 가지고 말한다면, 먼저 그 '구니'의 무사들 품위를 3~4단계로 나눈다. 어떤 역할에서 어떤 역할까지는 비단絹, 어디부터 어디까지는 명주紬, 두꺼운 실로 짠 '후토오리太織', 어디부터 어디까지는 염색을 한 무명染木綿, 염색한 종이로 지은 옷染紙子, 그리고 보통 이하는 동남아시아산 면직물인 '시마모멘嶋木綿', '시마가미코嶋紙子', 이런 식으로 정한다. 더 나아가 아녀자의 의복도 지아비의 의복에 준하여 정한다. 배신은 무늬가 크고 작은지, 염색染色을 어떻게 했는지 등을 가지고 구별을 하는데, 직참과 차이가 나도록 정해야 한다.

이렇게 하는 까닭은 장복의 진짜 가짜를 가리려는 것이다. 거기에 그치지 않고 검약을 가르치고 가난에서 벗어나게 해주며, 신분의 귀함과 천함의 차별을 두기 위함이다. 이런 방식으로 하면 충분하다. 이처럼 제도를 만들어야 한다. 다만 다른 '구니他國'에서 일할 때는 얇고 부드러우며 윤이 나는 순백색 비단인 '하부타에羽二重'를 허용하는 것도 가능하지 않을까.

덧붙인다. 화재 진압을 하는 도구, 들판에서 쓰는 물건을 만드는 데 들어가는 종류는 가죽이나 성글게 짠 두꺼운 무명인 '운자이',[27] 무명木綿 같은 것이 될 것이다. 이것도 장복의 관점에서 보면, 역役의 높고 낮음에 따라서, 문양의 크고 작음이나, 색상의 구별이 있어야 한다. 배신도 그와 같이 구별을 해야 한다.

○ 음식飲食도 의복과 마찬가지로 무사의 봉록이 크고 작음을 3~4단계로 나눈다. 그런데 국 하나에 반찬 하나인 '1즙 1채'에서 3채까지로 한정을 해야 한다. 술과 안주도 여기에 준하여 정한다. 옛날부터 음식과 남녀를 사람들의 본능적 욕심인 대욕구大慾存라 말했다. 병病이 생기는 것도, 가난하게 되는 것도, 무비武備가 느슨해지는 것도, 이 두 가지에서 비롯되는 것이다. 그러므로 이것을 사람들이 가장 조심해야 한다.

위의 음식과 의복에 관한 규정은 관혼冠婚과 상제喪祭, 그 밖에 중요한 향응饗應, 그리고 다른 곳의 바깥사람外人과 만날 때에 적용되겠지만, 이 제도를 무너뜨리는 일이 없어야 한다. 이 제도를 무너뜨리는 사람은 처벌해야 한다. 한 가지가 무너지면 모든 법이 다 느슨해지게 된다. 그러

---

27 운자이(雲齋)는 운자이오리(雲齋織)의 준말이다. 바탕은 성기고 결은 비스듬하게 배치한 무늬(斜紋織)로 짠 두꺼운 무명, 흔히 일본어로 '다비'라고 말하는 왜버선(일본식 버선)의 바닥으로 쓰인다.

므로 조심해야 한다.

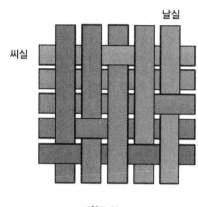

5매 수자직

날실

씨실

〈참고도〉

○ 집을 지을 때도 위의 두 가지 조항에 준하여 정해야 한다. 때로는 문, 때로는 현관, 음식을 올리는 식대, 혹은 기와로 지붕을 만드는 것, 벽에 색을 칠하는 것, 휘장을 두르는 것, 흙을 돋아 올리는 것 등에 관한 제도를 정해야 한다.

○ 계집종을 데려다 부리는 일도 가신의 처녀 등을 데려다 써야 한다. 별도로 비녀婢女를 들이는 일이 없어야 한다. 다만 자손을 얻기 위해서 첩妾을 들이는 것은 특별한 예외이다. 그렇지만 녹봉 규모가 크고 재산이 많은 사람이라 하더라도, 첩은 한 사람으로 한정해야 한다. 더욱이 3년이 될 때까지도 자식을 낳지 못한 첩은 두지 말아야 한다. 물론 자손이 많은 사람은 함부로 첩을 두는 것을 금지해야 한다.

○ 대소와 고하를 막론하고, 칼이라든가 큰 칼 옆에 차는 작은 칼인 '와키사시脇差'를 갖추고서, 아울러 여러 기물器物로 장식을 하는 것을 금해야 한다. 금속 장신구 등으로 금이나 은, 구리와 금의 합금인 적동赤銅 같은 종류를 쓰는 것을 금지해야 한다.

○ 푸른색으로 칠을 바르고, 금속 장신구를 달아 놓은 여성용 가마鋍打 등과 같은 여자들이 타는 물건, 또는 〈참고도〉와 같이 광택과 무늬가 있는 수자직[28] 비단純子, 거죽에 곱고 짧은 털이 촘촘히 돋게 짠 우단羽緞인

---

28 수자직(繻子織)은 날실과 씨실을 서로 얽어 짜지 않고 일정하게 몇 올을 떼어서 짠 직물을 말한다. 표면이 매끄럽고 윤이 나며, 주로 양단이나 공단 같은 비단 옷감을 짤 때 이 방법을 쓴다.

〈참고도〉 하사미바코

비로드天鵞絨[29] 같은 종류를 담은 함〈참고
도〉,[30] 기름에 결은 종이나 천을 가리키
는 유탄油單[31] 등은 녹봉 규모가 크고 재
산이 많은 사람이라 하더라도 사용을
금지한다.

○ 관혼과 상제 등 각각에 대하여 제
도가 있겠지만, 번잡스럽고 많기에 여
기에서는 적지 않으니, 선례를 참고하
여 정해야 한다. 다만 관혼에는 친척들
과 친구들이 마음을 담아서 증정하는
선물贈物을 보내야 한다. 병에 의한 재난과 상례와 제례 때는 액수의 많
고 적음을 떠나서 금·은·전을 보내 병가病家를 위문하고 상제를 도와
야 한다. 길 떠나는 사람에게 주는 전별도 역시 그러하다. 반드시 먹고
마시는 물건을 보내는 일이 없어야 한다. 이것은 옛날부터 해오던 제도
이다.

위는 중심이 되는 제도를 두세 가지 들어서 제시한 것이다. 더 자세하
게 연구하여 손익을 따져보고 나서 정해야 한다. 그런데 위와 같이 토착
과 제도를 청원하는 까닭은 무사의 사치와 유약함을 멈추게 하고자 하
기 때문이다. 아시카가 다카우지[32]가 남긴 유훈을 살펴보더라도 그와 같

---

29 비로도는 포르투갈어 veludo의 일본식 발음이다. 비로드는 거죽에 곱고 짧은 털이 촘촘히 돋게
짠 비단을 말한다.
30 하사미바코(狹箱)는 옛날, 의복이나 도구를 넣고 막대기를 꿰어서 하인에게 지우던 함을 말한다.
31 유탄(油單)은 기름에 결은 종이나 천을 말한다. 덮개나 밑에 까는 데 쓴다.
32 아시카가 다카우지(足利尊氏, 1305~1358)는 일본 남북조(南北朝) 시대의 무장(武將)으로 무
로마치(室町) 막부의 초대 쇼군(將軍)이다.

다. 여러 대에 걸쳐 교토京都에 재직하게 되면, 공가公家 풍습을 따라 하게 되어서, 무사의 용감하고 굳센 기상을 상실하는 일이 있을 터이니, 이것을 잊지 말라는 교훈을 주었다. 또한 오닌應仁[33] 이래로 난을 피한 공가의 관위가 높은 사람이上臘, 오우치 가문大內家으로 들어가서 그 가문의 풍습을 따라 하게 하여 사치를 부리게 만들었고, 그로 말미암아 오우치 가문이 멸망에 이르고 말았다. 이러한 것을 생각해보면 한심하기 짝이 없는 일이다. 그러므로 토착과 제도 등에 관하여 서술함으로써, 사치에 익숙해진 사람들이 다시금 꾸미지 않은 본연 그대로의 질박한 모습을 알아차릴 수 있게 하려고 청원하는 바이다.

○ 토착과 제도 등에 관한 것은 오규 소라이,[34] 다자이 슌다이[35] 등 많은 선생이 여러 차례에 걸쳐 설파한 바 있었다. 그런데 설명하는 방식이 서툴렀거나 좋지 않은 탓인지, 아니면 개혁이 가져올 변화를 두려워해서인지, 어느 한 사람도 토착의 풍습을 일으킨 영주도 없고, 제도를 세워서 확정한 사람도 없다. 그런 마당에 지금 다시 내가 이것을 서술하는 것은 군더더기가 될 것이다. 그 군더더기를 또 서술하는 것은 사람들이 토착하게 만들고 제도의 큰 뜻을 알게 하여, 점점 그와 같은 풍습을 일으킨다면, 위에서도 말한 바와 같이, 30년 사이에는 수행하게 될 것으로 보기 때문이다. 수행을 하게 되면 무가武門의 큰 경사大慶가 이것으로

---

33 응인(應仁, 오닌)의 난이란 1467년(應仁 1)부터 1477년(文明 9)까지 11년 동안 호소카와 가쓰모토(細川勝元)와 야마나 모치토요(山名持豊), 야마나 소젠(山名宗全)와 각각 대장(大將)으로서 여러 '구니(國)'의 다이묘(大名), 쇼묘(小名)가 동서 둘로 나뉘어 교토(京都)를 싸움터로 삼아 전투를 벌인 것을 말한다. '응인(오닌)·문명(분메이)의 난'이라고도 부른다.
34 오규 소라이(荻生徂徠, 1666~1728)는 일본 에도(江戶) 시대 중기의 유학자, 사상가, 문헌학자이다.
35 다자이 슌다이(太宰春臺, 1680~1747)는 일본 에도(江戶) 시대 중기의 유학자, 경세가이다.。

끝나는 것이 아니라고 생각한다. 그래서 일부러 사람들에게 제시하는 것이다. 이것은 내가 군말을 하는 것이라고 말할 수도 있겠지만, 일본의 무武를 두텁게 할 수 있는 전술이 바로 여기에 있는 것이 아니겠는가.

제15권

말의 사육과 훈련 방법

부록 기마 사격騎射

태평한 세상이 오래도록 유지되어 화려함이 더욱 성대하다. 화려함이 성대하게 되어 무사의 기풍이 나약하다. 그런 뒤에 무예는 지역에 따라서 고대의 법식을 망각해버렸다. 특히 말馬은 무사武士의 다리 역할을 하는 것이라서, 이를 충분히 숙달해 놓지 않으면 안 되는데도, 현재는 세상 사람들이 화려함에 익숙해져 있다. 말의 사육 방법을 보면 말에게 최상의 수준으로 해주다 보니 가장 먼저 말이 약하다. 게다가 말을 타는 사람도 그것의 진정한 의미를 제대로 인식하는 사람이 드물다. 당시도 여러 다이묘大名의 가문에 군역軍役이 정해져 있어서, 사람들이 말을 소유하게 되어 있었지만, 그것이 규정대로 일이 이루어지지 않는 것은 화려함에 이끌렸기 때문이다. 이 점을 잘 생각해보아야 한다. 아래에서는 말의 천성과 옛날 무사가 말을 소유하기 용이했던 까닭에 대해서 적는다. 이것을 보고 나서 옛날에 있었던 일을 알아야 한다.

○ 말은 본디 산야山野의 짐승이다. 들판에서 나는 풀을 먹고 물을 마시며 비바람을 맞고 살아가는 동물이다. 이러한 것을 마음속에 담아두

어야 한다. 들판의 풀을 먹여서 사육하는 말은 생김새는 말라서 보기에
는 사납지만 사람을 등에 태우고 빠르게 달리기에는 자연 그대로의 상
태에 있는 말이 으뜸이라는 점을 잘 터득하여 말을 사육한다면, 현재와
같이 여러 일에 비용을 쓰는 일이 없이, 사람들이 말을 쉽게 다룰 줄 알
게 될 것이다.

○ 옛날에는 녹봉이 적다고 하더라도 무사武士라고 하는 사람은 말을
가지게 되어 있었다. 무사가 말을 가질 수 있었던 데는 그럴 만한 까닭
이 있었다. 그것은 자주 언급하였듯이 토착, 즉 시골에서 거주한 것과
관련이 깊다. 토착을 하기 때문에 말이 먹을 여물이 모자랄 일이 없다.
때때로 쌀겨와 콩, 보리, 피稗 등을 먹이는 일도 손으로 작업을 하기에
비용이 따로 들어갈 일이 없다. 발톱, 머리카락, 사족四足 같은 것도 직접
관리하므로 별도로 마부 등을 두거나 따로 다른 사람을 쓰거나 하는 일
이 생기지 않는다. 그래서 비록 녹봉이 적다고 하더라도, 말을 소유할
수가 있는 것이다.

현재도 하쿠쇼百姓를 보면 알 수 있을 것이다. 겨우 논밭 4, 5, 6반反만
가진 사람이라고 하더라도 말을 쉽게 소유하게 된다. 이것은 토착 생활
을 하기 때문에 가능한 일이다. 또한 옛날 군역軍役으로 6관 1필로 정한
적이 있는데, 6관은 지금 지행知行으로 하면 60석 정도가 된다. 이 정도
로 규모가 작은 사람조차도 말을 반드시 소유한다. 그런데 현재는 600
석 규모라 하다더라도 말을 소유하기가 어렵다. 그 까닭은 차례로 설명
한 바와 같이, 무사가 된 사람들이 모두 지행소知行所를 떠나 주군主君이 있
는 성 아래죠카에서 거주하기 때문에, 그곳으로 사람들이 몰려들고, 그래
서 모든 일이 화려하게 되는 것이다. 그 화려함에 익숙해져서, 말을 기

르는 것도 대체로 옛날 방식을 상실하였다.

또한 근세는 마역馬役이라고 하는 것이 생겨서, 대대로 이어가는 가업家業이 되고 말았다. 그래서 말에 관한 일을 맡는 것이 세상이 한 가지로 모두 동일한 풍속이 되었다. 그런데 저 마역이라고 하는 사람은 어디까지나 범속의 필부이다. 그렇기 때문에 옛날 방식 같은 것은 꿈에도 생각해보지 않았고 알지도 못한다. 오직 지금 유행하는 방식으로 마장에서 말타기馬場乘를 하는 것일 뿐이다. 그래서 오로지 말의 고삐를 조절하는 '구치무키口向', 발로 말을 조종하는 '아시부리足振'를 대단한 비결大秘訣이라고 마음에 새길 뿐이다. 이처럼 모두가 무용武用의 진정한 원리를 상실하고 말았다.

또한 인군人君과 집정執政도 속인俗人이 많으면 악습을 고칠 의지가 없게 된다. 말에 관한 일은 그냥 마역馬役에게 맡겨버리기 때문이다. 그래서 자연히 마역 등에게 권위가 붙게 된다. 아무것도 모르는데도 그 사람이 하는 말을 사람들이 신용하게 된다. 그렇게 되면 결국에 가서는 무술武術이 쇠미해진다. 무예武藝를 무술이 아닌 예능에 뛰어난 사람에게 맡기는 바람에, 이와 같은 일이 만들어지게 되었다.

그런데 말은 무비武備의 근본이다. 그래서 다른 나라에서는 천승千乘의 나라, 만승萬乘의 나라 등으로 부르면서, 차마車馬의 숫자로 제후諸侯의 대소大小를 정하는 것이다. 【지금 세상에서 몇만 석이라고 부르는 것과 같음】 또한 대사마大司馬라고 하는 벼슬도 총대장惣大將에 해당하는 것이다. 그런데도 총대장이라 부르지 않고 대사마라고 부르는 것도 말이 군무軍務의 근본이기 때문이다. 즉 병마兵馬를 담당하는 역할이라고 하는 뜻으로 사마司馬라고 부르는 것이다. 일본에서도 옛날에는 좌우左右의 마두馬頭, 우마노카미가 있어서, 좌우의 마료馬寮[1]를 관장했다. 이것은 곧 대장에 버금가는 벼슬로 매우 중요한 직책이다. 현재의 마역馬役처럼 신분이 낮은 역할이 아니다. 이것은 모두 말을 중요하게 다루었기 때문이었다. 이처럼 중요한 말을 그저 평범하고 속되며 행실이 너절하고 더러운 마역에게만 맡겨 둔다면, 사물의 쓰임새가 확립되기 어렵다.

뜻있는 인군과 집정이 법을 옛날 방식으로 만들고 어떻게든 궁리를 거듭해서 승마의 방법을 만들어야 한다. 말을 가르치는 일은, 대인大人은 더 말할 것도 없고, 대체로 말을 소유하는 사람이 신중하게 대처해야 할 일이다. 먼저 현재의 말과 관련해서는 16가지를 상실한 것이 있음을 알아야 한다. 이것을 알고 가르친다면, 마술馬術이 쓰임새를 잃지 않게 될 것이리라.

첫 번째는 평소에 말을 타서 익숙해지게 하는 '세메우마責馬' 방법이 크게 미숙하다. '세메우마'는 날마다 말을 타는 것을 으뜸으로 삼는다. 말 타기 방법에는 네 가지가 있다. 마장연습장에서 익숙하게 말 타기馬場乘, 멀리까지 말 타기遠乘, 말의 기분을 동요시키거나 놀라게 하여 말을 타는 '아테모노當物', 돌아다니며 말 타기乘廻가 그것이다.

두 번째로는 말이 평소에 좋은 것을 먹는 데 익숙해져 있다. 그래서 가끔 거친 것을 말에게 먹이면 말이 먹지 않으려 하고, 그래서 피곤해진다.

세 번째로는 멀리까지 타고 가는 훈련을 하지 않는다. 그래서 어쩌다 멀리까지 타고 가게 되면 빠르게 피가 흐르거나, 숨이 차거나, 먹지 않아서, 말의 쓰임새가 크게 떨어진다.

---

1 마료(馬寮, 메료)는 옛날에 말의 사육과 조련 따위를 맡아 보던 관청을 말한다(左馬寮와 右馬寮가 있었음).

네 번째로는 평소에 입을 틀어쥐고 등지鐙를 눌러서 말을 타고 내린다. 그래서 홀로 말을 타게 되면 말이 움직여서 타기 어렵다.

다섯 번째로는 평소에 비바람이나 추위와 더위에 맞닥뜨리지 않는다. 그래서 이것을 어기게 되면이와 다른 상황을 맞이하게 되면 피곤해하고 병이 든다.

여섯 번째로는 평소에 산비탈을 타고 가지 않는다. 그래서 꼬불꼬불한 길을 가게 되면 힘들어하고 피곤해한다.

일곱 번째로는 말 타면서 사격하는 것騎射을 가르치지 않는다. 그래서 가끔 활이나 총, 큰 칼 휘두르기 같은 것을 말 위에서 하게 되면 말이 놀라서 뛰쳐나가게 된다.

여덟 번째로는 소리가 나는 물건에 익숙해 있지 않다. 그래서 음성에 놀라기 쉽다.

아홉 번째로는 눈에 번뜩이는 물건을 본 적이 없어 익숙하지 않다. 그래서 채색이 평소와 다른 물체를 보게 되면 말이 놀란다.

열 번째로는 말을 타고 물을 건너거나 수영을 하게 하는 수마水馬라든가 배船에 익숙하지 않다.

열한 번째로는 쌀겨와 콩을 많이 먹여서 너무 비만해졌다. 그래서 말이 빨리 땀을 흘리고 빨리 피곤해한다.

열두 번째로는 평소 말굽에 신발을 신겨서 탄다. 그래서 말이 가끔 맨발로 타게 되면, 발바닥에 통증을 느껴서 빨리 달릴 때 불편함을 느끼게 된다.

열세 번째로는 평소에 동거同居, 동식同食 같은 것을 가르치지 않는다. 그래서 말끼리 가까이 가게 되면, 서로 물거나 밀치거나 해서 소란스러워진다.

열네 번째로는 암컷 말을 본 적이 없어 익숙하지 않다. 그래서 어쩌다가 수컷 말이 암컷을 보게 되면 홍분이 되어 날뛰게 된다.

열다섯 번째로는 도랑이나 수로, 벼랑 같은 곳을 뛰어넘거나 건너가는 것을 알지 못한다.

열여섯 번째로는 말에 입히는 갑옷인 마갑馬甲 같은 종류를 본 적이 없어 익숙하지 않다. 그래서 이러한 물건을 씌우는 일이 불가능해진다. 마갑은 군용軍用에서 가장 중요한 마구馬具이기 때문에, 특별히 망각하지 않아야 할 것이다.

대체로 이와 같은 16가지는 지금 세상의 말이 상실해버린 것으로서 현재 가지고 있지 못한 부분이다. 무武를 책임진 사람은 대소大小와 고하高下를 막론하고, 마음을 쏟아서 대비해야 할 일이다. 아래에서는 16가지 훈련 방법에 대하여 적는다. 더 많이 참고해야 한다.

또한 근세 우마노리馬乘 가문에 군마軍馬의 전傳이라고 하는 것이 만들어졌다. 그것을 중요한 비결로 삼아서, 청원하고 또 청원하여 그것이 지금 전해질 수 있게 되었다. 더욱 심한 것은 그것이 막부公儀에도 전해져서, 넓직한 곳에 막幕 같은 것을 펼쳐놓고 서로 전하는 경우도 있다고 한다. 아무리 세상에서 무술이 점점 쇠약해지고 있다 하더라도, 이 정도로 괴상한 일은 없을 것이다. 부끄럽고 부끄러울 따름이다. 적어도 무술에 국한하여 말하자면, 군마의 전이라고 하는 것도 특별히 쓸모가 없는 물건이다. 오직 옛날 전투에 관하여 적은 군사 기록 등을 많이 보고 들어서 옛날 무사가 말을 자유자재로 부리는 것을 참고 자료로 삼으면서 손익을 따져보아야 한다.

미나모토노 요시쓰네[2]가 히요도리고에[3]에서 내려오거나, 또는 와타나베[4]라는 나루에서 바다를 헤엄쳐 건넌 일, 그리고 닛타 요시무네가 아시카가 가문을 추격하여, 비탈길 동쪽으로 46리 길을【큰길로 7리 반에 해당함】한 시간 정도 되는 짧은 시간에半時 따라붙었던 일 등이 충분히 모범이 될 수 있다.

이러한 마음가짐을 기본으로 삼아서, 각자가 수없이 사물의 쓰임새로 사용할 수 있게 해 두어야 한다. 첫 부분에서부터 누차 말한 것처럼, 말은 무사武士의 발에 해당하는 것이다. 그러므로 되도록 신중하게 대처하는 것이 가장 중요하다. 이 점을 게을리 하는 일이 없도록 해야 한다.

○ 말을 훈련할 때는 2가지 방법이 있다. 하나는 목장을 만들어서 야성을 훈련하는 것이다. 다른 하나는 마구간우마야에서 하는 것이다. 2가지 방법 모두 세상 사람들이 시행하게 된다면, 지금 새롭게 그에 관한 주장을 펼칠 것이 없다. 오로지 지역구니의 춥고 더운 정도에 따라서, 대처 방법이 조금 차이를 보일 뿐이다. 그런데 한 나라 한 군현을 다스리는 사람은 자국에서 말을 훈련하고 싶어 한다. 『좌전左傳』에서【희공僖公 15년】이산異産을 타는 것에 대하여 꾸짖는 것만 보아도 이를 잘 알 수 있다. 이산이란 다른 나라의 말을 가리킨다.

○ 현재처럼 마장연습장에서 말을 타는 것은馬場乘 옛날 뜰에서 말을 타던庭乘 것이 이어져 온 방법이다. 앞에서도 말한 것처럼, 옛날 무사는 모두 말에 통달한 사람을 표본으로 삼아서, 되는대로 타는 것을 으뜸으로

---

2 미나모토노 요시쓰네(源義經)는 일본 헤이안(平安) 시대의 무장(武將)이다. 가마쿠라(鎌倉) 막부 초대 쇼군(將軍) 미나모토노 요리토모(源賴朝)의 이복 동생이다.
3 히요도리고에(鵯越)는 고베시(神戸市) 효고구(兵庫區)와 기타구(北區)의 경계에 있는 고개를 말한다.
4 와타나베(渡邊)는 요도가와(淀川)가 오사카만(大阪灣)으로 흐르는 강 입구에 위치하는 항구이다.

쳤다. 그런데 향응饗應 혹은 연회와 관련하여 귀인이나 지위가 높은 사람 앞에서 말을 탈 때는 되는대로 타게 되면 그 모습이 보기에 흉하고, 수수하고 꾸밈이 없어 보인다. 그러므로 뜰에서 타던 방식으로 타는 것도 무사의 기호嗜와 일치하는 것이다. 혼마 마고시로本間孫四郎[5]가 마장의 전각馬場殿이 있는 뜰 위에서 매우 잘 달리는 용마를 탔던 일 같은 것도 참고할 만하다. 그렇기는 하지만 현재처럼 일률적으로 마장연습장에서 말을 타는 것만을 가지고 마술馬術이라고 마음에 새겨서는 안 된다. 되는대로 타는 것을 표본으로 삼되, 그 나머지 방식으로 말을 타는 것에 대해서도 배워 두어야 한다. 이것이 무마武馬의 순도順道이다.

○ 마장연습장에서 말을 타는 것도 말하자면 현재 사용하는 방법은 하나는 알고 둘은 알지 못하는 것이 있다. 이렇게 말하는 까닭은 말의 고삐를 조절하는 구치무키口向와 발로 말을 조종하는 아시부리足振에 관한 것만을 으뜸으로 삼을 뿐이지, 말의 기분을 동요시키거나 놀라게 하여 말을 타는 아테모노當物의 기술에 대해서는 아직 소홀하게 다룬다. 그래서 마장연습장에서 말을 탈 때는 잘 타던 말이라 하더라도 낯선 사물과 마주치면 무서워하기 때문에, 길거리에서 타지 못하는 일도 생긴다. 이것은 평소에 이런 상황을 마주쳐보지 못했기 때문이다. 이것이야말로 하나를 알고 둘은 모르는 경우에 해당한다. 이 점을 잘 생각해보아야 한다.

○ 말은 천성이 잘 놀란다. 그래서 경敬과 마馬 두 글자를 합쳐서 '놀랄 경驚'이라는 글자를 만든 것이다. 그 의미는 쉽게 미루어 짐작할 수 있다. 위에서도 말한 것처럼, 말의 고삐를 조절하는 구치무키口向, 발로 말

---

5   혼마 마고시로(本間孫四郎)는 혼마 다다히데(本間忠秀, 생몰년 미상)를 가리킨다. 그는 일본 남북조(南北朝) 시대의 무사(武士)이다.

을 조종하는 아시부리足振는 어느 정도 해본 것이라 하더라도, 낯선 사물을 보고 놀라는 말은 물건으로 쓰기가 어렵다. 옛날이나 지금이나 말이 사물을 보고 무서워하여서 손해를 입은 사례가 많다. 신중하게 생각해 볼 일이다. 아래에서는 말을 타는 방법 16가지를 적는다. 이것을 숙독하면 몰랐던 것을 깨닫게 될 것이다.

○ 현재는 가늘고 길게 만든 지면地面을 마장馬場이라 이름을 붙이고, 이곳을 말을 타는 장소로 쓰고 있다. 그런데 이것 또한 진정한 의미의 마장이라고 말할 수는 없다. 진정한 의미의 마장은 좁은 쪽이 6~7정, 큰 쪽은 100정이나 되는 구조로 만들어서 말에만 한정하지는 않는다. 사람과 말이 기계器械를 갖추어서 병사를 훈련시키는 곳으로 해야 한다. 이것이 진정한 의미의 마장인 것이다.

○ 마장연습장에서 말을 타는 것은 위에서도 말한 것처럼, 뜰에서 타던 옛날 방식이 이어져 온 것이다. 말에게 행동 규칙을 가르치는 것까지만 해도 된다면, 현재 유행하는 마장에서도 충분히 할 수 있다.

첫 번째로는 말을 탈 때 말의 고삐를 조절하는 구치무키口向와 발로 말을 조종하는 아시부리足振를 중요하게 다룬다. 그리고 말에게 자주 반복하여 버릇이 들어 익숙해질 때까지 행동 규칙을 가르쳐 두는 것이 그것이다. 다만 말을 한꺼번에 많이 타는 일이 없어야 한다. 오직 말의 행동거지行儀를 흐트러뜨리지 않을 정도로만 조금씩 타는 것이 가장 좋다.

○ 두 번째로는 먼 거리를 타는遠乘 것이다. 이것은 가깝게는 30~40리【큰 길로는 5~6리임】, 멀게는 100리【큰 길로는 16~17리】, 150리【큰 길로는 24~25리】 되는 거리를 타야 한다. 이처럼 먼 거리를 타도 말이 피곤해하지 않게 되는 것을 궁극의 목표로 삼는다. 여기에는 5단계의 호흡, 3단

계의 땀, 그리고 달리는 발, 뛰는 발, 물떼새 모양의 발千鳥足, 치도리아시, 아기사슴이 걷는 것鹿子懸 같은 발걸음, 호흡이 힘들 때 먹이는 약息合藥 등 여러 가지 방법이 있다. 정밀한 것처럼 보이지만, 여러 차례 타다 보면 이러한 것도 자연스럽게 터득할 수 있게 된다. 그 증거는 고대에 문맹文盲이었던 수만 명에 이르는 거칠고 난폭한 무사들도 모두 어떻게든 각자가 위의 여러 건을 음미하기에 이르지 않았던가. 오직 되풀이하면서 타고 또 타야 느낄 수 있다. 달리 비결은 없다. 오로지 타고 또 타 봐야 한다.

○ 세 번째로는 일부러 말의 기분을 동요시키거나 놀라게 하여 말을 타는 '아테모노當物'이다. 이것은 제법 큰 마장에서 깃발, 종, 큰 북, 갑옷과 투구, 활, 총 같은 종류는 말할 것도 없고, 칼집에서 빼낸 칼의 날붙이라든가 횃불, 그 밖의 특이한 종류와 말이 평소 보지 못했을 괴상한 모양의 물체에 이르기까지, 그것을 한쪽 면에 줄지어 세워놓는다. 그리고 말을 타는 사람도 갑옷과 투구를 착용한다. 그런 다음 말 위에서 활과 총을 발사하며, 큰 칼과 창을 휘두르는 동작 등을 해야 한다. 이것은 말을 가르칠 때 가장 중요한 일이다. 이처럼 가르치는 것은 군용軍用의 말뿐만이 아니다. 평소에 승마할 때도 위와 같이 훈련해 놓아야 한다. 말에 올라타는 사람은 신중하게 대처해야 할 일이다. 이처럼 진짜로 말 타면서 사격하는 것을 가리켜 기마술騎術이라고 부른다. 『좌전』을 살펴보면, 희공僖公 28년에 호랑이 조형물을 진영 앞에 세워서, 적군의 말을 놀라게 하여 헛발을 딛게 만든 사례도 있었다. 그러므로 이런 점들을 조심해야 한다.

○ 네 번째로는 말을 타고 돌아다니는乘廻 것이다. 이것은 빠른 걸음으로 타지 않고 견실하게 타고서 30, 40, 50리를 타고 돌아다닌다. 이렇

게 해서 말의 기운을 북돋아야 하는 것이다.

　○ 다섯 번째로는 거센 바람이나 비, 구름 같은 것, 또는 매서운 추위와 더위가 찾아오는 시절에 온종일 타고 돌아다니면서, 이와 같은 악천후에 익숙해지게 해두어야 한다. 평소에 상자 같이 만들어진 곳에 가두어 훈련하던 말을 갑자기 위와 같은 악천후에 마주치게 하면, 말이 쉽게 피곤해하고 쉽게 병이 찾아들게 되기 때문이다.

　○ 여섯 번째로는 산비탈, 꼬불꼬불한 장소를 타고 돌아다니면서 험난한 길에 익숙해지게 해두어야 한다. 꼭 평평한 곳에서만 말을 타는 일이 없어야 한다.

　○ 일곱 번째로는 말 타면서 사격하는 것을 잘 훈련 해두어야 한다. 그렇지만 현재 유행하는 것과 같은 수준으로 말 타면서 사격하는 것으로는 안 된다. 세 번째 항목에서 말한 것처럼, 말 위에서 거친 동작을 해야 한다. 현재 유행하는 방식으로 말 타면서 사격하는 것에 대해서는 아래에서 상세하게 설명하는 바와 같다.

　○ 여덟 번째로는 조가비貝, 북太鼓, 징鑼, 종鐘, 나팔喇叭 같은 것과 그 밖에 여러 가지 소리 나는 악기를 말 위에서 두드려 소리를 내서 말의 귀를 단련시켜 두어야 한다. 네덜란드 방식은 종이나 북을 말에 붙여 놓고, 말 위에서 쳐서 소리를 낸다. 또한 일본에서도 옛날에 군영에서 깃발 드는 역할을 맡은 ‘하타모치旗持’가 모두 말 위에서 깃발을 들었다. 지금도 조선朝鮮에서는 마상馬上에서 깃발을 든다.

　○ 아홉 번째로는 갑옷과 투구는 말할 것도 없고, 깃발, 장식물, 화살막이 천母衣 같은 종류, 또는 칼집에서 빼낸 칼의 날붙이라든가, 횃불 등을 말 위에서 흔들어서 말의 눈을 단련시켜 놓아야 한다.

○ 열 번째로는 강 건너기川渡, 물에서 헤엄치기水馬 등을 훈련해야 한다. 더욱이 배에 태워서 물 위를 왔다 갔다 하게 하거나, 혹은 배에서 물속으로 내려가게 한 뒤, 배로 끌어서 말이 수영을 할 수 있게 가르쳐야 한다.

○ 열한 번째로는 중간 정도로 살이 찌게中肉 사육을 해야 한다. 너무 살이 많이 찌면 말이 쉽게 땀을 흘리고, 쉽게 피곤해하기 때문에, 먼 곳까지 타고 갈 때 손해를 보게 된다. 꼭 살을 많이 찌우는 일이 없어야 한다.

○ 열두 번째로는 평소에 맨발로徒足 타게 해야 한다. 말굽에 신발을 끼워서 타는 데 익숙해지게 하는 일이 없어야 한다. 마쓰마에松前는 볏짚이 없는 땅이기 때문에, 말에게 신발을 신기는 일이 없다. 그 지역은 몹시 추운 나라이고 돌이 많은 땅이지만, 발바닥에 통증을 느끼는 말이 없다. 이것은 말이 돌에 익숙해지고 발바닥이 단단해졌기 때문이다. 평소에 바위나 돌이 많은 산에서 일하는 사람의 발바닥은 흙을 밟을 때까지 피부가 두꺼워지는 것과 같은 이치이다.【일부러 발바닥을 아프게 하면 마치 쇠 신발金屬을 신은 것 같다는 얘기가 전한다. 그쪽 첫머리에 나온다】【頭注】오배자五陪子[6] 10문, 쇠 부스러기鐵屑 15문, 호분胡粉[7] 6문조가비 생것을 불에 태워 만든 것임, 마의 뿌리山藥[8] 7문, 위의 재료를 곱게 갈아 무쇠를 우려낸 물鐵漿[9]에 탄 다음, 그것을 고약膏藥처럼 이겨서 발톱 안쪽에 바른다. 내일 말을 타려고 한다면, 미리 오늘 밤에 약을 발라 두었다가 신발을 끼워놓는다.

○ 열세 번째로는 평소에 다른 말과 같이 지내거나 같이 먹거나 하는

---

6   오배자(五倍子)는 나무에 생긴 혹 모양의 벌레집. 타닌이 들어 있어 기침, 설사, 출혈증의 약재로 쓰거나 잉크·염료 따위의 재료로 쓴다.
7   호분(胡粉)은 조가비를 태워서 만든 백색 안료(顔料)를 말한다.
8   산약(山藥)은 마의 뿌리이며, 강장제(強壯劑)의 약재로 쓴다. 유정, 몽설, 대하(帶下), 요통(腰痛), 설사(泄瀉) 따위에 쓴다.
9   철장(鐵漿)은 무쇠를 물에 우려낸 것인데, 수렴제(收斂劑)로 쓴다.

훈련을 해야 한다. 현재의 말은 이런 것이 잘 안 되어 있어서, 말끼리 가까이 접근하게 되면 서로 물거나 밀치거나 해서 소란을 일으킨다. 이렇게 되면 몹시 불편해진다. 그러므로 위와 같이 훈련을 해 둔다면, 군영 안에서 5필이든 10필이든 한꺼번에 마구간으로 몰아넣을 수가 있다. 이렇게 해야 편리해진다.

○ 열네 번째로는 암컷 말을 보는 것에 익숙해져서 암말이 가까이 오게 되더라도 수컷 말이 날뛰지 않도록 훈련을 해두어야 한다. 현재의 수컷 말은 오로지 암말에 익숙해져 있지 않기 때문에, 어쩌다 암말을 보게 되면 날뛰는 수가 있다. 이렇게 되면 몹시 불편한 일이 생긴다. 또한 옛날에는 일본과 중국 모두 암말을 승마로 이용한 사례가 여러 서적에 보이는데, 지금도 말의 생김새를 보고 감정하는相馬家 무사는 암말을 타는 사람이 많다. 이것은 옛날 방식이 이어져 온 고풍이다.

○ 열다섯 번째로는 도랑이나 수로, 벼랑 등을 뛰어넘는 것을 가르쳐 놓아야 한다. 이것은 평소에 가르쳐야 한다. 일이 닥쳐서 급하게 뛰어넘게 하면 결코 쉽게 이루어지지 않는다는 것을 알아야 한다. 네덜란드의 승마 방식을 살펴보면, 수로를 뛰어넘을 수 있게 하려고, 흙담을 넘어가게 하거나, 아니면 말을 서 있는 상태로 걷게 하는 것과 같은 훈련을 한다. 꽤 정교하게 가르친다고 말할 수 있다. 이것 또한 훈련을 해두면 손해를 볼 일은 없다.

○ 열여섯 번째로는 때때로 말에게 갑옷을 입혀서 먼 곳까지 타고 가는 것을 해야 한다. 이것 또한 평소에 실시하여 익숙해지게 해놓지 않으면 말의 갑옷을 착용한 말이 놀라게 된다. 그렇게 되면 옆에 있던 말도 놀라게 된다. 대체로 말의 갑옷은 군용軍用 가운데 가장 중요한 마구馬具

이다. 그러므로 무비武備를 책임진 사람은 이것을 마음에 새겨두었다가 제작해야 한다.

위의 16개 조항은 말을 가르칠 때 가장 중요한 것이다. 절대 내가 날림으로 말하는 것이 아니다. 무武을 책임진 사람은 이를 게을리 하는 일이 없어야 한다. 아래에서는 말에 관한 2~3가지를 적는다. 더 깊이 궁리하여 훈련을 해야 한다.

○ 현재는 말을 잘 돌보는 것을 가장 으뜸으로 삼는다. 이틀 간격으로 사흘 간격으로 조금씩 마장에서 말타기 훈련을 한다. 이 정도로 기분 내키는 대로 해서 승마 기술을 완벽하게 터득하기는 어렵다. 위에서 말한 것처럼, 네 가지 승마 규칙을 세워놓고 날마다 타게 해야 한다. 그렇게 된다면 말이 온순해져서 타기가 쉽다. 옛날 노인의 이야기 중에, 말은 죽을 때까지 먹여서飼殺 죽을 때까지 타고乘殺, 자제子弟는 죽을 때까지 가르쳐서敎殺 죽을 때까지 꾸짖는다叱殺고 말한 적이 있다. 속인들이 입버릇처럼 하는 말이기는 하지만, 그렇게 하는 것이 대도大道에 가깝다.

○ 일본과 중국의 고금古今에 말의 생김새相馬에 관한 설이 있다. 그런데 여러 가지로 내용이 어렵다. 우선은【털의 색깔을 살펴서】5성性 10모毛, 상성相性과 불성不性 등으로 평가하는 설이 있다. 그런가 하면 털이 나 있는 모양이나 이빨 같은 것을 보고 평론을 하는 것이 여럿 있다. 그렇지만 결국에 가서는 글 장난처럼 문장이 넘쳐난다. 그러한 것만이 무용武用에 관계되는 것도 아니다. 그런 까닭에 고귀한 사람은 물건을 자기가 즐기고 싶은 대로 다루게 될 것이다. 보통의 무사가 가진 말은 애써서 음미를 하지 않는다는 점을 알아야 한다. 오직 말의 어깨나 발톱이 튼튼한 것을 귀하게 여기는 것으로 판정을 하는 것이다.

○ 옛날 싸움터에서 적군을 내쫓거나 물리칠 때, 또는 하천을 건널 때는 강한 말馬을 앞에 세운다고 한다. 이렇게 말하는 것을 뒤집어 생각해 보면, 때로는 사납지 않은 말이나 암말 등이 많았기 때문이었을 것이다. 이 점을 알아야 한다.

○ 현재는 살이 올라 통통하며 털 색깔이 짙고 아름다운 말이 아니면 무사가 타지 않으려 하는데, 이것은 당치도 않은 문외한의 생각이다. 첫 부분에서도 말한 것처럼, 손수 기른 볼품없는 말을 탄다고 해서 쓰임새가 모자라는 일은 조금도 없다. 더구나 부끄러워하는 기색을 보이는 일이 있어서도 안 된다. 고대에 미나모토노 요리토모 경頼朝卿[10]의 '이케스키生好', '스루스미硏墨'라든가, 미나모토노 요시쓰네의 애마인 '다이후쿠로太黒'가 한창이었을 때의 흰색 물결白浪 등을 들먹이면서 이런저런 평판을 내리기도 한다. 그런데 곁에 있는 털 색깔이 나쁘고 야윈 몸매를 가진 말과 견주어 보기 때문에, 명마名馬의 칭호를 듣는 이런 말이 유달리 강한 것으로 생각되는 것일 뿐이다.

○ 말馬에 3가지 등급이 있음이 무비지武備志에 보인다. 높고 험준한 곳을 잘 오르고 내리는 것이 있다. 적의 진영으로 끝까지 잘 걸어가서 돌파하는 것이 있다. 먼 길을 가도 지치지 않는 것이 있다. 이 3가지 등급을 잘 확인해 두고, 각각을 이용해야 한다.

○ 물에서 헤엄칠 때도 능숙하게 하는 말과 서투른 말이 있다. 시험을 해보고 나서 이용해야 한다.

○ 세상 사람들의 사치를 따라 하면서 사람들이 3~4살 된 어린 말을

---

10 미나모토노 요리토모(源頼朝)는 일본 가마쿠라(鎌倉) 막부 초대 쇼군(將軍), 즉 정이대장군(征夷大將軍)이다.

좋아한다. 그런데 어린 말은 무용武用으로는 쓸모가 없다. 무사의 말은 6살 이상 되는 것을 으뜸으로 친다. 다섯 가지 체격 조건으로는五調 근육과 골격이 강하고, 마음과 정신도 안정되어야 쓰기에 좋다. 무武를 좋아하는 사람은 반드시 어린 말을 타는 일이 없도록 해야 한다.

○ 구마자와 료카이[11]가 주장하는 바에 따르면, 무사의 말은 기가 센것을 으뜸으로 친다. 평소에는 기가 센 것을 의식하지 않고 타고 돌아다닌다. 그러다가 하천을 건너야 하는 일이 생기면, 특기인 기가 센 기질을 발휘하여 건널 때 혼자서 재주껏 잘 건너간다. 그래서 무사는 말을 능숙하게 타지 못하면 안 된다고 말한다. 내가 생각해보았는데, 이 설説은 매우 좋다고 본다. 그렇지만 능숙한 사람上手은 적고, 서투른 사람下手은 많은 법이다. 자기의 재주가 어느 정도인지도 헤아려보지 않고, 오로지 기가 센 말이 좋다고 생각하는 것은 문외한의 생각일 뿐이다.

또한 어떤 사람이 주장하기를, 싸움터에서 말을 탈 때는 조금 사납지 않은 것을 으뜸으로 친다. 그 까닭은 말이 사납고 강하면, 말이 너무 나아가는 것을 제지해야 하는데, 제지하면서 말을 타고 가다 보면 그 모습이 보기에도 딱하고 힘이 빠지기 때문이다. 또한 말이 사납지 않으면, 말이 달리는 것도 느리다. 그래서 말에 여러 등지鐙를 넣어서 일어서게 하거나, 채찍 같은 것을 쳐서 앞으로 나아가게 한다. 이렇게 하면 남들이 보기에도 돋보이고 말을 타는 사람도 힘이 솟게 된다는 식으로 말했던 옛날 노인의 이야기를 들었던 기억이 있다고 한다. 그러한 일이 일어

---

11 구마자와 료카이(熊澤了戒)는 구마자와 반잔(熊澤蕃山, 1619~1681)을 가리키는 것으로 보인다. 반잔(蕃山)은 그의 호이다. 료카이(了戒, 了介)는 만년의 이름이다(초년은 左七郎, 二郎八, 助右衛門 등). 그는 일본 에도(江戸) 시대 초기의 양명학자이다(宮崎道生, 『熊澤蕃山の研究』: 위키피디아).

날 수도 있을 것이다. 그렇다고 하더라도 능숙하게 기술을 연마하여 기가 센 말을 자유자재로 부려서 익숙하게 타는 것만 못하다. 이 두 가지는 사람들이 자기가 가진 재주에 맞게 원하는 대로 사용할 수 있으면 그만이라고 말은 하겠지만, 무사의 발 대신으로 삼는 것이 말이기 때문에, 튼튼한 것을 마음에 두게 되는 법이다.

○ 옛날에 말을 잘 타서 '노리시리乘尻'의 달인達者으로 부르는 것도 고삐를 잡기가 불편하여, 안장으로 눌러가면서 말을 자유자재로 익숙하게 탈 수 있었다. 그래서 '노리시리乘尻'라 말하는 것이라고 짐작한다. 지금은 고삐의 균형을 으뜸으로 삼고 타기 때문에, 이렇게 타는 사람乘手을 잘 타는 사람上手이라고 말할 수 있지 않을까. 이것은 나만의 억측이다.

○ 옛날에는 무사의 말을 다루는 것은 따로 '구치토리口取'라고 부르는 사람을 둔 것이 아니라, 자기가 직접 다루었다. 현재의 마부馬郎, 마고 등이 말을 자유자재로 다루는 것과 똑같은 것인데, 때로는 타거나 때로는 끌거나 하여서, 그것을 다루는 것이 매우 거칠고 간단하였다. 그렇지만, 말을 잘 부려서 익숙하게 해냈다. 현재의 무인은 마장馬場에서 말을 타는 것은 능숙하게 한다. 그렇지만 말을 다루는 것은 기술이 없어서 마부에 미치지 못한다. 이것은 무사가 화려함과 사치에 젖어서, 무사의 야성적인 전통風俗을 상실했기 때문이다. 말을 타기는 타면서도 말을 제대로 다루지 못한다고 하는 것은 하나를 알면서도 둘을 알지 못하는 것을 말해주는 것이다. 이 점을 생각해보아야 한다.

○ 마구간은 기氣가 새도록 만들어야 한다. 말은 더운 동물이기 때문에 기가 새지 않으면 병을 일으킨다. 다만 기를 뺀다고 해서 춥게 하라고 말하는 것은 아니다. 『오자吳子』에 이르길, 겨울에는 마구간을 따뜻하

게 하고, 여름에는 처마를 서늘하게 해준다고 한다. 이 점을 참고해야
한다.

○ 중국이나 네덜란드 같은 나라에서 말의 코를 찢거나 불알을 제거하
는 일이 있다. 이것은 오래 살게 하고, 말을 강하게 하는 기술이다. 이것을
선법騸法이라고 부른다. 매우 좋은 법이기는 하지만, 일본에 옛날부터 이
법이 없어도, 천군만마千軍萬馬의 공功이 다른 나라보다 뒤지는 일이 없다.
이것을 가지고 생각해보면, 지금에 와서 새삼 선법騸法을 부러워하는 것이
아니라, 오직 진기한 설이라서, 여기에 적어서 이것을 처음 배우는 사람들
이 견문을 넓힐 수 있게 도움을 주고자 할 뿐이다.

○ 진영 안에서나, 아니면 먼 곳까지 말을 타고 갈 때는 사방으로 말
의 몸에 달라 붙는 경우가 생기게 마련이다. 이것 때문에 말이 동요하지
않도록 해야 한다. 동요하게 되면 말이 피곤을 느끼게 된다.

○ 말에게 먹이는 물건은 들판의 풀이나 볏짚 같은 것은 말할 것도 없
고, 칡이나 싸리 종류, 또는 쓴맛이 없는 나뭇잎 같은 종류는 무엇이든
지 좋다. 손에 닿는 대로 먹일 수 있다. 그런데 먹지 못하는 물건은 말이
스스로 씹다가 뱉어내서 먹지 않는다. 또한 강이나 바다의 물풀을 말에
게 먹이는 수도 있다. 줄풀菰, 마코모 같은 것도 말이 특별히 좋아한다.

○ 밤에도 현재 하는 것과 같이, 마구간 바닥에 짚을 두껍게 깔고, 모
깃불 같은 것을 피워서 말이 엎드리게 하는 것은 매우 까닭 없는 일이
다. 말은 밤에도 뻗고 서 있는 채로 잠자게 해두어야 한다. 4~5일에 한
번씩 겨우 구르기를 시키면 된다. 하여튼 말에게 느슨하게 하여 잠을 자
게 하는 것은 좋지 않다.

그리고 말의 사족四足도 평소에는 물자락에미즈스소 붙여 두어야 한다.

오직 발톱 뿌리, 발톱 안쪽을 신경 써서 씻어야 한다. 이것도 4~5일에 한 번씩 따뜻한 물을 끼얹어서 어깨부터 씻어주면 된다. 또한 말을 흐르는 냇가로 끌고 가서 네 발을 담그게 하는 것이 따뜻한 물자락유소에서 하는 것보다 더 나을 수도 있다. 그리고 출혈을 했다고 해서 말을 쉬게 해주게 되면 더욱 출혈이 되어 다리가 부자유스럽게 될 수가 있다. 피가 나오면 오히려 방심하지 말고 타야 한다. 다만 말의 보양保養을 위해서 타는 것이기 때문에, 신경을 써서 조심스럽게 타야 하는 법이다. 말의 앞발 무릎 위 안쪽에 있는 하얀 마디 모양의 '요메夜眼'[12]는 매월 불로 태우는 것이 좋다고 한다. 게으름을 피우는 일이 없어야 한다.

하여튼 세상의 흐름을 따라가게 되면서 말을 사육하는 방법도 화려해진다. 그러므로 그러한 흐름을 파괴하여 나약해지는 쪽으로 빠져들지 않도록 사육을 하는 것이 중요하다. 이 점을 마음에 새겨서 사육한다면 말은 튼튼해진다. 그렇게 해서 충분히 사람을 도울 수 있게 될 것이다. 사람은 비용 지출을 적게 하고서도 말을 유지하기 쉽게 된다는 점을 알아야 한다.

○ '힘줄 자르기筋切'에 관한 것은 매우 조심해야 한다. 본디 말의 생김새를 고쳐서 말이 값비싸게 보이게 하는 것은 말의 값어치를 탐내는 말장사馬商人가 하는 일이다. 그러므로 무사가 된 사람은 절대로 이것은 하지 않아야 하는 일이다. 말 다리의 힘줄을 자르면, 오르락내리락하는 비탈길을 갈 때 말이 힘들어진다. 말의 꼬리 힘줄을 자르면, 말이 물을 건

12　일본어 '요메'(夜目, 夜眼)는 글자 그대로 '밤눈(야간에 물건을 보는 눈)'이라는 뜻도 있지만, 여기에서는 말의 특정 부위를 가리킨다. 즉 이것은 말의 앞다리 무릎 위의 안쪽에 털이 없이 하얗게 각질처럼 되어 있는 돌기를 말한다. 이것이 있는 말은 야간에도 잘 달린다고 해서 이런 명칭이 붙은 것으로 보인다.

널 때 낑거리끈鞦이 빠지는 수가 있다고 한다. 어느 쪽이든 무용武用에 손해를 끼치는 일이 되기 때문에, 무사가 된 사람은 맹세코 이런 짓을 하지 말아야 한다.

○ 안장鞍도 지금의 제도는 옛날 법도를 잃어버렸다고 생각한다. 옛날 제도로 만들어진 안장을 살펴보면, 앞 둔덕前輪이 크고 높으며, '노리아이乘間'가 매우 넓다. 지금의 제도는 이것과 반대를 이루고 있다. 아무튼 전투에 나갈 때 입는 융복戎服을 착용할 때의 안장과 평상시에 입는 상복常服의 안장이 차이가 있는 것일까? 더욱 자세한 것은 관위가 높은 가문縉紳에서 찾아보아야 한다. 또한 일본의 황도皇都에 이시이 가문石井家이 있다. 막부의 쇼군이 거주하는 동도東都에 이세伊勢, 쓰지辻 두 씨족이 있다. 그곳에 물어서 정밀하고 상세한 것을 밝혀야 한다.

○ 말을 소유한 사람은 조금이라도 말을 요양療養하는 길을 알아야 한다. 그렇다고 하더라도 심원深遠의 기술을 힘들게 배우는 데까지는 이르지 못한다. 단지 아픈 곳을 째서 혈血을 빼내고 '요메夜眼'를 태우거나, 혹은 해충, 복통, 타박상, 골절 등에 잘 듣는 약을 알고 있으면 그것으로 충분할 것이다. 이것 또한 말을 소유한 사람이 좋아하는 일이다. 권말卷末에 갑작스러운 상황에 대비하는 약 처방 두세 가지를 적는다. 한가할 때에 더 배워 두어야 한다.

○ 안에이安永 을미년1775 - 역자 주에 내가 나가사키崎陽에 있을 때 중국과 네덜란드 사람과 많이 만난 적이 있었다. 그 가운데 네덜란드 사람의 것을 으뜸으로 치는데, '아렌토 웨른 헤이트'라고 하는 사람과 대화를 했다. 그가 말한 여러 가지 설 중에서 취할 만한 것도 있었다.

첫 번째로 말은 앞쪽이 높지 않으면 타기가 어렵다. 지금 일본에서 유행하는 승마 방법을 보면, 말을 앞쪽이 높아지게 하려고 안장에서 일으켜 세우거나, 고삐로 입 언저리를 끌어올리면서 탄다. 이것은 뛰어난 기술이다. 손 안장手鞍, 데쿠라도 잘 듣기 때문에, 그 사람이 탔을 때는 앞쪽이 높게向高 되었을 터이다. 그런데 손 안장데쿠라이 약하고 기술이 서투른 사람이 탈 때는, 가장 중요한 앞쪽이 낮아지게 되어向卑 타기가 어렵다. 이것은 말을 앞쪽이 높게 만들어 놓지 않았기 때문이다. 네덜란드 방식은 말을 앞쪽이 높게 만들어두었기 때문에, 어린아이를 태우더라도 앞쪽이 낮아지지 않게 된다. 그런데 그렇게 만드는 방법은 말이 2살 때부터 그렇게 기른 것이다. 즉 말을 마구간에 두고서 풀을 먹일 때, 말 머리보다 높게 격자를 설치한다. 그리고 나서 그 격자 안에 풀을 넣어두면, 말이 그 풀을 먹으려고 위로 뻗고 또 위로 뻗으면서 풀을 씹게 된다. 이렇게 하면 그 말이 성장해 가면서 어느 시기가 되었을 때 말의 앞쪽이 높아지게向高 되는 것이다. 그런데 앞쪽을 높게向高 만들려고 무리해서 앞쪽을 끌어당길 때는 입 언저리만 제멋대로 올라간다. 입 언저리가 제멋대로 올라가게 되면, 말의 기운이 풀리게 되고, 말이 사물에 쉽게 놀라게 된다. 더욱이 말이 발밑을 보지 못하기 때문에, 말이 넘어지는 일이 많아진다. 네덜란드 방식으로 말을 기르면, 머리는 높게 유지하고, 입 언저리는 낮추어서 북두北斗 모양을 만들 수 있게 된다. 【북두 모양을 만드는 것은 오우奧羽[13]의 풍속처럼 작은 수염을 붙인 것과 비슷하다고 한다】 북두 모양을 만드는 기술은 재갈轡의 제작 방법에 있다. 이와 같이 훈련을 하게 되면, 말의 기가 진정되고, 말이 사물을 보고도 놀라지 않으며 발밑을 보고도

---

13 오우(奧羽)의 오(奧)는 무쓰노쿠니(陸奧國), 우(羽)는 데와노쿠니(出羽國)을 가리킨다. 지금의 일본 간토(關東) 지방 북쪽의 6개 현(青森 · 秋田 · 山形 · 岩手 · 宮城 · 福島)의 총칭이다.

네덜란드(阿蘭陀) 재갈(轡) 그림

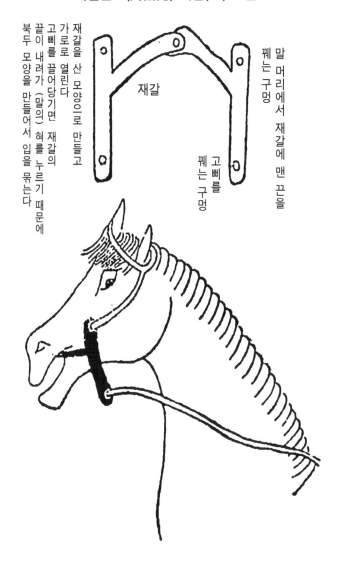

말 머리에서 재갈에 맨 끈을
꿰는 구멍

재갈

고삐를
꿰는 구멍

북두 모양을 만들어서 입을 묶는다
끝이 내려가 (말의) 혀를 누르기 때문에
고삐를 끌어 당기면 재갈의
가로로 열린다
재갈을 산 모양으로 만들고

〈그림 15-1〉

넘어지지 않는다고 한다. 기묘한 기술이지 않은가.

위의 재갈을 한가할 때 제작하여 시험해 보아야 한다. 입을 잘 묶게 해야 한다. 나는 〈그림 15-1〉과 같은 재갈을 직접 나가사키에 가서 본 적이 있다.

○ 대체로 마상馬上에서 격투를 벌일 때나, 그 밖에 달인이 행동할 때는, 등자鐙. 아부미를 밟고 올라가지 않으면 하기가 어렵다. 그런데 현재는 안장을 펴고 말을 재촉하여 걷게 하는 것을 으뜸으로 삼는다. 그리고 마장연습장에서 말 타는 것만 연습하기 때문에, 등자를 짧게 걸고 탄다. 그런데 무용武用에서는 이것을 매우 꺼린다. 그 까닭은 짧은 등자에 올라타서 활동하면, 안장 사이가鞍間 틈이 벌어져서 단단하게 밟기가 어렵기 때문이다. 게다가 자기 몸체가 앞이나 뒤로 튕겨서 뒤집히게 된다. 그러므로 이것을 시험해 보아야 한다. 또 옛날 전투 이야기 같은 것을 보면, 걸어가는 보병의 무사가 등자의 코에 부딪혀서 넘어지는 수가 있다고 한다. 이처럼 등자가 짧으면 활동하기가 어렵게 된다. 지금도 조선인朝鮮人이나 네덜란드인 등의 마술馬術은 모두가 등자를 밟고 선 채로 동작을 한다立鞍. 또한 촉蜀나라 현덕玄德도 넓적다리에 안장 같은 것을 붙였다고 한다. 이것은 모두 등자가 길었다는長鐙 증거가 된다. 지금도 마술馬術에 힘쓰는 사람은 짧은 등자短鐙에 올라타는 일이 없도록 해야 한다.

○ 첫 부분에서부터 누차 말한 바와 같이, 현재는 달려가는 것을 추적하면서 화살을 발사하는 것만을 기사騎射라 부른다고 알고 있는 사람이 많다. 그래서 옛날에 기사라고 말했던 것과 지금의 것이 크게 차이가 난다.

옛날에 기사騎射의 달인이라고 말하거나, 또는 마술馬術의 고수上手라고 말한 것은 마상馬上에서 활을 쏘는 것으로만 한정하지 않았다. 대체로 말을 자기 발처럼 인식하는 것을 말한다. 그래서 험한 돌산으로 되어 있는 산비탈을 지날 때도 옛날에는 말에서 내려서 가는 일은 없었다. 도랑을 건너고, 수로를 뛰어넘는 것도 매우 자연스럽게 했다. 활로 쏘아야 하는 대상물을 발견했을 때, 활을 잡은 궁수弓手가 적을 향해 쏘는 것 같은 것은 더 말할 것도 없다. 고삐를 잡은 마수馬手가 앞쪽에 사선으로 교차하는 곳을筋違 향해서 쏘거나, 또는 뒤쪽에서는 몸을 뒤쪽으로 구부려서 쏜다. 그런데 화살矢種이 다 써서 없어지거나, 혹은 적군이 가까이 다가오면, 활은 거두어들이고 큰 칼을 휘두르거나, 또는 대오를 정비하여 자기 안장의 앞쪽이나 뒤쪽으로 달라붙을 수도 있다. 이것을 마술이라고도 부르고, 기사라고도 부른다.

그런데 지금의 기사騎射는 옛날 방식의 유적마流鏑馬,[14] 즉 일본에서 말하는 〈참고도〉 같은 '야부사메'[15]의 전통이 전해진 풍습이다. 즉 이것은 의식으로 거행되는 기사이다. 오로지 신사神事와 향응饗應 같은 것에만 쓰는 것일 뿐이어서, 오히려 무술武術이라고 부르기는 어렵다. 그것의 기원은 고대에 곳곳에서 거행되던 신사神事와 제례祭禮에서, 용기를 북돋아 주는 神勇 의례의 하나로서 사인社人이나 신주神主 등이 쏘는 것이었다. 그런 까닭에 지금도 옛날 같은 신사神事에는 모두 유적마야부사메가 있는 것이다. 이것은 지금 세상에서 말하는 기사의 기원濫觴이기에, 기사라고 하는 명목은 같은 것이겠지만, 의식을 근본으로 삼은 사격 형태射形이기 때문에, 무술의 기사

---

14 유적마(流鏑馬)는 말을 타고 달리면서 화살을 쏘아 과녁을 맞추던 무예(武藝)를 말한다. 덕흥리 고구려(高句麗) 고분(古墳) 벽화(壁畵)에서 이미 보인다.

15 야부사메(流鏑馬)는 달리는 말 위에서 발사하는 기술의 하나이다. 일본 헤이안(平安) 시대 후기부터 가마쿠라(鎌倉) 시대에 걸쳐서 성행하였다. 현재는 가마쿠라(鎌倉) 쓰루오카 하치만궁(鶴岡八幡宮) 등의 신사(神事)로서 유풍(遺風)이 남아 있다.

와 그 행위에서 정밀함과 조잡함, 강함과
부드러움의 차이가 있음을 알아야 한다.

○ 고대의 기사騎射는 위에 적은 것처
럼, 모두가 기사의 달인이었다. 그 까닭
은 옛날 수도都에는 고취사鼓吹司가 있었
고, 나라구니마다 군단軍團이 있어서, 병마
兵馬의 활동을 가르치거나, 또는 개몰이犬
追物,[16] 소몰이牛追物,[17] 혹은 유희戲 같은 것을
해서, 사람과 말이 대규모로 발을 내딛는 장
소를 마련하는 일이 가끔 있었기 때문이었
다. 그 풍습이 천하에 두루 미쳐서, 여러 나
라구니의 무사가 모두 마술馬術에 통달해 있었
다. 이것이야말로 진정한 의미의 기사라고
말할 수 있는 것이다. 그런데 현재는 어떠한
일이 있더라도 각자의 봉록 규모에 알맞게

〈참고도〉 야부사메

〈참고도〉 개몰이

양성해 놓아야 하는 사람과 말이 있을 터이니, 위와 같은 마음가짐으로
훈련을 해두었으면 한다. 대체로 이 한 권에서 서술한 바와 같이 말을 훈

---

16 개몰이(犬追物, 이누오우모노)는 말을 탄 채로 개를 몰아서 활로 쏘는 방식으로 기사(騎射, 우마
유미) 훈련을 하는 무술(武術)을 말한다. 일본 가마쿠라(鎌倉) 시대에 성행하였다(예: 말 탄 무
사 36명이 150마리의 개를 쫓아가며 활을 쏘는 무예). 응인(應仁, 오닌)의 난(1467~1477년)
이후 쇠퇴하였다가, 에도(江戸) 시대에 쇼군(将軍) 도쿠가와 이에미쓰(德川家光)가 다시 일으켰
다. 메이지(明治) 이후는 1879년과 이듬해에 걸쳐 2회 실시하였는데, 그 뒤로는 시행되지 않았
다고 한다.

17 소몰이(牛追物, 우시오우모노)는 무사(武士)가 목표물을 몰아가면서 발사를 하는 오이모노이
(追物射)의 연습으로서 시행하는 기사(騎射, 우마유미)의 일종이다. 작은 소를 몰아서 마상(馬
上)에서 활을 쏘는 방식이다. 개몰이(이누오우모노)의 원형으로 일컬어지고 있다.

련을 시켜놓는다면, 그것을 무사태평의 용도로 세워서 쓰는 것은 쉬운 일이다. 그런데 현재의 말처럼 화려함과 사치에 익숙하여, 기마술이라든가 그 밖의 야성이 넘치는 일 같은 것에는 익숙하지 않은 말을, 갑자기 거친 일을 하게 하거나 싸움터 같은 곳에서 사용하게 하는 것은 결코 성공하기 어렵다. 다만 어찌 되었든 양성을 해놓아야 하는 사람과 말이 있다면, 위에서 말한 것처럼 훈련해서, 예기치 못한 일이 벌어질 때 활용할 수 있도록 미리 대비해 두었으면 한다. 이것을 가리켜 무비武備라고 부른다. 나라의 군주와 정무를 맡은 집정이 이를 망각하지 말아야 한다.

○ 위의 마술馬術에 관한 여러 설은 200년 동안 태평한 나라가 이어진 데서 비롯되었다. 그런데 습속俗習만 전수傳授가 되고, 말을 타는 무리들은 하나하나 상세히 알지 못한다. 오히려 이 설을 가지고 마술을 알지 모른다고 말하거나, 혹은 광기狂氣와 혼란스러운 마음亂心에서 한 일 등으로 실제 생각하는 사람도 있을 터이다. 그렇지만 그것은 그것 나름대로 습속이 굳어진 것이라서, 평범한 사람으로서는 당연한 일로 생각될 것이다. 그런데 당연하다고 해서 결단을 내리지 않고, 그저 평범한 사람들에게만 맡겨 두고 만다면, 사물의 쓰임새로 세워서 쓰기 어렵다. 그러므로 평범한 사람은 평범한 사람 나름대로 터득하여 시행하도록 해야 한다. 말馬은 말로써 사물의 쓰임새로 세울 수 있게 훈련을 해야 하는 것이다. 또한 그 다음으로 결단을 하는 것이 중요하고 또 중요하다. 나라의 군주가 명석한 판단을 하여 경제를 개혁하고, 무덕武德을 활발하게 해주기를 바라는 바이다.

비상용 말 치료약 조제법은 아래와 같다.

우마牛馬 **평안산**平安散 【먹지 않고, 복통일 때】

오매烏梅[18] 황·백黃栢[19] 감초甘草[20] 양매피楊梅皮[21] 각 13문

아출莪朮,[22] 삼릉三稜[23] 각 19문, 대황大黃[24] 12문

위의 약재를 곱게 갈아서, 매실 장아찌梅干, 우메보시의 과육과 함께 물에 넣고 개어서, 한 번에 5문匁을 복용한다.

○ 또한 위의 약법藥法을 1첩 5문 정도로 조합調合하여, 매실 장아찌 3 개를 넣고 물을 부어 달여서 복용하는 것도 좋다.

인충환人蟲丸 【타박상, 오림五痳,[25] 오줌이 막히거나 똥이 막힐 때】

인충人虫 2냥兩, 용뇌龍腦[26] 1냥, 활루근活蔞根[27] 1냥

비벌草橃[28] 반냥兩, 감초甘草 1문匁, 수은水銀 2주朱

위의 약재를 곱게 갈아 쌀풀에 청각채布海苔를 넣고 섞어서 용안龍眼[29]

---

18 오매(烏梅)는 껍질을 벗기고 짚불 연기로 그슬려서 말린 매실을 말한다.
19 황백(黃栢)은 황벽나무 껍질을 말한다. 동상, 타박상 등 치료에 쓴다(국립원예특작과학원)
20 감초(甘草)는 콩과 여러해살이풀이다. 붉은 갈색의 뿌리는 단맛이 난다. 먹거나 약으로 쓴다.
21 양매피(楊梅皮)는 소귀나무 껍질을 말한다. 수렴제, 살충제, 해독제로서, 설사나 타박증을 치료하거나 염료로 쓴다.
22 아출(莪朮)은 봉술(蓬茂)의 뿌리줄기이다. 성질이 따뜻하여 식적(食積), 어혈(瘀血), 징가(癥瘕) 등에 쓴다.
23 삼릉(三稜)은 매자기의 뿌리를 한방에서 이르는 말이다. 출산 뒤의 악혈(惡血)을 제거하고, 적취(積聚)와 징가(癥瘕)를 풀며, 진경제(鎭痙劑)로도 쓴다.
24 대황(大黃)은 마디풀과의 여러해살이풀이다. 뿌리는 성질이 차고 맛이 쓰다. 대소변 불통(不通), 헛소리, 잠꼬대, 적취(積聚), 징가(癥瘕), 어혈(瘀血) 등에 쓰인다.
25 오림(五痳)은 5가지 종류의 임질을 말한다. 즉 기림(氣淋), 노림(勞淋), 고림(膏淋), 석림(石淋), 혈림(血淋)을 이른다.
26 용뇌(龍腦)는 용뇌수과의 상록 교목이다. 줄기의 갈라진 틈에서 나오는 용뇌수로부터 얻은 결정체는 방향성(芳香性)이 있다. 중풍이나 담, 열병으로 정신이 혼미할 때 또는 인후통 등 치료에 쓰인다.
27 활루근(活蔞根, 가로콘)은 일본 홋카이도(北海道) 남부에서 오키나와(과거 琉球)에 분포한다. 호흡 질병의 해열(解熱), 목구멍이 아플 때나 입이 마를 때, 담(痰)을 제거하고자 할 때 사용된다.
28 원문은 草橃이나 혹시 草橃이 아닐까? 비해(草橃, 도코로)는 학명이 Dioscorea takoro인 식물이다. 참마과 여러해살이풀이다.

크기로 환을 만들고 갈분으로 옷을 입힌다. 이것을 깨뜨려서 먹인다. 먹이는 즙은 여러 가지가 있으니, 그 처방을 이용해야 한다.

○ 근육통에 삼백초蕺菜[30]를 달인 즙

○ 타박상에 소리쟁이赤地利[31]를 달인 즙

○ 오줌이 막힐 때 으름덩굴木通[32]을 달인 즙

○ 똥이 막힐 때 말오줌나무榧木, 니와토코[33]를 달인 즙

○ 호흡이 가쁠 때 (산에서 나는 파로 불리는) 여로黎芦[34]와 당근人參을 달인 즙

○ 중풍中風에 삼백초도쿠다미를 달인 즙

위의 어느 것이든 환을 깨뜨려서 즙을 섞어 흔들어서 복용한다.

족통足痛

활루근活蔞根, 모시풀 뿌리가라무시 뿌리,[35] 겨자씨芥子

위의 3가지를 등분等分하여 함께 갈아 소금을 조금 넣고 통증 부위에 펴서 바른다.

29 용안(龍眼)은 자양분이 많고 단맛이 있는 과일이다. 용안육(龍眼肉)이라고 하여 식용 또는 약재로 쓴다. 중국 남방이 원산지이다.
30 도구다미(蕺菜, 蕺草)는 삼백초(三白草)를 말한다. 이것은 이뇨제(利尿劑) 등으로 쓴다.
31 샤쿠치리(赤地利)는 샤쿠치리소바(赤地利蕎麦)를 말한다. 학명이 Fagopyrum dibotrys인 식물이다. 금교맥(金蕎麥). 소리쟁이.
32 으름덩굴(木通)은 성질이 평하며 맛은 맵고 달며 담담하다. 소변을 잘 보게 하고 소장의 열을 내리게 하며 경맥을 통하게 하고 9개의 구멍을 잘 통하게 한다.(동의보감)
33 니와토코는 접골목(接骨木), 말오줌나무이다.
34 여로(黎芦, 藜蘆)는 일명 총염(葱苒)이다. 여(藜)는 뿌리가 검은색이라는 의미이고 노(蘆)는 가운데가 비어 있다는 뜻이다. 여로는 줄기가 비어 있어서 마치 대롱처럼 생겼다는 뜻을 가진 이름이다. 『동의보감(東醫寶鑑)』에는 박새라는 이명(異名)이 나와 있다. 이것은 중풍병에 가래가 끓는 것을 토하게 하고, 살충하는 효능이 있다(위키실록사전).
35 가라무시(苧, 苧麻)는 모시풀을 말한다.

등에 난 상처

송어를 검게 태워 황백黃柏 오징어 껍데기

위의 재료를 등분하여 곱게 갈아 (상처 부위에) 펴서 바른다.

찰과상

소의 가죽, 개의 머리

위의 재료를 검게 태워서 곱게 갈아 참기름과 섞어서 상처 부위에 펴서 바른다.

피가 날 때 바르는 약

겨자가라시, 야생 모시풀가라무시, '가와라게川原毛',[36] 소금鹽

위의 약재를 등분等分하여 곱게 갈아 식초와 섞어서 다리에 펴서 붙인다.

말의 내장이 병이 났을 때 치료 약內羅藥[37]

당근人參, 복령茯苓,[38] 말린 생강乾薑, 귤 껍질陳皮

위의 약재를 곱게 갈아 술을 넣고 7~8문씩 하루에 두 차례 사용한다. 질병이 나을 때까지 사용해야 한다.

똥이 막힐 때糞詰

---

36 가와라게(川原毛)'는 말의 털 색깔 이름(?).
37 내라약(內羅藥, 나이라구스리)은 말의 내장(內臟) 질병을 치료하는 약이다.
38 복령(茯苓)은 구멍장이버섯과의 버섯이다. 공 모양 또는 타원형의 덩어리로 땅속에서 소나무 따위의 뿌리에 기생한다. 껍질은 검은 갈색으로 주름이 많고 속은 엷은 붉은색으로 무르며, 마르면 딱딱해져서 흰색을 나타낸다. 이뇨의 효과가 있어 한방에서 수종(水腫), 임질, 설사 등에 약재로 쓴다.

〈자법의 큰 줄거리와 혈 자리〉

'고몬'(コウモン)
침을 놓고 나서 2분 이내에
어지러움이 진정된다

팔용(八用)
침을 찌르기만 하라
피가 나지 않고 만병에 효과가 있다
아울러 울적함을 없애준다

백회(百會 말의 등, 뒤쪽 높은 부분)
침을 찌르기만 하라
피가 나지 않고 만병에 좋다
아울러 우울증을 낫게 한다

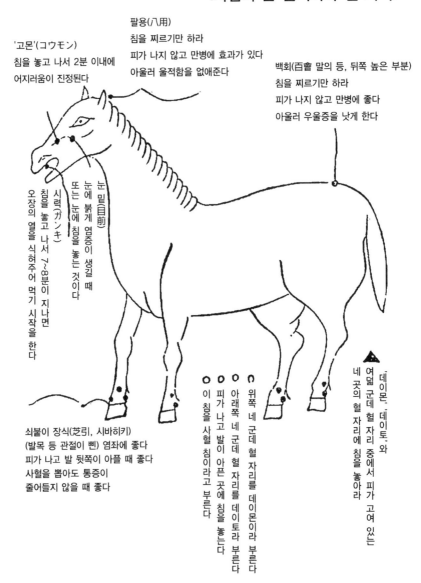

눈 밑(目前)
눈에 붉게 염증이 생길 때
또는 눈에 침을 놓는 것이다

시력(ガンキ)
침을 놓고 나서 7~8분이 지나면
오장의 열을 식혀주어 먹기 시작을 한다

쇠붙이 장식(芝링, 시바히키)
(발목 등 관절이 삔) 염좌에 좋다
피가 나고 발 뒷쪽이 아플 때 좋다
사혈을 뽑아도 통증이
줄어들지 않을 때 좋다

이 침을 사혈 침이라고 부른다

피가 나고 발이 아픈 곳에 침을 놓는다

아래쪽 네 군데 혈 자리를 데이토라 부른다

위쪽 네 군데 혈 자리를 데이몬이라 부른다

'데이몬', '데이토'와
여덟 군데 혈 자리 중에서 피가 고여 있는
네 곳의 혈 자리에 침을 놓아라

〈그림 15-2〉

나팔꽃 씨牽牛子[39] 1냥兩, 대황大黃 1문匁, 범부채射干[40] 2문

위의 약재를 곱게 갈아 식초나 (쇠를 산화한 액체인) 철장鐵漿을 넣고 7~
8문 복용하거나, 물을 붓고 달여서 복용할 수도 있다.

한속이 나거나, 먹지 않거나, 몸을 떨 때

백복신白茯, 목향木香, 회향풀茴香, 말린 생강乾姜

시호柴胡, 전호前胡, 촌립村立 각 3문

독활獨活, 황백黃栢, 양매피楊梅皮 각 2문

천궁이川芎, 귤 껍질陳皮, 백미白薇, 후나바라[41] 각 1문

된장을 조금 넣고 물을 부어 달여서 복용한다.

피부의 한 곳에 순간적으로 고온의 자극을 주는 자법(刺法)의 큰 줄거리[42]

〈그림 15-2〉의 여러 조항은 긴급하게 말을 치료하는 방법의 큰 줄거
리이다. 병이 심해지면 백락가伯樂家[43]가 있으니 문의해야 한다. 또한 최
악의 경우 말을 내다 버리는 수도 있다. 그때그때 상황에 따라야 한다.

---

39 견우자(牽牛子)는 나팔꽃의 씨를 한방에서 이르는 말이다. 붉은 꽃의 씨는 흑축(黑丑), 흰 꽃의
    씨는 백축(白丑)이라 하는데, 맛이 쓰고 성질이 차며 대소변을 통하게 한다. 변비, 부종, 적취(積
    聚), 요통 따위의 치료에 쓴다.
40 범부채는 붓꽃과의 여러해살이풀이다. 뿌리줄기는 사간(射干)이라고 하여 약재로 쓴다.
41 백미(白薇, 후나바라)는 중풍이나 말라리아 치료제로 쓴다.
42 일본 국립국회도서관 소장 원문에는 〈그림 15-2〉가 없지만, 이와나미 인쇄본에 있는 것을 여기
    에 옮겼다. 아마도 일본 국립국회도서관 소장 저본의 원문에 적힌 메모 〈欠丁 卷十五 第二七八丁
    ウラ〉에 해당하는 것이 이 그림으로 짐작된다.
43 백락(伯樂)의 본명은 손양(孫陽)이다. 그는 중국 춘추전국(春秋戰國) 시대의 인물이다. 말을 감
    정하는 상마가(相馬家)라는 직업에 종사하던 인물이었다. 그 안목이 특출나 그가 고르는 말은
    백이면 백이 명마였다고 한다. 이에 사람들이 본명인 손양 대신 백락이라는 별명으로 불렀다고
    한다. 여기에서는 백락가(伯樂家)가 손양(백락)처럼 말을 잘 감정하는 가문을 뜻하는 것으로 보
    인다.

제16권

대미大尾

부록 약서畧書

문무文武는 천하의 큰 덕이다. 그러므로 어느 한쪽으로 쏠리거나, 어느 한쪽을 없애거나 하지 말아야 한다. 예악禮樂과 형정刑政을 놓고 생각해보면, 대체로 나라 살림經濟하는 것은 문文에 기반을 두지 않으면 좋은 성과를 얻을 수 없다. 그리고 폭역暴逆을 토벌하고 국가에 손해가 되는 것을 제거하는 것은 무武에 기반을 두지 않으면 시행하기가 어렵다. 무릇 나라 살림하는 사람은 형刑을 설계하여 잘못된 행위를 금지한다. 대체로 병兵은 형刑의 중요한 부분이다. 그래서 선왕이 누차 병兵에 관한 것을 말한 적이 있는데, 그래서 탕왕湯王이 상商나라를 일으키고, 문왕과 무왕이 주周나라를 흥하게 하였다. 모두 무武를 잘 활용하였다.

우리일본-역자 주 신무제神武帝가 처음으로 통일의 업을 이루고 사람들을 통치하게 된 뒤부터, 신공황후神功皇后가 삼한三韓을 정벌하여 신하로 삼았고臣服, 태합太閤, 도요토미 히데요시-역자 주이 조선朝鮮을 토벌討伐하였다. 현재까지도 일본에 복종하게 한 것 등은 모두 무덕武德이 빛을 발휘한 부분이다.

그런데 사물에는 본말本末이 있다. 즉 문은 무의 본이 되니, 문을 알지 못하면 무의 본질을 터득하기가 어려운 것이다. 최근 사례로서 이마카와 료준今川了俊이 문도文道를 알지 못하여 무도武道가 끝내는 승리를 얻지 못하였다고 말하는 것은, 문무의 일치라고 하는 취지를 터득한 발언인데, 속인들의 눈으로 보기에는 특별난 승리인 것이다.

본디 병兵에는 두 가지가 있다. 국가를 안정시키기 위해 병을 이용하는 것이 있고, 이익과 욕망을 자기가 원하는 대로 얻고자 병을 이용하는 것이 있다. 무릇 폭력과 난동을 부리는 자가 나타나서 백성을 괴롭히고 국가를 흔들어서 혼란에 빠뜨릴 때는, 병을 내보내서 무위를 과시하고 폭도를 토벌하여 국가의 손해를 제거해야 한다. 이것은 정政을 위하여 병兵을 이용하는 것이다. 그 밖에도 난을 일으킨 무리가 나타나서 전투가 벌어지는 일이 생긴다. 혹은 원한 때문에 갑자기 군대를 일으키기도 한다. 또는 외국에서 쳐들어오는 일도 있다. 대체로 뜻하지 않은 동란이 있을 수 있기 때문에, 평소에 무武를 잊지 않아야 하는 것은 국가에서 중요한 지위에 있는 사람이라면 조심해야 할 일이다. 이것은 병兵의 올바른 모습이자 무비武備의 가장 중심이 되는 내용이다.

그러므로 『사마법司馬法』에 천하의 누구라도 "편안하게 지내다가 전쟁을 잊으면安忘戰 곧 위기가 반드시 찾아온다則必危"고 말하였다. 이것을 가지고 생각해보면, 무武는 천하의 큰 덕이 되는 것이니, 반드시 이 취지를 터득하여, 각자가 녹봉에 알맞게 수비를 느슨하지 않도록 해야만 진정한 무장武將이라고 말할 수 있다. 또한 이익과 욕망을 자기가 원하는 대로 얻고자 남의 토지를 탐낸다든지, 혹은 개인적인 원한 때문에 군사를 움직인다든지, 또는 남의 부귀를 부러워하여 함부로 병을 내보내서, 헛되이 사람들을 마구 죽인다든지 하여, 국가를 걱정스럽게 만드는 것, 이것을 국적國賊이라고 부른다. 이 두 가지를 잘 터득하여, 국가에서 중요한 지위에 있는 사람이라면, 무武의 본질을 잃어버리지 말아야 한다. 그런데 무의 본질을 터득하려면 문에 기반을 두고 따라야 한다. 문은 서적을 읽는 것을 본으로 삼는다. 폭넓게 서적을 읽게 되면, 일본과 중국의 과거와 현재 사정에 통달하게 되고, 손익과 득실을 터득할 수 있다. 그렇게 되면 누가 전해주지 않더라도, 자연스럽게 문무의 본질을 이해할수 있게 되는 것이다. 이것은 내가 허투루 하는 말이 아니라, 일본과 중국의 영웅이 가르쳐준 교훈이다. 이와 같은 이치를 가지고 생각해보면, 한 나라 한 군현에서 중요한 지위에 있는 사람이 문무의 도道에 어둡게 되면, 직책을 다하지 못하면서 자리만 차지하고 녹祿을 축내는尸位素餐 것이 되고 만다. 그러므로 이 점을 조심해야 한다.

○ 위에서도 말한 것처럼, 군주人君가 되는 사람은 신하臣下에게 문무文武의 두 가지를 가르치는 일이 직분職分의 가장 중요한 것이 되겠지만, 그 직분을 제대로 아는 군주가 드물다. 게다가 다른 나라에서 문무를 강습講習한 이야기, 또는 본조本朝, 에도 시대-역자 주에서 순화淳和와 장학獎學, 고취鼓吹司, 군단軍團을 설치하여, 문무를 가르친 이야기 등은 누차 설명을 하여도, 모두 옛날 이야기라로만 들을 뿐이지, 이것을 지금 세상에서 일으키고 대비하려고 생각하는 군주는 일찍이 없었다. 일찍이 없었다고 하는 뜻은 나이 어린 군주에게 문무 이 두 가지를 가르치는 부군父君과 가로家老가 없기 때문이다. 그래서 성장해 가는 과정에서 각기 어린 군주가 어떤 것이든 자기가 하고 싶은 대로 하게 되어서, 혹은 너무 놀기를 좋아하거나, 무술이나 무도가 아닌 무예武藝를 좋아하게 되거나, 시문詩文을 좋아하거나, 다도茶를 즐기거나, 사냥을 선호하게 되거나, 정사를 돌보

기 싫어하게 되거나 하여, 끝내 국정國政을 싫어하게 되는 일도 있어서, 각자가 따로따로인 것이다.

첫 부분에서도 말한 바와 같이, 사물에는 본말本末이 있다. 군주의 본말에 대해서 말하자면, 문文을 배워서 국가를 통치하고, 무武를 확장하여 국가를 강력하게 하는 것을 본으로 삼아야 한다. 다도나 사냥 같은 잡다한 일은 말에 해당한다. 그런데도 이처럼 말에 대해서만 알고, 본을 제대로 알지 못하게 내버려 둔 것은, 부군과 가로의 과오이자, 가장 잘못한 일이라고 말할 수 있다. 말에 해당하는 잡다한 일을 하면서 즐기는 것도 지극한 악행이라고 말할 수는 없겠지만, 첫 부분에서 말한 바대로 직책을 다하지 못하면서 자리만 차지하고 녹祿을 축내는 것尸位素餐과 같은 종류가 될 수도 있는 일이니, 먼저 본을 갖추어놓고 나서, 말의 잡다한 일을 즐길 수 있도록 하기를 바라는 것이다. 이 이야기는 무정武政의 핵심 내용이며, 존망이 걸린 부분이라서 여기에 이것을 적는다. 사람들이 본이 무엇이고 말이 무엇인지 잘 분간할 줄 알아야 한다.

○ 위에서 말하는 고취사鼓吹司, 군단軍團 등에 관한 것을 현재 시행하려고 하여도 그다지 어려운 것은 아니다. 그렇지만 그것을 잘 터득하지 못하면, 다른 나라에서 보이듯이 천자의 나라에는 벽옹辟雍,[1] 제후의 나라에는 반궁泮宮[2] 이라는 식으로 어떠한 도식에 얽매여서, 그것의 건립이 매우 어렵게 되어 끝내는 중지될 수도 있다. 이것은 '거문고 기둥을 아교를 붙여 연주한다'[3]는 말처럼 융통성이 없고 고지식한 행위이다. 그런

1 　벽옹(辟雍)은 중국 주(周)나라 영적인 성지(聖地)이다. 천자의 국학 기관을 가리킨다.
2 　반궁(泮宮)은 제후의 나라에 설치한 대학을 말한다(예를 들어 조선의 경우 성균관과 문묘를 통틀어 이르는 말). 천자의 국학 기관을 벽옹(辟雍), 제후의 국학 기관을 반궁이라고 했다.
3 　『사기(史記)』 염파인상여전(廉頗藺相如傳)에 나오는 "거문고 다리(琴柱)를 아교(膠)로 발라서

데 문무文武를 가르치고 익혀서 잘 이행해나간다면, 가장 중요하게 생각하는 것은 확립이 되는 것이므로, 그 나라구니의 재정 규모를 보여주는 국록國祿에 맞추어 손쉽게 건립할 수 있을 것이다. 문무가 성립될지 성립이 되지 않을지는 그 군주의 배려가 거기까지 미쳤는지 미치지 않았는지에 달려 있는 것이다. 이 점을 잘 터득하여야 한다.

지금도 다이묘大名의 여러 나라구니에서, 연병당練兵堂【비슈尾州】,[4] 청운요淸運寮【비슈備州】,[5] 시습관時習館【히고肥後】,[6] 명륜관明倫館【나가토長門】,[7] 계고관稽古館【치쿠젠筑前】[8] 등 학교가 있어서, 각자가 문학文學에만 한정하지 않고, 무예武藝를 강구講하여, 문무를 신하에게 가르친다. 다만 그것을 강습講習하는 것이, 사려가 깊지 않고 경솔해서淺率 충분하다고는 말할 수 없지만, 전혀 그 형태를 갖추지도 않은 나라구니보다는 뛰어남의 정도가 크게 차이가 난다. 만일 사람이 있고 학교를 건립하겠다고 생각한다면, 〈그림 16-1〉과 같이 공사를 해야 한다. 그렇지만 이것 또한 한 가지 길에 얽매이는 일이 없어야 한다. 나라구니 재정 규모의 크고 작음에 맞추어서 시행해야 한다.

○ 아래에 그린 것처럼 문무文武를 가르치는 학교學校는 첫 부분부터 차례로 말한 바와 같이, 먼저 50~60석 되는 나라구니의 형세를 기준으로 하여 그린 것이다.

움직이지 않게 하고 거문고(瑟)를 탄다"는 말을 인용한 것인데, 상황 변화에 대응하지 못하는 것을 뜻한다. 즉 교주고슬(膠柱鼓瑟)은 융통성이 없음을 비유적으로 이르는 말이다.

4 비슈(尾州)는 오하리(尾張) 지방의 딴 이름이다. 오하리노구니(尾張國)의 별칭.

5 비슈(備州)는 비젠(備前), 비츄(備中), 빈고(備後) 지방의 총칭이다.

6 히고(肥後)는 옛 지방 이름이다(현재의 熊本県).

7 나가토(長門)는 옛 지방 이름이다(현재의 山口県 서북부).

8 치쿠젠(筑前)은 옛 지방 이름이다(현재의 福岡県의 북서부).

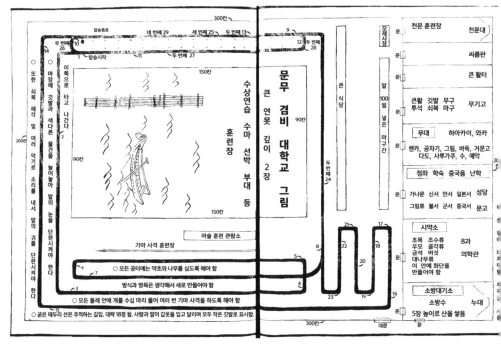

〈그림 16-1〉 문무 겸비 대학교 교정

그런데 이것은 정해진 법칙이 없는 것이기 때문에, 손해가 될지 이익이 될지, 넓게 세울지 좁게 세울지, 이런 것은 마음먹기에 따라 조정할 수 있는 부분이다. 다만 그 취지만 벗어나지 않게 한다면, 1~2만 석 규모의 나라구니라고 하더라도 건립할 수가 있을 것이다. 하물며 그보다 규모가 큰 것이야 더 말할 것이 있겠는가. 다만 되풀이하고 또 되풀이하여 한 가지 방향에만 얽매이는 일이 없도록 해야 한다.

덧붙인다. 학교에 관한 일은 위에 서술한 바와 같다. 이 취지를 미루어 생각이 미치게 하여 일가一家의 내부에서 자제를 가르치는 것도 역시 이 취지를 기준으로 삼아야 한다. 그렇게 하게 된다면, 위로는 대장부터 아래로는 무사와 서민에 이르기까지, 모두 문무 겸비의 취지를 터득하여, 그 나라구니의 국격이라든가 그 나라 사람들의 인품이 현재보다 10배 훌륭해질 것이니, 그보다 너 나은 것도 없게 될 것이다. 이것은 대장한 사람이 어떤 마음을 먹느냐에 달린 일임을 알아야 한다. 문무 겸비 대학교를 그린 그림은 〈그림 16-1〉에 제시한다.

○ 위와 같이 문무文武를 겸비한 학교를 건립하여, 교화敎化를 잘 해나가고, 군신이 서로 조화를 이루게 된다면, 밑에 있는 사람들이 충분히 그의 군주를 높이 받들 생각을 하게 될 것이다. 군주가 된 사람은 그저 지위가 높은 사람이 속인俗人에 대하여 호의를 갖는 것처럼, 아래의 여러 신하에게 이 군주가 아니면 안 된다고 확실하게 생각하도록 해놓지 않으면, 전투는 도저히 할 수 없게 된다는 점을 알아야 한다. 어찌 되었든 아들이나 자제子弟의 잘못은 아버지나 부형父兄이 어리석어서 그런 결과가 나온 것이며, 신하의 잘못은 주군이 사리를 분간하지 못할 정도로 어리석어서 귀결된 일이다. 주군이 된 사람은 안목을 넓게 펼쳐서 궁리해야 한다. 느슨하게 생각하는 일이 꼭 없어야 한다.

○ 군주가 된 사람이 지혜롭지 못하고, 재주가 없으며, 덕을 갖추지 못하게 된다면, 아버지 대代에는 충신이나 의사義士였더라도, 신왕新王을 거리를 두고 원망하거나, 혹은 숨어 살거나, 혹은 적敵으로 간주하거나, 혹은 그 군주를 공격할 마음 같은 것을 먹게 된다. 그래서 그 가신과 무사家士가 와해가 되는 것은 일본과 중국의 과거와 현재에서 그런 사례를 많이 볼 수 있다.

그 가운데 근세에 와서는 신겐信玄 부자父子의 상황에 대하여 사람들이 많이 알고 있는 바이다. 신겐이 살아 있는 동안에는 30여 명 되는 대규모 봉록을 받던 무사들이 마음을 하나로 모아서 신겐에게 호의를 가지고, 충성과 의리를 다하였다. 그랬기 때문에 북쪽에 우에스기上杉, 남쪽에 호죠北條라고 하는 두 세력이 대적하고 있었어도, 고슈甲州,[9] 죠슈上州,[10] 신슈信州[11] 세 나라구니에 적을 한 사람도 들여보내지 않고 일생을 마쳤다. 그런데 신겐이 죽고 나서 가쓰요리勝賴의 대代에 이르러서 겨우 2년 사이에, 신겐 시대에는 귀신鬼神을 무색하게 할 정도로 충성과 의리가 쇠붙이처럼 단단했는데, 용사勇士들의 마음이 갑자기 가쓰요리을 원망하고 분노하게 되어 갑작스럽게 전사를 하거나, 혹은 몸을 피하거나, 혹은 적군에게 빌붙거나, 혹은 군주를 공격할 마음을 일으키는 등의 일을 하였다. 그래서 다케다 가문武田家이 급격히 멸망하는 길 외에 다른 것이 없었다.

그 군주가 덕이 있고 재주가 있다면, 그 신하는 충성과 의리와 용감한 모습을 보인다. 그 군주가 덕이 없고 재주가 없으면, 그 신하는 불충과 불의와 나약한 모습을 보인다. 군주가 된 사람은 속마음이 겉으로 드러나지 않게 하고서 궁리해야 한다.

○ 다이묘大名가 신분이 높고 사치를 부리는 사람의 처지만 알고, 미천하여 신분이 낮고 가난한 사람의 처지는 알지 못하는 것은 정치를 아는 다이묘라고는 말하기 어렵다. 또한 국사國事는 한 사람이 고루 보살필 수 있는 것이 아니기 때문에, 가로家老와 여러 역인役人을 세워놓고 일을 맡기는 것인데, 자기가 국사에 힘쓰는데도 그것이 미치지 못한다고 하는 것은 둘러대는 말일 뿐이다. 이렇게 해서는 역시 국정國政에 마음을 쓰는 다이묘가 될 수 없다. 이런 종류의 다이묘는 태평한 세상에서는 공公의

9　고슈(甲州)는 가이노구니(甲斐國)를 말한다. 지금의 야마나시현(山梨縣)에 해당하는 지역이다.
10　죠슈(上州)는 고즈케노구니(上野國)를 말한다. 지금의 군마현(群馬縣)에 해당하는 지역이다.
11　신슈(信州)는 시나노구니(信濃國)를 말한다. 지금의 나가노현(長野縣)에 해당하는 지역이다.

위덕威德에 따라서 다행스럽게도 녹봉과 지위를 유지할 수 있겠지만, 변란이 생긴다면 갑자기 나라구니를 상실할 수도 있다. 그러므로 이 점을 조심해야 한다.

○ 덕이 있는 군주國主, 재주가 있는 다이묘大名가 영지에서 죽음에 해당하는 죄를 지은 사람을 어쩔 수 없이 목을 베야 하는 상황이 생긴다. 목을 베는 형벌을 내리는 날에는, 의복을 갖추어 입고 바른 자세로 앉아서, 자기가 부덕不德한 탓으로 영지에서 죄를 저지른 사람이 나타났음을 부끄럽게 여기고 뉘우쳐서, 사냥이나 술잔치 같은 오락을 금지하며 오로지 근신한다. 그런 까닭에 이렇게 하는 다이묘의 영지에서는 범죄를 저지르는 사람이 적다. 그런데 그와 같은 일에 조심함이 없는 다이묘가 있는 나라구니 안에서는 범죄를 저지르는 사람이 날마다 달마다 늘어나며, 사람을 죽이거나 사람을 풀어주는 일이 너무 많다. 이것을 두고 하늘을 거역했다고 말한다. 재앙은 반드시 몸에 미치게 되는 법이니, 이를 조심해야 한다.

○ 옛날부터 5월 5일에는 집집마다 서로 가지고 있는 것을 올린다. 작은 깃발, 갑옷, 투구, 큰 칼, 긴 칼 등을 앞뜰에 줄지어 세워놓고, 서로 구경을 하게 하는 것은 곧 무구武具를 점검하는 정치 행위이다. 그런데 태평한 세월이 오래도록 지속됨에 따라, 어느 사이에 남자아이를 축하하는 장난감이 되었다. 현재는 단지 남자아이가 있는 집에서만 장식물을 만들게 되었다. 그런 까닭에 높이 올려서 알리는 노보리幟에는 긴타로金太郎, 멧돼지, 곰, 상상 속 동물의 어지러운 춤쇼죠마이[12] 등을 그려 넣는

---

12 쇼죠마이(猩猩舞)는 상상 속의 동물이 추는 춤을 말한다. 이 동물은 얼굴은 사람인데 몸은 원숭이와 닮았다. 주홍색의 긴 털을 지녔고, 목소리는 어린아이 우는 소리와 비슷하다. 사람 말을 알

다. 그리고 갑옷이나 투구는 종이로 만든다. 큰 칼이나 긴 칼은 대나무를 이용하여 제작한다. 심한 경우에는 유녀遊女, 괴물天狗13 등을 형상화한 구조물을 늘어놓는다. 이것은 단지 아이들이 가지고 노는 물건에 지나지 않는다는 인식이 세상 사람들의 마음속에 새겨져 있다. 위와 같이 하는 것은 원래 취지에서 크게 벗어난 것이다.

바라건대 이제부터라도 두루두루 호령號令하여, 고대와 같이 남자아이의 유무와 상관없이, 집집마다 진짜 무구武具와 마구馬具를 가지고 장식하여, 서로 격려하면 좋겠다고 생각한다. 혹시라도 종이로 만든 갑옷, 나무로 만든 큰 칼 등을 장식한 것을 내놓는 사람이 있다면 창피를 주어야 한다. 그렇게 하다 보면 5~7년 사이에 천하에 무기武器가 널리 퍼져나가게 될 것이다. 이 한 개 조항이 크게 무비武備를 돕게 할 수도 있다.

덧붙인다. 하큐쇼百姓와 죠닝町人은 오월에 '노보리' 장식하는 것을 금지할 수 있겠다. 그렇지만 백 년 동안 이어지면서 장식을 해 온 것이므로, 그야말로 긴타로金太郎, 멧돼지, 곰 같은 '노보리'만큼은 허용해도 되지 않을까.

○ 내가 젊었을 때 어느 선생한테 다이묘大名를 감정하는取利 것에 대해서 들었던 적이 있다. 매우 재미있는 설説이다. 그래서 적어 놓으니 참고하는 데 도움이 되면 좋겠다. 이것은 내가 허투루 말하는 것이 아니라, 실제로 나이 많은 선생이 구두로 전해준 것이다. 그 조항을 제시하면 아래와 같다.14

아들고 술을 좋아한다고 한다.
13 텐구(天狗)는 얼굴이 붉고, 코가 높으며 신통력이 있어 하늘을 자유로 날면서 심산에 산다는 상상적인 괴물이다.
14 원문은 ○ 표시인데, 역자가 거기에 ①, ② 등으로 숫자를 붙여 넣었다.

① 번화한 거리에서 주군을 비방하고,

② 덕德과 재주術를 기르는 데 힘쓰지 않고 함부로 복을 신불神佛에 빌며,

③ 불신不信, 불의不義를 나라 안에서 행동으로 보이고,

④ 한 해의 기아飢餓로 굶어 죽는 사람이 있으며,

⑤ 나라 안의 도로와 다리가 무너지고,

⑥ 가로家老와 중요한 역인役人이 자주 교체되며,

⑦ 사냥하고 싶지 않게 되고,

⑧ 직언하는 사람을 멀리하고, 간언을 수용하지 않으며,

⑨ 알랑거리는 사람을 알아차리지 못하고, 끝내 아첨하는 논리를 받아들이며,

⑩ 본인이 직접 국정國政에 대한 여론을 들어보지 않고,

⑪ 햐쿠쇼百姓나 죠닝町人에게 자주 공금을 바치라고 지시하며,

⑫ 돈을 받는 대가로 신분이 천한 사람을 입신立身시키고,

⑬ 문무文武의 기술을 좋아하지 않으며,

⑭ 녹봉이 적은 무사라든가 신분이 미천한 사람을 경시하거나 멸시하고,

⑮ 문무의 기량器量을 갖춘 사람이 채용되지 않고 낮은 지위에 있으며,

⑯ 상벌과 시비, 사정邪正에 대한 재판을 신속하게 하지 않고,

⑰ 자기 혼자만 지혜롭다고 뽐내며,

⑱ 부인婦人이 한 말을 수용하여 활용하고,

⑲ 가신家中의 저택에 자주 놀러가며,

⑳ 생각이 매우 짧고,

㉑ 걱정하는 것이 매우 길며,

㉒ 여자를 매우 좋아하고,

㉓ 재물을 매우 탐내며,

㉔ 나라 안에서 뇌물을 주고받는 일이 일어난다.

위의 24개 조항 가운데, 5가지는 받아들여야 한다. 5가지를 받아들이고 나서도 5가지가 더 있다면, 태평한 세상에서는 국가가 피곤해지고 무도武道가 해이해지며, 난세가 되면 전투력이 약해진다. 10가지에 해당이 된다면, 태평한 세상에서는 사민士民이 원망하고 배반하며 명령에 불복하고, 같은 지위에 있는 사람끼리도 헐뜯으며 비웃는다. 난세가 되면, 가신家臣이 각자 따로따로 되어, 한 번 전투로 그 나라구니는 패배하게 된다. 10가지 이상이면 태평한 세상이라고 말은 하지만, 국가가 위험해진다. 난세가 되면 전투를 할 때까지 기다릴 것도 없이, 그 나라구니는 멸망하게 된다. 위의 조항을 기준으로 삼아서 적국의 상황을 살필 수 있다면, 그 나라구니에 직접 가지 않고도, 그 나라 군주를 직접 보지 않고도, 그 나라의 빈부와 강약을 모두 알 수 있게 된다. 손자孫子가 산算이라고 말하는 것도 이런 종류의 것이라고 말할 수 있다. 내가 생각해보건대, 실제로 손쉽게 감정目利을 해보거나, 이것으로 경계戒를 삼기에도 충분하다. 선생이 말로 전해준 것이 신기하지 않은가.

○ 인간 세상에서는 5가지 재난이 있다. 기근飢饉, 전쟁軍旅, 수난水難, 화난火難, 병난病難이 그것이다. 이 5가지는 상황에 따라 변하는 것이라 일정한 방식이 있는 것이 아니다. 그래서 언제 도래到來할지도 계산하기 어렵다. 그런데 한 나라 한 군현을 다스리는 사람이라면 이에 대비하는 일을 가장 먼저 마음에 담아야 하는 것이다. 그것을 마음에 담아둔다고 해서 특별한 것을 하는 것이 아니다.

그런데 돈과 곡식 두 가지는 중요하다. 이 두 가지를 쌓아두는 방법에 대해서는 2~3천 년 전부터 설이 분분했다. 특히 근세에 와서는 오규 소라이, 다자이 슌다이 등 여러 선생도 끊임없이 의견을 피력했는데도 실행에 옮기지 않았다. 그것을 실행에 옮기지 않은 까닭은 세상의 화려함과 사치에 이끌려서, 군주와 집정執政의 마음이 나약해졌기 때문이다. 나약해지면 몸을 힘들게 해서 검약을 하는 일을 할 수가 없다. 몸을 힘들게 하여 검약을 이행하고 국가의 재정 낭비를 바로잡는 일을 해낼 수 없을 정도가 되어서 보람甲斐을 느끼지 못하는 마음으로는 전투가 좀처럼 제대로 되지 않는 것이다. 만일 이렇게 된다면 재빨리 나라구니를 넘겨주고, 녹봉을 잃고 매인 데 없이 떠도는 낭인浪人이 되는 것이 차라리 낫다.

○ 지금 세상에서 재정 낭비를 바로잡고, 5가지 재난에 대비하기 위하여 돈과 곡식을 저장하고자 생각한다고 해도, 옛날부터 말하는 것처럼, 도리道理 한 가지만 가지고는 좀처럼 그 정책이 성과를 가져오는 데까지는 나아가지 못한다. 그런 까닭에 몸을 힘들게 하여 검약에 힘쓰지 않는다면, 돈과 곡식을 저장할 정도의 솜씨는 발휘되지 않게 된다.

그런데 몸을 힘들게 하려면, 먼저 훌륭한 요리를 줄여야 한다. 의복을 화려하지 않게 입어야 한다. 집을 간소하게 꾸며야 한다. 물건을 사들일 때 적게 지출해야 한다. 유락遊樂을 중지해야 한다. 애첩과 안방 부인에게 지출되는 것을 크게 줄여야 한다. 증답 예물을 조촐하게 해야 한다. 다만 줄이지 않는 것은 공무公務에 대한 지출뿐이다. 위와 같이 몸소 마음을 쓰게 된다면, 어떠한 재정 낭비라도 바로잡을 수 있게 된다. 그렇게 해서 돈과 곡식을 모으고, 그것으로 비로소 무武를 확장할 수 있게 될 것이다. 이것은 군주는 말할 것도 없고, 급료가 작은 무사라 하더라도 마음에 새겨야 한다. 이것을 무정武政의 근본으로 삼아야 한다.

○ 세상 사람에게 정해진 답변이 있다. 배려하는 마음이 있는 사람이 무비武備 또는 군진軍陣 등에 관하여 마음에 새긴 것을 이야기하면, 이에 대한 답은 이와 같을 것이다. "바로 그날 내가 다행스럽게도 태평한 세상에 태어난 것이다. 나의 목숨이 붙어 있는 동안만이라도 전투가 벌어지는 일이 생기지 않는다면 천만다행이겠다. 나의 자손에 관한 것은 또 그때 가서 생각할 일이다." 아마도 이런 식으로 말하는 사람이 열에 아홉은 될 것이다. 이것은 듣기 좋게 꾸며낸 말 같지만, 사실은 무비武備가 갖추어지지 못함을 부끄럽게 여겨서 둘러대는 말이다. 이렇게 말하는 사람이 있다면 그 사람은 보통 사람凡夫의 위에 있는 견범부犬凡夫[15]라고 하는 자이다. 부끄러운 줄 알아야 한다.

그런데 불충분하더라도 천하의 일과 후세의 일을 걱정하는 것이야말로 진정한 의미의 무비武備라고 말할 수 있다. 학자 또한 그러한데, 시문詩文과 풍류에만 매달리고, 세상을 힘들게 살려고 하지 않는 학자는 진정한 의미의 학자라고는 말하기 어렵다. 그런 사람은 단지 사물에 대한 지식이 있을 뿐이라고 말해야 할 것이다.

○ 현재는 지위가 높은 사람 낮은 사람 모두 곡식은 천하게 여기고 돈을 귀하게 여긴다. 그렇게 생각하는 마음의 바탕에는 해마다 기근이 들어서 미곡이 어느 정도 귀해지더라도, 금이나 은을 많이 가지고 있으면 곡식을 사들이기가 쉽다고 보는 것이다. 그런 까닭에 금은을 으뜸으로 쳐서 곡식을 마음에 두지 않게 된다. 이것은 매우 위험한 생각이다.

---

15 일본 국립국회도서관 원문에 견(犬)으로 적고, 그 옆에 이누(イヌ)라고 일본어 가다카나를 달아 놓았다. 이와나미 서점의 인쇄본(234쪽)도 이와 동일하다. 이렇게 본다면 이것이 오타(誤打)는 아니라고 생각한다. 그런데 이에무라 가즈유키(家村和幸)의 번역서(290쪽)에는 '大凡夫'로 보고 번역해 놓았다(이 번역서에는 원문이 실려 있지 않아 더 이상 확인은 불가능함).

그 이유는 3~4개 나라구니의 기근이라면, 쌀을 가지고 있는 나라구니에서 기근이 든 나라구니로 보낼 수 있는 미곡이 있을 수 있다. 그런데 만일 2~3개 나라구니가 동시에 기근을 당하게 되면, 보내줄 미곡이 있을 수 없다. 그런 상황에 이르게 되면 금은을 끓여서 마시더라도 목숨을 구할 수가 없다. 더욱이 병란兵亂이 일어난 세상에서는 농민도 평소처럼 손쉽게 농사를 짓기도 어려워지므로, 해마다 기근이 들지 않더라도 미곡이 부족해질 수밖에 없다.

이러한 점을 잘 터득하여, 금은이야말로 목숨을 구하는 두 번째 물건이라는 것을 알아야 한다. 미곡을 첫 번째로, 금전을 두 번째로 마음에 새겨서, 평소에 식량이 될 만한 물건을 저장해두려고 힘을 써야 한다. 이것은 나라와 군현을 다스리는 사람이 첫 번째로 깨달아야 한다. 지위가 낮은 서민에 이르기까지도 이것을 마음에 새기는 것을 망각하는 일이 없어야 한다. 이것은 크게는 무비武備의 국용國用으로서, 작게는 한 사람의 목숨을 살리는 것으로 삼아야 하는 부분이다. 이런 부분은 군주와 영주가 잘 보살펴야 한다.

식량을糧 저장하는 방법을 말하자면, 일본과 중국의 고금古今에 그에 관한 설이 여러 가지가 있다. 그런데 어느 한 가지에만 얽매이는 일이 없도록 해야 한다. 오로지 국토의 비옥함과 척박함, 그 해의 풍흉 등을 고려하여 임시로 분량을 정하여 저장해야 한다. 대개 흉년은 30년에 한 번, 대기근은 60년에 한 번 정도가 된다. 그 점을 마음속에 넣고 저장을 해 두어야 한다.

○ 대장이 된 사람은 도道, 천天, 지地, 장將, 법法의 의미를 상세하게 터득하여야 한다. 이러한 것에 어둡게 된다면, 한번은 이길 수 있더라도,

대업大業을 하다가 손해를 입는 수도 있다. 선례를 참고해볼 필요가 있다.

○ 대장이 된 사람이 영리하다고 하더라도, 한 사람의 재주와 역량을 너무 신뢰하여 뽐내는 일이 없어야 한다. 문무文武와 지모智謀를 갖춘 사람을 선발하여 중요한 역할을 맡겨두고, 국사國事라든가 군사軍事를 함께 상의해야 한다. 이것 또한 일본과 중국의 명장이 사용했던 방법을 살펴보면 알 수 있다. 공자孔子도 "한 사람에게 다 갖추기를 요구하는 일이 없어야 한다無求備於一人"고 선언한 바 있다.

○ 현재는 무술武術이 시행되는 듯이 보이지만, 문文에 바탕을 두지 않기 때문에, 한쪽으로 기울어진 무武에 빠져있는 경우가 많다. 궁술弓術은 특히 유행이 지났는데도, 단지 봉사신사 앞에서 거행하는 활쏘기의 예식만을 가장 중요한 것으로 여긴다. 이와 달리 무사가 군용軍用으로 쓸 사격술에 대해서는 소홀히 한다. 이것을 역법逆法으로 삼는다. 이와 달리 무사의 사격술은 먼저 군용법軍用法을 학습하고, 그런 뒤에 의례적인 사격禮射을 익힌다. 이렇게 하는 것을 순법順法으로 삼는다. 15권 째에서 말했던 마술馬術도 역시 그러하다. 이러한 마음가짐을 터득하여 사격술을 가르치는 일이 대장의 기량器이라고 말할 수 있다.

○ 병력을 파견할 때는, 먼저 적장이 현명한지 어리석은지, 적장이 정무政務를 보는 것이 좋은지 나쁜지, 무비武備가 강한지 약한지, 나라구니와 군현이 큰지 작은지, 그 지역이 추운 곳인지 따뜻한 곳인지, 인원수가 많은지 적은지 등을 미리 계산해보고 나서, 이쪽에서도 그에 알맞는 계략을 세우고, 그에 상응하는 병력을 파견해야 한다. 이것을 병兵의 산算이라고 부른다. 계산해보지 않고 병력을 파견한다면, 방심해서 실패하는 수가 있다. 그러므로 산算은 병兵을 이용할 때 중요하다고 말한다. 그

래서 『손자孫子』에 이르기를, "산을 많이 하면 승리하고, 산을 적게 하면 승리하지 못하나니, 하물며 산을 하지 않는 것은 더 말할 나위가 있겠는가"多算勝 少算不勝 而況於無算乎라고 한다. 첫 부분에서 말했듯이, 다이묘大名를 감정目利한다고 하는 것도 곧 산算에 관한 것이다.

○ 대장이 된 사람은 국가의 승인을 받지 않은 행사俗事라든가, 국가가 인정한 관례 등에 대해서도 신경을 써야 한다. 또는 음양가陰陽家의 설이라든가 오행五行의 생극生剋, 불교 용어 신이神祇 같은 것에 대해서도 군사軍事의 여분으로 배워야 한다. 설령 실제 사용할 수 있는 것은 없다고 하더라도, 사람을 등용할 때 편리함을 주게 된다. 옛것이라도 사례가 많다.

○ 대체로 병력을 통솔하는 사람은 첫 부분에서도 말했듯이, 일본과 중국의 군담軍談 기록을 많이 보고, 명장名將의 작전을 잘 음미하여, 손익을 참작해야 한다. 지형, 성곽 주변의 못城池 등, 또는 무구武具나 마구馬具 등, 혹은 갑옷의 장식이 보여주는 위엄織毛, 깃발, 장식물의 제작 방법, 혹은 싸움터에서 취해야 하는 행동거지立振舞와 언어 사용言葉遣 등 상세한 것 같기는 하지만, 이를 잘 살펴야 한다. 다만 일반인이 이러한 것에 집착한다면, 그것은 본래 의미를 잃는 것이다. 오직 널리 근본을 아는 것을 핵심으로 삼는다.

○ 대장이 사민士民을 다루는 일과 관련해서는 매우 깊은 의미가 있다. 온화하게 하여 너무 부드러울 때는 사민士民이 유약해지며, 정력精力이 하나로 모아지지 않는다. 또한 매섭고 가혹하게 하여 너무 사나워질 때는 사민士民이 사이가 벌어져 친하지 않게 되거나, 혹은 원망을 사게 된다. 『한비자韓子』에서도 "사나운 군주는 나라 밖의 환난에서 벗어나지 못하고, 나약한 군주는 나라 안의 환난에서 벗어나지 못한다"猛毅之君 不免外難 懦弱

之君 不免內難고 말한다.

대체로 유약하게 되어 마음이 좋을 때는 아래 사람이 쓸데없이 윗사람을 친하게 대하기만 할 뿐, 사물의 쓰임새로 세우기는 어렵다. 예컨대 촉蜀나라 선주先主의 유덕柔德처럼, 또한 사이가 벌어져 친하지 않을 때는 사람들이 원망하고 배반하여 오래도록 보전하는 것이 불가능하게 된다. 예를 들어서 초楚나라 항우項羽 또는 오다織田 씨가 그런 경우이다.

이 두 가지를 잘 터득하여, 관인寬仁을 보여서 친함을 두텁게 하면서도, 위엄을 보여서 사람을 권위에 굴복하게 만든다면, 충분히 훌륭한 장수가 될 수 있다는 점을 알아야 한다. 자산子產이 "너그러움관용과 엄격함징벌이 서로 조화를 이루어야 한다寬猛相濟"[16]고 말한 것도 바로 이것이다.

○ 사물에는 중요한 것本과 중요하지 않은 것末이 있으며, 일에는 시작始과 끝末이 있다. 전투에서 장수가 된 사람의 본말에 대해서 말하자면, 사람을 다루는 것을 본으로 삼고, 성곽 주변의 못城池이라든가 착용할 도구에 관한 것 등은 말이 된다. 또한 혈전血戰을 치르는 한 가지 일을 가지고 말한다면, 강한 것을 본으로 삼고, 닫거나 여는 동작 등은 말에 해당한다. 대체로 일을 할 때는 본을 터득하고 말을 대강 해야 한다. 맹자孟子가 말하는 "천시는 지리만 못하고, 지리는 인화만 못하다天時不如地理 地理不如人和"고 한 것을 보더라도, 인화人和는 군법軍法의 본으로 삼고, 천시天時와 성곽城郭 등은 말이라고 말하는 것이다. 이것을 군법의 첫 번째 비결로 알아야 한다.

○ 부도덕하게 하여 버릇없고 막되어 괘씸하며 어떤 것도 단속하지

---

16 『춘추좌씨전(春秋左氏傳)』에 나오는 내용이다.

않는 대장 밑에 있는 가신들은, 가로家老부터 말단의 여러 역인役人까지 모두 똑같이 버릇없고 막되어 괘씸하며 어떤 것도 단속하지 않게 된다. 이렇게 된다면 국가의 재정 낭비에 대해서도 마음속으로 괴로워함이 없다. 돈과 곡식의 정치도 알지 못한다. 무비武備가 쇠미해지고, 사민士民이 곤궁해지며, 나쁜 풍습이 생기고, 도적이 봉기하거나, 도로와 다리가 파손되더라도, 마음속으로 염려하는 것이 없다. 오로지 가로家老는 신분이 높다고 하여 한낱 가신에게 뽐낸다. 또한 각각의 우두머리들은 그들이 지배하는 사람들에게 뽐낼 뿐이다. 그러니 윗사람이 무엇을 해야 하는지도 알지 못한다. 아래 사람이 무엇을 해야 하는지는 더욱 알지 못한다. 군주와 신하 모두 오로지 먹고 마시고 사냥하는 것과 같은 일로 세월을 보낸다.

이것은 마땅히 슬퍼해야 할 첫 번째가 아니겠는가. 이러한 가문의 무사를 물건에 비유하자면, 똥 속에 들어있는 구더기와 같다. 무릇 쇠똥구리똥 속에 사는 벌레는 똥 속에서 태어나 똥 속에서 자라는데, 이것은 일생을 똥 속에서 살기로 한 것이기 때문이다. 똥이 더러워져도, 냄새가 나도, 더럽다거나 냄새가 난다고 생각하지도 않고 거기서 일생을 보낸다. 이 것을 깨끗한 곳에서 사는 벌레의 눈으로 본다면, 그토록 더럽고 냄새나는 일이 말이 안 되는 것이다.

저토록 부도덕하며 버릇없고 막되어 괘씸한 가문의 여러 역인役人도 다른 훌륭한 대장의 가문에 속한 무사의 눈으로 본다면, 맑은 곳에 사는 벌레가 똥 속에 사는 벌레인 쇠똥구리를 보듯이, 깨끗함과 더러움, 현명함과 어리석음이 하늘과 땅만큼이나 간격이 벌어진다. 버릇없고 막되어 괘씸한 가문의 군신은 이 점을 통찰해야 한다.

○ 장수가 해야 할 5가지 일이란, 도道, 천天, 지地, 장將, 법法이다. 자세한 것은 『손자병법孫子』에서 얘기하고 있다.

○ 장수의 5가지 덕이란, 지혜智, 믿음信, 어짊仁, 용맹勇, 엄격함嚴이다.

○ 용병用兵의 5가지 전법이 있다. 병력을 파견할 때 유념할 것이 5가지가 있다. 첫 번째로는 적국의 정치가 인자함이 없게 하고 괴로워하지 않는 것을 공격함으로써, 한 사람을 죽여서 만 인을 살려낸다. 두 번째로는 적국의 군신이 불의不義와 무도無道한 것을 공격한다. 세 번째로는 군주와 아버지의 원수를 공격한다. 네 번째로는 적국의 군주가 예의에 어긋나게 하여 덕을 파괴하고, 다른 사람을 침해하는 것을 공격한다. 다섯 번째로는 적국의 군주가 덕을 폐기하고, 상하가 혼란에 빠진 것을 공격한다. 이것을 오법五法이라고 부른다.

○ 장수에게 10가지 허물過이 있다. 첫째, 내가 굳세고 강하다고 하여 함부로 적을 업신여긴다. 둘째, 겁이 많아서 자주 적을 두려워한다. 셋째, 내가 영리하여 새로운 것을 만들어낸다고 하여 다른 사람을 가볍게 보거나 업신여긴다. 넷째, 어리석고 둔하다고 하여 모든 일을 다른 사람에게 맡긴다. 다섯째, 재물에 욕심을 부려서 아래 사람 것을 빼앗는다. 여섯째, 그저 결백하기만 하여 다른 사람을 품지 못한다. 일곱째, 어질지 못하여 아래 사람에게 은혜를 베풀지 못한다. 여덟째, 성급하여 분별하는 능력이 모자란다. 아홉째, 느리고 게을러서 이익을 추구하고자 앞으로 밀고 나아가는 것을 하지 못한다. 열째, 완고하고 어리석어 불합리한 일이 많다. 이러한 것을 조심하고 삼가야 한다.

○ 장수에도 상중하가 있다. 상급의 장수는 지략을 써서 승리를 만들어내며, 승리하기 위하여 칼날을 빌리지 않는다. 중급의 장수는 병력을 이

용하여 승리를 만들어내며, 기습공격奇과 정면공격正을 섞어 써서 작전이
잘 들어맞게 한다. 하급의 장수는 칼날을 써서 승리를 꾀하고자 하며, 병
력과 지략을 알지 못한다. 중고中古 시대에 다카우지 경尊氏卿과 구스노키 마
사시게楠木正成와 닛타 요시사다新田義貞를 살펴보아야 한다. 다카우지 경은
시종 지략을 썼으며, 마사시게는 시종 병력을 이용하였고, 요시사다는 시
종 칼날에 의존하였다. 이 세 장수가 각각 상중하에 해당한다.[17]

어떤 사람은 말한다. 무엇을 두고 다카우지 경尊氏卿[18]의 지략이라고 말
할 수 있는가? 이에 대하여 말하자면, 호조 다카토키北條高時[19]가 번창했
을 때는 가마쿠라鎌倉에 참근參勤하여 다카토키와 인연을 맺은 사람이 되
었다. 가문이 달랐지만 같은 가문인 것처럼 바쁘게 뛰어다닐 수 있었던
것이 한 가지 지략이다.

다카토키가 때때로 병력을 파견하여, 전투가 있을 수밖에 없었는데
도, 다카우지 경尊氏卿이 한 번도 전투에 동의한 적이 없었던 것이 두 번
째 지략이다.

7매의 기청起請을 작성하여 다카토키를 안심시키고, 신속하게 가마쿠
라鎌倉를 출발한다. 이것이 세 번째 지략이다.

덴노天皇에게 알현한 뒤, 덴노를 잘 달래서 관록官祿을 받고, 아울러 닛
타 요시사다,[20] 구스노키 마사시게,[21] 게쓰도 엔신,[22] 나와 나가토시[23]

---

17 일본 국립국회도서관 소장본에는 누군가 두주(頭註)를 달아 놓았다("다카우지(尊氏)가 어떻게
해서 지장(智將)이 될 수 있으랴. 이것을 간장(奸將)이라고 부를 수 있을 뿐이다."라는 메모를
통해, 저자 하야시 시헤이와 다른 의견을 제시하였음)
18 아시카가 다카우지(足利尊氏, 1305~1358)는 일본 가마쿠라(鎌倉) 시대 말기, 남북조(南北朝)
시대의 무장(武將)이다. 무로마치(室町) 막부의 초대 쇼군(將軍)이다.
19 호조 다카토키(北条高時, 1303~33)는 14살 때 일본 가마쿠라(鎌倉) 막부 집권(執權) 했으나,
닛타 요시사다(新田義貞)의 공격을 받아 가마쿠라 막부가 멸망할 때 가마쿠라의 도쇼지(東勝寺)
에서 자살(1333년).

네 공신功臣의 위에 올라선 것이 네 번째 지략이다.

이미 천하의 무장武將이 되겠다는 희망을 품고, 방해가 될 만한 사람으로는 다이토노미야大塔の宮,[24] 닛타 요시사다, 구스노키 마사시게, 게쓰도 엔신 네 사람이 될 것을 알아차리고 나서, 먼저 다이토노미야를 참언하여 감옥에 집어넣으라고 아뢰고, 닛타 요시사다를 여색을 이용하여 무위武威를 무디게 만들고자 쥬고准后[25]에게 손을 써서 '고토노나이시勾當内侍'[26]를 닛타 요시사다에게 바쳤다. 엔신은 덴노天皇를 원망하게 아뢰어 배반할 마음을 먹게 하고자 '하리마노쿠니播磨國'[27]의 수호직守護職을 해임하도록 주청奏請을 올렸다. 마사시게는 마사나오正直의 충신으로 삼아서, 또한 작은 기량을 지닌 것을 알고 있었기에 감히 참언하는 일도 없이, 오로지 두텁게 대우하여 불손하게 하지 않았다. 이것이 다섯 번째 지략이다.

가마쿠라鎌倉에서 호조 도키유키時行[28]에게 이겨서 그 승기를 놓지 않고, 곧장 정이대장군征夷大將軍이라는 칭호를 단다. 이것이 여섯 번째 지략이다.

---

20 닛타 요시사다(新田義貞, 1301~1338)는 일본 가마쿠라(鎌倉) 말기, 남북조(南北朝) 시대 남조(南朝)의 무장(武將)이다.

21 구스노키 마사시게(楠木正成, 1294?~1336)는 일본 가마쿠라(鎌倉) 시대 말기, 남북조(南北朝) 시대 무장(武將)이다.

22 게쓰도 엔신(月堂円心, 생몰년 미상)은 일본 남북조(南北朝) 시대, 무로마치(室町) 시대 승려이다.

23 나와 나가토시(名和長年, ?~1336)는 일본 남북조(南北朝) 시대 무장(武將)이다. 호키노구니(伯耆國: 지금의 鳥取県) 나와(名和)의 지두(地頭).

24 다이토노미야(大塔宮, 1308~1335)는 고다이고(後醍醐) 덴노(天皇)의 첫 번째 황자(皇子) 모리나가(護良, '모리요시'로도 읽음) 친왕(親王)를 말한다(오오토노미야라고도 함).

25 쥬고(准后)는 태황태후(太皇太后), 황태후(皇太后), 황후(皇后) 3후에준하는 대우를 받는 사람에 대한 칭호이다. 쥬산구(准三宮)라고도 한다.

26 고토노나이시(勾當内侍, 생몰년 미상)는 일본 남북조(南北朝) 시대 닛타 요시사다(新田義貞)의 처 가운데 한 사람이다(朝日日本歷史人物事典, 田端泰子).

27 하리마노구니(播磨國)는 일본 지방행정 구분인 영국제(領國制)의 하나이다. 산요도(山陽道)에 속한다.

28 호죠 도키유키(北条時行, ?~1353)는 일본 가마쿠라(鎌倉) 말기, 남북조(南北朝) 시대의 무장(武將)이다. 다카토기(高時)의 아들.

하코네箱根에서 닛타 요시사다에게 승리한 뒤, 거기에 머물지 않고, 교토京都로 공격해서 올라간다. 이것이 일곱 번째 지략이다.

경군京軍에게 크게 패배했을 때는 기나이 긴코쿠畿内近國[29]에 잠시도 발길을 멈추지 않고, 날 듯이 규슈九州까지 달아났다. 이것이 여덟 번째 지략이다.

도망하면서도 인젠院宣[30]을 받잡고, 천하를 '기미君'와 '기미君'의 싸움御爭으로 만들어서, 자기가 조정의 적朝敵이라고 불리는 것에서 벗어났다. 이것이 아홉 번째 지략이다.

규슈로 달아난, 도망자落人의 몸이면서도, 쇼니少貳, 오토모大友 등 큰 세력을 가진 여러 제후를 돌연 복종시킨다. 이것이 열 번째 지략이다.

미나토가와湊川[31]에서 마사시게를 치고 나서도 그의 목을 옥문獄門에 걸지 않고, 오히려 본국으로 보내주어 장례를 치르게 하였다. 그런 다음에 구스노키 가문楠家의 분국인 셋쓰노구니摂津國, 가와치노구니河攝泉, 이즈미노구니和泉國[32]에는 반드시 손을 대지 않겠다고 말하고 보내주어서, 구스노키 가문의 심기를 동요시켜서 적군을 적게 만드는 전술을 폈다. 이것이 열한 번째 지략이다.

다시금 교토京都로 공격해 올라가서 덴노天皇와 닛타 요시사다 등을 히에이산叡山[33]으로 몰아넣은 뒤, 그다지 크게 공격하지 않고 백여 일을 흘

29 기나이 긴고쿠(畿内近國)란 산성(山城)을 포함하는 고키나이(五畿内) 주변 지역을 가리킨다.
30 인젠(院宣)은 일본 헤이안(平安) 시대 이래 문서 양식의 하나이다. 상황(上皇)이나 법황(法皇)의 말씀을 받아서 원사(院司)의 한 사람이 봉자(奉者)가 되어 적은 봉서(奉書)의 일종이다.
31 미나토가와(湊川)는 고베시(神戸市)에서 발원하여 남쪽 오사카만(大阪灣)으로 흐르는 하천이다.
32 셋카센(摂河泉)은 셋쓰노구니(摂津國, 지금의 大阪府와 兵庫県), 가와치노구니(河内國, 지금의 大阪府)와 이즈미노구니(和泉國, 지금의 大阪府)를 가리킨다.
33 에이잔(叡山)은 히에이잔(比叡山)의 줄임말이다.

려보냈다. 그러다가 덴노와 여러 관군官軍의 기세가 약해진 틈을 타서, 덴노와 화목和睦을 요청하도록 아뢰어, 하산下山이 이루어지도록 했다. 칼날에 피를 묻히지 않고 히에이산을 함락시켰다. 이것이 열두 번째 지략이다.

닛타 요시아키義顯[34]의 목을 얻어서 어마어마하게 효수梟首를 한다. 이것이 열세 번째 지략이다.

천황경天皇京에서 도망쳐서 남조南朝를 건립하기는 하였지만, 그것이 성취되지 않았음을 알고서 공격을 하지 않는다. 이것이 열네 번째 지략이다.

이와 같은 일은 다카우지 경尊氏卿의 지략이라고 말할 수 있다. 이 밖에도 일본과 중국의 고금古今을 살펴보면, 대장이 된 사람이 했던 일을 알 수 있다. 그것을 거울삼아 그 가운데 상중하를 잘 터득한다면, 나중에 장수가 된 사람도 위의 경지에 도달할 수 있다는 희망을 가질 수 있을 것이다.

○ 많은 것은 적은 것을 이기고, 강함이 약함을 이기는 것은 자연의 이치이다. 그런 까닭에 한 나라 한 군현에도 중요한 사람은 사람을 많게 하고, 사람을 강하게 하는 전술을 알아야 한다는 것이 병가兵家에서 가장 중요하다. 그래서 공자孔子도 자공子貢에게 "음식을 충분히 먹어야 병력을 충분히 갖출 수 있다"足食足兵고 선언하고, 염유冉有[35]에게 서庶, 부富, 교敎를 말씀해 주셨다. 이 점을 잘 생각해 보아야 한다.

그런데 사람을 많게 하는 것도 강하게 하는 것도 무사를 토착시켰는

---

34 닛타 요시아키(新田義顯, ?~1337)는 일본 남북조(南北朝) 시대의 무장(武將)이다. 요시사다(義貞)의 장남. 에치젠(越前)의 수호(守護, 슈고).
35 염유(冉有) 또는 염구(冉求)라 부른다. 기원전 522년 중국 춘추시대에 태어난(몰년 미상) 그는 공자의 추천으로 노나라에 등용되어 정치를 폈다.

지 그렇지 않은지에 달려 있다. 무사가 토착하게 되면, 사치가 없어진다. 사치가 없어지기 때문에 빈곤도 없다. 빈곤해지지 않기 때문에, 녹봉의 규모에 알맞게 대대로 이어져 온 가신과 함께, 무구武具라든가 마구馬具 등을 마음먹은 대로 소지할 수 있게 된다.

게다가 무사가 토착하게 된다면, 산림에서는 새와 짐승을 사냥하고, 물가에서는 고기잡이를 하게 된다. 또한 평소에 말을 타고 내달리기 때문에, 자연스럽게 마술馬術에도 통달하게 된다. 그리고 먼 곳의 사람들과 서로 왕래하기 때문에, 산천의 험한 길에도 익숙해진다. 근육의 형체가 용맹스럽고 튼튼하게 되기 때문에, 진정한 무사라고 말할 수 있을 것이다. 대대로 이어져 온 가신을 많이 소지할 수 있기 때문에, 군역軍役도 많이 질 수 있게 된다고 하는 점을 알아야 한다.

○ 옛날에는 병력을 농민한테서 차출했다. 그래서 병력의 수가 지금 세상과 견준다면 20배가 된다. 중고中古 시대 이래로 사士와 농農으로 나뉘고, 병兵을 농農에서 취하지 않았다. 이런 까닭에 병兵의 수가 크게 줄었다. 그렇지만 무사가 모두 토착하게 되었기 때문에, 지금 세상에 비한다면 10배가 되었다. 덴쇼天正 연간1573~1592 이래로 무사가 토착하지 않고 성 아래죠카에 거주하게 되었다. 그래서 병兵의 수가 역시 크게 감소하였다. 중고 시대 기준으로 본다면, 10분의 1이 됨을 알아야 한다.【비젠備前의 이마리二萬の里의 유래 등을 함께 고려하여 병농農兵이 많다는 것을 알아야 한다】

바라건대 무사를 토착하게 하여, 대대로 이어져 온 가신을 많이 지원扶持하도록 해야 한다. 또한 지두地頭, 영주領主가 마음먹은 대로, 하쿠쇼百姓를 병兵으로 세우는 재주가 있을 것이다. 그리고 주지坊主, 수행승山伏 등도 부대를 편성하여, 군병軍兵으로 이용할 수 있게 하는 것도 장수가 마음먹기에 달렸다. 이와 같이 장수가 신경을 쓴다면, 병력의 수가 먼 옛날上古에 많았던 수준으로 회복될 수 있을 것이다. 그렇지만 200여 년 이어져 온 버릇이라고 한다면, 그것을 갑작스럽게 확 바꾸기란 어렵다. 첫 부분에서도 말한 것처럼, 30년을 목표로 잡고서 개혁해야 한다.

30년을 목표로 설정한 것은 이제까지 세 차례 언급한 바 있다. 그런데 시끄럽게 소란을 피우는 일본인의 마음속에는 멀리까지 내다보고 그것을 행동으로 옮길 생각은 없다. 오히려 중국풍 또는 학자풍 같은 것을 가지고 떠들어대며, 터득하지 못하는 사람이 많기는 하다. 그런데 이것은 경박輕薄한 풍속에 그대로 맡겨둔 나머지, 실제의 품성을 닦지 못했기 때문이다. 중국과 네덜란드, 모스크바 등이 큰일을 추진하는 것을 들어 보면, 30년은 고사하고 50년, 100년, 300년을 목표로 잡고 생각해야 하는 일이다. 그래서 5대代, 10대에 걸쳐서 추진해 나가다 보면 선조의 뜻을 성취하는 수도 있다. 이것은 모두 국정國政이 올바른지, 인심이 견실한지, 거기에 달린 일이다. 일본으로서는 부러워할 만하다. 이런 점을 잘 생각해 볼 일이다.

○ 위에서도 말한 것처럼, 무사에게 대규모 녹봉을 주는 것은 그 녹봉에 알맞게 배졸을 파견하게 하여 군역軍役으로 충당하고자 함이었다. 그런데 현재와 같이 무사가 토착하지 않을 때는 화려함과 사치가 활발해져서, 사대부士大夫가 모두 곤궁해진다. 그래서 군역軍役의 수를 대대로 이어져 온 수준까지 부리지는 못한다. 단지 한철 두철 떠돌아다니는 사람들을 곁에 두고 쓰게 된다. 과연 태평한 날에는 군역으로 할당된 만큼의 머릿수頭數는 있을 터이다. 그렇지만 병력干戈을 움직여 전투를 펼치는 상황에 맞추어서, 목숨이 위태로운 장소로 데려가는 일이라고 한다면, 남편

의 앞길을 계속해서 바라보고만 있을 사람은 열에 한둘이 될 것이다. 그럴 때는 2~3석 되는 아시가루足輕도 자기 한 사람, 200~300석 되는 무사도 자기 한 사람이 될 것이다. 이것은 대대로 이어져 오지 않았기 때문이다.【대대로 이어져 온 덕德에 관한 것은 14권 째 인원수 계산 부분이 자세하다】

이와 같은 때에는 무사에게 대규모의 녹봉大祿을 주는 것이 무익한 일이나 다름없다. 또한 현재는 500석에 말 1필, 만석에 16기騎라고 기억하는 사람도 많다. 더욱 심각한 것은 정당한 이유도 없어 보인다는 점이다. 무사가 토착할 때라면 500석의 녹봉으로도 말 2~3필, '와카토若黨' 7~8인, 10인 내지 20~30인도 파견할 수 있었다. 만석으로는 기마가 50~60, 군졸이 700~800에서 천까지도 파견할 수 있게 된다. 이러한 것은 토착의 실상을 알지 못하는 현재의 무사라면 납득하기 어려운 일이라고 생각할 수도 있다. 토착을 유지하고 있는 다이묘大名 가문의 무사에게 물어본다면, 내가 말하는 것이 그저 함부로 하는 것이 아님을 알 수 있을 것이다.

○ 대장이 된 사람은 일본과 중국의 전쟁 이야기軍談를 기록한 서적을 많이 읽어야 한다. 그러면 자연스럽게 명장名將과 우장愚將의 교묘함과 졸렬함의 수준을 이해할 수 있게 된다. 이러한 부분을 잘 터득하여 손익을 따져본다면, 애써서 일류一流 이류二流의 군사학을 전수하는 것보다 이익이 많아질 것이다. 잘 생각해 볼 일이다.

○ 대장이 된 사람은 문무文武 양쪽을 온전하게 체득하고자 노력해야 한다. 일본과 중국에서 대장이 된 사람은 많다. 그런데 문과 무를 모두 제대로 갖춘 사람은 드물다. 다른 나라 사례를 든다면, 무왕武王,[36] 여상呂尙,[37] 제齊나라 관중管仲[38] 한漢나라의 두 원조二祖,[39] 촉蜀나라 공명孔明[40] 같

은 사람이 아닐까. 일본에서는 신무제神武帝와 신조神祖[41] 두 군주가 될 것이다. 후세後世에서는 모스크비莫斯歌未亞의 여 군주女主가 여기에 해당될까. 【일본 쇼토쿠正德 무렵 국주國主임】 이 여 군주가 다섯 세계五世界에서 황제가 되려는 뜻을 품고서, 덕德을 베풀고 무武를 넓혔다. 그래서 지금껏 여러 대代를 거쳐왔는데도, 그 명령이 느슨해지지 않았다. 문무 양쪽이 온전한 우두머리棟梁라고 부를 만하다. 대체로 대장이 된 사람은 말할 것도 없거니와, 위의 사항을 마음에 새겨야 한다. 이것은 마음가짐에 달려 있다.

만일 한 등급 내려간다면 이와 같다. 미나모토노 요시쓰네는 기습 공격에 장점이 있었다. 다케다 신겐과 우에스기 겐신은 사졸士卒을 잘 훈련시켰다. 태합太閤, 도요토미 히데요시 – 역자 주의 맹위, 기요마사淸正의 돌격전 같은 것은 모두 일종의 묘처妙處에 해당한다. 그 묘처를 뽑아내서 자기가 그것을 겸비하고자 하는 욕심이 있어야 한다. 이것 또한 대장의 의지와 기개에 달려 있다고 말할 수 있다.

○ 대장이 된 사람은 위엄이 없으면 대중들이 두려워하지 않아 복종하게 만드는 것이 불가능하다. 바로 그 위엄은 법을 엄중하게 다스리는 것에 있다. 그리고 힘이 세다고 뽐내는 사람을 죄를 물어 죽이는 것에

---

36 무왕(武王)은 중국 주(周)나라를 건국한 왕이다. 기원전 1046년 서쪽 제후들을 규합하여 상(商)을 멸망시켰다.
37 여상(呂尙)은 강태공(姜太公), 태공망(太公望)을 가리킨다. 중국 은(殷)나라 말, 주(周)나라 초의 군사가, 정치가. 뒤에 제(齊)나라 번영의 경제적 기초를 쌓았다(日本大百科全書, 小學館).
38 관중(管仲, ?~기원전 645)은 중국 춘추(春秋) 시대 제(齊)나라의 재상이다.
39 한(漢)의 두 원조(二祖)란 고조(高祖) 유방(劉邦)과 세조(世祖) 후한(後漢)을 창시한 유수(劉秀)를 가리킨다.
40 공명(孔明, 181~234)은 중국 삼국시대 촉한(蜀漢)의 전략가, 정치가이다. 공명은 제갈량(諸葛亮)의 자(字). 시호는 충무(忠武).
41 일본 국립국회도서관 소장본 원문에는 '神祖'에 해당하는 두 글자를 지우고 그 자리에 연필로 '家康公一家康野宮'이라 쓴 메모가 있다.

있다. 또한 분명함이 없으면 대중들이 힘을 덜 쓰게 되거나, 원망을 사는 일이 생긴다. 작은 공이라도 상賞을 자주 줌으로써 분명하게 해야 한다. 이 두 가지는 대장이 된 사람이 갖추어야 할 첫 번째 덕목이다.

○ 옛날 명장名將은 모두 혼자서 천 명을 당해낼 정도 역량을 갖춘 무사를 정중하게 불러와 곁에 두고 부리며, 자신을 지키는 핵심으로 삼아 본진旗本, 하타모토에 배치했다. 한漢나라 고조高祖의 번쾌樊噲[42]와 주발周勃,[43] 촉蜀나라 현덕玄德[44]의 관우關羽·장비張飛·조운趙雲이 그런 예이다. 미나모토노 요리미쓰賴光[45]의 사천왕四天王, 미나모토노 요시쓰네의 8명 용사八勇士, 닛타 요시사다의 16기騎, 그리고 구스노키 마사시게의 28인당黨 같은 것도 모두 슴베中堅에 해당하는 존재이다. 장수가 된 사람은 이를 마음에 새겨야 한다. 군사 관련 직무軍家에서 '핵심나카고', '개인 무장을 단단히 하는 것미가타메' 등을 말하는 것도 이것에 해당한다.

○ 말을 타는 방법이나 말을 기르는 방법은 대체로 옛날의 법을 상실하였다. 자세한 것은 15권 째에서 말한 바와 같다. 이것 또한 전투에 관한 업무軍務를 할 때 가장 중요하게 다루어야 할 것으로 삼아야 할 것이다. 그러므로 이를 잊지 않도록 하는 것이 첫 번째이다.

---

42 번쾌(?~기원전 189)는 중국 전한(前漢) 초기의 무장(武將)이자 정치가이다. 한 고조를 따라 거병하여 전한의 건국에 공을 세웠다. 그런데 일본 국립국회도서관 소장본 원문에는 樊会인데, 이와나미 인쇄본(243쪽)에는 樊噲로 되어 있다.
43 주발(周勃, ?~기원전 169)은 중국 전한(前漢)의 명신(名臣)이다. 시호는 무후공(武侯公).
44 현덕(玄德)은 유비(劉備, 161~223)의 자(字)이다. 중국 삼국시대 촉한(蜀漢)의 제1대 황제(재위 221~223)이다. 관우·장비와 결의형제하였고, 삼고초려로 제갈량을 맞아들였다. 220년 조비가 한나라 헌제의 양위를 받아 위의 황제가 되자, 221년 유비도 제위에 올랐는데, 한(漢)의 정통을 계승한다는 명분으로 국호를 한(漢:蜀漢)이라 하였다(두산백과).
45 미나모토노 요리미쓰(源賴光, 948~1021)는 일본 헤이안(平安) 중기의 무장(武將)이다. 그의 아버지는 진쥬후(鎭守府) 쇼군(將軍) 미나모토노 미쓰나카(源滿仲, 912~997)이다.

○ 대체로 전투는 다수의 사람을 하나가 되게 만들어서 이용하는 것이다. 다수의 사람을 하나가 되게 만드는 일은 법을 세워서 결박하지 않고서는 이루기 어려운 것이다. 그래서 좋은 병사를 활용하는 사람은 법을 엄격하게 다룬다. 무왕武王의 4벌 5벌四伐五伐[46]의 법을 비롯하여, 손자孫子가 미인美人의 목을 베었던 일, 사마양저司馬穰苴[47]가 장고莊賈[48]의 목을 벴던 일, 조조曹操가 자신의 머리카락을 자른 일 등은 모두 명장名將이 법을 귀하게 여긴 까닭이다. 법을 느슨하게 하는 것은 우장愚將이라고 말할 수 있다. 일본에서 명장으로 부를 만한 사람이 많다고 한다. 그런데 모두가 하늘이 내려준 재주를 말할 뿐, 학문이 없는 사람들이다. 그래서 모두 통달通達의 의리義理에는 어둡다. 오로지 세력勢에만 마음을 집중한 나머지, 법을 확립하는 것을 알지 못한다. 그렇기에 작전이 하나로 정돈되지 못한다. 당당하고 질서정연한 위엄 있는 태도를 상실하고 말았다. 위엄 있는 태도를 상실할 뿐만 아니라, 갑작스럽게 패배를 맛본 사례도 많다. 이것은 법을 중요하게 다루지 않았기 때문이라는 점을 알아야 한다.

○ 전투할 때는 갑자기 귀신같이 빠르게神速 대처하는 것을 귀하게 여

---

46 사마천의 『사기』(주본기 15)에 나오는 "4번, 5번, 6번, 7번의 공격을 초과하지 말고 곧 대열을 정돈하고 행렬을 질서 있게 만들어야 한다(不過於四伐五伐六伐七伐 乃止齊焉)"에서 인용한 것으로 보인다.

47 사마양저(司馬穰苴, 시바죠쇼)는 중국 전국(戰國) 시대 제(齊)나라 사람이다. 본래 성은 전(田)씨, 즉 전양저(田穰苴)이다. 제나라 경공(景公) 때 진(晉)나라와 연(燕)나라가 쳐들어오자, 안영(晏嬰)의 추천으로 장군이 되어 나가서 물리치고 실지(失地)를 회복했다. 경공이 교외로 나가 맞으며 노고를 위로하고 대사마(大司馬)로 높여 '사마양저'라 부르게 되었다. 나중에 다른 대부들의 참소를 당하여 쫓겨나자 병이 나서 죽었다(중국역대인명사전).

48 전양저(사마양저)가 '모이는 시간을 어긴' 장고(莊賈)를 군율에 따라 참수했다. 장가를 살리려고 달려온 경공의 사자가 군중(軍中)에서 수레를 달렸다 하여 법에 따라 사형이로되, 상감님의 분부로 달려왔으니 죽이지 못하고 말을 죽여 군법의 엄중함을 보였다. 이처럼 1인 1마(一人一馬)를 참하고 나니 제나라 군사가 숙연해졌다. 이웃나라 군대도 전양저(사마양저)의 군사가 온다는 말만 들어도 달아났다고 『열국지(列國志)』에 전한다(한시어사전).

긴다. 한신韓信이 목앵木罌에서 물을 건너가 위표魏豹를 격파했다. 미나모토 노 요시쓰네가 히요도리고에鵯越[49]를 함락시키고 스마須磨[50]의 헤이씨平家[51] 세력을 격파했으며, 와타나베渡邊[52]를 건너서 야지마八嶋의 헤이씨平家 세력을 물리쳤다. 닛타 요시사다가 한밤중에 평의評議를 결정하여 가마 쿠라鎌倉를 끝까지 걸어서 돌파했다. 이런 것들은 모두 기회를 정확하게 알아차려서 위험에 빠지지 않고 벗어났던 사례이다. 이와 같은 것이 병 가兵家의 신묘한 능력妙機이라는 점을 알아야 한다.

○ 대장이 된 사람은 전법戰法, 전략戰畧, 병기兵器, 공수守攻에 필요한 도 구에 이르기까지, 적당한 때를 궁리하고 생각하여 어떻게든지 임기응변 을 하여 대처를 해야 한다. 예를 들면 구스노키 마사시게正成가 기름을 뿌려 가마쿠라鎌倉 세력의 사다리를 불태워서 무너뜨렸으며, 우는 남자啼 男를 침투시켜 아시카가足利 가문의 군기軍機를 느슨하게 만들었다가 느닷 없이 공격을 감행했다. 오다織田 씨가 손잡이가 긴 무기長柄를 제작하여 강한 적을 붙잡았다. 시마즈嶋津 가문이 세키가하라関ケ原에서 물러날 때, 병사에게 다네가시마[53] 화승총을 허리에 채워서 퇴각할 때 크게 전과를

---

49 히요도리고에(鵯越)는 일본 고베시(神戶市) 효고구(兵庫區)와 기타구(北區)의 경계에 있었던 고개를 말한다.
50 스마(須磨)는 일본 셋쓰노구니(攝津國) 서남쪽의 모퉁이(隅, 스마 = 스미)에 위치한 데서 붙여 진 지명이다.
51 헤이씨(平氏) 또는 헤이가(平家)는 일본 황족사성(皇族賜姓)의 호족(豪族) 가운데 하나이다. 헤 이(平, 다히라)씨와 겐(源, 미나모토)씨가 대표적이다.
52 와타나베(渡邊)는 일본 고대부터 중세에 걸쳐 셋쓰(攝津)에 있었던 나루터(항구)를 말한다.
53 여기에서 다네가시마((種子島)는 다네가시마 총(種子島銃, 다네가시마쥬)을 말한다. 즉 화승총 (火繩銃)이다. 1543년(다른 사료에는 1542년) 포르투갈 선박이 사쓰마(薩摩)의 가네가시마(種 子島)로 표류했을 때 일본 측에 총 2자루를 건넨 것이 계기가 되었다. 당시 영주 가네가시마 도키 다카(種子島時堯, 1528~1579)가 이것을 구입하여 이 총과 비슷하게 만들게 한 것이 그 시작이 었다. 그 뒤 사카이(堺) 상인 다치바나야 마타자부로(橘屋又三郎) 등을 통해서 일본 전국으로 보급되었다. 이것은 그 뒤 일본의 전법(戰法)이나 축성법(築城法) 등을 크게 바꾸는 대전환을 가져왔다.

거두었다. 이런 것들은 모두 장수가 된 사람이 임시로 펼친 권모權謀이다. 이러한 것은 병력을 통솔하는 사람이 마음에 새겨야 할 일이다.

○ 병력을 잘 이용한다면, 적군을 발견했을 때 사졸士卒이 싸우기를 바란다. 이미 칼날을 맞부딪치는 단계에 이르면, 사졸이 나아가서 죽기를 바란다. 후퇴 신호를 뜻하는 종소리引鐘를 들었을 때는 사졸이 분노한다. 사졸이 어떻게 나오느냐 하는 것은 모두 대장의 재주와 기술에 달려 있다. 전하는 말에 따르면, "윗사람이 백성보다 먼저 실행하면 백성이 그 수고로움도 잊고 따라오게 되며, 윗사람이 어떤 어려움이 있더라도 선정을 베풀면 백성들이 그 죽음도 잊어버리고 충성하게 된다說以先民 民忘其勞 說以犯難 民忘其死"[54] 고 한다. 이와 같이 설득할 수 있는 길은 대장이 마음먹기에 달린 것이라는 점을 알아야 한다.

○ 병기兵器가 많다고 한다. 그런데 옛날에는 있었으나 지금은 사라지고 없는 것이 있다. 지금 활발하게 시행되고 있어도, 실제 쓸모가 없는 물건도 있다. 이것저것을 잘 판별하여서 끊어진 것을 일으키고, 쓸모가 없어진 것을 버릴 수 있는 것, 이것 또한 대장이 갖추어야 하는 기량器量이 될 수 있다.

○ 중국에서는 옛날에 개선振旅,[55] 군장 준비治兵, 조련操練 등이라고 불렀는데, 이것은 병마兵馬를 모아 군사를 단련시켜 훈련稽古을 하는 것이다. 더구나 현재도 그 전법이 끊이지 않았다. 여러 나라에서 전투 훈련이 있다고 하는 것은 메이와明和, 1764~1772년 ─ 역자 주 무렵 중국에서 표류했다가

---

54 『주역(周易)』 58 태괘(兌卦)에 나오는 말인데, 그 뒤에 "설득함이 크면 백성들이 힘쓰게 된다(說之大 民勤矣哉)"는 글귀가 더 있다.
55 개선(凱旋)은 군사를 정돈하여 싸움에서 이기고 돌아오는 것을 말한다.

무사히 돌아온 사람들이 직접 목격한 바를 두고 하는 말이다. 일본에서도 옛날 수도에 고취시鼓吹司를 두고, 나라구니에 군단軍團을 설치하여, 전투 훈련을 시켰다. 게다가 개몰이犬追物, 소몰이牛追物 같은 것이 있었다. 사람과 말이 서로 발을 맞추는 일이 종종 있었는데, 근세에 와서는 그런 것들이 끊어지고 말았다. 현재도 말 감정사相馬家의 묘켄사이妙見祭라 불리는 축제마쓰리라든가, 내가 사는 센다이번仙臺藩의 몰이사냥巻狩 등에 옛날 풍습이 남아 있는 것도 있다. 이런 것은 얼핏 보면 군장 준비治兵라든가 조련操練과 비슷하기는 하다. 그렇지만 유감스럽게도 그 전법이 엉성하고 간단하다. 그렇기는 하지만 이것 역시 강무講武의 한 부분이 될 수 있을 것이다. 여기에 덧붙여서 한두 가지 정교한 전법을 세워서 실시한다면, 진정한 의미의 군장 준비治兵나 조련操練으로도 이어질 수가 있다. 대장이 된 사람은 분발하여 이러한 것들이 여러 나라구니에서도 시도되었으면 하고 바랄 따름이다.

○ 현재는 활, 총, 손잡이가 긴 무기 등을 지닌 부대를 서로 분리하여 놓았다. 그래서 활 부대弓組는 총을 알지 못한다. 총 부대鐵砲組는 활을 알지 못한다. 이렇게 된 것은 한편으로는 하기 쉬운 쪽으로만 불완전하게 훈련하는 것에서 비롯되었다. 활, 총, 손잡이가 긴 무기 등은 각각 부대를 분리하여 설치하더라도, 훈련만큼은 활, 총, 손잡이가 긴 무기 등을 함께 섞어서 양쪽을 모두 쓸 수 있게 교육을 해 두었으면 한다. 이것 또한 대장의 기량器量에 달린 일이 될 것이다.

○ 군인의 직무로 여러 가지가 있다. 진영 안으로 데려와 여러 가지 필요한 일을 시키는 사람들이 있다. 각자에게 정해진 일을 하는 사람이라는 뜻으로 이를 야쿠샤役者라 부른다. 그 종류는 가문마다 차이가 있다.

그런데 대체로 의사醫者, 유학자儒者, 승려出家, 연극인猿樂,[56] 금을 캐는 사람金堀, 계산을 맡은 사람算勘, 활 기술자弓工, 총 기술자銃工, 대장장이鍛冶, 염색 기술자染師, 칠기 기술자塗師, 재담꾼咄之者 등이 그것이다.

이 가운데 연극인, 재담꾼은 쓸모가 없는 사람에 가깝기에, 생략하더라도 손해가 될 것은 없다. 승려도 쓸모없는 사람에 가깝지만, 전사討死한 사람을 마지막으로 처리하는 역할을 한다. 전투 중이라도 죽음을 중요하게 다루어서, 인망人望을 거스르지 못하게 하는 도구로도 사용하거나, 또는 적군에게 사신으로 보내는 역할로도 사용하기 때문에, 승려는 데리고 가야 한다. 그 밖의 기술자는 모두 유용한 사람들이니, 생략하는 일이 없어야 한다.

그런데 현재와 같이, 궁사는 궁사, 대장장이는 대장장이가 되어서, 특별히 직인職人이라는 명칭으로 부르면서 부하로 쓰게 내버려 둔다. 그런데 이것은 전술이 없음을 보여주는 단면이 될 수가 있다. 대장이 결정을 내려서 활, 총, 대장장이, 염색 기술자 등을 아시가루足輕가 겸직하는 것으로 정해 놓아야 한다. 더욱이 무사라고 하더라도, 이와 같은 세부 기술은 기억하고 있도록 가르쳐야 한다. 겐로쿠元禄, 1688~1704 - 역자 주 무렵까지는 짚신이나 말의 신발馬沓을 스스로 만들지 못하는 무사는 서로 비웃었다고 하는 얘기를 들었던 적이 있다. 그런데 유학자의 경우를 보면 학문을 많이 모르면서도 자기주장을 합리화하려는 이유를 대는 사람은 사물의 쓰임새로 세우기가 어렵다. 논리도리에만 집착하는 것에서 벗어나서, 재주가 통달하고 박학다식하여 과거에 있었던 일을 많이 알고 있

는 사람을 등용해야 한다.

○ 현재는 염초, 유황 같은 것은 모두 상인의 손을 거쳐 구입할 수 있게 되어 있다. 그래서 금이나 은만 가지고 있다면, 이런 것을 입수하고자 할 때 불편한 점은 없다고 생각하는 사람이 많다. 그런데 막상 전쟁이 일어나게 되면, 장사하는 것도 유통도 잘 안 된다. 그런 상황에 놓이게 되면, 자국에서 생산되는 물건이 아니고서는 모조리 막히게 된다. 이것 또한 대장이 잘 살펴야 한다. 염초, 유황, 납, 이대篜竹[57] 같은 종류는 자기 영지에서 만들어낼 수 있도록 관리를 해야 한다.

○ 지금 다이묘大名에게는 간언을 하는 대신大臣이 없다. 그래서 군주가 자신의 허물을 알지 못한다. 가끔 마음을 먹고 간언하는 사람이 나타나더라도, 그 사람이 갑자기 딱하고 어려운 처지로 몰리고 만다. 자리를 박탈당하고 녹봉을 삭감당하며 수치심을 느끼게 된다. 그렇게 되면 자연히 충신忠臣의 길이 막힌다. 오로지 오늘 주군에게 얻을 수 있는 것만 말하고서 하루를 그냥 보낸다. 그래서 "군주가 군주답지 못하고, 신하가 신하답지 못한君不君 臣不臣" 나라가 많다. 바라건대 만 석石 이상의 다이묘는 간언하는 신하를 정해 놓아야 한다. 어느 정도 주군의 마음에 거슬리는 것을 아뢰더라도, 결코 처벌하지 않는다는 격식을 마련해 놓고서 간언을 하게 해야 한다. 그렇게 한다면 군주가 자연스럽게 자신의 허물을 알 수 있게 된다. 군주가 자신의 허물을 알게 되는 것만으로도, 국가로서는 행운이 되는 것이다. 이 점을 잘 생각해 보아야 한다.

○ 또한 첫 번째로는 별도로 간언을 하는 역할을 세우지도 않는 것이

---

57 이대(篜竹)는 화살 만드는 재료로 쓰였다.

다. 가로家老 직책을 맡은 사람에게는 "조금도 스스럼없이 간언하라." "만일 의심하여 간언하지 않으면 오히려 죄를 묻겠다." 이런 식으로 명령을 해두어야 한다. 또한 가로家老는 "동료 역인과 서로 만나서 의견을 모으라", "잘 합의해서 간언하라"고 해야 한다. 간언하지 않으면, 동료 역인이 윗사람에게 아뢰어서 그 직을 박탈해야 한다. 이것을 국가가 정한 법으로 삼게 된다면, 위아래 사람들이 각각 잘못을 알아차려서, 가정은 바로잡아지고家齊, 국가는 잘 다스려질 것이다國治. 정말로 이렇게 한다면, 자기 한 몸을 위해서만이 아니라, 쇼군公儀에 대한 충의忠意, 영지領國에 대한 연민憐愍, 문무文武의 기본基本이 이보다 더 나은 것은 없을 것이다. 대장이 된 사람은 이런 점을 잘 판단해서 간언을 요청해야 한다. 이를 게을리 하는 일이 없어야 한다.

○ 나라와 군현을 다스리는 사람은 각기 영지의 기후가 차가운지 따뜻한지 잘 헤아려 그것에 대하여 준비를 해야 한다. 그런데 북위 35도보다 남쪽에 위치한 지역은 따뜻한 곳이다. 그래서 봄과 여름에는 따뜻함과 더위가 빨리 오고 강하다. 가을과 겨울에는 날씨가 차갑고 추워지는 시기가 늦게 오며 그 정도가 약하다. 그러므로 보리가 눈이 내리는 것 때문에 훼손되는 일이 없다. 벼가 파랗게 되어 결실이 부실해질 염려도 없다. 그 밖에 초목이 무성하게 자라고 산물도 많다. 그렇기에 돈과 곡식의 수납도 많아서 국가 재정을 운용하기가 쉽다.

이와 달리 북위 36~37도보다 북쪽에 있는 지역은 춥다. 그래서 봄과 여름에는 따뜻함과 더위도 늦으며 그 정도가 약하다. 가을과 겨울에는 날씨가 차갑고 추워지는 시기가 빨리 오고 그 정도가 강하다. 그래서 보리가 눈 때문에 훼손되는 일이 많다. 벼가 파랗게 되고 결실도 부실해지는 일이 많다. 그 밖에 초목이 무성하게 자라기 어렵고 산물産物도 적다. 그러므로 돈과 곡식의 수납도 적다. 그렇기에 군주도 가난해지기 쉽다. 마찬가지로 무사들도 가난해지기가 쉽다. 위아래 사람들이 모두 가난해지면, 위로 아래로 무비武備가 해이해진다. 추운 지역을 다스리는 사람은 이 점에 신경을 써야 한다. 신경을 쓴다고 하는 뜻은 다른 것에 있는 것이 아니다. 추위에도 꺾이지 않는 초목을 재배하여야 한다. 국산을 많이 만들어내서 국가의 수요를 충족시켜야 한다. 통상을 확대하여 보화寶貨를 풍부하게 만들어 나가도록 하는 것이다.

그런데 따뜻한 지역은 초목이 무성하게 자라기 쉽기에, 보살펴주기만 하면 어떤 것이든 기를 수가 있다. 이와 달리 북위 36~37도 이북의 땅은 초목이 무성하게 자라기 어렵다. 일부러 심더라도 나뭇가지나 풀줄기만 성장하고, 열매가 열리지 않게 된다. 열매가 열리더라도 알맹이가 영글지 않는다. 대체로 따뜻한 지역에 비하여, 초목이 성장하여 열매를 맺는 것과 그렇지 않은 것이 반반이 된다. 이 점에도 신경을 써야 한다.

먼저 추운 지역에서도 성장하기 쉬운 것으로는 나무로 말하자면 옻나무【열매를 납蠟으로 만들고, 진액을 칠漆로 만든다】, 뽕나무【누에를 길러서 허드렛 고치의 거죽 부분의 보풀로 만든 풀솜絹綿을 만든다】, 닥나무【종이로 만든다】, 이 세 가지 나무는 추운 지역에서도 성장하기 쉽고, 쓰임새가 많은 나무이기에, 추운 지역의 보물室이라고 말할 만한 물건이다.【세 가지 나무는 산과 들, 하천의 가장자리, 길 가장자리, 혹은 가옥의 경계, 밭 경계 등에 심어야 한다】그 밖에 호두胡桃, 비자榧子, 진과珍菓를 집집마다 심어놓고 그 열매로 기름을 짜서 집에서 일상적으로 사용하게 해야 한다.【진과는 오쿠슈奧州에서 나는 나무이다. 『대왜본초大倭本草』에 '시라키'라고 나오며, 『본초강목本草綱目』에 파라득婆羅得

이라고 하는 것이 이것이다】풀 중에서는 마麻가 있다. 추운 지역에서는 목면이 자라지 않으므로, 모두 다른 나라의 목면을 이용한다. 그렇지만 자국의 보물과 화폐를 다른 나라로 유출시켜 자국의 재정 낭비를 가져오게 된다. 그런 까닭에 추운 지역에서는 자국에서 생산하는 비단과 삼베와 종이, 그리고 종이를 잘게 잘라서 짠 종이베紙布를 이용하며, 다른 나라의 목면을 금지한다. 이것이 추운 지역의 살림살이경제라는 점을 알아야 한다.

○ 대체로 자국 내에서 생산되는 산물을 가지고 소비를 충당하려면, 좋은 논밭을 방해하지 않아야 한다. 그리고 건장한 남녀의 노동력을 쓰지 않고, 오로지 노인과 폐인廢人, 어린 남녀처럼 농업에 힘을 쓰지 못하는 사람에게 일을 시키고, 거기에서 생산된 것을 모아야 한다. 그것이 커지면 대국산大國産이 되는 것이다. 그런데 이 점을 잘 터득하지 못하면, 좋은 밭을 거기에 쓰고 건장한 남녀의 노동력을 이용하여 산물을 재배하는 사람이 있는데, 이렇게 하면 보화寶貨는 통용하여 풍부하게 할 수 있겠지만, 그 대신에 오곡五穀이 부족해져 크게 실패하는 수도 있다. 이러한 부분에도 신경을 잘 써야 한다. 그런데 위의 산물 외에도, 여러 세공물을 서민과 여러 가신에게도 가르쳐서 만들게 해야 한다. 그렇게 해서 생산한 것으로 국가의 수요에 충당하여, 보화寶貨를 풍부하게 해야 한다. 이미 중국의 병서인 『육도六韜』에서도 대농大農, 대공大工, 대상大商을 세 가지 보물三寶이라고 말한 바 있다. 상세한 것까지 연구해야 한다.

그런데 이처럼 나라를 부유하게 하고, 사람들을 풍요롭게 해야 한다고 연설演説하는 것도, 무武를 확장하기 위함이다. 아무리 군주國君가 명령을 하더라도, 또는 사람들의 마음에 더욱 불이 붙어 무武를 좋아해도, 가난해지면 무를 확장하는 일이 성사될 수가 없게 된다. 국가에 무술이 없으면, 국가가 있더라도 그것은 국가가 아니라고 말할 수 있는 것이다國非其國. 그런 까닭에 중국 옛 성인의 정치도 농업과 검약을 가르쳤다. 나라를 부유하게 하고 인민을 풍유롭게 하여, 무武를 확장시키는 일을 첫 번째로 가르쳤다.

네덜란드의 정치는 그 나라가 추운 지역에 있어서 오곡의 산물이 풍요롭지 않기에, 수만 리 떨어진 외국과 통상하여, 여러 나라의 보화를 자기 나라로 들여오며, 대상大商의 길을 이용하여 크게 그 나라를 부유하게 만들었다. 모두 무武를 군건히 하여, 소국小國으로서 대국大國에 둘러싸여 있으면서도, 1800년 이래로 한 번도 다른 나라의 병兵이 발을 들여놓지 못하게 하였으며, 오히려 멀리 만 리나 떨어진 조와국爪蛙國[58]을 무력으로 평정하여 자기 것으로 삼았다. 또한 아메리카 대륙阿墨利加洲 중에서도 한 나라를 쳐들어가 빼앗아서, 신 네덜란드新阿蘭陀라고 이름을 붙이고 자기 영지領國로 만들었다. 미담美談으로 전해지는 것이 용맹스럽기도 하도다. 생각하고 또 생각해 볼 일이다.

○ 군주國君와 가로家老가 학문을 하지 않고 재주가 없으면 국가가 가난해진다. 가난하게 되면 영지領國 가운데 하천 범람을 막는 방제 시설의 공사가 소홀해지게 된다. 그것이 소홀해지기에 해마다 여름과 가을이면 작은 물난리에도 쉽게 잘려 나간다. 그것이 잘려 나가기 때문에 논밭에 물이 들어오게 되어 황폐해진 땅이 매년 생긴다. 이것이 가난을 불러온다. 더 나아가서 그것이 수납의 부족으로 이어지는 첫 번째 이유이다.

---

58 조와국(爪蛙國)은 인도네시아 자바 지역을 가리킨다.

또한 다리 공사도 소홀하게 된다. 그것이 소홀해지므로 해마다 작은 물난리만 일어나더라도 다리가 무너진다. 그런 까닭에 영지 중에서 수많은 다리들이 1년에 2~3번씩 공사가 이루어진다. 공사를 할 때마다 큰 다리는 인부가 3~4만 명, 작은 다리는 인부가 5~6천 명씩 동원된다. 또한 절반 이상이 돈을 들여야 해서, 햐쿠쇼百姓의 노동력이 부족해진다. 기후가 흉년이 들게 하지 않았는데도 논밭에서 농작물이 잘 자라지 않게 된다. 이것이 수납의 부족으로 이어지는 두 번째 이유이다.

이 두 가지로 말미암아 햐쿠쇼百姓가 피로해진다. 농업을 즐거운 마음으로 대하지 못하기 때문에, 얼마 가지 못해서 농업에 힘을 쓰지 않게 된다. 그래서 햐쿠쇼百姓도 가난해진다. 그렇기에 때로는 살던 곳을 떠나가거나, 다른 나라로他邦 이주한 경우도 있다. 때로는 농업을 포기하고 상업으로 바꾸기도 한다. 군촌郡村의 인구가 감소하고 논밭이 더욱 황폐해진다. 이것은 수납의 부족을 가져오는 세 번째 이유이다.

수납이 더욱 부족해져서 군주나 제후의 가문인 공실公室이 더욱 가난해진다. 그렇게 되면 '게미毛見'[59]라고 하는 것을 실시한다. 그리고 부정을 저지르는 관리를姦吏 촌리村里에 파견하여 연공年貢 체납을 책망한다. 연공 체납을 책망하게 되면, 햐쿠쇼百姓 등은 저토록 부정을 저지르는 관리에게 뇌물을 주고, 풍작上作을 흉작下作으로 둘러댄다. 그렇게 해서 햐쿠쇼들이 연공을 축소시킨다. 이것이 수납이 부족해지는 네 번째 이유이다.

바로 이 네 가지 이유로 마땅히 바쳐야 할 세금이 수납되지 않아서 공실公室은 더욱 가난해진다. 그래서 가신家中과 여러 무사의 봉록을 빌린다.

---

[59] 게미(毛見)란 검견(檢見), 간평(看坪)의 뜻이다. 무인 집권 시대에 막부(幕府)나 영주(領主)가 관원(官員)을 시켜 농작(農作) 상황을 조사하고 조세를 정하던 일을 이르는 말이다.

1년 빌려서는 부족하기에, 3년도 5년도 빌린다. 3년, 5년을 빌려도 해결이 되지 않는다. 아무리 해봐도 가난함을 바로잡는 것이 불가능하기에, 끊이지 않고 30년, 50년도 빌리는 것이 일상이 되었다. 그 결과로 가신과 여러 무사가 모두 가난해지고, 녹봉에 상응하는 무비武備를 확장하는 것도 불가능해진다. 그뿐만이 아니다. 대대로 이어져 온 가인家人에게도 휴가를 주거나, 또는 가지고 있는 무구武具나 마구馬具 등을 매각하여 일용日用을 이어가도록 보태준다. 그래서 여러 무사의 무비가 더욱 해이해진다. 무비가 해이해지면 인심도 타성에 젖고 약해진다. 인심이 타성에 젖고 약해지면, 의리를 저버리고 법을 지키지 않으며, 온통 함부로 불법을 일삼는 풍습으로 바뀌어서, 국가가 끝내는 기울게 된다.

이것은 온전히 국가의 주군國君 한 사람이 현명한가 현명하지 못한가에 관계되는 부분이어서, 하늘이 내린 재앙도 사람들이 저지른 죄도 아니다. 이 점을 잘 생각해 보아야 한다. 그런데 잘 생각해 보면, 다이묘大名의 가난은 마음이 산란하여 무武를 망각한 데서 비롯된 것이다. 다이묘가 무를 망각한 것은 다행스럽게도 태평한 세상에 일어난 일인데, 높은 지위와 많은 봉록을 누리면서도 직책을 다하지 못하면서 자리만 차지하고 녹祿을 축내고 있다고 말할 수 있다. 부끄럽지 아니한가. 슬프지 아니한가.

○ 위에서 언급한 바 있듯이, 기후가 춥거나 더운 것, 또는 국토의 살림살이경제, 문무文武를 장려하는 절차에 이르기까지 잘 터득했다고 하더라도, 나 혼자서 아는 것만 가지고는 사물의 쓰임새로 내세우기 어렵다. 그 나라의 위아래로 만인이 모두 알아차리고 함께 힘쓰지 않는다면, 좋은 것이 좋은 것으로 되지 못한다.

이것을 좋은 것으로 만드는 방법은 각 나라의 추위나 더위에 대비하는 일과 함께, 그 나라의 산물과 세공물 등을 만들어내는 방법, 게다가 문과 무가 쇠퇴하지 않게 하는 규정을 자세하게 분류하여 수법修法을 기록해야 한다. 그리고 이것을 그 나라 국학國學의 서적으로 정해야 한다. 일본의 문자인 '가나假名'로 적어서 공식 출판公板을 하여, 그 나라에 두루 알려야 한다. 그렇게 해서, 군주와 가로, 여러 무사와 서민에 이르기까지, 능히 그 국학의 서적에 통달하게 하고, 그것을 잘 이행할 수 있도록 가르쳐야 한다. 만일 어떠한 무예와 재능이 있더라도, 바로 이 국학을 수행하지 않은 사람은 죄를 물어야 한다. 이렇게 하는 것은 사람을 슬기롭게 하고, 사람을 부유하게 하며, 나라를 이롭게 하고, 무를 확장하는 전술로 만들어서, 국가가 견고해질 수 있는 바탕이 될 수 있다.

그런데 문文이 있어도 무武가 없고, 무武가 있어도 문文이 없으며, 또한 문무가 있더라도 이것을 국가에 보급하여 사람들에게 펼치지 않는다면, 그것은 하나를 알고 둘을 알지 못한다고 말할 수 있는 불구인不具人이 되고 만다는 점을 마음에 새겨야 한다. 이러한 것은 내가 허투루 하는 말이 아니다. 모두 성현聖賢이 남긴 말이다. 잘 궁리해야 한다.

○ 옛날에 병兵을 논하는 것이 여러 가지 있었다. 그런데 그것은 칠서七書60에 지나지 않는다. 그 가운데서 군사 기략이 뛰어난 사람은 『손자孫子』와 『오자吳子』의 두 서적이다. 그렇다고 하더라도 군사 기략만 놓고 말한다면, 병兵의 중요한 근본을 안다고 말할 수는 없다. 그 까닭을 말하자

---

60 칠서(七書)란 일곱 종류의 중국 병서(兵書)를 가리킨다. 칠서(七書) 또는 무경(武經)이라고도 한다. ① 제(齊)나라 출신 손무(孫武)가 쓴 『손자(孫子)』, ② 전국시대 오기(吳起)의 『오자(吳子)』, ③ 제(齊)나라 사마양저(司馬穰苴)의 『사마법(司馬法)』, ④ 주나라 울요(尉繚)의 『울요자(尉繚子)』, ⑤ 당(唐)나라 이정(李靖)의 『이위공문대(李衛公問對)』, ⑥ 한(漢)나라 황석공(黃石公)의 『삼략(三略)』, ⑦ 주나라 여망(呂望)의 『육도(六韜)』가 여기에 해당한다(두산백과).

면 병의 근본은 국가를 경제經濟하기 위함이다. 그러므로 치국治國과 안민安民의 도道를 알지 못하면, 진정한 군사 전문가라고 말하기 어렵기 때문이다.

옛날 성인으로 황제黃帝,[61] 요堯, 순舜, 우禹, 탕湯, 문文, 무武, 주공周公이 모두 병가兵家의 명인名人이다. 그 증거를 말하자면, 황黃에게는 핵심을 파악하는 것握機이 있다. 순우舜禹에게 삼묘三苗, 유묘有苗의 정벌이 있다.[62] 탕무湯武에게 걸주桀紂[63]의 방벌放伐[64]이 있다. 주공周公에게 『사마법司馬法』이 있다. 그 밖에 진晉나라의 6경六卿,[65] 노魯나라의 3가三家,[66] 제齊나라의 관중管仲 등이 있었는데, 이들은 치평治平의 시기에는 문文을 가지고 나라를 다스리다가, 변란이 일어나면 융차戎車에 올라타서 정벌을 한다. 이처럼 할 수 있는 것은 문무文武가 일치하기 때문이다. 그래서 이들을 가리켜서 크고 중요한 근본을 알고 있는 병가兵家라고 말할 수 있는 것이다.

그러다가 후세에 와서는 문은 문, 무는 무라는 식으로 별개의 것이 되었다. 그래서 그것을 사용할 때도 한쪽으로 치우쳐서 불완전하게 되고 말았다. 게다가 춘추春秋 시대에도 이미 크고 중요한 근본을 망각하여, 송양宋襄[67]과 같은 사람이 나타나게 된다. 한漢나라에도 진여陳餘[68]처럼 이런

---

61 황제(黃帝, 고테이)란 중국 고대 전설 속의 제왕을 말한다. 삼황오제(三皇五帝)의 하나이다. 5제(帝) 중 최초의 제(帝)이다.

62 삼묘(三苗, 산뵤)는 중국 고대, 현재의 호남성(湖南省), 호북성(湖北省), 강서성(江西省)에 있었던 이민족(異民族)이다. 한족(漢族)이 통치할 때는 종종 반란을 일으켰다. 묘족(苗族).

63 걸주(桀紂, 겟츄)는 하(夏)나라의 걸왕(桀王)과 은(殷)나라의 주왕(紂王)을 가리킨다. 두 사람 모두 중국의 폭군(暴君)이다. 여기에서 전와(轉訛)되어 걸주가 폭군을 뜻하게 되었다.

64 방벌(放伐)은 덕을 잃은 군주를 쫓아내는 것을 말한다. 이것은 중국의 사상으로 역성(易姓) 혁명을 인정하는 것이다. 특히 하(夏)나라의 걸왕(桀王)이 학정(虐政)을 펼치자, 은(殷)나라의 탕왕(湯王)이 제후들을 이끌고 가서 걸왕(桀王)을 정벌했다고 한다.

65 6경(六卿)은 중국 춘추(春秋) 시대 진(晉)나라 삼군(三軍)의 지휘관으로서 국정을 맡았던 6씨족을 말한다(范氏, 中行氏, 智氏, 韓氏, 魏氏, 趙氏).

66 3가(三家)는 중국 춘추(春秋) 시대 노(魯)나라에서 활약한 3귀족을 말한다(仲孫氏, 叔孫氏, 季孫氏).

점을 터득하지 못한 사람이 나와서, 성인의 도를 빌려다가 병兵을 정도에서 벗어나게 하였기에, 성인의 가르침은 병의 쓰임새로 내세울 수 없다고 생각하는 사람이 많았다. 이것은 큰 잘못이다. 따라서 이 부분을 잘 터득하는 사람을 진정한 병가兵家라고 말할 수 있다. 칠서七書 중에서도 이 부분을 서술한 것은 대공망大公望[69]의 『육도六韜』[70]와 황석공黃石公[71]의 『삼략三略』[72]이다.【손오孫吳는 병기兵機 한 가지만 서술하였는데, 바로 이 두 사람이 문무文武가 일치하는 내용을 서술했음】 또한 후세에 이 갈림길을 잘 이해했던 사람은 한漢나라의 두 선조, 촉蜀나라 공명孔明, 당唐나라 태종太宗, 우리일본 - 인용자주 신조神祖[73] 외에는 없다. 이것은 병가兵家의 첫 번째 비결이다.

이 갈림길을 잘 터득한다면, 태평한 세상에서는 조정廟廟에 있으며 왕백王伯의 업을 일으키고, 전쟁이 일어난 때에 이르러서는 병사兵士를 파견

67　송양(宋襄, 소죠)은 중국 춘구(春秋) 시대 송(宋)의 군주이다. 이름은 자부(慈父)이며 시호는 양(襄)이다. 전투 중에 상대에게 말도 안 되는 온정을 베풀다가 오히려 부상을 입고 죽었다. 이를 두고 후세에 '송양지인(宋襄之仁)'이라 부른다(두산백과).

68　진여(陳餘)는 진(秦)나라 말기에서 전한(前漢) 초기에 걸친 조(趙)나라의 무장(武將)이다. 한신(韓信)이 이끄는 토벌군 3만 명이 좁은 길로 조나라 공격해 왔을 때, 참모가 한나라 군대의 배후를 공격하자고 진언하였으나 받아들이지 않았다. "20만 명이나 되는 조나라 군대가 정공법으로 공격하지 않으면 다른 나라의 비웃음을 산다"고 진여가 판단하였기 때문이었다. 그러나 한신이 저수(泜水)에서 준비한 '배수(背水)의 진(陣)'에서 조나라 군대가 대패하고 말았다. 이때 진여는 한나라 군대에 붙잡혀서 저수(泜水)에서 처형되었다고 한다(家村和幸,『林子平の海國兵談』, 並木書房, 2022, 329쪽).

69　태공망(太公望, 다이코보) 또는 강태공(姜太公)은 중국 주(周)나라의 정치가인 여상(呂尙)을 가리킨다. 주나라 조태공(祖太公)이 기다리며 바라던 현자(賢者)라는 뜻으로 태공망(太公望)이라는 이름이 붙여졌다. 『육도(六韜)』라는 병법서(兵法書)의 저자이다.

70　육도(六韜)는 6권으로 구성되어 있다(文韜·武韜·竜韜·虎韜·豹韜·犬韜). 이 병법서의 저자는 중국 주(周)나라 태공망(강태공, 여상)이다.

71　황석공(黃石公, 고세키코)은 중국 진(秦)나라 말기의 은사(隱士)이다. 장량(張良)에게 병서(兵書)를 주었다고 하는 노인이다. 장량은 이 책으로 병법을 터득하여 한(漢)나라 고조(高祖)의 천하 평정을 도왔다.

72　삼략(三略)은 한(漢)나라 공신(功臣) 장량(張良)이 황석공(黃石公)한테서 받았다고 한다. 그래서『황석공삼략(黃石公三略)』이라고도 부른다.

73　여기에서 말하는 신조(神祖)는 도쿠가와(德川) 막부의 첫 번째 쇼군(將軍)이었던 도쿠가와 이에 야스(德川家康)에 대한 존칭으로 쓰였다고 판단된다.

하여 임기응변해야 한다. 이렇게 하는 것을 실제로 선왕先王과 성인聖人의 병兵이라고 부른다. 그래서 아래에서는 국가 경제의 원리를 서술하여, 병兵의 심인心印[74]으로 삼고자 한다. 궁리를 덧붙여서 잘해야 한다. 이것으로써 옛날에는 창戈을 멈추는止 것止戈[75]을 무武라 일컫는다고 말했다. 그렇지만 후세에 와서는 병兵의 양상으로 보건대 창戈을 멈추는止 일은 이루어지지 않는다. 후세의 무武는 오로지 성城을 함락시켜서, 사람을 죽이는 일에 힘쓰는 것을 으뜸으로 친다. 이것은 초楚나라의 항우項羽라든가, 기소 요시나카木曾義仲[76]와 같은 부류이다. 그것을 무武라고 하면 무武가 되겠지만, 병兵의 크고 중요한 근본이 될 수는 없다. 실제로 어느 한쪽만 이로운 불완전한 것이라서, 선왕先王과 성인聖人이 크게 기피하고 싫어했던 부분이다. 무릇 무武에는 신무神武, 위무威武, 능무凌武가 있다. 궁리를 거듭하여 잘 터득해야 한다. 이 내용은 속인의 견해俗見와 크게 다르다. 사람들이 이 점을 생각해야 한다.

○ 천하 국가에서 중요한 일을 맡은 사람은 경제經濟의 전술을 알아야 한다. 무릇 경제란 경방제세經邦濟世라고 한다. 경經은 '절차를 밟아가는 순서'를, 방邦은 나라를 뜻한다. 나라에서 절차를 밟아가는 순서를 만들어내는 것을 경방經邦이라고 부른다. 제세濟世를 살펴보면 이와 같다. 제濟는 '건너다'라는 뜻이다. 이곳에서 저곳으로 건네주고渡, 저쪽에서 이쪽으로 보낸다遣는 의미이다. 세世는 세상을 가리킨다. 세상 사람들이 살기

---

74 심인(心印)은 본디 불교 용어이다. 말이나 글로 나타낼 수 없는 내심의 깨달음을 이르는 말이다.
75 무(武) 자를 옛날에는 '창(戈)을 멈추게 한다(止)'는 뜻으로 해석했다.그런데 지(止, 아시)는 '나아간다(進)'는 뜻도 있으므로, 지과(止戈)는 '창(戈)을 잡고(執) 나아간다(進)'는 뜻도 있다.
76 미나모토노 요시나카(源義仲, 1154~1184)는 일본 헤이안(平安) 말기의 무장(武將)이다. 기소 산중(木曾山中)에서 성장하여 기소관자(木曾冠者)라고 불린다. 기소 요시나카(木曾義仲).

좋게 도와주는 것을 제세濟世라고 부른다. 먼저 나라에 절차를 밟아가는 순서를 만들어낸다고 하는 것의 의미를 말하자면, 사대부士大夫, 농민農, 공인工, 상인商에게는 각각 사대부, 농민, 공인, 상인이 절차를 밟아가는 순서를 만들어주고, 산과 못, 강과 바다, 논밭과 들판에는 산과 못, 강과 바다, 논밭과 들판의 절차를 밟아가는 순서를 만들며, 소와 말과 가축 등에는 소와 말과 가축 등이 절차를 밟아가는 순서를 만드는 것이다. 제濟라고 하는 것은 첫 번째로 사람들에게 그 자리를 얻을 수 있게 도와주는 것이다. 때로는 무사의 기풍이 사치를 부려서 무비武備가 해이해질 때는 사치를 억제하고 무술武術을 일으켜 세우도록 도와주어야 한다. 때로는 미곡이 귀하거나 천한 정도가 평상시 수준에서 벗어날 때는 그것이 곧장 평상시 수준으로 회복할 수 있도록 해야 한다. 때로는 사대부士大夫가 가난해지면 부유해지게 해야 한다. 때로는 상인이 취하는 이익이 많아지면 그 이익을 억제하거나 빼앗거나 해야 한다. 때로는 지주가 이익을 얻고자 힘을 다한다든지, 또는 공인과 상인이 이익을 취하여 나라를 부유하게 한다든지 하는 일, 이런 것이 모두 세상 사람들이 살기 좋게 도와주는 것이다. 이것이 제濟의 본래 의미이다. 경經과 제濟 이 두 가지를 모두 종합하여 경제經濟라고 부른다.

그런데 경제의 기본 내용에는 두 가지가 있다. 봉건封建과 군현郡縣이 그것이다. 중국은 하은주夏殷周 3대까지는 봉건封建으로 하였다. 그러다가 진나라秦 이후로는 군현郡縣으로 되어서 현재까지 바뀌지 않았다. 일본은 고대에 군현으로 하였다가, 현재는 봉건이 되었다. 봉건이란 여러 나라구니에 다이묘大名를 세워놓고, 그 나라구니의 정사政事를 돌보는 것 등은 각 나라구니의 군주國主에게 맡기며, 쇼군公儀이 도와주는 것은 없다. 이와 달리 군현이란 다이묘를 세우지 않고, 여러 나라구니에는 쇼군公儀이 나라구니의 '카미守'를 파견하여, 그 나라구니 군현의 정사를 돌보도록 하는 것이다. 봉건의 다이묘는 자손이 이어받아 몇 대가 되더라도 그 나라구니를 계속 유지하지만, 나라구니의 '카미'는 3년, 5년마다 교체하게 된다. 봉건은 쇼군公儀이 토지를 나누어주고, 다이묘와 함께 천하를 지키지만, 군현은 토지를 나누어주지 않고 여러 나라구니를 역인役人이 유지하게 하여 천하를 돌보는 것을 쇼군의 역인에게 맡기게 된다. 경제의 기본 내용은 바로 이 두 가지이다.

그런데 이 두 가지 가운데 우열優劣을 평가하자면, 모두 그 당시의 사정이 그러하였던 것이지, 그다지 우열을 따질 수가 없다. 그렇다고 하더라도 명明이 몽골 지역의 달단韃靼에게 빼앗긴 것처럼, 그 상황에 맞게 봉건의 대제후大諸侯가 많이 있다고 한다면, 함께 의병義兵을 일으켜서 오랑캐 군대胡軍를 토벌하고, 오금왕烏金王을 중국의 주인으로 삼는 일은 일어나지 않았을 터인데, 이때에 당하여 살펴본다면, 제후가 없었던 것이 실책이나 다름없었다. 또한 전체를 하나로 통일한 사람의 입장이 되어서 살펴본다면, 제후가 없는 것이 득이 된다. 그러므로 이 두 가지의 우열은 그때그때 상황을 살펴보고 나서 득실을 얘기할 수 있을 뿐이다. 미리 득실을 얘기할 수는 없다.

그런데 일본에서 경제經濟의 형태가 만들어진 것은 대체로 중국 당唐나라 때의 제도를 받아들여서 배우면서 시작되었다. 그래서 왕대王代의 옛날에는 군현郡縣의 정치를 하다가, 오랜 세월을 거쳐서 미나모토노 요리토모 경이 천하의 권력을 장악하자, 비로소 여러 나라에 수호守護를 두었는데, 그때부터 나라구니를 지키는 방어守의 위세가 날로 가벼워지게 되었다. 그 뒤 호죠北條 씨가 집권하여 위威를 가장 중요한 것으로 삼게 된 뒤부터, 어느 틈엔가, 전쟁으로 어지러운 세상戰國의 조짐이 생겨나서, 각 나라쿠니의 수호守護는 말할 것도 없고, 대규모 장원을 소유하고 다스리면서 다이묘大名라고 칭하는 사람과 함께, 거기에 붙어사는 지방 무사地士에 이르기까지, 누가 허락했다고 할 것도 없이, 무武가 한쪽으로 편중되었다. 그렇게 되자 적지를 빼앗는 일이 이어지게 되었고, 그곳을 소유하고 다스리는 일이 생겨나 점점 넓어지고 커지게 되었다. 자손이 그것을 이어받아 그 토지를 소유하게 되었는데, 이번에는 봉건封建도 아니고 군현郡縣도 아닌 체제가 만들어져서 300여 년을 흘러왔으니, 신조神祖[77]가 천하를 통일하시어, 사해四海의 영역을 바로잡아 260여 명의 다이묘大名를 세우셨는데, 이때부터 당당하게 봉건封建의 세상이 되었다는 점을 알아야 한다.

그런데 14권 째에서 말한 바 있는 병부兵賦에 관한 것은 군법軍法의 크고 중요한 근본으로 삼아서 수 없이 많이 했던 말이 이곳으로 귀결되는 것이다. 잘 참고해서 살펴보아야 한다. 현재도 군역軍役을 정해 놓은 것이 나라쿠니마다 가문마다 있다. 그렇기는 하지만 대부분은 크고 중요한 근본을 알지 못하는 사람이 만든 것이다. 그 전법을 살펴보면 거칠고 간단하며, 정밀함과 상세함이 모자란다. 그렇기에 그것을 그대로 쓰기에는 부족한 것이 더러 있다. 따로 더 궁리하여 제작해서 정해야 한다. 대장이 된 사람은 반드시 느슨하게 생각하는 일이 없도록 해야 한다.

---

77 일본 국립국회도서관 소장본에는 누군가가 연필로 두주(頭註)를 달아 놓았다("(頭註) 이에야스(家康)를 신조(神祖)라 칭하는 것은 어떤 의미일까(家康ヲ神祖ト稱スルハ何ノ意ソ)" "어쩌면 시헤이의 해석이 옳다고 생각할 수도 있겠음(蓋し子平ノ意、宜シク按ス可モ)").

○ 일본에서 명군名君, 명장名將으로 부르는 사람에 대해서는 먼 옛날은 잠시 거론하지 않는다. 중세 이래의 시기로 한정하여 말한다면, 미나모토노 요시이에源義家,[78] 가마쿠라鎌倉의 미나모토노 요리토모 경, 미나모토노 요시쓰네, 다히라노 도키무네,[79] 호죠 야스토키,[80] 무로마치室町의 다카우지 경, 닛타 요시사다, 구스노키 마사시게, 가이 신겐甲斐信玄,[81] 에치고 겐신越後謙信,[82] 다이라기미 오다 씨平君織田氏,[83] 도요토미 다이코豊臣太閤, 가토 기요마사加藤清正 등이다. 이러한 몇몇 장수는 모두 발군의 공로와 업적이 있는 사람들이다. 그런데 그 누구도 문무文武 양쪽을 모두 갖추었다고 말하기는 어렵다.

그 중 미나모토노 요리토모 경[84]은 그릇이 큰 사람이다. 한번 가마쿠라鎌倉에 말馬을 들이신 뒤부터 죽을 때까지 가마쿠라를 나가지 않고 있

---

78 미나모토노 요시이에(源義家, 1039~1106)는 일본 헤이안(平安) 후기의 무장(武將)이다. 요리요시(賴義)의 장남.

79 다히라노 도키무네(平親宗, 1144~1199)는 일본 헤이안(平安) 후기에서 가마쿠라(鎌倉) 시대에 걸친 공경(公卿, 구교), 가인(歌人)이다.

80 호죠 야스토키(北条泰時, 1183~1242)는 일본 가마쿠라(鎌倉) 막부 제3대 집권을 했다(재직 224~1242). 요시토키(義時)의 장남이다.

81 다케다 신겐(武田信玄, 1521~1573)은 일본 센고쿠(戰國) 시대의 무장(武將)이다. 가이노쿠니(甲斐國) 슈고(守護) 사쿄노다이부(左京大夫) 다케다 노부토라(武田信虎, 1494~1574)의 아들이다. (信越) 국경에서 우에스기 겐신(上杉謙信)과 대립했다. 그 중 가와나카지마(川中島) 전투가 유명하다.

82 우에스기 겐신(上杉謙信, 1530~1578)은 일본 센고쿠(戰國) 시대의 무장(武將)이다. 에치고(越後) 슈고다이(守護代) 나가오 다메카게(長尾為景, ?~1541)의 아들이다. 많은 전투 중에서 다케다 신겐(武田信玄)과 싸웠던 가와나카지마(川中島) 전투가 특히 유명하다. 신겐이 죽은 뒤에는 오다 노부나가(織田信長)와 대립했다.

83 오다 노부나가(織田信長, 1534~1582)는 일본 센고쿠 다이묘(戰國大名)이다. 노부히데(信秀)의 아들이다. 교토(京都) 혼노지(本能寺)에서 아케치 미쓰히데(明智光秀)의 공격을 받고 나서 자살했다. 그가 추진했던 토지조사(検地) 등 신정책이 도요토미 히데요시(豊臣秀吉)에게 계승되었다.

84 미나모토노 요리토모(源賴朝, 1147~1199)는 일본 가마쿠라(鎌倉) 막부 초대 쇼군(將軍)이다. 요시토모(義朝, 1123~1260?)의 3남이다. 가마쿠라를 본거지로 삼아 관동(關東) 지역으로 세력을 넓혔다. 헤이씨(平氏)를 전멸시킨 뒤에는 무가(武家) 정권의 기초를 확립했다. 1192년(建久 3) 정이대장군(征夷大將軍) 자리에 올랐다.

으면서 바다 안의 다이묘大名와 쇼묘小名가 와서 복종하게 만들었다. 끝내
는 국체國體를 크게 변혁하여, 무덕武德을 가지고 천하의 주인이 되었으니,
큰 업적鴻業이라고 부를 만하다. 애석하도다, 세상을 빨리 떠나신 것을!

　다음으로 다카우지 경尊氏卿은 대전략의 재주가 있었다. 당시 정세에
능통했으며, 천하의 무덕武德에 따라야 한다는 것도 알았다. 억눌러야 할
때와 고양해야 할 때, 칭찬해야 할 때와 나무랄 때를 잘 헤아려서 기회
를 잃거나 놓치는 일이 없었다. 그래서 의義에 반하거나 예의에 벗어나
는 행동이 많다고는 하지만, 사람들이 능히 다가와서 복속하였다.

　이 두 사람은미나모토노 요리토모, 아시카가 다카우지－역자 주 전투의 도道는 하수下手
였지만, 충분히 다이묘大名를 얻었다. 이른바 '장수에게將 장수가 된 사
람'이라고 말할 만하다. 그래서 한번 병兵을 일으키면 천하가 떠들썩하
게 울리듯이 반응하여서 대업大業을 신속하게 이루어냈다.

　히라노 도키무네와 야스토키 등은 군국軍國에서는 뛰어난 사람이었다.
그런데 덕을 베풀거나 은혜를 베풀며 일한 적이 드물어, 아버지와 할아
버지가 전해준 것이 아니었더라면, 어찌 집권을 할 수가 있었겠는가. 다
만 도키무네時宗가 원元나라 사자使者의 목을 벤 것은 일생일대 공적으로
서 옛날이나 지금이나 보기 드문 뛰어난 기상英氣이라고 칭할 만하다.

　미나모토노 요시쓰네는 작은 전투에서 기묘함을 발휘하여 선전을 펼
쳐 적을 물리쳤다. 특히 셋슈攝州에서 히요도리코에鵯越를 함락시켰다. 대
풍大風을 무릅쓰고 와타나베渡邊를 건넌 것은 절묘絕妙하게 이루어졌는데,
보통 사람의 생각으로는 미치지 못한다. 그렇다고 하더라도 오로지 전투
에서 기묘한 재주를 펼칠 뿐이지, 세상의 주인이 갖추어야 할 기량器量은
없는 사람이다. 억울하게 참소를 당한 뒤에 오쿠슈奧州에서 웅크리고 있

다가 일생을 마쳤으니, 그것으로도 그의 기량을 짐작할 수 있을 것이다.

닛타 요시사다는 천성이 정직한 용장勇將이다. 그렇지만 그 당시 정세에는 어두웠던 사람이다. 단지 운에 올라타 병兵을 일으켜서 단번에 호죠 다카토키를 공격하여 비할 데 없는 공적을 거두었다. 그런데도 시세時勢에 대처하는 것이 서툴러서, 덴노天皇의 총애寵愛를 받는 것이나 관록官祿 면에서도 모두 오히려 아무런 공적도 없는 아시카가足利 가문에도 미치지 못하였다. 그 결과로 불화가 생겨서 끝내는 싸움에 이르게 되었던 것이다. 그런데 이것 또한 자기가 움직이지 않아서 제후諸侯를 자기 편으로 만들지 못하였다. 그래서 고립되어 아무런 도움도 받지 못하는 장수가 되어 전투에서 패배하고 말았다. 이것은 모두 재주가 없었기 때문에 아시카가足利 가문에게 당하게 되었던 것이다. 애석하고 애석한 일이라할 수 있다.

다케다 신겐, 우에스기 겐신은 각각 명장名將이다. 그래서 후세에 대장다운 사람의 본보기로 삼을 만한 인물들이다. 다만 안타까운 것은 때를 잘못 만나 같은 시대에 태어나서 호각지세의 두 영웅이 나란히 겨루었기 때문에, 서로 힘을 다 발휘해 보지도 못하고 각자 한 나라구니에서 업을 마친 사람들이다. 그렇지만 그 전술은 소중하게 다루어야 하며 거기에서 충분히 배울 만하다.

오다 노부나가 씨는 발군의 영웅이다. 대적할 만한 적이 없었으며, 끝내 무로마치室町 가문을 공격하여 천하의 주인공이 되었다. 그렇다고는 하지만 가장 강한 것만이 최선이라고 믿어서, 종종 폭악하고 경솔하게 행동한 것이 있었다. 그래서 여러 장수가 마음에서 우러나서 복종한 것은 아니었다. 그 위업도 반감되었으며, 아케치 미쓰히데明智光秀에 의해시해되었다. 이렇게 된 것은 위엄은 있었으되 덕이 없었기 때문이었다.

구스노키 마사시게는 본디 대장의 의지와 기개가 있다고는 하지만, 천성이 신의信義에 얽매여 있었다. 그래서 이미 천하가 와해가 될 것이라고 낌새를 알고 있으면서도, 닛타新田와 아시카가足利 두 장수를 뛰어넘어서 자기가 일을 꾸며서 사람을 불러 모으는 재주는 보여주지는 못했다. 그 자리에 있으면서, 큰 적을 상대하기는 하였으나, 자신은 끝내 전사討死하였다. 나아가지도 물러서지도 못하는 것이進退是谷 당시 상황이었다고는 하지만, 지금 기준으로 이것을 평가해 본다면, 그때의 전사는 아무 쓸모가 없는 것이나 다름없다. 오로지 자손이 3대 40여 년 동안 본국을 상실하지 않고 남조南朝를 보좌할輔佐 수 있었던 것은 정말로 마사시게가 남긴 덕德이 있었기 때문이다. 이것은 구스노키 가문楠家의 커다란 훈공이 될 것이다.

가토 기요마사는 너그러움寬과 사나움猛을 모두 갖추고 스스로 힘써서 강인한 인물이 되었다. 사람들이 능히 믿고 따랐으며, 사람들이 능히 두려워하였다. 믿음이 있고, 위엄이 있으며, 지략이 있었다. 공격할 때마다 꼭 함락을 시켰으며, 전투는 반드시 승리하였다. 천성이 꾸민 데가 없이 수수하였다質朴. 당시 풍속이 간사하고 교활했는데도 그런 것과 함께하지 않았다. 그래서 정치가 태평한 세태일 때는 성질이 원만하지 않다는 이름을 얻었지만, 난세일 때는 진정한 영웅이라 말해야 할 것이다.

태합太閤, 도요토미 히데요시–역자 주은 미천한 신분으로 시작하였다가, 갑자기 전국을 장악하여 천하를 호령하게 되었다. 그렇지만 세상에서 이것을 비난하는 사람은 없었다. 바다 멀리 조선朝鮮을 함락시키고, 중국을 놀라게 했다. 그 맹위는 일본과 중국에서 일인자이다. 애석하도다. 공격하여 토벌하는 데는 힘썼으나, 덕과 은혜를 베풀지 않았다. 또한 학문을 배우지 않고 자만하여, 치국治國과 안민安民에 마음을 기울이지 않으셨다. 간간이 역시 부인婦人의 말을 수용했다. 그래서 서거를 하자 그 뒤로 천하가 갑자기 신조神祖.도쿠가와 이에야스-역자 주에게 돌아갔다.

신조神祖가 무덕武德을 펴서 천하를 통일하신 업적은 신묘神妙한 것이다. 그래서 지금에 이르기까지 200년 동안 사방의 경계四境를 마음으로 복종하게 하고, 전쟁을 일으키지 않고서도, 먼 곳에서 사신이 찾아오게 했다. 정말로 개벽開闢 이래로 한 사람뿐이다. 이러한 정치가 다른 곳에도 영향을 미치게 한다면, 만만세가 천지天地와 병兵에게 오래도록 이어지게 될 것이다.[85]

○ 세상의 태평함이 오래 지속될 때는 반드시 사치가 발생한다. 사치가 심해지면 제후諸侯와 사대부士大夫는 가난해진다. 가난해지면 무비武備도 이름만 존재할 뿐 실제 쓰임새는 없어지게 된다. 마음속으로 혼자서 그냥 생각해 본다. 지금 세상에서 혹시 사치가 극성을 부린다고 말할 수 있을까. 대체로 이 조항도 의미가 깊은 이야기이기는 하지만, 세상 사람들이 꺼리므로 여기에 적지는 않겠다. 아래에서는 겨우 경제經濟의 큰 줄거리를 말하는 데 그칠 뿐이다. 자세한 것은 더 연구를 해야 한다.

본디 나라 살림經濟하는 데 핵심이 되는 9가지가 있다. 식화食貨, 예식禮式, 교육 행정學政, 무비武備, 제도制度, 법령法令, 관직官職, 지리地理, 장복章服이

---

85 일본 국립국회도서관 소장본에는 이곳에 두주(頭註)가 세 개 달려 있다(○ "이에야스를 신조라고 하는 것은 어떨지 모르겠지만 그 의미를 찾아야 할 것임(家康ヲ神祖トハ如何シカレトモ其意サガス可キナリ)" ○ "시헤이는 왕가의 충신이 아님. 그렇게 말하는 바가 왕왕 이와 같음(子平ハ王家ノ忠臣ニアラザルナリ、其言フ所往々此ノ如シ)" ○ "무엇을 근거로 시헤이를 왕가의 충신이 아니라고 말하는지. 시헤이가 추구하고자 하는 곳에 감추어져 있으니(何ヲ以テ子平ヲ王家ノ忠臣ニ非ズト言フ、子平ノ所述ニ隠当ナルニ)".

그것이다.

무릇 사람은 음식이 없으면 죽게 된다. 재화가 없으면 물화의 유통이 이루어지지 않는다. 그래서 식화食貨를 경제의 첫 번째로 삼는 것이다. 이미 말한 것처럼, 식食은 있으나 예식禮式이 없다고 한다면, 인륜이 밝지 못하여 개벽開闢 당시의 사람과 같아진다. 그래서 예식을 세워서 인륜을 밝힌다. 그런데 사람이 도道를 세우더라도 배우지 않으면 지혜가 발현되지 않는다. 그래서 학문學問을 권해서 지혜를 밝히도록 한다. 이 세 가지는 사람을 등용할 때 판단하는 중요한 기준이다.

무비武備는 군진軍陣의 준비를 망각하지 않아야 한다. 태평한 세상에서도 군장 준비治兵, 조련操練 등, 사람과 말에게 전법戰法을 가르쳐야 한다. 또한 무기를 내버려 두지 않고 제작하여 복원해야 한다.

제도制度에 대하여 살펴보자면, 사물에는 정해진 법식이 있는 것이어서, 천자의 사물은 천자의 사물이며, 제후諸侯나 사대부士大夫나 서민庶人의 사물은 제후나 사대부나 서민의 사물로 순서대로 정식이 있는 것을 말한다. 이것은 존尊과 비卑로 나누고 위上와 아래下를 분명하게 구분하는 길道로 삼아서, 사치를 미리 막고자 하는 전술이다.

법령法令은 규칙을 세워놓고, 그 규칙에 따르지 않는 사람을 처벌하며, 명령 등을 널리 알린다觸流.[86] 교령教令이 폐지되지 않도록 하고자, 한 사람을 징계하여 천만 명을 바로잡는 전술이다.

관직官職은 천하의 일을 한 사람이 모두 돌볼 수 있는 것이 아니기 때문에 만들었다. 먼저 여러 역할을 세워서 사람들의 기량器量을 보고 선발한

---

86 후레 나가시(觸流)는 포령(布令) 등을 널리 전달하는 것을 말한다.

다. 그런 다음에 각자에게 직무를 주고 한 가지씩 돌보게 하는 것이다.

지리地理에 관하여 말하자면, 나라邦의 추위와 더위, 토지의 비옥함과 척박함, 그리고 산, 못, 강, 바다의 높낮이, 땅이 낮거나 습기가 많은 것의 차이를 자세하게 살펴야 한다. 그렇게 해서 추위와 더위, 비옥함과 척박함, 그리고 산, 못, 강, 바다의 높낮이, 땅이 낮거나 습기가 많은 것의 이로움을 상실하지 않고, 좁은 논밭尺土이라 하더라도 비워놓아 내버리는 일이 없도록 각각 손을 쓰게 하여서, 땅의 이로움을 모두 발휘하게 하는 것을 말한다.

장복章服은 벼슬이冠冕 높고 낮음을 각각 의복의 색깔로 구분을 하거나, 크거나 작게 만드는 것 등이 있다. 그렇게 해서 모습만 보아서도 귀천貴賤과 고하高下의 인품을 알 수 있게 하여, 혼란과 무례함이 발생하지 않도록 하고자 고안해낸 법이다.

이 9가지는 경제經濟의 기본 내용이다. 그리고 각 조항마다 그에 관한 설이 있기는 하지만, 말이 길어질 테니 여기에 적지는 않는다. 다만 범위를 넓혀서 말한다면, 경제는 무비의 근본이며, 무비는 경제가 보좌한다고 이해해야 한다. 책에서 경제의 방법에 대해서도, 군법의 주역에 대해서도 가르쳐준다고 말해도 무방하다. 다만 서적을 읽고 화한만이和漢蠻夷, 고금흥폐古今興廢의 손익득실損益得失을 보고 나서 스스로 알아차린다.

그래서 『논어論語』에 경제에 관하여 서술하기를, "줄인 것과 보탠 것을 알 수 있을 것이다"所損益 可知고 하였다. 『사기史記』에 병兵에 관하여 이르기를, "곽거병이 방략이 어떤가 하고 돌아보았을 뿐, 옛날 병법을 배우는 데까지는 이르지 못했다霍去病 顧方署如何耳 不至學古兵法"고 한 것은, 그대로 통한다고 말할 수 있을까. 그렇지만 중국은 그 인성이 매우 부드럽고 둔하다. 그래서 선왕先王과 성인聖人의 병법兵法이라고 하더라도, 이론은 정밀하게 하고 실제는 엉성하게 하는 수도 있다. 그렇기에 태평성대의 요순시대唐虞[87] 이래로 3천 년 동안, 북쪽 오랑캐北胡가 침입하여 괴롭힘을 주었는데도, 명明나라 말에 이르러서 끝내 달단韃靼에 의해 합쳐져서 두발頭髮이 잘리고, 의복을 바꾸어 입게 되었다. 이것은 군사 이론만을 귀하게 여기고 전투에 약했기 때문이었다. 대체로 군사 이론에만 집착하게 되면, 전투력이 약해지는 바탕이 되기 때문에, 내가 크게 기피하고 염려하는 바이다. 지금도 군사학軍學을 배우는 사람이 반드시 중국에서 유행하는 군사 이론에만 매몰되는 일이 없어야 한다.

또한 일본의 여러 유파가 쓴 군서軍書는 태반이 그 내용이 충분하지 못하다. 군사軍事에 관한 것만 보더라도 전혀 상태가 좋지 못하다. 그러한 상황이니 하물며 문무 겸비文武兼備에 대해서는 더 말할 것이 있겠는가. 그럴 때는 '거문고 기둥을 아교를 붙여 연주한' 것처럼 융통성 없고 고지식하게, 한 가지 흐름에만 얽매이는 것은 졸렬하다고 말해야 한다.

위에서도 언급한 바와 같이, 일본과 중국 및 네덜란드 등의 군서軍書를 함께 참고하고, 문무文武를 겸하여 더욱 연구를 해서 군정軍情을 잘 터득해야 한다. 기기器機도 제작하고, 그런 다음에 조련操練을 잘해야 한다. 다만 조련에만 집착하다 보면, 역시 중국에서 유행하는 것에 빠지게 되어, 전투력이 약해지는 수가 있다. 그러므로 이 점을 마음에 새겨야 한다. 어떻든 전투력을 최상으로 만드는 것은 조련에 달려 있다. 그리고 사졸士卒의 심기를 강하게 하는 것은 오늘의 정치에 달려 있다. 따라서 여러

---

87 당우(唐虞)의 당(唐)은 중국의 도당씨(陶唐氏), 우(虞)는 유우씨(有虞氏)를 가리킨다. 이는 요(堯)와 순(舜)의 시대를 함께 이르는 말로 중국 사상의 이상적 태평 시대로 일컫는 시대를 말한다.

가지 교차하는 것을 잘 참작하여 스스로 최고의 경지에 도달하게 해야 한다. 이것을 가리켜 병兵에 대하여 마음속에서부터 깨닫는 심인心印이라고 부른다. 끝을 맺는다.

때는 덴메이天明 6년1786-역자 주 병오丙午 여름夏

센다이仙臺 하야시 시헤이林子平88 소장판藏版

간세이寬政 3년1791-역자 주 신해辛亥 4월, 판각板刻 완성成

조공彫工 센다이仙臺 이시다 에이스케石田榮助·후지와라노 시게히사藤原成壽

필자筆者 동번同藩 가마타 사키치鎌田佐吉·후지와라노 도모타카藤原朝隆

88　하야시 시헤이(林子平, 1738~1793)는 일본 에도(江戶) 시대 후기 경세론가(經世論家)이다. 자세한 것은 맨 앞 부분의 해제를 참조.

발문

내가 세상이 떠들썩하게 『삼국통람』을 저술한 바 있다. 그 책에서 일본의 세 이웃 나라인 조선朝鮮, 류큐琉球, 에조蝦夷의 지도地圖를 명확하게 밝혔다. 그렇게 한 의도는 일본의 웅사雄士가 병兵을 맡아서 이 세 나라로 들어가는 일이 있을 때, 이 지도를 암기하여 임기응변하라는 것이다.

또한 이 『해국병담』은 저 세 이웃 나라와 중국, 모스크바莫斯歌末亞[1] 등 여러 외국에서 바다를 통한 침입이 있을 때, 방어해야 할 전술을 상세하게 모두 적었다. 이로써 처음으로 일본 내외의 무술武術을 조사할 수 있었다고 말해야 할 것이다. 이것은 내가 덕德을 계산하지 않고, 지위位를 헤아리지 않으며, 한평생 일본의 무비武備를 잊지 않은 데서 비롯되었다.

그런데 그것을 글로 쓰기 위하여 수전水戰 한 편에 대해서만 정밀함과 상세함을 다하였다. 그 나머지 편은 단지 그것의 큰 줄거리를 언급하였을 뿐이다. 자세한 것은 각기 그 분야에 양보하여 말하지 않았다. 그렇지만 이 서적을 읽는 사람은 문무文武의 큰 줄거리를 알게 될 것이다. 그렇게 된다면 태평한 날에는 조정廟廟에 있으면서 왕자王子의 정치를 이룩하는 것으로 만족하고, 난세일 때는 전차를 타고 나가 정벌하기를 바란다. 또한 작게는 사람들이 무비와 검약의 도道를 터득하여, 그 분수를 지키게 되니, 가난함을 다스리고 재정을 확충하여 일용日用이 모자라지 않고, 무용武用이 이지러지지 않을 것이다. 이것은 이 책이 지금 세상에 보탬이 되는 부분이다.

---

1 모스크바(莫斯歌末亞)는 러시아를 가리킨다.

그런데 지금이야말로 학문을 일으키는 정치가學政 오래도록 닫혀 있었기에, 많은 세상 사람들이 무武에만 치우쳐 있어서 단지 무예武藝가 있을 뿐이다. 이러한 습속이 오래 지속되었기에, 이 서적에서 말하는 문무文武의 의미를 세속적인 언어를 써서 서술하였다. 글로 쓸 때는 한문이 아닌 한자와 일본 가나를 섞은 일본식 글자國字를 이용한다고 하였지만, 막상 서책으로 만들어 놓았더니, 속되고 천한 마음이 스스로 이 책을 이해하기가 어려울 것으로 생각하여 보는 사람이 적다. 우연히 읽는 사람이 있다면, "이 서적이 좋기는 좋다. 다만 너무 많이 자기 의견을 말한 서적이라서, 지금 같은 태평한 세상에서는 멀리하게 된다"는 식으로 곧장 말하게 될 것이다. 돌이켜 생각해보면, 인간의 일생은 60년이다. 나 한 세대만이라도 무사하게 지낼 수 있다면, 나중에는 중국이 되든 인도가 되든 하늘에 맡겨야 한다고들 말한다. 진리를 모두 터득해버린 듯한 말처럼 되기는 하였지만, 위와 같이 말하는 것은 타성에 젖고 약해져서 둘러대는 말이다. 이렇게 한다면 불충不忠과 불의不義가 일본에서 첫 번째가 될 것이다.

또한 속되고 천한 마음이 일반인에게 공통으로 발견되는 고질병인데, 사람들이 지위가 높아지게 되면 가난하고 천한 것을 멸시하는 것이 마치 땅속에 있는 쑥을 대하는 것과 같다. 게다가 천한 사람의 능력을 꺼리고 싫어한 나머지, "그 사람은 필부匹夫이다. 그런 사람이 어떻게 큰일에 대하여 알 수 있겠는가?" 하는 식으로 떠들어대는 일도 많다. 이와 같은 고질병은 백 사람이면 백 사람 모두 똑같다. 이것은 곧 지금 세상 사람들이 속된 말로 말하는 것이다. "교활하고 빈틈이 없는 괴짜僻兒 또는 자만심으로 가득하고 박식한 체하는 사람物知顔이라서, 덕을 계산하지 않고, 신중하게 행동하는 것을 알지 못하며, 함부로 맹랑한 말을 내뱉을 뿐이며, 함부로 맹랑한 말을 내뱉고도 부끄러움을 돌아보지 않는 사람," 이런 내용을 어떤 식으로든 말하리라고 본다.

사람들이여, 이 점을 생각해보라. 그리고 또 내가 이렇게 말하는 것은 세상 사람과 맞나 틀리나를 놓고 다투려는 것이 아니다. 강하게 나의 주장을 내세우려는 것도 아니다. 오로지 이 책을 보는 사람이 지금 세상 다음 세상 따지지 않고 숙독하고 잘 음미하여, 비備라는 글자가 갖는 본래 의미와 절약의 한 끝을 밝혀내서 점점 문무 양쪽으로 모두 온전한 내용을 이해할 수 있게 하려는 것이다. 그렇게 해서 해국海國이 갖추어야 할 조건을 미리 대비할 수 있게 되기를 바랄 뿐이다. 그런 까닭에 나는 이 내용이 세상 사람의 귀에 들어가기 쉽게 되기를 바란다. 감히 내가 비천卑賤한 몸이라는 것을 잊고서 곤궁에 빠지게 될 것을 돌아보지 않고 말함으로써, 지금 세상을 걱정할 뿐이다.

그런데 내가 자부하는 마음을 강하게 드러낸 것도 아니고, 상식에서 벗어난 말을 한 것도 아니다. 다만 이미 첫째 권首卷에서 서술한 바와 같이, 일본의 무비武備를 기록한 글에서 이와 같은 병담兵談처럼 스스로 이방인과 면접하여, 멀리 떨어진 다른 나라 오랑캐의 군정軍情을 알아냈다. 기괴한 계략과 묘책을 새롭게 다 밝혀냈다. 바다와 육지를 온전하게 대비할 수 있는 진정한 의미를 서술한 것은 지금껏 없었다. 정말로 개벽開闢 이래로 일찍이 없었던 발명發明인 셈이다. 단지 이 책을 읽는 사람이, 내가 가난하고 천한 몸이라는 이유로 직언하는 것을 죄를 묻는 일이 없이, '좋은 약良藥이 입에 쓰다'는 것을 함께 생각하여 한결같이 숙독하고 음미하기를 바란다. 그렇게 한다면 상하上下와 대소大小가 각기 자기 분수에 알맞게, 문무의 큰 뜻을 터득하여, 가난을 다스려서 재정을 확충하고, 무武를 확장하게 될 것이다. 이것이 오늘의 삶에 보탬이 될 것이며, 해국海國에 대비하는 방법을 일러 주는 큰 보물이 될 터이다. 그러므로 헛되이 중국의 서적에 근거를 두고서 공허하게 군사 이론만을 논하는 부류의 사람들과 같은 수준의 논의가 결코 아니라는 점을 말해 두어야 하겠다. 오직 반복하고 반복해서 이 책을 보는 사람은 숙독하고 음미할 지어다.

하야시 시헤이林子平가 스스로 발문을 지음

일러두기

1. 탈초의 저본은 일본 국립국회도서관 소장『海國兵談』1(제1~4권),『海國兵談』2(제5~12
   권),『海國兵談』3(제13~16권)을 사용하였다.
2. 편차와 체재는 저본을 따르되 한 권으로 묶었다.
3. 저본에 실린 그림을 그대로 실었다.
4. 저본의 세주는 본문 중에【 】로 묶어 제시하였다. 역자의 주석은 본문의 하단에 각주를 달았다.
5. 저본에서 결락된 부분은 岩波書店의 탈초본(1933)과 家村和幸의『林子平の海國兵談』(일
   본 並木書房, 2022)을 참조하였다.
6. 저본의 한자(漢字) 표기는 정자(正字)와 일본식 약자(略字)가 섞여 있는데, 槃(槪) 畧(略)
   銷(銷) 摠(惣) 등을 제외하고는 정자로 통일하였다. 다만 爲는 일본식 약자 그대로 썼다.
7. 저본의 일본어 글자는 히라가나(平仮名)와 가타카나(片仮名)가 혼용되어 있는데 원문에
   사용된 가나(仮名)를 그대로 두었다.
8. 저본의 일본어 헨타이가나(變体仮名)는 히라가나(平仮名)로 바꾸어 적었는데, 江는 작은
   글씨로 그대로 표기하였다.
9. 저본의 그림에는 일련번호가 없지만, 탈초본에서는 권별로 번호를 달았다.

『해국병담』
탈초본

海國兵談 序

今之所謂兵也者 言用兵之理 今之所謂武備也者 備之之事是也 兵之屬於
理備之屬於事 時勢使然耳 所謂武備也者 攻守之具則亡論 已至乎 其測區
域廣狹 山河險易 古今異同 人物强弱 天度寒暄 敵國大小 遠近緩急 利不利
衰旺 各從其權而制其宜 徐謀豫虞 必無有遺漏也 而後其用爰備焉 不啻是
也 豫虞匪懈 講習之務 益久益精研究周致 無所不至 雄武俠烈之風不撓 則
夫夫無有反心 化外懾伏 而莫或敢犯其如此 而以至萬萬歲 使人民 永莫愛
兵革亂離之苦者也 可得而期矣 業亦大也哉矣 凡兵爲臨時機備爲太平 業太
平時 武備不張 則無所講兵理不明 則武備無所張事理相待而已矣 我

神祖開業以來 昇平旣久 中外無事 世之言 兵者唯理之究卒無所施行今也
實國家備于武之時哉 而今之備之者 徒談其理 而不按其方率乎 舊儀 而忽乎
講習流風 漸移因循苟且 其終歸廢弛 使兵之與武備均屬空理可勝嘆耶 亦猶
兵革亂離間 人情懈于文學 時勢使然耳 兵爲臨時機備爲太平 業太平時 止
備爲屬于事 舍事取理未見其可雖然 時勢之使然也 自非大勉强斷 而不能及
于此也 予友林子平者 慷慨之士也 性怙澹寡欲 心存大義 其親族 畧多縉紳
子平 蔑視不爲家 酷好跋涉 凡邦域內 經歷殆徧 其自處 常如在兵革閒藍 縷
糒食草行露宿陶陶 而自適云 嘗憤然發志 困學有年 著書滿架 皆言 當世之
策 此編名曰 海國兵談 其意以爲 我國海國也 要在備於海寇 故以目焉 其論
說 確實激切 如目覩 其人傍採海外奇策 古今來未嘗見聞者 出之足以觀

我國防禦之大方 其所志 可謂偉矣 當今之世豫虞匪懈 講習之務 益久益
精研究周致無所不至則所謂以至萬萬世 使人民 永莫愛兵革亂離之苦者 其
在乎斯歟 其在于斯歟

天明 丙午 夏 五月 念六 仙臺 工藤球卿 撰

（球卿之印）（元琳）

海國兵談 自序

　海國とは何の謂ぞ。曰地續(ツ丶キ)の隣國無して四方皆海に沿(ソヘ)ル國を謂也。然ルに海國には海國相當の武備有て、唐山(カラ)の軍書及ヒ日本にて古今傳授する諸流の說ト品替れる也。此わけを知されは日本の武術とハ云かたし。先海國ハ外寇の来リ易キわけあり、亦来リ難キいわれもあり。其来リ易シといふハ軍艦(イクサフネ)に乗じて順風を得レは日本道二三百里の遠海も一二日に走リ来ル也。此如ク来リ易キわけあるゆへ此備を設ざれば叶ざる事也。亦来難シといふいわれは四方皆大海の險ある故、妄リに来リ得さるなり。しかれとも、其險を持て備に怠ル事なかれ。是に付て思えば、日本の武備ハ外寇を防ク術を知ルこと指當ての急務なるべし。外寇を防クの術ハ水戰にあり、水戰の要ハ大銃(オホツ丶)にあり。此二ツを能調度する事日本武備の正味にして、唐山(カフ)韃靼(タツタン)等の山國ト軍政の殊なる所なり。これを知て然して後、陸戰の事に及ブべし。惜哉、大江匡房を始トして、楠木正成、甲越二子の如キ、世に軍の名人ト稱するも、其根元、唐山の軍書を宗トして、稽古ありし人々なれハ、皆唐山流の軍理のミ傳授して、海國の議に及べる人なし。是其一を知て其二を知ざるに似たり。今小子海國兵談を作て水戰を以て開卷第一義に述す。是海國武備の根本なるかゆえなり。

　日本の武備は此水戰を第一トして、其上に又一ツの心得あり。其心得トいふハ古の唐山ト今の唐山ト地勢人情ともに相違したるわけ也。まつ日本開闢以來外國より來リ襲シ事ハ、唐山の元(ゲン)の時代度々軍を仕懸シ也。就中弘安四年にハ大軍にて押來りしかとも幸に神風に逢て鏖

（ミナコロシ）せられたり。是元（ゲン）君ハ北種より出て、唐山を押領し
たる人なれば、元の代ハ唐山ト北狄ト一躰に成て、北邊の軍止果（ハテ）
たり。然ル故に遠ク兵馬を出スにも後に心碍（サハリ）なかりしゆへ、
度々軍を仕懸シ也。是に付て唐山の時勢を考見ルべし。三代ハ言に不
及、秦漢迄ハ、日本の廣狭並に海路等のこと、詳に知得さりし也。唐の
代にハ屢日本と往來して、海路國郡等の迄詳に知たれとも、互に好ミ深
かりしゆへ、侵シ襲ふに不及、宋に至てハ其朝の風儀濡弱なりしゆへ、
是亦來リ得ざりし也。扨宋を滅シたる者ハ北種の蒙古にして即チ元也。
元の兵馬度々日本江來シ事ハ上に云シ如ク、唐山、北狄一躰に成て、其
境目（サカイメ）の軍止果たる故、遠ク兵馬を出シても、後（ウシロ）の心
碍（サハリ）無シ故也。其後、明の世祖、元を滅シて唐山を再興シ、其政
事柔弱ならず、能一統の業を成セリ。此代（明）、日本を侵掠するの議あ
りといへとも北種の大敵日々月々に襲（オソヒ）懸りしゆへ、遠海を絶
（ワタツ）て來ルに遑（イトマ）なし。其上太²閤の猛威、朝鮮を陷（ヲトシ
イ）レて、北京江入へき勢ヒに、辟易して侵シ伐べき隙なかりし間に、亦
韃靼亡されて、康熙（清）以來唐山韃靼亦一躰に成て、今ハ愈能一統シ、
北邊愈能太平に成しり。此故に遠ク兵馬を出スにも後の心無碍（サハ）り
なし。其上康熙雍正乾隆の三主各文武剛敵にして能時勢に達シ、能唐山
を手に附たり。必明迄の唐山ト思フ事なかれ。まづ今の清を以て古の唐
山に競レは、土地も古の唐山に一倍し、武藝も北風を傳へて能修練シ、
情慾も北習を承て剛強に移り行故、終（ツイ）に北狄貪略の心根次第に唐

2　저본은 大이다.

山に推移りて、其仁厚の風儀も漸々に消滅シ且亦世々の書籍も次第に精ク成行。亦日本ト往來も繁ク其上人心日々月々に發明すれバ、いまは唐山にて日本の海路國郡等も微細に知得たり。竊に憶へば若クハ此以後の清主(カラノキミ)無内患の時に乘シ。且ツ元(ゲン)の古業を思イ合せて如何(イカ)なる無主意(ムフンベツ)を起ス間(マ)じきにもあらず。其時に至てハ貪慾(トンヨク)を本トすれば日本の仁政にも不可懷(ナヅク)。又兵馬億萬の多キを恃メば日本の武威にも不可畏(オソル)。是明迄の唐山と同シからざるわけ也。又近頃歐羅巴(エイロツハ)の莫斯哥未亞(ムスカウヒア)其勢ヒ無雙にして、遠ク韃靼の北地を侵掠シ、此ころハ室韋(シイ)の地方を畧シて、東の限り加模西葛杜加(カムシカツトカ)【即カムサスカ也蝦夷ノ東北ニ在】迄押領したり。然ルに加模西葛杜加より東にハ北上取べき國土なし。此故に又西に顧ミて蝦夷國の東なる千嶋を手に入ルべき機(キサ)シありト聞及へり。既に明和辛卯の年、莫斯哥末亞より加模西葛杜加江遣シ置ル豪傑、ハロン マオリッツ アラアダルハン ベンゴロウといふ者、加模西葛社加より舩を發シて、日本江押渡り港(ミナト)々に下繩(サゲナハ)して、其深サを計リながら日本を過半乘廻シたることあり。就中土佐の國に於ては日本國に在合阿蘭陀人江と認シ、書を遺(ノコシ)置たる事もある也。是等の事其心根可憎(ニクン)可恐れ。是海國なるがゆへに、來ル間敷舩も乘ル人の機轉(キテン)次第にて心易ク來るゝなり。察スべし。さて海國のわけト唐山(カラ)の時勢トを弁シ得たる上に、又一ツの心得あり。其心得トいふハ、偏武に不陷(オチイラ)して、文武兩全なるへき事を欲シ願ふべし。偏武なれバ野也無智也。元より兵者凶器也。然レとも死生存亡の係ル所にして、國の大事是

に過ルものはなきゆへ、野にして無智なる偏武の輩に任セ難キ事也。此故に日本の古代は、都には鼓吹司(クスイシ)ト淳和奨學(シュンナシャウカク)の両院を置、國々にハ軍團ト郷學トを置て、皆文武を教られたり。又孔子も文武両全の意を述て、有文事者必有武備矣ト宣リ、其外黄石公ハ文武相並て國家を經濟すべき趣を述、司馬讓苴ハ治世に戰を不忘ハ國家を保護するの道なることを言リ。そのほかにハ、晋の六卿、齊の管仲、漢の二祖、蜀の孔明、我カ神祖の如キ皆両全の旨を會得したる人々也。其余、兵を談ずる人、和漢多數あれとも、皆各其長する所のミ傳授して、一方ぎゞの兵家なれば両全トいふべからず、且亦戰鬪の道、各國土の模儀(カタキ)あり。其大槩を論する時は日本ハ其軍立小抔(ゼリ)合也。血戰を主トして謀慮少(スクナシ)只國土自然の勇氣に任セ、命を捨て敵を碎ク事を第一の戰法トするゆへ、其鋒(ホコ)先ハするとなれとも、法粗(アラ)キゆへ持重の位を為シ難シ。唐山ハ理ト法トを重シて謀計多ク、持重を第一義とするゆへ、其軍立ハ堂々たれとも血戰に至てハ甚鈍(ニブシ)。是等の事は日本唐山両國の軍記を讀て味へば、其銳鈍(エイトン、　トシニブシ)ハ知べし。且寛永の頃、渋田八右術門、濱田弥兵術等只九人、臺湾江押渡て阿蘭陀のゼネラル【城代ノこと也】を擒(トリコ)ニ仕たる例(タメシ)もあり。又安永中、小子肥前の鎮臺館に遊事したりし頃、崎陽の在館(サイクハン)唐人六十一人徒黨(トトウ)して亂を為(ナシ)たる時、吾黨十五人鎮臺の令を承て相向イ卽時ニ六十一人を討破リ、其楯籠(タテコモリ)たる工神(タイクカミ)堂を毀(コボッ)て帰レリ。是時唐山人ト手詰(ツメ)の勝負を為(ナシ)て彼の國人の力戰に鈍(ニフシ)キ事を親フ試ミ知レリ。亦歐羅巴の諸國は大小の小器を專トし

て、其外の飛道具甚多し。尤艦舩(イクサフネ)の制妙に精クして、舩軍に長シたり、殊に其國妙法在て、能治メて和親するゆへ、同國攻討事なく、只相互に他州を侵掠して、己レガ有とする事を世々の勉(ツトメ)として、決して同國中にて同仕軍をせざる也。是日本唐山等の企及さる所なり、兵を提ル者、此三軍情を能會得して、臨機應變せば、天下に横行すべし。抑日本海國のわけと、今の清(カラ)は古の唐山(カラ)に優(マサ)シゆえ日本に於て油断なりかたきわけト、三州各戦闘の模儀(カタキ)に別あるの三説は日本前兵家の未發せざるところ也。其未タ發せざるわけハ、世々の軍學先生皆唐山の書に本(モトヅイ)て工夫を附シゆへ、自然に唐山流に陥(オチイリ)て、却て海國ハ海國の兵制ある事を發明せさる故なるべし。今小子始て是を言者ハ深ク患ル所有て廣ク問切に考て此旨を得たり。此旨を得たりといふとも、尋常の世人は、口外すべからす。口外すべからさるは、謹肅なればなり。小子ハ直情徑行の獨夫なるゆへ、敢て忌諱(ハヽカリ)を不顧。因て、ベンゴロウが事を始トして、都て外寇の來り易キわけを有のまゝに書して、却て海國肝要の武備ハ如此也ト云事を肉食の人々に知しめんト欲ル故、見聞スル所を纂集(アツメ)シテ、此書を作為ス。是吾小子德ヲ不量位ヲ不計シテ、患ルに海國を以てスルゆへんなり。是併ラ小子極テ潛偸也。罪ヲ不遁ことを知。然とも人をば不可取、言(コト)をば可取。是吾小子德ト位トヲ不量計、此書ヲ作為シテ、言(コト)を當世ニ危スル所也。而テ書成て以テ躬ラ珍トス。然レとも、小子不才也。文獻不足。此故に字々句を不成。句々章を不成。觀者讀法(ヨミカタ)に苦ムべき事を恐ル。然ト云とも初學の士、端を此に開て、文以テ戦法を潤色シ、武以テ文華を助ヶ開クの

趣を會得シ。文武相兼て其精に至ル事を得ば、即邦家を安シ海國を保護
する一助なるへし。竊に是ヲ日本武備志ト云とも、罪無ン歟。只其文の
拙を以て、其意を害すること無ンことを希而已。時天明六年丙午夏仙臺
林子平自序

　（印）

水戰

仙臺 林子平述

海國の武備ハ海邊にあり。海邊の兵法は水戰にあり。水戰の要は大銃(ッ丶)にあり。是海國自然の兵制也。然ル故に此篇ヲ以て開卷第一義に擧ル事深意ある也。尋常の兵書ト同日の義にあらずと知べし。昇平久キ時は、人心弛(ユル)ム。人心弛ム時ハ亂を忘ル丶事、和漢古今の通病也。是を不忘を武備トいふ。蓋武ハ文ト相並ンて德の名也。備ハ德にあらず事(ワザ)也。變に臨て事欠(カ)さる様に物を備置を云也。

〇當世の習俗にて異國舩の入津ハ、長崎に限(カキリ)たる事にて、別の浦江舩を寄ル事ハ決して不成事ト思リ。實に太平に鼓腹する人ト云へし。既に古ハ薩摩の坊の津、筑前の博多、肥前の平戸、摂州の兵庫、泉州の界[1]、越前の敦賀(ツルガ)等江異國舩入津して、物を献シ物を商イたる事數多あり。是自書にも言シ如ク、海國なるゆへ何國の浦江も心に任せて舩を寄らる丶事なれは、東國なりとて曾て油断ハ致されさる事也。是

---

[1] 원문은 畍이나 堺를 잘못 적은 것이다.

に因て思へバ、當世長崎の港口(ミナト)に石火矢臺を設て備を張か如ク日本國中東西南北を不論悉ク長崎の港の如クに備置度事、海國武備の大主意なるへし。さて此事、為シ難キ趣意にあらず。今より新制度を定て漸々に備なば、五十年にして日本の惣海濱堂々たる嚴備をなすべき事、得て可期、疑こと勿れ。此如ク成就する時ハ大海を以て池ト為シ、海岸を以て石壁ト為て日本トいふ方五千里²の大城を筑キ立たるが如シ。豈愉快ならず也。

　○ 竊に憶へば、當時長崎に嚴重に石火矢の備有て、却て安房、相模の海港に其備なし。此事甚不審(イブカシ)。　細に思へば、江戸の日本橋より唐阿蘭陀迄境なしの水路也。然ルを此(ココ)に不備して長崎にのミ備ルは何ぞや。小子か見を以てせば、安房相模の兩國に諸侯を置て、入海(イリウミ)の瀬戸(セト)に厳重の備を設ケ度事也。日本の惣海岸に備ル事ハ先此港口(ミナイ)を以て始ト為へし。是海國武備の中の又肝要なる所也。　然ト云とも忌諱(キイ、ハヽカリ)を不顧して有の侭(マヽ)に言フハ不敬也。不言ハ亦不忠也。此故に獨夫、罪を不憚して以て書ス。

　○ 水戦を逞クするにハ第一に艦舡(イクサブネ)の制作に工夫を盡スべし。其次ハ水主楫(カシ)取に軍舡の操練を能々教へし。其次は惣兵士に水練水馬舩楫の取まハしを教べし。是水戦の三肝要也。猶委キ事は下に出ス所の文武兼備大學校の圖を見て知べし。

　○　異國の武備志にも海寇を防禦する手段様々あれとも、是ハ唐山にて倭寇ト名付て日本の海賊舩を防ク仕形にして甚手軽キ事どもなれば、

2　일본의 1리(里)는 4km임。 (역자)

386　해국병담

是を我國にて異舩を防ク手本とは致難し。日本にて外寇を防クの術ハ是に反して事大イ也。其大イなるわけは異國より日本を并呑(ヒトノミ)すへき為に來レる事なれは、其仕形も大仕懸なるはづ也。其大仕懸を碎クべき備なれは、是又大仕懸にあらされは叶さる事ト知べし。其大仕懸の條々左に記ス。

○ 海邊に備て異國の大舩を碎クべき事を旨トするにハ、まつ異國舩の制作及ヒ堅實なるわけを能呑込へし。それを知て然して後、其術を施スへし。

○ 當時日本江來ル異國舩ハ唐山(ヵラ)阿蘭陀(オランタ)朝鮮(チャウセン)琉球(リウキウ)暹羅(シャム)等也。北方に蝦夷(ヱゾ)舩あれとも未タ本邦に來シためしをきかす、たとい來ル事ありとも、取に足ざる小舩也。同ク北方に加模西葛杜加(カムシカットカ)【卽カムサスカ也】の黑舩あり。是亦未タ日本江不來ト云とも、既に自序に言シ如ク、加模西葛杜加のベンゴロウ、黑舩に乗て日本を巡見したるためしもあれば、一圓に來ル事なしとも云難シ。其舩ハ和蘭舩の類にして、小城の如ク堅實至極の舩ト聞及べり。此舩來ル程ならば、先常奧及ヒ上下總州等の港口江寄へき歟ト思ハる。是海路の巡道なる故斯(ヵク)あるべく存ル也。

○ 唐山の舩ハ長大なれとも制作の法、拙キ故、其舩堅實ならす。元(モト)より唐山人、舩を呼て板(ハン)ト云う。其心根只板(イタ)トいふ心にて、板に乗り水を渡て用をなす迄の事トいふ心得なるゆへ、其制作麤末(ソマツ)なるはづなり。只五彩の石灰(シックィ)を以て塗て壯觀を示スのミ也。是を碎クにハ大銃(ツヽ)大弩(オ、ユミ)を以て心易ク碎クへし。暹羅朝鮮琉球等の舩ハ大概唐山舩の制度に倣て、其作リ方甚麤畧にしと、然も

小なれば、唐山の舩より又一段碎キ易キ所あり。阿蘭陀及ヒ歐羅巴諸國の舩は、其制作甚堅實廣大也。勝レたる大銃にあらされば、碎ク事あたハす。元より西洋人舩を呼て水城トいふ。唐山人の板ト云ト天地懸隔の違也。既に水城トいふ上ハ其制作の堅實廣大、思イやるべし。まづ自然(ジネン)の叉木(圖1-1,譯者註)此如クなる大材を連ねて、舩の骨組を作り、其表(ヲモテ)板を張へき所ハ亦同ク叉木の長大なるを首尾より組違へにつらねかさねて、(圖1-2,譯者註)此如ク積上(ツミア)ケ鎗の柄の如クなる鐵釘(クキ)を密(シケク)に打貫キ、縱橫(タテヨコ)に縫合せて仕立ル也。其空隙の所ハ、蜜瀝靑(チャク)を込、又外面の水に浸ル所ハ悉ク鉛(ナマリ)を以て包て、水をして一滴も舩の木江受さらしむる也。舩の長サ十六丈闊(ヒロ)キ事四丈深キ事三丈五六尺帆柱四本を建ツ。中央(マンナカ)の大柱高キ事十九丈あり。帆十七、幟(ハタ)十二を懸ク。舩内ハ板敷を惣三階に張詰て、所々に天窓(ヒキマト)を設けて明(アカリ)を受ク。一階每に上下の間九尺余や。其廣平なる事馬場の如シ。第二段目の左右首尾に方三尺許の窓三十

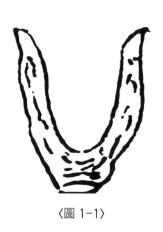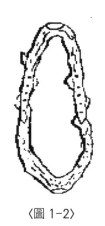

〈圖1-1〉　　　　　　　　　〈圖1-2〉

余口を開て、窓毎に大銃(ォ、ッ、)を仕懸置也。其大銃三貫目の丸を入ベシ。殊に其舵工(ヵチトリ)甚妙にして、一度舩を繰(ァャッ)れは、此大舩くるりと廻ル也。たとへば面楫(ォモヵチ)に敵あれバ、面からの大銃十二位(ヵラ)を一より十二迄順に發(ハナ)ス也。發シ終(ォワリ)シ時、相圖を以て舵工(ヵチとリ)に命すれバ、舵工かぢを繰(ァャッ)りて、舩を廻して忽チ取楫を面かぢの方江向れば、亦取かぢの大銃を敵に向て、一より十二迄順に發ス也。其隙(ヒマ)に初メに發シたる面楫十二位(ヵラ)に玉込して相圖を待也。玉込をするには窓外江指出(サレィテ)たる大銃江舩の上より移りて筒の巣口(スクチ)の所に馬乗に跨り居て込ル也。火藥ハ紙の袋に入して袋の儘にて込ル也。既に取かぢの十二位を發シ終れバ、亦舩を初メの如ク直シて面楫を敵に向ケて発スなり。其妙言語道斷にして日本唐山等の企及ブ所にあらす。水戰に用て利あるものハ、此舩よりよきハなく、敵に取て恐ルへきものハ此舩に過たるはなし。斯の如クなる故中々尋常の大筒にて碎かるゝものにあらず。亦近頃和蘭人の持渡シ、ゲレイキスフツクといふ歐羅巴版(ェウロッパバン)の武備志を見たるに、水戰の事ハ、此舩のミならず、都て廣大無上にして、甚ク巧ミなる戰艦(イクサフネ)多クある也。其書ヲ見て大畧を知べし。

○ 右の如ク堅實至極の大舩ある事なれば、まつ是を碎クの工夫を為べき事海國第一の戰法なるへし。能心を用へし。

○ 小子工夫するに和蘭(ヲランタ)舩に仕懸置所の大銃(ッ、)ハ皆前文に言シ堅實の大舩を相互に碎(クタ)ク為の具をなれバ、此大銃の制度に倣ハバ、堅實の大舩を心易ク碎クへし。安永中小子和蘭舩に入れて、其大銃の制度を量リ定(サタメ)て冊に書ス。其制度左の如シ。

○ 筒の長サ八尺 ○ 同ク太サ筒先にて指渡シ一尺一寸、藥持の所ハ次第に太ク成て其第一太キ所指渡シ一尺四寸 ○ 筒の巣(ス)口の指渡シ四寸【一貫目ノ鉛玉指渡二寸九分三厘余ナレバ持渡四四寸ノ玉ハ二貫七百目程ナリ】 ○ 大筒の圖左に出ス(〈圖1-3〉, 譯者註)。

○ 右の制度を倣て大銃を制作して打懸ば、彼ノ堅實の舩をも心易ク碎クベし。況や唐山(カラ)暹羅(シャム)等の鼉舩は一發に二三舩も碎クベし。

○ 和蘭の銃子(テッポウダマ)に帆柱切(ホハシラキリ)ト云玉あり。其制鐵丸にして二ツ相連ねて長サ五尺許の鐵鎖(クサリ)を以て二銃子をつなき合するや。能帆柱を折クト云リ、其制左の如シ(〈圖1-4〉, 譯者註)。

都て異國の大舩ハ艪榜(ロカイ)一向に施難クして、只帆のミを賴ミトする故、帆柱を折(クジカ)るれば、甚難儀に及て終に乗取るゝと也。此故に相互に敵舩の帆柱を折ク事を第一の働ト為ト聞及へり。

○ 右の大銃を海岸に備置て發スへし。又海邊の山上に仕懸て敵舩を見下シて手

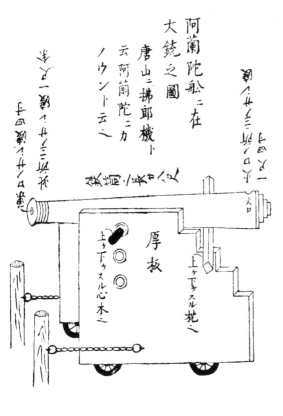

〈圖 1-3〉

前舷(ブチ，フナハタ)を打へし　。打抜(ヌケ)ば其玉向舷の水中江ぬけ
通ル故、舩江水入ル也。

　　○　右の如キ大銃を日本舩に仕懸ル事ハ未タ試ミされば、如何
とも言難シ、按ルに此大銃を日本舩に仕懸て玉入リを発さば、
必舩開キ損する事あるへし。能試ミて後、舩に仕懸べし。

　　○　又按に敵舩の陸に近付クを打破ル為の備(大銃)なれば、舩に
不仕懸して海岸にのミ仕懸置ても用足ルべきや。

　　○　一貫目内外の大筒を日本舩に仕懸て水戦に施スへき事ハ下
に記せり。二三貫目の大筒を施ス事ハ未知。

　　○　大銃を以て大舩を砕クの働ハ、此趣を主意にして損益せバ、
大筒さへあらば心易ク打碎かるへき事や。　然ルに日本風にて古来
より大筒の制作甚不足や。是海國の議に心附さるゆへなり。然ル
時ハ海國第一の武備全からざるに似たり。願クハ前文に言シ大銃

〈圖 1-4〉

を夥ク制作して日本の宝ト致度事也。然とも當世は公私ともに華美の雑
費分に過て多キゆへ、大筒の新制なとハ中々思イも寄ラさる事なるへ
し。然ト云とも、明力に弁れば、華美ハ禁スへし。海國の武備ハ虧(カク)
へからす。此旨を周ク天下の人々に呑込せて雑費の出ざる様に制度を定
メ、自然ト質素(シッソ)に移ル名法を施シて上下の費をはぶき、國家を富
せて、其後大小名の祿に應シ、亦ハ國土貧富の場所に應シて大筒役ト云
金錢を年々少シつゝ出させて上に言シ所の大銃を年々數を定メて制作シ
日本國中の惣海濱にそなへ置キ、是を日本永代の武備トして、天地ト共
に不已(ヤマ)の掟と定メ度事也。此大銃(ッ、)の備を惣海岸に設ケされば
日本の武備全ク整レリとハ言難かるへし。

○ 竊(ヒソカ)に按するに日本開闢より三千年來、此大銃の備を海岸に不設して、今に至て、猶安全なり。其上、外宼の為に嚴クたしなめられし事も、今日に至ル迄曾て有ラざる事なるに、今新タに此海國の備を事々敷言出ス事、且ハ思慮の過たるにも似、且ハ新說を好(コノム)にも似、亦ハ狂言を発するにも似たり。然ト云とも、天地間、人間世の事にハ、必變革ある事定りたる理也。必萬々世も一定の今日ト思ことなかれ。其上五世界の國々早ク開闢したるハ、今年迄六千余年、遲キも三千年に足らさるハなし。然ルに各國皆英雄豪傑あり、各三千余年の智を積て、天文地理海路等を度量(ハカリ)して、掌上(テノウヘ)に見ルか如し。然ル故に相互に他の遠國を侵掠すへき工夫、五世界の英雄豪傑等互に是を旨トする事、當世一統の人情トなれり。就中歐羅巴(ヱィロッは)の諸國、妙法を奉するの國人、殊に此情多シ。然レとも、遠國を取ルにハ、妄リに干戈を動かず、只利害を說話してその國人を懷ケて、然して後に押領ス。是ニ因て憶へば、今日本ハ歐羅巴ト路遠シ。其上彼(カレ)か說話(セッハ、スゝメ)ハ古來より取用ざる人情也。其干戈ハ、路遠キ故施ス事を得ざれば、我に於て歐羅巴ハ患ルに不足也。然ルに竊に聞ル事あり。近年唐山韃靼の人等歐羅巴(ヱィロッハ)人ト交親(マシハリシタシム)ト云リ。愈親(シタシマ)ば、唐山韃靼の英雄豪傑等妙法を受へし。妙法を受得ば、侵掠(オカス)の心起ルへし。彼等侵掠の心を起シて日本江來ル程ならバ、海路ハ近シ兵馬ハ多シ。此時に當て備無ンば、如何ともする事なかるべし。熟思へば、後世必唐山韃靼の地より日本を侵掠する企を為ス者起ルへし。怠る事なかれなかれ。是開闢より三千年の後、今日に至て小子始て発言する所なり。竊に憶へば、此說話(ハナシ)小子が度(モチマヘ)に過たり、若クハ鹽竈

大神の詑誼にもある歟。

○ 鐵唐銅(ヵラヵネ)等の大筒(ツツ)ハ定式にして能人の知ル所也。尤一た
び制作して千年を有ツものなれば、此器を重寶ト為ル事ハ、論に不及
也。然レとも大器遲成(タィキォソクナル)の理にして、積年の制作にあらざ
れば、數(ヵス)を得ル事不能也。若急速に數(アマタ)の大筒を用ル事あら
ば、當坐の間に合に松の木筒を用へし。指當ての急をば弁スル也。然ト
云とも是を恃て眞の大筒を制作する事を怠ルことなかれ。

○ 松の木筒能丸を飛せて遠キに及ボすものなり。然レとも久ク用ルに
不堪[3]。只五六発に限ルべし。其制ハ生(ナマ)の松の木を丸ク削て二ツに引
割、其中心(シン)に玉の入ル程溝(ミゾ)を抉(サク)ル也。末(スヘ)をば抉止(ク
リトメ)に為スべし。抉り終て二ツを合せて竹の篩(タヵ)を首(ヵシラ)より尾
(ヲ)まて透(スキ)間なく懸ケて用べし。眞の筒に減(ォトラ)ざるものなり。
尤指火なるべし。抉り様左の如シ(〈圖 1-5〉, 譯者註)。

○ 火藥の制方ハ大概九、二、一の法を用ユ、(硝硝)九匁、灰二匁、硫黄
一匁、右細末シ、煎茶を以て煮合セ、竹筒中に搗固メ、竹を割て取出
シ、細カに刻ミて用ル也。又十、二、一の法モあり、十三(硝硝)、二、一
の法モある也。

○ 丸(タマ)ハ鉛を上トす。次ハ鐵、次ハ銃(ツク)、次ハ石、次ハ煉丸也。
煉丸ハ砂石及ヒ銅鐵の滓(ヵス)を細にして、漆或ハ膠を以て煉堅メて玉ト
なし、布を三偏衣(キ)せて用ル也。又性好(ョき)埴(ヘナ、ネタ)土に苧(ォ)ズ
サを切交へて丸トなし、布を三偏衣せて用ル也。弱キ藥にて近キ舩歟、

---

3 일본 국립국회도서관 소장본 원문에는 堪로 적혀 있지만 堪을 잘못 쓴 것으로 보인다.

コヽニ火ロヲ附ル

是ヲ二ツ合セテ筒ニスルヽ

〈圖 1-5〉

備を打によし。又イス、ブナ、樫(ヵシ)等の堅ク重キ木を玉に造リ、潮泥(シホヘ入ノドロ)中に埋貯(ウツメタクハヘ)入用の時ハ表皮(ウハカハ)を乾(カハカシ)シ用べし。

右玉藥も變に臨て急速に拵へらるヽものにあらされば、太閑暇の日漸々に制作して貯置へし。筒あれとも玉藥無レは詮なき事也。 ○ 火藥も久キを經て少も損傷せさるもの也。小子安永中に元和年制の火藥を得て自ラ発して試シに、却て新制の藥より好(ヨキ)様に覺ゆる也。貯ルにハ銅器歟大瓶に入て埋ミ置へし。

○ 大丸(タマ)を以て大舩を碎ク事ハ、前條既に詳也。其次ハ亂火棒火矢等を以て、燒討(ヤキウチ)を為へし。別して黑舩ハ蜜瀝青(チャン)を塗故、殊に火移リ易キ也。扨燒討に様々あり左に記ス。

○ 大筒ニ炮爍(ホウロク)火あり(〈圖 1-6〉, 譯者註)、其制銅を以て徑リ三四寸の空丸(カラタマ)ヲ拵【銅鑼の半片ヲ二ツ合テ丸トスル也】、其中に(碯硝)五十目、硫十二匁、灰五匁、松脂四匁、樟腦三匁、鼠糞二匁、右細末シ、水糊ヲ灑て、五寸廻リの竹筒中に搗固メ竹を割て取出シ、鋸を以テ長サ二寸許に切、紙袋に入、此物を四塊(ヨッ)銅鑼中ニ居、空隙の処へ火藥ト砒霜ヲ込也【火藥ハ銅鑼ヲ割、袋藥ハ物を燒、砒霜ハ人ヲ眩ス】尤銅鑼へ道火繩ヲ指テ、外面ハ漆布にて張固ルなり。此くすりの加減制法、甚大事なり。ことごとク大銃家の秘傳あり。その術者をもちゆべし。

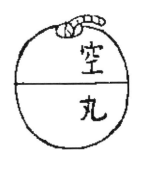

〈圖 1-6〉

　道火繩一寸ならば、頭(サキ)三分出シ置、余ハ横に臥(フセ)て漆布にて押(オサヘ)置べし。右の丸を二三十一同に打込へし。如何なる大舩をも忽チ燒崩スへし。

　○亂火の法あり、其制鐵を以て小筒を數十挺拵【小筒ノ制ハ長サ二寸ニシテ三匁ノ玉ヲ入べし、筒ノ末ニ火口有て道火ヲ指様ニスルナリ】此筒に常の鐵炮に玉藥を込ル如ク、火藥八分ツヽ入れて玉を込メ堅クつき固むる也。尤小筒毎に道火繩を指也。此小筒を十四五挺、筒先を外(ソト)に向ケて縦横に組合せ、細き苧繩を以て結固(ユイカタ)メて丸クなし。其隙(ヒマ、スキマ)々にハ粗末(アラキ)の火藥を所々に込て、外面より道火を指込置也。扱漆布を以て能巻て高卑の無キ様に圓形(マルク)をなさしめ、小筒小筒の先をは不閉して現ハシ置へし。此丸を敵舩江打込て兎角する間に、大道火より胴藥江火移リ、胴藥より小筒小筒の道火江火移れば、十五挺の小筒鳴響て鉛玉飛出せば、人をも破リ物をも碎ク也。尤此丸(タマ)をは、初段に言シ炮爍火ト相交へて打込へし。炮爍ハ物を燒、此丸ハ人を破ル故、人近づく事能はずして、終に燒上ル也。炮爍火十五ならば、此玉も十五なるへし。

　○筒火矢あり、薄金(ウスカネ)にて長サ二尺許、廻リハ大概八九寸に筒を張リ、其中に竹に込たる大薄(スキ)の花火を入子(イレコ)に為(シテ)【竹ニ込スシテ鐵筒ニ直ニ込レハ一聚ニ火移テ早ク燃盡ル故竹ニテ込テ入子ニスルナリ】道火ヲ指也。尤鐵羽を附されは、飛ざるものなり、鐵羽の附様ハ蝶つかひにして、大筒江込ル時ハ、其鐵羽を筒先の方江折(オリ)返して込ル也。打出

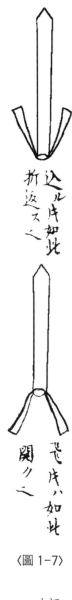

して筒を離ルれば、其鐵羽後口の方江開イて風を含ム故、筒矢直(スク)に飛也。鐵羽の附様左の如シ(〈圖 1-7〉, 譯者註)。

　右大薄(スヽキ)の花火中江別に燒(ヤキ)藥を丸ニして込されば、物を燒事不能也。秘傳也ト聞及とも、大畧ハ上の炮燦の火藥を胡桃子(クルミ)ノ大に丸シ筒に應して込ル也。何レにも大銃(ツヽ)の秘傳家を用べし。

　○ 棒火矢あり、尋常の六尺棒の太サにて長サ三尺許の樫木棒に鐵根を植て、火藥を塗て打懸レば、其棒目當の所江しかと立て燒ル。其藥法ハ

　　硝硝五十目 硫黃十二匁 灰五匁

　　松脂四匁 樟腦三匁 鼠糞二匁

　　右日本方

　　又一方

　　硝十匁 硫八兩 灰三両三錢

　　右兵衛の方

　右何レも細末シ薄糊に和シて、棒に塗也。塗様ハ棒に溝を三道穿て、此藥を溝に余て惣体へも厚サ二分許懸ル程に塗附て外面をば紙ヲ以て張固ムへし。尤鐵羽を附ル事上ノ筒矢ノ制の如シ。此矢を二三十本、高処より舩中江打込へし。或ハ舩の横腹、亦ハ艫の方、舵の附(ツク)所江打込を善トス。

　○ 初に云シ、炮燦火を三十拵、細キ紐(ヒホ)を二尺許附て、一人に一ツヅヽ持せ、小舩二艘に乗ル【一艘に十五宛持乗ル也】敵舩の左右に忍ひ寄りひそかに道火に火を移て一同に敵舩江擲入へし。尤砒霜藥なるへし。

○ 小棒火矢百挺を制して、五ツに分チ一舩に二十挺ツヽ乗せて、敵舩の左右に忍び寄リ、二十挺ツヽ同し矢坪を志て、五ケ所に打懸て燒立べし。

右の外、燒討の法、又ハ曲打火矢、繰玉(カラクリタマ)、狼煙(ノロシ)、花火等の仕方、大筒家に數々の傳授有て、各秘する所なり。都て火術にハ其術者を用へし。

○ 弩弓を以て火矢を射懸ル術あり、其法陸よりも射出シ、亦舩に仕懸ても射ル也。何レより射ルにも弦(ツレ)を張リ、矢をつがひて後、口藥に火を移して發スへし。 ○ 舩に仕懸て敵舩江押寄て射ルには、一弩に二人懸リなるへし。一人は弦を張リ一人は矢をつがひ火を指へし。都て弩ハ矢つがひ早きゆへ、鐵炮火矢に勝ル事もあるなり。尤楯を仕懸て漕よるべし。

○ 火舩の術あり、其法軽キ舩に乾(カハキ)きたる柴(シハ)萱(カヤ)を舩一盃に高ク積て繩を以て四方より引懸て崩レさる様に固メて、柴にハ油を灑(ソヽ)ク也。其積(ツミ)疊(カサネ)たる柴の上ト舳先トに帆を懸へし。扨筒(ツヽ)切(キリ)の燒(ヤキ)藥【炮燦火ノ処ニアリ】三十斤を箱に込て、両方に道火を附ケ、丈夫に足の附たる臺の上に載て、舩の中央(マンナカ)に置キ繩を以て舩梁(バリ)江結止、桐油紙澁紙の類を以て箱を盖(オホヒ)置へし。又別に火藥ト燒藥ト等分に相交へて二斤【燒藥ハ上の炮燦火ノ條下ニアリ】小箱に入て是を三箇(ミツ)拵、道火繩を指て柴の間に結付置也。扨大風の時別舩を以て風上より火舩を引廻して、敵間六十間許にて、小箱の道火江火を移シて敵舩の密に催合(モアヒ)たる所を目當に馳込スへし【道火繩ハ大槩六十間ニ二寸ト積ル也】。扨此舩敵舩ヘ押付て、彼是騒ク間に小箱の藥燃立て、柴に火移れバ彼ノ大箱へも火移て燃出レば、柴の火氣盛に成て忽チ敵舩江火移ル也。尤

此箱藥も制法甚大事也.

　○　西洋舩は一艘つゝ離レ居て催合(モアイ)を成さる也。此時の火舩は別法あり。但シ火舩の制作ハ始ノ如し。此火舩を小早(コハヤ)二艘に引するなり。小早の水主ハ一艘に十人なるへし。扨其火舩の首尾(カシラシリ)に長サ一丈許の細キ鐵鎖(クサリ)を首(カシラ)に二筋、尾に二筋付ク。此四筋の鎖の先に長六七尺の棒を附ケ、棒の先に尖利(スルト)なる鐵の根を植ェ。扨此鎖を火舩の首の小早に二筋、尾の小早に二筋取乗せて、火舩ともに三艘連續して焼へき敵舩の楫(カヂ)の近所江押付へし。其時十人の水主の内、二人は手廻(マハシ)早ク彼ノ鎖附キの大棒を、敵舩の舩板江力を極めて突立へし。但シ楫江突立ル事なかれ。又二人ハ手廻早ク彼ノ焼(ヤキ)藥を込たる花火數本に火を移て、小箱に近キ柴へ指込へし。此働すミ次第に小早は早々舩を糟除(コキノク)へし。火舩より七八間隔れば火藥震動しても怪我(ケガ)ハ無ものト云リ。扨首尾の花火より柴に火移れば大小の箱藥焼起リ、大火に成て敵舩江火懸ル也。

　○　舩中江棒火矢、炮烙火の類を打込にハ、随分眞中江折込ム様にすへし。亦外より仕懸て焼にハ楫の所より焼懸ルへし。是楫柄(ツカ)の穴有故、舩中江火氣通り易シ。其上艫(トモ)の方にハ部屋々々もあり、物置もあり、窓も多き故、舩内江火移り易シと知へし。是焼討の心得也。

　　大銃(オ、ッ、)の制作打形及ヒ焼討の大槩は、右の条々にてあらましを呑込へし。此上ハ猶精理を極めて自ラ妙所に至ルへし。是海國第一の武術なれば、上たる人ハ能此術を下に教(オシヘ)、下たる者ハ、能此術を鍛練あるべし。必々上下ともに海國の為に怠ル事勿れ。

　○　又大舩を碎クに大弩を用へし。異國に千均(キン)の弩と云て、柱の如

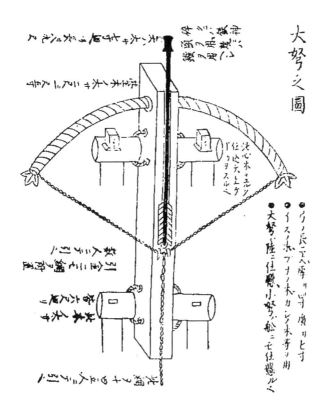

〈圖 1-8〉

クなる大矢を彈ク弩あり。亦ゲレイキスブックに大矢を彈ク柱弓(ハシラユミ)あり。亦大石を飛する仕懸あり。三圖を左に出す。小子三器の雛(ヒナ)形を作て試シに、何レも能彈て遠キに及フ也。況や其大物に於てをや。

　三器の圖左の如シ(〈圖 1-8~10〉, 譯者註)。

　○ 遠キに及ひ堅キを碑ク事ハ、上に記せる、大銃、大弩、柱弓、石彈、燒討等の數條也。是を能教諭鍛煉せば、海岸防禦の術ハ大躾足ルべし。○大弩、石彈、柱弓等を制する事ハ、無用の造功の様に思フ人もあるへきな

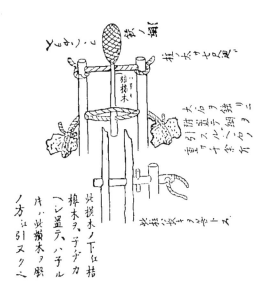

〈圖 1-9〉

れとも、是等の器ハ火藥を惜ム良策にして、英雄豪傑の深キ思慮に出タル事也。必迂遠の長物トあなどる事なかれ。制スべし制スべし。

　〇 飛道具を以て大舩を破ル術ハ是迄に記シ終れり。因て此次に手詰の水戰法を記ス。然とも諸流に傳授する舩軍ハ、只小舩同士の戰法のミにして、異國の城の如ハ大舩江我が小舩を以て仕懸ル傳ハ、更に無之、今此書ハ我が小舩を以て異國の大舩を悩スへき術を旨としたる書なる故、まづ其術を初段に記ス也。是を知て然して後、小舩同士の小拵合をも了知すべし。

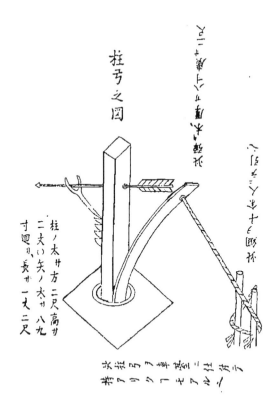

柱弓之図

柱ノ太サ方二尺、高サ
二丈、矢ノ太サ八九
寸廻リ、長サ一丈二尺

〈圖 1-10〉

　○ 小舩にて異舩江仕懸て働クにハまつ唐山和蘭等の大舩の長サ高サ等を知て然して後、其術を施スべし。大槪唐山の舩ハ長サ二十余間、横五間余、深サ二丈余也、其舩の制甚反(ソリ)高也。此舩に四五百人も乗レハ、舩の中頃にて水面に浮び出ル所の高サ七尺余出ル也。舳(ヘ)先は一丈四五尺浮び出、艫(トモ)ハ一丈許出ルなり。

　○ 阿蘭陀舩ハ唐山舩より甚高大にして然も堅實也。其長サ二十四五間、横六間許、深サ三丈五六尺、四丈に及フ也。其舩の制反無(ソリナク)して平作リ也。其水上に浮び出ル所の高サ惣躰二丈許也。日本の番舩を【番舩ハ小舩

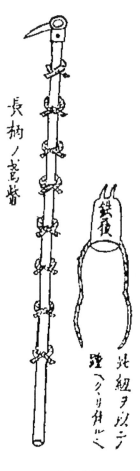

〈圖 1-11〉

也、長サ六七間也】。阿闥陀舩江押付て、阿蘭陀舩の横
腹に仕附ある所の階子(ハシコ)を登ルに、大槩二十階
二十一階登ル也。一階一尺卜積リても二丈也。此如
ク大舩なるゆへ日本の舩を押付ても登ルへき術な
し。勿論小舩を大舩の際江押付て手間取ル間に、大舩
を廻サるれば、忽チ押沈メらるゝ也。然ル故に押付
ルト、即時に飛登らされば犬死(イヌシニ)をする也。
其飛登ル術左に記ス。

　○　柄の長サ二丈の大鳶觜(トヒハシ、クチ)を甚鋭(スル
ト)に制シ、其柄に一尺隔に繩巻(ナハマキ)の節を附
て、人毎に此器を持チ、亦爪(ツメ)を植(ウヱ)たる鐵
履(テックツ)を着(ハク)へし。履の制ハ下に圖す(〈圖
1-11〉, 譯者註)。扨阿蘭陀舩江押付ケば、即時に此鳶觜
を舩の上段に、はづミ能打込ミ、彼ノ爪履を舩板江
踏(フミ)懸なからたぐり登ルべし。登り終らは、手廻
シ早ク舩中江飛込で切立べし。然シなから、此働ハ
五人や十人の小人數にて登レば、皆薙落されて死ス
べし。法ハ戰士二十人乗の小舩を二十艘乗揃へて、大舩の左右江十艘づゝ
一同に押付ケ、一同に打懸ケ一同にたぐり登リ一同に飛入へし。甚大事の
働也。能々教諭繰練あるべし。

　小子此兩器を用て異國舩江たぐり登リシ事ハ、未タ試ミされとも尋常
の直立(スクタチ)の所江登て試ミに、思イの外能登ルゝもの也。三四度の
稽古にて身も軽ク覺(オボヘ)、氣位も滯りなく覺ゆる也。疑フ事なかれ。

○ 或説に右のたくり登リをするに、左右よ
り一同に懸れは、舩中も左右に備て防ク故登
リかたし。たとへば小舩二十艘ならば、十艘
左方より押よせて、短兵急に攻登ル躰を現ハ
すへし。舩中其左方を防クへきが為に、人數
皆々左方に片よる也。其時残リの十艘手廻早
ク、右方江押付てたくり登るへし。登ルト等
ク、抜連て舩中を薙廻ルへし。其騒動中に左
方の人數も登りて切立ル也。

　按に左右より懸ルとも、一方より懸ルと
も、時の宜キに隨フへし。何レにも手廻シさ
へ早ければ勝を取へしと思ハる。働を悠にす
る事なかれ。

本ノ方六七尺ハ
クサリニスヘシ

打鉤

〈圖 1-12〉

　○ 中舩に脚堅〆の荷を積て、其上に高サ二丈許の階子(ハシコ)五挺を建て、
左右江四五尺づゝあかく様に仕附置へし。此舩に戦士五十人を乗せて十艘を
一組として、五艘づゝ敵舩の左右江押付て、彼ノ階子より伝(ツタハ)リ登ルへ
し。尤何レも鳶觜を持て舩端江打かけ打かけ攻入へし。鳶觜を用ル事ハ階子
を押倒されぬ為也。舩中に飛入ては無二無三に切立へし。

　○ 小舩十四五艘に戦士十五人づゝ乗せて、何レも初メに云シ鐵履を着
(ハカ)せ、其上に柄の短キ鳶觜を両手に持せて大舩へ押寄ルト、即時に両
手の鳶觜を打懸打懸、鐵履の爪を踏懸踏懸攀(ヨヂ)登ルへし。のぼりおハ
らば抜つれて切立へし。

　右の器にて攀(ヨヂ)登ル事も、小子直立(スクタチ)の所江登りて試ミた

り。是又思ひの外登リ易キ事也。殊に西洋舩ハ舩の外面に大綱(ツナ)大錠水揚(アゲ)の器なと有て取附易キ故、無事の時攀登レば徒手(カラテ)にして登るヽ也。況ヤ具を用ルをや。

○ 長サ五十間計、横七八間に、平カに大なる舩を制シ、高サ二丈計に樓を設へし。樓の廣サ三間に六間なるへし。四方に高サ三尺の圍を附ル也。此樓を二ツ建て樓の内に階子を仕附ケ、上の坐江登ル様に構(カマヘ)、戰士三百人を乗せ、二百挺の榜(カイ)を以て舩を進ませ、敵舩江押付ケて弓鐵炮鑓長刀等の働を為サしめ、近付は打鈎鳶觜等を打懸て敵舩江乗移リ(〈圖1-12〉, 譯者註)、大働して敵舩を乗取へし。是又和蘭流也。但シ此舩、脚遅キ故、大銃を設ケたる大舩へハ斟酌あるへし。尋常の大舩を乗取べし。能臨機應變せよ。

○ 此の舩に乗ル戰士三百人也(〈圖1-13〉, 譯者註)。

○ 二百挺の榜(カイ)を用べし。榜ヲカク人ハ板子ノ下ニ在テ働ク也。只舵候(カヂミ)梶取バカリ板子ノ上ニ在テ取梶面梶ノ下知合圖等ヲ致スベシ

○ 竹束舩あり。鐵炮を多ク仕懸たる歟、又ハ焼討を專トする敵舩江仕懸ルハ此舩にしくはなし。尤二十艘を一組トして働クへし。數少キ舩にて働ク事勿レ。扨其制は小舩に竹束を幾重(エ)

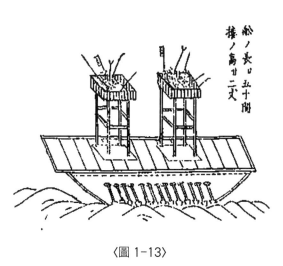

〈圖1-13〉

もしげくもかり付けて、四方ともに大綱にて内に結附、あいたあいたに狭間を切て内より四方の能見ゆる様にし、竹束は三重も四重も仕附けて、垂(タレ)て水にひたる程なるべし。尤小キ帆を數々を揚て、鐵炮にて二本三本打切レてもかまはず、目あての敵舩江走り付様にすへし。尤艣榜(ロカい)も自由につかふへし。扨鳶鶻熊手等

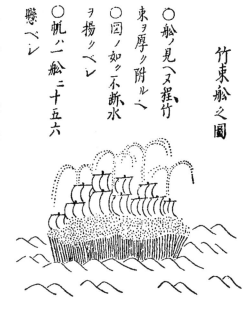

〇船ノ見ヘヌ程竹束ヲ厚ク附ルヘ

〇囮ノ如ク不断水ヲ揚ルヘシ

〇帆ハ舩ニ二十五六懸ベシ

〈圖 1-14〉竹束舩之図

の届ク段に成て、内の大綱を切はらへば、何レにても一方の竹束ぐわらりト落て、吾が舩ト敵舩ト肌合せになる時、トビ、クマデ、梯子等自由に取りまして、敵舩江もがり付、種々の働キあるべし。舩は二重底にして、水の入らぬ様にシ、底を重クして、覆没(クッカヘル)の憂なき様にすへし。勿論、板子の下をいくつにもしきりて、水のかよわぬ様に塗堅ムへし。是ハ銃丸(テツォウ)[4]にて打ぬかれても、しきりの外江水のとおらぬ為也。尤此しきりは此舩に限ラず、軍舩ハ悉ク右の如クしきるへし。亦舩毎に水はぢきを多ク用意シ、常に水をはちき上て、竹束のぬれひたる様にして、焼討の難を辟(サク)へし。竹束は卑クすべし。風まけせぬ為

4　원문은 テツォウ이지만 テッホウ가 아닐까?

也。都て此舩も火舩同様にて、大風の時、風上より仕懸ルがよき也。其制作並に働等の事ハ、能操練して、其妙處に至ルへし(〈圖1-14〉,譯者註)。

〇 右の數條ハ異國の大々船を攻討へき趣向の大畧なり。猶工夫して精妙に至ルへし。但シ何レも敵舩より大筒を打懸ケらるゝ事あるべし。然シながら大筒の態は手廻シ遅キもの也。其遅キに乗シて、手間疾(トク)大舩江押附へし。大舩より三四十間以上離レ居ル時は、大筒の害を受ル也。早ク敵舩の際江押附ル時は、目の下江大筒を打懸ルことは、決して成かたきことゝ知へし。

〇 右數條の働は、多クは夜討に為スへし。時宜に因て、晝(ヒル)も為サるゝ事なれとも、目に見ゆる時は、敵舩にて防キの手だて仕易キ故、寄手の方に損あり。此故に夜の働にするを專とすべし。

〇 夜討して首尾好大舩江飛入たる時、暗(ヤミ)にては不知按内の舩中働難かるべし。然ル故に、戰士敵舩江飛移らば、我か舩より早ク松明を燃して、敵舩の中を照ス様に為べし。其法たとへば戰士二十人乗りの舩ならば水主は十人なるべし。敵舩江押付ケて戰士擧登れる時、十人の水主の内五人は、兼ての役定メにて、長サ二丈余の松明を一舩に十本ずつ用意仕置て、戰士敵舩江たぐり附クを見ば、五人ハ艣榜(ロカイ)を捨て、彼の長松明江火を移し、戰士敵舩江飛入ト見ば、早ク長松明を敵舩の舩端江指上ケて、舩中を照スべし。一艘の小舩より五木つゝ指上ケて、十舩にて五十本燃ス時は、敵舩の中は随分明白なるべし。然レとも是ハ一時の明(アカリ)をなすのミなり。後々ハ段々人數を繰上ケて、松明の役は舩中にて、松明を燃やして戰士を助クへし。何レも取懸ル初メに、能々役定メを約して呑込セ、間ちかひのなき様にして働キ懸ルへし。

○　小舩數艘に水練の達者人數十人を乗せて、敵舩江忍ひ寄、水を潜て(ク丶ッ)、敵舩の舩底(ソコ)江穴を穿て、水ヲ入しむる術あるべし。其法、水練毎に桶(ォケ)か瓢(フクベ)を頸(ェリ)に付、両手ヲ働かせても頭の沈マさる様に為へし。扨筒鑿(ッ丶ノミ)ト鐵槌(カナッチ)とを持て敵舩江寄附けて、手の及ブたけ水底江彼ノ筒鑿を打込べし。既に舩板を貫て舩中江水の入ル時は、筒鑿の頭江手をあて丶伺へば、水の入ルは指を吸入ル様にして能知ルもの也。其時鐵槌計持て早ク逃去べし。扨一舩に水練二十人乗て十艘を設クべし。五艘つ丶左右より忍び寄て、水練毎(スィレンコト)に悉ク穴を穿(ゥカ)チ終(ォホ)すれば、二百穴を穿ツ也。如何なる大舩なりとも忽チ沈ムべし。西洋の海賊、此術を施ス者ありと聞及べり。

但シ西洋の大舩は、堅實の丸木を以て舩を造リ立ル故、鑿の力及難かるへし。只唐山(ヵラ)、暹羅(シャム)等の板を以て造レル舩に施スべし。鑿の形は左のことし（〈圖 1-15〉, 譯者註）。

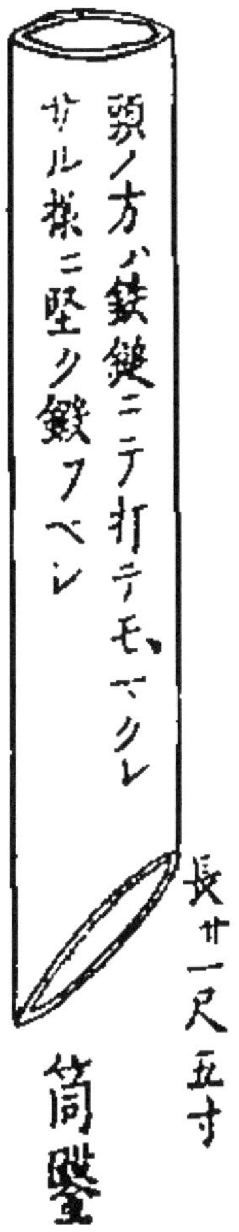

右の數条は我が小舩を以て異國の大々舩を挫ク方術也。上下一致して、能教諭鍛煉あらば、遠ク歐羅巴江押渡ルとも、後レをば取まじき也。況や遠ク此國江来レル異舩をや。然レとも上教方なく下鍛煉なくんば、亦復空談ト成べし。ゆるかせにする事勿レ勿レ。

○異國人ト戰フに第一の心得あり。段々言シ如ク、異國人ハ血戰に鈍

頭ノ方ハ鐵嵌ニテ打テモ、ヌケサル様ニ堅ク鍛フベレ

長廿一尺五寸

筒鑿

〈圖 1-15〉

キ故、種々の奇術奇巧を設て、互に人氣を奪ウ事を勤トす。其國人同士ハ覺悟もある事なれとも、其事を不知。日本人ハ彼ノ奇術に逢バ、恐入て實に膽を奪(ウバヽ)レ、臆病を生シて、日本人の持前トする血戰も弱クなる也。小西大友の輩是也。小子按に其奇術奇法ハ、何レも燥(カラクリ)にして、武の眞用なき物なれバ、其奇術奇法を少も不恐して、只一向(ヒタスラ)に切込を第一の心懸トすべし。必々奇術の仕懸物に臆スル事勿レ。心得の為に其奇術を下に記す。

○ 火天【處々に火燃ル】 ○ 神煙【處々に煙立】 ○ 毒霧【晴天に霧起ル】 ○ 火禽【數多の火の玉中天を飛】 ○ 火獸【數多の火の玉地を走ル】 ○ 八面炮【八方江飛出ル鐵炮 ○ 水底龍王【水の底にて雷の如ク鳴】 ○ 地雷【地中にて雷の如ク鳴て火炎地上に燃出て人を燒也】 ○ 理圉古突悉吉不(リュくドシキップ)【中天を鳥の飛が如ク自由自在に乘回ス舩なり ○ 理圉古突ハ氣の蠻語、悉吉不ハ舩の蠻語也、氣で乘ル舩ト云事なり】右の外、猶幾許もあれとも、皆實用なき物也。中にも此舩は別て恐ロ敷物の樣なれとも、是亦たハひもなき物也(〈圖1-16〉,譯者註)。若(モシ)我が軍上を乘バ、鐵炮を以て帆柱の上に在、風袋を打抜へし。氣漏して舩落ル也。生捕て弄ブへし。然レとも怪物を見馴ざる人は見慄(オヂ)して臆病

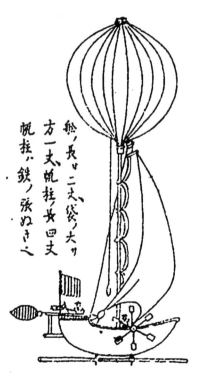

〈圖1-16〉

を生スる也。此故に異國人ト戰ハヽ是等の物に恐ルなト云事を、戰の度毎に能々諸軍に示スへし。

右數多の怪物を日本に用たる例を未タ不聞。然とも其制法ハ兵術及ヒ武備志、亦はゲレイキスブック等に詳也。閑暇の時、制作して其實否を試ムべし。小子ハ清貧なるが故に、此數多の怪物を作て試ルことあたハず。空ク後賢を待而己。

此下、世間並の水戰法を記スのミ。嚮(サキ)に所謂、小舩同士の小拵合也。

○ 水上の戰ハ陸地の覺悟にては相違ある事也。先大㮇を言フ時は、第一、舩の進退自由ならず一身の駈(カケ)引も思フ儘(マヽ)に仕難キものなれば、第一に舩を自由自在に為ルにあらされバ不叶事也。舩を自由自在にする事ハ楫候(カヂミ)楫取(カヂトリ)等を撰ブト舩の制作を精クするト、平生操練を能(ヨク)するとにあり。右の了簡なくして急に水戰に取懸ル時は、陸地の戰より一手際(キワ)悪キもの也ト言リ。然ル故に異國にてハ、水塞ト云て海邊肝要の處に平生、舩手の軍士を備置て時々津々浦々の舩を集メて、水戰の趣を操練する事ある也。今は朝鮮にも處々に水營を置て、其教令能整レリと聞及へり。是等の事ハ羨べき事なる哉。

○ 舩役トいふは、知行高に應して、軍舩を出サする事也。此積リは家々國々の定メあり。亦山國、水國の差別もある事なれば、一定の事は言難シ。大畧を心得居て、國土の宜キ随フべし。亦國に因て商賈の舩も軍用の時は、大小舩ともに悉ク國主江指上ル掟もあるなり。何レに宜キに随て定むへし。

○ 舩軍は大小舩を組合スル事也。大は正兵ト成て敵に當ルを主とし、小は大舩を助て奇の働を為へし。

○　大舩小舩の利を辨する時は、大舩は乘廻シて自余の小舩を乘沈ムル
に宜シ。飛道具を備て敵をなやますに宜シ。石を落して小舩を苦マしむ
るに宜シ。大筒を仕懸ルに宜シ。都て大洋江押出ル程大舩に利多シと知
へし。

○　小舩の利は、輕々敷往来するに宜シ。大舩を助て奇の働をするに宜シ。
急の援兵に宜シ。二三十目の大筒を仕懸ケて大舩の横腹、水に入ル所をねら
ひ討にするに宜シ。物見に宜し。火舩に宜シ。是皆小舩の持前也。

○　異國には、樓舩ト云て舩の上に三重の樓を構て、戰士を夥ク乘(ノセ)て、
水戰を爲ス事あり。此舩は水戰に利多シと云リ。日木に今迄樓舩の制ある事
を不聞ト云とも、志ある將帥、制作あり度事也。たとひ眞の樓舩にあらずと
も、樓舩の心持にて制作ある時は、水戰に利多キ事なるべし。

○　樓舩は云に不及、大小舩ともに楯を用て矢炮を防クべし。別して大
將の坐ト楫候(カヂミ)、楫取の居所はたしかに圍フへし。但シ舩楯(タテ)は
かけはづしの自由なる様にすべし。

○　米穀鹽噌の類、舩に應して積(ツム)べし。大舩に米薪の類を積にハ一重
米、一重薪ト段々積入ルべし。

○　艣(ロ)のはや緒(オ)は鎖に爲べし。敵に切ラられぬ爲也。

○　楫候(カヂミ)は功者を撰ブべし。扱つめ、ひらきの相圖ハ、言語にて
演(ノブ)ル事なかれ。鳴(ナリ)物の相圖を定ムべし。たとへば鈴(スヽ)ト鳴
子ト仕懸置て、面楫は鈴、取かぢハなる子、両方一同に鳴さば眞艫(マ
トモ)ト云様に定ムべじ。但相圖の鳴物は心次第なるべし。

○　艣(ロ)榜(カイ)は定リの外に余計を用意すべし。損シたる時の用心なり。

○　　舩に應せさる大旗は立ル事なかれ。重クして舩不自由に成也。其上

大風にも負(マク)ル也。只目印(シルシ)迄に一本を立へし。
但シ將机舩ト樓舩トは軍威を示ス為なれば、旌旗の數を立
ルもの也。但大將別舩に在ル事は心次第なるへし。

　○　取合に成てハ艫櫓(トモロ)三四五挺のミ立て、余ハ悉
ク揚ル也。

　○　舳(ヘ)先ト艫に心丈夫なる者に打鈎を持せ置て、敵舩
江打懸さすべし。近ク引寄せたる時は熊手、鎌等を打懸て
乗移ルべし。打鈎の圖は初に出。

　○　都て舩ハ片つりになりても乗かへらぬ様に脚しとミ
あるべし。其仕形試ミて善を用べし。

　○　水主の者どもにも、平日弓、鐵炮を教置(ォキ)、取合
に成て艫榜を揚たる時ハ、水主にも飛道具の働を為サし
むへし。

　○　小舩に帆を上て大風に走ル時ハ乗返ス事ある也。艫
に蓆(ムシロ)を下(サゲ)て水に引ク時ハ、乗返サズと云リ。

　○　舩には天然ト脚の遅速あるもの也。尤制に因て遅速
もある也。何レにも遅にハ艫榜を増、速には減する也。

鉄たもの図

〈圖 1-17〉

　○　鐵だもを舩毎に用意仕置て、松明を燃シ、亦ハ炮烙火を敵舩江擲(ナ
ゲ)入へし。亦敵より此方の舩江擲入たる時ハ此器にて、すくひ返スべ
し。たもの網は針金にて拵ル也。其形左の如シ(〈圖 1-17〉、譯者註)。

　○　柁(カヂ)の折レたる時ハ艫榜を二三挺、艫(トモ)の左右に立て結付ル
時ハ、舩覆(クツガヘラ)ざる也。此外舟楫の事に習たる舩方の者に尋問
て、猶精妙に至ルべし。

○ 湊川口等ニ入ルには、敵に臨ムが如ク思フへし。先ツ物見を遣シて陸地迄も探て後に舩入すへし。必卒爾にする事なかれ。

○ 出舩帰舩ともに必舩魂(タマ)を祭るへし。其身不信仰なりとも必祭るへし。是人心を安堵せしむる権謀也。

○ 剝(ソキ)木、片(ヘギ)板、まきはた、鐵槌(カナヅチ)、煉石灰(シックイ)等、毎舩(マイセン)多ク用意あるへし。舩を鐵炮にて打抜(ヌカ)れたる時、早ク塞クべき為の具也。亦そき木に綿(ワタ)、或まきはだ類を纏(マトイ)付置て、大筒にて舩を打抜(ヌカ)れたる時、早ク此物を押込ミ其上ニ板を打附、石灰(シックイ)にて塗塞クへし。皆一時の急難を救フべし。兼て水主の中にて此役定メを致シ置へし。

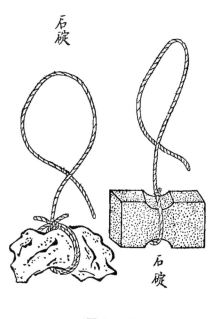

石碇

石碇

〈圖 1-18〉

○ 舩の舳先を鐵を以て鋭(スルト)に張リ固メ、敵舩の横腹ニ乗懸ケて板を乗割ルべし。

○ 百石積の舩にハ、水主ともに三十五人乗(ノル)べし。但シ艪(ロ)榜(カイ)ハ十挺より不足にする事なかれ。余是を推て知へし。尤脚固メの荷物を積事心得あるべし。

○ 舩中の相圖ハ、貝太鼓等ハ風波の音にまきれて開へ難キ事あり。此故に昼ハ旌旗を用ひ、夜ハ流星花火の類を用べし。

○ 火急の變ある時ハ、錠を切て捨

へし。其為に毎舩、錠の余計を用意すへし。但シ鐵錠を切捨にするは惜ムべき事也。石錠、木錠を用へし。異國多ク此物を用ユ。其形左の如シ（〈圖 1-18~19〉, 譯者註）。

○ 國の地勢に因て風の出ル方角あるもの也。他邦の人の知難キ所也。其地の舩乘を雜(マジヘ)用べし。

○ 舩より陸の敵江懸ルにハ、潮離レを大事に爲スべし。左右の手先より飛道具にて敵をすくめて上陸あるべし。

○ 馬を舩より下スにハ、馬階子を用レとも、是ハ寬(ユルヤカ)なる時の事也。軍中なとにてハ、舩より岸江飛昇(ノホ)スへし。又岸迄やり立ず、水中にて馬を舩より追下シて、舩に引付て泳がせ、馬の足の立(タツ)所にて、舩より直に馬に飛乗て、陸地の敵江打懸ル事もあり。義經なと此働を爲たり。是等の業も時々人馬に敎置を善トす。

○ 洋中にふり繋リの時ハ、舩を間近ク並へ繋ル事なかれ。風起ラば當リ合て舩破ル事あるへし。

○ 舩江幕を張にハ、水に浸ル様に張べし。矢炮を受留ル事ありと云リ。

○ 舩中に用意すべき品々左の如シ。猶工夫の上損益有へし。

方針	遼眼鏡
長柄の鎌	長緒の打鈎
長柄の熊手	鐵たも

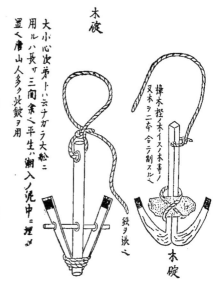

木碇

大小心次弟卜ぃ云ナガラ大船ニ用ルハ長サ三間余ヘ平生ハ潮入ノ泥中ニ埋メ置ク唐山人多ク此碇ヲ用ユ

樺木搾メ木イスノ木喜ノ又木ラニ本合テ削ルへ

鐵ヲ添へ

木碇

〈圖 1-19〉

大筒	弩弓
松明	流星花火
石 大小	火藥 並油類
乾キ柴萱	

右の外、鹽噌米薪水の類ハ言に不及事也。是迄軍舩調度の大畧也。此下戰法を載ス。小舩小抔(ゼリ)合の事ハ、此段を見て知へし。

○ 舩備は物見舩を眞先に出して、敵の様子を見切ルべし。尤四方の物見油断ある事勿レ。勿論、物見舩も飛道具、又は相圖に用ル旌旗花火の類を乗べし。

○ 軍舩は小舩なりとも一艘切にて獨働キのなる様に心懸へし。此故に毎舩、飛道具、打鈎(カキ)、其外都ての戰具用意あるべし。たとへば小舩にて水主ともに、三十五人乗の舩ならば飛道具も三十五用意あるへし。敵間(アイ)遠キハ飛道具にて悩(ナヤマ)シ、近キハ打鈎を打て、敵舩を引よせ、手詰の勝負あるへし。

○ 舩備ハ人數の多少ト、舩數トに随フ故、備の次第定メ難シトいへとも、一備の舩、二十艘より不足にする事なかれ。まづ備立の次第ハ、一二の先手、左備、右備、前遊軍、旗本、小荷駄、後備、後遊軍なと、立へし。然シながら始メにも言シ如ク、人數の多少ト、舩數トに因ル事なれば、是等を定法とハ云難シ、臨時の制に出へし。但シ、舩ト舩トの間は、舩たけ除(アケ)、備ト備トの間ハ、備たけ除置へし。此如ク為ざれば、込合て働キ難キものなりト言リ。勿論、湊川口等に懸ルにハ、猶更に舩を間遠に置へし。間近レは火舩の恐レあり。

○ 敵舩を悩スには、十匁より二十目迄の筒を以て、敵舩の横腹、水

に入ル所を打抜て、舩中江水の入ル様に為へし。此働ハ小水戰にも肝要の働也。

○ 大筒を放ス事、小舩にてハ叶難シ。大舩に幾位(イクカラ)も仕懸置て、拍子を見合て嚴ク打懸へし。但小舩にも二三十目の筒、一位(カラ)つゝハ仕懸らるるもの也。但シ百石積の舩に五百目の筒を限リト為へしと云リ。

○ 前に言シ一艘にて、獨働をせよトいふは、一個(コ)の覺悟をいふ也。全躰の法ハ、或ハ二三艘、又ハ五六艘を一組トして、進退離れず、相互に奇正の働を致スへし。

○ 敵舩ト見てハ無二無三に乘懸ケて、打鈎熊手等を打懸ケて乘移ルべし。但シ味方の舩只一艘にて敵ト取合フを見ば、何レなりとも其舩に近キ味方の舩二三艘漕(コキ)附て戰を助クへし。

○ 一艘の働前は、初に言シ如ク、水主ともに三十五人乘の舩ならば、武者二十五人也。【水主十人】其中一人、舩の長を定て一舩の事を司ラしむべし。扨武者廿五人ならば、十人は鐵砲、十五人弓にて、敵舩を見てハ嚴ク打すくめ、近付かば、鐵砲の者六人水主二人ハ持ち前の態(ワサ)を拾て打鈎熊手等を打懸ケ敵舩を引寄スへし。其時残りの武者、飛道具を捨て敵舩江乘移リ、手詰(ツメ)の勝負を決スへし。大人數なりとも此法に準シて働前を定むへし。

○ 敵舩を追にハ、敵舩の水主を打へし。敵舩江乘移リてハ早ク艫の早緒を切へし。

○ 平生の操練に、武士足輕ともに艫榜(ロカイ)棹(サホ)等の遣ひ様を能教(オシヘ)置へし。上にも言シ如ク敵方よりも此方の水主を目懸て討(ウツ)もの也。その時、戰士艫榜の事に熟シ居ル時ハ、水主を不残打殺されても

舩の進退等に苦マさるもの也。此教、水戰の要法也。怠ル事なかれ。

○　大舩に樓を二ケ所構、四方を嚴ク圍イ、其敷板に鐵砲を入ル程に刻(キサミ)を十つヽ刻ミ置、其刻ミ江鐵砲十挺つヽ入レ置て、是を一人前の受取ト爲シ、敵舩江近付たる時、人々受取前の鐵砲十挺を取替取替、嚴ク打すくめて、敵舩を乗取へし。但シ自余の葉武者舩江妄リに此働を爲ル事勿レ。よき敵ト見切て、此働を爲て敵を打取へし。扨敷板に刻ミを付て、鐵砲を置事ハ、舩動搖しても轉動せぬ為也。舩櫓(ヤクラ)の制ハ、上に出ル五十間舩の形にして、小に造ルまての事なり。

○　大舩に大小の弩を相交て仕懸置、大ハ以て敵舩を破リ、小ハ以て人を悩シて敵舩を乗取へし。

○　舩櫓に火桶(オケ)を夥ク仕込ミて、敵舩江推附、敵の頭上より擲懸て、色めく所を乗取へし。火桶は陶器(ヤキモノ)にて擲入(イル)レば碎ル様にすへし。

○　大舩に石を夥ク積置て、自余の小舩江落シ。

○　大舩に石を夥ク積置て、自余の小舩江落シ懸て悩スへし。

○　大風の時ハ、前後左右の物見、必油断する事勿れ。敵我か上風より火舩を放ス事あり。愼むへし。用心すへし。

但シ火舩の用心とて、別に仕方もなき事也。第一は物見舩、第二は大舩の傍毎に小早舩に武士を乗せて備置、物見舩より火舩來ルト相圖あらば、此小早の武士とも早々漕(コキ)出シて、火舩の我が大舩江押付(ツカ)さる以前に途中にて乗取(トリ)、早ク柴萱等を切ほくして、海中江打入へし。第三ハ諸器物に水を汲溜て、大舩毎に舩端に並べ置て、火舩來ラば嚴ク水を灑キ懸へし。第四は錠綱を切捨て、舩を風上江轉ズへし。火舩を防クの術、此四にあり。能々心を鎭(シツメ)て、大丈夫に働へし。實に

武士の精神の見(ミュ)ル所也。慎へし。○ 此下、舩中の法を記ス。

　○ 敵舩を乗取たる者ハ上功也。

　○ 敵舩ト見て無二無三に乗懸ケたるハ、其一舩全躰の上功也。

　○ あやしき舩を捕得たるハ上功なり。

　○ 能打鈎を打たる者ハ功とす。

　○ 大筒にて敵舩を打破りたる者ハ功とす。

　○ 敵舩に圍(カコ)まれたる味方の舩を救ヒ出シたるハ功とす。

　右賞法

　○ 舩中の武器、舩具等ハ、舩司の持前にて、日々改メ見るべし。破レ損シたるをは早ク取替べし。油断して軍事に事欠キたるに於てハ、其舩司罪あり。

　○ 舩より陸に上りて、水穀薪菜等の用を弁ずるにハ、舩司より印シを受て行也。勿論、歸舩の刻限、一時に限ルべし。遅々する者ハ斬。

　○ 番舩、物見舩等、面々の役目を怠ル事なかれ。怠ルに於てハ斬。

　○ 趣意なくして己レが持ち前の場所を離散シ、或ハ妄リに上陸する者ハ斬。

　○ 味方の舩ハ、何レト云事もなき事なれとも、別シテ同舩同士ハ、兄弟の如ク親ムへし。取わき、喧嘩、口論等を致ス事勿レ。萬一、止ム事を不得事あらば、解陣の後、言上して理非を糺スべし。其場にて相討ツ事勿レ。犯ス者ハ双方斬。

　○ 繋リ舩の時、列を離レて他所に繋ル事なかれ。背ク者ハ其舩司斬。

　○ 敵舩ト見ても、臆して乗懸さる時ハ、舩司は云に不及、楫取、水主迄も斬に等キ罪あり。

○ 嚴ク敵舩を追フ時ハ、敵の謀にて種々の物を取落ス事あり、必拾ヒ取事なかれ。若拾ヒ取故に、敵舩を取逃さは其舩司斬。

○ 潮氣にて火藥濕(シメ)ルもの也。心を用て度々乾スへし。若怠て火移ラさる時ハ、其舩司、職を剝。

○ 首を取事を心にかけず、敵舩に追付事を主とすへし。若他舩ト首を争て敵舩を取逃シたる時ハ、其争ヒたる者、及ヒ舩司皆罪あり。

○ 舩中、高聲を禁ス。犯す者ハ罪。

○ 舩具を弄ブ者ハ罪。

○ 酒を飲み、或ハ賭の勝負事を禁ス。犯ス者ハ罪。

○ 舩中の兵糧ハ、其舩々にて炊(タク)もあり。亦兵糧舩を廻ス事もあるなれども、まつハ、一舩切に炊を善トする事也。

右開卷より是迄の數條にて、海國の備、水戰の法は事足レリといふへし。此下、水戰に附ての諸用を記ス。猶工夫を加フべし。

不龜手(テカカマサル)の方【水戰第一の要藥なり】

○ 櫁木(シキミ)の油を取て、惣身に塗へし。○ 又酒三升に胡椒(コシャウ)十二匁ヲ入て、少ク煎シ手足に塗、妙なり。右寒國江働クに別して用意すへし。

溺死(ミツオボレ)を救フ方

○山雀(ヤマカラ)【幾羽ニテモ】羽ともに黒焼にして、水に和シ、惣身に塗。○ 又石灰を水に和シ、惣身に塗てよし。○ 又生明礬の粉を鼻中江吹入ル、忽チ水を吐出シて活。○ 又皂角子(サイカチノミ)の粉、絹に包ミ、肛門中(シ

リノアナ)に入レ、關元、百会の二穴に針灸ス。忽活。

　右何レも一宿を經ルをも活スなり。

湯火傷(ヤケド)の藥

　○ 杉木(スキ)の葉 (黒焼) 細末シ、鐵漿(ハクロ)に和シ傳(ツク)。

　○ 又石(セキ)膏末(コウノコ)、胡麻(コマ)油に和シ傳。○ 飯を黒ク焼て胡麻油に和シ傳。○ 胡瓜(キウリ)を細カに搗爛(ツキタヽラ)シぬり付ル。○ 又人家、庖厨(タイトコロ)を流ス鹽味(シオケ)のある下水中の泥ヲ付てよし。○ 白粉ヲ卵白ニ和シ付テよし。

惡風を知る口訣

　○　雲横にたな引て、日色赤キハ悪風あり。○日月曚々として暈(カサ)あるハ悪風あり。○　大白星、見へ難キハ悪風。○　西南に参星動(ウゴク)搖するハ悪風。○　諸の星ひらひらとして、動ク様なるハ悪風。○　雲行早クして箭(ヤ)の如キは悪風。○　禽鳥の高ク飛ブは悪風。○　天色本の暗(クラ)キハ悪風。○　人身頭熱するハ悪風ありと知へし。

　右候風の大畧也。此下合戦の方にあづからされとも、心得の為に唐、阿蘭陀等の舩の舩の稱號、又は其舩々に居ル役人の職名を書記ス。是又臨時の博識にして、一急用を弁スへき歟。

　○唐人、舩を呼て舩(シセン)と云い、又鵬(ホウ)ト云、其舩に名ル事、何々鵬と云。【日本ニテ何々丸ト名ツクルカ如シ】日本に云、傳馬舩を杉板(サンハン)ト呼也。○　唐舩の三役人ハ、舩主(シセンシユウ)夥長(ホイチヤウ)摠官(ツオンクハン、ツゥ)也。此三ツは唐舩の頭役也。

○阿蘭陀人、舩(フネ)を呼てシキップト云。傳馬舩をバッテイラト云。阿蘭陀舩の三役ハ オッフルホウフト【カピタン也】シケップル【舩頭ナリ】、オップルステュルマン【指針役也】、此三役ハ阿蘭陀舩の頭役也。

○初發より玆に至てハ、小子が千古獨見にして、日本武備の綱領、斯に在ト、竊に誇ル所也。然ト云とも、文面而已を悦て器械を不具ハ、善の善にあらず、又器械を具ても操練なきハ、亦善の善にあらず、文面を能會得シ、器械を備、操練を善して而後、始て善の善ト云へき也。都て軍事ハ、陸戰たりとも、操練なき人數ハやたら戰に成事多シ。況や水戰ハ、舩の懸引も一身の進退も、不自由至極なるものなれば、是非に操練なくて不叶事也。然ル故に水戰の操練ハ、操練中の又大切なる操練也ト知るへし。必ずゆるかせにする事勿レ。然と云とも一向に操練而已に泥メば、亦血戰に鈍クなる事あり。能彼是の交を呑込て、操練、血戰二ツなから、全キを妙ト為へし。扨既に海國水戰の義を述シ上ハ、亦畧陸戰の事をも話へし。因て第二卷より十六卷迄を書記して、以て大小戰鬪の大較を示ス。讀者忽に為事勿レ。

第一卷終

陸戰

　既に水戰を會得してハ、陸戰の法を呑込ヘし。先戰法とハ、戰闘の法組也。日木諸流の戰法は、大槩法極リて、鐵砲弓長柄武者ト四段に立て、六十間より三十間程迄鐵砲にて拝合、それより十四五間に詰ル迄弓拝合、それより長柄の拝合にて鼻突になり、そこで武者の勝負ト切組、大槩走定リある也。當時頃ハ世人多クハ、此切組の外、合戰の次第ハなき事ト思フ人も多けれとも、接戰の懸リ口、是のミに限りたる事ならねば、切組を違へたる敵に出逢ば、大に狼狽ル事あるへし。惣て軍ハ先(セン)を取にあり。先を取事ハ、人の膽(キモ)を奪(ウバウ)にあり。其法六あり、下に記ス。異國勢の備を碎(タタク)にも、猶この術を施スベし。

　○ 敵當世流の備立にて楯をも不用、押來ル時ハ、両(モロ)懸リ歟。手詰(テツメ)懸に宜シ。亦楯を用ヒ、弓鐵炮を嚴ク備て押懸ラば、玉碎(タマタタキ)に如ハなし。亦敵楯を不用、鐵砲のミ數千挺備て押懸ラば、指矢(サシヤ)懸に宜シ。亦飛道具を夥ク備て押し懸ル時、味方に飛道具も不多、楯もなく、其上無勢なる時ハ、乘崩(ノリクヅレ)に如ハなし。亦何レの備をも

押崩(クッ)ス車懸(カヽリ)の法あり。但シ平場にのミ用る也。

○ 両懸(モロカヽリ)りといふハ、楯を一面に突(ツキ)並、其陰(カゲ)に弓鐵炮を等分に組合セ、鐵炮少々打懸なから押詰(ツメ)て敵間(アィ)十四五間に成たる時、鐵炮を一つるべに打懸、弓ハ矢接早(ヤッキハヤ)に二筋づヽ射懸て、敵を射しらまし、ひるむ所を足輕の後(ウシロ)に控へたる武士、得道具を打振て前後を不顧、踏込踏込切立へし。弓鐵炮の足輕も皆其持道具をわつそくに懸て、武者に續イて切込也。是を両(モロ)懸りといふ炮、弓鐵炮の両懸といふ心也。

○ 手詰懸ト云ハ、是も楯を一面に突並て膽氣(キモ)壯(サカン)に力量ある者二三十人、六七十人乃至二三百人も撰て、各大太刀、太棒、大薙刀等を持せ置、敵間三十間許(ハカリ)に成たる時、楯持、足を早メて無二無三に敵間三四間に押詰て足を踏止たる時、楯の陰より件の壯士、少人數ならば一口、大人數ならば、二口にも三口にも成て、剛氣無慙に敵の中江割て入、縱橫無碍に切立へし、後勢是に續て驅立ル也。是味方に飛道具なき時の懸リ口に殊に宜シト云リ。

○ 玉碎トいふハ、楯を一面に突並、飛道具に大筒(ツヽ)を雜へて備置、小筒を四度路(シトロ)に打懸なから敵間十四五間に押詰べし。此時有合大筒を一つるべに發シ懸て敵の膽を冷シたる所江、小筒を一齊に打懸て、愈(イヨイヨ)敵のひるむ所江烟(ケフリ)の下より武者も足輕も、無二無三に切込て、乘越乘越進む時ハ、敵を破ル事疑なし。扨飛道具の數ハ、人數の多寡に隨フべし。大筒ハ鐵筒、鉛玉ハ重クして取廻不自由也。此ハ短町の場にて敵隊を碎ク迄の事なれば、木筒煉玉を用べし。是輕クして便利也。制法ハ器械の卷に出せり。見合スべし。

○ 指矢(サシヤ)懸りといふハ、敵鐵炮を夥ク先に立て押懸り、味方を打すくむるならば、此方にハ射手数百人を揃て矢種を惜ず、指矢に射懸ケ敵を射すくめて、鐵炮を放サしむる事なかれ。其時左右より横を入て破ルべし。此指矢懸りハ弓家第一の働にして、鐵炮打ハ面も振向(フリムケ)難キ懸リ口なりと聞傳たり。

○ 乗崩トいふハ、敵飛道具を夥ク備て透間も無、押懸ル時、味方に飛道具不足なる歟、亦小人數なる時ハ、尋問の如ク、軍してハ、必打負ルものなり。其時ハ乗崩に如ハなし。其法つよき馬を前に立て二三十騎、又は五六十騎乃至百騎二百騎なりとも、君の大事此一戰にあり、命を塵芥よりも輕シ、忠義の一念に軍神を勧請仕奉て、前後を不顧、無二無三に敵の隊中江乗込へし。是につゝいて、歩兵も切込也。馬の入様三等(ミトオリ)あり。左に記ス。

騎馬の三十も、五十も一隊ト成て、敵隊の眞中江乗込也。是を一口入ト云。又二隊に分レて備の両端(ハシ)より乗込あり。是を二口入レトいふ。又二隊に分レて一隊ハ敵の正面江乗込、一隊ハ敵の脇江乗廻シて横合より乗込(コム)あり。是を廻入(マハシ)トいふ也。右何レも馬を入ルには、人數の厚キ方江乗廻スへし。薄キ方江乗込時ハ、打殺サるゝものなりト云リ。

○ 車懸リトいふハ、下に圖する所の獨輪(ヒトツワ)の長車を拵て、一車を八人にて推也(〈圖 2-1〉、譯者註)。此車を備に應して、十車或ハ二三十車も拵て陣前に推出シ、敵間十間許につまる迄ハ、静(シツカ)に進ムへし。扨太鼓の相圖に随て、無二無三に敵の陣中江推込べし。人をも馬をも推倒(オシタオス)なり。夫に續イて武者切込時ハ、勝を取る事疑なし。尤此車の推方ハ、能操練あるべし。

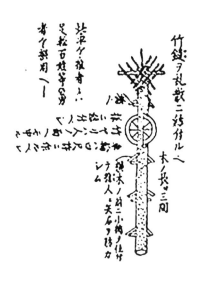

〈圖 2-1〉

○ 敵より馬入レを為(スル)時ハ、早ク場中江出向て、馬の前足を薙(ナク)へし。此方の備江乗込レてハ、必崩色附ものなりと知へし。

○ 敵長柄を夥ク備て押來ラば、先射手を進メて散々に射立へし。射られてひるむ所江武士抜連レて、無二無三に飛込べし。手詰の勝負は長柄の不得手なるものゆへ必破ル也。

○ 右の外、異國にて車戦とて、車を四馬に牽(ヒカ)せて、車の上をば、生牛皮を以て張固メ、其中に十人許(ハカリ)載て、敵陣江馳込也。夫につづひて、騎馬も歩卒も突懸て、敵を破ル術あり。又ケレイキスブックに、小家の様に拵て、四方を生牛皮にて、張固メたる者を、象の背上に負せて、其中に戦士二十五人を載て【内一人ハ像ツカイ也】敵陣江駈込術あり。箇様の事ハ、將帥の機轉次第、土地ト人數トを能計て制作シて用べし。兎角合戦の道は世間になき形(カタ)を工夫して勝を取事肝要也。【徂徠先生モ屢此意ヲ述タリ】

○ 敵ト對陣して、戦を決セント思フ時ハ、先戦地を見立へし。地形ハ戦の佐なれば疎にする事なかれ。地形の事ハ九卷目に記ス。

○ 備を押出スにハ、必卒爾にする事なかれ。隨分四方江物見を遣シ、碍(サヽハリ)なきを知て後に押出へし。

○ 近世楯を用ル者少(マレ)也。是一向に力戦のミを合戦の主意ト心得

ルより、楯なとを用るハ、迂(マハリ)遠(トォ)の事の様に思て、合戦の仕形、古より輕薄に成たるゆへなり。其上近世ハ、鐵炮流布して、合戦の次第、鐵炮無之以前より一際(キワ)、ひどく成たり。是に付ても楯を用べき事、良将の戦法なれば、楯をば再興あるへき事也。扨楯をば、百姓商人等の壮者に持しむへし。此役目ハ、只楯を持て前陣に立迄にて、合戦に携ル事なけれは、百姓、町人等を用て無異儀事なるへし。亦一枚楯に穴を穿(アナ)チ鐵炮を貫て、直に鐵炮足軽の持(モッ)

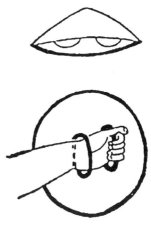

〈圖 2-2〉

もあり。亦唐山和蘭の戦法に、生牛皮を以て笠の形に拵たる楯を、戦士毎に持する也。是にハ、稽古手練のある由也。其圖ハ左に出ス也(〈圖2-2〉, 譯者註)。此外、楯の制作様々あり。器械の卷にあり。

　唐に藤牌卜云。和蘭にシケるドト云。左手に是を以て面を防キ、右の手に剣を以て敵に當ル也。

　○　近世大筒出來して、種々の奇術ありと云とも、只城攻歟、籠城にのミ用て、放戦に用ル事を不知也。兵を提ル者、工夫して大筒を放戦に用ひば、手ひどき軍立なるべし。工夫を加フべし。

　○双方人數を押出ス時ハ、初メに物見を出シて能敵の様子を見切、懸り口の了簡を定メて人數ヲ押出スべし。扨敵間五六町に成迄ハ、平生の足に押行、四町計に成て、金を鳴シて、人數を止て居(オリ)敷しめ、新タに太鼓を打て、人數を進むべし。其法、太鼓一聲に一歩(アシ)つゝ進ムべし。武間

(モノアイ)詰ル程、愈此法を嚴にすへし。不然は、正整せさる也。

　○　敵を踏破て逃ルを追事、一町半二町にて追止ルへし。追行時、備を亂シ足を亂して、馳駈する事なかれ。左右を見合見合追行へし。書經に、不愆　于六步七步　乃止齊焉　不愆　于四伐五伐六伐七伐　乃止齊焉ト云も、聖人の軍法ニして、長追を禁シたる事也。尤金を鳴サば、速(スミャカ)[1]に足を止へし。不止者ハ罪ス。

　○　長追を禁する事ハ、敵必死に成て取て返シ、死(シニ)物狂(クルイ)の働をする時ハ、却て手に余ル事あるものなれは也。然ト云とも、何國迄も追詰て根を断(タチ)、葉を枯ス見切ある時ハ、鼓躁して追詰べし。義興、太閤、西涼州の馬超が働なと考見て知べし。

　○逃ルを追に心得あり。旌旗齊リ、足並も不亂、士卒後勢をかへりミかへりミ、逃ルハ眞の敗走にあらず虛敗(ソラニケ)也。追事なかれ。妄リに追ば伏歟、大返シに逢て、却て敗軍する事あり。愼むへし。又旌旗も亂レ、足並も不正、兵器なと取捨ルハ、眞の敗走也。追詰て打果スべし。

　○　突懸リ強キ敵をば、己れ虛敗して、或ハ伏を設ケ、或は大返して討取事あり。然ト云とも、敵將心得ある者なれば、虛敗の手に不乗もの也。然ル故に、虛敗の仕様あり。旌旗を亂シ、兵器を捨、高足して走ルへし。敵將智ある故、却て此手に乗事あり。摠て此類の事ハ、將才の活溌にあるへし。

　○己レ虛敗する時ハ、其相圖にハ旗馬印等を伏(フセ)てハ起シ、起シてハ伏なから走ルべし。尤兼ての操練に此約束能々教へし。

1　원문은 'スミャ'로 적혀 있지만, 'スミャカ'로 보아야 하지 않을까 생각한다.

○　實に逃る事を恥卜而已おもへるハ、戰の道に暗キ故也。勝負ハ時の運によるものなれば、名將卜云とも負ル事もあるもの也。其時守返(モリカヘ)ス見詰なき時ハ、逸足出シテ逃ル事もある也。惣て名將の逃ルハ、其逃樣甚上手なるもの也。漢の高古祖や、尊氏卿の逃樣をミて知へし。然卜云とも、逃る事を心懸によと教ルにハあらす、時有て上手に逃よと云事なり。

○　敵を追放(ハナシ)てハ、其手の侍大將番頭昇(ノホリ)馬印を其處に建定メて人數を纏メ、手負死人をしらべ、功の淺深を吟味して悉ク記錄シ、主將の上覽に入べし。

○　敵を破りたる侍大將、番頭江ハ、時宜に因て即時に感狀を賜ル事あり。亦將士ともに祿(ホウヒ)を賜事もある也。

○　敵を破りて、慥に味方の勝利に於てハ、旗本にて五々三の貝を吹立て、勝鬨を擧べし。是軍神を祭ル心にて、且軍の勢を添ル術也。

○　手負にハ、介抱人を添、藥を賜ヒ、討死ハ子弟無とも母妻女等江跡式無相違申渡シ、嗣子ハ後日に公より定ムべし。

○先手、敵に追立られんトして進兼ル時ハ、早ク二の見より横を入へし。是則奇正の術也。既に追崩されて足を亂シたる時、入てハ守返シ難キもの也卜云リ。又先手の崩レ色をミて早ク横合より馬を入ルもよし、何レに此方より横を入べく見ル時ハ、敵の二の見も推出シて相手組(クム)もの也。其時ハ、敵の二の見江目を不懸、味方の一の手卜、相手組(クム)、敵の先手の備裏を第一に蹴(ケ)立べし。惣てかような働ハ心き、て神速に為べし。

○　先手、二の見ともに追立られて、旗本江崩レ懸ル時ハ、旗本の楯を

一面に突並、楯の陰より長柄を筋違(スヂカイ)に半(ナカハ)指出シ、石突を
ば土江突止メ、其身ハ居敷て嚴ク固メ、崩レ懸ル味方を一人も旗本江受入
ル事勿レ。其ひまに右備ハ右より廻リ、左備ハ左より廻リて、挾ミ討へ
し。亦右の如なる時ハ、味方の前遊軍、早ク一方江駈込て越働(コシハタラ
キ)をなすへし。越働の仕様ハ、味方を追來ル敵の先手をば目に不懸、敵
の旗本江無二無三に突懸リて、必死の一戰を遂(トク)へし。此働ハ、電光
(イナヒカリ)の如すへし。此如クする時ハ、却て味方の勝利と成也。疑フ
事なかれ。何レに機轉ト武勇トにありと知べし。

　○　敵より此方江越働を仕懸ル時ハ、早ク其樣子を見切リ、一二の備ハ
初の如ク、敵に當リ、左右の備の中、何レなりとも、近キ方越働の敵に
當ルへし。勿論、遊軍歟、又ハ旗木の人數を少シ分ル歟(カ)して、越働
の敵江横を入へし。

　○川を渡ル敵をば、半渡(ナカハワタル)を討へし。半渡とハ、敵勢半分程
川江入たる時をいふ也。

　○押來ル敵を待受て討に六の圖あり。一には、伏を用て討、二にハ中
途江出向て討、三にハ屯場江着て未タ列を成さる處を討、四にハ兵糧を使
ハさる所を討、五にハ折着の夜を討、六にハ着陣の翌朝未明に討へし。
是待軍の大法也。

　○　待軍にハ、味方の屯場(タムロバ)に虎落(モガリ)を二重も三重も振置、
鐵炮大筒弩弓等を備て待べし。

　○田單、火牛を用、韓信囊沙の計を成、李靖艾葉に火を付て諸鳥の足
に結付追放て敵の營を燒き、左傳に虎の造リ物を陣前に押出シて、敵の
馬を驚かして破りたる事もあり。此類の事ハ、兒戲に似れとも、其功

甚大也。才覺次第制作すべし。

　○　時宜に因て、小荷駄車を眞先江推出シ、車の蔭より弓鐵炮にて打す
くむる事もあるべし。敵押來ルとも車に隔られて進得ざるなり。其時味
方、宜しキ汐合を見濟して、無二無三に切立ル時ハ、敵を破ル事疑なし
ト云リ。惣て此類の事、猶幾許もあるへし。呉人ハ不龜手(テノカヽマヌ)の
藥を制作して、冬の水戰に利を得たる事もあり。皆良將一時の謀才より
出ル事ト知べし。

　○　何レの戰場江も、近習、小姓等の中より鑑軍(メッケ)トして、二人を
一組トして、二組も三組も遣て、其日の合戰の次第、又ハ諸軍の剛臆(ッ
ョショハシ)共に記録して、大將江上ル也。是ハ頭々より申上ル趣ト附合す
る歟、せさる歟を見合ル為、又ハ諸軍士己レが頭の外に、鑑軍(メッケ)あ
りとおもへば、一入油斷なく戰に身を入ルものなれば、彼是の為に用ル
なり。

　第二卷之終

軍法 付物見

軍法とハ、軍中に定め置所の諸法度也。軍法嚴重ならさざる時ハ、人數一致の力を出サざるものなり。惣て軍ハ、大勢の人數を一身の如ク働力するものなれば、法を嚴重にして縛(シバル)にあらざれば、齊一ならさるなり。惣て能兵を用ルものハ法を嚴重に立ル也。日本の軍ハ、法度粗(アラ)キ故、齊一ならざる軍多シ。左に法の大畧を記ス。將たる人能會得して工夫あるべし。

○ 貝太鼓を聞時ハ、前に劍(ツルキ)の山ありとも進ムべし。進マさる者ハ斬棄也。

○ 金を聞時ハ、目の前に只取(トル)首ありとも踏止ルべし。止ラさるものハ斬。

○ 傍輩同士ハ、相互に危(アヤウキ)を助合べし。別して頭分、大將分の者の危を見捨ル者ハ斬。

○ 物見の張番、亦ハ夜番等に當て其職に怠リ、或ハ眠リ、又ハ守リ場を立退ク者ハ斬。

○ 血戰の場に於て、鐘を鳴サさるに自ラ退ク者ハ斬也。

○ 城攻の時、乘へき圖を乘兼ル者ハ斬。

○ 籠城の時、妄リに己レが持場を退ク者ハ斬。

○ 根無言(ネナシコト)を言出シて味方の氣を動シたる者ハ斬。

○ 敵ト書通は言に不及、音信贈答シ、或ハ妄に敵ト詞を通シたる者ハ斬。

○ 盜首仕(シ)たる者は斬。

○ 人の討たる敵を、脇より理不盡(リフジン)に爭フ者は斬。

○ 公用にあらずして、妄リに己レか持場を去、或ハ陣小屋等を離散する者ハ斬。

○ 約束の時刻、日限等に遲參の者ハ斬。

○ 私に相爭(アラソウ)て高聲シ、或ハ刃傷に及フ者ハ双方斬。

○ 妄リに先懸すへからす、犯ス者ハ斬。

○ 随身の兵器紛失の者ハ糺(タヽシ)の上、斬。

○ 忍足に陣中を通行する者ハ縛(シハル)、或斬。

○ 妄に備の中を奔走する者ハ縛。

○ 妄リに高聲する者ハ縛、再犯ス者ハ斬。

○ 軍中、酒を禁ズ、犯す者ハ縛、再犯者ハ斬。

○ 博奕は云に不及、妄に賭の諸勝負する者ハ縛、再犯ス者ハ斬。

○ 馬を取放シて備を騷動する者ハ馬を取。

○ 味方に敵ト内通の者などを聞出ス時ハ、速に本大將江言上すべし。遲々するに於てハ、罪あり、又事に因て即坐に斬。

○ 随身の兵器不調の者ハ、糺の上斬。不調トは、弓あれとも弦なく、鐵炮あれとも引金損シたる類を云也。此類の事悉ク武士の大不覺なるべし。

○ 商賈婦女の類ト妄リに詞を通シたる者ハ縛。再犯ス者ハ斬。

右罰法の大畧なり。猶將帥の心に因、又ハ國風などにも因て宜ク定ムべし。且亦賞スへき條々あり。左に大畧を記ス。

○ 先手敗北して、既に惣崩に成へき時、守返シて味方敗北せさる時ハ、其守返シたる者を上功トす。

○ 敵の主將を討たる者ハ上功也。並ニ大將分の者を討たるも上功に准する也。

○ 懸リ口に一番鎗を入たる者ハ上功也。

○ 除口の殿(シンガリ)は上功也。

○ 味方の大將分の首を敵に取レたる時、其首を奪返シたる者ハ上功也。亦大將分にあらすとも、敵に取レたる味方の首を取返シたる者は功トするなり。

○ 味方の旌旗金鼓の類を敵に取レたる時、奪イ返シたる者ハ上功也。

○ 主人ハ云に不及、大將分の者の危(アヤウキ)を救ヒ、又は命に代たる者ハ上功也。厚ク子孫に報(ムクウ)べし。

○ 川渡リに瀬路したる者ハ上功也。

○ 城攻に一番乗の者ハ上功也。

○ 主將ハ云に不及、大將分の者敗走する時、身を離レす、何國迄も付纏たる者ハ上功也。

○ 敵方江間(カン)に遣シて、敵の計畧を聞出シて言上致シ、却て味方にて謀計を為(ナシ)て敵を破りたる時ハ、其間(カン)に行たる者上功也。

○ 敵の間者を捕得たる者ハ、上功也。

○ 敵の旌旗金鼓帷幕の類、惣シて敵方の武器を奪取たる者ハ功也。

○ 籠城に城外江使して、其趣意を遂(トゲ)たる者は上功也。

　右賞法の大畧也。此賞罰を都て軍法ト云也。猶工夫了簡して法を立べし。然シなから、軍法ハ細密に箇條の繁多なるハ不好(コノマ)事也。只肝要ハ、事を箇條少(スクナ)に定ムへし。扨定メ置たる法ハ、少も相違する事なかれ。都て法令ハ相違のなきを主意トする也。相違ある時ハ、法輕クなる。法輕ク成時ハ、人不恐。人不恐時ハ、法を守ル者無して、不齊一也。不齊一ハ、兒戲の軍立也ト知べし。將たる者、法を嚴にせずハあるべからず。然ト云とも、法をば嚴にすべし。我意をば嚴にすべからす。福島正則ノ如キハ、我意の嚴なる故に、國を失ウト云もの也。功疑維重、罪疑維輕ト云事、聖人の法にして意味深キ事なるべし。將帥たる人、是を忘ルことなかれ。

物見

○ 物見は軍の肝要なるものにして、勝敗の係ル所なれば、可重の第一也。まつ物見に大中小の三段あり。大物見とハ、本大將の直に物見する事也。中物見とハ、侍大將、番頭なとの爲(スル)所也。小物見とハ、一二騎出て物見するを云也。

○ 中物見以上ハ、直に取合に成事あり。覺悟あるへし。覺悟とハ、兵器を備ル事なり。義貞足羽合戰の大物見なと、事(コト)を卒爾に爲たるより大變を引出せり。可愼可愼。扨物見より直に取合に成たる時ハ、其事を本陣江知する役定メ有へし。

○ 小物見に出たる時、敵より勝負を望ム者あらば、主用にて物見に出たる故、まつ立歸て言上シ、即時に馳來て勝負すべしト云て、互に名乘

合、且鎧指物等、相互に見覺(ミオホヘ)て立別ルベし。扨實に立歸て勝負を決する事ハ、時宜の見合に因べし。不立歸とも大なる耻辱にもあらざる也。大將の下知次第なるべし。扨又初メの如ク、釋(ワケ)を語りても敵方承知なく打て懸ラば、其時ハ無是非無二無三に勝負を決スべし。然レども、此仕方ハ十に八九不好(コノマ)事也。物見の用を主ト為へし。但三人ならば、二人ハ勝負を為シ、一人ハ立歸て其趣を言上する事もあるへし。是亦初メより歸リ役を定メ行べし。

○ つなき物見ト云あり。遠方の所に用ユ。是は幾所(イクトコロ)にも人をつなき置て、段々に申續事なり。場先(バサキ)の事を早ク本陣江報スべき為也。

○ 唐山(カラ)和蘭(オランダ)等の軍事ハ、大小悉ク物見を用ル也。然ル故に、竊忽の破レを取たる事なし。

日本の軍事ハ、物見の事甚粗にして、入用の時に計、物見を用ル也。此故に、戰を善する大將も、足本より不意の動亂を受たる事多シ。武田が本陣江上杉に仕懸られ、今川か旗本江織田氏に切込レたる事なと、皆物見に粗キ故ト知へし。

○ 大小悉ク物見を用ルといふハ、備を張て敵ト戰を取結フ時ハ勿論也。押行にも前後左右の物見を用ヒ、亦陣を取敷て居ルにも四方の物見怠ル事なし。其外萬事皆物見を用へし。是愼也。

○ 深ク敵地江物見に行には、或ハ商人と成、或は草鞋(ワラジ)を逆に着(ハキ)、又ハ獸足を作て着事なともありと云リ。扨又物見に出て見切の次第に習あり。左に大畧を記ス。猶工夫あるへし。

○ 敵國の貧富強弱、又は士民の國主に服するか不服かの様子、或ハ其土人の模儀(カタキ)等を觀察する事第一の心得也。

○ 敵の虚實を見ルへし。虚とハ、人數立不正整、旗の手動キ軍士妄リに四方を見廻シ、或ハ持ツ所の兵器を玩ヒ、又居敷もせず、或ハ首仰(ヵウベアオイ)て、内胄白ク見(ミヘ)、或ハ武者雑語(ドヨミ)するハ皆虚也。

○ 實とハ、人數立正整にして、皆居敷又下目(シタメ)して妄リに五躰動搖せす、持ツ所の兵器をも不玩、旗の手立派(リッハ)にして妄リに聲を立ざるハ皆實也。

○ 敵地江入てハ、まづ接戰の足場を見立べし。地形に順逆あり、第九巻目地形の條に記ス。

○ 敵勢の多寡を積ルへし。是ハ平生見習フにあらされば、積リ難キもの也。操練の時、心を用て見習フべし。

○ 敵の備の形を見切べし。懸リ口に心得ある故也。備の形トハ、魚鱗鶴翼鋒矢(ホコヤ)等の形を云也。

○ 多騎少歩少騎多歩の様子を見切へし。

○ 山川險難の場を見切へし。

○ 武間(モノアイ)の町積あるべし。是も平生見習にあらされば、見難キもの也。心かくべし。

○ 田の淺深を見切べし。畦崩(クロクッ)るゝは深田也。植田の並(ナミ)不揃なるは深田也。刈穗の長キハ深田也。都て水國の田にハ深田多ト知へし。

○川あらば渡ルへき所を見切ルへし。石川ハ廣平にして、大石の無所淺瀬也。砂川ハ直なる所に淺瀬あり。長刀形(ナリ)の所ハ、堀レて深キもの也。泥川ハ狭(セマキ)所深キもの也。岩川ハ澪(スベル)もの也。是等大槩の見切なりト云とも、様子を知ざる川ハ、按内者を用ル事第一の了簡也ト知べし。

○ 伏の籠(コモリ)たる場所を見切へし。是亦習あり。森林等に鳥の飛騒クは其中に伏ある也。獣走リ驚クは伏ある也。飛鳥の驚キ亦ハ行雁列(ガウカンツラ)を亂スハ伏ある也。森藪等の近邊の草を踏藉たるは伏ある也。草野に蟲の鳴聲(ナクコヘ)無ハ伏ある也。此數條伏を察スルの大槩也。

○ 敵ト對陣したる時ハ、敵陣に平日立ル所の飯煙(メシケフリ)の多少を能見覺居ルべし。常に勝(スクレ)て多キト、常に勝レて少キとハ、敵陣に何事が支度ある也。能心を配て常より多少の飯煙ならバ、細密に間を遣して、敵の様子を探ルへし。武田上杉川中島對陣の時、武田家の飯煙、常に勝レて多キを上杉方にて見付ケ、武田が人數を廻ス事を察知したる事もあり。可思。

右物見の大畧也。上にも云如ク、物見ハ勝敗の係ル所なれば、忘ル事勿レ。別シて押前陣取細道等ハ物見に念入へき事也。

第三終

戰畧

　戰畧とハ、孫子に云ル所の算を精クして、其上にて謀慮をめぐらし、戰に勝へき手たてを工夫して軍するを云也。此戰畧にうとき時ハ、拙キ軍を為ル事ある也。將たる者能々思慮して工夫を附へし。

　○戰畧亦は軍畧とも云也。然ルに、世人軍法ト戰畧トを取違たる人多シ。夫軍法トハ、軍中の諸法度にて相定メたる掟の事也。戰畧トハ、上に云如ク、戰に勝べき手たてを　工夫して軍する事也。俗人の所謂軍法ハ戰畧なりト知べし。

　○戰畧に精かるべき事を欲せば、和漢の軍記を多ク見て自然ト會得あるべし。何レにも、多ク先縦を知て、其上に寂然不動の勇機を修シ得たる人にあらざれば、急速臨時の場にて、胸中より湧出ルものにあらされとも、初學の為に大畧を左に擧ル也。猶工夫あるへし。

　○孫子に兵は詭道ト云事ありて、接戰の妙境とする也。然ルに、聖人の兵法を學ブト云人、間(マ丶)有て、此詭道ト云事を殊の外忌嫌(イミキラヘ)とも、まづ不可争。扠詭ハいつわりトよむ字にて、虛言(ウソ)の事な

れとも、此にて虚言いつはりト見てハ、適當せさる也。只輕ク、そてなひ事ト見ルへし。其趣意ハ、東を討躰をして西を討、鷹狩(タカカリ)する躰をして、直に軍を仕懸ル事なとにて、そてなひ事をして、勝易キを取ル為の一時の謀を指ス也。

〇 間(カン、シノビモノ)を用る事、皆一時の權謀(ケンボウ)にして定法なし。然ト云とも、間を用ルの大畧を知さる時ハ、用ひかたきもの也。孫子に五間を云リ、鄉間内間反間(ハンカン)死(シ)間生(セイ)間也。鄉間とハ其鄉民を間に用ル也。内間とハ敵の身内の者を用ル也。反間とハ敵より此方江來セル間を却て吾が間に用ル事也。死間とハ漏ス間敷趣キの事を漏シて敵方江も風聞させ味方にて漏シたる者を尋出シて是を殺シ、敵に實の様に思ハせて、別に謀をめくらすを云。生間とハ間を遣シて、敵の容子を見聞する也。生て歸ル間ト云事也。都て間ハ謀計の主となるものなれば戰畧第一の物ト知へし。

〇 夏南を不征、冬北を不伐ト云事も心得居べし。義貞の北國落なとも時節遲(オソナ)ハりし故、寒氣の為に謀相違して敗軍に及へり。日本の中にてハ、焦ルヽ程の南國ハなき事なれとも、北國江働ク事ハ時節を考合スへし。

〇 早リ雄(オ)にして强キ敵ならば、味方懦弱(タジャク)の躰をなして、敵を驕ラせて討事あるべし。

〇 終日合戰しても勝負決せすして、軍を止メ後日勝負を附へルト約する時抔ハ、晝の軍に味方の宗徒の者とも多ク討レて、味方大に疲レたり抔ト流言して敵の氣を驕リ怠ラせて、急に夜討する事もあるべし。

〇 敵短慮の大將ならば、此方より無禮の振舞を仕懸て怒リを起サセ、

無益の軍させて疲ラかし、其弊(ツィヘ)を討事あるべし。

○ 悠々を不断にして、懦弱の敵將ならば、短兵急に挫クへし。

○ 怨の事ありて、軍を起シたる敵なとは、念頃に申わけなとして、和睦を取つくろい、油断したる所を討事あるへし。

○ 残暴にして、村里を犯シ掠ル者をば、勢(イキホィ)を強大に張懸ケ威武を示シて挫クべし。

○ 諸方具足したる敵ならば、輕々敷、軍を仕懸ル事なかれ、能工夫して働へし。

○ 大敵を見てハ、侮といふ事、古の勇將にある事にて、今の了簡にてハ、少ク野猪(イノシヽ)武者に似タル様なれとも、敵の大勢を見て臆スル心氣、露ばかり生シても、其氣持にて取懸てハ、負ル事疑なし。然ルに、味方不殘一致して、大敵を侮ル心に成て突て入時ハ、小勢を以て大勢ヲ追崩タル例多シ。何レに力戰ハ、生を忘レて、只死死(シネシネ)ト切込事、第一の心懸也。謙言清正忠勝抔是也。

○ 小敵を見て不侮ハ、良將の愼なりト知へし。古も侮リ輕シて、小敵の為に大軍を破(ヤブラ)れしためし多シ。能考見へし。

○ 敵地江踏込て戰フにハ、肝要の地を見すまして、早クこれを取へし。肝要の地とハ取ルへ時ハ敵方にて難儀に及フ所を云也。或ハ米倉又ハ城郭を見下(クダス)高所、或ハ運送の道筋、又ハ大社大寺等也。

○ 戰勝て次第に、地を畧して敵國江踏込時、我をこばむ歟、或ハ不從して戰べき氣色ある土邑をば鏖(ミナコロシ)にして猛威を示シ、敵國を手に入ル事もあるへし、又殺伐亂妨を嚴ク禁シて、寛仁の徳を示シ、或ハ年貢を薄クする約束なとして、敵國を親附せしむる事もあるへし。此二

ツハ時勢ト敵國の政事風俗を詳に呑込にあらされば弁かたき所なり。其
大槩を云ハ、初メの手合にハ鏖にして軍威を示シ、其後ハ殺伐を禁シて
親附せしめ、又時宜を見合て折々猛威を示ス事、敵地を畧する大法なる
へし。只肝要ハ寛猛の德を相兼て時宜に隨て施ス事ト心得へし。片寛片
猛ハ一方ぎ丶なる故忌事也。

〇　降参ト稱する者に眞の降参あり、大將を衒(ネラウ)為に降するあり、
他の味方ト示シ合せて裏切する為に降するあり、此外謀計の降参間(マ丶)
有之事也。能察スへし。眞の降を殺ス時ハ、見懲(コリ)して以後降参する
者無。然ル時ハ地を畧シ難キ也。亦偽の降を助ケ置時ハ害を受ル事あ
り、詳にすべし。是を試ルには、降將の甲冑等に心を附へし。目印にな
るべき異形の物を着シたるは、必意味ある降人也。先縱あり。切て害を
除へし。亦偽の降参ト見ても、逆に領承して、或ハ城を受取、又ハ人數
を奪イなとして、其上に彼の降人を或ハ撫育シ、又ハ畏服せしむる時
ハ、眞の降人ト成事もあり、何レに主將の器量にある事也。

〇　敵國江押入てハ、其國中に豪傑用ヒられずして、鬱して時を待者も
あるへし。或ハ功德ある者推沈メられて、上に恨を含ム者もあるへし。
亦才智逞ク國中の事を呑込たる者、用られずして、引篭リ居ルもあるへ
し。此類の者を聞出サば、召出シて念頃に持成、國土の樣子、合戰の手
だて方畧等尋問て厚ク遇スへし。大に強を得の道也。扨又右の如ク敵國
の人を我が手下に用ル事ハ、其國の士民を安堵せしむる為にも成事也。
兎角敵國江押入てハ、士民怨を生せさる樣にする事第一也。後口に氣遣
(ツカイ)ありてハ、思フ儘に敵城も攻難キ事也。能考べし。

〇　都て戰の妙ハ、奇正を能呑込にあり。奇正とハ仕手、脇ト成て働

ク事也。敵ト相手組(クム)を正兵トシ、横を入ルを奇兵トス。然レとも無形にあらされば妙トするに不足也。無形トハ、正變シて奇トなり、奇變シて正ト成て、敵をして我か奇正を見ル事あたハさらしむる事也。扨如此(カク)言ばとて、妄リに奇兵の働をのミ貴フ事にもあらず、元來正兵にて堂々齊々として挫クべき事なれとも、或ハ人數の多寡亦ハ敵方猛將謀者等にて、堂々齊々にのミ擬作(アテカイ)難キ事もあるなり。是奇を用ル所也。既に奇を用ル上ハ、己レが奇正を敵に見透されさる事、是無形を貴ブ所也。神武帝の軍立にも陰軍(メイクサ)陽軍(オイクサ)あり。是全ク奇正を用ヒられたる也。可貴可思。

　第四巻終

夜軍

仙臺 林子平述

　夜の戰は、陣所江寄ルを夜討ト云、城江寄ルを夜込ト、互に陣を取て夜出て戰フを夜軍ト云ト世上に云習わせり。其中、夜討ト夜軍トハ、少シ替レリ。夜討と夜込トハ、大なる差別なし。

　〇 夜ハ敵の容子も分明ならず、足場の善悪、旌旗の相圖も慥に見分難ク、敵味方もさたかに知レ難キものなれば、諸事不都合なる故、十に八九ハ、夜の戰をば好マさる事也。然ト云とも、夜討ハ勝難キ、敵に勝事あるもの也。然シなから、約束十分に調ハされば、只彼是(カレコレ)トひしめくばかりにて、戰も仕かたきもの也ト云リ。此故に、相圖の鳴物、相印、相詞等を能々呑込スへし。まつ夜戰の大趣意ハ、旌旗の相圖ハ見へ難き故、鳴物の相圖を嚴ク定ムへし。鳴物の相圖とハ、東西南北の鳴物を定メ教ル事也。たとへば、梆子木(ヒャウシキ)を東の鳴物、太鼓を南、貝を西、喇叭を北ト定ルか如シ。平生の操煉に此趣を能呑込セ置て、事に臨て間違いのなき様にすべし。此外、松明(タイマツ)、大薄(ハナビ)等、工夫次第定ムへし。

○　夜戰ハ、人數の編伍(クミアイ)を慥に為へし。編伍たしかならさる時ハ、引取時敵より、まぎれ者附纏フて、來ル事あり。此のまきれ者を防ク術ハ、編伍正キにあらされば、叶難キ也。和田、楠ハ夜討より歸て、立スグリ、居スグリといふ事を為て、敵のまきれ者を見出シたる事あれとも、人數組正キ時ハ、立スグリ、居スグリにも不及して、紛レ入ルべき樣なしと知へし。

　○　夜戰ハ、人數を二十五人宛、幾組も仕立て、各一組切の働を為(ナサ)しむる事甚便利也。

　○　夜討を仕てハ、懸りたる所よりは不歸、脇か裏かへ切抜(ヌケ)てかへるべし。

　○　夜討、夜合戰ともに、戰場より一町計、退イて忍備を一備も二備も出シ置へし。萬一味方敗北して敵追來らば、己ラが備の前を敵勢の半過(ナカハスキ)たる時、切懸て路崩スへし。其時引來ル味方も返シ合て挾ミ討也。

　○　夜軍の習ハ、前鐵炮の音を相圖に働入べし。

　○　夜討ハ、何方より入て、何方江抜ルと云事を能諸人に呑込スべし。抜(ヌケ)て帰ルへき道江ハ、迎備(ソナヘ)を出シ置也。赤歸ル間敷方江ハ、松明等少々出シて、敵の氣を疑ハしむる事ある也。

　○　夜の印(シルシ)ハ、白色を用べし。胴卷、腰卷、鉢卷、袖印、靴卷等、心次第なるへし。

　○　夜討ハ、聲を揚ル事を禁ズ。若聲を揚ル者あらば、即坐に切捨にすべし。此故に古ハ枚(バイ)を含ムと云事ありて、楊枝の大サなる木を人毎に含マセ、或ハ馬の轡を結たる事ある也。

○ 夜討の習ヒハ、敵陣江入ト等ク、まつ大將の坐を目懸て切込へし。其次ハ敵の馬を切放シテ騒動させ、其次ハ、早ク火を懸て焼立へし。勿論一所にて働かず、組合次第十人二十人づゝ所々にて働へし。首ハ切捨也。但シ、大將の首ト見ば拾ル事なかれ。太刀、具足迄も分捕して歸るへし。扨又馬を切放シ、火を懸ル事を人々心懸ル時ハ、接戦の働、次(ツキ)になるもの也。然ル故に、切放シ、火附等の役ハ、戦士の外に、三四人を一組トして、五組も十組も二十組も、備次第に用へし。扨右の者とも、馬を放シ、火を懸終(ォハ)らば、是も戦士ト等ク戦へし。

○ 夜討の出立ハ、飛遁具を多ク不用。手詰の働を第一ト心懸へし。

○ 敵を追崩さば、長追する事なかれ。金を聞次第惣戦士足を止ムへし。扨旗馬印の代リに、松明十本、將机に振立へし。是を目當に惣軍一所に集ル也。勿論陣營を乗取たるに於てハ、敵陣に有合フ兵器諾道具、手に懸リ次第取來ルべし。

○ 柵を嚴ク振たる所ハ、鋸にて土際より引切推倒して込入へし。此働ハ時宜に因て昼も為へき也。但昼は、仕寄道具を用べし。

○ 夜討の時、火附役の者ハ、乾キたる柴萱(シバカヤ)なと四五把づゝ持行て、陣營の中、火の附易キ所を見立て、彼ノ柴を積累て火を附べし。火を附ルには、火船の条に出セル焼薬込たる大薄(スヽキ)ノ花火ヲ用へし。

○ 夜討を為べき圖四有。敵の折着の夜、終日合戦ありし夜、大風雨雪の夜、敵方吉凶に付て騒動ありし夜也。猶此外臨時に考て討べき圖を計て神速に討懸ルへし。

夜討に用べき器械左に記ス。

○ 階子(ハシコ)、是ハ塀、堀或ハ長屋等を越に用。

○ 大槌愁(ォ、ッチ)、是ハ營門等を打破ルに用。

○ 大鋸、是ハ柵、塀、柱等を引切に用。

○ 熊手井(クマテ)、幷大鳶觜(トビクチ)、是ハ乘越(ノリコシ)の具にも用ヒ、或ハ力戰にも用。

○ 柴萱、大薄(ス、キ)の花火、是ハ火附遁具也。

右夜討の大畧也、猶工夫あるへし。此下、夜討を防クべき条々二三を記ス。猶又了簡を加て防キの手たてをなすへし。

○ 夜討ハ空隙(スキマ)を討也。己(ォノレ)に空隙なき時ハ、何ぞ夜討に逢事あるへき、扨己に察隙なき様にする事ハ、第一物見を能用へし。物見密(シケキ)なる時ハ、敵の寄附(ョリック)へき様なし。其次ハ軍法約束正クして、一タヒ夜討の寄來ル相圖ある時ハ、營中悉ク防キの用意を為(スル)事を精ク教置へし。其次ハ營中の戰士の中にて己(ォノレ)ハ不戰して、松明の役ト云者を定メ置へし。夜討來ルの相圖ある時ハ、己レハ不戰して早ク松明をともし、面々の小屋の前並に營中の小路小路を照して、營中を白日の如クに成へし。惣シて夜討ハ暗(ァミ)に乘シて少人數にて蹶立ルもの也。然ルに營中白日の如クならば、決シて夜討に苦メらる、事なかるへし。是夜討を防ク第一の心懸なるへし。是等の事を能會得せば、妄リに夜討にハ逢間敷也。此外猶工夫を附て防禦の術を為へし。將帥たる人能々心を用へし。都て夜討ハ不慮の大功を成ものなれとも、齊の田單か燕軍を破シト、加藤清正か朝鮮に於て、明の二十萬騎を手勢八千にて踏破リシ程のはけしき夜討ハ、類少なる事なるへし。是を夜討の手本ト云とも可なるへし。

第五卷終

撰士付一騎前

　人ハ不器を貴とも、然レとも人々を萬藝に長する事も成難シ。但シ得
手たる所一藝宛(ツヽ)ハ有ものなれば、其得手たる所を撰て、夫々の職を
授へし。孝に五等あり。武も亦五等ある心得にて撰へし。是主將第一の
工夫なれとも、無學にてハ其器を撰ブの道合点なきもの也。夫を合点す
るにハ多ク書を讀て和漢才智の人主人器を撰フの跡を考見時ハ、誰教ル
ともなく、人器を撰フの道、合点せらるへし。然ル故に人君第一の勤
ハ、多ク書を讀て人君の武を知にある也【人君の武ハ平士の武ト不同】。扨撰
法の大畧を左に記ス。猶工夫を加へし。

　○ 博文強記にして、才智逞ク、經濟に達シ、口才に能(ヨク)骨柄(コッカ
ラ)宜キ者ハ家老の職ニ任スへし。

　○ 武勇を第一トして、兵道に達シ、才智ある者をは番頭に用へシ。

　○ 勇壯にして、おとなしく、且ツ物に動ゼさる者をば武頭に用へし。

　○ 士卒の中、和漢の書を讀て、多ク事跡を知たる者を撰て一組ト成置
へし。

○ 頓智頓才にして弁舌よるしき者を撰て、一組ト成置へし。

○ 兵道を心得、物見等に心きゝたる者を撰て、一組ト成置へし。

○ 多力勇氣の者を撰て、一組ト成置へし。

○ 弓鐵炮弩弓等の上手を撰て、一組ト成置へし。

○ 早道早態(ワザ)の者を撰て、一組ト成置へし。

○ 天文算勘等の上手を撰て、一組ト成置へし。

○ 水練水馬等の上手を撰て、一組ト成置へし。

右の外、撰次第幾品もあるへし。都て此類の者をば平生重宝致置て、軍事ある時ハ、旗本ハ云に不及、番頭江も分ヶ預て、肝要の用に備へし。

○ 惣軍兵を撰フの法ハ、骨柄逞クして一藝に長シ意氣壯なる者を上とす。藝能なくとも骨柄逞ク意氣壯なるを中とす。藝能なく骨柄も逞シからねとも意氣勇壯なるハ下撰に充(アツ)へし。藝能なく骨柄なく意氣たわめる者ハ取に不足也。若止事を不得して用イば、火の番か飯炊(タキ)の類なるべし。

右惣兵を撰ブの大槩也。

一騎前

○　一騎前の趣意ハ、敵に當て勇壯なるを専トス。吳子曰、以進死為榮、退生為辱矣ト、又謙信の書に眞精の鉾先(ホサキ)ハ、鳴動の中にあやとし(章疾)ト云リ。又同書に庶神劍ト云事あり。是ハ接戰の時ハ前懸リに成て、冑(カフト)をば敵の劍(ツルキ)にまかせて飛込(コメ)トなり。如此なる時ハ軍神、敵の劍を遮(サヘキツ)て、我身に差なしと云義にて、眞一文字に敵陣江飛込事を主トするの教也。是等を一騎武者接戰の大主意ト心

得へし。扱馬の乗形、物見の禮儀、武者詞、隱シ字等の事ハ、一騎前の奥の手にして末(スエ)に近キ事なれば、大畧を知ても足(タル)へし。左に其本たる要領の事二三を擧猶考べし。

○ 六具ト云に品々あれとも、先一騎前の六具ハ、胴(トウ)、冑(カフト)、籠手(コテ)、臑當(スネアテ)、太刀(タチ)、草鞋(ワランヂ)也。此外大將の六具、身堅(ミカタメ)の六具、備の六具、番所の六具等あり。閑暇の時學ビ置べし。

上に云ル如ク、六具に品々有て、悉ク六の數を用ル事なれとも、是ハ龜藏六より出て、例の牽強(コヂツケ)なるべければ、嚴ク六に限りたる事の様に思フも柱(コトヂ)に膠の類なるべき歟。因て小子ハ一騎の六具に糒を加て七具ト敎ル也。

○ 身廻リの堅メハ下より初メ、左を先、右を後トス。脱(ヌグ)時ハ上を初メ、右を先トする也。

○ 鎧の縅(オトシ)毛、甲冑の名所なと詳なるに如ハなけれとも、大畧を博識にするも可也。其故ハ是等の事に泥ム時ハ、要法を失する事あれば也。然シなから敵の容躰を見覺て、大將江言上の為、或ハ射中(イアテ)又ハ手を負セなと仕たる時の為なれば、右躰の事を一圓に心得さるハ、第一の不覺也ト知へし。

○ 組討の為に、時々角力を取べし。古代ハ角力も武藝の一件にして、武士の藝能を吟味する箇條の中に、相撲も入たる也。尤諸國より相撲人とて有力の人を進シ事、諸史に見へたれとも、當世ハ歌舞妓(カブキ)同様の物に成て、相撲ハ武士の藝にあらすと思フハ不覺なるへし。都て細討ハ高ク組ハ弱シ。卑[1]ク組を善ト心得へし。

○　都て組討ハ、早ク右手指(メテサシ)を抜て、組なから突へし。忠度又
ハ鹿之助等が組様を手本トなすべし。

　　附、異國人ト組に數の心得あり。先異國人に國々の差別有て、人の大
小、力の強弱各殊也。都て琉球、暹羅(シャム)等の南人ハ、骨柄短少にし
て氣力も弱シ。唐山も浙江、南京以南の人ハ、琉球暹羅等の人に准する
也。亦、山西(スイ)、北京及ヒ韃靼、朝鮮等の北地の人ハ、骨柄も壯大に
して、力も日本人より強シ。只氣象の鈍(ニブ)キばかり也。歐羅巴人ハ只
長(タケ)高キ迄にして、さのミ力もなく、氣象も鈍シ。扨日本人ト北地の
異人等ト角力するを度々見たりしに、四ツに組てハ北人、後へも不退、
脇へも不倒、只前江すかして、なで落せば、うつ伏に倒るゝ也。又一ツ
の心得あり。唐山人の武藝ハ蹴(ケ)ル事を第一に習フて、胸ト膝トを蹴
ル也。又後蹴(アトハネ)を能する也。又拳法とて握拳(ニキリコブシ)を以て眼
を突也。此三ツを心得居て、蹴られず、蹴(ハネ)られず、突レさる様に、
早ク身に寄附を第一トすべし。是唐山人ト組の心得也。

　　○　武芸ハ、定りなきものなれば、何にても一藝を熟スべし。多藝に如
ハなけれとも、多藝を心懸ル時ハ、熟達仕難キ事ある也。然ながら太刀
ハ人々不帶ト云事なし。此故に太刀打をば人人稽古あるへし。就中抜打
(ヌキウチ)の強キを貴フ也。是太刀を學ブの要法也。

　　○　太刀帶(ハキ)にて着たる太刀ハ抜難キもの也。直に帶江指を善トス。此
類の事ハ仕(シ)來リの式法に不泥して、自ラ試て便利なるを取べし。

　　○　弓は、半弓便利にして用に勝たり。就中馬上に利あり。尤抜(ヌケ)も

1　일본 국립국회도서관 소장본의 원문은 鼻로 적혀 있지만, 의미상으로는 卑(낮을 비)가 옳다고
　　생각한다.

強キもの也。

　○ 矢籠（シコ）に三等（ミシナ）あり。一ハ平生用ル所のもの也。一ハ大竹を以て圖の如ク拵へし（〈圖　6-1〉，譯者註）。一ハ小竹にて作ル（〈圖6-2〉, 譯者註）。

　○當世の習ヒにて、足輕ハ皆空穂を用ル事なれとも、空穂を腰に付ル時ハ重クして働難シ。殊に押行時なとハ大に草臥ルもの也。足輕に矢龍（シコ）を用て、軍に不便利ト云事

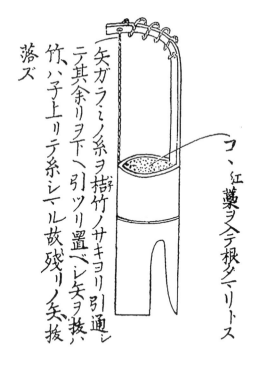

〈圖 6-1〉

もなき事なれば、働易キ為に、空穂を捨て矢籠を足輕に用ユべき事也。是新制に似たれとも、軍に便利ならば、何ぞ新法を憚ル事あらん。可制可制。

　○　桐油紙を以て長二尺ばかりに袋を拵て、雨天の時矢籠に懸べし。尤平生懸置ても害なき事也。

　○　重鎧を好ム事勿レ。美麗（ウックシ）に飾りたる鎧ハ必重キもの也。都て一騎の出立ハ輕々しく出立べし。至極暑する時ハ胴冑（トウカフト）ばかりにても事すむものト覺悟あるべし。勿論、冑も輕キを用ユべし。鎖（クサリ）、鉢卷（ハチマキ）、或ハ半首（ハツムリ）の類にして鐙（シコロ）の樣物、後口を覆へば事足ルもの也。大立物等を用ルハ褒（ホメ）たる事にもあらさる歟。

　○太刀ハ古作を好ム事なかれ。只丈夫なるを貴ブ也。軍中にてハ清平

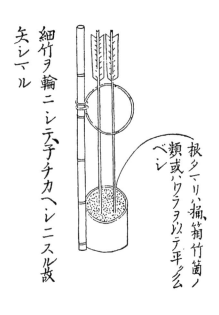

細竹ヲ輪ニシレテチチカヘレニスル故
矢レヤル

根タヤリハ搦箇竹筒ノ
類或ハワラヲ以テ平ノ
ベシ

〈圖 6-2〉

の世の如ク、太刀、刀を玉の如ク、玩物同様に大せつに取あつかうものにあらす。只敵を扣(タゝキ)ひしく鐵棒なりと心得べし。

○ 帯太刀ハ尺の伸(ノビ)たるハ好マさる事也。大躰一尺八九寸、二尺内外を善トス。脇指も八九寸、一尺を用へし。都て太刀、刀ハ皆蛤刃(ハマクリハ)に磨へし。刃肉を落ス事なかれ。

○ 力量ある者ハ大太刀を用ル事あり。帯難キ程のしたゝか物ハ下人に持セ、又は背に負事もする也。此太刀ハ力量にまかせて、何程も大物を用へし。

○ 鎗(ヤリ)ハ徒(ス)鎗三寸穂にして、柄ハ丈夫に短キを善トス。是又敵を扣倒(タォ)ス棒なりと心得へし。當世流義々々を建て、華麗に制作したる鎗ハ職場に用ヒば、只一打に打折べし。武士たる者心を用べし。

○ 都て兵器にハ住國ト姓名を漆を以て書付へし。亦事急なる時ハ墨を以ても書シ、又小刀にて彫付ルも可也。

○ 馬ハ只腕爪(ウテツメ)の強キを貴フ。五姓十毛の説、或ハ相生相剋の吟味、或は旋毛(ッジゲ)、馬形等の事なとハ少も拘はる事勿レ。然シなから手に余ル悍(カン)馬ハ、乗さるものと心得べし。

木火土金水の五行ト立て、相生相剋を論スルハ唐山(カラ)を本家にして、其外ハ唐山の弟子(テシ)分なる日本朝鮮暹羅(シャム)琉球等の國々而已

也。莫臥爾(モコル)、百爾西亞(ハルシヤ)、印弟亞(インテヤ)等の諸國ハ、地水火風を以て四行ト立(タテ)、阿蘭陀及ヒ歐羅巴諸國ハ、水火氣土を以て四行ト立たれば、此國々に四元行の説有て、五行の生剋なし。然レば何等に論シても、さのミ害もなき事と思ハるれば、我黨も表立シ議論にハ五行の説によるべし。荒氣なる武用ハ其説によらすともしかるべき歟。

○ 氣弱キ馬にて水を渡スにハ、水際にて早驅四五偏乘て、其氣の脱ざる間に渡スへし。

○ 歩行にて急流れを渡ルにハ、三四十人、手(テ)に手を取組て渡ルへし。水、胃を浸(ヒタシ)ても流レさるものなり。

○ 歩行にて一人渡ルにハ、六七貫目の石を肩に荷て渡ルへし。

○ 沼を渡ルにハ、芳簀(ヨシス)竹簀の類を段々に打敷、其上に物を置て踏渡ルへし。尤も渡ルに隨て段々に先江繰(クル)へし。

○ 草鞋(ハランシ)、馬沓(マクツ)等の作リ様も、人々心得居へき事なり。不知者ハ越度たるべし[2]。

○ 飯を炊にハ、水一斗五升沸シ立て、米一斗打入ル時ハ飯になる。亦鍋釜なき時ハ芝の上に米を置、水を灑懸(ソゝキ)て又上より芝くれを逆に打懸て、其上にて火を焚ば飯になる。又米を水にひたし菰(コモ)むしろの類に包ミ、淺ク土中に埋て其上にて火を焚ば飯になる。又米を水にひたし、桶に入レ、よき頃の石を焼て米中に打入レは飯になる。又洗米を布袋に入、青葉を以て厚ク包ミ、焚(タキ)火の中江投(ナケ)入テ蒸せ(ムセ)ば飯

2 　일본 국립국회도서관 소장본 원문에는 이곳에 두주(頭註)가 없다. 그런데 이와나미(岩波書店) 인쇄본에는 다음과 같은 두주가 붙어 있다. 【頭註】諸外國ニハ草鞋ナシ。若外國江働カバ草鞋ヲ多ク貯フベシ。○外國ニハ藁アレドモ草鞋ナシ。手自ラツクルベシ。コノ故ニ草鞋馬沓ノツクリ様ヲシル事人ノタシナミ也。但シ蝦夷國ニハース藁モナシ。心得アルベシ。

になる。又潮(ウシホ)にて飯を炊にハ、釜の底に茶碗を伏置、其上江米を入て炊べし。鹽氣ハ茶碗の中江凝也。

○ 水練の術心得居へし、不知者ハ越度也。

○ 野陣宿陣ともに己が小屋に入時ハ、四方を目の及ブだけ見届置べし。尤臥時ハ何の方を枕(マクラ)になし、何の方を跡(アト)に為トはきト心覺して臥(フス)へし。不意の事出來ル時、狼狽(ウロタヘ)さるもの也。且亦宿陣の時ハ、宿はつれと宿裏の方をも能々を見届置へし。

○ 馬の芝(シハ)繋品々あり。一ハ手綱にて前足を縛(シハリ)置也。一ハ鞦(オモカケ)のかうを髮中江引よせ置也。

○ 面頬(ホウ)なき時、平生の如ク冑(カフト)の緒を結ブ時ハ頤(オトカイ)痛ム也。其時ハ下頤にて、よき程に眞結に結止て、其余ハ常の如ク結ブべし。

○ 板障泥(アヲリ)を二枚合に拵て水汲の具に用ル事あり。

○ 鐵炮をわつそくに懸ルにハ、筒[3]先を下に為て、左の肩より右の脇江筋違に懸へし。懸リ口に肩の上より筒先を前江引廻シて敵陣江一放(ハナシ)打懸て、煙の下より切込時ハ一段手ひとき懸リ口なるべし。半弓をわつそくに懸ル事ハ直に弦にて懸へし。但弦の方を前にすへし。

○ 戰場江ハ竹筒に水を入て腰間に帶(オブ)へし。

○ 草鞋ハ鷹野懸に着べし。

○ 足入深キ地歟、大雪なとを渡ルにハ橇(カンシキ)に乗べし。其制二ツあり、左に圖ス。

是ハ板カンシキ也。板ヘ緒ヲ付テ木履ノ制ノ如クスル也(〈圖6-3〉, 譯者註)。

---

3 원문은 箇로 적혀 있지만, 문맥상 筒을 잘못 적은 것으로 보인다.

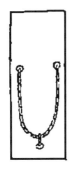 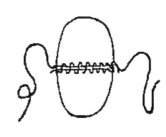

〈圖 6-3〉　　　　　　　〈圖 6-4〉

○　輪(ワ)カンシキ也。木枝ヲ以テ圖ノ如ク曲テ眞中ニ繩ヲ懸ルコト圖ノ如シ。是ヲ足ニ着ル也(〈圖 6-4〉, 譯者註)。

○　水を渡ルにハ臑當(スネアテ)佩立(ハイタテ)等を脱(ヌク)事あり。

○　接戰の場にあらずとも、草鞋に中結すべし。

○　松明(タイマツ)ハ楢(ナラ)の木尤善(ヨシ)。又乾細竹(カレタシコタケ)三四十本結束(タハネ)て用ルも善。麻柄(アサカラ, オカラ)三四十本を結束ルもよし。

○　物見も大畧を心得居べし。別に物見傳あり。考合スへし。

戰場江出ル者の所持すべき品々

○　胴服(トウフク)ト云て、厚綿(アツワタ)の廣袖(ヒロソテ)羽織(ハオリ)裏表(ウラオモテ)ともに桐油布(ユヌノ)を用へし。赤紙にても可也。此品を鎧の上より打着(キ)レば、寒をも防キ、雨をも凌キ、又夜具の代リにもする也。重宝の物トすべし。然なから軍に臨て急にハ制作仕難シ。平日の心懸にて制シ置へし。

○雨具は、簑笠なるへし。然レとも是ハ定法也。戰場にてハ、何等の物にても手に當リ次第引被(カブ)リて雨を防クべし。但シ雨を防クも押行時

の事也。接戦に至てハ大將士卒ともにつふぬれト知べし。

　○　弦卷は、指添の鞘江貫て帶江結付べし。

　○　打替(ウチカイ)袋に糒(オシイ)五六合、乾味噌少入て、常に腰間に帶、肝要の時にあらすハ、食フ事なかれ。

　○　二重廻りの手拭を腰に纏フへし。

　○　細引一筋腰に帶べし。

　○　紙類、何レの處江なりとも少々用意すべし。

　○　燧袋(ヒウチ)此中江氣付、血止、艾、蟲藥、並に馬藥等用意あるへし。此袋ハ刀、脇指の栗形の處江結付ル也。扨又甲冑して大に働ク時ハ、蒸氣逆上して眩(メクルメク)もの也。此時ハ辰砂益元散、甚善、其方滑石(クハッセキ)六匁、甘草、辰砂、各一匁也。右細末(ヨクスリ)水服(ミツノミ)ス。此外昔武士の樣子を見ルに、疵を被ル時ハ、或ハ鹽を搨込、亦ハ直に灸したる事に見ユ、是亦戰場意氣の一療治なるへし。

　○　軍中にてハ、時々大蒜(ニンニク)を食ヒ、或ハ腰間に帶へし。能寒暑癘氣を去也。

　○　扇子も心次第用意すべし。

　○　麻紐にて長サ一尺二三寸の網(アミ)を拵、跡先に緒を付て腰間に帶ル飯入に用へし。

　○　錢百交計緒に貫キ腰間に帶へし。

　右用具の大畧也。猶所持仕たき品々ハ鞍の四方手、或ハ鐙下などへ付へし。

　○　都て士卒等の可心得事あり。萬一味方の大將討死ありし時ハ、早ク死骸を負て味方江引取て、其首を敵に渡さぬ樣にすへし。若事急にし

て負て味方江引取難キ時ハ為(スル)に不忍事なれ共、早ク其首を討て、面の皮を剥(ハキ)、亦ハ頭を微⁴塵に切砕なとして、敵に得られて梟首(ゴクモン)せられざる様に心懸へし。昔より大將討死したる時ハ、附從シ郎黨共悉ク討死する而已にして、首を隠ス事を為ざる故、首を敵に得られて梟首せらるゝ也。義貞討死の時も其首を深田の中に隠シけれとも、其隠シたる者亦立歸て義貞の死骸の側に腹切シ故、其足跡を糺シて、終に首を得られて梟首せられたり。たとい討死したりとも、梟首さへせられねば、討死の上の大慶ト云もの也。可思々々。又士卒郎黨の心得あり。義貞討死の時の軍の如ク、無理なる働を為ル時ハ、強て馬を牽返シて、無詮討死を免レしむる事、士卒郎黨等たしなミの心得なるへし⁵。

　第六終

4　원문은 未이지만, 문맥상 微의 뜻으로 음을 빌려 쓴 것으로(音借) 보인다.

5　일본 국립국회도서관 소장본 원문에는 이곳에 두주(頭註)가 없다. 그런데 이와나미(岩波書店) 인쇄본에는 다음과 같은 두주가 붙어 있다. 【頭註】萬一大將討死アラバ近習ノ者只十人死骸取納メニ懸リテ、余ノ人數ハ大將ノ讐ヲ報ゼント愈ハゲミテ切込ベシ。必ウロクヘテ敗軍スル事勿レ。此趣ヲ惣軍江能々示シ置ベシ。但シ取納メ役十人ハ兼テ役定メ申合セ置ベシ。

人數組 付人數扱

人數組ハ兵の肝要なるもの也。人數組細密なる時ハ等(ヒトシク)進ミ、等退て、一伍の人數一身の如ク不相離して助合故に、接戰するに甚強シ、且又組合正キ故、心に任て落行事もならす。又敵より紛レ者の入べき樣もなし。都て人數組ハ軍の根本也。日本の軍立ハ此法なき故、忽チ多勢忽チ小勢、紛々トして不濟一也。此故を以て戰勝ても忽チ不慮の敗レを受たるためし多シ。新田、足利京軍の時、足利家八十萬にて扣へたる所ニ義貞の軍勢二千余人敵勢ニ紛レ入て、尊氏卿の前後左右に中黒旗を指上て、足利殿を追崩シたる事なとも、編伍の法なき故也。又和田、楠敵陣ニ夜討して引入たる時、立スグリ、居スグリにて敵の紛レ者を見出シて誅シたり。立スグリ、居スグリハ和田、楠だけなれとも、編伍正キ時ハ一人の紛レ者有ても、組切(クミキリ)の仲間(ナカマ)同士にて明白に知(シレ)る故、立スグリ、居スグリにも不及事也。編伍の法左に記ス。

○人數組は、伍より始ル。伍ハ五人組也。其本法ハ屋敷並より組立ル事也。まづ城下居住(スマイ)にても相並(ナラヒ)シ五家を一伍ト定メ、相互

に親戚(シンルィ)の如ク朝暮懇(ネンゴロ)にする故、遠方より婆(スガク)を見ても誰ト知、暗夜に聲を聞ても、某ト知、是五人組の大主意也。扨又諸方の集り勢ならば、猶以て組合を嚴に定ムへし。

○　人數を組上ルの次第ハ五人を一伍トス。中一人首立也。【但人數の多少に因て三四人を一伍トスる事もあり。亦九人迄を一伍トする事もある也。小組頭百人頭の次第も是に准すへし。尤惣士を悉ク騎馬にする事もあり。亦首立はかり騎馬にして四人の卒をば歩にする事もあるへし。皆大將の方寸にある事也。】五伍二十五人を小組とス。頭一人あり、小組頭ト云。此小組を四合て、百人組ト云。頭一人あり、百人頭ト云。此百人組を十も廿も總(スベ)預を番頭とも、侍大將とも去。此番頭、侍大將を總司ルハ大將也。扨右の如ク人數を組上置て、接戰の時ハ一伍の卒ハ首立を離(ハナル)る事なかれ。小組二十五人の人數ハ小組頭を離事勿レ。百人組の人數ハ百人頭を離事勿レ。百人頭ハ番頭、侍大將の旗馬印を見失ハズ、縱横(タテヨコ)進退(スヽミシリゾク)附纏(マトゥ)へし。扨各頭分の者の危を見捨(ステ)たる者ハ嚴科あり。軍法の卷に出ツ。扨敵國を手に入レて段々進ム時ハ、敵國の人數をも吾か軍兵に用ル事あり。其時ハ我か人數を敵國の人數ト半つヽ組合すべし。其法敵國の人數を百人づヽ分て百人頭江渡スべし。百人頭是を受取て、其人數を四に分て二十五人づヽ手下の小組頭江渡ス也。小組頭受取て、己(ヲノレ)が手下の五伍を十伍に作ルとも、亦一伍五人を十人に直ストもする時ハ、人數の組合セ手間疾(トク)相濟(スム)也。何レにも人數組ハ軍の大本なりと心得へし。且又近來の風にて惣軍士、面々に思々の指小旗(サシモノ)を用ル事也。なる程惣指物ハ其行列見事にして、壯觀を示ス樣なれとも、其實ハ不好事也。其故ハ一にハ大風に難儀シ、二にハ雨に重クな

り、三にハ轚薈(シケミ)に働難シ。かやうなる障(サハリ)ある事なれは、指小旗をば不用して、惣軍士ハ冑印(カフトシルシ)、笠(カサ)印、袖(ソテ)印等にて、惣相符を定ムへし。但シ倍臣(マタモノ)ハ惣印ハ直参ト同様にして、別に何所(トコ)そ倍臣の惣印を付へし。是又大將の心に任セて定ムべし。扱又一伍の首立ハ肩印を付へし。印ハ各心に任スへし。四人の人數右の肩印を目當に首立を助ヶ働クへし。小組頭ハ惣印の外に、何そ心に任て別印を付へし。二十五人の人數、此別印を目當に、小組頭を助ヶ働クへし。百人頭ハ鎧の毛色を以て印を定メ、其上に本大將の隊の旗二本を立へし。番頭、侍大將ハ母衣(ホロ)を着(ツク)、本大將の隊の旗五本を立列、其外に各の家紋を附たる小幟(ハタ)二本を馬印に用へし。【番頭以上己レか家紋を付たる幟を用ルとも幟の上の方に本國を記スへし。本國を記スとハ仙臺は仙字を書シ薩摩ハ薩字を書スル心也。】本大將ハ家々に傳へたる由緒(ユイショ)の旗をも用ヒ、又隊の旗十本をも用ヒ、又家紋を附たる旗十本をも用ル也。右の如ク人數組を定メ置ば、急に人數を分にも、番頭一人に命する時ハ、預(アツカリ)の百人組幾組なりとも、其番頭に付纏フものなれは、三百人五百人を分ルとも、番頭一人に命シて事濟也。亦百人二百人を分ルにハ百人頭一二人に命すれば事濟なり。小組を分ルこと亦然リ。

　○ 右の如ク、人數を定メ置て、敵ト接戰するに至てハ、一伍の首立(トウトリ)ハ四人の眞先を懸て敵に當ルへし。小組頭ハ二十五人の前を懸、百人頭ハ百人の前を懸へし。審頭、侍大將亦然リ。

　○ 右の如ク、番頭は、百人頭、小組頭等の前を懸ル定法なれとも、足場悪キ歟、又ハ決シて勝難キ事を見切たる時ハ、妄に野猪(イノシヽ)流の先懸をする事勿レ。懸ルも引も時宜あるへし。

○ 倍臣をば、其主人々々引纏て召連へし。勿論倍臣も主人ト相並て働クもの也。但シ上にも云如ク、惣躰ハ直参ト同様にして、別に倍臣印(シルシ)あるへし。

○ 家中四五十人以上所持したる者をは、兼て撰置て是を寄合組ト名付ヶ、五人も七人も寄合セて一備を立させ、倍臣の働を為しむへし。但シ人數組ハ上に云所の法に准スへし。尤主人々々の心次第、騎馬に仕立ルとも飛道具にするとも、存慮に任(マカス)へし。勿論。寄合組を總司ル頭を一人添へし。是を寄合頭ト云也。

但シ、倍臣の功を大將江言上するハ、主人自ラ言上する事勿レ。彼が家中の功をば是より言上シ、是か家中の功をは彼より言上すへし。○ 右の如ク人數組正キ時ハ、人數を分合するに手間不取、亦敵の紛レ者の入へき様もなく、亦人數の落散(オチチル)事も仕難シ。都て軍の大本ハ人數組にある事なれば、必忽(ユルカセ)にする事勿レ。扱人數組の事を合点てハ人數を扱(アツカ)ウ法を知へき事なり。其法左に記ス。

○ 人數を扱法とハ、まつ軍ハ大勢の人を自由自在に使フにあらされば不叶事なり。日本にてハ人數を使フに采幣歟、或ハ懸聲にて使フのミなり。采幣にてハ五六百の小人數ハ使ハるべけれとも、其上の人數ハ使イ難シ。況ヤ萬以上の大軍に至てハ、一本の采幣を如何(カ)様(ヨウ)に振舞スとも行届カさる事なれば、采幣を以て使フ事を善法とハ云難シ。又懸聲にて言含(フクメ)ントする時ハ、武者どよみ(鳴動)トなれり。武者どよミトハ、大勢聲を立ル時ハ、どよめきて何トなく、騒敷(サハカシク)備も不行作(サ)になるものなり。これゆへに武者どよミをば大に忌事也。まづ大人數を使フにハ、旌旗、金鼓並ニ音の替りたる鳴物、吹物を制作

シ、兼ての操練(ナラシ)に此旌旗を見ば、か様の働をせよ、此鳴物を聞(キ
ヵ)ば何やうに働べしト云事を能呑込セ置て戦場にて其約束の違ハざる様
に厳重に教込へし。是人數を使フ要法なり。大畧をしらしむへき為に、
其仕形の一二を左に記ス。尤兵に將たる者、面々の工夫了簡にて如何様
にも定ムへし。只肝要ハ約速の違ハさるにあり。

　○人數の懸引は、金鼓及ヒ鳴物なるへし。分合並に敵の有無を通スル
には旌旗を用べし。先旗本に五色の旗を用意仕置て、物見より東に敵あ
りト注進あらば、鐘を鳴シ、人數を止メて青色に東字を出シたる旗を指
上へし。其時諸手鐵炮一聲づゝ發シて、承知の旨を大將ニ知スへし。赤
白黒亦同法也。【青ハ東、赤ハ南、白ハ西、黒ハ北】諸手、此旗を見て敵ある方
を知也。扨懸レト云相圖にハ青旗を東に向ケて振なから、太鼓[1]を鳴ス
へし。其時東組の人數討て懸ルなり。四方皆同法なり。

　○青旗、赤旗、二本立は、東南に敵ありト知へし。三方四方亦同法也。

　右旌旗金鼓鳴物吹物等を以て人數を扱フ法の大畧也。猶工夫を加て如
何様にも定ムへし。何レにも人數を扱フ要領ハ、法ト操練トにある事に
して、法亦操練より重キ事ト知べし。

　第七巻終

1　저본의 원문은 鞁이지만 鼓로 고쳐 적었다.

押前, 陣取, 備立, 並宿陣, 野陣

押前ハ、人數を引纏(マトゥ)て、押行道中也。右の押前、陣取、備立の三ハ大なる差別にあらす。押行人數を止レは備トなり、備を押廣(オシヒロム)れは陣トある。元來陣ト備ト二の物にあらず、異國にて陣營同法ト云も此趣意なり。日本にてハ陣取ト備立ト別傳なる故、事多クして煩(ワヅラハシ)キ也。只陣營同法を宗トすへし。扨又陣場の普請ハ遊軍の兼役に定メ置て、普請の時ハ人數を分て働カセ、外に其他の百姓荒子等を用へし。隨分、手輕(カロ)ク手間疾(マトキ)を善トス。

〇 押行時ハ、百里千里【六町一理也】の道なりとも、物の具して押へし。斯(カク)すれは別に具足櫃持(バコモチ)を召連(ツレル)に不及也。但炎(ヱン)天の時ハ脫(ヌキ)て擔(ニナウ)事もあるべし。

附、具足櫃ハ澁紙(シフカミ)張抜(ハリヌキ)に制スへし。投(ナゲ)ても損(ソン)傷せす、又水汲の具にも用ゐるゝ也。

〇 人數を押出スにハ能々を四方の伏を捜て出スへし。忽にする事勿レ。

〇 押前は、二行三行に押事なれとも、街道(カイトウ)狹(セマ)キ時ハ一行

にも押也。但一備毎(コト)に中間(ナカ)を明(アク)へし。當時日本の街道多クハ左右より田畑に切落シたるゆへ、日光街道の外ハ東海道とても十分の街道とハ云難シ。況や其余をや。殊に西國九州の街道甚狹キ也。大に本意を失ル事なるへし。思之。

○　押行間に、大小便、又は草鞋(ワランジ)等を着替ル時ハ、平士ハ首立に断(コトハ)り、首立以上ハ身に近キ平士に申断て己レが行列をはづし、用を辨(ベン)して本列江欠(カケ)付へし。但シ三町迄欠つかさるハ罪ス。

○　押行、路程(ミチノリ)ハ、一日に大道七八九里也、四五六十里なるへし【是又小道ナリ】。然なから必勝の見詰ある時ハ百里も百五十里も押行也。先蹤多シ。見合スへし。

○　喩ば七備ある人數ならば、前、左右、旗本、小荷駄、遊軍、後備ト押也。遊軍ハ前後二隊あるへきことなれとも、人數ふそくなるときハ前遊軍をば旗本に兼べし。さてまた、前左右後ハ、各持前をかねて定メ置べし。持前とハ左備ハ左の敵にあたり、右備ハ右の敵にあたるの類なり。此如ク定メ置は、急に敵に出逢たる時、狼狽(ウロタヘ)ざる也。

○　陣を取敷にハ、旗本の陣所を目當に為て、前備ハ前、左備ハ左ト取時ハ惑事なし。

○　小荷駄のことハ、次の卷の小荷駄の條に述ルが如シ。いつれに一後(イチアト)に置事勿レ。中軍に置べし。

○　細道難所なとは、能伏を捜て後、早ク通(トヲル)へし。遲々する事勿レ。

○　大河江押懸りたる時、橋無ソば在家を毀(コボチ)、又ハ竹木を切取て筏を組て渡スへし。扨筏ヲ組にハ水中にて上流より組始メ、川下江組下ルへし。

○ 流緩キ水は、直ニ橋に成様ニ組へし。組様ハ先其水幅ヲ積ルへし。積リ様ハ町見家の平町法を用べし。又大荒増の積リ方ハ、水際に樹木あらば、其樹木を目あてに為、樹木なくんば別に柱を立ル也。それを見なから向の岸にも目當をして、岸に傍て川下江下リ行、向の岸の目當ト、此方の目當の木ト同シ位ナル時踏止て、此方の目當の木迄の町間を計レば、大概川幅に似よるものなりト云リ。其長サを以て筏を組へし。又水練の達者四五六人に細キ綱を附て向の岸江渡シ、渡シ終たる時、細綱(ホソツナ)の後に大綱を附て向江引渡させ、端(ハシ)を能々結(ユイ)止て後、水ヲ不知人々を大綱江取附せて渡スへし。

○ 又綱も引張難キ大江河ハ、大小を不撰(エラハ)桶類(オケルイ)を多ク取集メそれ江大木大板等を結付て、大勢取付せて渡ス事あり。是を桶船ト云。圖の如ク制スべし(〈圖8-1〉, 譯者註)。○ 桶を順よく向の岸迄浮て其上に大木を渡シて、其上を渡ス事あり。是を桶橋ト云。是又圖の如ク制スへし(〈圖8-2〉, 譯者註)。但シ急流ならば水上より桶を繋(ツナク)事あり。是又圖を見て知べし。

○ 馬ハ筏船桶橋等江引付て泳スへし。何レも心きゝて早ク渡リ終ルへし。必遅々をする事勿レ。 渡リ懸リたる所江敵來レば、狼狽(ウロタヱ)て大敗軍するものなり。

桶船桶橋の圖、左に出せるが如シ。

右押前の大畧也。此下陣取の大法を記ス。

○ 陣を取にハ、陣間(カン)容陣(チンヲイル)ト云て、備ト備トの間は、一備丈(タケ)明ケ置もの也。勿論、隊間(五人クミ)容隊、人間容人ト云事も、右を推て知べし。此如ク明間(アキマ)なければ、接戦するに行詰(ツマリ)

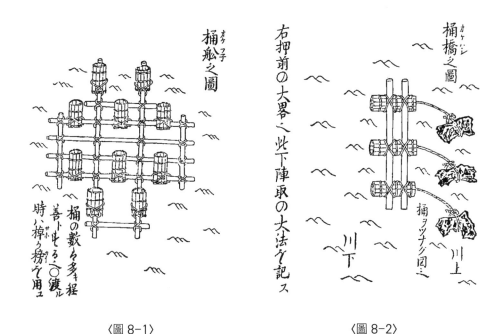

桶船之圖

桶の數多キ程善トす○渡ルル時ハ掉ヲ榜テ用ユ

右押前の大畧ハ此下陣取の大法ヲ記ス

桶橋之圖

桶ヲツナグ圖

川上

川下

〈圖 8-1〉　　　　　　　　〈圖 8-2〉

て、働キ難シと云リ。必密(シゲク)に相並(ナラブ)事なかれ。

　○古より陣に色々の形ありて、利害得失を論すれとも、妄リに泥ム事勿レ。只小荷駄を中央に置てむさと敵に當(アテラ)れさる様に心懸へし。

　○陣に戰を主トするあり。守ルを主トするあり。時宜に因へし。

　○毎陣(ヂンコトニ)、奇正(キセイ)の心持を忘却(ワスレ)せす、互に仕手脇(シテワキ)ト成て働ク事を旨(ムネ)トすへし。何レ江なりとも相手組(クミ)て接戰するを正トなし、横を入ルを奇トする也。奇正の大趣意ハ四方正面、鐶(タマキ)の端(ハシ)なきか如キ心持也。委キ事ハ戰法の卷に云ル所の如シ。

　○人數多クは一二三の先手、一二の左右備、前後の遊軍、左右の後備等心次第なるへし。

　○大人數の備ならは、一備毎に奇正を設も可也。先宿陣とハ驛場に陣する事也。其法まつ宿(ヤド)ルへき驛の小口より二町許先江出張備を設て

470　해국병담

固ムへし。次に宿の両裏(ウラ)を見屆、其上に四方江多ク物見を置へし。扨惣軍の一後(アト)にも一備立て固ル也。右の如ク固メ終リて後、次第を亂サすして一備づヽ宿入すへし。惣軍宿入終て後、旗本よりの下知にて、跡先(アトサキ)の固メ備も宿入すべし。扨此出張備ハ遊軍の役也。扨又出張(テハリ)備、宿入して後も四方の物見、夜番(ヨハン)等ハ怠ル事勿レ。別してかやうの時ハ大切の役なり。愼べし。若怠ル者ハ即座(ソクザ)に誅(キル)ス。

○　宿より人數を押出スにも、後(アト)を固て押べし。

○　久キ宿陣ならば、前後左右に出張備を設ヶ置べし。尤物見夜番等怠ル事勿レ。愼べし。

○　野陣は、宿陣の作法ト少シ替レとも、次第行列を亂サさる心持ハ同様の事也。但シ一夜[1]の陣なりとも、惣構に柵虎落(サクモカリ)あるべし。長陣ならば馬防の堀を堀、其土にて土居を設へし。

○　陣門は、其數人數の多寡に因へし。但大將の用事ト云とも、印(シルシ)なき者ハ出入を禁スべし。勿論夜中の出入猶以て禁スル也。或ハ人來て入度事を願ヒ、又ハ敵方より内通(ツウ)心替(カハリ)の者等來て、言上致度旨有なヽと云とも入ル事勿レ。門外に、扣居(ヒカヘオラ)しめ、主將江伺ヒ下知を待ベシ。

○　宿陣野陣ともに小組ハ一組つヽ同宿すべし。又倍卒ある人數組ならば、一伍五人同宿なるへし。倍卒は數に不拘、主人々々に附纏フ也。

○　陣中の小路々々ハ、幅七八間より狹クする事勿レ。勿論折目々々に

1　국립국회도서관 소장본 원문에는 ‘一’이 빠져 있다.

番所を置て誰何(トカメル)すべし。尤印なき者ハ夜中通行を禁ス。

　○　厠(カハヤ、セツィン)は、長陣ならば小屋の蔭(カケ)歟、又ハ平等(タヒラ)の地ならば、卑ク蔀(シトミ)をなして其陰(カケ)に淺ク長溝(ミゾ)を堀(ホリ)置て大小便をを便スへし。亦一日二日の野陣にて溝厠(ミゾカハヤ)も造(ツク)ラさる時ハ、人々大便の度毎自ラ小穴(アナ)を堀て大便をなし、其上江土を覆(オヽィ)置へし。是を嚴絡(ケンカク)トすべし。妄リに糞(フン、　クソ)する者ハ笞刑(ムチウツ)に處スへし。

　○　陣中にて、樵(キコリ)、水汲(クミ)、野菜取等は、相互(タカィ)に言合て出へし。たとへば倍卒無に二十五人同宿ならは、一伍より一人づヽ五伍より五人出スへし。一人ハ水汲、一人ハ野菜取、三人ハ薪取なるへし。倍卒ある人數組ならば、一伍五人の主人、倍卒一人づヽを出スへし。法ハ上に同、但自身出ルとも、倍卒を出スとも、番頭の印鑑を以て通行すへし。右の通行判ハ在陣中一伍江一枚づつ渡シ置事也。但シ失フ者ハ笞ツへし。且又樵水汲等、半時を限ルへし。遲(オソク)歸ル者ハ是亦笞ツへし。

　○　小屋は、九尺棟(ハリ)に作ルへし。小屋割ハ、一人前、二尺に四尺ト積ルなり。太平の世の了簡にてハ、狹キ様なれとも、陣中にハ臥具といふ物もなき事なれば、人多キ程二尺の割にて事足ルもの也。五伍二十五人ならは、七間渡スへし。此内にて飯炊(メシタク)事もなるもの也。馬ハ一疋三尺ト積て十疋五間の割なるへし。但シ定起シ也。

　○　急の野陣ハ、澁紙(シブカミ)、或ハ笘(トマ)、又は菰(コモ)むしろの類を張て雨露を凌ク也。其仕形、竹木を以て、冂此如ク鳥居形を立て右の品を打懸、両端(ハシ)を左右江引分て土際にて留(トメ)置時は、◠此如クに成也。此法を便利トス。。但シ澁紙ハ急々の制作に出來難キものなり。太

平の日漸々に制作して嗜(タシナ)ムへし。今も古風を不失、國士ハ年々澀紙を制する者もある也、善ト云べし。

○ 野陣を取敷に習あり。左に記ス。猶工夫あるへし。

○ 野陣を取敷には、山歟、水かに因へし。就中、水草の便リを見立ル事第一の儀なり。

○ 小高キ岡の四方より、寄場宜キ所にハ陣する事勿レ。四面に敵を愛ル憂あり。

○ 敵流水に因て陣シたる時、己レ其下流に陣する事勿レ。たとひ陣するとも、其水を飲さるもの也。敵の穢汁を受ルのミならす、毒流シの氣遣ありと云リ。

○ 葦萱(アシカヤ)多キ傍(カタハラ)に陣スル事勿レ。敵より焼立らるゝ氣遣あるト也。

○ 河原に陣スル事勿レ。洪水の氣遣あり。

○ 谷中ハ云に不及、谷の入口にも陣スル事なかれ。塞キ討、推(ヲシ)水の氣遣あり。

○ 卑湿の地に陣スル事勿レ。軍士湿氣を受て或ハ腫或は脚氣等の病を生スル也。

○ 墳墓の地、或ハ忌々敷地名の所に陣スル事なかれ。悪氣に感シ、又ハ悪名に感スル事あり。

○ 地形に因て風の當ル所あるもの也。能見計て、此如キ所に陣スル事勿レ。

○ 都て陣所を立拂にハ、炊(カシキ)道具、臥(クハ)具等ハ、面々の名符を附て、小屋に捨置て自ラ世話する事勿レ。小荷駄懸リの者、見廻て皆取

仕舞也。是を定式トス。

　右陣取、撰地等の大畧也。先是等の事を能呑込時ハ、立廻レル陣取に事欠事なし。此上ハ和漢の軍書に陣法の傳授數多あり。學て極所に至ルへし。

　第八終

器械並小荷駄附粮米

　それ兵器繁多にして、殊に種々の制度、寸尺、秘密傳授等の習ある事なれとも、強て泥む事にもあらさる歟。初にも云如ク、物本末あり、それ兵器の本末を云ば、太刀ハ丈夫にして切レ善(ヨク)、鎗(ヤリ)ハ太クして通り善、甲冑ハ札(サネ)善して輕ク、馬ハ腕爪(ウテツメ)丈夫にして物に不驚(オトロカ)、是本也。柄鞘(ツカサヤ)の制度(セイト)抓入(カキイレ)柄(ヱ)の削(ケツリ)様、石突(ツキ)の仕附、縅毛(オトシケ)、小道具の習、相形、旋毛等の掟ハ末也。萬事皆本を能曾得シテ末を大畧に為へし。扨又古有て今無(ナキ)兵器あり。弩(ト)角(カク)等也。又古兵器に用て今兵器に不用ものあり。熊手(クマテ)、大鎌(カマ)、大棒の類也。是等ハ皆利用多キ兵器なれば、志ある將帥、時に取て用ヒは、利あるへき事也。左に兵器の大數を記ス。猶工夫の上、制作あるへし。

　〇刀は、丈夫なるを用へし。作に拘ル事勿レ。但シ二所目釘歟、或ハ堅木柄なるへし。精キ事ハ一騎前に記ス。

　〇持太刀、或ハ野太刀とも云。亦一騎前にあり。

附、片刃(ハ)を刀と云。両刃を劍と云也。刀劍の類、其制國々の差別あり。唐山ハ劍也。其制鎬(シノキ)厚クして、長サハ、一尺二三寸より六七寸迄也。二尺に及ブもの少也。阿蘭陀及ビ歐羅巴諸州も劍也。其制鎬薄クへなへなしなひて、長サハ大槩二尺余也。只刺(サス)事を主トして切事を致さす。其切先二寸許、毒藥を塗置也。浡泥(ホルネオ)國ハ刀也。其制作日本刀の形にして只薄シ、鋸(ノコキリ)の如クしなう也。是等の諸國皆右の手に刀劍を持、左の手に楯を持て、片(カタ)手討の戰法なる故、其刀刺及ビ楯の輕キを貴ブ也。

○又按に、阿蘭陀の書に、五世界諸國の人物を圖畫して、某(ソレ)の國人、驍勇ト稱する風俗ハ、皆刀劍ト小楯トを身を不離(ハナサ)持ル姿なり。是吾國両刀を帶ル掟ト同ク勇氣の致ス風儀なるへきなれども、其楯を頼ミトする心根甚弱シ。日本風の首をば敵に渡シて切込ムの勇に、何ぞ當ル事を可得や。

○又按に、劍に毒を塗、鏃に毒を塗事ハ、皆其わざ拙クして一討に切殺シ、一箭に射貫(ヌク)事を致シ得ざる故、小疵にても毒の為に眩(メクル)メク様に計りたるもの也。日本の如ク一刀に胴切、一箭に射貫(ヌク)時ハ、何ぞ毒を頼ム事を為ン。然ルに俗人の癖トして、毒矢ト聞ば甚恐レて拙キが故に、毒を用ルト云わけを却て不知也。愚ト可謂歟。扨小子親リ見ル所の三刀劍左に出ス。

楯も只面を防ク物にして、其制作甚輕薄也其形ハ丸も長も四角も有、心に任ル也。

○弓は、半弓を善とす。尤秘[1]もつよきものなり。角弓尤妙也。但シ制法を精密にせざれば彈(ハチ)キ弱シ、其制法ハ武備志に委クあり。又弓家

〈圖 9-1〉

にも少(マレ)ニ知人あり。尋問て制シ置へし。又急な
る時は、ナマヱ、ソゾミ、樫等の丸木弓を用へし。

○ 平生の稽古に具足して、塗弓(ヌリキ)根矢(ネヤ)を
射ル事を修練すへし。當世の射術ハ、奉射(シャ)の弓
法なれば、白弓(キ)に輕矢を用て、片肌脱(カタハタヌキ)
にて射故、大に射易キ事なれとも、是ハ太平の禮射
にして、武藝の奥の手なれば、まづ其口本(クチモト)
なる武用軍中の射術を射覺て後、奥の手の禮射を習
フを順道トするなり。片肌ぬきの射法のミ射習ッ
て、遮(ニハカ)に具足して射ル時ハ、平生の上手も下
手に成もの也。是習ハ、ざるが故也。人々可思。

附、仙臺の國中にカマボコ弓ト云もの多シ。亦十
萬打とも云。相傳フ、秀衡武備の為に制作する所ト
云。【カマボコハ其形狀に因て名ツクル也。十萬打ハ地名也。高
舘ノ下ニ十萬坂ト云所アリ、此地ニ弓エヲ置テ十萬挺ヲ制シタ
ル故、十萬弓ト云ト云リ。】其制白弓(キ)にして外(ト)竹のミ打合て内竹なし。
然レとも雨露ハ云に不及、水中に入ても離レ損ずる事なし。甚重宝ト為
へし。只其材(コミ)しぶとき故、當世廢したり。併ラ再興あり度弓也。○
小子按に、其膠(ニベ)ハ尋常の膠にあらず、漆打の様に思ハる也。又按
に、竹木打合るに漆木(ウルシノキ)の下に於て、漆を抓(カキ)取なから、藥を
合て物を接(ツク)時ハ、粘着(ネハリ)甚強シ。若クハ此類にもあるべき歟。

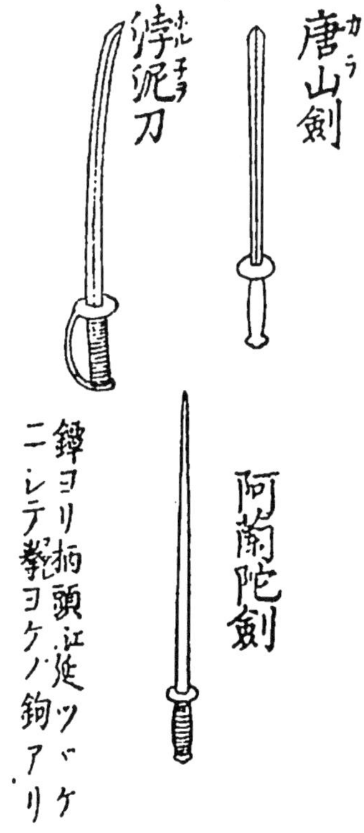

1　원문은 秡(벼 상할 발)로 적혀 있지만, 문맥상 拔을 잘못 적은 것이 아닐까 생각한다.

可試。【藥は即麵粉也】

○ 矢の制作、矢人にのミ任セ置事勿レ。凡戰場江出ル程の者ハ、美キ制作ハ不成とも、箆を矯(タメ)、羽を附ル事ハ人々仕覺可居事、是又平生の軍政にあるへし。

附、急に矢を制するにハ。何等の竹なりとも矯(タメ)て、筈(ハツ)より六七寸下に穴を穿テ、其穴江廣サ一寸長サ八寸計の紙を引通シ、筈の方江に引返シテ射ル時ハ羽ある如ク飛なり。

○ 弩、甚強クして、其上に中リも細カなるもの也。然レとも今ハ絶果たり。願クハ再興して鐵炮の代リに用度事也。火藥を惜ム良材なるへし。古代ハ筑紫、長門、奥州などの邊要に弩師と云て、弩組(イシユミクミ)の武士を置レたる事、諸史に見ユ。考合スへし。

○ 矢籠の制、是又一騎前にあり。

○ 阿蘭陀流に、大矢を彈ク柱(ハシラ)弓あり。詳に初卷に出ス。是又制スへし。

○ 大筒に品々あり、是又初卷に詳也。

○ 木筒、煉玉等あり、是又初卷に出ス。

○ 棒火矢あり、是又初卷に詳也。

○ 鎗は、長短不同を用ル事なれとも、尋常の人ハ短キを善トス。多力人ハ長キを用て徳多シ。但シ徒鎗(スヤリ)三寸穂なるへし。

○ 大太刀トテ、三尺内外の刀に、三四尺の柄を仕付て、力士に持セ働(ハタラカ)スへし。

○ 大棒ハ、跡先を鐵にて張へし。是又有力人の得道具なるへし。

○ 大鳶觜、是又有力人の得道具也。

○ 長柄の鎌、別シテ船軍に利多シ。

○ 鞍の事、是ハ馬の條下に出ス。

○ 障泥の事、是は一騎前に出ス。

○ 楯に種々の制あり。厚板を以て制するあり。又薄板にて厚サ二寸許の平キ箱を拵、其中に綿㪅、打藁(ハラ)等を込ルあり。又魁藤(マルトウ)を八九筋宛簀(スノコ)の如ク編(アミ)テ、二枚合て作ルあり。又藤蔓(ツル)を右の如クに制スルあり。又一寸五六分の角木にて、蔓(ワク)を拵、両面に生牛皮を張、其中間(アイタ)江綿入の蒲團の如キものを下ケ置也。是楯の極品也。又仕(シ)寄楯、持楯、大小品々あり。大楯ハ高サ五尺余廣サ六尺程にして、足に車を仕附、大勢にて持寄なり。小楯ハ高サ三尺斗、幅一尺余に作リ、裏に持ツ所を仕付て、人毎に自ラ持て詰寄もあり。一本足を仕付て、地江突立ル様に拵ルもあり。各用ル場所あり、能考て用へし。又唐阿蘭陀の法に、藤牌ト云ものあり、戰法の卷に出ス。又足輕に持スルに、一枚楯に穴を穿チ鐵炮を貫て持様に拵ルもあり。正成ハ懸金を打たる楯をも用ヒ、又長楯に横木を打て階子の代リにする楯を用たる事もあるなり。都て楯の制ハ輕クして、矢石の抜さる様に制スル事、極意なりと知へし。

○ 鳴物は、貝、大鼓、鐘(カネ)等に不限、音の代りたる品ハ何にても用へし。吹物にも貝、角(カク)、大音喇叭(ラッハ)、長聲喇叭等の別あり。工夫して制作あるへし。

右の外、守攻の具品々あれとも、各條下に記シて此に不載、都て兵器及ヒ守攻の具ハ、工夫了簡を以て新規に制作あるへき事、大將の方寸にあるへし。然ト云とも無學にてハ才覺了簡も出難事なれは、せめてハ和

漢の通俗軍談物にても能讀へし。助卜なる也。

小荷駄付粮米

○ 小荷駄は、唐山(ｶﾗ)にて輜重(ｼﾃｳ)卜云、三等あり。車に載ルあり、牛馬に附ルあり、人の擔フあり。都て小荷駄は、軍の根木なるものなれは、唐山(ｶﾗ)の法ハ輜重をは軍の中央に置て、片端(ﾊｼ)にハ置さる事也。

○日本風にて、小荷駄をは一跡に置事、本意を失る事なるべし。其わけハ不意ニ敵に當るる時ハ、小荷駄を被切取へし。了簡あるへき事なり。

○ 小荷駄は、粮米並に炊(ｶｼｷ)道具、其外陣用也。陣用ハなるたけ省(ﾊﾌﾞｲ)て、冬ならば寒氣防キの桐油木綿の胴服一ツを用べし。何レ其場に臨てハ、寒氣強クとも菰(ｺﾓ)むしろ藁(ﾜﾗ)等の類を引被(ｶﾌﾞﾘ)て、事足(ﾀﾙ)ものなり。尤長陣にハ風雲霞の如ク生スルもの也卜云リ。是等の事も覺悟あるへし。

○ 小荷駄は、平場を押にハ車に如ハなし。其次ハ牛馬を用ユ。急に難所を押行にハ、歩荷(ｶﾁﾆ)便利なり。尤貫目の積(ﾂﾓﾘ)も預(ｱﾗｶｼﾒ)定メ置へし。歩荷ハ米ならハ二斗内外、雜具ならば六貫目を限ルへし。馬ハ強キにハ米六斗弱キにハ四斗位、雜具ならは二十貫目に限へし。牛も馬に准するなり。車ハ強馬の四駄振を載て、牛ならは一匹、人ならハ四人して推へし。扨一人の食ハ一日一升卜積て、一斗の米ハ十人一日の食なり。余ハ是を推て知へし。

○ 粮米は、兵粮奉行の手懸リにて、諸手江割渡スなり。其法下に記ス。

○陣用の荷物ハ、一組切に寄合て印(ｼﾙｼ)を附べし。たとへは倍率無(ﾅｼ)の人數組ならば、五伍二十五人寄合て、一箇(ｺｵﾘ)に拵置、番頭、百人頭、小組頭の姓名を書記シ、並に一組の印を付置べし。又倍卒ある

人數組ならば、一伍五人寄合に筥(コォリ)置、三頭の姓名並に一組の印を付置べし。

〇 押前にも陣所にも、小荷駄を守ル兵士を別に定メ置へし。此人數の多寡ハ時宜に因べし。

〇 自國を遠ク離れる程、諸事不自由に成ものなれば、愈小荷駄を大切にして、切取レさる様に計ルへし。是迄小荷駄扱の大署也。此下、粮の事を述。

〇 孫子に、因粮於敵ト云て、敵國江攻入てハ其敵國の穀物を取收て、我が軍兵の粮米にあておこなうこと也。然ト云とも、妄リに亂妨して民間の物を掠取にハあらず、國主の穀帛等を貯置たる所を取事也。然シなから仕組事の様に、敵の倉廩も首尾好取ラレさるものなれば、粮食不足の時ハ、民間の穀を借ル事也。時宜に因て亂妨にてハ無之、穀類ばかりを只取事もあるへし。其時ハ目附役人等を附添て、決シて他物を取事を禁スへし、若(モシ)令に違フ者ハ其場に於て切捨にすへし。尤將帥の下知無之に只取をする者ハ亂妨の罪に准スへし。

〇 敵國江攻入て、嚴ク可禁ものハ、軍士の亂妨なり。扨亂妨を嚴ク禁スル趣意は、戰勝て敵國を手に入てみれば、彼ノ亂妨たる處も我が物なれども、初發の亂妨に國人怨(ウラミ)を含て、信服せさるものなり。此故に亂妨を禁スル也。扨穀類を借ル時ハ、番頭百人頭等の卷書(テカタ)あるへし。若亦敵國手に不入時ハ、正直に返スにも不及事もあるべきなれども、又再敵國江踏入為歟、たとひ不踏入とも信を敵國に失フ事を患ル者ハ返スものもあるへし。今一定に云難シ。又清野の術ト云事ありて、城下の穀帛も民間の穀帛も、悉ク城内江取納メて、一粒も敵に渡サざる

仕形を為ル事あり。かやうの時ハ、愈自國より粮米を續(ツツ)ケされば、手に入懸りたる國を取はつす事もある也。此故に粟(モミ)を貯ル事は、國主、知行持等の第一の心懸ト知へし。王制にも無三年之畜國非其國ト云リ。可思。

○ 惣て、陣中にて飯を炊には、釜ハ不便利也。銅鍋を善トス。鍋ハ弦ある故に、何等の物江も懸られ、又物に觸ても鐵の如ク破レ損せざる故、銅鍋を用ル也。

○ 粮米は、一人に一日一升なるへし。味噌五勺、鹽一撮(サイ)ト積ルへし。【味噌を用ルハ上の軍役也。多クハ飯ト鹽ト而已也】

○ 粮米を惣軍江渡す法ハ、まつ、兵糧奉行の所に虎落(モガリ)を結て、口二ケ所付一ハ入口、一ハ出口に定ムへし。尤入口出口ト大札を立へし。扱上に云如ク、借卒無の人數ならば、五伍二十五人一同に受取へし。倍卒ある人數組ならば、一伍五人倍卒の數を計て、一同に受取へし。長陣ならば、三五日分も一同に渡ス事もあるへし。扱受取時ハ、番頭誰組某、幾人分ト札を書て持來リ、米穀ト引替にすへし。

○ 大軍の時は、兵糧所一ケ所にてハ不足もの也。人數の多少を考て、三ケ所も、五ケ所も、十ケ所も有へき也。但一ケ所にて三十人に渡ス積なるへし。【但旗本の兵糧場何(ナニ)備の兵糧場ト云コを定へし。左なければ二重取有】

○ 米を渡スにハ、虎落の中に澁紙或ハ席なとを敷置て、穀を散シ算勘、帳付両人づゝ升取六人有へし。但一斗升を用。

○ 薪水は、自分にて支度するなり。其法陣取の卷に記スが如シ。

○ 鍋ハ、鍋ばかり別荷物に筒リ車馬に付て、鍋を染たる小旗を指へし。着陣以後陣中の小路小路を、持廻りて渡ス也。是も倍卒なき人數組ならば、五

伍二十五人_江二ツ渡シ、倍卒ある人數組ならば、一伍五人_江二ツ渡ス也。

〇 押行時ト接戰の時ハ、人々腰兵粮なるへし。内場(ウチバ)にしても、五合飯を帶へし。

〇 陣所に打着て飯を炊ント欲スル時、急に軍始りて軍士皆打て出ル時ハ、一組にて五人つつ居殘リ、急に飯を炊て戰場_江送ルへし。尤大將よりも心を附て、兵粮の世話を致スへし。

〇 陣中にてハ、平日も一日分の飯を一同に炊置を便利トス。冬ハ二日分も炊置へし。飯冷ル時ハ、沸湯(ニヘユ)の中_江打入て食へば温食ト成、燒味噌(ヤキミソ)乾(ホシ)味噌等を多ク食へば別に味噌汁を煮ニ不及也。兎角衣食住の艱難(カンナン)ハ、太平の日にも樂ミなから折々試て心得居るへし。

〇 陣中の飯煙(メシケフリ)ハ、多少不同に立ルを法トすべし。上杉、武田川中嶋對陣の時、武田家夜にまきれて人數を廻スべき支度(シタク)に、其日の夕方一同に飯を炊たり。上杉家其煙の常より多キをミて、武田が人數を廻ス支度なる事を察シて、遮(サヘキリ)て此方より人數を廻シて武田を大に迷惑(メイワク)させたり。兵を荷フ者心を配ルべし。

粮穀盡たる時、糧に用ル品々

〇 鹽を加て、能煮熟(ニシュク)すれば、草木の葉、十種に九種ハ食ハるゝものなり。

〇 諸木の内皮及ヒ根、是又、鹽を加て煮熟すれば、食ハるゝもの多シ。

〇 平日食覺たる野菜類は云に不及、百草の根及葉莖(クキ)ともに、上の如にして可食。

○ 鳥獸(トリケタモノ)、魚員(ウオカイ)の肉、能煮流シテ可食。

○ 炒て食へば糠(ヌカ)藁の類、皆飢(ウエ)を救(スクウ)。尤麥稗(ムキヒエ)な との莖(クキ)も炒て細末シ、湯に攪(カキ)立て呑へし。

○ 能煮熟(ニシュク)する時ハ、革(カハ)道具食ハるゝと云リ。

○ 清正の家士は、蔚(ウル)山籠城の時、糧盡て為方(センカタ)なく、壁土 を水に攪立て呑たる事あり。其艱難押計ルヘし。是半息(カタイキ)猶存ス ル時ハ、敵に降ルましき義氣の一念也。

○ 至極の飢に及時ハ、人肉を食フ事あるへし。是不仁の甚キ言語に絶 たる所なれとも、時勢に因て遁レ去べき手段もなく、又是非に降敍する 事も成難ク、又自害討死も犬死に準する趣意ある時ハ、人肉を食てなりと も一日も生延ル計をする事、軍を致ス上にハ覺悟あるべき事ト思設へし。

右の外、海に混布(コンブ)、鹿角菜(ヒチキ)、荒布(アラメ)、和布(ワカメ)、 海藻等あり。山に石麵、觀音粉等あり。是皆食て飢を救フもの也。捜リ 求へし。

○ 飢人に食を與(アタフ)ルには、先赤土を水に攪(カキ)立て、半椀(ワン)程 飲セて後、食を與フへし。又朴(ホウノキ)の皮を煎シて、一椀飲セて後、食 を與フへし。此二法を不用して、直(チキ)に食を与レば、忽[2]チ死スルも のなりと云リ。

第九終

地形 並城制

　地形ハ、戰の佐(タスケ)也。詳にせずハあるへからす。明(アキラカ)に、險易、順逆、遠近等を知ハ良將の能也。扨地形は、戰の佐ト云ハ、己レ小勢なりとも、能險に因て戰へば、大敵も犯シ襲フ事あたハさるなり。亦己レ高キに居て、敵を卑に受レは、高より卑江ハ働キ易キ徳あり。又太刀鎗等モ高より卑江ハ施シ易クして、敵の胸以上江當ル故、自然と利多シ。此外、左下リハ、兵器の順を得ル故、順トする也。己レ是に據(ヨル)へし。

　○ 向上ト左上リハ逆也。己レ是に據事勿レ。

　○ 八達の地ト云あり。渺々ト開ケて四方の通路よろ敷地を云。如此所に陣するにハ、其中にて小高キ所を見立て陣スへし。但シ高キ所二ヶ所ありて、一ハ後ロに山歟水歟藪なとあり。一ハ是等の物無ンば、己レ山水藪を帶たる岡を取へし。

　○ 險トハ、山坂、羊腸、高嶺、大水、深泥等を云なり。味方早ク是等の地に因べし。

○　敵出ても不(ス)利(リアラ)、味方出ても不利(リアラ)所は、進退両難の
地也。敵より味方を僞引(オビク)とも出ル事勿レ。如此時ハ、味方陣拂し
て引去へし。敵勢追來らば、敵勢の彼ノ地江出たる所を大返欵、伏を設
て討取べし。

　　右、地形の大畧也。猶細に工夫を付へし。、

城制^付居舘

○　天之時不如地之利ト云て、時日、支干、旺相、風雨なと天の時に於
てハ、勝へき理のある時を考て軍を仕懸ても、地の固(カタメ)宜キにハ勝
事不成ト也。然レば城を築クには地形を撰ブ事第一なり。地形勝レて宜
キハ天造の普請なれば、別段に人作の普請を不加とも堅固なるもの也。
是地の險を人數の代リに用ル事にて、地形を撰フの大主意也。地形の
事、能々會得あるべし。

○　易に地險ハ、山川丘陵也。王公設險以守其國ト云リ。然レは地形ハ
國家の寶なる事知へし。此故に魏の武侯も、美哉山河之固、是魏國之寶
也ト去リ。

○　城を築クには、山カ水に因へし。山水二ツなから備ルハ妙とす。

○　城郭トハ、内曲輪(クルハ)を城ト云、外川(トカハ)を郭(クハク)と云。孟
子に、三里之城、七里之郭ト云も、内曲輪ト外川トの事也。城ハ以て君
を守ル所、郭ハ以て民を守ル所也。民トハ諸家中及ビ百姓町人迄を統て
云詞也。

○　城制は、日本異國其制殊(コト)也。其制殊なる故、籠城の仕形も殊也。
まづ異國の制ハ上にも云如ク、郭を丈夫に構て民を守ル所トして、郭外に

人家無(ナシ)。然ル故に籠城に及ても、城下の地下人、商賈等流浪して逃隠る事なく、上ト共に郭を守レリ。日本流ハ外川ト云ものなし。たとひ郭ありト云とも、民を守ル所以(ユヱン)なる事を重ぜさる故、城下の町屋を夥ク廣大にする故、郭外に人家多クして、籠城の時ハ城下の地下人、商賈の類をば、棄物にするゆへ、逃亡(ニケマヲフ)の者夥ク出來して逃迷(ニケマヲフ)、其上、天を怨ミ君を怨て啼泣(ナク)の聲、街(チマタ)に満(ミツ)、是外川なき故也ト知へし。扱又異國は、大半民兵なる故、城下には、六府の武士、交代に詰居ル故、官人の外に常住の侍屋敷不多、常住の侍不多故、自ラ商賈も不多、此故に城下を約カに取しめて、郭外に人家無様に為(ナサ)るる也。日本は郭構(カマヘ)麤相なる上に、武士を不残城下に住居致サする故、商賈も次第に夥ク成て、町屋を造廣ムル故、城下段々廣ク成て、城ハ城、城下ハ城下ト別物に成たり。此故に籠城ト成(ナレ)ば逃亡人夥ク出來して、目も當られぬ騒動を生セシ事、諸軍記に記ス所の如シ。二百年前、萬端(ハンタン)事不足なる時節さへ、騒動を生ス。況ヤ今の城下をや。願クハ段々説ル如ク、衣食住ト音信贈答類の無益なる奢侈(オゴリ)を禁シて質朴を教其余計の料を以て積年漸々に日本咽喉(ノトクビ)の城々ばかりも總外川を建立仕度事也。都て此條ハ大事の工夫あるところ也。能々了簡を用て制作あるへし。

　○國主の居城ハ國の根本、人民の仰て畏服する所なれば、地形は勿論、普請も城門及ヒ外より見望ム所ハ、廣大(オ〻キク)美麗(リッハ)に造營して、壯觀を示スへし。是武徳を輝(カ〻ヤカシ)て太平を致ス術也。

　○支城並に居舘等は、さのミ壯觀を示スニ不及事也。只險に因て暴を防クを主トすへし。

　○古より四神相應(ソウォウ)の地を居城の勝地トス。四神とハ、靑龍(セ

ィリウ)、朱雀(シュシャク)、白虎(ヒャクコ)、玄武(ケンフ)也。青龍ハ水也。朱
雀ハ、田野開ケて、廣平なる地を云。白虎ハ大道也。玄武ハ山也。前朱
雀、左青龍、右白虎、後玄武と云て、天神地祇の輔ある地ト云り。思フ
に山を後、廣平の地を前、大水を左、運送の大道を右にしたるハ、第一
の地理にあらすや。因て天神地祇の輔無(ナキ)も猶有(アル)か如シ。

○ 平城は、四方より敵を受て不宜也。尤普請も繩張(ナワハリ)を巧に為
(セ)されば損多シ。但シ天下を帥ル大城ハ、廣平にして輻輳宜ク、四方
の衆勤運漕等の道路等(ヒトシ)キ場所を貴フ也。諸侯以下は、山か水かに
因て、片面に築クを便利トス。

○ 山城も殊の外、高山に築ク事勿レ。人馬の懸引等不自由なるもの也。

○ 城の繩張に種々の習傳援等ありト云とも、大趣意は此城高此池深ト
云本文を宗トして、都ての城制あるへし。

○ 城制は本丸二の丸三の丸外川なとヽ入子鉢の如ク構ル事にもあらず、
兎角地形に隨イて三角にも、入子にも、長クも、宜に應シて築へし。廣平
の地に城を取にハまづ少も高キ所を本丸トして、それより二三の丸、外川
等を構ルなり。

○ 都て居城は、國の大小に隨て、遠近に不拘、險を設クへし。險を設
とは、或ハ關を置(スヱ)、或ハ切通、或は大坂、或ハ船渡等を造て、事あ
らば、此難所にて一支、支フべき様に致置事なり。又相應に屏を設へ
し。屏とハ、大切の場所に大身にして、武功の者を土着(トヂャク)させ
て、事ある時ハ、本城江押來ル敵を喰止(クィトメ)させ、又ハ後詰(ウシロマ
キ)等をも為シムへき為也。廣ク云時ハ、諸侯の國々ハ江戸の屏。箱
根、碓氷、房川、浦川等ハ江戸の險也。亦吾藩を以て云時ハ、笹谷、柵

並、尿前(シトマヘ)、相去等ハ険也。角田、白石、岩手、水澤、宮戸(ミャコ)等ハ屏也。天下の険屏ト一國の険屏ト大小殊也と云とも、心持ハ差別なきことヽ知へし。

○江湖、海中等江築出シたる城ハ、水際(キワ)江塀を懸ルもあり。亦水際より十間、二十間引退て塀、土居等を設ルもあり。各城主の方畧にある也。

○都て城には、烽火臺を設置へし。急ある時、人數を集ムへき為也。烽火臺の制ハ、山城ならば山の高所に設ケ、平城ならば櫓臺の様に普請すへし。卑キは三丈、高キハ四五丈なり。臺上に方三間許、高二丈余に上の方を細ク塗込の室を造リ、内より壁を厚ク附へし。上をば空穴(ヤネナシ)にして明ヶ置へし。中にハ、藁或ハ杉の葉を込て、上をば蓋(オホイ)置なり。急ある時ハ、火を懸煙を擧て人數を集ル也。但シ太平の日にも年に一度、不意に煙を擧て人數を集メ、烽火の容子を國人に呑込セ置へし。但太平の日、操練(ナラシ)の烽火にハ、駈附(カケツキ)二十番目迄を稱して、褒美(ホウヒ)を與(アタフ)へし。然ト云とも、紂王の所業に倣フ事なかれ。亦軍記を見ルに、急の合戦の時なとハ、近邊の在家に火を懸て、遠近の味方に合戦ある事を知セたる事數多あり。ケ様の時ハ幾口も火を懸ル事なり。

○ 城取に十の習あり。一に地形、二に塀(ヘイ)、三に堀(ホリ)、四ニ土居(トヰ)、五に門、六に馬(ムマ)出、七に石垣(カキ)、八に横矢(ヨコヤ)の繩張(ナハハリ)、九に柵虎落(サクモカリ)、十に水溜(タメ)也。亦各一條毎に格あり。左に大畧を記ス。

○地形ハ上に云故、此に不載。

○堀に二あり。水堀、乾(カラ)堀也。水堀ハ水面にて十間より二三十間

迄に堀へし。深サハ三四丈に堀へし。岸のこふばいハ一丈に四尺の積なるべし。但シ土の性宜キ所ハ是より急に堀べし。

○ 乾堀ハ片薬研(ヤゲン)に堀也。勿論城の方を深ク堀なり。

○ 都て堀ハ泥の深キを好ム。水深ク泥深キハ猶以て妙とす。

○ 水だゝきとて水際(キワ)ばかり、石垣にする事有。

○ 塀[1](ヘイ)は、土臺引ハ悪シ。掘込柱に為べし。石の根接(ツギ)柱尤善。若(モシ)土臺引に為ル時ハ、石土臺に為へし。矢狭間(サマ)ハ、長ク切、筒狭間ハ丸ク切也。尤立狭間、居狭間の高卑あり。立狭間ハ立人の乳切に為(ナシ)、居狭間ハ居敷(イシキ)て肩長(カタタケ)に切也。何レも内の方にあかきを付ル也。あがきとハ内の方を廣ク塗事也。亦板狭間あり。厚板に狭間を切て壁中に塗込ル也。

○ 扣柱の打様二ツあり。筋違(スヂカイ)に打あり。又塀より四尺計、内ェ退て、別に柱を立て、上下二ケ所に塀柱より貫(ヌキ)を通シて扣ル也。是を善トス。籠城の時ハ、上の貫ェ板を渡シて、塀外ェ矢炮を放シ、石打なとする足代(シロ)に用ル也。

○ 塀の下ェハ、一面に石を敷へし。又急に塀を立ル時ハ、壁下地(シタヂ)の立竹(タッタケ)を土中ェ七八寸づゝ指込べし。

○ 築地(ツイヂ)ト云ハ、性よき土を方四五寸、長一尺計に打堅メ、是を段々積上ケ、すきますきまェ煉土を込なから、高サ八九尺の塀に作ル也。

○ 石多キ國にてハ、大石を累上なから、其すきまをば煉土を以て打堅メて塀に為也。亦堅固なものなれとも、掘崩シ易キ患あり。然レとも大

---

1 일본 국립국회도서관 소장본의 원문에 처음에는 堀로 적혀 있었다. 그것을 나중에 塀으로 붉은 글씨로 수정해 놓은 흔적이 남아 있다.

石ばかり累ルハ堅固也。

○ 異國にて磚ト云物を制して、城の塀石垣等に用ル也。其制、好土を煉て、磁器(セトモノ)の如ク火に焼て堅ムル也。甚堅固なるもの也。武備志にも其制法見ユ。亦臺灣府志を見ルに、安平城の條下に大磚(ヤキモノイシ)、桐油灰、共搗而成城 高三丈五尺 廣二百二十七丈トあり。亦唐(カラ)山西人(サンスイジン)の物語を聞シに、秦始皇帝の築ク所、萬里長城ハ西ハ流沙に起リ、東ハ遼東に至て、長キ7九千里【即日本道九百里也】高十丈、廣二十丈にして、土手(トテ)の如キ石垣にして、其一磚の大サ或ハ二三丈、又ハ四五丈にも及ト云リ。妄リに聞ば、山西人の虚談の様なれとも、能大磚の制を考レば、好土を長城の形に煉成(ネリナシ)て、直に火を懸て焼たる物なるべし。是蒙沽(モウテン)か造工の妙に出たるなるべし。

○ 石垣に三等(ミシナ)あり。野面(ノッラ)、打缺(ウチカキ)、切合(キリアワセ)也。野面とハ、生レ儘の石にて築上ル也。打缺とハ、右の角々を打缺て築クを云、切合とハ空間(スキマ)なき様に切合セたるを云、野面打缺を粗(アラシ)トシ、切合を精(クハシ)トス。各其場所に隨て、精粗の石垣を用べし。尤大切の所ハ切合にして、其上に石を繋ク事ありト云とも、皆工人の傳ト成て、武士に其事を知たる者無シ。石垣ハ築城第一の工なれは、志ある將士、傳授あるへき事也。加藤清正ハ石垣の名人ト世に云傳たり。思へし。

○ 亦石垣のかうばひに三等あり。下繩(サケナワ)、緩(タルミ)、榫出(ハネダシ)なり。下繩ハ急直にして(〈圖10-1〉, 譯者註)如此なり。緩ハ(〈圖10-2〉, 譯者註)如此にして急直ならず。榫出ハ(〈圖 10-3〉, 譯者註)如此石垣の上際に檬の如ク石をはね出シたるを云也。此石垣ハ、乘難キもの也ト云リ。朝鮮

〈圖 10-1〉譯者註　　　〈圖 10-2〉譯者註　　　〈圖 10-3〉譯者註

國の城々に此石垣多シと聞リ。

　○ 土居ハ、堀の土を上て築クへし。且土居の高サハ根張の半分ト知へし。たとへば根張十間ならば高サ五間ト知へし。

　○ 土居江ハ、香附、麥門冬、荒芝、小笹の類を植べき也。土止の為也。根方にハ、枳(カラタチ)を植ルもよし。

　○ 土居に鉢卷ト云て、上の方に計、石垣を築事あり。土居の大小に隨フ事なれとも、大躰六七尺内外に築クべし。

　○ 門に樓門あり、單門あり。樓門とハ櫓門也。都て城門ハ升形を付て二重門に造ルを好トス。

　○ 都て城門ハ、少ク坂を附へし。一向に平地なれば、仕寄道具を附易キもの也。

　○ 二重(ェ)門ハ、内樓門、外單門なるへし。

　○ 樓門の二階を扉より六七尺も指出シて造リ、且敷(シキ)板に格子を設置て、扉江附シ、敵に石を落シ、炒砂(イリスナ)を懸ケ、沸湯(ニヘユ)、穢汁(クソミツ)等を灑クべし。又焼草を積て火を懸ル様子ある時ハ、早ク水を灑キ懸べし。【樓門の構上に水ト石ト夥ク用意致置へし。尤竃も多ク造リ置へし。】

　○ 門の地伏の下ハ、大石を敷置へし。

○ 馬出に丸馬出、角馬出、梁(アッテ)馬出、馬出無の小口、斜形向小口等種々の口訣あれとも、左のミ秘訣の沙汰にも及間敷也。馬出の趣意ハ、只人數の出ル所を早ク敵に見られぬ為也。早ク見らるれば、射すくめられて出かたき故、物かけよりひよと突出へき為の馬出なれば、余リ念入て普請するにも不及事也。

○ 馬出は、塀にするもあり。亦土居にも蔀にも宜に隨て制作すへし。

○ 横矢の繩張ト云ハ、都て城の繩張ハ直(スク)に長ク取事勿レ。二十間三十間にて折廻シて相互に横矢の届ク様に構フへし。又地勢に因て、百間も百五十間も直に長ク構ル事あらば、二三十間隔(フタメ)に幾所も出(タシ)を構置て、横矢の働の成様にすへし。是惣繩張の趣意なり。是に付て種々六ケ敷ことを談スル者も多けれとも、左のミ奇妙の事にもあらず。只横矢のきくを奇妙とするなり。

○ ゲレイキスブックに、阿蘭陀を始メ歐羅巴諸國の城圖多シ。其繩張も横矢を第一ト構たり。其圖の大畧を左に寫ス。能考見べし。

阿蘭陀流城池之圖左之如シ(〈圖 10-4〉, 譯者註)

右圖する所の繩張、大小城ハ云に不及、僅の壘(カキアケ)たりとも、此心持に取時ハ德多シ。又至極の大城ト云とも、ゆるさず、此繩張を用べ

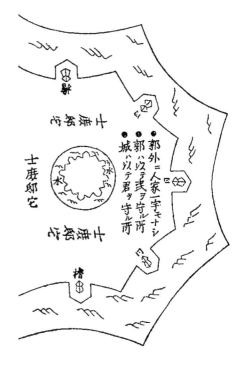

〈圖 10-4〉

し。厄日多國(ヱシットコク)の巴必鸞(ハヒラン)ト云城下ハ、世界第一の大都城にして、其廣サ四方三日路有て、其總川の廻リ十日路なりト云リ。然レとも其普請横矢の構或ハ石火矢臺高櫓等連綿トして隙なく設ケたりト也。其普請都て百九十年を積て成就スト云。

○ 城制ハ右の如ク、惣川を廣大に設て、惣川の外に、民屋一ツも無之様にするが、城制の極上也。小子が見を以てする時ハ、日本の都城も惣川を廣大に設て、扨其守リ場をば、郭中の四民及ビ坊主、山伏等に守ラすべし。其法、是より東江幾(イク)百幾十間ハ何々町の守リ場、是より西江幾百幾十間ハ何々町の守リ場ト兼て定メ置也。其守具ハ弩弓、石彈(ハシキ)クルリの三ツを用べし。弩弓ハ非力の者及ビ婦女、幼弱等に強キ弓を射サするの具也。其法、蹶張とて両足を弓江踏(フミ)懸て、両手にて弦を曳(ヒク)時ハ、強キ弓も婦女子の類迄射うるゝ也。石彈ハ仕懸物なれば、弩より心易シクルリハ又一段仕易キ也。。稽古ハ其町々の稽古日を定メ置て、毎月一度づゝ教ゆべし。扨三器の用意ハ其町々の役にして、連々に調置て、其町々の名主、検断の所に預リ置べし。是總川を守ルの法也。本城ハ武士の守リ所也。百年を期せば、此普請も成就すべき也。

○ 柵とハ、木を一面に並べて埋(ウメ)立、貫(ヌキ)を通シ置也。虎落(モガリ)ハ、竹を筋違に組合セて埋立、繁(シゲ)ク繩(ナハ)を以て結固メ置也。蔀(シトミ)とハ、葉(ハ)の付たる木枝(ェダ)にて垣を為也。柵、虎落の二ツは、地形堅固にして堀、塀にも不及所、又ハ山の尾崎(オサキ)、或ハ陣營、又ハ普請場(バ)なとに用ユ。蔀は何方にても見透て悪キ所に用ユる也。

○ 水溜は山城なとにて水不自由ならば、湧清(ワキシ)水なとを溜置為に、或ハ池を構(カマヘ)又ハ水槽(フネ)を設て貯べし。又、清水も不出所ならば、

水槽を數多拵置て、雨降(フル)時、簷庇或ハ地面を流るゝ雨水を、一滴(テキ)も漏さず受留(トド)ムべし。正成か赤坂にて設たるか如シ。

○ 穢(ヨゴシ)水、又ハ糞汁(クソミツ)迄悉ク溜(タメ)置て城江附、敵兵に沸(ニヤ)して打懸へし。日本の城制ハ不淨流とて、悪水を悉ク流シ捨ルハよるしからず、溜池を設て溜置、其余ル所を流スへし。

右城制の心得なりト云とも、此條々にて事濟ト云にはあらず。異國本朝の城制、諸書に詳也。見合て工夫すべし。兹に言所ハ至極の大畧にして、其趣を見スべき為耳也。

○陣屋(チンヤ)、壘(カキアゲ)、居舘(キヨクハン)、皆城の類にして、堀をもほり、杭(クイ)違をも設ケ、馬出等をも附レとも、力不足して、普請麤相(ソゝウ)なれば、城とハ云難シ。扨右の三は大身なる土着(トヂヤク)士の居(イ)所也。土着の武士百貫【千石也】以上は、家中も多ク百姓も數多なれば、居舘の構、繩張等に心を付て普請を致シ置、變動の事あらば、家中百姓等の妻子家財迄取入て、亂妨の害をも避[2](サケ)させ、又ハ武を張て押通ル敵をも喰止ムへし。大に國の屛トなる事也。近來一國一城ト云事に成て、國持大名も僅一二城に不過、古ハ和漢ともに大國の諸侯ハ城を三十も五十も構たる事、諸史に載たり。此故に變ある時は、相互に援助シ故、持こらへがたき國々久ク存シたる事多あり。可見合元來溝を掘柵を振たる計にても、城ト云もの也。只國の大小、祿の多少に因て、普請の精粗ト大構ト小構の差別迄の事也。扨遠國の事ハ不知、仙藩封中にて古昔以來天正の頃迄、此(ココ)の城、其(ソコ)の舘ト云シ所の趾(アト)、五

2　원문은 辟으로 적혀 있지만, 문맥상 避로 해석된다.

百三十余ヶ所ある也。今其城趾を見に、唯地形に便リて少計、溝堀等を構、又は柵を振、或ハ植木などして門に少計、杭違等を設たる事卜のミ思ハるゝ也。是皆古代土着の武士、面々の住所に心を用て普請を致置事ある時は、家中も百姓も一固(カタマリ)に成て、武を張たる事也。今も此心持ニ國法を立ば、武を逞クする事掌(タナコロ)に運(メクラ)スが如クなるべし。夫武を逞クする事は、聖人の道にして、和漢の差別ある事にあらず。然ルに武を逞クする事ハ、人を多クするにあり。人を多クする事ハ武士を土着するにあり。武士、土着して人多キ時ハ、壘(カキアゲ)も居舘(キョクハン)も保(タモ)チ易(ヤス)クして、國家の助(タスケ)少シトせず。此心持を孔子も足食足兵卜宣イ、又庶富教とも説(トキ)玉へり。將たる人能思べし。

附リ、都て城中には箟竹を多ク植置へし。矢の料に用べき為也。尤弓工、銃工、矢工、鍛冶等を足輕の兼役に仕込置て用を足ス事ハ、段々と言シ如ク也。能心を配ルへし。

第十終

城攻^付攻具

城を攻ル事ハ、止事を不得して攻ル也。其謂レは元來城ト云ものは、地形に便リ堀塀を設ケ、遠キ敵をば、弓鐵炮等の飛道具にて打拂ヒ、近キ敵をば、鎗(ヤリ)、長刀等の短兵(タンヘイ)にて切伏ント堅固に構(カマヘ)たる所江、外より仕懸て其城を乘取ントする故、人數も多ク損傷(ヤフレ)シ、又國内の人民も苦ム事也。此故に城攻をば為さる覺悟なれとも、敵要害を固め、根本を堅クして、暴亂を逞(タクまシク)するをば、捨置事も仕難キものなれば、止事を不得して攻ル也。扨攻ル時に至ては、その術に巧拙あり、能呑込さる時は、人數を損するのミならず、却て害を引出ス事あり。將たる人、詳に會得あるへし。

○城を攻ル事ハ、敵より五六陪の人數にあらされば、攻られさる事也。然ト云とも時宜に因て、小勢にて不意に攻懸リ、或ハ鷹野なとに事よせて、徒膚攻なとをも仕懸、又は夜討等を仕て、城を抜事あれとも、皆臨時の權變にして、定法にはあらさる也。

○攻ルト攻らる、との差別を云ハば、攻らる、ものは小勢なれとも、

己レか國なれば按内も能呑込、兵粮水薪の便リもよく、後詰の頼もある也。攻ル方は大勢なれとも、他國の事なれバ、萬事不按内にて、諸方不便利也。尤兵粮の不續事もあり。又長キ間には流言なとを得て、味方割(ワレ)のする事なとも出來て、騷動を生するもあり。彼是以て不便利の事多キ也。且又籠城する者ハ必死に極ル故、人の心氣も一齊也。攻ル方ハ、大勢なる故、いつも城兵を侮リ驕リて、油斷も出來ルもの也。兎角、城を攻ルには、籠城の思ヒ入レを呑込、籠城するには、攻手の思ヒ入レを呑込時は、守攻共に拙キ事あるべからず。

○ 上にも云如ク、城を圍ム事ハ、敵より十陪も多キ人數にて取懸ル事なれば、隙(ヒマ)なく圍ルヽ事なれとも、態ト一方をば明(アケ)置事、城を圍ム習ヒ也。四方隙なく圍ム時は、死地に陷ル故、城中一致して必死を覺悟に守ル時ハ、落へき城も落兼ル事あり。此故に一方を不圍して、城中の氣緩(ユルマ)ル時は、人散シて城落易シ。

是は、敵將を目に不懸、只城を奪ヒ地を畧するを專一トする時の攻方也。亦敵將を不討ば、勝に定メ難キ合戰の時、此城中に敵將の在を慥に知得たる時なとは、四寸一寸の隙もなく、取圍て、城共に丸呑に爲(ナシ)、城中を鏖にして根を斷(タチ)、葉を枯ス事もあるへし。單于が漢の高祖を白登城に取圍しも、此趣意也。然レとも、單于無智なる故、陣平に欺レて、高祖を取逃シたり。思へし。

○ 城を攻ルに數(アマタ)の心得あり。敵弱ク粮米も不足にて、後詰(コツメ)の氣遣もなき城ならば、打圍て兵威を示シ、不斷(タェ)小拵合して城を波(ツカラカ)シ、己レを全クして、夜討なとに不逢様に用心して、久ク圍ム時ハ、力を不費(ツィヤサ)して城落ルト云リ。

○敵強ク粮米も多ク、後詰も來ルへき城ならば、短兵急に攻懸ルへし。遅々すれば、内外より狹(ハサ)ミ討レて、大に難を受ル事あり。此故に急々に落城有間敷(マシク)見詰ル時は、速に圍を拂て退ク事もあり。時宜の權謀に因へし。

○山城なとは表通りのミ普請を丈夫に構て、後(ウシロ)は山を恃(タノン)て普請を加さるもあり。其樣子ならば、前より手ひとく攻懸リ、別に人數を後(ウシロ)の山江廻シ、笠(カサ)より落シて破ル事あるへし。

右の外、城により、時により、敵により、勢の多少にも因て、種々の攻方あるへし。筆紙に盡シ難キ所也。多ク軍記を讀て、自ラ極所に至ルへし。

○城中の計策にて、寄手に日數を送ラスべき爲に、種々の方畧を施ス事あるへし。明に祭シて、取はかるへし。

○敵地江踏込時は、村里の人民軍兵の亂妨(ランボウ)を患て、家財妻子を引纏(マトイ)逃(ノガレ)隱(カク)して、且恐レ、且怨ムもの也。然ル故に敵地江踏込ては、軍兵の亂妨を嚴に禁シ、國民江指も指せぬ樣にする事也。扨人民等逃隱レたらば、處々に高札を立て、嚴ク軍兵の亂妨不作法を禁シたり、早々立歸て住居せよト云趣を書付べし。若違背して、亂妨する者あらば、立所に斬て、其處に梟首(ハリツケ)シ、其地の人民に安堵なさしむへし。如此なれば、敵國の人民信服して思ヒ付也。清正、此所を呑込たる故、朝鮮の土民、親附して軍士ト親ク交リシ故、清正の軍士は陣用に事欠事なかりシト聞及リ。清正の軍法貴へし。

○城を圍ントする時ハ、まづ後詰の來ルへき道筋を考て、別備を設ケ、押の人數を置て、其後城を取卷へし。

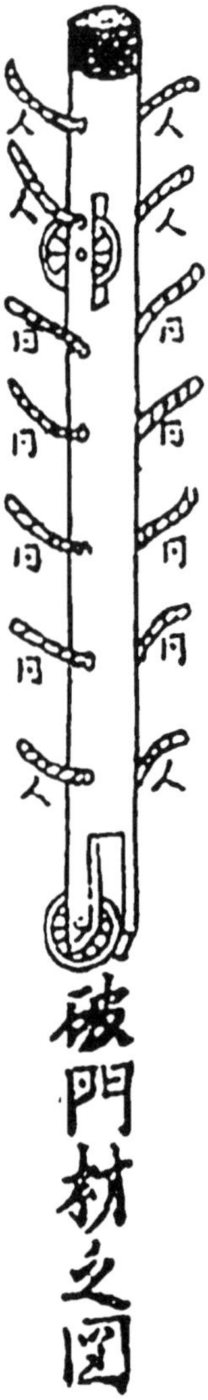

破門材之圖

〈圖 11-1〉

○ 城攻の時、向城を二三ケ所も取事あり。其普請は馬防の溝を掘、虎落を振て事足也。隨分便利にかしこく取るへし。

○ 城近ク押詰てハ、必油断する事勿レ。蟄際(ツボミギワ)の一戦とて、名殘の一軍して引籠ル敵あり。此一戦ハ寄手を散ス歟、己レ追籠(コメ)らるゝ歟ト運固(ウンカタメ)の軍なれは、一段手ひどきものト云リ。心得あるへし。

○ 城近ク陣を張には、城卜陣[1]卜の間に森林なとあらは、其蔭に陣スへし。城より直に見渡ス所ハ、大筒の氣遣あり。

○ 城卜陣卜の間は、定法なしと云とも、近キは五六町、遠キハ十四五町なるへし。尤敵城に近附て陣する時ハ、繁(シゲ)ク物見を置て、敵城の様子等を注進せしむへし。

○ 城攻の法、當時諸軍家の傳授にも、攻具、殊の外不足也。堅固なる城程、攻具拙クては拔難キ事なれば、傳授受たる攻具の外にも、猶書籍を考見て、了簡の上、城地の高卑[2]、又は普請の巧拙等に因て、新制作あるへき事、良將の器ト云べし。

○ 城攻は、門を破ル歟、塀を倒ス歟、石垣を掘(ホリ)崩ス歟にあらされば、破レロ附さるもの也。此故にまつ此三所を破ル工夫を爲へし。然シなから門塀を破リ、石垣を崩スにも、寄附されば叶わさる事也。此故に先仕寄道具を制作する事、第一の事なりと知へし。

○ 仕寄道具は、厚板にて箱を拵、車を仕附て、此箱の中江

1　저본의 원문은 陳이지만 문맥상 陣이 아닐까 생각한다.
2　원문은 畢(마칠 필)로 적혀 있지만, 문맥상 卑(낮을 비)를 잘못 적은 것으로 보인다.

人を込て仕寄あり。亦一等精キ
ハ、右の箱の外面を生牛皮(ウシノナ
マカワ)、生野猪皮(イノシヽノナマカワ)
にて張固メて用ルあり。又大楯(タ
テ)に車を仕附て、十四五六人一齊
に推寄あり。持楯(モチタテ)にて押
寄あり。竹束(タバ)にて仕寄あ
り。又阿蘭陀(オランダ)流に被(カブ
リ)楯あり。生牛皮にて持楯の如ニ
拵、仕寄時は腰を傴(カヾメ)て是を
背上に被(カブリ)、首より尻迄覆
て、數百人連續シ手に手を取組
て、城江寄付事あり。此等の器械
猶工夫の上制作あるへし。

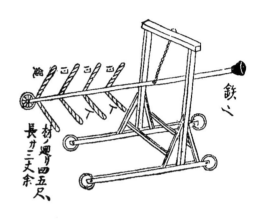

鳥居撞の圖

材ノ廻リ四五尺、
長サ三丈余

鐵ハ

〈圖 11-2〉

　○ 城門を破ルには、廻リ三四尺、長三丈計の大材の頭を鐵にて張固メ、
彼ノ大材江車二ケ所仕附、大材の左右に數ケ所綱を附、五十人にて此木を
牽(ヒキ)、城門江推向(オシムケ)て、一齊一力に突懸て打破ル也。尤此木を牽
(ヒク)武夫は、人毎に持楯を持て、矢石を防なから仕寄へし。扨門を打破ル
に於ては、材も楯も打棄(ステ)て、無二無三に城内江切込へし。是を大功ト
ス。重賞(オモキホウヒ)あり。(〈圖 11-2〉, 譯者註)

　○ 亦阿蘭陀流に城門の際、或は石垣の角の所江鳥居形を仕立、此鳥居江
大材を釣リ、其大材の端、地に引所に車を仕附て、走リを能シ、鐘を撞
(ツク)仕懸の如クして、扉を打碎キ、又は石垣の角石を突抜(ツキヌク)事あ

〈圖 11-3〉

り。惣して、此類の制作、猶工夫あるへし。

　　○ 柴薪を門の際に積累(ツミカサネ)て、火を懸、城門を焼破事あるへし。又棒(ボウ)火矢、數火矢、亂火等を以て焼破事あり。其法は第一巻目の焼討の所に委シ。

　　○ 城を攻ルには先堀を埋ムへし。埋草ハ、在家を毀(コホチ)、亦は柴(シバ)、萱(カヤ)、疊(タヽミ)、席(ムシロ)の類を用ル也。又土俵を夥ク拵、數千萬人に一俵づヽ持せて、火急に打込て埋ル事もあり。都て埋草の打込様は、亂散に打込事勿レ。一所江纏(マト)メて打込(コミ)、道に成様にすへし。

　　○ 塀を破ルには切破ルあり。熊手(クマテ)、鎌等を引懸て引倒スあり、大槌にて打破ルあり。又綏(ユル)キ時ハ、柱を三四本、土際より挽(ヒキ)切て、引歟、推歟すれば、倒(タオル)る也。又細引(ホソヒキ)の先(サキ)に、三叉(タマ)四叉の木枝を結付て、百條(スチ)も二百條も打懸て、一齊に引ば引倒(タヲ)スト云リ。(〈圖 11-3〉, 譯者註)

　　○ 塀を乗には、階子にて乗あり、手を懸て乗あり、行天橋ト云物にて乗あり。(〈圖 11-4〉, 譯者註) 此外、楯に横(ヨコ)木を打附て、階子の代リに用ルもあり。又一本の材木に刻(キザミ　キツカケ)を附て塀江倒(タオシ)懸て乗もあり、各様々也。大佛定直、千劍破(チハヤ)城を攻ル時、二十余丈の梯(カケハシ)を造て、切岸江打懸たる事もあり。考べし。ゲレイキスブックに、守攻の具甚精詳也。見合て制作あるべし。

　　○ 石垣を崩スにハ、仕寄道具にて寄附(ヨリツキ)、鐵手子(カナテコ)、又は

鶴の嘴にて崩スヘし。隅(スミ)石を一ツ二ツ掘抜(ホリヌケ)ば、余ハ崩レ易(ヤスキ)もの也。清正、此働を得手たり。亦上に出セル鳥居撞(トリヰツキ)にて崩スヘし。

○ 櫓、或は塀等を崩スに、化粧棚(ケシャウタナ)ト云物を込みなから、掘入事あり。其の形、☖如此。右の木を數多拵、掘入に隨て、段々込なから、思フ所迄掘込て、扨穴の内に薪萓の類を累て、火を懸れば、化粧棚焼折(ヲレ)て穴崩る故、櫓も塀も打倒ルト云リ。

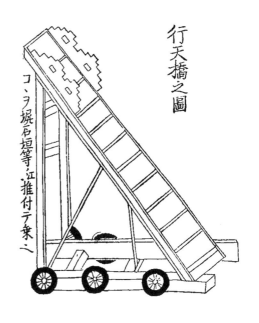

行天橋之圖

コ、ヲ堀石垣等ノ江推付テ乘ヘ

〈圖 11-4〉

○ 火攻は、大風の時、風上より在家在家江火を懸て、其火氣にて城を焼也。若又、在家無時ハ、竹木を山ト積上て火を放スヘし。

○ 水攻ト云に二ツあり。一は、水無山城なとにては、城外より水を引て用ル事あり。其水源を断切、城中に一滴の水も無様にして、攻ル時は、沽渇に苦て落城に及フ事あり。一は、水吐(ハキ)悪キ城地をば、卑キ方江長堤(ツ丶ミ)を築て、高キ方より水を注(ソ丶キ)懸れば、城地水に浸(ヒタツ)て落城する事あり。太閤、此術を致されたり。但シ堤ト城トの高低(タカヒク)は術を以て能計ルヘし。若堤卑クして、水を注ても城を浸サ<ざる時は、勞して功なきのミならず、千古の笑トなるヘし。

右の外、攻具、攻様、幾計(イクハク)もあるヘし。時に臨て制作すべ

し。攻具の制作も新規に致されさる程の拙サにては、所詮、果敢(ハカ)果敢敷(シキ)軍ハなる間敷也。扨右の外に城攻に心得べき事ともあり。左に記ス。

　○　城攻は、鐵炮を連放(ツルベハナシ)、貝大鼓等を鳴シ、一齊に攻懸ル躰を見セ、又諸方の攻口汇人數を向て不断タヱ取合セ、又は忍を入て城中を騒動させ、又は火矢、大筒等を打懸て、膽(キモ)を冷(ヒヤ)させなとして、新手を入替入替、晝夜一二日も悩ス時は、城中大に疲るもの也。其鹽合を能見定て、惣懸にして手ひどく攻ル時は、利ありと知へし。但し、如此攻ル時は、人數を數百手に分て、役定メを為て働へし。

　○　城中より和睦(ワボク)、降参(カウサン)等を望ム時ハ、能、眞僞(マコトイツハリ)を察シ、事情を明メて了簡を廻シ、取扱へし。後詰の來ル迄、日數を送ルへき為に、如此計ルあり。又油断させて不意を討べき為に如此計ルあり。能々察スへし。

　○　敵將城を出て、おめおめと降參する事もあるへし。眞の降を殺スは不明也。僞の降を助ルも亦不明也。初メにも云如ク、降人の甲冑、又は時勢等を能考計て、取扱へし。是を明察ト云。

　○　城中の大將分、腹切て殘ル人數を助ケ度ト望ムもあるへし。城を渡シて明(ア)ケ除(ノキ)度ト望もあるへし。是又能察シて越度なき様に可取計。

　○　兎[3]にも角にも、此城を枕トして討死ト覺悟を極ル敵もあるへし。ひたもの突て出ル敵もあるへし。後詰を待敵もあるへし。能敵の模儀(カタキ)ト事備トを察シて取扱へし。

3　저본의 원문에는 兎으로 적혀 있는 글자가 붉은 글씨로 兎로 수정되어 있다.

〇 城を落シては、城中の人を憐て、軍兵の亂妨不作法等を嚴ク禁シて、安堵なさしむへし。又は時宜に因て、城中の人をば悉ク出シて味方の列に入れ、城江は別に武功の者に人數を添て入置事もあるへし。

　〇 降を請者には、或ハ領地を取上て、命計を助(タスケ)ルもあるへし。又は半地、又は本領安堵の約束等時宜に因へし。

　〇 大に猛威を振ヒ、近國を震動する時は、大祿の者は、所領を失へき事を恐レ、小祿の者は、鏖(ミナコロシ)に成へき事を恐て、必死に思ヒ詰、降參も致サさるもの也。箇様の時に城々舘々を悉ク屠(ホフリ)落サントする時ハ、日數も懸リ、人數も損するもの也。此故に軍畧者ハ、其張本人さへ仕伏セたる上は、自余の者は命ハ云に不及、所領ともに只今迄の如クなるへし。安堵致シ早々罷出て、大將に可謁ト所々に高札を立て、寛仁の腹中を示スべし。太閤の九州攻なと、此心持なり。

　右城攻の大畧也。猶古蹤を考見へし。

　第十一終

籠城付守具

籠城ハ、まづ、大將たる者覺悟を極ムへし。元來籠城の趣意ハ、大敵吾が國江押來レとも、味方小勢にて、對應(タイヤゥ)ならさる故、地形を人數の代リに用ヒ、引籠リ居て、敵を計ル事也。又大敵ならずとも、度々の軍を仕損て籠城に及フ事もある也。扨籠城ハ、善守て、城を抜(ヌカ)レさるを主トする事なれども、守ルにのミ泥ム時は、いつも請太刀に成てあえなく攻落(セメオトサ)るゝもの也。此故に、兵を知者の籠城ハ、或ハ城中より夜討を仕懸、又は敵の油断を見切て不意に突懸リ、或ハ根無言を風説して、寄手の氣を疑セなとする事のあるは、城中仕懸太刀に成て、敵を請太刀に為べき術也。是良將の籠城也。

〇 籠城に大將の覺悟ト云は、必死の覺悟を極ル事也。初に云如ク、大敵に圍るゝ歟、又は度々軍を仕損シ、精力盡て籠城に及事なれは、運を開ク事ハ覺束(オホツカ)なき事なれとも、能必死の覺悟を究メ、能守攻の術を呑込て守ルにのミ不屈、能臨機應變して敵を計ル時ハ、寄手を追崩て、運を開ク事もある也。尤大將必死の覺悟極ラずんば、籠城も詮なき

事也。面を掻撫(カキナデ)て降を乞べし。

○ 籠城の時、番頭以上歴々の諸士、必死の覺悟を極メ兼ル者をば、實義評定ト云て、歴々寄合て餝りなく評議して、愈極メ兼ル者をば、實意を以て落シ遣スべし。然シなから、其徳無して妄リに仁に似たる事を行へば、其虚に乗シて敢勇の士も、臆病心を生シ、皆落支度に成事もあるべし。然ル故に必死を極メ兼ル者を切棄にして、諸歴々の心氣を引立ル事もあるへし。此所は大將の徳ト不徳ト、明ト不明トにある事也。扨尋常の軍士、亦ハ倍卒等、必死を極メ兼ル者はをば、五人組より其わけを言上して落シ遣スへし。但シ、訇(ハシ)リ辱(ハッカシメ)て、恨を含(フクマ)しむる事勿レ。恩言をあたへ、或ハ運をひらかば、歸参せよなと、云含ムへし。如此なれは、其人出テも耻の心ある故、城中江讐(アタ)をする事なきものなりト云リ。

○ 籠城ハ、人の和第一也。地之利不如人之和ト云て、何程要害善(ヤゥカイヨキ)城に籠ルとも、上下不和なる時は、内より破レを生スル故、持恔ル事、決して不成事也。扨不和とハ、疑(ウタガウ)間敷人を疑ヒ、罪(ツミ)すましき者を罪シ、與間敷にあたへ、可與に不與、可賞(シャウ)を不賞、賞ス間敷を賞するの類也。是等の事あれば、下たる者、上を怨ム也。下たる者、上を怨メば、諸士、ふて心附て、何事も精に入ル事なし。精に入事なき故、守術もおろそかに成て、敵にも破ラレ、又内亂をも生スル也。此故に鐵桶(クロカネノハコ)の如キ堅城に籠ルとも、人和を失へる大將ハ、忽チ踏落さるゝと知べし。然ル故に、籠城第一の道具立は人和也ト、古の名將たちの言置シ也。扨人和ト云に、世人の心得違あり。まつ和ト云ば、上の人柄(カラ)、わけもなく柔和にして、訇(ハシリ)罵(シカル)

の聲なく、此に小恵を行ヒ、彼に小憐を加フ、亦下たる者も何の謂レも
なく、上を親(シタシミ)悦(ヨロコヒ)、其上、朋輩同僚迄も異言なく、睦キ
をのミ和ト心得ルなり。和なる事は、和なれとも、樵父(ヂ丶)、漂母
(バ丶)の和にして、城主の和トハ別種也。扨城主の和ト云ハ、軍士悉ク智
仁勇の趣を呑込、法を守リ果敢(クハカン)を旨トシ、人々皆勇にして和
ス。是武將の和也。樵老漂母の和ト天地懸隔なり。

　○　籠城するには、蟄際(ツホミキワ)の一戰あるへし。其趣意は、城攻の
卷に云ル如ク、ひたもの利を失ヒ、段々推詰られて、籠城に及ブ事、無
是非次第、無念至極なれとも、對應(タイヤウ)する事もならす、亦面を搔
撫(ナテ)て降参も仕難キ趣意あれは、一二を不論引籠事なれとも、未タ城
を敵の不圍以前に逆寄(サカヨセ)に蹴散(ケチラシ)、敵を拂(ハラウ)事もある
歟。たとひ不拂とも、武運傾て引籠ル事なれば、是非に名殘の一戰ト思
ヒ詰て、手ひどき一軍を為ル事也。扨戰べき圖は、敵の折着べき場所を
見切て、未タ後勢の着到せざる所を討べし。次には城近ク押寄ても、未
タ列(レツ)を不成所を討べし。次には夜討すへし。夜討に四の圖あり。夜
軍の條に詳也。扨此一戰に召具ス人數は、中にも勇敢の者を撰て、短兵
急に取懸ルへし。騎歩ハ、臨時の見合次第なり。

　○主將の留守ハ、人數も不足なるものなれば、變動の事ありとも、十
に八九は防戰の心懸なるへし。然ト云とも時宜に因てハ、早々人數を出
シて打拂事もある也。留守城代の戰畧にあるへし。

　○日本諸流の篭城、多クハ城下の商家、亦ハ近村人民の穀帛、鹽噌並
に薪に成へき物、或ハ耜鍬(スキクワ)の類迄悉ク城中江取入て運を開ば、一
陪にして返スべしト約束を定ルト云リ。ケ様の事は己レより民心を離ス

仕形にて、不出来(フデキ)なる事なれば、襃(ホメ)たる事にあらず、然ト云とも、當時日本風にて蓄[1]積(タクハヘ)の政に疎ければ、箇様の事を為して、粮兵、布帛、鹽噌等を用意するにあらざれば、外に、穀帛、鹽噌等を蓄[2]ル術なし。此故に政道の沙汰はしばらく差置て、日本風の籠城には、箇様の事を手間疾(テマトク)する事、籠城第一の支度なるべし。正成、近江國の穀を取て、叡山江預ケ置たる事も此心持ちなり。扨右のわけなる故、急に臨(ノゾミ)、七転(テン)八倒(トゥ)して運ビ入(イル)るより、積年の心懸にて、連々に貯置ば、籠城に臨て騒動する事もなく、其爇際(ツホミキワ)も立派(リッハ)なるへし。是亦城主肝要の心懸なるへし。

　　〇 上にも云如ク、城下並に近郷の穀帛を運ビ取事なれとも、火急の籠城歟、饑饉年の籠城には運入へき米穀もなかるへし。然レば、大變の備に兼て蓄[3]積あるへき事也。扨米穀を貯ルには粟(モミ)にて、俵なしに直に箱倉江入て貯へし。數十年を經ても、蟲食ざるもの也。【六尺四方の箱倉に三十石を入也】勿論、祿に應して、籠ルへき人數を兼て計(ハカ)リ置て、粮米を貯へし。たとへば千人籠ルへき見詰ならば、千人一年の食ハ現米五千俵、粟にて一萬俵也。右の積リにて、上ハ三年分、中ハ二年、下は一年の貯あるへし。齊の田單ハ、二年城を持㤰(コラヘ)、雲州の尼子は、六年籠城したり。是人和ト粮食トの二ツを得たる故也。貴ブべきの至なり。

　　〇　　粮食の事ハ、和漢其説多ければ、新に説に不及事なれとも、初學の為に大畧を言也。先粟の事は、始に云ルか如シ。其外、粱(アハ)、稗

1　원문은 畜으로 적혀 있다.
2　원문은 畜으로 적혀 있다.
3　원문은 畜으로 적혀 있다.

(ヒエ)、麦(ムキ)及ヒ黍(キヒ)、稷(モロコシ)、大小豆、皆貯べし。又糒(ホシ
イ)を好(ヨミ)トす。糒は百年を經(フ)ルとも朽損なきもの也。小子、安永
中に、萬治年制の糒を食て試たり。只其性軽ク成のミにして、曾て異味
なし。此外乾肉(ホシシヽ)、乾魚(ウヲ)、乾菜(ナ)、木の實等迄、貯へし。
○ 鹽は大瓶(カメ)に入て貯レば、一塊(カタマリ)に成て百年をも有(タモツ)もの
の也。是又萬治の鹽を見たり。

　○ 味噌は鹽を強クして三年味噌に仕込、四年目々々順繰に取替へし。○
城中には栗(クリ)ト澁(シブ)柿を多ク植へし。栗ハかち栗に造リ、澁柿は釣
乾(ツリホシ)に造ルへし。亦一飢を救(スクフ)也。○ 粟(モミ)ト糒トハ、收納の
二百分一を年々貯へし。二百分の一は、萬石より五十石を貯ル事なれば、
心易キの至なり。但シ是程の貯も致レぬ程の不經濟(フサシクリ)ならば、所
詮、軍もよしなき事也。城を進物にして、早々匹夫ト變するも可然也。

　○ 籠城に外の味方より兵粮を送リ來ルとて、猥リに、人夫ともに城中
江入しむる事勿レ。味方の割符、合印等を見合せ、俵の中を改メて後、
城中江入シムへし。油断する事勿レ。正成ハ、甲冑、兵器等を俵にし
て、敵方の者の眞僞(ネ)して、湯淺が城中江運び入レ、入リ濟(スマ)して
後、俵の中より兵具を取出シテ、物の具固メ、城中を切立て、其城を落
シたる事もあれば、能心を附へき事也。扨又、兵粮入の時、附入を心懸
ル敵あり。其様子ならば、早ク門外江人を出シテ、俵の中を指改メ、眞
の兵粮ならば、早ク引入へし。然レとも其人に油断する事勿レ。短刀に
ても挾(サシ)來らば、其短刀をば奪取へし。其外心の附様種々あるへし。
怠ル事勿レ。

　○ 上に云如ク、粮米も多ク、人も和シ、守術も巧ミにして、數年城を

落されさるは、善なる事は善なれとも、只持怺(コラヘ)たるばかりにては、善(ゼン)の善とは云難シ。持怺たる上に、能計て、寄手を追拂を善の善ト云也。然レとも、是は至極の妙所也。たとひ敵をば拂はすとも、二三年モ城を持怺ル事、中々凡將のあたはざる所也。籠城の將帥、能々思へし。

〇 城門を開て討て出べく思フ時は、まづ矢炮を發シ、又は石なと落シ懸て、敵の四度路(シトロ)に成を見すまして、脱兎の如ク突て出へし。但、騎歩ハ、地形と時宜に因へし。

〇 籠城ハ、一曲輪(クルワ)切に討死ト思定ムへし。三の丸より二の丸、二の丸より本丸ト、次第に引入ものにあらず。是籠城第一の覺悟也。

〇 境目の城を敵より圍ム時は、本城より時日を移さず、後詰を遣ス事なれば、是非持怺ル事、境目城番の覺悟なるへし。

〇 籠城して敵を悩スにハ、度々夜討をするに如はなし。但引返して入へき小口江は、迎(ムカィ)備を出シ置べし。

〇 塀裏(ウラ)人數配リハ、まつ塀裏に役所を懸ならべ、頭々の旗、馬印等ハ、面々の役所の前に立置也。人數組は上に云如ク、愈嚴密に定メ置て、笠胄等の相印も省(ハブ)ク事勿レ。扱人數は、塀一間に三人づゝ配ルへし。倍率無(ナキ)人數組ならば、五伍二十五人に塀裏八間、百人頭一組に三十二間守スへし。亦倍卒ある人數組ならば、一伍五人を一組トして、倍卒の數を計リて、塀一間に三人の割にて、塀裏を渡スべし。勿論、人數有余ならば、一間に四人五人も配ルへし。但塀裏に板を懸て、誰組某々(ソレガシ)守リ場ト書付へし。倍卒あらば、倍卒の數も、面々の名下江書付置へし。

○　右の如ク、塀裏、人數配リを定メ置て、如何(ィヵ)なる變動(サハキ)ありとも、己レが持場(モチバ)を立去事勿レ。下知なきに立去者ハ罪ス。

○　士卒十人に一人の頭を添て、都合十一人、是を一組の遊軍トして、一丸に二三組乃至(ナィシ)十組も設置て、不斷塀裏を見廻リ、寄手、手ひとく攻懸ル所江、本人數に加って防クへし。此法甚便利なる人數定メ也。

○　平生敵の攻寄さる時ハ、倍卒無の組は二十五人より三人づヽ立番シ、倍卒ある組は、一伍の惣人數より三人づヽ立番すべし。但シ倍卒のミ立番に用ル事勿レ。五人の主人の内一人づヽ加リて勤ムへし。夜も同前也。但夜中は、遊軍の中より助の夜番を出スへし。都て此物見立番は甚大切なる役也。怠ル事勿レ。

○　敵攻かがらさる時も、塀裏の人數申合て半(ナカバ)つヽ甲冑すべし。怠ル事勿レ。怠ル者は罪ス。

○　遊軍も四組あらば、二組づヽ替リ番に甲冑すべし。是又怠ル事勿レ。

○　晝夜ともに立番夜廻リの者、敵の攻懸ルを知て、相圖の鳴物を鳴さば、本人數、遊軍ともに、甲冑を脱(ヌィ)て休ミ居たる輩も、早ク物の具固メて、各持場江相詰べし。怠ル者ハ罪ス。

○　夜廻リには足輕を用べき事なれとも、總人數疲レたる歟、亦は軍士不足なる時は、百姓町人等の物に動ぜぬ老年の者を用べし。是は三人を一組トして、十組も二十組も設て、東五組、西五組などと定置(オキ)、晝夜引も不切(キラ)、塀裏を廻ルへし。尤一曲輪切に設置へし。扨此廻リの人數は、塀裏の本軍士ト相横目に成て、互に懈怠を戒ムへし。

○　百姓町人の壯者を撰て、二十人を一組トシ、頭一人添て是を火消役に用て、一丸に二三組も設へし。扨城中失火、又ハ敵より火矢等を打懸

ても、塀裏の本軍士ハ云に不及、遊軍迄も少モ火の方江拘ル事勿レ。愈(イヨイヨ)持場を念入て守べし。扨城中ハ云に不及、城外たりとも失火(クワジ)焼亡あらば、夜中たりとも惣人數起(オキ)て甲冑すべし。

籠城の趣意、又人數配(クバリ)の手あて等、右にて大槩事足也。是より下、守法守具を記ス。何レも工夫を加へし。

○ 塀裏の扣柱の上の貫江板を渡シて矢炮を發(ハナ)シ、石を落ス足代(アシシロ)に為(ナス)へし。石打の役ハ百姓、町人又は倍卒の物馴たる者を用へし。

○ 城中の小路小路にハ、虎落(モカリ)を結置(オキ)、印無(シルシナキ)者ハ通行する事を禁ズ。忍を防ク用心也。

○ 塀裏は、一間に三人の積りなれば、飛道具も不足にて思フ儘に發(ハナ)シ難キ也。然ル故に手ひどく寄手を射(イ)しらまさんト思フ時ハ、塀裏一間に鐵炮三挺、弓二張、矢五十本、玉三十つゝ配リ置、大敵攻寄時、塀裏の足代又ハ狹間(サマ)より、すき間なく發シ懸へし。敵甚ひるむ也。

○ 塀裏は、武者の守ル所もあり。足輕の守ル所もあり。又百姓町人等の守ル所もあるへし。人數の多寡は、城の大小ト大將の方畧トにあるへし。

籠城に用意すべき品々

○ 塀裏に六七百目より四五貫目迄の石を夥ク積置べし。大石は落シ懸て近寄者をひしぎ、小石ハ石彈(ハヂキ)にて飛せて敵を惱スへし。

○ 砂石を多ク積置、近寄者江炒(イリ)て打懸へし。

○ 穢汁、糞汁溜(タメ)置、沸(ワカ)シて敵江灑(そゝ)キ懸へし。

○ 乾土(ヒッチ)ト灰(ハイ)ト相和シて貯置へし。近寄者江振ヒ懸レば、目

514　해국병담

鼻ニ入て難儀する也。

○塀裏に五十目百目の大長筒を設置て、大將をねらひ打にすへし。但シ長サ八九尺なるへし。

○門櫓(ヤグラ)、其外、諸役所及ヒ倉廩の近邊にハ、水槽(フネ)、水桶等、又ハ溜池等を設て、水を貯置へし。火矢、失火等の用心也。

○藁を竿(サホ)の先に結付て、火を消(ケス)具に用へし。

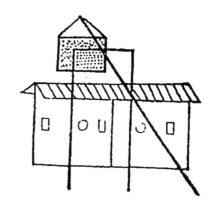

〈圖 12-1〉

○龍吐(リウト)水、水彈(ハチキ)の類用意あるへし。又古キ椀(ワン)を夥ク貯置へし。水を拯(スクフ)て物ニ投(ナゲ)懸ルに他の器物より一段よろ敷もの也。

○塀裏にハ、折目折目毎に、大材木三十本、小材木百本、大板三四十枚、小板二三百枚、竹千本、土俵二百俵、縄千尋(ヒロ)、大釘萬本、錐(キリ)五十本、金鎚(カナツチ)五十、耜鍬(スキクワ)五十挺づゝ、鑿(ノミ)、鋸(ノコキリ)、斧(オノ)、大槌(ツチ)等悉ク用意あるへし。塀石垣等を打破られたる時、急(キウ)普請(フシン)に用へき為也。

○厚綿の蒲團(フトン)様の物、亦ハ藁籍(ネコタ)の類、横六七尺、長五尺余に拵、塀の上より四五尺向ニ桔橰(ハネキ)にて指出シテ矢炮を防キ、其身は塀の上より乗出シテ、塀、石垣等の際(キワ)ニ寄付ク敵を討べし。桔橰木の圖、左の如シ。(〈圖 12-1〉, 譯者註)

○ 石を彈ク具あり。第一卷水戰の條に其圖を出ス。又山城は大石を轉(コロバ)ス事あり。又阿蘭陀流に手自(テッカラ)石を擲(ナゲウチ)事あり。又クルリを以て塀石垣江附、人を打ナグル事あり。両圖を左に出ス。（〈圖12-2・3〉, 譯者註)

クルリの圖 或ハフリ打トモ云。

右守具の大概也。猶武備志、兵衡、鈐錄、ゲレイキスブック等見合て新制あるへし。

○ 籠城の時、城下近郷(キンガウ)の民屋(オク、イエ)を悉ク焼拂ヒ、又攻具に成(ナル)へき材木耜鍬(スキクハ)の類をば、悉ク城中江取入レ、又井の内江穢物毒物等を打入レて、寄手に事欠する事もあるなり。異國にて、是を清野の術ト云也。

○ 又異國に堡ト云て、城外六七里【但シ日本道ナリ】の所に陣屋(ヤウガイ)構を設置て、籠城の時、城外の人民の隠レ所トする事あり。面白キ法なれとも、日本の氣象にてハ行ヒ難ク思わるゝ故、詳なる事は不記也。然ト云とも志あらば、漸々に制するも失政と云にはあらず。可考。

○ 國中に國主の倉廩(コメクラ)、又は大社、大寺等あるもの也。平生心を用て普請を加置て、軍事ある時は、出張(デハリ)の要害に致スへし。

右の次第にて籠城の支度大㮣事足ル也。猶和漢名將の籠城の方畧を見聞シて、工夫を附へし。扱又此上に大事の心得あり。都て籠城に及

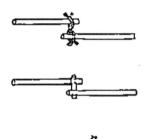

クルリ之圖。
或ハフリ打トモ云。

〈圖 12-2〉

フ歟、又ハ度々軍を仕損れば、將士ともに心氣鬱屈(ウックッ)して不伸(ノビ)もの也。心氣伸さる時は、軍ハ云に不及、普請、防術等迄、果敢果敢(ハカバカ)敷、仕難キものなれば、將たる者此所を能呑込て、自身ハ云に不及、士卒諸軍に至ル迄、力を不落(オトサ)様に取あつかう事、兵士を提ル人の機轉器量なるべし。漢の

阿蘭陀人石擲
普古之図

〈圖 12-3〉

高祖は項羽ト七十三度戰シ、內七十二度負(マケ)て、七十三度目に項羽を滅シたり。然ルに七十二度の負、八ケ年の間、少モ心氣を落シたる事無して、終に飛龍の業を成就し給へり。又、義經、没落して奧州江下ル一路(ミチスカラ)、主從ともに鬱氣して、力も脱落したるに、只弁慶のミ時々狂言を発シて人を笑ハせ、又は若輩(ジャクハイ)なる口論を仕出シて、人氣を引立なとして、危キ道中を難なく奧州迄到着したり。是ぞ弁慶が智識だけにて、大切の所を能呑込たる故、如此狂言狂行を為たる也。一通リの勇僧トのミ思フ事勿レ。可貴。

　第十二終[4]

4　여기까지가 해국병담(海國兵談) 제2책에 해당한다.

操練

仙臺 林子平 述

　操練(ソウレン)とハ、軍を出ス時は云に不及、太平の時にも、人馬に軍の仕形を教置事也。異國にてハ周に是を治兵ト云、唐に教旗ト云、明に操練と云、皆同事也。日本の古は、都に鼓吹司(クスイシ)を置、國々には、軍團(タン)を置て、軍事を教シ事史書に見ユ。其外犬追物、牛追物、又は虛(ヶ)道なと丶云事も操練、教旗の心持也。孔子モ以不教民戰、是謂棄之ト宣リ。然ルに近世日本に操練の事絶たり、危シト云べし。其故は、弓馬、鎗刀の小武藝たりとも、稽古せざれば、其一藝不取廻(マワシ)なるもの也。況ヤ、天下分目の大武藝を、稽古なしに働ク事は、不吟味の至なるべし。大將たる人、能々思惟あるへし。異國にてハ、末世になりても、能操練を致スト見へたり。其証據ハ、太[2]閤の朝鮮征伐は、明の萬暦中にて、其國、數十年太平續(ツヽキ)たる時なれども、明より朝鮮江加勢に來シ軍勢ども、其動止(トウシ)駈引(カケヒキ)甚自在にして、一身を

1　안쪽 표지에 '欠丁 卷一五 第二七八丁ウラ'라 적어 놓은 添紙가 있다.
2　저본의 원문은 大로 적혀 있다.

使(ッカ)ウか如シとて、日本の諸將、大に驚かれたり。又近世明和の頃、唐山(カラ)福州江漂流して、三年にして、日本江帰りたる者ともの物語を聞シに、南京省に逗留の間、軍の稽古を度々見たりと云リ。今の清も、康熙以來、百余年の靜謐にして、其上、南京省ハ京師を去事、四十日路の邊鄙(ヘンヒ)なれとも、右の如ク軍事を不棄(ステ)事、手あつき政にして可羨事とも也。扨、日本の軍ハ操練もなく、軍法も疎なり。只國土自然の英氣にまかせて、其鋒(ホコ)先鋭(スルド)なるのミ也。唐山の兵と接戰せば、一旦の勝利を得(ウル)とも、久ク戰て位詰(ジメ)に逢バ、軍法嚴重(ケンヂウ)ならざるゆへ、必瓦解(シゼンクツレ)して壞ルへし。兵を用ル者、此所を能會得して、操練軍法忽にする事勿レ。操練の仕形、左に大畧を記ス。猶廣ク考て教へし。但シ細なる事に不泥(ナツマ)、大筋(スヂ)をたしかに教へし。

○ 操練するにハ、まつ操練すべき場所を設べし。大槩大なるは、方六七里【六丁一里也】小なるは四五町、十町許なるへし。國の大小、人數の多寡に隨へし。是を大馬場ト云。但シ此大馬場ハ、惣人數を集(アツメ)て、大操練(ソウレン)する所なれば、一年に二度致スべし。【二月八月】其余の小操練は、末卷に圖する大學校(カクカウ)の内にて教べし。其教法も末卷に記セリ。

○第一、八卷目に云ル所の押前、陣取の次第、亦は野陣の張様なとを教へし。

○ 次に惣軍兵、陣屋に居時、陣觸の趣を操練すべし。其仕形、薄板(ウスイタ)へ明幾日、何の刻、何方江出陣ト書、但出陣の宛(アテ)所を除ク事もあるへし。此札を三尺計(ハカリ)の竹に挾(ハサ)ミて、昇(ノホリ)の如クする

也。右の昇を本大將より一札を三人宛(ッ丶)に持せて、番頭江遣ス也。但番頭七組ならバ、右の札を七枚拵て、一頭江一札づ丶遣ス也。勿論使の者、直に番頭江對面して相渡シ、扣(ヒカヘ)居なり。其時、番頭自筆にて姓名承ルト書て、別に使者を仕立て、手下の百人頭江遣ス也。其時百人頭自筆にて書付ル事、上の如シ。但百人頭、幾人ありとも、番頭の使者持廻ルへし。段々持廻て打止(トメ)の百人頭より持歸て、大將の使者江返スへし。大將の使者是を持歸て、直に大將軍江納ムへし。扨百人頭は各右の札を寫シ取て、手下の小組頭共を呼集て、右の札を見せて、其札江受(ウケ)書をなさしむへし。小組頭は又其札を寫て持歸リ、手下の首立五人を呼集て、右の札を借與べし。五人の首立右の札を借(カリ)帰て、面々の組合四人の軍士共に見せて、其札に皆爪判を取て、右の札を小組頭江返スへし。如此すれば、百萬人の軍士ト云とも、一々受判を取て、たしかに知らせらる丶也。

○次に貝の吹様を教へし。其法一番貝は起シ也。起て飯の用意すべし。二番貝ハ、支度也。身堅スへし。三審貝は揃也。出て陣門に揃て、大將の出ルを待へし。扨貝に種々の吹様有て、其法繁多(ハンタ、シケシ)なれとも、戰場の騒(サハカシ)キ中にて、細(コマカ)なる相圖ハ、聞分難ク、却て間違(マチカイ)の端トなる事もあるべき也。然ル故に、只貝は貝トばかり定べし。但シ急(ミチカ)長(ナカ)の二通リに吹分ル事ハあるへき歟。

但出陣に貝、梆子木(ヒヤウシキ)等の鳴(ナリ)物を一向に禁して、ひそかに出陣する事もあり。此躰も又操練あるべし。

○次に大鼓の作法を教べし。其法敵間四五町より二三十間に詰ル迄は綏(ユルク)打也。大概太鼓一聲に一歩(アシ)はこぶ法なるへし。扨敵間二三

十間に詰(ツマリ)てハ、双方睨(ニラミ)合て武間(モノアイ)詰リ兼ルもの也。其時は居敷(ヲリシキ)て弓鐵炮を連發(ツラネ)、太鼓をバ三拍子の頭附(カシラツケ)を打て早太鼓に直せば、士卒無二無三に矢烟(ヤケフリ)の下より敵隊江飛込也。軍法の巻にも云如ク、頭附(カシラツケ)の大鼓を聞ても進ざる者をば、其頭、並に鑑(メツケ)軍能見覺て言上シ、軍濟(スミ)て後、斬(キリ)て棄べし。【但シ馬上太鼓ナルベシ。鞍ノ左ノ居木(イキ)サキ江太鼓ヲ立ニ結付テ馬上ニテ打也。】

○ 次に押行躰を教べし。然なから押前は人數の多寡、土地の險易に因て、次第不同なるものなれは、一概にハ言難シ。只行列を不亂事ト、大小便を便(ベン)シ、草鞋(ワランチ)等を著替ル等の荒增を教へき也。【此仕形ハ一騎前ニ記セリ】

○ 次に、押行道中にて敵に出會たる時の働を教へし。惣して押行一路(ミチスカラ)も、前後左右の物見を用へし。扨東の方に敵ありト物見より注進あらば、旗本にて金を鳴(ナラシ)て、押行人數を止ルなり。其時惣人數居敷て、旗本の下知を待へし。敵の有無を諸軍江通するには、前に記ス如ク、旗を用ル也。其仕形は第七卷目に云ル所の趣を教へし。扨居敷て旗本の下知を待て、敵に懸ル定法なれども、敵勢、無二無三に突(ツキ)懸ラば、旗本の下知を待に不及、其出會(アイ)たる備、直に取合て合戦すべし。尤遊軍、後(ウシ)ロを詰ル歟、横を入ル歟為(す)べし。他の備は妄リに動搖せず、各方角に向て居敷居(オリシキィ)て、旗本の下知を待べし。下知なき前に少も動事勿レ。

○ 次に押行道中に、両方より敵の見ユル躰を教べし。三方四方皆同然也。

○ 次に押行人數を、金を鳴て押止ル事を教べし。其法、先旗本の足を

止て金を鳴(ナラ)す時は、先陣は行過、後陣ハ押懸(オシカヽリ)て難儀に及ブ也。此故に人數を押止ントする時は、押行なから金を五聲打ヘし。其時、諸手も金を鳴シて應(オゥ)する也。鐘(カネ)を打法は一呼吸(コキゥ、ヒトィキ)に一聲(コヘ)打ヘし。扨六聲目に旗本の足を止メ、其外も聞付次第、足を止ル時は、先陣行過ル事なく、後陣押懸ル事なくして行列調(トヽノゥ)也。

　　○ 次に敵味方備を押出シて、大挊(セリ)合の躰を教ヘし。其次第、懸リ口に六あり。委ク陸戰の卷ニ出せり。其趣を以て操練すべし。就中大切の操練也。

　　○ 次に、敵を踏破(ヤブ)リて、追行時の事を操練すべし。是亦陸戰の卷にあり。

　　○ 次に味方、敵に追立られたる時、二の見より横を入ル躰を操練すべし。是亦陸戰の卷にあり。

　　○ 次に馬入の躰を操練すべし。馬入に三法あり。是亦陸戰の卷にあり。

　　○ 次に敵より馬入をするを喰(クィ)止ル躰を操練すべし。是亦陸戰の卷にあり。

　　○ 次に長柄備の立様を教ヘし。是亦陸戰の卷にあり。

　　○ 次に長柄備を破ル趣を教ヘし。是亦陸戰の卷にあり。

　　○ 次に大銃(ッヽ)の打様、又大銃を放戰に用ル躰を教ヘし。二ツともに陸戰の卷にあり。

　　○ 次に城攻の法を教ヘし。就中、仕寄の態(ワザ)仕難もの也。能教ヘし。委キ事ハ、城攻の卷にあり。就中、居敷なから仕寄(ヨル)態を能教ヘし。

　　○ 次に守城の諸法を教ヘし。法は籠城の卷にあり。都て城攻、籠城の

二條は、事多キ事なれば、能心を賦(クハツ)て教へし。

　○馬を教ル事は十五卷目、馬の條下に詳也。

　右の外、楯の持樣、虛敗(ソラニケ)の仕樣等、了簡次第教へし。猶此外に軍中の禮式あり。開暇の時教へし。都て軍の巧拙は此操練にあり。忽にする事勿レ。日本の軍ハ、操練なき故、無法の軍多シ。太閤の猛威ト云とも、朝鮮に於て明軍の堂々齊々たるに仰天したる事あり。此外、和漢の軍立の精粗の樣子、諸軍記を見て知へし。皆操練するとせざるトにあり。孔子の以不教民戰、是謂棄之ト宣ル事、能味(アチワウ)へし。扨只今、大平の世の人に甲冑を著(キセ)て奔走せしむる時ハ、肩(カタ)を引レ、身節(フシ)痛て一里も往來仕難キもの也。然ル故に、操練の度毎に、甲冑着(キセ)て終日奔走せしむる時ハ、度(タビ)重て自然ト甲冑に馴ル故、肩も引レず、身節も不痛、足も重からず、息も不切、後には二三日甲冑不脱(ヌカ)とも、さのミ身躰も不疲もの也。此所操練の妙なり。能々心を用て教へし。然ルに當時太平の化を蒙ル世に居て、此等の言を吐出ス事、實に多罪也。然ト云とも、初より段々云シ如ク、日本ハ海國にて然も隣國多キ地勢なれば、只外國の變の為に如此教置べき事、備(ビ)字の持前なるべし。當世武備ト云事ハ、人々口に不絶(タヘ)言(イフ)事なれとも、皆虛談(キョタン、ウソ)にして實用なし。危(アヤウキ)の甚也。武備ト云事を不知には劣(オト)レリ。可思。

　第十三終

武士之本躰並知行割 人數積付制度法令之大畧

武士の本躰ハ、當世の百姓ト殊なる事なし。其故を如何(イカ)にと云に、古の武士ハ皆土着(イナカスマイ)したり。其中にて土地を多ク持たる者ハ、普代の家の子、郎黨を多ク扶持シ、軍陣に出ルには郎黨ハ云に不及、百姓をも軍兵に仕立て召連たる故、五百貫【五千石也】千貫【一萬石】の領主にても、五百人も千人も出シたる事也。信濃の木曾(キソ)、上野の新田、伯耆の名和(ナワ)、肥後の木山等、皆土着の大身士にて、急に臨て軍兵を出シたる所業、人々を知所也。扨又小祿の武士ハ、手自農作(テツカウノウサク、タハタツクリ)して作リ取にしたる故、二三貫【二三十石也】の地を所持しても、馬をも持、武具馬具等も連々の心懸にて、事欠(カヽ)さる様に嗜(タシナマ)るヽ也。農作する故、手足あらけて丈夫也。鹿狩漁獵(シ、カリキヨレウ)等を樂トするゆへ、筋骨壯健(キンコツソウケン、スチホネサカン)也。遠方の親戚朋友(シンセキホウユウ)ト往來するゆへ、遠路に習て不疲(ツカレ)、平日糲食、短褐に口腹身躰(クチハラカラタ)を馴ス故、軍陣に出ても此二ツに不苦。大概古代の武士の形勢(アリサマ)、如此なるもの也。然ルに近來

天下一統に武士ハ、城下に住居するものに成たり。城下に群居(クンキョ)するゆへ、自然ト衣服(キルモノ)、飲食(ノミクイ)、家作(イエ)等を美麗に致シ、終に武の本躰を取失(トリウシナウ)て、却て今の世に士の嗜ト云ハ、衣食住ト立振舞(タチフルマイ)、言葉遣(コトハツカイ)の立派(リッハ)なるを専一トス。此如ク奢侈(オコリ)盛に成シ故、面々軍用の為に賜ル所の俸祿、皆衣食住ト婦人とに費へて、武用の為の祿なる事を忘却(ホウキャク)したり。右の如ク雑用の奢侈(オコリ)盛なるゆへ、困究して武備を取失フ也。困究して武備を取失フ事ハ、屹度(キット)制度(セイド)の立ざるゆへなりト知べし。願クハ制度を立て、奢侈を禁シ、武士を眞の土着歟、又は土着同様になして、武備再興あるへき事、一國一郡をも領する人、勃起すべき事也。今の世にも古き諸侯に家中を土着にしたるあり。近クハ吾藩(ワカハン、センタイ)を始トして、相馬、大村、肥前、薩州なと也。如此なれば直参も多ク倍臣も多キ也。可思々々。

○　兵士を扱フ事ハ、番頭、物頭等の頭役の者を教ルとハ品替レリ。撰士の卷にも云如ク、武(モノ)頭以上の輩江ハ、人數をあつけて、一方を任(マカ)するものなれば、學問有て才智もはたらき、文武の大畧を呑込て、何國江押出(イタシ)ても獨(ヒトリ)道のなる様に取立へし。軍士ハ頭々の下知を承て働クものなれば、さのミ學問も才智も入用なし。只、敵に當て勇壯(ユウソウ)なることを専一ト教ユへし。然ト云とも多(た)力(ツヨシ)あり、菲(ヒ)力(ヨハシ)あり。此に所謂(イワユル)勇壯とハ、力量を云にハあらす、意氣の勇壯なるを云。意氣を勇壯に為(ス)ル事は、大將の方寸にある事にして、亦一二の術あり。左に其條の大畧を記ス。

○　第一、武士を土着にする心持なるへし。土着すれば、無骨(フコツ)

にして、上臈(ロゥ)の風なく、古代質朴の姿に返ルへし。

○ 歳に五六度鷹野猪狩して、武士の心氣を引立て、沈欝せさる様に教置へし、是術也。

○ 制度を立て、衣食住の費用を省キ、華侈の心生せさる様に教へし。

○ 頭役に才智、器量の人を用て組を教立へし。

○ 大將ト諸士ト遠々敷ては、士の勸薄(ハケミゥス)キもの也。是を親クする道は、諸士の藝能を頭々より申立させて、主君自ラ是を試ミ巧拙(ョシアシ)に随て、夫々の褒貶(ホメソシリ)あるへし。尤學術ある者には、或ハ對策を書セ、又ハ詩歌等作ラスへし。

○ 城當番の大番衆なとをば、急に召出て、或ハ弓馬、鎗刀の藝を試ミ、又は角力なとさせて、樂ミなから親ミを厚クすへし。

○ 鷹野猪狩に出ルにも、外様士をも側(ソバ)近ク召寄(ョセ)、時宜に随て、勇力(ユゥリキ)、早態(ハヤワザ)等見分して意氣をはけますへし。

右の外、上下親ミを厚クする道、幾計(イクハク)もあるへし。大將たる人、心を用て上下親ミを厚クシ、君臣合躰(カッタイ)する時ハ、吳子が所謂(イワユル)、百姓皆是(ゼトシテ)於吾君(ワカ)而非(ヒトスル)於隣國(リンコク)の風俗となるべし。如是ならば、戰て必勝、守て必固(カタ)からむ。可勤。

○ 知行割、人數積の事、大畧を云へし。異國にて是を兵賦ト云。兵賦トハ、知行高を量て人數の惣高を積リ置事也。人數の惣高を知さるハ、軍術の根本を忘却したる筋にて、是亦一ツの失政也。扨兵賦の本法ト云ハ、異國三代の時の井田の法なれとも、當時それ程にはなくとも、知行高を考て、人數の惣高を預メ計リ置事、一國一郡をも領スル人、油斷ある間敷事也。まつ軍士を扶持するに三法あり。然ト云とも、各土着にあ

らされば、十分(ブン)には行ヒ難キ也。若本土着に為難(ナシカタク)シば、土着の眞似(マネ)を致スべし。本土着ハ、面々の知行所に住居せしむる故、城下より五里十里百里二百里も隔(ヘダヽ)ル者あり。事不自由(コトフジュウ)なる様なれとも、面々に家中を多ク扶助せしむるには、是に勝(マサ)ルルハなし。吾藩及ヒ薩摩肥前なと是也。亦此眞似(マネ)を致スにハ、俸祿ハ知行たりとも、粟祿(タラマイ)たりとも、それに不拘(カヽハラ)、城下續の近在(チカザイ)郷に大下(シモ)屋敷(ヤシキ)を一ツヅヽあたへて住居せしむへし。如此なれば、其屋敷に田圃(タハタ)を作て、五人十人の家中ハ養るゝもの也。此の二ツは、倍卒(マタモノ)を多ク出させて、軍士に充(アツ)べき為なり。亦一ツは、役人、家柄等の外をば、悉ク十石十五石の小給(キウ)にして、皆土着に為て、是を給(キウ)人とも郷(コウ)士とも云て、各作リ取にする事なり。是小身の直参を多クして、倍卒無(ナシ)の人數組也。相馬、大村なと此法あり。何レも軍士を多ク扶助するの良法なりト知へし。扨倍卒ある人數組ト倍卒無の人數組トの優劣を論する時は、小祿の直参組を善トする事なり。其故は、何程節制宜キ人數組たりとも、面々の倍卒を取集ル時ハ、何トなく正整せざる所あり。亦倍卒無の直参組ハ齊一にして紛々たらざるゆへ、懸引も仕易キもの也ト云リ。此ゆへに小給の直参組、優レリと知べし。

○ 右の如ク、給人郷士を十石十四五石にして、國中に土着せしむへし。扨國の大小に随て、支(エダ)城、又ハ居舘等、幾ケ所もあるへし。其支城居舘等ニ近キ給人をば、其所の城附(ツキ)に定て、其支配頭には、其城を預ケ置、人を用べし。

○ 右の如ク家士を在郷給人に仕附ルとも、大祿ノ歴々をば本城下に住

居せしめて、第一、學校に出精させて、文武及ヒ國事を習(ナラハ)スへし。尤在郷給人の頭にも、別の諸役人にも、此輩を用ル事なれば、在郷江ハ遣難シ。然ル故に、在郷江ハ、百人頭、小組頭を遣シ置て、組の諸事を世話致サしむへシ。

　○在郷給人ハ、本城下に居(ヲル)、我々の支配頭を能見覺、殊に其纏(マトヒ)、馬印等を能々心得居ルべし。是を覺ル様にする事ハ、操練にある也。

　○士に大祿を與(アトフ)ル事ハ、其祿に應シて普代の家の子、郎黨を扶持せしめて、軍役を勤(ツトメ)さすべき為也。然ルに當世の如ク武士城下に在て奢侈を勤ル時は、上に云如ク、俸祿皆衣食住の雑費ト成て、家の子、郎黨を扶持する事あたハず、成程、若黨、中間を召抱て、軍役の頭數(アタマカス)を揃たりト覺ル人も、間(マ)々有之ものなれとも、一季二季の渡リ者等、先途(セント)の用に立者は、十に一二なるべし。然ル時ハ二三百石より乃至(ナイシ)五百石千石の輩(トモカラ)たりとも、一季二季の渡リ者を召使(ツカウ)人々、大切の場(ハ)に至ラば、其渡リ者大半ハ落失て、終に主人一人ト成べし。是を以て考レば、士に大祿を與(アタフ)ルは、益なき事の第一なれば、三十石以上の士の祿を皆減少(ヘラシ)して、推並(オシナヘ)て三十石づつにする時ハ、與(アタフ)ル所の俸祿、皆軍役の用に立へし。其わけは、三百石取れの士に欠落(カケヲチ)せさる家人十人召連(メシツレ)ヨト云フとも、今風の城下詰にてハ、決して不相成也。たとひ物ずきなる渡リ者一両人附纏(マトフ)とも、主人ともに、僅カ三人也。又一人前の祿を三十石づゝにする時ハ、十人にて三百石也。是三百石の知行を出ス代リに、たしかなる軍士十人用ヒらるゝ也。是を以て考レば、士に三十石以上の祿を與ルは、只捨(スッ)ルに似たり。然ト云と

も、數代與(アタヘ)來ル所の奉祿を急に減少する事、第一、人情に背(ソムィ)て暴悪(ホウアク)の名を蒙ルべし。たとひ仕終(シヲヽセ)たる所、人數只今より二三十倍にも成事なれば、知行割、住所割、組割等、以の外の騒動也。且此騒動のミならず、人數驚怨て、足下(モト)より大變炎出(モヘイッル)事疑なし。扨又此大變騒動を恐レて其儘指置時ハ、あたら俸祿悉ク諸士の雜費(ムタッカイ)に成て、一萬人扶持すべき知行にて、僅五七百人ならでは、扶持せられぬ也。惜べきの第一也。如何して歟、俸祿も不費(ツィヘ)、軍士も不足せず、騒動をも不生の術あるべきや。竊(ヒソカ)に憶(オモヘ)ば、制度を正クシ、法令を嚴にし、儉約を專にして、奢侈(オコリ)を抑(オサヘ)、世の中の華美(オコリ)を打反(カヘシ)て、淳朴の風トなし、人々、業を勵(ハゲ)ミ、利を勤ル事を教て、諸士をして富(トマ)しむへし。諸士富たる時、能教諭(キャウユ)して、面々の祿に應シて、家の子、郎黨を扶持する術を、嚴重ニ命令すへし。其命令行届(ユキトヽイ)て、下に述(ノブ)ル割合の心持に、家の子、郎黨を扶持する時は、一萬人扶持すべき割合の知行にて、無相違、一萬人扶持せらるゝ也。此處を能呑込て、古今の形勢を考合セ、損益(ソンエキ、ヘラシマシ)して工夫を附ル時は、當世華奢にして、且無頼(ブライ、タワイナシ)なる世の中を、古代木訥の風に復して、其上に當世の文華を加へば、諸士直(スナホ)にして怜悧に實義にして武藝學問を事トすへし。如此命令行届ば、俸祿モ不費、騒動も不生、軍役も不足せずして、武術勃起すべし。只事を急に計ル時は變生る也。三十年を期トして改革すへし、是大政を施ス大法也。思べし思べし。扨土着の樣子を不知人は、家の子、郎黨の扶持仕樣、不按内にあるべきなれば、其仕形の大畧を左に述て、考に備ルものなり。

○　近世諸士の風俗は、妻を持者は只嫡子耳(ノミ)にして、二男三男等ハ皆他家の養子ト成て、父母の家に住せず。扨父母の家にても、二男三男等をば、他家を繼(ツヵ)せて、己レハ別に奴婢を召抱て、使(ツヵィ)ものトする也。此故に骨肉の親(シタシミ)は、日を逐て薄(ウス)ク成行、主従の間は出替リ者故、行儀のミにして親(シタシミ)なし。古代の風俗は、二男三男等も皆父母の家に在て、奴婢(ケラィ)の加ク家業を助て働キ、年長すれば、妻を持て父母嫡子を助て、家業を営(イトナム)故、父母の家にハ、別に奴婢を召抱ル事なくして人足レリ。若クハ富家にして奴婢を召使も、多クハ、夫婦者にして召使たる故、其子弟皆一家の内に在て、上下、長少、肩(ヵタ)を並て成長する故、其親(シタシミ)日々に厚シ、親厚キ故、軍陣に臨ても、互(タヵィ)に危を不見捨(ステ)、一塊(ヵタマリ)に成て進退する故、其働甚強シ。是天道自然の人情にして、教を不待(マタ)所也。是家の子、郎黨を扶持する根本の大越意也。扨又、主人心懸能て、家の子を二三十人以上扶持するには、一庖廚(ヒトタイトコロ)にてハ賄(マカナィ)難キ故、面々に屋敷を與(アタヘ)、又夫々に知行を取せて扶持する也。他邦ハ不知、吾藩の諸倍臣(マタモノ)の知行ト云ものハ、悉ク作リ取にして、足輕は三四十文【三四斗也】より百文【一石也】位迄也。足輕以上も大畧二三百文【二三石也】より一二三貫【二三十石也】迄也。此故に一二百石取の士も、大方ハ普代の家中を十人も二三十人も持也。況や大祿をや。是吾藩(センタィ)の大法也。此割合を以て考れば、一萬石の知行を所持したる人は、半分家中江與(アタフ)レは、千人内外(ウチソト)ハ、心易ク扶持せらるゝ也。【一萬石の半分ハ五千石也。一人前(マヘ)二石五斗の地を作取に與レば五千石ニテ二千人扶持せらるゝ也。】扨見回(ミマワリ)の武具兵器等ハ、主人よりの

支度なるへし。馬を飼(カウ)事も、田舎に住して野草にて飼立ル故、物入事もなし。此故に主人主人の心懸次第にて、一萬石取(トル)者も、騎馬の三十も五十も出サルヽ也。此積(ツモリ)を以て推(オス)時は、四五貫文【四五十石也】取(トル)士も、家の子、一両人扶持する事相成へし。是皆土着にあらざれば、致難キ次第也。當世の如ク城下に群居して、奢侈(オコリ)を盛にする時ハ、各一年の物成、半年にも用イ足さる故、家の子なとを扶持する事ハ、思イもよらさる事ト知へし。因て憶フ、武術再興せんト思フ武將ハ、家中の大身士の知行替(カヘ)ト云事を止て、永代其地を領セしめ、面々の家の子をも土着させて、人數を多クする政を施シ、木訥の風を興スへき事、武政の根本也。左に人數積、知行割の大畧を記ス。猶損益斟酌あるべし。

○ 三貫文【三十石】以下の單騎(ヒトリ)にて無異儀、但シ家の子を扶持シ、亦は戰場江召連ル事、多少勝手次第たるへし。○ 馬ハ自國にてハ、五貫文【五十石】以上自分馬、他國江働クには、近隣ハ十貫文【百石】以上自分馬、遠國は三十貫文【三百石也】以上自分馬なり、其余ハ悉ク借馬なるへし。

○ 四貫文【四十石】、上下二人【但シ草履取ハ無用ノ者也。鎗持か若党ヲ召連べし】

○ 五貫文【五十石】、上下二人、自身ハ騎馬【口取草履取無用也、鎗持か若党ナルへし】

○ 六貫文【六十石】、下部(ベ)二人、自身ハ騎馬【右同断。但鎗持二人ハ不苦】

○ 七八貫文【七八十石】の者、同三人、自身は騎馬【右同断′但シ鎗持三人不苦】

○ 九貫十貫文【百石】の者、同四人、自身騎馬【右同断】

○ 十五貫文、同七人、自身騎馬【一人前三百文宛與テ七人ニテ二貫百文也】

○ 二十貫文、同九人、自身騎馬

○ 三十貫文、十人、馬上二騎【一騎ハ子ナリとも家來ナリとも乘ルへし】

○ 四十貫文、十五人、馬上二騎【同断】

○ 五十貫文【五百石也】、二十人、馬上三騎【一人前五百文宛與テ三十人ニテ十五貫文也】

○ 六十貫文、二十五人、馬上三騎

○ 七十貫文、三十人、馬上四騎

○ 八十貫文、四十人、馬上四騎

○ 九十貫文、五十人、馬上五騎

○ 百貫文【千石也】、六十人、馬上七騎【一人前三百文宛與テ六十人ニテ十八貫なり】

○ 二百貫文、三十人、馬上十二騎

○ 三百貫、二百人、馬上十六騎

○ 四百貫、二百五十人、馬上二十騎

○ 五百貫【五千石也】、四百人、馬上二十五騎【一人前三百文宛與テ四百人ニテ百二十貫文ナリ】

○ 千貫【一萬石也】、八百人、馬上五十騎【一人前三百文宛與デ八百人ニテ二百四十貫文也】

自國の軍役、右の割を以て、人頭を悉(ツクシ)て出スベし。遠國江働にハ大遠、小遠の算(サン)あり。大畧ハ二十里に一割引、内外(ウチソト)なるへし。扨此法ヲ施ニハ儉を教ル事、第一なれば先制度(セイド)を立、法令を嚴にして奢(オコリ)を抑(オサユ)へし。其法百貫【千石】も領る者の朝暮の營(イトナミ)ハ、當時の十貫【百石】程の營に准スへし。兎角費(ツイヘ)の出ル所は、衣(キルモノ)、食、住ト婦人より超ルものなれば、まづ第一に此

四のもの〻制度を立て、其上ニ法令を嚴に下シ、違背(ィハィ)の者をばゆるさず、定メの通リ仕置(ショキ)すべし。是亦不按内の者の為に制度の大畧を下に記ス也。然レとも目當なしにハ云難キ故、假(ヵリ)に五六十萬石の國の目當を以て書スト云ども、是は制度の極畧(ゴクリャク)を記シて、其趣を知シムるのミ也。實に制度を立ルに至てハ、能〻考索(ヵウサク、ヵンヵヘ)して、一物一事、悉ク制度あるへし。抑(ソモソモ)、制度ハ奢を防術(フセクシュツ)也。都て奢は、僭(ヒトゴロ)フ所より出ルもの也。然ルに大名の事物ハ大名の事物、士、百姓、町人の事物ハ、士、百姓、町人の事物ト一物一事、悉ク制度ある時は、上下尊(タットシ)卑(ヒキシ)、混亂(コンラン)せずして、費用(ツィヱ)も薄(ウス)キ也。是を制度の大趣意ト知へし。惣して當世の武士の風俗ハ、暖過(アタ、ヵスキ)て逸樂に而已走ル也。此故に屹度(キット)制度を立て、奢を抑(オサヘ)、貧ヲ救(スク)イ、武政を施シて能教諭(オシヘ)シ、武藝を勵(ハゲマ)シ武器を嗜(タシナム)様に仕向ケ、其上に時々武器改をなして、心懸悪(アシ)キを罰(シカリ)シ、心懸能を賞する時ハ、武術必勃起(ホッキ、オコル)すへし。怠事勿レ。

○ 法令は上の加ク、制度を立置て、何等の制度を破ラは、何等(ナンラ)の罪に行べしト、號令を下シ置て、違背(ィハィ)の者をば容赦なく、法令の通りに行フへし。是法令の趣意也。

○ 衣服の事、是は章服の法也。天下の章服ハしばらく不論(ロンセ)。國持ち大名以下、其國切、其家切の章服は、大將の心次第に定らる〻もの也。假(ヵリ)に五六十萬石の國を以て云時ハ、其國諸士の品位を三四段に分て、何役(ヤク)より何役迄ハ絹、何より何迄紬(ツムキ)、太織、何より何まて染木綿、染紙子、凡下ハ嶋木綿、嶋紙子ト定ル類也。尤妻女の服も

夫の服に准する也。倍臣ハ紋の大小歟、染(ツメ)色等を以て相分て、直然ト別ある様に定ムへし。是章服の眞似なれとも、倹約を教、貧を救(スクィ)、尊卑を分ツ事、是等(ラ)の事にて事足ルもの也。制スへし。但他國江勤ルには羽二重をば免スも可なる歟。

附、火事具、野場支度の類ハ、革(カワ)歟、うんさい、木綿の類なるへし。是も章服の意味にて、役の高下に因て、紋の大小、或ハ色品の分別あるべき事なり。陪臣亦其別あるへし。

○ 飲食も衣服の如ク、士祿の大小を三四段に分て、一汁一菜より三菜迄に限ルへし。酒肴も是に准スへし。古より飲食男女ハ人之大慾存(ヨクソンス)と云て、病の起ルも、貧究するも、武備の弛(ユル)ムも、此二ツより事起ルものなれば、人々を可愼の第一也。

右衣服飲食の定メハ、冠婚、喪祭、其外重キ饗応、並他所外人の出會ト云とも、此制度を破(ヤブ)ル事勿レ。破ル者ハ罪すべし。一事破るゝ時ハ、萬法皆ゆるむもの也。可愼。

○ 家作も上の両條に准して、或ハ門、或ハ玄関、式臺、或ハ瓦葺(カハラフキ)、色壁、張附、疊等の制度を定ムへし。

○ 婢女を召使(ツカウ)事も、家の子の妻女等を召使べし。別に婢女とて召抱ル事勿レ。但シ子孫ノ為に妾(シヤウ、メカケ)を召使事ハ格別也。然なから大祿富有の者たりとも、妾一人に限へし。尤三年迄、子無(ナキ)妾ハ召置事勿レ。勿論子孫繁多ノ者ハ、妄リに妾を召置事を禁ス。

○ 大小高下を不言、刀脇差(ワキサシ)の拵(コシラヘ)、並諸器物の餝(カザリ)金具(カナク)等に金銀赤銅類禁スべし。

○ 青漆(シツ)、鋲打(ビヤウウチ)等の女乗物、或ハ純子(トンス)、天鵞絨(ビロ

ウト)類の挾箱、油單(ユタン)等ハ、大祿富有の者たりとも用ル事を禁ス。

〇 冠婚(クハンコン、ヨメイリ)喪祭(ソウレイ)等一々制度ある事なれとも、繁多(コトヲ、)なる故、玆(コ、)に不筆、先規(キ)を鑒て定ムへし。但シ冠婚にハ親戚(シンルイ)朋友(コンイ)心を用て贈(オクリ)物あるへし。病難(タイビャゥ)と喪祭(ビャウシ)には、多少に不拘、金銀錢を贈て病家を問、喪祭を助へし。旅(タビ)立の贐(ハナムケ)亦然リ。必飲食の物を贈ル事勿レ。是古の制也。

右重(オモ)立所の制度、二三を擧て示ス也。精詳(クハシク)に工夫を加(クハヘ)、損益酙酌して定ムへし。扨右の如ク、土着ト制度トを願フ事ハ、武士の奢侈ト柔弱トを止(ヤメ)度故也。尊氏卿の遺訓にも、數代京都に在職せば、公家風に移て、武氣ヲ取失フ事あるへし、此事忘ルコ勿ト戒メ玉ヘリ。又應仁以來、亂ヲ辟[1]たる公家、上臈(ラゥ)、大内家に取入テ其家風ヲ香奢(キャシャ)に移シて、大内家滅亡に及リ。是等の事を思へば、寒心スル故、土着制度等の事を述て、奢侈に習シ人々に、再ヒ質朴のすかたを知しめん事を願もの也。

〇 土着制度等の事ハ、徂徠、春臺等の諸先生、しきりに述シ所なれとも、説様の拙キ歟、聞様の悪キ歟、又改革の變を恐ルにや、誰一人、土着の風を起シたる侯もなく、制度ヲ立定(サタメ)たる人もなし。然ルを今又、小子是を述ルハ贅ト云べし。其贅なるを又述ルハ、人ヲして土着、制度等の大意を知しめ、漸々(ゼンゼン)に其風を起さば、上にも云シ如ク、三十年の間には遂行ルべし。遂行ハれば、武門の大慶、是に過たる

1　원문은 辟(임금 벽)이나 의미상으로는 避(피할 피)로 보인다.

ハなしト思フ故、強て人に示ス也。是小子か贅言なれとも、日本の武を
厚クする術、斯に在哉。

　第十四終

馬之飼立仕込樣付騎射之事

　昇平愈久して、華美愈盛也。華美盛に成て士風懦弱也。然して後、武藝地に随て、古儀を忘却せり。就中、馬は武士の足也。能熟セずはあるべからず。當世は世の中の華美に習て、馬の飼樣上品なる故、第一ニ馬弱シ、尤乘（ノル）人も其眞味を喰（クイ）覺たる人少也。當時も諸大名の家々に、軍役の定有て、人々馬を持（モテ）ルはづなれとも、定の如ク持事あたハさるは、華美に引るヽゆへ也。能々思べし。此下に馬の天性ト昔武士の馬を持易（ヤス）かりしわけトを記ス。是を見て往昔を知べし。

　〇　馬は元來山野の獸也。野草を食（クライ）、水を飲（ノミ）、風雨を承（ウケ）て生を遂（トク）[1]ルもの也。此心持を呑込て、野草にて飼（カイ）立たる馬は、形容（カタチ）ハ、枯瘠（ヤセ）して見苦けれとも、人を負（オフ）テ奔走するカハ、天然にして馬の持前也。此所を會得して飼立ル時ハ、當世の如ク諸事に物入事無して、人々馬を持易ト知へし。

1　원문은 遂(とげる)의 '오쿠리가나'를 トク로 적었으나, トケ가 옳다고 생각한다.

○ 古は小祿にても、武士トさへ云ば、馬をば必持シ事也。尤持るゝわけありし也。其わけト云は、段々述シ如ク土着(イナカスマイ)也。土着なる故、秣(マクサ)に事欠(コトカケ)事なし。時々糠(ヌカ)、大豆(マメ)、麥(ムキ)、稗(ヒエ)等を飼事も手作物なる故、物入事もなし。爪(ツメ)、髮(カミ)、四足(スソ)等も手自する故、別當口取などゝて、別に人ノ入事もなし。如此なる故、小祿にても、馬を持シ也。當世も百姓を見るべし。僅に田畑の四五六反も所持の者、馬をば心易ク持也。是土着なるが故也。亦古の軍役に、六貫一疋ト定メたる事あり。六貫ハ今の知行にて六十石程にあたれり。是程の小身にても、馬をば必持シ也。當世ハ六百石にても馬を持事、仕(シ)難シ。其わけは、段々云シ如く、武士たる者皆知行所を離レて、主君の城下城下に住居する故、人の集ル随て、萬事華美に成レリ。其華美に習て馬を飼フ事も、大に古義を失ヘリ。又近世ハ馬役ト云者出來て、代々の家業(カギャウ)にて、馬の事を司(ツカサトル)事、世上一統(トウ)の風俗也。然ルに彼ノ馬役ト云者、飽(アク)まて、凡俗の匹夫なる故、古義なとハ夢にも不知、只當流の馬場乘を致スのミの事也。然ル故に、只口向(ムキ)、足振(フリ)を大秘訣ト心得ルのミにて、皆武用の眞法を失イたる也。又人君執政等モ俗人多ければ、弊流を改ル志もなく、馬の事ハ、彼ノ馬役に打任ル故、自然ト馬役等ニ威權附て、何(ナニ)知ねとも、其言所を人々用ル也。畢竟の所、武術(ブシュツ)衰微(スイビ)して、武藝を藝者にまかする故、如此事に成果(ナリハテ)たり。扨、馬ハ武備の根本也。然ル故に異國にては、千乘の國、萬乘の國なとゝ云て、車馬の數にて諸侯の大小ヲ定メたり。【今世の幾萬石と云か如し】 亦大司馬ト云官も惣大將の事也。然ルを惣大將ト不云して大司馬ト云事も、馬ハ軍務(ム)の根本なるゆへ、

兵馬を司ル役ト云心にて司馬ト云也。日本の古も左右の馬頭(ウマノカミ)有て、左右の馬寮(メリャウ)ヲ司れり。是則大將に次(ツゲ)ル官にて、甚重キ職也。中々當世の馬役如キ、凡卑の役に非ル也。是皆馬を重ンずるが故也。如此大切なる馬を、凡俗(ボンソク)卑陋(ヒロウ)の馬役にのミまかせて置ては、物の用に立難シ。志ある人君、執政、法を古義に取て如何様にも工夫を附(ツケ)、乗方を制作して馬を教置べき事、大人ハ言に不及、都て馬ヲ持ものヽ愼なるべし。先當世の馬に十六の失ある事を知へし。是を知て教を施サば、馬術用を不失に近からん歟。一にハ平生責(セメ)馬の法、大に拙シ。責馬ハ、毎日乗(ノル)を善トす。四の乗様あり。馬場乗(ババノリ)、遠乗(エンシャウ)、當物、乗廻(ノリマハシ)也。二にハ、平生上食に馴(ナラス)故、たまたま、麤食を飼ば且食ハす、且疲(ツカレ)。三には遠乗を仕込さる故、まれに遠乗すれば早ク血下り、或ハ息盡、或ハ不食して用いに不立。四にハ平生口を取セ鐙(アブミ)を押(オサヘ)させて乗下(ノリオリ)する故、獨乗をすれば馬動(ウゴイ)て乗難シ。五には平生風雨寒暑にあてさる故、是を犯セば且疲(カツツカレ)且病。六には平生山坂を乗さる故、羊腸(ヤマサカ)の道に苦ミ疲ル。七には騎射を教さる故、たまたま、弓炮、太刀打等を馬上に施セば驚て駈出ス。八には鳴物に馴さる故、音聲に驚キ易シ。九にハ目立物を見習ハせさる故、彩[2]色異形に驚。十には水馬並に船に不熟(シュク)也。十一には糠(ヌカ)大豆(マメ)を多ク飼て肥(コエ)過る故、早ク汗シ早ク疲ル。十二には平生沓(クツ)を掛(カケ)て乗故、たまたま、徒足(スアシ)にて乗ば、足裏を痛て奔走不自由也。十三には平生、同居同食等

2　저본의 원문은 采이지만 문맥상 彩로 생각된다.

を教さる故、馬同士近寄ば咬蹶(カミフミ)[3]して騒ク。十四にハ牝(ヒン、メムマ)を見なれさる故、まれに牝をミれば揚躍(オトリハネ)ス。十五にハ溝堀(ミゾホリ)切岸等を飛越事を不知。十六には馬甲の類を見習せさる故、是等の物を施ス事あたハす。馬甲は軍用第一の馬具なれは、別して忘却ある間敷事也。都て此十六は、當世の馬の失なる所也。武を任(ニナウ)人、大小高下を不云、心を可用事也。此下、十六の仕込様を記ス。猶考へし。又近世馬乗の家に、軍馬の傳ト云事出來て、是を大秘訣(ヒケツ)トして、起請(キシャウ)に起請を重て相傳ス。甚キハ公儀に達シ、廣原に幕(マク)なと打廻て相傳するもある也。いかに世の中、武術陵夷(ヒシケル)したればとて、是程おか敷事ハある間敷也。恥(ハッ)へし恥へし。少ク武術に眼を附ル時ハ、別段に軍馬の傳ト云事モ、無用の物なるへし。只古戰軍記等を多ク見聞して、昔士の馬を自由自在に取廻たるを手本にして、損益了簡あるへし。義經の鵯越(ヒヨトリコヘ)を下シ、又ハ渡邊にて海を泳セ、亦新田義宗、足利家を追て、坂東道四十六里【大道七リ半余】を半時に追付たる所業なと、能師範(シハン)也。此心持を基本(モトイ)にして、面々數寄(スキ)次第、物の用に立用に仕置へし。初より段々云如ク、馬は武士の足なれば、可愼事の第一也。怠ル事勿レ勿レ。

○馬を仕立ル事二法あり。一ハ、牧(マキ)を設て野子を仕立ル也。一は、厩子(ムマヤコ)也。二法ともに、世に行ルル事なれば、今新に其説を述ルに不及也。只國の寒暖に因て、少ク手あての相違ある迄の事也。扨亦、一國一郡をも領する人は、自國にて馬を仕立度事也。左傳に【僖公十五年】異産(イサン)

3　여기는 かみふみ이지만, 이와나미 207쪽에는 くいぶみ이다.

に乗たる事を譏(ソシレ)ルにて可知。異産とハ、他國の馬の事也。

　○ 當世の馬場乗ハ、古の庭乗の遺法(イホウ、ノコリ)也。前にも云如ク、古の武士は皆達(タッ)者を本トして、やたら乗を第一トしたる事なれとも、饗應、或ハなくさミの為なとに、貴人、高位の前にて馬を乗時、やたら乗りにてハ、其様(サマ)見苦ク、其質野(シッヤ、イヤシ)なる故、庭乗の式を乗事も、武士の嗜(タシナミ)ト致たる事也。本間孫四郎、馬場殿の庭上に龍馬を乗たる事なと可考。然ト云とも當世の加ク一槩に馬場乗而已を馬術ト心得たるにはあらず、やたら乗を本トして其余計に、式の乗形をも學ヒ置シ事也。是武馬の順道也。

　○ 馬場乗も當世の仕形は、其一を知て其二を不知所あり。其わけは口向足振のミを第一トして、當物の術、甚疎(オソロカ)也。然ル故に、馬場乗に於(ヲイテ)は、好上の馬も物に慄(オチル)が故に、途中を乗事不能もあり。是平日あて物をせざる故也。是其一を知て其二を不知所也。可思。

　○ 馬ハ天性驚易キもの也。此故に敬馬(ツ、シムムマ)の二字を合て驚字を制シたり。其意味推て可知。上にも云如ク、口向、足振は何程見事にても、物に驚ク馬ハ物の用に立難シ。古今馬の物慄(オチ)に因て害を受たるためし多シ。可愼。此下、馬の乗様十六條を記ス。熟覧して睡(ネフリ)を覺(サマ)スへし。

　○ 當世細ク長キ地面を馬場ト名付て、馬を乗ル所トすれとも、是亦眞の馬場ト云ものにあらず。眞の馬場は、狭キハ方六七町、大なるは方百町にも構置て馬而已に不限、人馬器械を備て練兵する所トス。是眞の馬場也。

　○ 馬場乗ハ上にも云如ク、庭乗の遺法にて、馬に行儀を教ル迄の事な

れば、當世流の馬場にても事足ル也。先其乘様は口向足振を大切にし、馬に振(フリ)を付て行儀を教置事也。但シ多ク乘事勿レ。只馬の行儀ヲ崩サざる為計に少づヽ乘置を善トス。

○ 二には、遠乘(エンシャウ)也。是は近キハ、三四十里。【大道五六リ也】遠キハ、百里【大道十六七リ】、百五十里【大道二十四五リ】も乘へし。如此大乘しても馬の疲レさるを至極トする事也。是には五段の息、三段の汗(アセ)、亦走足、躍足、千鳥足、鹿子懸等の足色、亦息合藥數法あり。精密なる事の様なれとも、屢乘れば、是等の事も自然に會得せらるヽ也。其證據は、古代文盲なる數萬の荒武士とも、何ぞ各右數件の吟味に至ルべきぞ。只屢乘て、乘覺たる也。外に秘訣なし。只乘べし乘べし。

○ 三には、當物也。是は彼ノ大馬場に於て、旌旗(ハタ)、金(カネ)、太鼓(タイコ)、甲冑(ヨロイカブト)、弓(ユミ)、銃炮(テッホウ)の類は云に不及、抜身(ヌキミ)の刃(ハ)物、松明(タイマツ)等、其外異類(イルイ)、異形(キャウ)の物迄一面に立列、乘人も甲冑を着シ、馬上にて弓銃ヲ発(ハナ)シ、太刀打、鎗打等を為すへし。是教馬第一の義也。如此教置事ハ、軍用の馬のミにあらず、平生の乘馬も右の如ク仕込置へし。是馬に乘者の愼(ツヽシ)也。是を眞の騎射騎術ト云也。左傳にも【僖公二十八年】虎の造物を陣前江押出シ、敵の馬を慄(ヲド)シて踏破りたる事も有。可愼。

○ 四には、乘廻(マハシ)也。是は早足に不乘、地道に乘て三四五十里を乘廻(マハシ)、馬の氣を養置事也。

○ 五には、大風、雨、雪等、又は大寒、暑の時節、終日乘廻て、如(コトキ)此悪天氣に馴(ナラシ)置へし。平生、箱(ハコ)入に仕込置たる馬を、俄に是等の悪天氣に當(アッレ)ば忽チ疲(ツカ)レ、忽病(ヤム)もの也。

○　六には、山坂、羊腸の場所を乗廻て悪道に馴(ナラシ)置べし。必平場のミ乗事勿れ。

○　七には、騎射を能々仕込置へし。然なから、當世流の騎射にハあらず。第三段目に云ル如ク、馬上の荒態(アラワサ)の事也。當世流の騎射の事は、下に詳に弁するが如シ。

○　八には、貝(カイ)、太鼓(タイコ)、鑼(トラ)、鐘(カネ)、喇叭(ラッハ)等、其外種々の鳴物(ナリモノ)を馬上に打鳴(ナラシ)て馬の耳を鍛(キタイ)置へし。阿蘭陀(オランタ)流は、鐘(カネ)太鼓をも馬に仕附置て、馬上にて打鳴ス也。又日本の古も、旗持(モチ)は、皆馬上にて旗を疲シ也。今も朝鮮ハ馬上旗也。

○　九には、甲冑ハ云に不及、旗、指物(サシモノ)、母衣(ホロ)の類、亦ハ抜身(ヌキミ)の刃物(ハモノ)及ヒ松明(タイマツ)等を馬上に振(フリ)立て、馬の眼を鍛(キタイ)置へし。

○　十には、川渡(ワタシ)、水馬等を仕込へし。尤船に載(ノセ)て水上を往返シ、或ハ船より水中江追下(オイオロシ)て、船に引添(ソエ)て泳(オヨカ)する事なとも教べし。

○　十一には、中肉(ニク)に飼立へし。肥過ル時ハ早ク汗シ、早ク疲(ツカ)ル。遠乗(ヱンジヤウ)に損(ソン)あり。必十分の肉にする事なかれ。

○　十二には、平生、徒足(スアシ)にて乗へし。沓(クツ)を掛て乗馴(ナラス)事勿レ。松前ハ、藁(ワラ)の無(ナキ)土地なる故、馬に沓掛ル事なし。其地大寒國の石地なれとも、足裏を痛ム馬もなし。是石になれて足裏堅硬(ケンカウ、カタシ)になりたる也。平生、巖石山(イシヤマ)に働ク人の足裏(ウラ)は、土ふまず迄、皮の厚キが如し。【強て足裏を痛ば金履の傳あり。其方頭にあり。】

五陪子十匁、 鐵屑十五匁、 胡粉六匁(ナマリノ燼カス也)、山藥七匁、
右細末鐵漿ヲ以テ、膏藥ノ如ク、煉合セ、爪裏ヘ張也。明日乘ルニハ、
今宵張テ、沓ヲ打置也。

○十三には、平生、同居同食を仕込置へし。當世の馬は、此ならしな
き故、馬同士近寄(ヨレ)ば、咬蹴(クィフミ)して騷(サワク)、大に不自由なる
事也。上ノ如ク仕込置時ハ、軍中なとにてハ五疋も十疋も一ツ廐ニ追込
置也。是を便利トス。

○十四には、牝(ヒン、メムマ)馬を見馴(ナレ)て、牝に近付ても揚躍(トビア
カル)せさる様に仕込置へし。當世の馬は、一向に牝を見馴(ナレ)さる故、
まれに牝を見レは揚躍ス。甚不便利なる事也。亦古は和漢ともに牝を乘
馬に用たる事、諸書に見ユ、今も相馬家の武士は牝に乘者多シ。是古躰
の遺風也。

○十五には、溝(ミゾ)、堀、切岸(キリキシ)等を飛事を教置へし。是平生
教置ずして、事に臨(ノゾン)て急に飛する事ハ、決シテ成難事也ト知へ
し。阿蘭陀の乘形にハ、堀を飛セ土居(トテ)を越(コシ)、又は馬を立て歩
(アユマ)する事なとを仕込置也。精(クワシヽ)ト云へし。是又仕置て損なき
事也。

○十六には、時々馬甲(ムマヨロイ)を着(キセ)て、遠乘すへし。是又平生
施て見習(ナラハ)せざれば、着(キ)たる馬も驚(オトロキ)、傍(カタハラ)の馬も
驚クもの也。都て馬甲ハ、軍用第一の馬具なれバ、武備ある者心懸て、
制作あるへき事也。

右十六條ハ、教馬第一の儀也。必小子が杜撰(ツサン、ムタコト)にあら
ず。武を任フ人怠ル事勿レ。此下、馬に付ての事二三を記ス。猶工夫を

加て仕込べし。

○ 當世馬を、いたわる事を第一トして、二日隔、三日隔に少つヽ馬場乗を致置故、氣随にして、手に入難シ。上に云如ク、四則(ヨッノノリカタ)を立て、毎日乗時ハ、馬の氣和イて乗易シ。古老の物語に、馬は飼殺(カイコロセ)乗(ノリ)殺、子弟(コドモ)ハ教(オシヘ)殺、叱(シカリ)殺ト語(カタ)れり。卑諺(ヒケン、ゾクコ)なれとも大道に近シ。

○ 和漢古今、相馬(ソウバ、メキヽ)の説有て、色々六ケ敷事也。先ハ、五性(ケイロギンミ)十毛、相性(シャウニアイ)、不性(シャウニアハス)等の説、又は施毛(ツジケ)歯牙等の評論様々あれとも、詰(ツマ)る所は、文の過たるにて、左のミ武用に拘ル事ならねば、高貴の人は、物數寄次第なるへし。平士ノ馬は、強て吟味に不及事ト知べし。只腕(ウテ)爪(ツメ)強キを貴フに極ル事也。

○ 古昔戰場にて、或ハ敵ヲ驅破(カケヤフリ)、又ハ、川を渡(ワタ)ス時なとハ、強(ツヨ)キ馬を前(サキ)に立ルト云も、或ハ不悍(フカン)の馬、亦ハ牝馬(メムマ)[4]等多キ故也ト知へし。

○ 當世ハ肥(コヘ)ふくれて、毛艶美(ツヤヨキ)馬にあらざれば、武士は不乗(ノラ)ものト思フハ、以の外のひか事也。初にも云シ如ク、手飼の麁馬(ソバ)に乗て、少も用の欠(カケ)ル事なし。尤辱(ハツ)ル氣色(ケシキ)もある事勿レ。古代頼朝卿の生好研墨(イケスキスルスミ)、義經の太夫黒(クロ)高時の白浪抔(ナミナト)とて、事々敷評判するも、傍(ソバ)の毛艶悪ク瘦形(ヤセカタ)の馬ト競(クラベ)見故、名馬の稱も一際(キワ)強キ事ト思ハルヽなり。

---

4 원문에 牝馬의 한자 오른쪽(또는 왼쪽)에 달아놓은 오쿠리가나(送り仮名)가 'メウマ'가 아닌 'メムマ'로 되어 있다. 이 원문에는 우마(馬)를 'ウマ'가 아닌 'ムマ'로 적은 사례가 더러 있다.

○ 馬に三等ある由、武備志に見たり。能高峻(タカミ)を上下するあり。能敵陣を踏(フミ)破あり。遠路に疲(ツカ)レさるあり。此三等ヲ能ためし置て、夫々に用べき事也。

○ 水ヲ泳(オヨク)にも馬に巧拙(上ッヘタ)あり。能試用へし。

○ 世の奢(オゴリ)につれて、人々三四歳の若(ワカ)馬を好ムなれとも、若馬は武用に詮(せん)なし。武士の馬は、六歳以上を善トス。五調ハ、筋骨強ク、心神も定て用るに勝(タヘ)たり。武を嗜人、必若馬に乗事勿レ。

○ 熊澤了戒(クマサワリヤウカイ)の説に、武士の馬は、口の強(ツヨ)キを善トす。平生は、強口をはつして乗廻(マハシ)、川を渡ス時などハ、得手(エテ)の強口江引懸させて渡ル時は、一手際(キワ)能(ヨク)渡ル也。此故に士は馬を上手に乗にあらされば不叶事也ト云リ。小子按ニ、此説甚善(ヨシ)。然ト云とも、上手ハ少ク、下手ハ多キ事定りたる事なれば、自己の藝(ゲイ)の程も不計して一筋に強口の馬を善ト思(オモウ)ハひか事なるへし。亦或人の説に、戦場江乗(ノル)馬は少ク不悍(フカン)なるを善トス。其故は悍強(ツヨ)にて、進過(スク)ルを引止メ引止メ、乗行は、其様見苦(クルシク)して、且勢(イキホイ)ぬけるもの也。亦不悍にて走ル事遅(オソ)キに、諸鐙(モロアフミ)を入て、さそひ立、又は鞭(ムチ)など加て進ミ行は、見ばえして、且勢あるもの也ト、古老の物語を聞覺(オホヘ)たりト語(カタレ)り。左もあるべき事也。然ト云とも、上手にして強(ツヨ)馬ヲ自由自在に乗粉成(ノリコナス)にハ不如、此二ツハ、人々自己の藝次第心に任セて用へき事とハ云なから、足の代リにする馬なれは、丈夫を心懸へき事也。

○ 古昔、乗尻(ノリシリ)の達者ト云も手綱(ツナ)に不便。鞍(クラ)にて押廻(オシマハシ)て、馬を自由自在に乗粉成(ノリコナシ)たる事也。此故に乗尻(ノ

リシリ)ト云なるへし。今ハ手綱の釣合(ツリアイ)を第一ト乗故、乗手の上手
ト云べき歟。是小子が臆談(オクタン)也。

○ 昔武士の馬を取扱(アツカ)フハ、別に口取ト云者モ無(ナク)、自身取扱
て當世の馬郎(マコ)等が馬を自由自在にするト同様なる事にして、或は
乗、或ハ牽(ヒキ)、其扱甚麁畧(ソリャク)なれとも、馬をば能使イ粉成(コナ
ス)也。當世の武人は、馬場にて馬を乗事上手なるも、馬を扱事ハ、無術
の馬郎(マコ)に不及、是華侈(オコリ)に習て、武士の荒氣(アラケ)なる風俗を
取失たる故の事也。乗(ノル)ハ乗(ノレ)とも、扱(アツカイ)は不成(ナラ)ト云
は、其一を知て、其二を不知ト云もの也。可思。

○ 厩(ムマヤ)[5]は、氣の漏(モル)様に拵へし。馬は熱物なる故、氣漏(モレ)
さる時は病を生ス。但シ、氣を漏スとて寒(サム)クせよと云にはあら
ず。吳子に冬ハ厩ヲ暖(アタヽカ)ニし、夏ハ廡(ノキ)ヲ涼(スヽシク)スト云
リ。可考。

○ 唐山(カラ)、和蘭(オランタ)等にて、馬の鼻(ハナ)を裂(サキ)、睪丸(キンタ
マ)を去事あり。是息を長シ、馬を強クするの術也。是を騸(セン)法ト
云。甚良法なれとも、日本古來より此法無(ナク)して、千軍萬馬の功、異
國に劣(オトル)ル事なし。是を以て見ば、今更(サラ)騸法を可羨(ウラヤム)にも
あらす、只珍キ説なる故、此に記て、初學の人の見聞を助ルのミなり。

○ 軍中、又は遠乗なとには、四方手江附ル物あるへし。動搖せさる様に
すへし。動搖すれば馬疲るゝもの也。

○ 馬に飼(カウ)物は、野草、藁(ワラ)等ハ云に不及、葛、萩ノ類、又ハ

5 원문에 '우마야(ウマヤ)'가 아닌 '무마야(ムマヤ)'로 오쿠리가나(送り仮名)가 달려 있다.

苦味(ニガミ)なき木の葉(ハ)類、何にても可(コシ)也。手に當(アタリ)次第、可飼、食間敷(クウマジキ)物をば、自(ミッカラ)はミ出(イタシ)て不食もの也。又河海の水草を飼たる事もある也。菰(マコモ)なと別して好。

　　○　夜も當世の如ク、寢(ネ)藁(ワラ)を厚ク敷(シキ)、蚊遣(カヤリ)等を焚(タイ)て臥(フサ)しむる事甚謂れなし。夜も張(ハリ)立て睡セ置べし。四五日に一度も僅に轉(コロビ)をうたせて可也。兎角寬(ユルヤカ)に寢(ネセ)しむる事ハ不好事也。且亦、四足(スソ)も平生ハ水洗足(スソ)に仕附置へし。只爪根(ツマネ)爪裏(ウラ)を心を用て洗へし。是も四五日に一度上湯にて大肩(カタ)より洗て可也。又流川に四足を浸(ヒタス)事、湯すそに勝ル事あり。亦血下りたりとて休(ヤスメ)置時ハ、愈血下て足不自由に成もの也。血來ば愈油断(ユタン)なく乘へし。但シ保養の為に乘事なる故、心を用て乘へきなり。夜眼(ヨメ)をば毎月焼(ヤク)を善トス。怠ル事なかれ。兎角世につれて馬の飼様も華美に成たれば、夫を破て懦弱(タジャク)に落入ヌ様ニ飼立ル事肝要也。此心得にて飼立ル時は、馬ハ丈夫にして能人を助、人ハ物入少クして、馬を持易シト知へし。

　　○　筋切の事甚慎ムへし。元來馬形を取繕(ツクロウ)て、高貴の直(アタイ)を貪ル馬商(アキ)人の致ス仕業なれば、武士たる者、假(カリ)にも為(ナス)間敷事也。足の筋ヲ切たるは上下リの坂道に苦ミ、尾筋を切たるは水を渡ス時、鞦(シリカイ)はづるゝ事ありと云リ。何レにも武用に害ある事なれば、武士たる者誓(チカッ)て為間敷事也。

　　○　鞍も今の制は古法を失リト思ル。古制の鞍ヲ見ば、前輪(ワ)大クして高ク、乘間(ノリアイ)甚廣シ、今制は是に反(ハン)せり。何レに戎服(クソク)の鞍ト、常服の鞍ト差別あるへき歟。猶、縉紳(イェスチ)家に求へし。

又皇都ニ石井家あり、東都に伊勢、辻の二氏あり、問て精詳を致へし。

〇　馬を持者ハ、少ク療養(リャウシ)の道を知へし。然ト一云とも深遠の術を苦ミ學には不及事也。只血を刺(サシ)、夜眼(ヨメ)を焼(ヤキ)、或ハ蟲氣、腹痛、打身、折(タチキ)等の薬を知て事足へし。是又馬を持ル者の嗜ミ也。巻末に倉卒に備ル薬方二三を記ス。猶閑暇の日學ビ置べし。

〇　安永乙未の年、小子崎陽に在て、多ク唐山(カラ)、和蘭(オランタ)等ノ人ニ面接ス。其中和蘭人の御(ムマノリ)を善スル、ア、レントウエルレ、ヘイト、てふ者に對話(ハナス)ス。彼か數説の中、可取事ともあり。一には馬ハ前高にあらされば、乗り難シ。今、日本流ノ乗様を見に、馬を前高に為(セ)ンため、鞍より引たて、又は手綱にて、口先ヲ引上て乗(ノレ)リ。是ハ上手にて、手鞍も利(キク)故、其人の乗たる時ハ向高(ムカウダカ)に成へきなれども、手鞍(クラ)弱(ヨハ)キ下手(ヘタ)の乗時ハ、持前の向卑(ヒク)に成て乗悪(ニク)シ、是は馬を向高に拵(コシラヘ)ざる故也。和蘭(オランタ)流ハ、馬を向高に拵置故、小兒を乗(ノラ)しむるとも向下(サカラ)ずト也。扨其拵様は、二歳の時より厩に置て、草を食(クラハ)しむるに、馬の首より高ク格子を構(カマヘ)、其格子の中に草を打込置時ハ、馬、彼ノ草を食ントして、のび上リのび上リ、草を噛(カム)故、成長に随て、いつとなく向高に成ト也。又曰、向高に可致ために、無理に向を引立ル時ハ、口先ばかり妄(ミタリ)に上レリ。口先妄に上ル時ハ、馬の氣放(ハナレ)て物に驚易(オトロキヤス)ク、其上、足本(モト)見(ミヘ)ざる故、蹶(ツマツク)事多シ。和蘭流ハ首をば高ク持セて、口先をば下(サゲ)て北斗をしめ置也。【北斗をしめる事、奥羽の俗、小ひげを付ルと云也。】北斗をしめる術ハ、轡の制にあり。此如ク仕込ば、氣止ッて物に不驚、足本見へて、不蹶ト云リ。

奇術哉。

阿蘭陀轡之圖

〈圖 15-1〉

　右の轡閑暇の時制作して試ムへし。(〈圖 15-1〉, 譯者註) 能口をむすふ也。小子ハ是を見たり。

　○　都て馬上の組打、其外達者の働をするには、鐙(アブミ)を踏張(フミハツ)て、立揚(アカラ)ざれば仕難キものなり。然ルに當世ハ鞍を張(ハリ)、馬ヲせり立て、あゆまする事を第一として、馬場乗のミを稽古する故、鐙を短ク掛(カケ)て乗(ノレ)リ。是ハ武用に甚忌(イム)事也。其わけは短キ鐙に乗(ノリ)、立揚て働ば、鞍間(クラアイ)透(スキ)て踏固(カタメ)かたく、己レが躰前カ後江はづんで打反(カヘル)もの也。ためし見るへし。亦古戦物語等に、歩武者をば、鐙の鼻(ハナ)に當倒(アテタヲス)ト云リ。是短キ鐙にて仕難キ働也。今も朝鮮人、和蘭人等の馬術ハ、何レも立鞍也。又蜀の玄徳も股(モ、)に鞍づれ附たりト云リ。是皆長鐙ノ證據也。今も馬術を勵(ハケム)者、短キ鐙に乗事なかれ。

　○　初より段々云シ如ク、當世ハ走リを追て、矢を發(ハナ)ス事をのミ騎射ト心得たる人多けれども、古の騎射ト云ものト大に差別(シャベツ)ある事也。古昔(ムカシ)、騎射の達人ト云、又は馬(ハ)術の上手ト云は、馬上ニ弓

を射ルのミに不限、都て馬をば己レが足ノ様に心得て、嶮岨山坂ト云とも馬より下ル事なし。溝を越(コシ)、堀を飛(トバ)スル事甚自由也。其弓射躰(イルテイ)を見に、弓(ユン)手の敵を射(イル)ハ勿論也。馬(メ)手の向(ムカウ)筋違(スチカイ)をも射、また後(ウシロ)をば、おしもじりに射たり。扨矢種盡ル歟、或は敵近付ば弓をば納メて太刀打を致シ、又は引組て己レが鞍壷江引付など仕たり。是を馬術とも騎射とも云シ也。扨今の騎射ハ、古の流鏑馬の遺風にて、式の騎射也。只神事饗應等に用ルのミにして、敢て武術とハ云難シ。其事の起りは、古代處々ノ神事、祭禮に、神勇(イサメ)の為に、社人、神主などの射たる事也。然ル故に、今も古キ神事にハ、皆流鏑馬(ヤブサメ)ある也。是當世の騎射の濫觴(ハシメ)にして、騎射と云名目ハ同シ事なれとも、式を本トしたる射形なる故、武術の騎射ト其態(ワサ)に精粗剛柔(ツョシヨハシ)の差ありト知へし。

○古代の騎射ハ、右に云如ク、悉ク達者なりし事も、古ハ都にハ鼓吹司(クスイシ)、國々には軍團(クンタン)有て、兵馬の働を教、又犬追物、牛追物、或ハ戯道(ケトウ)なとヽて、人馬の大足場(バ)揃(ソロヘ)度々ありし故、其風、天下に周(アマネタ)して、諸國の武士、皆、馬術に達シ居たり。是をこそ眞の騎射ト云べき事也。當世とても各祿に應シて養置人馬なれば、右の心持に仕込置度事也。都テ此一卷ニ述シ如に仕込立たる馬を、無事太平の用に立ル事ハ仕易シ。又當世の馬の如ク、華侈に習テ騎術其外、荒氣(アラケ)なる事共に、不馴馬を俄に荒事及ヒ戰場等に用ル事ハ、決シて不相成事也。只兎にも角にも養置人馬なれば、上に云如ク、仕込置て、不虞の用に備度事也。是を武備ト云。邦君執政、忘却あるべからず。

○ 右馬術の數説は、二百年來昇平(シャウヘイ、オサマレル)に生して、俗習のミ傳授ありし馬乘(ノリ)の輩は、一々不得(フトク)心にて、却て此説を以て、馬術を不知ト言(イ)、或ハ狂氣亂心の所業など、、實に思フ人もあるへきなれとも、それはそれにて、俗習のかたまりたる、凡夫の上にハ尤の事なるへし。然シなから尤なりとて不決断を生シて、彼ノ凡夫の輩にまかせ置ては、物の用に立難ければ、凡夫ハ凡夫にて、呑込せ様あるべし。馬ハ馬にて物の用に立様に仕込へき事、又此上の決断にして、肝要の又肝要なる事なれば、邦君の明断、改弊の經濟、武德の活潑を仰ク所也。

急用馬藥方、左の如シ

牛馬平安散【不食、腹痛】

烏梅 黃栢 甘草 楊梅皮【各十三匁】

莪朮 三稜【各十九匁】大黃【十二匁】

右細末、梅干の肉ヲ水ニスリ立テ、一度ニ五匁用ユ。 ○ 又右ノ藥法ヲ一貼五匁程ニ調合シ、梅干三ツ入テ水煎シ用ルモ好。

人蟲丸【打身 五痳 小便閉 糞詰】

人蟲【二兩】[6] 龍腦【一兩】活蔞根【一兩】葦檢【半兩】

甘草【一匁】水銀【二朱】

右細末、米糊ニフノリヲ和シ、龍眼の大サニ丸シ、葛粉ヲ衣トス。打碎

---

6 원문에는 兩이 없지만, 문맥으로 볼 때 兩을 누락시킨 것으로 보인다.

テ飼也。飼汁數品アリ。其法ヲ用べし。○ 筋病ニ戢菜(トクタミ)の煎汁。○
打身ニ赤地利煎汁。○ 尿閉ニ木通煎汁。○ 大便詰ニ櫨木、ニワトコ煎
汁。○ 息ニ、黎芦、人参煎汁。○ 中風ニ、トクダミ煎汁。右何レモ丸ヲ
打碎、此汁ニ攪[7]立テ用ル也。

足痛

活蔞根、カラムシ根、 芥子

右三味等分搗合、鹽少加、痛所に傅、

背ズレ

松魚【黒焼】黄栢 烏賊魚(イカ)甲

右等分細末シ傅

スリ疵

牛皮 犬頭

右黒焼細末、胡麻油ニ和シ傅。

血下リタルトキ、塗藥、

カラシ 野カラムシ カハラケ

鹽

右等分細末、醋ニ和シ足ニスリ付。

---

7 이와나미 인쇄 책자(217쪽 左에서 3열)에는 '가키타(かきた)'라는 오쿠리가나(送り仮名)가 붙
어 있으나, 일본 국립국회도서관 소장본 원문에는 그것이 없다.

内羅藥

人參 茯苓 乾姜 陳皮

右細末酒ヲ以テ、七八匁ツヽ日ニ二度用ユ。病癒ル迄附用ヘシ。

糞詰

牽牛子【一兩】大黄【一匁】射干【二匁】

右細末シ酢、或ハ鐵漿ヲ以テ、七八匁用、亦水煎服モ可也。

寒氣中、不食、戰慄(フルイ)等ニ用。

白茯 木香 茴香 乾姜

柴胡 前胡 村立【各三匁】獨活

白尤 蒼尤 葛粉 羌活

黄栢 楊梅皮【各二匁】川芎

陳皮 フナバラ【各一匁】

味噌少加、水煎服。

刺法大畧[8]

右數條ハ、急用療馬の大畧也。(〈圖 15-2〉, 譯者註) 其病重キに至てハ、伯樂家あり。亦場所に因て、馬を捨ル事もある也。時宜に因へし。

第十五終

---

8 일본 국립국회도서관 소장 원문에는 해당 그림이 없다. 그런데 이와나미 인쇄본에는 있어서 여기에 옮긴다.

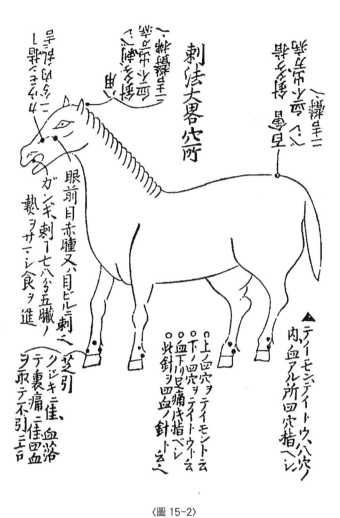

刺法大畧穴所

一、額面ニ灸スベシ

一、新窪ヲ刺ニ
ヲ以テ癸ニ窪

一、新窪ヲ刺スニ
ニ窪ヲ刺スベシ
尾

一、ヲ灸シ又ハニ
∟窪ヲ灸スベシ

一、癸ヲ灸シテニ
曇尾

眼前目赤腫又ハ目ビル二刺ス
ガンギ、刺一七八分五臟ノ
熱ヲサマシ食ヲ進

芝引
クジキニ佳、血溶
テ裏痛ニ佳血盆
ヲ取テ不引言言

▲ ティーモシテイトウ八次ノ
内血アル所四穴指ヘシレ
○上ノ血穴ヲティモント云
○下ノ四穴ヲテイトウト云
○血下リ足痛ハ指ベシレ
○火針ヲ四血ノ針トス

〈圖 15-2〉

畧書

　文武は天下の大徳にして、偏廢すへからず、禮樂刑政撫て國家を經濟
する事、文にあらされは、程よき事を不得、暴逆を討伐して、國家の害
を除ク事ハ、武にあらされは叶難シ。夫國家を經濟する者ハ、刑を設け
て非を禁ス。盖兵は刑の大なるもの也。此故に先王屢兵の事を云リ、又
湯王商を興、文武周を興す。皆能武を用イたり。

　我神武帝、始て一統の業を成て、人統を立給しより、神功皇后、三韓
を臣服せしめ、太閤の朝鮮を討伐して、今の世迄も本邦に服從せしむる
事なと皆武德の輝(ヵヽヤヶ)ル所也。然ルに物本末あり、文は武の本な
り、文を知らされば、武の本躰を會得しかたし、近頃今川了俊が不知文
道、而武道遂不得勝利と云ルは、文武一致の趣を呑込たる言にして、俗
見の上には、殊勝也。抑兵に二あり、國家を安する為に、兵を用ル者あ
り、利欲を恣にする為に兵を用ル者あり。夫暴亂の者出て民を惱し、國
家を動亂する時ハ、兵を出シ威武を示して、暴客を討伐シ、國家の害を
除ク。是政の為に、兵を用ル也。其他一揆の徒、出て干戈起ル事あり、

或ハ恨に因て、不意の軍を起シ、又ハ外國より來リ襲(オソウ)事もあり、惣て不慮の動亂(ラン)あるが為に、平生武を不忘ハ、國家に主たる者の愼にして、是兵の正面、武備の眞中也。故に、司馬法に、天下雖安忘戰則必危ト云リ。是を以て思へバ、武ハ天下の大德なる事必セリ、此趣を呑込て、各其祿に應シて、備を不弛(ユルメ)を眞の武將ト云也。亦利欲を恣にして、人の土地を貪リ、或ハ私の恨に干戈を動シ、又は人の富貴を羨て妄リに兵を出シ、徒に人を殺戮(サツリク、コロス)シ、國家の患をなす、是を國賊ト云也。此二を能會得して、國家に主たる者、武の本躰を失フべからず。扨武の本躰を會得するには、文に因へし。文は書を讀(ヨム)を本トス。廣ク書を讀時ハ、和漢古今の事情に達シ、損益得失を呑込故、誰傳授するともなく、自然ト文武の本躰を會得する也。是小子が杜撰にあらず、和漢英雄の敎訓也。此理に因て思へバ、一國一郡にも主たる者、文武の道に暗キハ尸位(シヒト)、素餐(タヽクィ)トいふ者也。愼へし。

　○上にも言如ク、人主たる人は、臣下に文武の二ツを敎ル事職分の持前なれども、其職分を知レル人主少也。其上、異國にて文武講習の物語、亦ハ本朝にて、淳和獎學、鼓吹司、軍團を置て、文武を敎られし、物語なとは、屢(シハヽヽ)演説しても、皆昔語に聞成(ナシ)て、是を當世に興シ施して備をなさんト思ヒ立人主は曾て無之。曾て無之わけは、幼主に文武の二ツを敎ル父君ト家老トなき故、其成長(ソタチ)から各其幼主の物數寄次第にて、或ハ遊ビずきになるもあり、武藝ずきになるもあり、詩文すきになるもあり、茶すきになるもあり、狩好(スキ)に成モあり、勤きらひになるにもあり、國政きらひになるもありて、各面々吾々也。初にも言シ如ク、物本末あり、人主の本末を言フ時は、文を學て國を治

メ、武を張て國を彊(ツョ)クする事、本にして、茶の湯、田獵等の雑事ハ末也。然レば此末のミを知て、本を知さる様に仕立ル事ハ、父君ト家老トの過(アヤマチ)にして、可悲の第一也。末の雑事を行て樂ムも致極の悪行ト云にもあらざれとも、初メに言シ所の尸位素餐の類なれば、先(マツ)本を拵置て、末の雑事を玩ブ様に有度事也。此物語、武政の主意にして、存亡の係ル所のわけなる故、茲(コヽ)に是を記ス也。人々能本末を弁スへし。

〇 右に言、鼓吹司、軍團等の事を當世に施シ行フとて、左のミ六ケ敷事にあらず。然レとも不呑込なる時ハ、異國の辟雍、泮宮等の圖式に泥て、其建立甚六ケ敷成て、終に止ム事もある也。是ハ柱(コトチ)に膠ト云べし。扨文武の教習さへ能行届ば、大主意ハ立事なれば、其國祿に應シて手輕(テカロク)建立すべし。文武の成不成ハ、其主の世話の届クと不届とにある事也。能呑込へし。今も大名の國々に、練兵堂【尾州】、清運寮【備州】、時習館【肥後】、明倫館【長門】、稽古館【筑前】等の學校有て、各文學のミに不限、武藝を講シて、文武を臣下に教ル也。只其講習の事、淺墓にして十分ならねとも、一向に其形もなき國より見れば、勝レル事甚遠シ。若人有て學校を建立すべく思ハヽ、下に圖する如ク、普請すべし。然レとも是又一途に泥ム事なかれ。國祿の大小に因て為すべし。

〇 左に圖スル文武學校は、初より段々云シ如ク、まづ五六十石の國の形勢を以て圖スル所也。然ト云とも、是ハ定式の無ものなれば、損益廣狹ハ心の儘に致さるヽ事也。只其趣意さへ失ハされば、一二萬石の國ト云とも建立せらるへし。況や、其上なるをや。只返す返すも一圖に泥ム事勿レ。

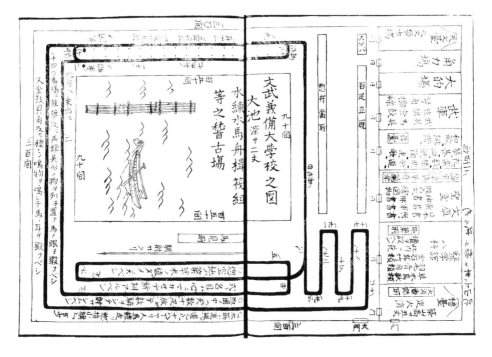

〈圖 16-1〉

　附、學校の事は、右に述ル所の如シ。此意を推及シテ、一家の内にし
て、子弟を教ル事も亦、此趣意を以てすべし。斯の如クならば、上大將
より下士庶に至ル迄、皆文武兼備の趣を呑込で、其國柄(ガラ)、其人柄、
當世に十倍して目出度事、此上もなき事なるべし。是大將一人の胸中に
有ことなりト知べし。文武兼備大學校の圖、左に出ス。(〈圖 16-1〉, 譯者註)[1]

　○ 右の如ク、文武兼備の學校を建立シ、敎化能行届て、君臣相和スル時
は、下たる者、能其君上に思ヒ附也。人主たる者ハ、一向上人の俗人に思
ヒ附る如ク、下諸臣に此君ならではト堅ク思ヒ付レねば、軍ハ中々致され
ざる事ト知べし。何レにも子弟(コドモ)の悪キは、父兄(チヽアニ)の愚曚(バカ)

1　일본 국립국회도서관 소장본에는 해당 그림이 모두 그려져 있다. 그런데 이와나미 228쪽에는
　해당 그림의 오른쪽 부분이 실려 있고, 그림 왼쪽은 없다(이와나미 229쪽 결본).

に極リ、臣下(ケライ)の悪キは、主君の暗愚(ベラボウ)に叛スル事也。人主たる者人、眼目ヲ開て、工夫あるべし。必ゆるかせに思フ事勿レ。

〇 人主たる者、不智不術不徳なる時ハ、父の代の忠信義士も新主をうとんじ恨ミて、或ハ隠居シ、或ハ敵に属し、或ハ其主を討へき心など起て、其家士、瓦の鮮ル如に成事ハ、和漢古今其例(タメシ)多キ事也。中にも近世に於てハ、信玄父子の様子ハ多ク人の知ル所也。信玄在世の中ハ、三十余人の大祿士ども心を一ツにして、信玄に思ヒ附、忠義全かりし故、北に上杉、南に北條の両大敵ありしかども甲上信の三國江敵を一人も入たてずして、一生を終シに、信玄死去有て、勝頼の代に至て、僅(ワツカ)二年の間に、信玄時代にハ鬼神を欺キ忠義金鐵の如クなりし、勇士等急チ心機たるの勝頼を恨怒て急(イソイ)て討死を致シ、或ハ身を遁レ、或ハ敵に属シ、或ハ主を討べき心起リなと仕(シ)ける故、武田家急チ滅亡したり是他なし。其主、徳術あれば、其臣、忠義勇敢也。其主、不徳不術なれば、其臣下、不忠不義懦弱也。人主たる人、心をひそめて工夫あるべし。

〇 大名の貴クして、且奢レル身の上のミを知て、微賤の卑クして、且貧困なる身の上を不知ハ、政を知たる大名とは云難し。亦國事は、一人にて世話の届クものにあらざる故、家老及ヒ諸役人を立置て事を司ラしむる故、自ラ國事に勞するにも不及ト云ルハ遁辞也。是亦國政に心を係ル大名にあらざる也。此類の大名は、太平の世には、公(ヲ、ヤ、ケ)の威徳に因て幸に祿位を有ツなれとも、變あらば忽チ國を失ヘし。愼之。

〇 徳ある國主、術ある大名ハ、領國より死に當ル罪を犯ス人出來て、已(ヤム)事を不得、是を斬(キル)時は、其斬(キル)の日は整服正坐して、己レ不徳なる故に、領國より犯科の人の出來ル事ヲ恥悔(ハヂクエ)て、田獵

及ヒ酒宴等の樂迄禁シて只愼リ。然ル故に、如此なる大名の領國には、犯科の人少也。亦、ケ様の事に愼なき大名の國中には、犯科の人日々月々に多クして人を誅シ、人を放ツ事過分也。是を天に背クト云也。蓋必身に可及。愼之。

〇 古より五月五日家々に有合フを昇(ノボリ)、小旗、鎧(ヨロイ)、冑(カブト)、太刀、薙刀等を前庭に立列ネて、相互に見物せしむるは、即チ武具改メの政也。然ルに太平久キに随て、何時(イツ)トなく、男兒の祝儀翫物ト成て、當世にては只男兒の有家ばかり、餝(カザリ)物をする事に成たり。然ル故に昇には公(キン)平、猪之熊、猩々舞なとを畫キ、鎧、冑ハ紙を以て拵へ、太刀、長刀は竹木を以て制シ、甚キは遊女、天狗なとの造リ物を並べ立て、只兒戲の物ト而已、世人一統に心得たり。大に趣意を失ル事也。願クハ此末周ク號令して古代の如ク、男兒の有無に不拘、家毎に正眞の武具、馬具を餝ラせて、互に勵(ハゲマ)せ度事也。若し紙鎧、木太刀等を飾りたる者をば辱ムべし。此如クせば、五七年の間に天下に武器漫々たるべし。此一条大に武備を助べき也。

附、百姓町人は五月の飾を可禁なれとも、百年來飾リ來事なれば、是こそ公平、猪之態等の昇ばかりを許スべき歟。

〇小子弱年(ワカキ)の時、或先生に大名の目利(メキ)ト云事を聞り。甚面白説也。因て記シて以て参考に備フ。是小子が杜撰(ムタコト)にあらず、實に老先生の口授なり。其條々左の如シ。

〇街(チマタ)に上を誹(ソシリ) 〇 德術を不勤して妄リに福を神佛に祈リ。〇 不信、不義を國中ニ行ヒ。〇 一年の飢餓に、餓殍(ウヘシニ)の者有。〇 國中道橋(ミチハシ)壞レ損ジ。〇 家老及ヒ重キ役人度々替リ。〇 田獵(タカ

ヵリ)度なく。〇 直言する者を遠さけて、諫を不容(ィレ)。〇 媚(コビ)ル者を不知シテ終に諂諛の論を容レ。〇 自ラ國政を不聞。〇 百姓、町人ニ度々用金を申付。〇 金を取て賤者を立身サセ。〇 文武の藝を不好。〇 小祿の士及ヒ微賤の者を輕シ侮リ。〇 文武の器量人、不被用シテ下にあり。〇 賞罰及ヒ是非邪正の裁判不速。〇 己レ一人智ありト誇リ。〇 婦人の言を容レ用。〇 家中の邸宅江度々遊行シ。〇 甚短慮(キミジカ)。〇 甚悠長(キナカ)。〇 甚色を好ミ。〇 甚貨を好ミ。〇 國中賄賂行ハル。

　右二十四條の内**2**、五ツは容(ユルス)へし。五ツ容ての上に五あれば、太平の世には、國家つかれて武道弛(ユル)ム、亂世なれば、戰弱シ。十あれば、太平の世には士民怨背て不服、同列にも誹笑ハる。亂世なれば、家中われわれに成て、一戰に其國敗ル。十以上あるものは、太平の世ト云とも國家危シ、亂世なれば戰を不待して、其國滅亡ストなり。右のケ条を以て、敵國の様子を窺(ウカヽヘ)ば、其國に不至、其君を不見して、貧富強弱(ツョシヨハシ)悉ク知るゝ也。孫子か算(サン)と云シも此類の事也ト語レリ。小子按ルに、實に手短(テミジカ)なる目利(メキ)にして、又以て戒(イマシメ)トするに足レリ。先生の口授珍なる哉。

　〇 人の世の中に五難あり。飢饉(キキン)、軍旅(リヨ)、水難(ミツカブリ)、火難(ルイシヤウ)、病難(ハヤリヤマイ)也。此五ツは變にして常式にあらざる故、何時(イツ)到來するも計難ければ、此備を致ス事、一國一郡を領する人、第一の心懸なり。其心懸とて別の物にもあらず、金穀の二ツ也。此二を貯(タクハウ)ル法ハ、二三千年前より其説紛(フン)々たり。殊に近世、

2　일본 국립국회도서관 소장본에는 內인데, 이와나미 인쇄본 232쪽에는 中으로 되어 있다.

徂徠、春臺等の諸先生もしきりに演説すれとも、不行屆、其不行屆わけは、世の華侈(ォゴリ)につれて、人君、執政の心、懦弱(タシャク)に成レリ。懦弱に成シ故、身を苦(クルシ)メて儉約をなす事あたハさる也。身を苦て儉約を致シ、國家の不經濟を取直ス事の為(ナサ)レさる程の云甲斐なき心にてハ、軍は中々致サれさる事也。早ク國を渡シて浪人すべし。

○ 今の世の中にて、不經濟をも取直(ナホシ)、五難の為に金穀を可貯(タクワフ)思フにハ、古より云ル如ク、道理一通リの事にてハ、中々其術、行屆(トヾ)クものにあらす。然ル故に、身を苦メて儉約を勤されば、金穀を貯ル程の手際(テギワ)は致サレさる也。扨身を苦ルとハ、美饌を減シ、衣服を悪クシ、家作を麤相(ソゝウ)ニシ、物入に響(ヒヾ)ク遊樂ヲ止(ヤメ)、嬖妾(メカケ)及ヒ奥向の婦人を大に省(ハブキ)、贈答(ソウトウ)の音(イン)物を薄(ウス)クシて、只不省(ハブカ)は、公務のミ也。右の如、躬(ミヅカ)ラ心を用ル時は、如何(イカ)なる不經濟も取直シ、金穀をも貯て、始て武を張へし。是人主は云に不及、小給の士卜も、此心懸なるへし。是を武政の根本トス。

○ 世人に定リの返答あり。心有者、武備、或ハ軍陣等の心懸ヲ談すれば、則曰、吾(ワレ)幸(サイハイ)に、太平の世ニ生レたり。存命の間さへ干戈(イクサ)の事無んば、幸甚キ也。子孫の事ハ、又其時の事よと云人、十に九也。悟拔(サトリヌイ)たる詞ニ似たれとも、其實ハ武備無(ナキ)を耻ての遁辞(トンジ)也。斯言(カクイフ)人は凡夫の上の犬(イヌ)凡夫卜云もの也。可耻。さて不及なから、天下後世を患ルこそ、眞の武備卜云べし。學者も亦然リ、詩文風雅而已ニ走テ、世の中を苦に為(セ)さる學者ハ、眞の學者卜ハ云難シ。只事知(シリ)卜耳(ノミ)云べき也。

○　當世上下ともに穀を賤(イヤシ)じて貴(タット)フ也。其心根、歳饑饉(キキン)して米穀何程貴(タカク)とも、金銀さへ多ければ買求ル事仕易シ。此故に金銀を第一トして穀を心トせさる也。是甚危キ心懸也。其故ハ三四ケ國の饑饉ならば、有年(コメアル)の國より饑饉の國江廻シ遣(ツカハ)ス米穀もあるへきなれとも、若二三ケ國も一等に饑饉せば、廻シ遣ス米穀もあるべからず。其時に至て、金銀を煎(セン)シて飲とも命ハ助ル間敷也。尤兵亂の世には、農民も快ク農作も致難キものなれば、歳饑饉ならずとも米穀は不足するもの也。此所を能呑込て、金銀ハ命を救フ第二番の物なる事を知て、米穀を第一、金錢を第二ト心得て、平日食糧に成へき物を貯ル事ヲ勤ムへし。是國郡を領スル人、第一の覺悟ニして、下庶人に至ル迄も此心懸を忘却スル事なかれ。是大にしてハ、武備の國用トシ、小にしては、一夫の活命トする所也。此所、國主領主より能々世話致すべし。

　糧を貯ル法は、和漢古今其説紛々たれとも、一槩に泥ム事勿レ。只國土の沃瘠(コヘヤセ)、其歳の豊凶等を考て臨時に分量を定て貯へし。大槩凶年ハ、三十年に一度、大饑饉は六十年に一度程至ル者也。其心懸にて可貯。

　○大將たる人は、道、天、地、將、法の意味ヲ詳ニ會得あるへし。此に暗キ時ハ、一旦勝ヲ得とも、大業を仕損ル事あり、先蹤を考見へし。

　○　大將たる人は、伶俐(リコウ)なりとも、一人の才力を恃(タノン)て誇る(ホコル)事勿レ。文武智謀の人を撰て重役に任シ置て、國事、軍事、相共に計ルへし。是又和漢名將の仕形を見て可知、孔子も無求備於一人ト宣リ。

　○當世武術行ハるゝ様なれとも、文に本ヅカざる故、偏武に陥(オチイ)

ル者多シ。弓術、殊に流行すれとも、只奉射の禮式のミを專トして、武者軍用の射術に疎（ウト）し、是を逆（ギャク）法トス。武士の射術は、先、軍用法を習て、後に禮射を習フを順（ジュン）法トする也。十五卷目に云ル馬術も、亦然リ、此心持を呑込て、射術を教ル事、大將ノ器ト云へき也。

　○ 兵を出スには、先敵將の賢愚（リコウバカ）、政務（ム）の善惡（ヨシアシ）、武備の強弱（ツョシヨハシ）、國郡の大小、土地の寒暖、人數の多少等を預メ推計て、此方よりも相當の謀を致シ、相應の人數を遺スへし。是を兵の算（サン、ムナサンヤウ）と云也。算無して、兵を出ス時ハ、不覺を取ものなり故ニ算ハ兵を用ル肝要なりト云リ。然ル故に、孫子に、多算勝、少算不勝、而況於無算乎ト云リ。始に云シ、大名の目利（メキヽ）ト云事も則算の事也。

　○ 大將たる人は、俗事、時行事（ハヤリコト）の類にも能心ヲ附、又は陰陽家の説、五行の生尅、又ハ佛語神託の類も軍事の余計に學ヒ置へし。たとひ、實用無（ナシ）と云とも、人を使フに便なるもの也。古も例多キ事也。

　○ 惣て兵を提ル者ハ、始にも云シ如ク、和漢ノ軍談記録を多ク見て、名將の軍たてを能々味へて、損益（ヘラシマシ）斟酌（カケン）あるへし。地形城池等、又ハ武具馬具なと、或は鎧の縅毛（オトシケ）、旗指物の制法、或ハ戰場の立振舞（フルマイ）、言葉（ハ）遺（ツカイ）なと詳なるに如はなけれとも、常人、是になつむ時は、本意を亡失ス。只廣ク大本を知を要トする也。

　○大將の士民を扱フ事、甚趣意あり。温和にして、柔（コヽロヨシ）に過ル時は、士民柔弱にして、精力齊一ならす、亦辛酷にして、猛ニ過ル時ハ、士民離レて不親（シタシマ）、或ハ怨（ウラミ）を生スル也。韓子にも、猛毅之君 不免外難 懦弱之君 不免内難ト云リ。都て柔弱にして、心よき時は、

下たる者、徒(ィタッラ)に上を親(シタシム)のミにして、物の用に立難シ、喩バ蜀の先主の柔徳の如シ、亦離レて、不親時ハ、人怨背て、長久を保事あたハず、喩バ楚の項羽、亦ハ織田氏なとの如シ。此二ツを能會　得して、寛仁以て親を厚クシ、威嚴(ィケン、ィキホィ)以て、人を畏服(ィフク)せしむる事、良將の能なりト知へし。子産が寛猛相濟トいふも此事也。

○　物本末あり、事終始あり。兵に將たる者の本末を云バ、人を扱フ事本にして、城池着具の事なとは末なり、亦は血戰の一事を以て云時ハ、強キ事本にして、詰開(ツメヒラキ)の態(ワザ)等ハ末也。都ての事、本を能會得して、末を大畧にすべし。孟子の天時不如地理、地理不如人和トいふも、人和ハ軍法の本にして、天時城郭等ハ末也ト云事也。是を軍法第一の秘訣ト知へし。

○　不德にして、不埒不取固(シマ)リなる大將の家中ハ、家老及ヒ末々の諸役人も同ク、不埒不取固(シマ)リなれば、國家の不經濟も心に不苦、金穀の政をも不知、武備の衰微、士民の究困及ヒ悪風、又ハ盗賊の蜂起するをも、道橋の壞損シ扞迄、心憂(ゥシ)とも不思して、只家老は身分高シとて、一家中に誇り、亦面々の頭々は其支配支配に誇ル而已にして、上の為をも不知、下の為をば、猶不知、君臣共に只飲食田獵等の事に年月を送ル也。可悲の第一ならずや。此等の家士を物に諭レば、糞中の蛆の如シ。夫糞蟲(クソムシ)は、糞中に生レ、糞中に長シ、糞中を一生の住居(スマ井)トする故、糞の穢らハしきをも、臭キをも、穢ハシ臭シト不思して、一生を送ル也。是を清(キョ)キ處に住(スム)蟲より見レば、其穢ク臭キ事、言語道斷也。彼(カノ)不德不埒家の諸役人も、他の善大將の家士より見レば、淨處に住(スム)蟲の糞蟲(クソムシ)を見が如シ、其清穢賢愚、天地

懸隔也。不埒家の君臣察之。

○　將の五事とハ、道天地將法也。委キ事は、孫子に言リ。

○　將の五德とは、智信仁勇嚴也。

○　用兵の五法とて、兵を出ス趣意五ツあり。一には、敵國の政、不仁にして、下苦ムを討、一人を殺して萬人を救フ也。二には、敵國の君臣不義無道なるを討。三にハ、君父の讐を討。四にハ、敵國の君、不禮にして、德を破リ、他を侵スを討。五にハ、君德廢レて、上下混亂するを討。是を五法と云也。

○　將に十過あり。一には、己レ剛強にして妄に敵を侮ル。二には、臆病にして、能(ヨク)敵を怖ル。三にハ、己レ伶俐(リコウ)發明にして、人を輕シ侮ル。四には、愚鈍(ヲロカ)にして、毎事人に任ス。五にハ、貪て下を掠ム。六には、偏に潔白にして、人不懷(ナツカ)。七には、不仁にして、下を不惠。八には、短慮にして、且ツ分別淺シ。九には、緩怠(ユルシ)にして、利に不進。十にハ、頑愚(メツタ)にして、理不盡の働多シ。是等の事可愼謹。

○　將に上中下あり。上將ハ、智を以て勝を制シて、勝を刃に不借。中將ハ、兵を以て勝を制シて、奇正分合、能圖に當ル。下將は、刃を以て勝を計て、兵ト智トを不知也。中古、尊氏卿ト楠木正成ト新田義貞トを見ルへし。尊氏卿ハ、始終智を以シ、正成は始終兵を以シ、義貞ハ始終刃を以ス。是此三將の上中下也[3]。

或曰、何をか尊氏卿の智ト云や、對曰、北條高時繁昌の時ハ、鎌倉に参勤して、高時の緣者ト成て、他家なれとも、一門同樣に奔走せらる一

---

3 일본 국립국회도서관 소장본 원문에는 누군가가 연필로 두주(頭註)를 달아 놓았다(尊氏豈ニ智將ナランヤ、之ヲ姦將ト云テ可ナルミ矣).

ツの智也。高時度々兵を出シて、合戦ありしかとも、尊氏卿一度も軍に
趣かれたる事なし二の智也。七枚起請を書て、高時を安シ、速に鎌倉を
發ス三の智也。天皇に參ルの後、能天皇を嫌(スカシ)て、官祿共に、義
貞、正成、圓心、長年の四功臣の上に立四の智也。既に天下の武將ト成
べき望あれとも、妨(サマタケ)に成へき者ハ、大塔の宮ト義貞ト正成ト圓
心の四人なるべき事を了知して、先大塔宮を譖(シコチ)て牢獄に下シ奉
リ、義貞をば色を以て武威を鈍(ニブラ)かすべき為に、准后に手因て勾當
内侍[4]を義貞に賜ラせ、圓心は天皇を恨ミ奉て反心を生せしむへきため
に、播磨國の守護職を召放サする様に風奏シ、正成ハ正直の忠臣にし
て、且小器なる事を知玉ヒし故、敢て譖ル事もなく、只厚ク遇して不恭
せず。是等の事五の智也。鎌倉に於て、時行に勝て其機をはつさず、直
に征夷大將軍ト名乗レシ事六の智也。笘根に於て、義貞に打勝て、不取
置、京都江攻上ラれし事七の智也。京軍に大に敗北せし時ハ、畿内近國
に片時も足を不留、飛が如に九州迄逃下ラれし事八の智也。逃なから院
宣を申受て、天下を君ト君トの御争に為(ナシ)て、己レ朝敵の名を免レた
る九の智也。九州江逃下て、落人の身ながら、少貳、大友等の大諸侯を
急チ皈服せしむ十の智也。湊川に正成を討ても、其首を獄門にかけず、
却て本國江贈て葬送せしめ、其上楠家の分國、河攝泉の三州江は必手を入
ましト云送て、楠家の心氣を撓めて敵を少クするの術を施ス十一の智
也。二ビ京都江攻上て天皇及ヒ義貞等を叡山江追籠て後、さのミ大攻をも
せずして百余日を過シ、天皇及ビ諸官軍の氣の弛ミを察シ、天皇江和睦

4　저본의 원문은 待이지만 문맥상 侍로 생각된다.

を乞奉リ、下山なし参らせて、刀に血ぬらず叡山を落シたる十二の智也。義顕の首を得て、事々敷梟首ス十三の智也。天皇京を逃て、南朝を建立し玉へとも、其成就為まじき事を知て襲ハず十四の智也。是等の事、尊氏卿の智ト云べき也。此外和漢古今、大將たる人の所業を鑑て、能其上中下を會得シ、後の將たる人も、上の地に可至事を希へし。

○ 多ハ少に勝、強ハ弱に勝ハ自然の理なり。然ル故に、一國一郡にも主たる者ハ人ヲ多クシ、人ヲ強クする術を知べき事、兵家第一の肝要也。故に、孔子も子貢に對て、足食足兵ト宣イ、胃有に庶、富、教を語リ玉へリ。能々可思。扱人を多クするも強クするも、武士を土着せしむるにあり。武士土着すれば奢侈なし。奢侈なき故、貧困せず。貧困せざる故、祿に應シて普代の家の子、並に武具馬具等心懸次第所持せらるゝ也。其上に武士土着すれば、山林にては鳥獸を狩、水邊にては漁獵シ、又平生、馬に乗て馳駈する故、自然ト馬術にも達シ、又遠方の人ト互に往來する故、山川の悪路にも習ヒ、筋骨形躰勇壯ニ成故、眞ノ武士ト云へし。普代の家の子、多ク所持せらるゝ故、軍役も多シト知へし。

○ 古ハ兵を農に取レリ。此故に兵の數、今世に競(クラブ)レば、二十倍せり。中古以來、士ト農ト分レて、兵を農に不取、此故に兵の數、大に減少せり。然レとも、武士皆土着なりし故、今世に競レば十陪せり。天正以來、武士土着せずして、城下詰になれり。此故に兵の數、又大に減少して、中古より見ば、十分の一になれりト知へし。【備前の二萬の里の由來なと考合て農兵の多キ事を知へし】願クハ武士を土着にして、普代の家中を多ク扶持せしめ、又地頭、領主の心得次第、百姓を兵に仕立ル術あるべし。又坊主、山伏等をも組々を立て、軍兵に用ユへき事將帥の方寸にあ

るべし。如此、心懸(ヵケ)ば、兵の數、上古の多キに復(フク)スへし。然レとも、二百余年の仕癖(クセ)なれば、急速(キウソク)にハ革(アラタメ)難シ。初メにも云如ク、三十年を期トして改革すべし。

三十年を期トする事、是迄三(ミタヒ)云リ。然ルに、日本の騒(サハカシ)キ心氣には、迂遠に思て不勤、却て唐風又ハ學者風なと丶匐(ハシリ)て、呑込さる人多けれとも、是ハ輕薄の風俗に任せて、實地の性を修せざる故也。唐山及ヒ阿蘭陀、莫斯歌未亞(ムスカウヒヤ)等の大事を成(ナス)を聞に、三十年ハまたおろか五十年、百年、三百年を期トして思ヒ立事あり。然ル故に、五代も十代も經て、祖先の志を成就する事あり。是皆國政の宜ト人心の堅實なるトにある事也。可羨、可思。

○ 上にも云如ク、士に大祿を與ル事ハ、其祿に應シて倍卒を出サしめて、軍役に充ル事也。然ルに當世の如ク、武士土着せさる時ハ、華侈盛に成て士大夫悉貧究[5]する故、軍役の人數を普代にして、召使フ事あたハず、只一季二季の渡リ者を召使フ也。成程太平の日にハ、軍役程、頭數(カズ)ハある様なれとも、干戈(イクサ)動ク時ニ當テ、命危キ場所へ召連バ、主(タンナ)の先途(セント)を見継(ツク)者ハ、十に一二なるへし。然ル時ハ、二三石の足輕も己レ一人、二三百石の士も己レ一人トなるべし。是普代ならざる故也。【普代の徳の事ハ十四卷目人數積の所に精シ】然ル時ハ、士に大祿を與ルハ盆なきに似たる歟。又當世ハ五百石、馬一疋、萬石十六騎ト覺へたる人モ多シ。甚謂レなき様也。武士土着する時ハ、五百石の祿にても馬の二三疋、若黨の七八人、十人、乃至二三十人も出サレ、萬石

5 일본 국립국회도서관 소장본에는 究인데, 이와나미(岩波書店) 인쇄본 241쪽에는 窮으로 적혀 있다.

にてハ、騎馬の五六十、軍卒の七八百、千も出さるゝもの也。是等の事
ハ、土着の様子を知らざる當世武士ハ、心得難キ事に思フべし。土着を持
(モテ)ル大名の家士に問て、小子が言の妄にあらざるを知へし。

〇 大將たる人は、和漢の軍談記録の書を多ク讀べし。自然ト名將、愚
將の巧拙の段、合点ゆくもの也。能此所を呑込て、損益斟酌[6]せば、骨
折(ォリ)て、一流二流の軍學の傳授受たるより、益多かるべし。思べし。

〇 大將たる人は、文武両全なる事を欲スべし。和漢大將たる人多けれ
とも、文武二ツなから備レル人少也。異國には、武王、呂尚、齊ノ管
仲、漢の二祖、蜀の孔明等歟。日本にては、神武帝ト神祖[7]の二君なる
へし。後世に於てハ、莫斯歌未亞(ムスカウヒャ)の女主なる歟。【日本正徳の
頃の國主なり】此女主、五世界に一帝たらんト志て、徳を布(シキ)、武を張
テ、今數代ヲ經て其令不弛也。文武両全の棟梁ト云へし。都て大將たる
人は、不及迄も、右躰の事ヲ心懸へし。是心術ニあり。若亦一等ヲ下ラ
ば義經の短兵に長シ、甲越(シンケンケンシ)二字の士卒を練(ネリ)、太閤ノ猛
威、清正の突戰(ヒトイクサ)の如キハ、皆一箇の妙處也。其妙處を撰て、己
(ォノレ)に兼備ル事を欲スへし。是亦大將の志氣ト云へし。

〇 大將たる人、威なき時ハ、衆を畏服せしむる事不能也。それ威は、
法を嚴にするト大を誅するトにあり。亦明なき時は、衆人の勸薄ク、又
怨を生スル事あり。能小功をも賞するを以て明トス。此二ツのものは、
大將たる人第一の徳也。

6　원문은 勺인데, 내용으로 보건대 酌의 약자(畧字)로 사용된 것으로 보인다.
7　일본 국립국회도서관 소장본에는 神祖, 두 글자를 지우고 그 자리에 연필로 '家康公一家康野宮,
　이라 쓴 메모가 남아 있다.

○ 古の名將、皆一騎當、千の士を懇(ネンゴロ)に召使イ、自身の堅メトして、旗本に備たり。漢ノ高祖の樊會[8]、周勃、蜀の玄徳の關羽、張飛、趙雲、賴光の四天王、義經の八勇士、義貞の十六騎、正成の二十八人黨の如キ、皆中固(ナカコ)の為也。將たる者、心得あるへし。軍家になかご、身かため抔ト云も此事也。

○ 馬の乗様、亦飼立様、大に古法を失へり。詳なる事ハ、十五卷目に云ルが如シ。是亦軍務(イクサゴト)の大主意にして、不可忘の第一也。

○ 都て軍は、大勢の人を一致して用ル事也。大勢を一致する事ハ、法を立て縛(シバ)ルにあらざれば、為(ナシ)難事也。然ル故に善兵を用ル者ハ、法を嚴にせり。武王の四伐五伐の法を始トして、孫子が美人を斬(キリ)、司馬穰苴(シャウショ)が莊賈を斬、曹操が自身の髮を切たる類、皆名將の法を貴フわけ也。法をゆるかせにするハ愚將ト云へし。

日本に名將ト稱スル人多シト云とも、皆天授の才のミにして、學問なき人々なる故、皆通達の義理にうとく、只勢を專にして、法を立ル事を知さる故、其軍立齊一ならず、堂々整々の威儀を失リ。威儀を失ルのミならず、不意の破レを取たるためしも多シ。是法を不重セ故ト知へし。

○ 軍は、不意にして、神速なるを貴フ。韓信、木罌にて水を渡て魏豹を破リ、義經、鵯(ヒヨドリ)越を落シて須磨を破リ、渡邊を渡て八嶋を破リ、義貞、一夜の中に、評議を決定して、鎌倉を踏破たる類、皆機を知て危(アヤブ)まず是等を兵家の妙機ト知へし。

○ 大將たる人は、戰法、戰畧、兵器、守攻の具に至ル迄、時宜の工夫

---

8   일본 국립국회도서관 소장본에는 樊會인데, 이와나미(岩波書店) 인쇄본 243쪽에는 樊噲로 되어 있다.

了簡にて、如何樣にも、臨磯應變して、取廻スへし。正成が、油をはじき懸て、鎌倉勢の梯(カケハシ)を燒落シ、亦啼男を出シて、足利家の軍機をゆるべて不意ヲ討、織田氏の長柄を制作して強を取、嶋津家、関ケ原退去の時、戰士に種か嶋を腰差にさせて退口に利を得たる類、皆將たる人の臨時の權謀也。兵を提ル人、心得あるへき事也。

○ 善(ヨク)兵を用ル者ハ、敵を見時ハ、士卒鬪べき事を願ヒ、既に刃(ヤイバ)を交ルに至てハ、士卒進て死べき事を願ヒ、引鐘を聞時ハ、士卒怒ル。是等の事、皆大將の才術にある事也。此故に傳に曰、説以先民、民忘其勞、説以犯難、民忘其死ト云リ。其説スルの道、大將ノ方寸にありト知へし。

○ 兵器多シト云とも、古有て今絶たる者あり。今盛に行ハれて、實用なき物あり。能彼是の間を弁シ、絶たるを興シ、無用なるを捨べき事、是亦大將の器量にあるへし。

○ 唐山(カラ)の古ハ、振旅(シンリョ)、治兵(チヘイ)、操練(ソウレン)なとて、兵馬を集て、軍の稽古ありし也。尤今世とても、其法不絶して、諸國に毎月、軍の稽古ある由、明和の頃、唐山(カラ)江漂流して無恙皈シ者共の、直に見たる事也。日本にても、古ハ、都には鼓吹司を置、國々にハ軍團を置て、軍の稽古をなさしあ、其上に、犬追物、牛追物等有て、人馬の足場揃度々有シ事なれとも、近世ハ絶果たり。當時、相馬家の妙見祭、吾が藩の卷狩等ハ、古の遺風にして、猶治兵、操練に似たる事なれとも、恐ムらくハ、其法粗畧也。然ト云とも、亦講武の一端なるへし。是に加ルに、一二の精法を以てせば、眞の治兵、操練とも云べし。大將たる人、憤發有て、此等の事、諸國に始メ度事なる哉。

○當世ハ、弓、鐵炮、長柄等の組を分置て、弓組ハ鐵炮を不知、鐵炮組ハ弓を不知也。如此なるハ、一方、利(キ丶)にて、不自由なる教方也。弓、鐵炮、長柄等ハ、其組々をば分置とも、稽古ハ、弓、鐵炮、長柄等を交(マシヘ)て、兩用に仕込置度事也。是亦大將の器量次第なるへし。

○ 諸軍家に、陣中江召連ル役者ト云者あり。其品類、家々にて差別ありト云とも、大槩ハ、醫(イ)者、儒者、出家、猿樂、金掘、算勘、弓工、銃工、鍛冶、染師、塗師、咄之者等也。此中、猿樂、咄之者ハ、無用の者に近ければ、省(ハブク)ども害なし。出家も無用の者に近けれとも、討死の者を取仕廻ハする役にして、死を重ジ、人望に背ク間敷為の道具にも致シ、又ハ敵方江使の役にも使フ事なれば、可召連也。其外の工人ハ、皆有用の者也。省ク事勿レ。然ルに、當世の如ク、弓師は弓師、鍛冶ハ鍛冶とて、別段に職人ト稱シテ召抱置ハ、無術の一端なるへし。大將の心懸次第、弓、鐵炮、鍛冶、染師等は、足輕の兼役に仕附置べし。尤武士たりとも、此等の細工は、仕覺居ル樣に教べし。元祿の頃迄は、草鞋(ワランジ)、馬沓(グツ)を拵得(コシラヘ)ざる士をば、相互に嘲(アサケ)りたる由、聞及り。扨又儒者ハ、陋學(小カクモン)の理屈者ハ物の用に立難シ、理屈を離れてわざに達シ、博覽ニして、多ク事跡を知たる者を用へし。

○當世、焰焇[9]、硫黄等ハ、皆商賈(アキヒト)の手より買求ル事に成て、金銀さへあれば、不自由に無之ものト思フ人多シ。然ルに、干戈超ル時ハ、商賈も通ぜざるもの也。其時に至てハ、自國より出ル物にあらされ

9　원문은 염초(焔硝)를 두 글자 모두 돌 석(石) 변에 적었으나, 焰焇와 동일하다.

ば、一向に行詰ル事也。是又大將の世話にして、硝焔(ヱンシャウ)、硫黄(イワウ)、鉛(ナマリ)、箆(ノ)竹の類ハ、自分自分の領國より取出ス様に、世話あるへき事也。

○ 今の大名に、諫役の大臣無之故、君公其身の非を不知也。たまたま、思切て諫ル者有ば、急チ不遇に成て、職を剥(ハキ)、祿を削て、恥を與ル故、自然ト忠臣の道を塞て、只今日君に得らるヽ事のミ言て、日を送ル也。此故に君不君、臣不臣の國多シ。願クは、萬石以上の大名は、諫役の臣を定メ置て、何程君の心に碍(サヽハ)ル事を言上しても、決して罪すましと定絡を立置て、諫メさすへし。自然に自身の非を知ル也。非さへ知レば、國家の幸ト成もの也。可思。○ 又一ツには、別に諫役を立ルにも不及也。家老職の者には、少も無會釈諫メよ、若諂(ヘツラッ)て不諫者をば罪スト申渡シ置へし。亦家老ハ同役一統の云合セにして、能心を合セて諫ムべし。不諫者をば、同役より言上して職を剥べし。是を國家の定法トする時は、上下各非を知て、家齊リ、國治ルべし。誠に此如クならば、一身の為而已にあらず、公儀江の忠意、領國江の憐愍、文武の基本、此事に過たるはなかるべし。大將たる人、能々了簡して、諫言を求ムへし。怠ル事勿レ怠ル事勿レ。

○ 國郡を領する者ハ、各其領國の天度の寒暄を能了知して、其手當を致スべし。然シなから、三十五度より南の地ハ暄カにして、春夏の暖暑早ク至て且強ク、秋冬の冷寒ハ遅くして薄キ故、麦に雪朽なく、稲に青立の患なし。其外、草木生茂仕(シ)易キ故、産物も多クして、金穀の收納多キ故、國家の經濟致シ易シ。亦三十六七度より北の地は、寒キが故に、春夏の暖暑も遅クして且薄ク、秋多の冷寒ハ早ク來て強キ故、麥に雪朽多ク、

稲に青立多シ。其外、草木生茂仕難キ故、産物も少クして、金穀の收納少キ故、國主も貧乏仕易ク、諸士も貧乏仕易シ。上下貧乏すれば、上下の武備弛ム也。寒地を領する人、能々心を用べし。心を用ルとて、外の事にハあらず。寒氣に負(マケ)さる草木を仕立て、國産を多ク仕つけ、國用をも足シ、通商をも多クして、寶貨を賑(ッキ)ハす様にする事也。扨、暖地ハ、草木生茂仕易キ故、世話次第、何等の物も仕立ラるゝ也。三十六七度以北の地ハ、草木生茂仕難シ。推(オシ)て、植ても柯(カラ)ばかり成長して、實(ミノ)ラさる物あり。實リても眞の實にあらざる物あり。都て、暖地に比すれば、生茂虚實半バなるもの也。心を用べし。まづ、寒地にも生茂仕易キ品ハ、木にハ、漆[10](ウルシ)【實を蠟に作汁を漆に作】桑【蠶を養て絹綿を作】楮【紙に作ル】此三木ハ、寒地にも生茂仕易クして、用多キ物なれば、寒地の寶ト云べき物也。【三木は山野川端街道端、或は屋敷境畠境等ニ植へし】 此外に、胡桃、榧子(カヤ)、珍菓を家毎に植置て、實の油を取て、居家日用ト為べし。【珍菓ハ奧州に産する木也。大倭本草にシラ木ト出せり。本草綱目に婆羅得ト云物是なりト云リ】 草には麻也。寒地にハ木綿不生故、皆他邦の木綿を用レとも、自國の寶貨、他邦江流レ出て、自國の不經濟トなる也。此故に寒地にてハ、自國に産する絹ト麻布(アサ)ト紙子ト紙布(シフ)トを用て、他邦の木綿を禁する事、寒地の一經濟也ト知るべし。○ 都て、國に産物を仕立ルにハ、良田をを不妨、壯男女の力を不費、只老人廢人、小男女等の農業を不勤者の仕業に為て、集て大成すれば、大國産ト成也。然ルに不呑込なれば、良田を費シ、壯男女の力を用て、産物を仕立ル者あり、寶貨ハ通用

して賑ハふ様なれとも、五穀不足に成て、大に不好(コノマ)事也。此所能々心を配ルベし。扨又右の産物の外に、諸の細工物を庶民並ニ諸家中迄に教て多ク造らしめ、國用をも足シ、寶貨をも賑ハすべし。既に六韜にも大農、大工、大商を三寶ト云リ。詳に工夫有へし。

扨如此國を冨せ、人を富ス事を演説するも、武を張るべき為の事也。何程國君より命令有ても、亦ハ人々心八丈(ヤタケ)に武を好ても、貧乏なれば武を張ル事ハ不成也。國家に武備なきハ、國非其國ト云もの也。然ル故に、唐山(カラ)古聖人の政も農ト儉トを教て、國を冨シ人を富せて、武を張べき事を第一に教、阿蘭陀の政は、其國寒地にして、五穀産物不豊(ユタカナラ)故、萬里の外國江通商して、諸邦の寶貨を己レが國江取入レ、大商の道を以て、大に其國を冨せて、悉ク武を遉クし、小國を以て、大國に攝(ハサマレ)ながら、千八百年來一度も他邦の兵を受たる事なく、其上遠ク萬余里を隔たる爪[11]蛙[12]國を切從へて、己レが有ト為シ、又、阿墨(アメ)利加洲の中に於ても一國を切取て、新阿蘭陀ト名づけて、己レが領國ト為せり。美哉、勇哉、可思可思。

○ 國君ト家老トは[13]、不學無術なれば、國家貧乏ス。貧乏すれば、領國中、川除の普請おろそかに成、おるそかに成故、年々夏秋の小洪水にも押切ラル。押切らるゝ故、田畑水押(オシ)に成て、永荒(アレ)の地年々出來ス。是貧乏の上に又收納の不足に成ル一ツ也。亦橋々の普請もおろそかに成、おろそかに成故、是亦年々の小洪水にも落橋ス。此故に領國

---

11 일본 국립국회도서관 소장본 원문은 입 구(口) 변에 爪를 썼다. 그런데 조선왕조실록에는 爪蛙國으로 적혀 있다.
12 저본의 원문은 唯 로 적혀 있다.
13 저본의 원문에는 は가 없다.

中、數多の橋々一年に二三度ヅヽ普請あり。普請の度毎に、大橋ハ人夫三四萬、小橋ハ人夫五六千宛役シ、且過半錢取立にする故、百姓力不足して、天、凶年ならざるも、田畑不毛也。是收納の不足に成二ツ也。此二ツに百姓労(ツカ)レて、農業を樂ク不思故、いつとなく農業不務(ツトメ)に成て、百姓も貧乏する故、或ハ地迯を為て、他邦に移ルもあり、或ハ農を捨て商に成ルもある故、郡村の人別減少して、田畑愈荒亡ス。是收納の不足に成三也。收納愈不足に成て、公室愈貧乏する故、毛見ト稱シて姦吏を村里江遣シ、年貢を責はたる。責はたらるれば、百姓等彼の姦吏に賄賂(マィナィ)して、上作をも下作ト披露シ、諸百姓年貢を缺少ス。是收納の不足に成四也。此四の不納を以て、公室又愈貧乏する故、家中諸士の俸祿を借ル。一年借りして不足故、三年も五年も借ル。三年五年借りても不呑込而已(ノミ)、働ヒて貧乏を取直ス事不能故、綿々として、三十年も五十年も借りて常ト

する故、家中諸士悉ク貧乏して、祿相應の武備を張ル事不能のミならず、普代相傳の家人にも暇を與へ、亦は有來ル武具馬具等をも賣代(シロ)なして、日用相續の助ト

する故、諸士の武備弛(ユル)ム。武備弛て人心惰弱也。人心惰弱に成ば、義理を捨、法を不守して、一統に無賴不法の風儀ト成て、國家終に傾ク也。是全ク國君一人の賢不賢に係ル所にして、天の災にも、人の咎にもあらざる也。可思。扨能考レば、大名の貧乏は、心蕩(トラ)ケて武を忘レたるより事起ル也。大名の武を忘レたるは、幸に太平の世に生レて、高位大祿を有(タモテ)るも、尸位素餐(シニ大ミャウムタクィ)ト云もの也。耻キ哉。悲キ哉。

〇 上に云所の天度の寒暄、又は國土の經濟、文武を勵ス筋道迄能呑込たりとも、己レ一人知得ル耳(ノミ)ては、物の用に立難シ。其の國の上下

萬人、皆知得て皆勤ルにあらざれば、善の善に非ル也。是を為ルの方は、其國々の寒暖の手當の事、並に産物細工物等の仕立方、又文ト武トの不廢掉トを、精ク部分を為て修法を記シ、是を其國々の國學の書ト定メて、假名書(ガキ)の公板にして、其國に周クシ、國君、家老、諸士、庶人迄、能其國學の書に通達して能行フ様に教へし。縦令如何なる藝能ありとも、此國學の修行なき人をば罪スベし。是人を恵ミ、人を富シ、國を利シ、武を張の術にして、國家の堅固なるへき所以(ユエン)なり。然ルに、文あれとも武なく、武あれとも文なく、又文武あれとも是を國家に及シ人に施ス事の不成は、其一を知て其二を不知ト云ル不具人(カタワモノ)也ト心得べし。是等の事、小子が妄言に非ス、皆聖賢の遺旨也。能々工夫あるへし。

〇古昔、兵を論する者數家ありト云とも、七書に不過。其中にて兵機の勝レたる者は孫呉の二書也。然レとも、兵機ばかりを言は、兵の大本を知ト云ものにあらず。其故は、兵の大本ハ國家を經濟する為なれば、治國安民の道を不知は、眞の兵家トは云難シ。此故に古昔の聖人、黄[14]帝、堯、舜、禹、湯、文、武、周公、皆軍の名人也。其證據は、黄に握機あり。舜禹に三苗有苗の征あり。湯武に桀紂の放伐あり。周公に司馬法あり。此外、晋の六卿、魯の三家、齊の管仲か輩、治平の日は、文を以て國を治メ、亂あれば戎車に駕して征伐ス。如此なるは、文武一致なる故、大本を知レル兵家ト云へし。後世、文は文、武ハ武ト別物に成たる故、其用ヲなす事、一偏にして不自由に成たり。其上、春秋の頃もは

---

14 원문에 黄으로 적혀 있다.

や大本を忘却して、宋襄の様なる人あり。漢にも陳餘が如キ不呑込の人出て、聖人の道を借て兵を誤ルより、聖人の教ハ、兵の用に不立物ト思フ人多シ。是大なる誤なり。仍て、此所を得ト呑込を、眞の兵家ト云べし。七書の中にても、此所を述たるものハ、太公望が六韜、黄石公が三畧也。【孫呉ハ兵機一偏を述此二子ハ文武一致の趣を述たり】亦、後世此境を合点したる人ハ、漢の二祖、蜀の孔明、唐の太宗、我か神祖の外はなし。是兵家第一の秘訣なり。此境を能會得すれば、太平の世には、廊廟に居て、王伯の業を興シ、干戈の間に立ては、兵士を提て、臨機應變すべし。如此なるを、實に先王聖人の兵ト云也。故ニ此下、國家經濟の筋を述て、兵の心印ト為也。能々工夫を附へし。玆を以て、古ハ止戈を武ト云とハ云リ。然なから、後世の兵のありさまにては、戈を止ル事は不成也。後世の武ハ、只城を抜、人を屠ル事ヲ勤ルを上手トス。是楚の項羽、木曾義仲の類也。武なる事ハ武なれとも、兵の大本に不叶、實に一方利(キ丶)の不自由なる者にして、先王聖人の大に忌嫌所也。夫武に神武、威武、凌武あり。能々工夫を加へし。此趣意俗見ト大ニ殊也。人々思へし。

○天下國家に主たる人ハ、經濟の術を知へし。夫經濟トハ經邦濟世とて、經ハ筋道の事、邦ハ國也。國に筋道を附ルを經邦ト云也。濟世トハ濟ハわたす事にて、此(コ丶)を彼(カシコ)江渡シ、彼を此江遣ス事也。世ハ世の中也。世の中の人のすまひ易キ様に世話するを濟世ト云也。先ツ、國に筋道ヲ附ルとハ、士大夫農工商には、士大夫農工商の筋道を附、山沢河海田野には、山沢河海田野の筋道を附、牛馬畜類には、牛馬畜類の筋道を附ル事也。濟とは、第一に人々其處を得ル様に世話する事也。或

ハ士風奢て武備弛（ユル）ム時ハ、奢を抑て、武術を引立ル様に世話致シ、或ハ米穀の貴賤、常に過ル時ハ、其直常に復する様に為、或ハ士大夫貧究すれば富ス様ニ為、或ハ商賈の利強ければ、其利を抑て利權を奪、或ハ地の利を盡シ、亦ハ工商の利ヲ取立て、國を富ス様にする事抔、皆世の中の人のすまひ易キ様に、世話する事にて、濟の持前也。此二ツを統（スベ）て、經濟ト云也。扨經濟の大趣意二ツあり。封建ト郡縣ト也。唐山（カラ）にては、夏殷周の三代ハ封建にして、秦以降、郡縣ト成て、今の世迄不變革、日本は、古代郡縣にして、今の世は封建也。封建とは、國々に大名を建置て、其國の政事仕置等ハ、其國主々々にまかせて、公儀より世話する事なし。郡縣トハ、大名を不建して、國々へは公儀より國の守（カミ）を遣シて、其國郡の政事仕置を司ラしむる也。封建の大名ハ、子孫相継て、幾代も其國を持つヽけ、國の守ハ、三年五年に交替する事也。封建は公儀より土地を分ち賜テ、大名ト共に天下を守リ、郡縣ハ土地を不分賜、國々を役人持にして、天下中の世話を公儀の役人に致サする事也。經濟の大趣意此二也。扨二ツの中、優劣を評するに、皆時勢の然しむる所にして、さのミ優劣を不可論。然ト云とも、明の韃靼に奪レたるか如キ、其時に當て封建の大諸侯（タィミャゥ）數多く有之ば、共に義兵を擧て胡軍を討、烏金王をして唐山（カラ）の主トハ不可為、此時に當てミれば、諸侯の無を失トするに似たり。又一統する人の身に取て見れば、諸侯の無を得トス。然レば、此二ツの優劣ハ、時に取ての得失は可論、豫は不可論。扨日本にて經濟の形の出來たるは、多クは唐山の唐の代の制度を受學リ。此故に、王代の古は郡縣の政にて、久ク年月を經シ所に、賴朝卿天下の權を取て、始て諸國に守護を置てより、國の守の威

勢日々輕ク成レリ。其後、北條氏執權トして、威を專に為(ナセン)より、何時(イツ)トなく、戰國の機(キザシ)出來り、國々の守護は云に不及、大庄を所領して、大名ト稱する者、及ヒ並躰(ナミテイ)の地士に至ル迄、誰許(タレユルス)ともなく、武偏次第、切取次第、所領する事に成行、漸々に廣大に成て、子孫相繼て其土地を有て、屹度封建にても無、亦郡縣にても無して、三百余年を經シ所に、神祖[15]天下を一統為玉ヒて、四海の封境を正シ、二百六十余人の大名を建玉へり。是よりして堂々たる封建の世ト成レリト知ヘし。扨又、十四卷目に言所の兵賦の事ハ、軍法の大本にして、千言萬語、皆此に叛スル事也。能々考見ヘし。當世とても、軍役の定メは、國々家々に有之ト云とも、多クは大本を不知人の制作なれば、其法粗畧にして、精詳なるもの少(スクナ)ければ、用ルに不足もの間(マヽ)有之。別に工夫制作をなして定ムヘし。大將たる人、必ずゆるかせに思事勿レ。

　○　日本にて、名君、名將ト稱スル者、上古ハ暫不論、中古以來を以て言時は、源義家、鎌倉の頼朝卿、源義經、平時宗、同泰時、室町の尊氏卿、新田義貞、楠木正成、甲斐信玄、越後謙信、平君織田氏、豊臣太閣、加藤清正等也。此數將は、皆拔群の功業ある人々なれ共、何レも文武両全ト云難シ。此中、頼朝卿ハ大器也。一ヒ鎌倉に馬を入玉シより、終身鎌倉を不出シて居ながら、海内の大小名を來服せしめ、終に國躰を一變して、武德を以テ天下に主たり。鴻業ト云へし。惜哉。世を早クし玉ル事を、次に尊氏卿大畧の才有テ、能當世の情ニ達シ、天下の武德に

15　일본 국립국회도서관 소장본에는 누군가가 연필로 두주(頭註)를 달아 놓았다("家康ヲ神祖ト稱スルハ何ノ意ゾ").

靡(ナビク)べき事を了知して、抑揚褒貶機を失ハさりし故、非義不作法多シト云とも、人能寄属せり。此両主は、戦闘の道は、下手なれとも、能大名を得たり。所謂將ニ將たる者ト謂へし。此故に一タヒ兵を擧て天下響の如ク應シて、大業速に成レリ。時宗、泰時等ハ、軍國の術者にして、小德之勉(コレツトメ)、小恵之行、父祖の相傳にあらずは、何ぞ會首たる事を得ン。只時宗ガ元(ゲン、カラ)の使者ヲ刎(タビハネ)シは、一代の手柄にして、古今稀[16]有の英氣ト稱スべし。義經は小挊合に妙を得て、善敵を破レリ。就中、攝州に鵯(ヒヨトリ)越を落シ、大風に渡邊(ワタナベ)を渡シたるは絶妙にして、凡慮の及所にあらず。然ト云とも、只戦闘の奇才にして、世主の器量なき人也。讒(ザン)に逢シ後、奥州に蹲(ウツタマリ)て、一生を終シにて、其量を知べし。義貞ハ、生質正直の勇將也。然レとも、時勢にうとき人也。只運に乗シて兵を起シ、一擧に高時を討て、無雙の功ありト云とも、時勢の取まハしうとかりし故、君寵官祿共に、却て無功の足利家に不及シ也。因て不和生シて、終に戦に及べとも、是又不働にして、諸侯を得さりし故、孤立の將ト成て戦負たり。是皆不才にして、足利家に計ラレたる也。惜ムへし惜ムへし。信玄、謙信ハ、各名將にして、後世大將たる人の手本ト可爲人々也。只恨クハ、時を悪ク生出て、互角の両雄並立シ故、互に力を陳ル事不能して、各一國に業を終シ人々なれとも、其軍術ハ可貴可法(ノツトル)。織田氏は、抜群の英雄にして向(ムカウ)處敵なく、終に室町家を襲(オソウ)て天下に會主たり。然ト云とも、至剛を恃て、間(マヽ)暴戻卒

16 일본 국립국회도서관 소장본에는 希(바랄 희)이나, 이와나미(岩波書店) 인쇄본에는 稀(드물 희)로 적혀 있음. 의미상으로는 '드물다'는 뜻의 稀가 옳다고 생각한다.

にの行ありし故、諸將心服せず、其業、半にして、明智が為に試[17]せらる。是威あれとも、徳無か故也。正成ハ、元來大將ノ志氣ありト云とも、生質、信義に縛(バク、シバラル)せらるゝ故、既に天下瓦解(ミタレクチ)の機を知なから、新田、足利の両將を超過(ノリコヘ)して、己レ糾合の才を施ス事不能、居なから、大敵を成就して、身終ニ討死ス。進退是谷(キハマル)の時勢とハ云なから、今を以て是を見レハ、其討死甚詮(セン)無に似たり。只子孫三代四十余ケ年、本國を不失して、南朝を輔佐仕奉シハ、實に正成の遺徳ニして、楠家の大勲功(クンコウ)なるへし。清正ハ、寛猛相兼て、自誠至剛也。人能信服シ、人能恐怖ス。信あり、威有、智謀有。攻レバ、必抜、戰バ必勝。能天稟の質朴に任ゼて、時俗の姦猾に不與(シクミセ)故、治平の世態に於ては、圭角(ソケモノ)の名あれとも、亂世に於ては眞の英雄ト云べき歟。太閤微賤より起て、忽チ海内を掌握シ、天下を使令すれとも、世に是を間然する人なし、海を絶て、朝鮮を陷レ、唐山を震(オノカ)ス。其猛威は和漢の一人也。惜哉。攻伐之勉、德惠之不施、且不學我慢にして、治國安民に心を寄玉ハす、間々(マヽ)亦婦人の言を容(イ)ル。此故に逝去以來、天下忽チ、神祖に皈せり。神祖武德を施て、天下を一統為玉フの業神妙にして、今に至ル迄、二百年來四境心服して、干戈不興、遠方來賓ス。實に開闢以來一人也。此治を推及サば、萬々世天地ト共に長久なるへし[18]。

　○昇平久キ時ハ、必華靡を生ス。華靡盛ナル時は、諸侯、士大夫、貧

17　원문은 벼 화(禾) 변에 식(式)을 적었으나, 試를 잘못 적은 것으로 보인다.

18　일본 국립국회도서관 소장본에는 이곳에 두주(頭註)가 세 개 달려 있다(○ 家康ヲ神祖トハ如何シカレトモ其意サガス可キナリ ○ 子平ハ王家ノ忠臣ニアラザルナリ、其言フ所往々此ノ如シ ○ 何ヲ以テ子平ヲ王家ノ忠臣ニ非ズト言フ、子平ノ所述ニ隱当ナルニ).

究ス。貧究する時は、武備も名のミ存シテ、實用なきに至ル。竊に憶フ。當世若クは、華靡盛なりといふへき歟。都て此條に意味深キ物語あれとも、世に憚ル故、玆に不筆、此下僅に經濟の大畧を云のミ、細に工夫を可加。抑國家を經濟するの要九ツあり。食貨、禮式、學政、武備、制度、法令、官職、地理、章服也。夫レ人、食無レば死シ、貨無レば物を通スル事不能、是故に、食貨を經濟の第一トする事也。既に食（クウッ）て禮式なければ、人倫不明して、開闢の當座の人の如シ、此故に禮式を立て人倫を明にす。扨人の道立ても、不學ば、智發ク事なし。此故に學問を勸メて智ヲ開カしむ。此三ツは、人を取立ル肝要の法也。武備ハ軍陣の用意を不忘して、太平の世にも、治兵、操練なと、て、人馬に戰法をも教、又武器をも不取捨、制作修復する事也。制度は事物に定式ありて、天子の事物は天子の事物、諸侯士大夫[19]庶人の事物は諸侯士大夫[20]庶人の事物ト段々に定式あるを云、是尊卑を分チ、上下を明カにする道にして、且奢を防クの術也。法令は、掟を立置テ其掟に不從者を仕置シ觸流ス。教令の廢レざる様に為ル事にて、一人を懲（コラ）して、千萬人ヲ正ス術也。官職は、天下中の事、一人にて世話やかる、者にあらさる故、諸の役目を立、人々の器量を撰て夫々の職を授ケて、一色づ、世話致サする事也。地理とは、國の寒暖、地の厚薄、山、澤、河、海、高下、卑[21]濕の差別ヲ細に察シテ、寒暖、厚薄、山、澤、河、海、高下、卑濕の利を不失、尺土も空ク捨置さる様に夫々の手あてを為（ナシ）て、地

19　저본의 원문은 大夫士이지만, 문맥상 士大夫가 아닐까 생각한다.
20　저본의 원문은 大夫士이지만, 문맥상 士大夫가 아닐까 생각한다.
21　원문은 畢이나, 뒤의 내용으로 보아서는 卑를 잘못 적은 것으로 보인다.

の利を盡ス事也。章服ハ、尊卑の冠冕、衣服に夫々の色分(ワケ)、大小等有て、姿を見て、貴賤高下の人品を知(シリ)、混亂無禮の出來せさる様に講たる法也。此九ツは、經濟の大趣意也。又各一條毎に説有ト云とも、言(コト)長ければ不筆、但シ推廣メテ、言時は、經濟は武備の根本、武備は經濟の輔佐なりト合点すべし。本より經濟の仕形にも、軍法の立派(タテハ)にも、傳授ト云も、無事也。只書を讀て、和漢蠻夷、古今興廢の損益得失を見て、自(ミッカラ)知也。故に論語に、經濟の事ヲ述て、所損益可知ト言ヒ、史記に、兵の事を言て、霍去病カ顧方畧如何、耳不至學古兵法ト云(イヘル)ハ、其通に通せりト云べき歟。然なから、唐山は、其人性甚柔鈍也。故に先王聖人の兵法ト云とも、理ハ精密[22]にして、事は拙キ事ともあり。然ル故に、唐虞[23]以來三千年の間、北胡に襲ヒ苦メられて、明の末に至て、終に韃靼に合セられて、頭髪を剃ラレ、衣服を替(カヘ)られたり。是軍理而已を貴て、戰弱キ故也。都て軍理而已に泥ムハ、戰の弱クなる基なれば、小子か大に忌嫌フ所也。今も軍學をする人必唐山流の軍理而已に陥ル事勿レ。亦日本諸流の軍書ハ、大半事(コト)不足にして、軍事而已も全ク不調に似タリ。然ルを、況や、文武兼備の事に於をや。然ル時は、柱に膠したる如ク、一流而已に泥ムをば、拙トすへし。右にも言シ如ク、和漢及ヒ和蘭等の軍書ヲ取交、文武相兼て工夫を加、能軍情を會得シ、器機をも制作シ、其上に能操練を致べし。然ルに操練而已に泥メば、亦又唐山流に陥て、戰の態(ワサ)弱クなる事有、心得あるべし。何レにも戰闘の態を上手に為ルハ操練にあり、士卒の心氣を

---

22 저본의 원문은 蜜이지만 문맥상 密로 생각된다.
23 원문은 虞이나, 의미상으로는 나라 이름인 呉를 잘못 적은 것으로 보인다.

強クするは今日の政にあり、能彼是の交(アイタ)を斟酌して、自ラ極所に
至ルべし。是を兵の心印ト云。大尾時。

天明六年丙午夏

仙臺 林子平藏版

寛政三年辛亥四月、 板刻成

彫工 仙臺 石田榮助 藤原成壽

筆者 同藩 鎌田佐吉 藤原朝隆

海國兵談第十六卷終

海國兵談 跋文

　予響に三國通覽を著ス。其書也。日本の三隣國、朝鮮、琉球、蝦夷の地圖を明せり、其意、日本の雄士、兵を任って、此三國江入ル事有ん時、此圖を諳(ソラ)ンじて、應變せよと也。亦此海國兵談は、彼の三隣國及び唐山(カラ)、莫斯歌末亞(ムスコウビヤ)等の諸外國より、海寇の來ル事有ン時、防御すへき術を詳悉せり、玆に於て始めて本邦内外の武術調れりト言へし。是予小子、德を不計、位を不量して、終身、本邦の武備を不忘所也。扨其為書、水戰の一篇のミ精詳を盡せり、其余篇は、只其大較を言のミ、些細は、即其者流に讓て不言、併ラ、此書を讀者は、文武の大畧を知故、太平の日には、廊廟に居て、王者の治を成に足、亂ある時は、戎車に駕して、征伐すべし。亦小にしては、人々武ト儉ㇳの道を會得して、其分を守ル故、貧を治シ、財足て、日用不乏、武用不厥²⁴也。是此書の當世に益ある所也。然ルに、今哉、學政久ク廢したる故、世人多クは、偏武にして、只武藝ある而已、此俗習久キ故、此書、文武の意味を俗語に述、書するに、國字を以てスト云ども、書冊ト成ぬれば、俗情躬ラ及ビ難キ事に思て、見人少也。邂逅に讀人あれば、即言フ此書也。善なる事は、善なるべし。只按じ過たる書にして、當世に遠シ思へば、人間一生六十年也。我一代さへ無事なれば、後は、唐ト成とも、天竺ト成とも、天にまかすべしト言リ悟リ、抜たる言の樣になれ共、此言也惰弱の遁辞にして、不忠不義の日本一なるべし。且又俗情の通病にし

24　원문은 闕이나 의미상으로는 厥를 잘못 적은 것으로 보인다.

て、位貴ければ、貧賤をあなどる事、土芥の如シ。然も賤者の能を忌惡て、彼(ヵレ)匹夫也。何ゾ大事を可知などト刕ルも多シ。是等の通病、百人にして、百人同一轍也。是即當世の人物、諺に云ル傀兒(サルリコン)、或ハ自慢(ウヌボレ)にて、物知顔(モノシリガホ)故、德を不計、愼を不知、妄リに孟浪の言を發するのミ、妄リに孟浪の言を發シて、慙(ハヂ)を不顧人、是を何トカ云ン人々、是を思へ。扨亦小子如此辭するものは、世人ト衡を爭フにもあらず、推て我慢を立ントにもあらず、只見ル人をして、當世後世の論なく、能熟讀翫味して、備字の持前ト節儉の一端ト發キ漸々に文武両全の趣意を了知せしめて、海國の用に可備事を願フ耳也。此故に小子此趣の世人の耳に入易カラン事を希つて、敢て卑賤を忘レ、究困を不顧して、言を當世に危フするのミ。扨自負にもあらず、狂言にもあらざれども、既に首卷に逑シ如ク、日本の武備を記シたる書に、此兵談の如ク、躬ラ異邦人に面接シ、遠ク異國蠻夷の軍情を知、新タに奇計妙策を盡シ、海陸全備の眞味を逑シ者は無之也。實に開闢以來、未曾有の發明也。只讀人、小子が貧賤にして、直言する事を咎ル事なく、良藥の口に苦キを思ひ合せて一向に熟讀翫味せば、上下大小各其分に應シ、文武の大意を會得して、貧を治し、財足て、武を張べし。是今日に益有て、海國に備ル所以の大寶にして、徒に唐山(ヵラ)の書に本づき空ク軍理而已を論ずる者流ト同日の議に非ズト言べし。只返ス返スも見人、熟讀翫味せよ。 林子平 自跋。

찾아보기

1. 인명